METAPHYSICA LUDENS

PHAENOMENOLOGICA
REIHE GEGRÜNDET VON H.L. VAN BREDA UND PUBLIZIERT
UNTER SCHIRMHERRSCHAFT DER HUSSERL-ARCHIVE

167

MARTINA ROESNER

METAPHYSICA LUDENS

Das Spiel als phänomenologische Grundfigur im Denken Martin Heideggers

MARTINA ROESNER

METAPHYSICA LUDENS

Das Spiel als phänomenologische Grundfigur im Denken Martin Heideggers

KLUWER ACADEMIC PUBLISHERS
DORDRECHT / BOSTON / LONDON

A C.I.P. Catalogue record for this book is available from the Library of Congress.

ISBN 1-4020-1234-9

Published by Kluwer Academic Publishers,
P.O. Box 17, 3300 AA Dordrecht, The Netherlands.

Sold and distributed in North, Central and South America
by Kluwer Academic Publishers,
101 Philip Drive, Norwell, MA 02061, U.S.A.

In all other countries, sold and distributed
by Kluwer Academic Publishers,
P.O. Box 322, 3300 AH Dordrecht, The Netherlands.

Printed on acid-free paper

Printed in the Netherlands.

Du siehst, ich will viel.
Vielleicht will ich Alles:
Das Dunkel jedes unendlichen Falles
Und jedes Steigens lichtzitterndes Spiel.

Rilke, Das Stundenbuch

INHALTSVERZEICHNIS

VORBEMERKUNG

Ihrem Titel zum Trotz war die vorliegende Arbeit unter dem Gesichtspunkt ihrer Entstehung nichts weniger als eine spielerische Angelegenheit. Daher sei an dieser Stelle all jenen gedankt, die maßgeblich zum Gelingen beitragen haben. Auf akademischer Seite gilt dieser Dank in besonderer Weise meinem Doktorvater, Herrn Prof. Dr. Jean-François Courtine von der Université Paris IV-Sorbonne. Prof. Courtine kommt das besondere Verdienst zu, die Betreuung der Arbeit trotz schwieriger äußerer Umstände mit großem persönlichem Engagement übernommen zu haben. Durch Teilnahme an den von ihm veranstalteten Seminaren sowie in zahlreichen wissenschaftlichen Diskussionen habe ich viele wertvolle Denkanstöße erhalten, die die Entstehung dieser Arbeit in entscheidender Weise geprägt haben. Herrn Prof. Dr. Günter Figal möchte ich dafür danken, daß er mir durch die freundliche Aufnahme am Philosophischen Seminar der Universität Tübingen die Gelegenheit gegeben hat, nach so vielen im Ausland verbrachten Jahren auch Einblick in die in Deutschland vorherrschenden philosophischen Denk- und Interpretationsansätze zu gewinnen.

Der Studienstiftung des Deutschen Volkes danke ich für die großzügige Gewährung eines Promotionsstipendiums, das mir über drei Jahre hinweg weitgehende finanzielle Unabhängigkeit ermöglichte.

Mein besonderer Dank gilt Herrn Alain Pernet von den Archives Husserl in Paris, der sich mit viel Geduld und persönlichem Einsatz der typographischen Aufbereitung des Manuskripts für die Drucklegung angenommen hat.

In ganz besonderer Weise möchte ich schließlich meiner Familie, vor allem aber meinen Eltern, für die umfassende persönliche wie finanzielle Unterstützung danken, die ich nicht nur in der Dissertationsphase, sondern während meiner gesamten Studienzeit von ihnen erfahren habe. Ohne ihre beständige Ermutigung und großzügige Förderung wäre die Dissertation in dieser Form nicht zustandegekommen. Aus diesem Grunde sei ihnen die folgende Arbeit in besonderer Weise gewidmet.

EINFÜHRUNG

Wie aus dem Titel dieses Buches hervorgeht, soll es im folgenden darum gehen, Heideggers Denken insgesamt anhand der Grundfigur des Spiels auf seine innere Struktur und Einheit hin zu untersuchen. Da die genaue Absicht sowie die Grenzen dieser Unternehmung damit jedoch nicht schon unmittelbar einsichtig werden, sind einige klärende Vorbemerkungen zur Vorgehensweise angebracht.

Wenn das Spiel als Leitfaden für die Betrachtung der Heideggerschen Philosophie als ganzer genommen wird, so ist damit zunächst gemeint, daß den folgenden Darlegungen im wesentlichen eine chronologische Ordnung zugrundeliegt, die sich grundsätzlich über die Gesamtheit der bisher veröffentlichten Schriften Heideggers erstreckt und seine frühesten Veröffentlichungen damit ebenso umfaßt wie Texte aus den letzten Lebensjahren. Im Gegensatz zu so vielen Abhandlungen, die sich zum Ziel setzen, Heideggers gesamtes Denken unter dem Gesichtspunkt eines bestimmten Grundbegriffes oder Hauptthemas zu untersuchen, wurde jedoch vermieden, die Analyse der unterschiedlichen Schriften auf rein mechanische Weise in das Schema der Abfolge ihrer zeitlichen Entstehung zu pressen. Abgesehen von den Nachteilen, die eine solche Vorgehensweise für den Leser mit sich bringt – namentlich die häufigen Wiederholungen, die die Darstellung langatmig und schwerfällig werden lassen –, gerät der Autor dabei nur allzu oft in die Gefahr, über der Nachzeichnung der chronologischen Entwicklungslinie das sachliche Profil des von ihm betrachteten Themas aus den Augen zu verlieren. Die Problematik der Sachfragen kann nur dann mit hinreichender Deutlichkeit hervortreten, wenn sich der Autor zumindest bis zu einem gewissen Grade dem Mechanismus der Chronologie entzieht und auch in ihrer zeitlichen Entwicklung zerdehnte Themenstränge sowie mehr oder weniger weit auseinanderliegende Motivzusammenhänge in ihrer inneren Zusammengehörigkeit zu erkennen und darzulegen vermag.

Aus diesem Grunde ist die im Hauptteil der vorliegenden Arbeit zum Tragen kommende chronologische Ordnung weitgehend makroskopischer Natur. So wird Heideggers Philosophie insgesamt anhand dreier Großabschnitte betrachtet, die der zeitlichen Aufeinanderfolge der großen Entwicklungs- und Umbruchsphasen seines Denkens entsprechen. Die erste Phase setzt dabei mit den frühesten Veröffentlichungen des jungen Heidegger (d. h. ab 1912) ein und findet mit den 1929 entstandenen Schriften bzw. der zu dieser Zeit gehaltenen Vorlesung ihren Abschluß. Der Beginn des zweiten Großabschnittes wird mit den Jahren 1929/30 angesetzt und endet etwa Mitte der 40er Jahre. Diese letztgenannte Abgrenzung *a parte post* ist jedoch insofern nicht immer streng durchzuhalten, als sich bestimmte Entwicklungen und Themenstränge, die in der Spätphase massiv zur Geltung kommen, teilweise schon in der ersten Hälfte der 40er Jahre ankündigen, während umgekehrt andere Denkschemata sich noch einige Zeit über das Orientierungsdatum 1946 hinaus durchhalten. Der Beginn der dritten und letzten Phase läßt sich daher nur mit einem ungefähren Richtwert bezeichnen, während ihr Ende sich auch noch über die letzten Jahre der Heideggerschen Denkentwicklung erstreckt.

Innerhalb dieser chronologischen Grobunterteilung wird die Darstellung jedoch insofern differenzierter, als nunmehr für uns nicht primär die einzelnen Schriften in ihrer zeitlichen Abfolge, sondern bestimmte Leitthemen im Mittelpunkt stehen. Die Problematik der Identität der Philosophie, das Wesen des Daseins, die Rolle der Welt bzw. des welthaften Seienden, die Bedeutung der Kunst, um nur einige Beispiele zu nennen, geben die thematischen Schwerpunkte ab, um die herum unsere Darstellung des Heideggerschen Denkens angeordnet ist. Jedes dieser Themen wird dabei innerhalb der einzelnen drei Hauptabschnitte zwar wiederum in grundsätzlich chronologischer Ordnung betrachtet, doch bleibt die Einheit des thematischen Gesichtspunktes dabei maßgebend: Nur, insofern die sachliche Einheit der unterschiedlichen Schriften schon erkannt ist, kann es einen Sinn haben, sie in einen zeitlichen Entwicklungszusammenhang eingeordnet zu sehen, nicht umgekehrt.

Die ungleiche Gewichtung der drei der Entwicklung des Heideggerschen Spieldenkens gewidmeten Hauptabschnitte dieser Abhandlung entspringt sowohl äußerlich-interpretatorischen als auch inneren, sachlichen Gründen. Zum einen fällt auf, daß in der Literatur über das Heideggersche Spieldenken die Spätphase stets eine bevorzugte, wenn nicht ausschließliche Behandlung erfährt, während der mittlere Entwicklungsabschnitt allenfalls am Rande Erwähnung findet und die Frühphase so gut wie immer ausgeklammert wird. In der Absicht, dieses wie selbstverständlich vorausgesetzte Deutungsschema in Frage zu stellen, wurde daher der umgekehrte Weg gewählt, um gerade die Gegenwart des Spielmotivs in Heideggers früher Phase eingehend und in allen Richtungen zu beleuchten. Zum anderen ist es jedoch auch aus inneren Gründen unvermeidlich, daß unsere Ausführungen zur mittleren und späten Periode knapper ausfallen, als von ihrer zeitlichen Erstreckung her eigentlich zu vermuten wäre. Dies ist dadurch bedingt, daß vor allem die während des mittleren Entwicklungsabschnittes (etwa 1930-1946) entstandenen Texte trotz ihres oft erheblichen Umfangs nur sehr detaillierte und ausführliche Entfaltungen einiger weniger Grundmotive darstellen, in denen sich das Spiel während dieser Zeit manifestiert. Während in der Frühphase das Spielmotiv aufgrund seiner noch im Fluß befindlichen Herausbildung in sehr vielen verschiedenen Themenbereichen anklingt und erst als solches zur Sprache gebracht werden muß, verfestigt es sich im Laufe der Zeit zu einer Denkfigur, deren Strukturen – Geviert, Sprung, Abgrund usw. – bereits eine derart lange Erprobung erfahren haben, daß Heidegger ihre Anwendung gezielt und fast wie selbstverständlich vornehmen kann, ohne nochmals auf die grundsätzliche Bedeutung und Entstehung dieser Denkkategorien zurückzukommen.

*

Nach diesen Erläuterungen zur Gewichtung des thematischen Aspektes dieser Arbeit gegenüber dem chronologischen Gesichtspunkt bedarf das formale Statut des Spielmotivs einer genaueren Klärung. In der Tat ist die interpretatorische Valenz des Spiels nicht einheitlich, sondern wandelt sich sowohl im Hinblick auf den jeweils im Mittelpunkt stehenden Zeitabschnitt des Heideggerschen Denkens als auch in bezug auf die Frage nach der möglichen Einheit seines Denkens insgesamt.

Die erste Art und Weise, in der das Spiel für das Verständnis von Heideggers Denken relevant wird, betrifft hauptsächlich den frühen Zeitabschnitt, in dessen Verlauf die ausdrückliche Verwendung des Wortes „Spiel“ noch ganz oder praktisch zur Gänze abwesend ist. Die Verwendung des Spielbegriffs bei unserer Deutung dieses Entwicklungsabschnitts ist nichtsdestoweniger dadurch gerechtfertigt, daß die für Heidegger in dieser Zeit zentralen Grundmotive des Denkens – der existenziale „Einsatz“ des Daseins im Denken, der vorrationale, nicht weiter begründbare Grund aller Rationalität, der Freiraum des vorintentionalen Verstehens und Sich-befindens, die Kreisstruktur des Weltbezugs, die Einheit von Freiheit und Bindung – teils mit strukturellen Grundzügen übereinstimmen, die dem Spiel als konkretem Phänomen sowie seiner alltagssprachlichen Bedeutungsvielfalt eignen, teils inhaltliche Entsprechungen zu denjenigen Leitmotiven des Heideggerschen Denkens darstellen, die während der Spätphase notorisch mit dem Wort „Spiel“ bezeichnet werden. Bei der Analyse der ersten zehn bis zwölf Jahre des Heideggerschen Denkweges erfüllt das Spiel also die motivische Einheitsfunktion eines interpretatorischen Rahmens, auf den hin das Spieldenken der Spätphase hin entworfen werden muß, um seinen Sinn entfalten zu können.

Ist das Spiel in diesem ersten Fall also etwas, das in Heideggers Denken durch temporäre lexikalische Abwesenheit seine Anwesenheit behauptet, so stehen am anderen Extrem der Skala diejenigen – nicht eben zahlreichen – Textstellen, in denen das Spiel selbst *Gegenstand* der Heideggerschen Darlegungen wird. Heideggers Vorgehensweise zeichnet sich dabei dadurch aus, daß die Züge des konkreten Spielphänomens einzeln thematisiert werden, um anhand dessen das Wesen der phänomenologischen Deutung von Dasein, Denken und Wirklichkeit herauszustellen. Eine derart ausführliche, explizite Thematisierung des Spiels ist jedoch auch während der mittleren und späten Phase die große Ausnahme. In den weitaus meisten Fällen beschränkt sich Heidegger darauf, die Bezeichnung „Spiel“ in einer ihrer zahlreichen Bedeutungen zu verwenden, ohne den Sinn dieser Vorgehensweise eigens zu erläutern.

Bezüglich dieser scheinbar versprengten und unzusammenhängenden Anwendungen des Spielbegriffs in ganz verschiedenen Zusammenhängen und auf unterschiedlichen Ebenen stellt sich nun die Frage, ob man sie als mehr oder weniger planlos eingestreute Metaphern deuten oder aber diesen unterschiedlichen Verwendungsweisen einen inneren Zusammenhang und eine ganz bestimmte Aussageabsicht unterstellen will. Unter der erstgenannten Voraussetzung müßten Wendungen wie die, in denen beispielsweise von den Denkern als den „Spielmännern des Seins“ die Rede ist, bestenfalls als die Darstellung auflockernde, pittoreske Ausschmückungen und schlimmstenfalls als sachfremde, äußerlich applizierte Begriffsornamentik gewertet werden. Die Hypothese einer inneren Zugehörigkeit auch der scheinbar isoliert verwendeten Bezeichnung „Spiel“ zu der in Frage stehenden Sache bliebe dabei in jedem Fall ausgeklammert.

Unter Zugrundelegung der entgegengesetzten Annahme bedarf es einer genauen Analyse all jener Stellen, an denen Heidegger sich des Wortes „Spiel“ und seiner zahlreichen Derivate bedient, ohne die Hintergründe dieses Begriffsregisters weiter auszuführen. Die Vereinzelung der Belegstellen hält auf diese Weise die Waage zwischen der materiell abwesenden, nur indirekt motivisch zu erschließenden Dimension des Spiels während der Frühphase und den von Heidegger selbst vorgenommenen, ausdrücklichen Thematisierungen des Spiels als eines Grundmusters für das phänomenologische Denken. In den weitaus meisten Fällen stellt sich das Spiel damit als exemplarisch angeführte Instanz für die Einheit zwischen der materiell greifbaren Präsenz des Zeichens und der schwebenden Gegebenheitsweise des Sinnes heraus und erweist die innere Einheit des Heideggerschen Denkens zwischen den in bezug auf die Sache des Denkens wirksamen Extremen des ungesagt-vorsprachlich Gegebenen und des ausdrücklich-begrifflich Explizierten.

Insofern für Heidegger die Sache des Denkens nie von der Besinnung auf die Geschichte der Philosophie zu trennen ist, stehen die Analysen und Deutungen des Spielmotivs notwendigerweise in der Pflicht, auch auf diejenigen Vertreter des abendländischen Denkens einzugehen, die für die Entwicklung des Heideggerschen Spieldenkens von besonderer Relevanz sind. Zu beachten bleibt jedoch in jedem Falle, daß es sich bei Heidegger weder um eine Philosophie „des" Spiels im herkömmlichen Sinne noch um eine „bloß spielerische" Sicht des philosophischen Denkens handelt. Die Originalität seines Ansatzes besteht vielmehr darin, daß sich die Grundbedeutungen des Spiels einerseits in Auseinandersetzung mit den großen Vertretern des bisherigen philosophischen Denkens – namentlich Heraklit, Aristoteles, Leibniz und Kant – herausbilden, andererseits aber in der irreduziblen Vielfalt ihrer formalen und inhaltlichen Charakteristika wiederum auf die geschichtliche Interpretation dieser Autoren zurückwirken. Heidegger bezieht die für ihn zentralen Autoren dabei meist auf eine Weise mit ein, die sich gerade nicht auf ihre expliziten Stellungnahmen *zum Thema* des Spiels stützt, sondern die Grundstrukturen ihres Denkens mittelbar auf die Problematik des Spiels hin durchsichtig macht. Heidegger bringt also in bezug auf seine eigene Spielkonzeption die Geschichte des abendländischen Denkens zwar nicht immer, aber doch oft gerade dort ins Spiel, wo das Spielmotiv auf den ersten Blick abwesend zu sein scheint.

Aus dieser Flexibilität des Heideggerschen Spieldenkens, das Motivik und Problematik des Spiels gerade aus scheinbar weiter entfernten Themenbereichen der philosophischen Tradition schöpft, resultiert seine ungeheure innere Vielfalt und Eigenheit. Die Anpassung der Spielaspekte an den jeweiligen thematischen Kontext verwehrt es strenggenommen, das Spiel bei Heidegger als einen feststehenden Inhalt zu fassen. Vielmehr bewährt sich das Spiel in performativer Weise als Leitfaden für die Herausstellung der inneren Einheitsstruktur von Heideggers eigenem Denken, für die Deutung der Geschichte des abendländischen Denkens in seinem inneren Zusammenhang sowie schließlich für die Stellung, die Heidegger seinem eigenen Denken gegenüber dieser Tradition zuschreibt. Ebendiese Dynamik und Eigenständigkeit des Heideggerschen Spielansatzes ist es aber, die in der gegenwärtigen philosophischen Literatur, soweit sie in der einen oder anderen Weise dem Spiel gewidmet ist, nicht oder nicht ausreichend gewürdigt wird – meistens aufgrund einer unzulässigen Beschränkung der Sichtweise in thematischer oder chronologischer Hinsicht. Daher beginnt diese Arbeit mit einer Eröffnung der Perspektive auf das für uns zeitlich am nächsten Liegende, nämlich die wesentlichen zeitgenössischen Deutungsansätze zum Heideggerschen Spieldenken, bevor sie sich Heidegger selbst und mit ihm der Deutung der philosophischen Tradition im Zeichen des Spiels zuwendet.

EINLEITENDER TEIL

DER HEIDEGGERSCHE SPIELGEDANKE IN DER PHILOSOPHISCHEN DISKUSSION DER GEGENWART

In der zeitgenössischen philosophischen Literatur gibt es kaum eine Untersuchung zur Spielproblematik, die nicht in der einen oder anderen Weise auf Heidegger Bezug nähme. Die Bewertungen der Heideggerschen Position fallen dabei ebenso unterschiedlich aus wie die spielphilosophischen Ansätze selbst, doch lassen sich in der Vielzahl der Interpretationen insgesamt zwei voneinander hinreichend deutlich unterscheidbare Grundlinien ausmachen. Ganz allgemein gesprochen, handelt es sich hierbei einerseits um die Sichtweise, die das Spielphänomen als Gegenstand der philosophischen Betrachtung ansieht, andererseits um diejenige Haltung, die nicht das Spiel mit den Mitteln der philosophischen Reflexion analysieren und deuten, sondern umkehrt die Philosophie und das ihr eigene Denken vom Spiel her und in wesentlicher Beziehung zu ihm verstehen will. Da unter derart unterschiedlichen Voraussetzungen auch der Heideggersche Spielgedanke in jeweils ganz anderem Licht erscheinen muß, ist eine getrennte Betrachtung dieser beiden philosophischen Grundhaltungen zum Spiel angebracht.

1. DAS HEIDEGGERSCHE MOMENT IN GEGENWÄRTIGEN ANSÄTZEN ZUR SPIELTHEORIE

1.1. Die phänomenal-empirische Grundausrichtung

Die erste Möglichkeit, auf die Heideggersche Spielkonzeption einzugehen, besteht darin, sie in den Rahmen spieltheoretischer Überlegungen im strengen Sinn einzufügen, d. h. jener Untersuchungen, die die konkret am Menschen beobachtbare Aktivität des Spielens sowie die Typologie der unterschiedlichen Spielformen zum Gegenstand haben. Die spezifische, hauptsächlich vom Ideal der Beobachtung und Beschreibung geprägte Ausrichtung dieser Deutungen des Spiels bringt es mit sich, daß Heideggers Ansatz – oft unter krasser Verkennung seiner Grundabsicht – als mehr oder minder mißlungener, jedenfalls aber mit grundsätzlichen Defiziten behafteter Beitrag zu einer Philosophie „des" Spiels (im Sinne eines *genitivus objectivus*) aufgefaßt und meist noch in überaus fragmentarischer Weise nur anhand einiger weniger Belegstellen erläutert wird. Gemessen an der stark empirischen, an der Beobachtung ausgerichteten Vorgehensweise dieser Autoren, muß es in der Tat so erscheinen, als habe Heidegger durch die systematische Außerachtlassung der konkreten Gegebenheit des Spiels die fundamentalsten Grundregeln der phänomenologischen Vorgehensweise mißachtet und sich eines schweren methodischen Versäumnisses schuldig gemacht[1]. Der fehlende Bezug zur Wirklichkeit des Spiels wird folgerichtig in dem Sinne gedeutet, als reduziere sich die Heideggersche Verwendung dieses Terminus auf eine mit spekulativen Implikationen beladene Metapher oder ein Symbol[2], dessen gedankliche Tragweite jedoch keine rationale Durchdringung im eigentlichen Sinne erfahre[3].

Es ist auffallend, daß die Vertreter dieses Deutungsansatzes bei der Darlegung ihrer eigenen Spieltheorie oft zwischen der Ebene der konkreten Beschreibung des Spiels und seiner transzendentalen Deutung hin- und herwechseln, die unterschiedlichen methodischen Erfordernisse dieser beiden Niveaus theoretisch auch in gewisser Weise anerkennen[4], Heidegger aber dennoch sowohl am Maßstab empirischer Untersuchung als auch an den Kriterien einer spekulativ-philosophischen Vorgehensweise im eigentlichen Sinne messen. Folglich nimmt es nicht wunder, daß die Kritik meist auf die Feststellung hinausläuft, Heidegger sei trotz bestimmter wichtiger Grundeinsichten auf halbem Wege stehengeblieben[5], oder aber es wird die

1. So wirft beispielsweise J. Henriot Heidegger vor, die phänomenale Wirklichkeit des Spiels als fraglos gegeben vorauszusetzen und mit der anschließenden Verknüpfung von Sein und Spiel in die zunächst als radikal postulierte Seinsfrage ein unbefragtes und somit nicht phänomenologisch ursprüngliches Element hineinzubringen: „Heidegger, [...] loin de poser ne fût-ce qu'une fois dans son œuvre, la *question* du jeu, prend au contraire le Jeu comme le plus décisif élément de réponse. Il y a loin des exigences premières de la phénoménologie, telles qu'elles s'expriment dans *Être et temps*, aux ultimes spéculations sur le ›Jeu du miroir du Monde‹. À ce qu'il semble, Heidegger néglige ce qui se donne à voir: que le jeu n'apparaît que sous la forme d'une idée". – „Heidegger pose le jeu comme un fait d'expérience, une manière d'être dont le sens va de soi. Le questionnement sur l'Être, nervure médiane de sa recherche, aboutit à cette formulation: ›l'essence de l'être est le jeu lui-même‹, dans laquelle l'idée de Jeu figure à titre de réponse. La *question* du jeu ne sera jamais posée" (J. HENRIOT, *Sous couleur de jouer: la métaphore ludique*, Paris 1989, 16 bzw. 125; Hervorhebungen im Original). Eine noch unverhülltere, wenn auch indirekte Kritik kommt bei C. Duflo zum Ausdruck, der, ohne Namen zu nennen, eine Spielauffassung kritisiert, die maßgeblich auf Heidegger zurückgeht, aber auch bei anderen zeitgenössischen Autoren anzutreffen ist. Er schreibt: „Pourtant, étant admis que le jeu est un phénomène digne d'intérêt, il nous semble qu'il ne saurait y en avoir de pensée sérieuse que dans un retour au moins minimal au concret. Sinon, bien sûr, si l'on s'entend pour ne pas vouloir savoir de quoi on parle, la porte est ouverte à n'importe quel délire. Certes, on peut bien écrire des livres intéressants sur le *jeu du monde*. Admettons simplement qu'on ne parle simplement pas de la même chose ici et là" (C. DUFLO, *Jouer et philosopher*, Paris 1997, 8; Hervorhebungen im Original).

2. „Nietzsche, Heidegger ne paraissent pas douter un seul instant de la réalité du Jeu auquel ils se réfèrent à titre de symbole" (J. HENRIOT, *Sous couleur de jouer*, 82). Als Hauptbeispiel für die angebliche Spielmetaphorik führt Henriot die Verwendung des Begriffes „Spielraum" in *Sein und Zeit* an (vgl. ebd., 94).

3. „L'hypothèse d'une gratuité antécédente correspond à ce qu'on dit en général du jeu. Celui-ci, suivant le mot de Heidegger, est ›sans pourquoi‹. Il n'y a d'autre fondement, d'autre raison de lui-même. Mais quand on s'exprime ainsi, on parle en poète. L'esprit rationnel, quant à lui, observe qu'une action n'est jamais sans rime ni raison. Le jeu est une activité sensée" (J. HENRIOT, *Sous couleur de jouer*, 184). Es fällt auf, mit welcher Selbstverständlichkeit hier die *Zweck*freiheit des Spiels mit einem Fehlen von *Sinn* gleichgesetzt wird, so als sei die Selbstbegründung bzw. „Grundlosigkeit" des Spiels kein rational verständliches Phänomen.

4. Zur Unterscheidung zwischen dem Spiel als konkreter Aktivität und dem Spiel in transzendentalem Sinne vgl. beispielsweise J. HENRIOT, *Sous couleur de jouer*, 98.

5. Nachdem Henriot die Notwendigkeit eines empirischen Ansatzes für jede philosophische Betrachtung über das Spiel herausgestellt hat, kommt er zu dem Ergebnis: „Métaphore de toute existentialité, il [sc. l'espace de jeu] désigne le paradoxal espace du dedans, l'*espace de jeu* qui sépare

Tatsache bemängelt, daß seine Thematisierung des Spiels nicht auch in einer spielerischen Grundhaltung seines eigenen Denkens ihre Fortsetzung und Bestätigung gefunden habe[1]. In beiden Fällen erscheint Heideggers Spielkonzeption allenfalls als vielversprechender, aber leider unvollendet gebliebener Torso, in dem mehr angelegt gewesen sei, als Heidegger tatsächlich daraus gemacht habe.

Es ist aufschlußreich, daß die gegen Heidegger vorgebrachte Kritik sich vor allem auf die aus der Spätzeit stammenden, rätselhaften Ausführungen über das „Spiegelspiel der Welt" konzentriert, während die in *Sein und Zeit* angedeutete Verbindung zwischen Spiel und Existenz auf grundsätzliche Zustimmung stößt. Das Interesse an der Heideggerschen Sicht des „Subjektes" vor dem Hintergrund des Spiels ist ganz offensichtlich darauf zurückzuführen, daß die Kritiker in ihrer eigenen Spieltheorie dem Subjekt eine unverzichtbare Rolle zugestehen, die gleichwohl nicht einfach mit den Kategorien herkömmlichen Subjektdenkens erklärt werden kann. Das Spiel ist in dem Moment ans Subjekt gebunden, wo es den Akt bewußter Sinngebung verlangt[2] oder auch – sofern es mit Risiko und Einsatz behaftet ist – als Ausdruck der *condition humaine* schlechthin verstanden wird[3]. Unter dieser Voraussetzung muß *Sein und Zeit* insofern als maßgeblicher Referenzpunkt erscheinen, als es Heidegger dort gelingt, die Existenz des Menschen in der konkreten Vielfalt ihrer Phänomene in den Mittelpunkt zu rücken, zugleich jedoch die Subjektszentriertheit im traditionell-theoretischen Sinn aus den Angeln zu heben. Bedenkt man den eigenartigen, von Freiheit und Bindung geprägten Doppelcharakter des Spiels, so ist es nicht weiter erstaunlich, daß die verschiedenen Vertreter einer Philosophie des Spiels sich vor allem für Heideggers fundamentalontologische Konzeption des Menschen interessieren, die in besonderer Weise in der Lage ist, dessen radikale Freiheit und Ungeschütztheit einerseits und sein notwendiges Eingebundensein in Bedeutungs- und Sinnzusammenhänge andererseits in gleichem Maße herauszustellen.

le *Dasein* de ce qu'il a à être et qui le fait ainsi à distance de soi, en avance sur soi. Ce jeu-là va sans doute plus loin, offre le moyen d'une interprétation plus riche que les spectaculaires jeux de miroirs auxquels Heidegger se laissera prendre par la suite". (J. HENRIOT, *Sous couleur de jouer*, 94; Hervorhebungen im Original).

1. Diese Kritik einer mangelnden „existentiellen Folgerichtigkeit" Heideggers wird etwa von A. Dal Lago und P. A. Rovatti vorgebracht: „Heidegger non vede nel destino una necessità, ma un dono. [...] Eppure, c'è qualcosa che manca nelle sottili analisi di Heidegger, quell'elemento ludico e avventuroso che invece è presente in Simmel o Bergson o Goffman". – „[Heidegger] è disposto [...] a lasciar essere la verità, ma non è quasi mai disposto a lasciar essere, nella sua filosofia, [...] lo spazio del gioco e della finzione" (A. DAL LAGO – P. A. ROVATTI, *Per gioco. Piccolo manuale dell'esperienza ludica*, Milano 1993, 50 bzw. 111).

2. So betont Henriot: „[...] il n'est pas possible de construire un modèle du jeu pris en tant que structure. Le jeu est affaire de sens, non de forme". – „[...] je dis seulement que, si l'on refuse de parler de conscience, de capacité de choix – en un mot: de subjectivité – alors il faut du même coup renoncer à parler de Jeu" (J. HENRIOT, *Sous couleur de jouer*, 102 bzw. 109). In ähnlicher Weise sehen auch A. Dal Lago und P. A. Rovatti das spielende Subjekt als unverzichtbare „essenza del gioco" an (A. DAL LAGO – P. A. ROVATTI, *Per gioco*, 17).

3. „S'il [Heidegger] avait accepté de poser la question du jeu à partir des analyses de *Sein und Zeit*, Heidegger aurait pu l'appeler un ›existential‹: à n'en point douter, la chose du monde la plus sérieuse, la plus grave, puisqu'elle représente la prise en charge de l'existence par l'existant" (J. HENRIOT, *Sous couleur de jouer*, 204).

1.2. Die spekulativ-transzendentale Grundausrichtung

Ausgehend von gleichfalls spieltheoretischen Überlegungen, doch unter einem weniger stark empirisch begrenzten Blickwinkel, kommen andere Vertreter der Gegenwartsphilosophie zu einer genau entgegengesetzten Bewertung des Heideggerschen Spielgedankens. Während bei den erstgenannten Autoren die Bruchstückhaftigkeit und Unzulänglichkeit der Heideggerschen Ausführungen über das Spiel im Mittelpunkt stand, sehen Vertreter der zweiten Gruppe Heideggers Spielverständnis umgekehrt vom Hang zur Totalisierung und Verabsolutierung geprägt[1]. Auf den ersten Blick mag es erstaunen, daß die unterschiedlichen Analysen der Spielkonzeption desselben Autors zu derart gegensätzlichen Einschätzungen führen können, doch wird dies scheinbare Paradox verständlich, wenn man bedenkt, daß die beiden Beurteilungen einen jeweils anderen Ansatz verfolgen. Während bei den zuerst zitierten Kommentatoren Heideggers Spielbegriff vor allem unter dem formalen Gesichtspunkt seiner methodischen Verwendung und der angeblich mangelnden Ausführlichkeit seiner Abhandlung betrachtet wird, neigt der zweite, mehr auf die Frage nach dem Wesen des Spiels als solchem orientierte Ansatz dazu, die bei Heidegger zu konstatierende inhaltliche Verknüpfung des Spielmotivs mit der Seinsfrage in den Vordergrund zu rücken, die in sich schon den Rahmen jeder Einzelproblematik sprengt und das Spiel damit in den Horizont des Verständnisses von Wirklichkeit überhaupt hineinrückt.

Stellte bei den erstgenannen Autoren die Heideggersche Sicht des „Subjekts" die positiv zu würdigende Komponente seines Beitrags zur Spielthematik dar, so orientiert sich die andere Gruppe gerade an den Grundworten, die für die definitive Überwindung des subjektszentrierten Denkens stehen, von dem in gewisser Weise auch noch *Sein und Zeit* beeinflußt scheint. So zögern sie nicht, dort, wo sie die rein empirisch-beschreibenden Analysen des Spielphänomens auf einen mehr spekulativ-universellen Ansatz hin überschreiten wollen, bestimmte, für Heideggers Ansatz der Seinsfrage typische Grundmotive wie das „Nichts", die „offene Mitte" oder auch den schwindelverursachenden „Zirkel" und „Wirbel" aufzugreifen und wie selbstverständlich zur philosophischen Deutung des Spielphänomens zu verwenden[2]. All diesen Termini ist gemeinsam, daß sie in unübersehbarer Weise eine Reihe von Kontrapunkten zum klassischen metaphysischen Denken darstellen, insofern dieses

1. So zum Beispiel F. Brezzi, die Heidegger unter die Vertreter eines „metaphysischen", d. h. totalisierenden Spielbegriffs einreiht, wenngleich seine Konzeption des Spiels als Ort des „Ab-grundes" von anderen zu Verabsolutierung neigenden Spielkonzeptionen unterschieden wird, etwa von Nietzsches „spielerischem Nihilismus" oder vom „spielerischen Pantheismus", wie er das Denken von E. Fink und K. Axelos charakterisiert (vgl. F. BREZZI, *A partire dal gioco: per i sentieri di pensiero ludico*, Genova 1992, 6).

2. So fragt F. Brezzi: „Dire che il gioco è esperienza inutile significa forse delimitare il profilo di una esperienza del nulla o del niente?" (F. BREZZI, *A partire dal gioco*, 94; der Ausdruck „gioco quale vertigine" findet sich ebd., 42). In ähnlicher Weise setzen A. Dal Lago und P. A. Rovatti den Reigen als eine Grundform des Spiels an, bedienen sich dabei einer Reihe von Ausdrücken, die bewußt an Heideggers „Reigen des Gevierts" erinnern („*noi giriamo intorno a nulla*, circoscriviamo un niente"), und ziehen eine ausdrückliche Parallele zum Heideggerschen Wahrheitsverständnis, demzufolge die Wahrheit in keiner Weise mehr gegenständlichen Charakter hat, sondern ebenso als „luogo pieno di nulla" (im Sinne der „offenen Mitte" oder „Lichtung") gedacht werden muß (A. DAL LAGO – P. A. ROVATTI, *Per gioco*, 103 [Hervorhebungen im Original] bzw. 106f.).

von der Grundauffassung der Beständigkeit des Seins, der Tendenz zur Vergegenständlichung, dem Ideal linearer Begründbarkeitsstrukturen, vor allem aber durch eine eindeutige, vorzugsweise subjektszentrierte Ausrichtung der Wirklichkeit geprägt ist. Kurz gesagt: War für die erste Autorengruppe der Heidegger der Fundamentalanalyse des Daseins maßgebend, so geht die zweite Gruppe eher von den Grundmotiven der mittleren und späten Periode des Heideggerschen Denkens aus, wo die „metaphysischen Reste" von *Sein und Zeit* einem scheinbar subjektfreien, ganz Offenheit und Bewegung gewordenen Denken gewichen sind.

Aus der häufigen Verwendung von Begriffen wie „Nichts", „Leere", „Wirbel" usw. wird zwar ersichtlich, wie sehr das für Heideggers Deutung der Metaphysik zentrale Leitmotiv der ursprünglichen Negativität in ihren unterschiedlichen Formen schon Gemeingut des heutigen philosophischen Denkens geworden ist und folglich auch die philosophische Deutung des Spiels beeinflußt, doch ist umgekehrt damit die Frage nicht beantwortet, inwiefern bei Heidegger selbst der Spielgedanke nicht nur im Hinblick auf die volle Ausformung des Nihilismus als des Endpunktes der bisherigen Metaphysik, sondern auch und gerade bei der Deutung ihres gesamten Geschichtsverlaufs von herausragender Bedeutung ist. Die Beziehung zwischen Spiel, Negativität und metaphysischem Denken, wie sie Heidegger unter vielerlei Umbrüchen herausarbeitet, fungiert bei den zuletzt zitierten Spieltheoretikern als fraglos vorgegebener Hintergrund für ihre eigenen Überlegungen, ohne selbst eine ausdrückliche Thematisierung und Problematisierung zu erfahren.

Daraus ergibt sich die Notwendigkeit einer Erweiterung der Sichtweise von der inhaltlich-spekulativen zur geschichtlichen Ebene. Insofern in der Heideggerschen Sicht der Philosophiegeschichte der „Nihilismus" nicht erst zu einem bestimmten, relativ spät anzusetzenden Zeitpunkt in die Metaphysik Einzug hält, sondern im Keim bereits von Anfang an in ihr angelegt ist, weist auch die scheinbar spontane Verwendung des „nichthaften" Heideggerschen Vokabulars im Zusammenhang mit der Frage nach dem Spiel in gewisser Weise schon über sich selbst hinaus. Es gilt aufzuzeigen, daß das Spiel bei Heidegger dazu dient, zunächst das philosophische Denken selbst, das von ihm gedachte Sein und das Verhältnis zwischen beiden auf eine jenseits aller Vergegenständlichung liegende Weise zu fassen, darüber hinaus aber auch die jeweilige geschichtliche Verwirklichung dieses Verhältnisses und schließlich die Gesamtheit dieser Geschichte des Denkens selbst zum Ausdruck zu bringen.

2. HEIDEGGERS SPIELKONZEPTION UND DIE GESCHICHTLICHE PROBLEMATIK DER METAPHYSIK IN DER GEGENWÄRTIGEN PHILOSOPHISCHEN LITERATUR

Wenn, wie deutlich geworden ist, etliche Autoren Heideggers Ausführungen als Beitrag zu einer Philosophie des Spiels im engeren Sinne lesen, so sind doch diejenigen weit zahlreicher, die seine Spielthematik nicht als inhaltliche Reflexion *über* das Spiel verstehen, sondern ihre geschichtliche Dimension ausdrücklich anerkennen. Diese gemeinsame Grundausrichtung läßt jedoch in zweifacher Hinsicht eine engere oder weitere Fassung des geschichtlichen Rahmens zu; zum einen in bezug auf die Stellung, die dem Spiel in der Entwicklung des Heideggerschen Denkens selbst eingeräumt wird, zum anderen in bezug auf die Philosophiegeschichte selbst, je nachdem, ob die Betrachtung der Spielproblematik auf die relativ kurze Schlußepoche des metaphysischen Denkens eingeengt wird oder eine Ausweitung auf die gesamtgeschichtliche Perspektive der Metaphysik erfährt.

2.1. Verschiedene Deutungsentwürfe zum philosophischen Ort der Spielthematik innerhalb des Entwicklungsprofils des Heideggerschen Denkens

So große Bedeutung die metaphysikgeschichtlich argumentierenden Autoren der Verknüpfung des Heideggerschen Seinsdenkens mit der Spielidee auch zumessen[1], sosehr stimmen sie doch darin überein, daß das Spiel keinesfalls als Leitmotiv seines gesamten Denkens gelten könne, sondern erst von einem gewissen Moment an sichtbar und nachhaltig Bedeutung gewinne. Der genaue chronologische Ort dieses Einschnitts wird unterschiedlich angesetzt, wobei jeweils verschiedenartige Kriterien als Anhaltspunkt herangezogen werden. Zwar herrscht bei allen Interpreten Einmütigkeit darüber, daß der 1950 entstandene Vortrag »Das Ding«[2], die in *Unterwegs zur Sprache*[3] zusammengefaßten Texte, vor allem aber die 1955/56 gehaltene Vorlesung *Der Satz vom Grund* als die ausführlichsten und maßgeblichsten Darlegungen des Heideggerschen Spielgedankens zu gelten haben[4], doch gehen die Meinungen darüber weit auseinander, ob und inwiefern die dort entfalteten Überlegungen etwas merklich Neues darstellen oder vielmehr Motive und Gedanken aufgreifen und weiterentwickeln, die, wenn auch auf weniger sichtbare Weise, in Heideggers Denken schon sehr viel früher bestimmend gewesen sind.

Die Tatsache, daß Heidegger in *Der Satz vom Grund* seinen 1928 verfaßten Aufsatz »Vom Wesen des Grundes« einer eingehenden Selbstkritik unterzieht[5], ist an sich schon Hinweis genug, daß diese beiden Abhandlungen in einem inneren Zusammenhang stehen und folglich nur bei vergleichender Betrachtung ihre ganze Bedeutung erschließen. Allerdings werden ebendiese selbstkritischen Anmerkungen

1. M. Spariosu geht sogar so weit, das philosophische Grundanliegen des späten Heidegger in der plakativ anmutenden Formel „Sein und Spiel" zusammenzufassen – allerdings eben in bewußter Abhebung vom ersten Leitmotiv „Sein und Zeit" (vgl. M. SPARIOSU, *Dionysus Reborn. Play and the Aesthetic Dimension in Modern Philosophical and Scientific Discourse*, Ithaca [N. Y.] 1989, 102). Auch I. Heidemann hält dafür, daß „der Spielbegriff für eine durchgängige Interpretation des Ganzen der Philosophie von Heidegger unerläßlich ist" (I. HEIDEMANN, *Der Begriff des Spieles und das ästhetische Weltbild in der Philosophie der Gegenwart*, Berlin 1968, 353f.), doch ist für sie, wie im folgenden deutlich wird, die durchgängige Interpretation anhand des Spielbegriffs nicht gleichbedeutend mit der durchgängigen Gegenwart des Spielbegriffs bei Heidegger selbst.

2. In: M. HEIDEGGER, *Vorträge und Aufsätze* (VA), Pfullingen (1954) [7]1994, 157-175.

3. M. HEIDEGGER, *Unterwegs zur Sprache* (USp), Pfullingen (1959) [10]1993.

4. Als einschlägige, bisweilen nicht einmal namentliche Zitate tauchen immer wieder diejenigen Passagen aus *Der Satz vom Grund* auf, in denen Heidegger anhand von Heraklits Fragment 52 das Motiv des spielenden und doch herrscherlich souveränen Kindes entwickelt; als zweiter Kronzeuge für Heideggers Spielbegriff dient das Motiv des „Spiegelspiels der Welt" aus dem Vortrag »Das Ding« (vgl. J. HENRIOT, *Sous couleur de jouer*, 25. 28; T. LENAIN, *Pour une critique de la raison ludique: essai sur la problématique nietzschéenne*, Paris 1993, 110; V. VITIELLO, *Dialettica ed ermeneutica. Hegel e Heidegger*, Napoli 1979, 243; P. D'ALESSANDRO, *Il gioco inconscio nella storia*, Milano 1989, 230f. 302f. sowie M. SPARIOSU, *Dionysus Reborn*, 115ff.).

5. Vgl. M. HEIDEGGER, *Der Satz vom Grund* (SvG), Pfullingen (1957) [7]1992, 84ff.

Heideggers häufig in dem Sinne verstanden, als habe in den fast dreißig Jahren, die zwischen der Entstehung der beiden Texte liegen, ein derartiger Umbruch stattgefunden, daß eine rückblickende Anwendung des in *Der Satz vom Grund* entfalteten Spielgedankens auf die früheren Ausführungen nicht statthaft erscheint[1].

Als erstes und naheliegendstes Indiz für diese Auffassung wird ein lexikographisches Argument angeführt: Während sich in Heideggers Schriften der 50er Jahre der Gebrauch des Wortes „Spiel" in unübersehbarer Weise häufe, sei davon in den frühen Werken und Vorlesungen wenig bis nichts zu spüren, und selbst dort, wo er sich gelegentlich einmal nachweisen lasse, habe er nicht dasselbe spekulative Gewicht wie in den Spätschriften[2]. Obwohl die obengenannten Texte aus den 50er Jahren sicher von besonderer Ergiebigkeit für das Verständnis des Heideggerschen Spielmotivs sind, ist es dennoch erstaunlich, daß kaum ein Kommentator auf eine zugegebenermaßen lapidare, aber inhaltlich doch zentrale Bemerkung Heideggers eingeht, die sich im zweiten, mit »Die onto-theo-logische Verfassung der Metaphysik« überschriebenen Vortrag aus *Identität und Differenz* finden läßt. Dort führt Heidegger aus:

> „Die Art, wie die Sache des Denkens, das Sein, sich verhält, bleibt ein einzigartiger Sachverhalt. Unsere geläufige Denkart kann ihn zunächst immer nur unzureichend verdeutlichen. Dies sei durch ein Beispiel versucht, wobei im voraus zu beachten ist, daß es für das Wesen des Seins nirgends im Seienden ein Beispiel gibt, *vermutlich deshalb, weil das Wesen des Seins das Spiel selber ist*"[3].

Warum diese Stelle bei fast allen Interpreten unterschlagen wird[4], kann nur vermutet werden. Wahrscheinlich ist die mangelnde Ausführlichkeit dieses Passus dafür verantwortlich, daß diese doch ausdrücklichste Zusammenfassung des Heideggerschen Spielgedankens zugunsten der weniger knappen, aber auch weniger eindeutigen Darlegungen aus derselben Entstehungszeit in den Hintergrund tritt und gleichsam das unsichtbare Zentrum darstellt, um das herum sich die anderen Heideggerschen Texte und die an sie anknüpfenden Kommentare gruppieren, so als

1. J. D. Caputo räumt einerseits ein: „In the expression ›the Play of Being‹ the central motifs in Heidegger's thought come together" (J. D. CAPUTO, *The Mystical Element in Heidegger's Thought*, Athens [Ohio] 1978, 88), ist aber nichtsdestoweniger sichtlich darum bemüht, die Vorlesung von 1955/56 und die Abhandlung von 1928 deutlich voneinander abzusetzen. Entscheidend sei dabei die seinsgeschickliche Dimension des später entstandenen Textes, die mit dem transzendental-phänomenologischen Ansatz in »Vom Wesen des Grundes« inkompatibel sei (vgl. ebd., 94ff.).
2. So bei I. Heidemann, die zwar zunächst angesichts des thematischen Bogens zwischen »Vom Wesen des Grundes« und *Der Satz vom Grund* die Hypothese aufwirft, der Spielbegriff könne womöglich für das Heideggersche Denken insgesamt leitend sein. Doch diese Annahme wird sogleich verworfen mit dem Hinweis darauf, daß „die systematische Bedeutung des Ausdruckes ›Spiel‹ für Heidegger erst in seinen Schriften nach 1950 abhebbar ist" (I. HEIDEMANN, *Der Begriff des Spieles*, 287). Dasselbe lexikographische Argument wird auch von Spariosu angeführt (vgl. M. SPARIOSU, *Dionysus Reborn*, 102).
3. M. HEIDEGGER, *Identität und Differenz* (ID), Pfullingen (1957) ^{10}1996, 57f. (Hervorhebung v. d. Verf.).
4. Bezeichnenderweise ist es J. Henriot, der die Formulierung „l'essence de l'être est le jeu lui-même" (J. HENRIOT, *Sous couleur de jouer*, 125) ausdrücklich zitiert, jedoch nur, um an dieser kategorisch wirkenden Aussage seine These zu belegen, daß Heidegger das Spiel nie wirklich in Frage gestellt, sondern im Gegenteil als Mittel einer definitiven Antwort auf die Seinsfrage angewandt habe.

sei die holzschnittartige Gleichsetzung des Wesens des Seins mit dem Spiel weniger erklärungsbedürftig als die zahllosen, immer wieder um neue Varianten und Nuancen bereicherten Entfaltungen des Spielmotivs in den anderen Schriften. Da der aus *Identität und Differenz* zitierte Text zwar die Kernstelle des Heideggerschen Spieldenkens enthält, bezüglich der statistischen Häufigkeit des Wortes „Spiel“ insgesamt aber eher am unteren Ende der Skala steht, wird deutlich, daß das lexikographische Argument jedenfalls nicht als alleiniges Kriterium für die Beantwortung der Frage dienen kann, wann und wo das Spiel bei Heidegger zum ersten Mal oder in besonderer Weise eine eigene „Thematisierung“ erfährt.

Obwohl die Kommentatoren gerade diejenige Textstelle vernachlässigen, in der Heidegger ganz explizit die Verbindung zwischen dem Spiel und dem Wesen des Seins herausstellt, ist doch unverkennbar, daß sich ihre Behandlung der Heideggerschen Spielproblematik am Leitfaden einer „Früh-“ und „Spätphase“ in der einen oder anderen Weise an der „Kehre“ in seinem Seinsdenken orientiert. Diese thematisch-genetische Verknüpfung kann nun zum einen bedeuten, daß das Spiel in eindeutiger und ausschließlicher Weise erst mit der „nach“ der Kehre maßgeblichen Denkhaltung Heideggers ineinsgesetzt wird, woraus zu schließen wäre, daß dem Wort „Spiel“ eine weitgehend univoke Bedeutung und gleichförmige Verwendung zukommt[1]. Zum anderen aber ließe sich aus der postulierten Parallelität des Spielgedankens mit dem Seinsdenken ebensogut folgern, daß bei Heidegger nicht *ein* Spielbegriff, sondern mehrere vorliegen, die ebensowenig miteinander identisch wie voneinander zu trennen sind wie seine im Laufe der Zeit jeweils anderen Ansätze der Seinsfrage und ebensowenig wie diese dem Ideal begrifflicher Univozität unterworfen werden können.

2.2. Typologie der verschiedenen Interpretationen zur philosophiegeschichtlichen Dimension des Heideggerschen Spielgedankens

Wie schon angedeutet, zeichnen sich die beiden Hypothesen eines einheitlichen bzw. mehrdeutigen Spielverständnisses nicht nur durch ihre unterschiedliche Haltung zur geschichtlichen Entwicklung von Heideggers Denken selbst aus; vielmehr wiederholt eine jede den ihr eigenen Gestus in bezug auf die Verbindung zwischen dem Heideggerschen Spielgedanken und der Geschichte der Philosophie überhaupt. Dort, wo die Betrachtung des Spiels bei Heidegger auf die als weitgehend homogen geltende Spätphase seines Denken eingeschränkt wird, ist auch die metaphysikgeschichtliche Perspektive chronologisch am engsten gefaßt und konzentriert sich vor allem auf Heideggers Spielauffassung im Zusammenhang mit der von ihm aufgeworfenen Frage nach dem Ende bzw. der Überwindung des bisherigen metaphysischen Denkens – einer Problematik, die in besonders enger Weise mit dem Namen Nietzsches verbunden ist. Wo dagegen Heideggers Spielbegriff in den

1. Für I. Heidemann sind die geschlossene Bedeutung des Heideggerschen Spielbegriffs und seine genetische Rekonstruktion innerhalb der Gesamtheit des Heideggerschen Opus sogar kontradiktorische Widersprüche: „[...] Die Interpretation muß daher versuchen, den Spielbegriff Heideggers so darzulegen, daß der grundsätzliche Anspruch der Allgemeingültigkeit und Notwendigkeit thematisch wird. Zu diesem Zweck kann die Darstellung allerdings auch nicht zurückgehen auf eine inhaltliche Entwicklung der Schriften – die Interpretation des Spielbegriffs ist nicht identisch mit der Interpretation der Philosophie von Heidegger“ (I. HEIDEMANN, *Der Begriff des Spieles*, 291).

Rahmen einer problemgeschichtlichen Untersuchung über das Verhältnis von Spiel und Philosophie überhaupt eingefügt wird, erweitert sich die Zweierbeziehung Heidegger-Nietzsche entweder zu einem Dreieck, dessen einer Eckpunkt durch die Kantische und Schillersche Spielauffassung gebildet wird, oder aber der Heideggerschen Spielidee wird als weiterer möglicher Gegenpol die eigentümliche Beziehung zwischen Spiel und Philosophie gegenübergestellt, wie sie zu Beginn des abendländischen Denkens im Übergang vom archaischen zum klassischen Griechenland wirksam ist und bei den Vorsokratikern, vor allem aber bei Platon, zum Tragen kommt.

Je nachdem, welcher Interpretationsansatz vorherrscht, erscheint Heidegger also entweder als privilegierter Vertreter einer spielerischen Auffassung des Verhältnisses von Sein und Denken, die die gesamte Tradition des abendländischen Denkens in die Schranken fordert, oder aber als ein untergeordnetes Moment innerhalb einer umfassenderen Entwicklung, die einen wiederholten und je verschiedenartigen Durchbruch des Spielgedankens in der Geschichte der philosophischen Spekulation überhaupt markiert. Daher ist zu vermuten, daß sich die Frage nach dem Wesen des Spiels bei Heidegger dementsprechend als eindimensional bzw. vielschichtig herausstellt und bald eine, bald mehrere Antworten zuläßt.

2.2.1. Grund, Grundlosigkeit und Spiel als Basiskoordinaten der Frage nach dem „Ende der Metaphysik". Nietzsche und Heidegger

Sowohl bei Nietzsche als auch bei Heidegger konzentriert sich die Problematik des möglichen oder schon eingetretenen Endes des metaphysischen Denkens unter weitgehender Absehung von den oft erheblichen doktrinalen Unterschieden innerhalb der Philosophiegeschichte auf die Frage nach der Legitimität und den Grenzen des ihm zugrundeliegenden Verständnisses des Denkens und der Wirklichkeit überhaupt. Beiden geht es darum, die bisherige, vom Rationalitätsideal geprägte Weltsicht als Konsequenz einer bestimmten, in charakteristischer Weise asymmetrischen Ausrichtung der Wirklichkeit an bestimmten, privilegierten Seinsbereichen zu erweisen. Diese stets in der einen oder anderen Weise meta-physische Spaltung der Wirklichkeit in eine „eigentliche", „wahrhaftige" und eine in ihrer Abbildhaftigkeit „wertgeminderte", „täuschende" oder „scheinbare" – sowohl Nietzsche als auch Heidegger sehen in Platon den Urvater dieser Entwicklung – ist durch die herausragende Stellung Gottes (bzw. ganz allgemein einer übersinnlichen Wirklichkeit) einerseits und die des menschlichen Subjektes andererseits gekennzeichnet. Die Entwertung der phänomenalen Wirklichkeit, die dieser ihre Eigenständigkeit nehme, um sie vielmehr als begründungsbedürftig erscheinen zu lassen, markiere den Triumph des rationalen Denkens. Dieses stütze sich bei seiner Begründung der „scheinbaren" Welt durch die „wirkliche" auf das Postulat der Einheit des Grundes als eines allbeherrschenden Prinzips, das es ihr ermögliche, die Wirklichkeit gedanklich zu beherrschen und in ihr die Hegemonialgewalt auszuüben. Dementsprechend ist der von Nietzsche erstmals in seiner ganzen Klarheit ausgesprochene Gedanke vom „Tod Gottes" und dem Ende des Subjektes im traditionellen Sinn der Dreh- und Angelpunkt eines neuen, d. h. nicht mehr metaphysischen Denkens – ein Gedanke, der in Heideggers Kritik der onto-theo-logischen Struktur der abendländischen Metaphysik und der aus ihr erfließenden Subjektszentriertheit sein Echo findet.

Von seiten der Kommentatoren wird die von Nietzsche wie von Heidegger geübte Kritik an einer mit Ausschließlichkeitsanspruch auftretenden und ihrer eigenen Herkunft nicht bewußten Rationalität anhand einer Reihe von Positionen entfaltet, an denen das Gelingen oder Scheitern ihrer jeweiligen „Überwindung der Metaphysik" ablesbar sein soll. Den Ansatzpunkt dazu bietet Heideggers eigene Nietzschedeutung, derzufolge Nietzsche zwar die Grundmotive des Nihilismus – die Dominanz und schließlich das Dahinfallen des Wertgedankens, den „Tod Gottes" usw. – erkannt habe, zugleich aber nicht in der Lage gewesen sein soll, sich bei seiner Lehre des „Willens zur Macht" vom wichtigsten Aspekt der neuzeitlichen Philosophie, der Subjektszentriertheit, zu lösen. Heideggers notorische Bezeichnung Nietzsches als des „letzten Metaphysikers" und „radikalsten Platonikers"[1] wird nun von den Interpreten dahingehend aufgegriffen, daß sie den nachmetaphysischen Anspruch von Nietzsches bzw. Heideggers Denken an der Art und Weise messen, in der der Spielgedanke in ihrem Denken Verwendung findet, und dabei durchaus zu dem umgekehrten Ergebnis kommen, daß nämlich Heidegger als der „letzte Metaphysiker" anzusehen sei, während Nietzsche es tatsächlich geschafft habe, in seiner Spielkonzeption die Grundpositionen metaphysischen Denkens wirksam zu überwinden.

Hauptstreitpunkt bei der Bestimmung des metaphysikgeschichtlichen Ortes von Heideggers Spielverständnis ist seine nach wie vor deutliche Verknüpfung mit der Seinsfrage. Während für Nietzsche das Wort „Sein" den Inbegriff der realitätsverdünnenden und entwirklichenden Haltung des metaphysischen Denkens darstellt und daher mit diesem zugleich verabschiedet werden muß[2], sieht Heidegger aufgrund der Seinsvergessenheit der Metaphysik die Notwendigkeit gegeben, die in der Metaphysik implizit wirksame, aber als solche vernachlässigte Seinsfrage überhaupt erst wieder zu stellen und auf ihre ursprünglichste Form zu bringen[3]. Weit davon entfernt, das Seinsdenken als solches zu verwerfen, versucht er vielmehr, die Einseitigkeit und mangelnde Ursprünglichkeit des metaphysischen Denkens herauszustellen, doch ohne von der Sache selbst abzulassen, so als sei der von der Metaphysik verfolgte, rationale Ansatz der Seinsfrage ihrem Gegenstand äußerlich.

Manche Interpreten sind der Ansicht, Heideggers Überwindung des rationalen, „rechnenden" Denkens im Namen des Spiels möge, was den Modus des Denkens angehe, als Triumph über die traditionelle Metaphysik gelten – in bezug auf das Streben nach vollständiger Erfassung der Wirklichkeit verfalle eine solche Ineinssetzung des Seins mit dem Spiel letztlich doch wieder der metaphysischen Haltung der Letztbegründung und der Suche nach einem einheitlichen Grundprinzip, wie

1. Für die Zugehörigkeit Nietzsches zum metaphysischen, ja platonischen Denken siehe M. HEIDEGGER, *Beiträge zur Philosophie [Vom Ereignis]* (GA 65), Frankfurt a. M. (1989) ^{2}1994, 176. 182ff. 218f. 224. 232. 361ff., ebenso ID., *Nietzsche* I/II (Ni I/II), Pfullingen (1961) ^{5}1989, *passim* sowie ID., *Holzwege* (Hw), Frankfurt a. M. (1950) ^{7}1994, 209ff.

2. Vgl. F. NIETZSCHE, *Götzen-Dämmerung* (4. Abschnitt: Die „Vernunft" in der Philosophie, § 4), in: *Werke*, (kritische Gesamtausgabe, hrsg. von G. Colli – M. Montinari), Abt. VI, Bd. 3, Berlin – New York 1969, 70.

3. Die Wiederholung der Seinsfrage vollzieht sich auf mehreren Stufen, die jeweils von einer ganz bestimmten, sich beständig radikalisierenden Frageform gekennzeichnet sind (vgl. dazu M. HEIDEGGER, *Sein und Zeit* [SZ], [1927] Tübingen ^{17}1993, 1-8; ID., *Wegmarken* [GA 9], Frankfurt a. M. 1976, 122; ID., *Einführung in die Metaphysik* [EiM], Tübingen [1953] ^{5}1987, 1-7. 14f. sowie GA 65, 169. 175. 179f. 206f. 295. 353. 465ff. 509.).

immer dies im einzelnen aussehen möge[1]. Von diesem Standpunkt aus überwiegt also die angeblich allumfassende (und daher „metaphysische") Extension des Seins seine spielerische (und daher auf nachmetaphysische Identität Anspruch erhebende) Intension. Insofern muß es so erscheinen, als sei Nietzsche mit seiner grundsätzlichen Absage an so etwas wie „Sein" überhaupt der Sprung hinaus aus der Metaphysik geglückt, während Heideggers halbherziger Versuch, das Seinsdenken durch Einführung einer lediglich anderen, nämlich spielerischen Denkhaltung zu retten, nach wie vor den wesentlichen metaphysischen Grundmustern verhaftet bleibe.

Ein anderer Kritikpunkt der im Vergleich zu Nietzsche angeblich noch zu metaphysischen Haltung Heideggers betrifft die genaue Struktur und den Ort ihres jeweiligen Spielverständnisses. Grundannahme ist dabei, daß das Wesen der Metaphysik in einer wie immer gearteten Transzendenz und zeitlichen Vorordnung der Prinzipien oder Ursprünge der Wirklichkeit gegenüber dieser Wirklichkeit selbst besteht. Unter dieser Voraussetzung wäre also die eigentlich unmetaphysische Haltung diejenige, die in der rein operativen Immanenz des Phänomenalen verharrt, ohne in irgendeiner Weise nach einer Ausrichtung oder Abfolge in diesem Geschehen zu suchen[2]. Wenn das entscheidende Kriterium für ein unmetaphysisches Spielverständnis darin liegt, daß die Spielregeln sich im Spiel erst bilden und auch nur in ihm ihre Bedeutung haben dürfen, muß jeder Versuch einer von übergeordneter Warte aus vollzogenen Betrachtung der Regeln „an sich" und losgelöst vom Spiel als offenkundiger Widerspruch erscheinen[3]. Dieses Verbotes der zeitlichen Distanz bzw. Transzendenz eingedenk, könnte man nicht umhin, Heideggers Analyse der die Metaphysik beherrschenden Grundstrukturen und den Versuch ihrer „Überwindung" zugunsten eines künftigen, spielerischen Denkens als Ausfluß einer metaphysischen Grundhaltung zu deuten, die mit ihrer geschichtseschatologischen Ausrichtung wieder in die Kategorien des Früher und Später und durch die Vorstellung einer übersteigenden Loslösung wieder in den Trugschluß der Möglichkeit eines höheren, unabhängigen Standpunktes zurückfiele[4].

Unter der Voraussetzung, daß Heideggers „Überwindung der Metaphysik" wirklich in einen *außerhalb* der Metaphysik liegenden Bereich vordringen wollte, erschiene sein Ansatz im Grunde verfehlt und jedenfalls weit von Nietzsches „Spiel der Kräfte" entfernt, das keinerlei Art von Ausrichtung mehr besitzt und daher auch das metaphysische Denken nicht, wie Heidegger, vom Standpunkt eines „anderen Anfangs" aus betrachten kann. Und ist nicht schließlich auch Heideggers Anknüp-

1. „Quando infatti si sostiene che il mondo è Gioco, [...] si finisce per annullare l'alterità stessa del concetto in questione. È così accaduto che si è tornati a riprodurre in particolare i concetti di totalità, di Origine e di Assoluto. Il pensiero che indaga sul gioco indica dunque una struttura onnicomprensiva, di cui cerca di stabilire un senso e una finalità per l'uomo, mentre invece il pensiero del mondo come gioco di forze, che si fa strada nei testi nietzscheani [...] non pensa più l'Essere" (P. D'ALESSANDRO, *Il gioco inconscio nella storia*, 230f.).

2. Vgl. T. LENAIN, *Pour une critique de la raison ludique*, Paris 1993, 22.

3. Vgl. T. LENAIN, *Pour une critique de la raison ludique*, 10. Ähnliche Formulierungen der spielerischen Immanenz von Einsetzung, Umsturz und Neubildung der Regeln findet man bei K. AXELOS, *Le jeu du monde*, Paris 1969, 438.

4. „Une critique de la raison ludique [...] n'invisagera même pas – selon le modèle heideggérien du ›dépassement‹ de la clôture techno-scientifique où échoue la métaphysique – de préparer l'attente participative d'une ouverture possible par-delà l'horizon de ce projet" (T. LENAIN, *Pour une critique de la raison ludique*, 92f.).

fung an Heraklits Fragment 52 insofern verräterisch, als das dort evozierte Brettspiel dem Spiel eben doch einen Grund, nämlich den des Spielbrettes, zu verleihen scheint, so daß es entweder von vornherein als zur Darstellung des „Ab-grundes" ungeeignet erscheinen muß oder aber die Folgerung naheliegt, daß die durch das Spiel zum Ausdruck gebrachte Ab-wesenheit des Grundes eben doch nicht so radikal sein kann, wie Heidegger behauptet?[1]

2.2.2. Spiel versus Subjektivität. Heidegger zwischen Nietzsche und Kant

Gegenüber der ausgesprochen summarischen Bewertung des Nietzscheschen und Heideggerschen Spielverständnisses am alleinigen Kriterium der Seinsfrage gehen andere Interpretationen insofern differenzierter vor, als sie die verschiedenen Etappen in Heideggers Seinsdenken getrennt betrachten und auf eventuelle Reste metaphysischen Denkens hin untersuchen. Gemäß dieser Auslegung wäre Heideggers Denken in seiner Anfangsphase tatsächlich noch in gewissen metaphysischen Traditionen befangen, doch sei – so wird argumentiert – in dieser Periode sein Spieldenken auch noch praktisch abwesend, während dessen Durchbruch umgekehrt den Beginn der eigentlich „nachmetaphysischen" Periode Heideggers markiere. Diesen beiden Großabschnitten in Heideggers Entwicklung werden nun von etlichen Interpreten die Namen Kants bzw. Nietzsches in geradezu emblematischer Weise zugeordnet, und es herrscht weitgehende Einmütigkeit darüber, daß das Spiel erst in dem Moment wirklich in Heideggers Denken habe Einzug halten können, wo er sich von seiner anfänglich kantischen Position losgesagt habe.

Die Argumentation geht diesmal nicht von der Identifizierung der Metaphysik mit der Seinsfrage aus, sondern sieht die metaphysische Tradition da am Werk, wo das Denken sich an der Subjektivität ausrichtet. In diesem Zusammenhang gerät auch Heideggers fundamentalontologischer Ansatz von *Sein und Zeit* in die Kritik, insofern sein Begründungsanspruch noch zu deutlich die Züge eines transzendentalen Apriori trage. Da die transzendentalen Strukturen notwendigerweise durch eine Analyse des Daseins, d. h. eines besonderen Seienden, herausgestellt würden, habe Heidegger keine wirklich ontologische, sondern nur eine ontische Begründung des Seienden geliefert – ein Versäumnis, das auf den verdeckten „Kantianismus" des fundamentalontologischen Projekts zurückzuführen sei[2]. Die eigentliche Überwindung metaphysischen Denkens habe erst in dem Moment stattgefunden, wo Heidegger das Verhältnis der wechselseitigen Angewiesenheit und Abhängigkeit von Sein und Dasein nicht im Sinne einer ein für allemal vorgegebenen „Eigenschaft" oder einer transzendentalen Begründungsstruktur, sondern als ein Geschehen in

1. „Le fragment d'Héraclite parle plutôt quant à lui d'un jeu à pions du type du jeu de dames. Et l'image implicite du ›damier‹ véhicule l'idée d'un fond ontologique stable et structuré, extérieur et antérieur aux mouvements du jeu. Le texte héraclitéen se tient bien éloigné, en tout cas, de la pensée moderne du ›fond-sans-fond‹ et de la compréhension poïétique du schème ludique qui lui correspond chez Nietzsche" (T. LENAIN, *Pour une critique de la raison ludique*, 110). Varianten einer solchen Interpretation des bei Heraklit erwähnten Brettspiels als einer Mischung aus unberechenbaren und stabilen Elementen finden sich auch bei M. SPARIOSU, *God of many names: play, poetry, and power in the Hellenic thought from Homere to Aristotle*, Durham 1991, 79 sowie bei W. PLEGER, *Der Logos der Dinge: eine Studie zu Heraklit*, Frankfurt – Bern 1987, 49.

2. Vgl. J. D. CAPUTO, »Being, Ground, and Play in Heidegger«, *Man and World* 3 (1970) 26-48, hier 28.

beständiger Auseinandersetzung aufgefaßt habe – also in einem Sinne, der dem vorsokratisch-nietzscheschen Verständnis von Spiel als ἀγών bzw. πόλεμος entspricht[1].

M. Spariosu unterscheidet bei Heidegger selbst eine Vielzahl von Umbrüchen im Spielverständnis und kommt zu dem Ergebnis, in gewisser Weise ließen sich, je nach Epoche, sowohl der Kantische und Schillersche als auch der Nietzschesche Spielbegriff nachweisen[2]. Allerdings habe Heideggers zeitweilige Nähe zu Kants Spielauffassung ihn gerade daran gehindert, diesem Phänomen in positiver Weise nachzugehen; habe er sich doch während einer gewissen Zeit damit begnügt, es in negativer Weise, nämlich als Synonym des Unernsten, aufzufassen, wenngleich Heidegger im Gegensatz zu Kant die Kunst im allgemeinen und die Dichtung im besonderen auch zu diesem Zeitpunkt schon vom Bereich der spielerischen Leichtigkeit und Harmlosigkeit gerade nachdrücklich ausnehme[3]. Die erste wirklich positive Verwendung des Spielbegriffs komme erst durch Heideggers Annäherung an das auch bei Nietzsche wirksame, agonal-archaische Spielverständnis zustande, das eine Brücke zu den Vorsokratikern schlage und so erstmals die rational-metaphysische Denkhaltung als solche vor dem Hintergrund der ihr vorausgehenden Epoche in ihren geschichtlichen Grenzen erscheinen lasse.

Eine ähnliche, aber differenziertere Abgrenzung des Heideggerschen Spielverständnisses von Kant zugunsten einer Annäherung an Nietzsche nimmt auch I. Heidemann vor[4]. Dieser Unterschied sei aber erst in Heideggers späterem Spieldenken eindeutig zu erkennen, während in *Sein und Zeit* der Begriff des „Spielraums" des Daseins für sich genommen durchaus noch im Sinne von Schillers Spielideal mißverstanden werden könne. Erst vor dem Hintergrund der späteren Schriften werde sichtbar, inwiefern das im Begriff des „Spielraums" Angelegte doch in thematischer Kontinuität mit dem Spielverständnis des späten Heidegger stehe und sich daher vom subjektiv-transzendentalen Ansatz eindeutig unterscheide[5]. Vor allem die vier der Thematik des „Dings" gewidmeten Vorträge aus *Vorträge und Aufsätze* stellten, so Heidemann, zwar noch einmal einen ausdrücklichen Bezug zur Kantischen Dingontologie her, doch nur, um mit einer unverkennbaren thematischen wie stilistischen Anlehnung an Nietzsches *Zarathustra* darauf zu antworten und somit dem klassischen, metaphysischen Subjektdenken eine Absage zu erteilen[6]. Auch hier herrscht also die Auffassung vor, Heidegger habe im Hinblick auf die von ihm aufgeworfene Problematik des „Endes der Metaphysik" dem Kant-Schillerschen Erbe eines subjektiven Spielbegriffs durch Annäherung an eine kosmische

1. „The inter-play of Being and man is a strife. The play of Being and man is ›ant-agonistic‹ not ›quietistic‹" (J. D. CAPUTO, »Being, Ground, and Play in Heidegger«, *Man and World* 3 [1970] 41).
2. Vgl. M. SPARIOSU, *Dionysus Reborn*, 102.
3. Vgl. M. SPARIOSU, *Dionysus Reborn*, 103.
4. Der Ausschluß des Kantischen Spielparadigmas betrifft in diesem Fall nicht diese oder jene konkrete Ausprägung von Heideggers Spielauffassung, sondern dessen ursprüngliche Bedeutung: „Die Darstellung wählt daher die Methodik, im Vergleich mit der Kantischen Philosophie zunächst in einer dreifachen Annäherung zu zeigen, daß ›Spiel‹ für Heidegger keine subjektive Grundfunktion, keine idealisierte Form und keine dialektische Vermittlung meint, wie immer der Spielbegriff ›nach‹ der Grundlegung auch solche Bedeutungen annehmen kann" (I. HEIDEMANN, *Der Begriff des Spieles*, 291).
5. Vgl. I. HEIDEMANN, *Der Begriff des Spieles*, 338.
6. Vgl. I. HEIDEMANN, *Der Begriff des Spieles*, 344f.

Spielkonzeption zu entgehen versucht, in der jede sich behauptenwollende Subjektivität oder auch nur Individualität verschlungen wird.

Aufgrund der Tatsache, daß Nietzsche in Heideggers Augen zwar das Ende der Metaphysik markiert, gleichwohl aber noch als ihr zugehörig gedacht wird, kommen manche Autoren zu dem Schluß, daß Heidegger nach einer ersten Überwindung des transzendental-subjektiven Ansatzes durch einen Rückgang auf Nietzsches Weltspiel in einem zweiten Schritt seine Spielkonzeption auch noch von denjenigen Aspekten habe befreien müssen, die zwar nicht mehr vom Ideal der Rationalität beherrscht, aber doch noch von metaphysischen Anklängen im weitesten Sinn durchzogen gewesen seien. Als Haupthindernis für Heideggers definitive Übernahme von Nietzsches kämpferisch-agonalem Spielverständnis wird dessen untrennbare Verbindung mit dem Willen geltend gemacht. In dem Moment, wo Heidegger Nietzsches Motiv des „Willens zur Macht" als extremsten Ausdruck jener metaphysischen Grundhaltung ausgemacht habe, die in der grenzenlosen Beherrschung der Wirklichkeit durch die „Machenschaft" gipfele, sei auch die Auffassung vom Spiel als Auseinandersetzung antagonistischer Kräfte für ihn nicht mehr haltbar gewesen[1]. Damit trete Heideggers Spieldenken in eine letzte Phase, die vom Versuch gekennzeichnet sei, das Spiel des Seins in Begriffen mystischer Unergründbarkeit zu denken. Greifbarer Anhaltspunkt dafür sei das den Mystikern und vor allem Meister Eckhart entlehnte Vokabular der „Gelassenheit", die auf den ersten Blick dem ἀγών bzw. πόλεμος Nietzsches und der Vorsokratiker so entgegengesetzt erscheine wie nur irgend möglich.

Nichtsdestotrotz gehen die Meinungen darüber auseinander, inwieweit es Heidegger tatsächlich gelungen sei, sich vom agonalen Grundmuster des Spiels zu lösen. Während Heidemann zu dem Ergebnis kommt, Heideggers entwickele einen existenzialen Spielbegriff, der tatsächlich Nietzsches Weltspiel überwinde, ohne deswegen in den herkömmlichen subjektiven Ansatz zurückzufallen[2], sieht Spariosu dagegen auch das Spieldenken des späten Heidegger trotz des häufigen Anklangs an mystische Grundmotive nach wie vor von einem gewaltsamen Grundzug gekennzeichnet. Die „Gelassenheit" betreffe nämlich allenfalls die vom Menschen anzunehmende Grundhaltung gegenüber dem Seinsgeschick, dessen Übermacht er ausgesetzt sei, keineswegs aber das Wesen des Seins selbst[3]. Da die Gewalt und Unberechenbarkeit des Spiels nicht mehr, wie bei Nietzsche, nur die unterschiedlichen Kräfte innerhalb des Seienden betreffe, sondern vom Sein als solchem ausgehe, behalte auch beim späten Heidegger trotz aller entgegengesetzten Bemühungen das archai-

1. Vgl. M. SPARIOSU, *Dionysus Reborn*, 111ff. sowie I. HEIDEMANN, *Der Begriff des Spieles*, 345.

2. Vgl. I. HEIDEMANN, *Der Begriff des Spieles*, 348. Die deutliche Abgrenzung des Heideggerschen Ansatzes gegenüber der Auffassung vom Spiel als „Urphänomen" zielt wohl auf eine Distanzierung gegenüber E. Fink ab, der das Spiel als „assomption représentative des autres phénomènes fondamentaux" bezeichnet (E. FINK, »Pour une ontologie du jeu«, *Deucalion* 6 [1957] 81-109, hier 91).

3. Obwohl Caputo, anders als Spariosu, dem Heideggerschen Spielmotiv radikale Originalität gegenüber der gesamten philosophischen Tradition des Seinsverständnisses bescheinigt, ist auch für ihn Heideggers Ansatz trotz aller Anklänge an das von Meister Eckhart und Angelus Silesius entfaltete Motiv des mystischen Spiels weit davon entfernt, sich dessen eigentlichen Hintergrund, nämlich die Geborgenheit und Gelassenheit der Seele vor und in Gott, zu eigen zu machen. Losgelöst von dieser religiösen Dimension, behalte der bedrohliche und unberechenbare Aspekt der Stellung des Menschen im Spiel des Seins das letzte Wort (vgl. J. D. CAPUTO, »Being, Ground, and Play in Heidegger«, *Man and World* 3 [1970] 41f. sowie ID., *The mystical element in Heidegger's thought*, 88f.).

sche, vorrationale Spielverständnis in einer noch nachdrücklicheren Weise das letzte Wort, als dies je vorher der Fall gewesen sei[1].

3. DIE NOTWENDIGKEIT EINER ERNEUTEN BEHANDLUNG DES HEIDEGGERSCHEN SPIELDENKENS VOR DEM HINTERGRUND SEINER BISHERIGEN INTERPRETATIONEN

Angesichts der vielfältigen Ansätze zu einer Deutung des Spiels in Heideggers Denken stellt sich die Frage, ob die möglichen interpretativen Grundstellungen damit im wesentlichen nicht schon ausgeschöpft sind, sosehr ihre mehr oder weniger große Ausführlichkeit im einzelnen durchaus noch Raum für etwaige Vertiefung und Weiterführung läßt. Weist Heideggers Spielverständnis noch Aspekte auf, die von den unterschiedlichen Deutungsansätzen gänzlich unberührt gelassen wurden und daher noch völlig im Dunkeln liegen, oder handelt es sich lediglich um eine graduelle Abstufung zwischen der Helle des allgemein Bekannten und der Dämmerung des noch weniger Bedachten?

Wenn trotz der zahlreichen Vorarbeiten zu diesem Thema dennoch ein Neuansatz versucht werden soll, so deshalb, weil keine der bisher vorgebrachten Deutungen hinter bestimmte, fraglos angenommene Grundvoraussetzungen zurückgeht, die sich gleichwohl als entscheidend für jede weiterführende Interpretation erweisen. Das erste gravierende Grundversäumnis wird anhand der Art und Weise deutlich, in der terminologisch auf das Spiel bei Heidegger Bezug genommen wird. So sprechen die meisten ganz spontan vom „Begriff" (bzw. der „notion") des Spiels bei Heidegger[2], der eine bestimmte „Bedeutung"[3] habe und in „Aussagen"[4] Verwendung finde, so als stehe von vornherein schon fest, daß das Wort „Spiel" bei Heidegger sich in dasselbe semantische Modell einer Verweisungsstruktur einfügt wie andere Substantive auch. Im Gegenzug dazu sprechen diejenigen, die sich des inneren Bezugs des Spiels zur Deutung der phänomenalen Wirklichkeit bewußt sind, von der „Metapher", dem „Symbol" oder auch dem „Modell" des Spiels[5] oder verwenden sowohl die eine als auch die andere Gruppe von Bezeichnungen zusammen[6].

Die Frage nach dem genauen Statut des Wortes „Spiel" könnte übertrieben erscheinen, gäbe nicht Heideggers ganzes Denken Anlaß dazu, sowohl das eine als auch das andere Schema einer Revision zu unterwerfen. Der Grund dafür läßt sich an

1. Vgl. M. SPARIOSU, *Dionysus Reborn*, 122ff.
2. Vgl. F. BREZZI, *A partire dal gioco*, 6; P. D'ALESSANDRO, *Il gioco inconscio nella storia*, 230f.; M. SPARIOSU, *Dionysus Reborn*, 102-124 (*passim*) sowie I. HEIDEMANN, *Der Begriff des Spieles* (*passim*).
3. Vgl. J. HENRIOT, *Sous couleur de jouer*, 98.
4. Vgl. V. VITIELLO, *Dialettica ed ermeneutica. Hegel e Heidegger*, 243.
5. Vgl. J. HENRIOT, *Sous couleur de jouer*, 82. 94. 98. 107 sowie J. D. CAPUTO, *The mystical element in Heidegger's thought*, 88.
6. So Henriot, der im Zusammenhang mit Heideggers Verwendung von „Spiel" bald von einem „mot", bald von einem „modèle", einem „symbole" oder einer „métaphore" spricht. E. Fink geht sogar noch einen Schritt weiter und spricht dort, wo es sich darum handelt, den Sinn von Sein aus dem Spiel her zu erschließen, von einem „spekulativen Begriff" (*concept spéculatif*). Das konkrete Spielphänomen fungiere als innerweltliches Modell, das in metaphorischer Weise Verwendung finde, um das Wesen der Welt in eine begriffliche Formel zu fassen (vgl. E. FINK, »Pour une ontologie du jeu«, *Deucalion* 6 [1957] 107).

Heideggers beständigen Bemühungen ablesen, das Seinsdenken nicht nur einfach zu entwickeln, sondern zugleich immer wieder die Schwierigkeiten zu thematisieren, die die angemessene Verwendung der Sprache in bezug auf das Sein betreffen. Wenn, wie Heidegger nicht müde wird zu betonen, die Frage nach Sein und Seinsverständnis nicht vom logisch-bedeutungstheoretischen Ansatz her aufgerollt werden kann[1], der besondere Charakter des Sprechens vom Sein aber ebensowenig als bloße Metaphorik zu verstehen ist[2], dann drängt sich die Frage auf, ob das Spiel, das mit dem „Wesen des Seins selber" ineinsgesetzt wird, sich nicht ebenso wie dieses jeder Einordnung als Begriff bzw. als Metapher entzieht. Insofern in Heideggers Augen die herkömmliche Bedeutungslehre Ausfluß der metaphysischen Tradition ist, müßte das Auftreten des Spiels in Heideggers Denken in untrennbarer Beziehung zur Entwicklung seines Metaphysikverständnisses gesehen und ebenso wie das Sein letztlich auf nichtmetaphysische Weise verstanden werden, weil es den metaphysischen Denkschemata als ihr Ursprung vorausgeht.

Ausgehend von der besonders gearteten Beziehung von Spiel und Sein bei Heidegger, wird ein weiteres Defizit der bisherigen Interpretationsansätze deutlich. Wenn auch die für Heideggers Spieldenken maßgebliche Periode unterschiedlich weit angesetzt wird, so wird doch ihr Beginn *a parte ante* nirgends früher als mit *Sein und Zeit*, *a parte post* nie später als mit *Der Satz vom Grund* bzw. den Vorträgen aus den späten 50er Jahren angegeben. Unberücksichtigt bleiben also sowohl der junge und größtenteils auch der frühe Heidegger[3] als auch die ganz späte Phase seines Denkens. Dies nimmt um so mehr wunder, als sich sowohl in »Zeit und Sein«[4] als auch in den späten Seminaren[5] Stellen nachweisen lassen, in denen das Heideggersche Spieldenken noch einmal deutlich hervortritt. Die Ausklammerung von »Zeit und Sein« ist aber vor allem deswegen schwerwiegend, weil dort die Einheit von Sein und Spiel in noch nie dagewesener Deutlichkeit mit der Mehrdimensionalität der Zeit in Verbindung gebracht wird, die ihrerseits auf die drei Zeitekstasen und den „Spielraum" des Daseins in *Sein und Zeit* zurückverweist. Selbst unter der Voraussetzung, daß Heideggers Spieldenken erst mit *Sein und Zeit* begönne, müßte eine auf Folgerichtigkeit Anspruch erhebende Darlegung seines Spielansatzes zumindest denjenigen Text aus seinem Spätwerk mit einschließen, dessen Titel schon in unübersehbarer Weise an die Leitmotive anknüpft, die am Beginn des Weges standen. Berücksichtigt man darüber hinaus aber noch, daß *Sein und Zeit* wiederum eigentlich nur die systematische Zusammenfassung der Entwicklung darstellt, die Heideggers Denken seit Beginn der 20er Jahre genommen hat, ist auch die Ausgrenzung der aus dieser Zeit stammenden Vorlesungstexte strenggenommen nicht haltbar.

Nun ist es zum Teil auf den Editionsplan der *Gesamtausgabe* zurückzuführen, wenn bestimmte Vorlesungsmanuskripte bzw. -mitschriften lange Zeit nicht der

1. Vgl. EiM, vor allem 57-63.
2. Vgl. SvG, 89.
3. Die chronologische Abgrenzung der unterschiedlichen Phasen folgt im wesentlichen T. Kisiels Unterscheidung zwischen dem „jungen", dem „frühen", dem „späteren" und dem „alten" Heidegger (vgl. T. KISIEL, *The Genesis of Heidegger's 'Being and Time'*, Berkeley – Los Angeles – London 1995, XIII).
4. In: M. HEIDEGGER, *Zur Sache des Denkens* (ZSD), Tübingen (1969) ^{3}1988, 1-25.
5. Vor allem in: M. HEIDEGGER – E. FINK, *Heraklit*, Frankfurt a. M. (1970) ^{2}1996.

Öffentlichkeit zur Verfügung standen und somit auch nicht Eingang in die Interpretationen zu Heideggers Spielverständnis Eingang finden konnten. Doch selbst dann, wenn man nur die bereits seit längerem verfügbaren Bände aus der Marburger Zeit sowie Heideggers frühe Schriften berücksichtigt[1], kommt man zu der Schlußfolgerung, daß Heideggers Spieldenken in und um *Sein und Zeit* nicht mit dem Maße an Sorgfalt auf seine Wurzeln hin untersucht worden ist, wie es dies trotz der dokumentarischen Lücken billigerweise hätte sein können.

Das Erfordernis einer umfassenderen Behandlung des Spielgedankens bei Heidegger ist jedoch nicht nur im Sinne einer chronologischen Ausdehnung gemeint, als handele es sich lediglich darum, den Längsschnitt durch die Entwicklung des Heideggerschen Spielmotivs an beiden Enden zu vervollständigen und eventuell dazwischenliegende Lücken aufzufüllen[2]. Vielmehr geht es darum, aufzuzeigen, daß selbst im synchronischen Querschnitt durch jede Phase von Heideggers Denken das Spiel stets mehrere, nicht einfach aufeinander reduzierbare Dimensionen annimmt, die sich ihrerseits über die verschiedenen Entwicklungsstadien hin weiterverfolgen lassen und im Laufe der Zeit teilweise konvergieren, ohne jedoch jemals ihre wesenhafte Vieldeutigkeit zu verlieren. Die mangelnde Berücksichtigung der Mehrdimensionalität, die das Spiel bei Heidegger auszeichnet, ist im wesentlichen dafür verantwortlich, daß zahlreiche Interpreten ihre Betrachtung oft von vornherein zu sehr auf die ausdrückliche Erwähnung dieses Terminus fixieren und dabei außer acht lassen, daß das Spiel bei Heidegger nicht um seiner selbst willen Erwähnung findet, sondern von Fall zu Fall für eine jeweils andere Problemfacette der Seinsfrage steht, wobei eine jede dieser Facetten sich ihrerseits wiederum auf verdeckte Weise und durch vielfache Schattierungen hindurch in scheinbar ganz anderen Themenbereichen wie von ferne ankündigt.

Die Antwort auf die Frage nach dem vermeintlich totalisierenden und folglich noch metaphysischen Charakter des Spiels bei Heidegger hängt also davon ab, ob es gelingt, aufzuzeigen, daß sein Ansatz einer Überwindung des einheitlichen Grundes selbst nicht *einer* ist, sondern sich in mehreren, nicht aufeinander reduzierbaren Figuren darstellt. In dem Moment aber, wo die Gebrochenheit des Grundes selbst wieder in ihrer Eindeutigkeit durchbrochen wird, läßt sich Heideggers Spieldenken weder einfachhin einer der beiden Alternativen eines metaphysisch-ästhetisierenden bzw. prämetaphysisch-archaischen Spielverständnisses zuordnen noch als lineare Abfolge oder sukzessives Hervorgehen des einen aus dem anderen verstehen. Aus

1. Bereits seit Mitte bis Ende der 70er Jahre verfügbar sind: M. HEIDEGGER, *Prolegomena zur Geschichte des Zeitbegriffs* (GA 20), Frankfurt a. M. (1979) ³1994; ID., *Logik. Die Frage nach der Wahrheit* (GA 21), Frankfurt a. M. (1976) ²1995; ID., *Die Grundprobleme der Phänomenologie* (GA 24), Frankfurt a. M. (1975) ²1989; ID., *Phänomenologische Interpretation von Kants Kritik der reinen Vernunft* (GA 25), Frankfurt a. M. (1977) ³1995; ID., *Metaphysische Anfangsgründe der Logik im Ausgang von Leibniz* (GA 26), Frankfurt a. M. (1978) ²1990 sowie ID., *Frühe Schriften* (GA 1), Frankfurt a. M. 1978.

2. Die große Lücke, die sich bis vor kürzester Zeit einer mehr oder weniger vollständigen Rekonstruktion des Heideggerschen Spielgedankens entgegenstellte, betraf vor allem die 30er und 40er Jahre. Das Ausmaß und der genaue Charakter der Umbrüche dieser mittleren Periode sind vor allem durch die posthume Publikation der Manuskripte der *Beiträge zur Philosophie* (GA 65), von *Besinnung* (GA 66), Frankfurt a. M. 1997, von *Die Geschichte des Seyns* (GA 69), Frankfurt a. M. 1998 sowie von *Metaphysik und Nihilismus. 1. Die Überwindung der Metaphysik / 2. Das Wesen des Nihilismus* (GA 67), Frankfurt a. M. 1999, ans Licht getreten.

diesem Grunde besteht die eine Hauptaufgabe sicherlich darin, den Sinn dieser eigenartigen Komplexität und äußerst schweren Durchschaubarkeit des Heideggerschen Spielverständnisses in den Mittelpunkt der Untersuchung zu rücken, vor allem in bezug auf die Art und Weise, in der Heideggers Spielverständnis mit dem Denken anderer Autoren der Philosophiegeschichte, namentlich Heraklits, Kants und Nietzsches, in Verbindung steht.

Abgesehen von den ersten beiden, lexikalisch und geschichtlich motivierten Kritikpunkten erscheint es schließlich noch in einem anderen Sinne erforderlich, hinter die Grundannahmen der bisher erfolgten Deutungsansätze zurückzugehen bzw. sie zu thematisieren und für eine Erörterung des Spiels positiv nutzbar zu machen. Wie aus den bisherigen Analysen hervorgegangen ist, unterscheiden sich die beiden Großgruppen von Interpreten des Heideggerschen Spieldenkens durch die jeweils ausschließliche Orientierung ihrer Bewertung an phänomenologischen bzw. metaphysikgeschichtlichen Gesichtspunkten. Diese beiden Grundhaltungen leben insofern von ihrem wechselseitigen Gegensatz, als sie entweder bei ihrer Messung des Heideggerschen Spielmotivs am Kriterium der Hinwendung zum konkreten Phänomen so tun, als könne man Heideggers spezifischen phänomenologischen Ansatz ohne Rückgriff auf sein Verständnis der Geschichte der Metaphysik verstehen, oder umgekehrt so vorgehen, als sei die phänomenale Valenz des Spiels für die metaphysikgeschichtliche Deutungsebene des Spiels bei Heidegger nicht mehr von Belang.

Der grundlegende Mangel der beiden Haltungen ist offensichtlich: Beide Male wird wie selbstverständlich eine Entgegensetzung der Betrachtung des konkreten Phänomens einerseits und der geschichtlich-spekulativen Perspektive andererseits betrieben, ohne daß die Frage nach ihrer möglichen oder notwendigen inneren Beziehung eine Klärung erfahren hätte. Dementsprechend dürfte eine vertiefte Deutung des Heideggerschen Ansatzes das Spiel nicht von vornherein definitiv einem der beiden Bereiche zuschlagen wollen, sondern wäre genötigt, zu untersuchen, ob das Spiel nicht vielmehr den spekulativen Ort abgibt, an dem sich Heideggers besonders geartete Sicht der bisherigen Philosophiegeschichte mit den Analysen kreuzt, anhand derer er sein spezifisches Verständnis von konkret erlebter Phänomenalität herausarbeitet. In diesem Fall wäre das Spiel nicht Synonym für ein substantivisch verstandenes Etwas, sondern die Anzeige einer Dynamik, die sich im wechselseitigen Übergang zwischen phänomenologischer und geschichtlicher Betrachtungsweise verwirklicht.

Unter Berücksichtigung der untrennbaren Verbindung, die Heidegger zwischen dem Spiel und dem Wesen des Seins ansetzt, soll im folgenden herausgestellt werden, wie sich diese beiden Fragestellungen in Heideggers Denken zunächst in Form einzelner Motive herauskristallisieren, die im Laufe der Zeit immer enger zusammenrücken und praktisch eine Konvertibilität erreichen, ohne je in Form einer einfachen Identität zusammenzufallen.

HAUPTTEIL

URSPRÜNGE UND WANDLUNGEN DES SPIELMOTIVS IN HEIDEGGERS DENKEN

I. DAS DASEIN IM SPIEL VON WELT UND ZEIT

Bei eingehender Betrachtung der ebenso bekannten wie schwer verständlichen Ausführungen in *Der Satz vom Grund* und »Das Ding« wird deutlich, daß das Spiel auf zwei zunächst durchaus verschiedene Weisen eine zentrale Stellung in Heideggers Denken einnimmt, nämlich zum einen in bezug auf das Problem des geschichtlichen Ursprungs des rational-begründenden, abendländischen Denkens, zum anderen im Zusammenhang mit der Frage nach dem Entfaltungsraum für die wesentlich welthafte Phänomenalität des Dinges. Obwohl diese beiden Aspekte des Spiels jedesmal aus einer Infragestellung des herkömmlichen Verständnisses von „Grund" erwachsen, nimmt diese kritische Einstellung doch zwei verschiedene Wendungen: Das Spiel im Sinne der „Abwesenheit des Grundes" stellt das rationale Denken dem abgründigen Charakter seines Ursprungs gegenüber, indem es die Vorstellung von der Stabilität und beständigen Gegenwart eines letzten Grundes durch die Betonung des qualitativen Bruches und vertikalen Sprunges unterläuft, der zwischen dem letzten Grund und dem von ihm Begründeten verläuft. Demgegenüber bezieht sich die Konzeption des „Weltspiels" nicht so sehr auf das Paradigma der beständigen Gegenwart des Grundes als vielmehr auf das Postulat seiner absoluten Einheit. Folglich steht hier das Bemühen im Mittelpunkt, die Einheit des Grundes alles Seienden dadurch zu brechen, daß der welthafte Ursprung des Dinges nunmehr auf die vier Komponenten des „Gevierts", nämlich Himmel und Erde, Sterbliche und Göttliche, zurückgeführt wird, die alle in gleicher Weise die Welt ausmachen.

Wenn somit der Bezug zwischen dem Spiel und der Problematik des Grundes in den beiden obengenannten Texten das eine Mal unter dem Vorzeichen des Geschichtlichen, das andere Mal unter dem der Phänomenalität steht, so bedeutet dies doch nicht, daß sie ohne innere Verbindung nebeneinanderstünden; vielmehr haben beide ihre gemeinsame Wurzel in der Phänomenologie des Daseins, wie sie Heidegger während der 20er und frühen 30er Jahre entwickelt. Im Rahmen der ontologischen Betrachtung des Menschen als des besonderen, mit Seinsverständnis ausgestatteten Seienden finden die für die Spielproblematik zentralen Begriffe wie „Grund", „Abgrund" und „Welt" mit ihren unterschiedlichen Bedeutungsnuancen ein für allemal Eingang in Heideggers Denken.

Schon zu diesem Zeitpunkt lassen sich, wenn auch noch *in nuce*, die beiden Fragen nach Identität und Grenzen des bisherigen abendländischen Denkens einerseits und dem Weltcharakter des Dinges andererseits ausmachen. Beide Problembereiche treffen in der Frage nach der Gegenständlichkeit aufeinander, insofern der Begriff des „Gegenstandes" zum einen an die Grenzen des traditionellen Verfahrens führt, die Begründungsordnung der Wissenschaften an ihrem jeweiligen „Gegenstandsgebiet" zu orientieren, zum anderen aber ebenso die Gelegenheit bietet, zentrale Grundmuster der herkömmlichen Objekttheorie in Frage zu stellen, die sich auf eine bestimmte, in ihren ungeklärten Voraussetzungen befangene Dingontologie gründet.

1. DIE PROBLEMATIK DER PHÄNOMENOLOGIE ALS GRUNDWISSENSCHAFT

1.1. Heideggers frühe Lehrtätigkeit als Spiegel zeitgenössischer Ansätze zur Ursprungs- und Begründungsproblematik

Von Beginn seiner Lehrtätigkeit an und über mehrere Jahre hinweg sind Heideggers wissenschaftliche Bemühungen von der Absicht getragen, seine eigene Position gegenüber den Hauptströmungen der zeitgenössischen Philosophie, vor allem der Phänomenologie und dem Neukantianismus, zu bestimmen. Wenn sich sein Interesse dabei auf die Art und Weise konzentriert, in der diese beiden philosophischen Richtungen die Problematik philosophischer Letztbegründung angehen, so ist diese Akzentsetzung keineswegs nur durch persönliches Interesse motiviert, sondern entspricht durchaus einer grundsätzlichen Ausrichtung der damaligen Philosophie insgesamt. Sowohl bei den verschiedenen Vertretern des Neukantianismus als auch bei Husserl spielt die Suche nach dem schlechthin Ersten eine zentrale Rolle, was sich auf unübersehbare Weise schon in der notorischen Verwendung einschlägiger Komposita wie „Ur-rätsel", „Ur-relation", „Ur-sprungsgebiet" usw. widerspiegelt[1]. Die genaue Fassung des gesuchten Ursprünglichen sowie das Statut der mit ihm befaßten Philosophie unterscheiden sich allerdings oft erheblich, was auch in Heideggers Stellungnahme seinen entsprechenden Niederschlag findet – unbeschadet der Tatsache, daß beide Strömungen für seine eigene philosophische Entwicklung von herausragender Bedeutung sind.

Wenn es auch sicher verfehlt wäre, Heidegger nur vor dem Hintergrund der Husserlschen Phänomenologie zu verstehen und seine große Vertrautheit, ja sogar Nähe zur südwestdeutschen, d. h. Badener Schule des Neukantianismus auszuklammern[2], so erscheint es doch nicht haltbar, die Periode seiner ersten Freiburger Lehrtätigkeit vor allem unter das Zeichen der Standortsuche gegenüber dem Neukantianismus gestellt zu sehen und seine eigentliche Auseinandersetzung mit

1. Auf die terminologische Manifestation dieser im wahrsten Sinne des Wortes grundlegenden Gemeinsamkeit zwischen Husserl und den Neukantianern, vor allem Natorp und Lask, macht G. Imdahl aufmerksam (vgl. G. IMDAHL, *Das Leben verstehen. Heideggers formal anzeigende Hermeneutik in den frühen Freiburger Vorlesungen*, Würzburg 1997, 90).
2. Vgl. G. IMDAHL, *Das Leben verstehen*, 70f.

Husserl erst während der Jahre in Marburg stattfinden zu lassen[1]. Vielmehr nimmt Heidegger von Anfang an sowohl gegenüber dem Neukantianismus als auch gegenüber der Husserlschen Phänomenologie kritisch Stellung, doch mit den Mitteln, die ihm die Phänomenologie selbst an die Hand gibt. Bei allen inhaltlichen Divergenzen ist seine methodische Grundoption damit schon eindeutig bestimmt, und seine einzelnen Stellungnahmen zu Husserl wie zu anderen zeitgenössischen Vertretern philosophischen Denkens lassen sich nur unter dieser Voraussetzung richtig verstehen[2].

Sowohl im Neukantianismus als auch in der Phänomenologie steht die Problematik der Letztbegründung in engem Zusammenhang mit den diversen Formen organisierter Erkenntnis, die sich in der Vielzahl der Einzelwissenschaften darbietet. Die konkrete Fassung dieses Bezuges nimmt jedoch unterschiedliche Ausprägungen an, je nachdem, ob die gesuchte Ursprungswissenschaft gegenüber den übrigen Wissenschaften im Hinblick auf den sie bestimmenden Horizont als grundsätzlich homogen gilt oder aber aus einer unveräußerlichen Andersartigkeit heraus nicht nur den faktisch existierenden, sondern auch allen nur möglichen Einzelwissenschaften ihren Horizont erst vorgibt. Ausgangspunkt für Heideggers Beurteilung der beiden Ansätze ist die Differenzierung der Grundlegungsproblematik anhand der Richtschnur phänomenaler Ursprünglichkeit. Die von Heidegger an die Grundwissenschaft gestellten Anforderungen erschöpfen sich keineswegs darin, durch die Herausarbeitung möglichst umfassender Kategorien innerhalb einer rationalen Begründungsstruktur lediglich die formale Essenz einzelwissenschaftlichen Denkens bereitzustellen. Es gilt, die urwissenschaftliche Valenz struktureller Kategorien, wie etwa der Begriffe „Subjekt“ und „Objekt“ oder der formalen Bestimmung „Gegenstand überhaupt“, nicht am Kriterium wissenschafts- und somit systemimmanenter Grundsätzlichkeit, sondern an ihrer realen Ursprünglichkeit zu messen, d. h. der Herkunft wissenschaftlicher Einstellung überhaupt ihren Rang innerhalb der ihr vorausgehenden Ordnung des unmittelbar Phänomenalen zuzuweisen.

Die Ansätze zur Entwicklung einer Grundwissenschaft sind in Heideggers Augen also um so angemessener, je weniger sie die Absicht einer systematischen Abrundung des Gebäudes der Wissenschaften insgesamt verfolgen, sondern vielmehr das in den Versuchen vollständiger Konstitution Unbewältigte als Hinweis auf den

1. So bei G. IMDAHL, *Das Leben verstehen*, 126. Wenn die Marburger Vorlesungen auch der eingehenden Erörterung der Husserlschen Phänomenologie sicher quantitativ mehr Raum geben als die ganz frühen Vorlesungen, heißt dies jedoch noch nicht, daß Husserls Bedeutung dort hinter der des Neukantianismus zurückträte. Dies wird schon daran erkennbar, daß Heidegger von Anfang an *alle* erörterten Autoren am Kriterium der urwissenschaftlichen Phänomenologie mißt und sich beständig an Husserls „Prinzip der Prinzipien“ orientiert (vgl. dazu auch E. ORTH, »Martin Heidegger und der Neukantianismus«, *Man and World* 25 [1992] 421-441, hier 423).

2. Auf der Grundlage der thematischen Ausrichtung der ersten Freiburger Lehrveranstaltungen kommt T. Kisiel zu der Einschätzung, Heideggers wissenschaftliche Ausrichtung in den Jahren nach dem Ersten Weltkrieg zeuge von einem „phenomenological provincialism with a proclivity for seminars on Descartes [...] and Aristotle [...], but not the German ›classics‹“ (T. KISIEL, *The Genesis of Heidegger's 'Being and Time'*, 409). Wenn diese Auffassung auch der ausgeprägt phänomenologischen Ausrichtung Heideggers einen tendenziell negativen Aspekt, nämlich den der methodischen Einseitigkeit und Enge, beilegt, so macht sie doch auf unübersehbare Weise deutlich, daß kein anderer Philosoph und keine andere Denkrichtung auf Heideggers frühes Denken einen derart beherrschenden Einfluß genommen haben wie die Husserlsche Phänomenologie.

gesuchten urwissenschaftlichen Bereich erkennen. Unter diesem Gesichtspunkt erscheint ein Großteil des Neukantianismus in mehrfacher Hinsicht inakzeptabel, zum einen im Hinblick auf die Einschränkung der Rechtsquelle gültiger Erkenntnis auf die sinnliche, „reine" Erfahrung[1], zum anderen in den teilweise unternommenen Versuchen, die Anschauung mittels eines asymptotischen Konstitutionsprozesses des Gegenstandes durch die Erkenntnis faktisch zu eliminieren[2], und schließlich aufgrund einer allgemeinen Privilegierung des mathematisch-naturwissenschaftlichen Erkenntnisideals als formaler Richtschnur grundwissenschaftlichen Denkens. Vor allem bei der Marburger Schule des Neukantianismus sieht Heidegger eine Verengung der Perspektive auf die alleinige Begründung mathematisch-naturwissenschaftlicher Erkenntnis und damit auch eine dementsprechend einseitige Auslegung der für das Problem der Grundlegung zentralen Begriffe wie „Gegenstand", „Realität" usw. gegeben[3]. In dem Moment, wo sich die Suche schon von einer ganz bestimmten, konkreten Form wissenschaftlicher Begründung leiten läßt und die unterschiedlichen Erkenntnisquellen in ihrer Legitimität zugunsten einer einzelnen beschneidet, wird sie dem Anspruch größtmöglicher Ursprünglichkeit nicht mehr gerecht und hat somit ihren Anspruch auf den Titel der Urwissenschaft verwirkt.

Es ist sicher unbestritten, daß Heideggers an sich durchaus berechtigte Ablehnung der einseitigen Ausrichtung am Ideal der mathematischen Naturwissenschaften dazu beigetragen hat, sein Urteil über die Vertreter der Marburger Schule insgesamt allzu summarisch und undifferenziert ausfallen zu lassen und ihn damit in gewisser Weise für die Parallelen blind zu machen, die sich bisweilen zwischen seiner eigenen Haltung und bestimmten Positionen innerhalb des Neukantianismus ausmachen lassen[4]. Doch selbst unter Berücksichtigung der Einseitigkeiten und

1. Vgl. M. HEIDEGGER, *Grundprobleme der Phänomenologie [1919/20]* (GA 58), Frankfurt a. M. 1992, 133ff.

2. Vgl. GA 58, 132.

3. Vgl. M. HEIDEGGER, *Zur Bestimmung der Philosophie* (GA 56/57), Frankfurt a. M. 1987, 83 sowie GA 58, 133ff.

4. Vgl. etwa die recht knapp gehaltenen Bemerkungen zu Natorp in: M. HEIDEGGER, *Phänomenologie der Anschauung und des Ausdrucks. Theorie der philosophischen Begriffsbildung* (GA 59), Frankfurt a. M. 1993, 143. Im Zusammenhang mit der Frage nach der Berechtigung und den Grenzen der Heideggerschen Kritik am Neukantianismus weist J. Stolzenberg etwa darauf hin, daß Heidegger beispielsweise von Natorp vornehmlich dessen Bemühungen um ein System der Philosophie wahrgenommen und dies als Ausdruck ungehemmter theoretischer Ansprüche gedeutet habe, ohne jedoch zu sehen, daß auch für Natorp die Subjektivität im ursprünglichen Sinne nicht schon in einem theoretischen oder praktischen Weltverhältnis, sondern im unmittelbaren Verstehen eines vortheoretischen Sinnzusammenhangs besteht – ein Anliegen, das sich mit dem des frühen Heidegger zunächst in weiten Teilen deckt, wenn auch die von Natorp dabei angewandte Methode der „Rekonstruktion" in Heideggers Augen schon wieder zu sehr von der Tendenz zu nachträglicher, begrifflicher Objektivierung beherrscht ist, um der Unmittelbarkeit phänomenalen Erlebens gerecht zu werden (vgl. J. STOLZENBERG, *Ursprung und System. Probleme der Begründung systematischer Philosophie im Werk Hermann Cohens, Paul Natorps und beim frühen Martin Heidegger* [Neue Studien zur Philosophie, Bd. 9], Göttingen 1995, 17; insbesondere aber das ganze fünfte Kapitel, das dem Thema »Paul Natorp und der frühe Martin Heidegger« gewidmet ist). Wenn, wie G. Imdahl vermutet, Heidegger nur der Titel, nicht aber der Inhalt der von Natorp 1922/23 gehaltenen Vorlesung *Philosophische Systematik* bekannt war, ist zwar verständlich, daß er auch Natorp letztlich doch den „Systematisierern" zuschlägt; die inhaltlich oft verblüffende Ähnlichkeit der Natorpschen Betonung der Fraglichkeit des Lebens in seiner Ursprungshaftigkeit mit den entsprechenden Formulierungen in

Verzerrungen in Heideggers Wahrnehmung des Neukantianismus bleibt verständlich, warum für ihn in jedem Falle das Husserlsche Projekt der Phänomenologie als Urwissenschaft zumindest vom Anspruch her seiner eigenen Position um vieles näher liegen muß als die Versuche philosophischer Letztbegründung mittels einer Theorie der Objekterkenntnis; erkennt Heidegger in der Phänomenologie Husserlscher Prägung doch den Versuch, eine „Grundwissenschaft" zu entwickeln, die nicht mehr von Gnaden der Einzelwissenschaften ist, sondern im Gegenteil sich selbst ihre Identität gibt und die eigenen Grenzen absteckt. Indem Heidegger dieser radikal ursprünglichen, nämlich selbstbegründenden „Idee" der Phänomenologie[1] nachgeht, ist er jedoch genötigt, auch die Grundcharakteristika auf den Prüfstand zu stellen, denen die Husserlschen Phänomenologie ihre unveräußerliche Besonderheit allen anderen Wissenschaften gegenüber verdankt, und sie am Kriterium phänomenaler Ursprünglichkeit zu messen.

1.2. Der Ansatz des Husserlschen Projekts der Phänomenologie als Urwissenschaft in den *Ideen I*

Sosehr sich Heidegger in seiner Stellung als Assistent Husserls bei seinen für Anfänger gedachten Einführungsseminaren zur Phänomenologie auf die *Logischen Untersuchungen* stützt und ihnen gegenüber dem mittlerweile veröffentlichten, ersten Teil der *Ideen zu einer reinen Phänomenologie*[2] eindeutig den Vorzug gibt[3], so unbestritten ist doch, daß vor allem der Husserl der *Ideen I* den eigentlichen Gesprächspartner Heideggers bei dessen Vorhaben einer kritischer Neufassung der Phänomenologie darstellt. Zwar nimmt Heidegger in seinen frühen Vorlesungen gelegentlich auf die *Logischen Untersuchungen* Bezug, wenn es gilt, die Unangemessenheit gewisser zeitgenössischer Deutungsansätze herauszustellen, die dieses Werk im Sinne einer Begründung der Logik durch die Psychologie mißverstehen[4], doch konzentriert sich seine eigene, an die Adresse Husserls gerichtete Kritik vornehmlich auf den transzendentalphänomenologischen Ansatz von 1913 sowie auf diejenigen früheren Schriften, in denen sich die Hinwendung zur Transzendentalphilosophie bereits ankündigt[5]. Je mehr Heidegger die in der Anfangsphase seiner Lehrtätigkeit vorherrschende Ausrichtung auf eine möglichst breit und umfassend angelegte Darstellung der zeitgenössischen philosophischen Strömungen zugunsten einer immer eindringlicheren Behandlung weniger, persönlich motivierter Sachfragen zurückstellt, desto mehr verzichtet er darauf, das ganze Entwicklungsspektrum von

Heideggers frühen Vorlesungen wäre dafür um so bemerkenswerter (vgl. G. IMDAHL, *Das Leben verstehen*, 61f.).

1. Vgl. GA 56/57, 13ff.
2. E. HUSSERL, *Ideen zu einer reinen Phänomenologie und phänomenologischen Philosophie I* (im folgenden abgekürzt mit *Ideen I*; die Seitenangaben beziehen sich auf die Paginierung von Band III/1 der *Husserliana* [Den Haag 1950]).
3. Vgl. USp, 90f.; ZSD, 85ff. sowie O. PÖGGELER, *Der Denkweg Martin Heideggers*, Pfullingen (1963) [4]1994, 69.
4. Vgl. GA 58, 13ff.
5. So vor allem Husserls 1910 erschienener *Logos*-Aufsatz »Philosophie als strenge Wissenschaft« (vgl. z. B. GA 58, 6). Bezeichnenderweise werden auch die *Logischen Untersuchungen* von Heidegger manchmal in der zweiten, 1913 erschienenen und im Lichte der transzendentalphilosophischen Erkenntnisse neubearbeiteten Auflage zitiert (vgl. GA 56/57, 123).

Husserls Denken zu berücksichtigen, und konzentriert sich zunehmend auf den Text der *Ideen I*, in dem die von ihm anvisierten, phänomenologischen Kernprobleme eine besonders markante und zur Auseinandersetzung herausfordernde Formulierung erfahren.

Dreh- und Angelpunkte des Husserlschen Projektes der transzendentalen Phänomenologie als der „ersten aller Philosophien"[1] sind zum einen das auf die Quellen originärer Anschauung bezogene „Prinzip aller Prinzipien"[2], zum anderen die phänomenologische ἐποχή, die zwar nicht die bewußtseinsmäßige Geltung von Welt, wohl aber die Thesis ihrer Existenz ausschaltet[3]. Der erste Grundsatz stellt zunächst einen wesentlichen Fortschritt gegenüber den methodischen Verengungen szientistischer oder positivistischer Art dar, da nunmehr nicht allein die sinnliche, sondern ebenso auch jede andere Form von Anschauung gleichermaßen als Ursprung gültiger Erkenntnis angesehen werden darf, sofern nur die Form ihres intentionalen Bezugs als originär, d. h. dem eigenen Bewußtsein unmittelbar gegeben, bezeichnet werden kann[4]. Die ausdrückliche, begriffliche Formulierung dieser originären Gegebenheiten hat an deren unmittelbarer Ursprünglichkeit teil, so daß Husserl jeder von ihnen die Möglichkeit zubilligen kann, „ein *absoluter Anfang*, im echten Sinne zur Grundlegung berufen, *principium*"[5] zu sein.

Man sieht also, daß das „Prinzip aller Prinzipien" nicht als statischer, ein für allemal formulierbarer Grundsatz zu verstehen ist, sondern als beständige Anweisung zur Formulierung immer neuer Grundsätze, deren Anzahl aufgrund der prinzipiellen Unerschöpflichkeit möglicher originärer Anschauungen nach oben hin grundsätzlich keiner Beschränkung unterliegt. Die phänomenologische Grundlagenbetrachtung orientiert sich also durchaus nicht am Ideal größtmöglicher Ökonomie der Prinzipien, sondern besitzt bereits einen Ansatz zu echter Mehrursprünglichkeit, die dem beständigen Fluß des immer neue Anschauungen vollziehenden, lebendigen Bewußtseins und der pluralen Dynamik begründenden Denkens überhaupt gerecht zu werden versucht. Trotz dieses bedeutsamen, innovativen Schrittes bleibt Husserl jedoch in gewissem Sinne noch in der traditionellen Auffassung von Prinziphaftigkeit befangen, insofern er die dem Anspruch allgemein-grundlegender Wesenserkenntnis entsprechenden Prinzipien als *primi inter pares* auffaßt, die zwar keinen Anspruch auf Ausschließlichkeit, wohl aber auf Exemplarität erheben dürfen[6]. Der neugewonnenen Ausweitung des Herkunftsbereichs gültiger Erkenntnis steht somit in bezug auf die innere Form ihrer Explikation nach wie vor eine Einengung der Perspektive auf das Ideal der Wesensallgemeinheit gegenüber.

Weist das „Prinzip aller Prinzipien" also noch eine teilweise Vermischung bereits genuin urwissenschaftlicher Positionen mit Elementen des herkömmlichen Wissenschaftsideals auf, so scheint spätestens das zweite Grundprinzip jeden Zweifel an der unveräußerlichen Andersartigkeit der transzendentalen Phänomenologie zu beseitigen. Der entscheidende Schritt besteht im Verlassen des allen Einzelwissenschaften gemeinsamen, natürlichen Weltbodens zugunsten einer ausschließlich auf

1. E. HUSSERL, *Ideen I*, 8 (Einleitung).
2. E. HUSSERL, *Ideen I*, 52 (§ 24).
3. Vgl. E. HUSSERL, *Ideen I*, 63-69 (§§ 31 und 32).
4. Vgl. E. HUSSERL, *Ideen I*, 11. 43f. (§§ 1 und 19).
5. E. HUSSERL, *Ideen I*, 52 (§ 24; Hervorhebungen im Original).
6. Vgl. E. HUSSERL, *Ideen I*, 52 (§ 24).

das reine Bewußtsein und seine intentionalen Akte bezogenen Einstellung. Kernstück der Husserlschen „Fundamentalbetrachtung" ist die ἐποχή, die die Zerreißung der ontologischen Kontinuität zwischen dem Gegenstandsgebiet der Phänomenologie und dem Rest der Wirklichkeit zur Folge hat und damit die Begründung einer Urwissenschaft ermöglicht, die ihre unbedingte Gültigkeit aus einem prinzipiellen Verzicht auf empirische und somit kontingente Existenz außerhalb des reinen Ich schöpft[1]. Die im Begriff des Bewußtseins als „Erlebnisstromes" liegende Bewegung hat also nichts mehr mit psychophysischer und somit natürlicher Lebendigkeit zu tun, sondern bezieht sich vielmehr auf die Autarkie der Dynamik, mit der das Bewußtsein Transzendentes zu seinem immanenten Gegenstand macht, unabhängig davon, was es mit dessen realer, d. h. welthaft-natürlicher Existenz im übrigen auf sich haben mag.

Ein zentraler Grundzug des Husserlschen Verständnisses von Bewußtsein liegt in der radikalen Unterscheidung von Transzendenz im Sinne der bewußtseinsimmanenten Hinordnung auf Gegenständlichkeit und Transzendenz als Welt- bzw. Dinghaftigkeit. Der zwischen Bewußtsein und Realität angesetzte „Abgrund des Sinnes"[2] läßt dem Subjekt zwar nach wie vor die Möglichkeit, sich innerhalb seiner Bewußtseinssphäre auf Transzendentes zu beziehen, doch erscheint die Möglichkeit eines welthaften, dingbezogenen Charakters der transzendenten Erlebnisse als diesen durchaus äußerlich und jedenfalls nicht unabdingbar für die Authentizität ihres Erlebtwerdens durch das Bewußtsein. Die Erlebnisse sind nicht *als welthafte* auf die zentrale Bedeutung von Sein als Bewußtsein hingeordnet, sondern empfangen ihren Sinn überhaupt nur von diesem, was einer Preisgabe der ontologischen Relevanz jeder Art von natürlicher und somit dinghafter Existenz im Bereich der reinen Phänomenologie gleichkommt[3]. Nicht mehr die Existenz der Welt – genauer gesagt: die Thesis der Welt als existierender – ist Gegenstand des Erlebens, sondern nur noch ihre Wesensform im eidetischen Sinne[4].

Im Rahmen des Entwurfs der Phänomenologie als der „ersten aller Philosophien" stellt Husserl den absoluten ontologischen Primat des Bewußtseins vor der Realität von Welt und Ding anhand einer Argumentation heraus, die in gewisser Weise an eine grundlegende Erkenntnis der Aristotelischen Metaphysik als „erster Philosophie" anknüpft. Diesem Grundsatz zufolge gilt das, was für uns erkennbarer ist, als in sich weniger erkennbar und umgekehrt, wobei das in sich am leichtesten, für uns aber am schwersten Erkennbare, nämlich die allgemeinsten, ersten Prinzipien, den eigentümlichen Gegenstand der Metaphysik darstellen[5]. Die Tatsache, daß das Bewußtsein spontan das intentional erkannte, welthafte Sein als Erstes, seine eigene Aktivität aber nur in nachträglicher Weise als scheinbar Zweites erfährt[6], gilt

1. Vgl. E. HUSSERL, *Ideen I*, 108f. (§ 46). J.-L. Marion hat bezüglich des Husserlschen Verständnisses transzendentaler Subjektivität darauf hingewiesen, daß diese scharfe, keinerlei Gemeinsamkeit mehr zulassende Trennung zwischen Bewußtsein und Realität ungleich radikaler ist als die Cartesianische Konzeption, bei der sowohl die bewußtseinsmäßige als auch die ausdehnungshafte Wirklichkeit gleichermaßen als *res* bezeichnet werden, was offensichtlich ein Minimum an ontologischer Kommensurabilität voraussetzt (vgl. J.-L. MARION, *Réduction et donation*, Paris 1989, 126f.).
2. E. HUSSERL, *Ideen I*, 117 (§ 49).
3. Vgl. E. HUSSERL, *Ideen I*, 114ff. (§ 49).
4. Vgl. E. HUSSERL, *Ideen I*, 65f. 71f. (§§ 31 und 33).
5. Vgl. ARISTOTELES, *Metaphysik* I, 2, 982a 23 – 982b 4.
6. Vgl. E. HUSSERL, *Ideen I*, 118f. (§ 50).

für Husserl in analoger Weise als Indiz für den ontologischen Vorrang des Bewußtseins, das die fundamentale Bedingung für jeden Erkenntnisakt darstellt und daher nie direkt, sondern nur mittels der Reflexion ins Bewußtsein treten kann. Wenngleich diese Verteilung der Prioritäten auch an das Aristotelische Grundmuster anknüpft, besteht ein wesentlicher Unterschied doch darin, daß das gesuchte Erste bei Aristoteles sich mit der abgeleiteten und von ihm abhängenden Erkenntnis noch in einen kontinuierlichen Begründungszusammenhang einordnet, während bei Husserl die Bezeichnungen des „Ersten" bzw. „Zweiten" genaugenommen überhaupt nicht mehr als Rangordnung verstanden werden können. Vielmehr bringen sie eine Inkommensurabilität zum Ausdruck, die in gewisser Weise mit der zwischen Endlichem und Unendlichem vergleichbar ist. In dem Maße, als eidetisch „welthaftes" (d. h. im Modus der immanenten Transzendenz gegebenes) Sein außerhalb des Bezuges zum Bewußtsein eigentlich gar keinen eigenständigen Seinssinn hat, ist es in gewisser Weise ein Nichts[1], während die Subjektsphäre umgekehrt von so etwas wie dinglichem Sein durchaus unabhängig ist, da dieses keine wie immer gewichtete Wesenskomponente für das Bewußtsein mehr darstellen kann.

Husserls Phänomenologie der *Ideen I* erweist sich trotz ihres beeindruckenden Neuansatzes in gewisser Hinsicht als nicht radikal genug: Einerseits reduziert sie den Seinssinn des von der Phänomenologie zu betrachtenden Gegenstandsgebietes auf das reine Bewußtsein unter völliger Ausklammerung welthaften Seins als solchen. Diese scharfe Abgrenzung gegenüber jeder Art von „Verdinglichung" des Subjekts hat zunächst das Verdienst, die in keiner Weise mehr mit Substanzkategorien wiederzugebende Dynamik des Bewußtseins hervorzuheben. Der bleibende Vorrang, den die allgemeinen Wesenserkenntnisse in der Gesamtheit der aus der Aktivität des hinnehmenden Erkennens erfließenden Prinzipien nach wie vor einnehmen, sowie die Bezeichnung des Bewußtseins als einer wenn auch absolut privilegierten „Region" machen andererseits jedoch einen gewissen Rückfall in das methodische Modell der Einzelwissenschaften deutlich, von deren Gegenstandsgebieten sich Husserl ja gerade in aller Deutlichkeit abzugrenzen gedachte.

Die diversen Unzulänglichkeiten des Projekts einer reinen Phänomenologie, die in den *Ideen I* an die Oberfläche drängen, werden für den frühen Heidegger zum Anlaß, den einzelnen Komponenten in Husserls Bestimmung der Phänomenologie nachzugehen und sie auf ihren Grad an phänomenologischer Ursprünglichkeit hin zu prüfen. Sosehr die der Realität gegenüber unüberwindliche Andersartigkeit des Bewußtseins, die Husserl in den Mittelpunkt seiner Konzeption der reinen Phänomenologie stellt, auch dem Anliegen dient, die Unableitbarkeit und Eigenständigkeit der solcherart begründeten, „ersten Wissenschaft" allen anderen Disziplinen gegenüber zu betonen, sowenig ist doch die Entgegensetzung von bewußtseinsimmanenter (und somit letztlich bewußtseinshafter) Transzendenz einerseits und der Transzendenz welthaften Seins andererseits dazu angetan, die unvergleichliche ontologische Überlegenheit des Subjekts in wirklich überzeugender Weise darzutun. Ist die von Husserl praktizierte Gleichsetzung der Weltthesis mit der unphänomenologischen, „natürlichen" Einstellung wirklich zwingend, oder scheint es nicht vielmehr so, als sei die Bezogenheit auf das Bewußtsein in seinen Augen nicht stark genug, selbst welt- und dinghafte Gegenstände von Erlebnissen in eine

1. Vgl. E. HUSSERL, *Ideen I*, 117 (§ 49).

wesentliche Relation zum Subjekt zu bringen – also im guten Sinne zu „denaturalisieren" –, ohne deshalb ihrem weltlichen Charakter Abbruch zu tun? Bestände die eigentliche Aufgabe also nicht vielmehr darin, die Subjektivität so zu fassen, daß der transzendente Bezug zu Weltlichem und Dinglichem keine Absage an ihr besonderes ontologisches Statut, sondern im Gegenteil die Verwirklichung ihres ureigensten Wesens bedeutet?

1.3. Prinzip und Ursprung im Phänomenologieverständnis des frühen Heidegger

Ausgangspunkt für Heideggers Kritik am Husserlschen Ansatz ist die methodische Inkonsequenz, die er in der Anwendung des von Husserl selbst formulierten, formalen Begriffs der Phänomenologie auf den regionalen Gegenstand des transzendentalen Bewußtseins gegeben sieht. War bei Husserl die Bestimmung der Phänomenologie nicht nur an die Frage nach den ihr eigenen Prinzipien, sondern auch nach dem aus dem Prinzip der ἐποχή sich ergebenden Gegenstandsgebiet des reinen Bewußtseins geknüpft, so verfolgen Heideggers Bemühungen um eine persönliche phänomenologische Standortbestimmung von Anfang an das Ziel, den zweiten dieser beiden Aspekte mittels einer Radikalisierung des ersten hinfällig werden zu lassen, so daß die formale Bestimmung der Phänomenologie jede Form einer regional ausgerichteten Gegenstandsdefinition überflüssig, ja unmöglich macht.

Von einer Radikalisierung im Verständnis des phänomenologischen Grundprinzips kann insofern gesprochen werden, als Heidegger in unmißverständlicher Weise Abstand von jedem Versuch nimmt, die Prinziphaftigkeit und damit den universalen Geltungsanspruch der Phänomenologie auch nur in irgendeiner Weise als Allgemeinheit zu fassen. Im Gegensatz zu dem von Husserl an das Ideal der „Wesensallgemeinheit" von Grundsätzen gezollten Tribut zieht Heidegger ein für allemal einen Trennungsstrich zwischen dem Prinzipiellen im Sinne des Allgemeinsten und Allgemeingültigen einerseits und dem Prinzipiellen als dem radikal Ursprünglichen andererseits[1], von dem grundsätzlich nicht in der Distanz verallgemeinernder Objektivierung, sondern nur durch Mitgehen im konkreten Geschehen gesprochen werden kann. Trotz dieser Kritik läßt Heidegger jedoch keinen Zweifel daran, daß er die in der Husserlschen Formulierung des „Prinzips aller Prinzipien" liegende Dynamik sowie dessen grundsätzliche Ausrichtung auf *jede* Art von originärer Intuition doch schon als entscheidende Überwindung des Primats der theoretischen Sphäre zugunsten der Unmittelbarkeit natürlichen Erlebens versteht[2]. Der Ausdruck „Prinzip aller Prinzipien" ist demnach für ihn keine formale Iteration, derzufolge sich die Grundsätze theoretischen Erkennens wiederum auf einen noch allgemeineren Grundsatz zurückverfolgen ließen. Das „Wesen aller Prinzipienhaftigkeit selbst"[3] besteht für Heidegger in nichts weniger als in einer gleichsam eidetischen Fassung formaler Gesetzmäßigkeit überhaupt, sondern vielmehr in der unüberbietbaren Konkretheit des Ursprungs, der das Leben in all seiner Vielfalt beständig hervorbringt und damit die unmittelbare Erfahrung originärer Anschauun-

1. Vgl. GA 58, 26. 187.
2. Vgl. GA 56/57, 109.
3. GA 56/57, 127.

gen sowie ihre Zusammenfassung in Form satzhafter Prinzipien überhaupt erst ermöglicht[1].

Der Schritt vom Prinzip als Grundsatz zum Prinzip als Ursprung hat jedoch weitreichende Konsequenzen für das Verständnis der gesuchten Grundwissenschaft; geht es dabei doch nicht nur um eine begrifflich andere Fassung einer im übrigen unverändert bleibenden Definitionskomponente, sondern um einen Bruch mit dem herkömmlichen Verständnis wissenschaftlicher Begründung als solchem. In dem Moment, wo der letzte Grund nichts mehr mit satzhaft formulierbaren, allgemeinsten Erkenntnissen zu tun hat, sondern als formal nicht faßbarer, lebendiger Ursprung erscheint, wird das Paradigma induktiver wie deduktiver Letztbegründung überhaupt hinfällig zugunsten einer Konzeption von Urwissenschaft, die nur noch im verstehenden Hinnehmen, Aufweisen und Auslegen des vorgegebenen „Erfahrungsbodens“[2], nicht aber in der Erklärung der Wissenschaften aus einem oder mehreren Grundsätzen und noch weniger in der Bearbeitung eines vorliegenden, objektivierbaren Gegenstandsgebietes besteht.

Die Ersetzung von „Grund(satz)“ durch „(Erfahrungs)boden“, durch die sich Heideggers Neufassung der Phänomenologie als „Urwissenschaft“ auszeichnet, läßt seinen Ansatz in einer Hinsicht als genauen Gegenentwurf sowohl zum Aristotelischen als auch zum Husserlschen Verständnis der „ersten Philosophie“ erscheinen. Waren – trotz aller einzelnen inhaltlichen Unterschiede – für Aristoteles wie für Husserl die an der „ersten Philosophie“ sichtbar werdenden Rangordnungen noetischer und ontologischer Priorität genau gegenläufig, so begreift Heidegger die von der Phänomenologie zu untersuchenden Urphänomene in einer Weise, die den Chiasmus der Prioritäten von Erkenntnisprozeß und Erkanntem umkehrt bzw. eigentlich aufhebt. Wenn die Phänomenologie nicht mehr einfach als „Erkenntnis *von* Prinzipien“, sondern als „prinzipielle Erkenntnis“[3] bestimmt wird, so handelt es sich gerade nicht um einen Platztausch der beiden Termini, die jeweils die subjektive bzw. objektive Seite der phänomenologischen Aktivität zum Ausdruck bringen. Vielmehr steht die „prinzipielle Erkenntnis“ für ein Dahinfallen des objektivierenden Unterschiedes zwischen der Phänomenologie als Wissenschaft und ihrem Gegenstandsgebiet zugunsten einer Einwurzelung im Strom des ursprünglichen „Lebens“, das keine regionale Trennung von Subjekt und Welt mehr zuläßt[4]. Dementsprechend genießt der im Erleben unmittelbar gegebene Bezug zur Welt nicht nur eine scheinbare und vorläufige Priorität, sondern erweist sich auch als das Erste und Ursprüngliche im phänomenologischen Sinne, während das in der theoretischen Be-

1. Vgl. GA 58, 148. Trotzdem ist es nicht ganz zutreffend, zu behaupten, Heidegger habe in seiner Bestimmung der Phänomenologie dem „Prinzip der Prinzipien“ die Maxime „zu den Sachen selbst“ – d. h. zu den Phänomenen des ursprünglichen Welterlebens – *entgegengesetzt* (vgl. eine dementsprechende Formulierung in J.-L. Marions Vorwort zu *Phénoménologie et métaphysique* [hrsg. von J.-L. Marion und G. Planty-Bonjour], Paris 1984, 13); eher geht es Heidegger darum, diese beiden leitmotivischen Formulierungen der Phänomenologie derart ineinanderzusetzen, daß die „Prinzipienhaftigkeit“ des Prinzips nichts anderes zum Ausdruck bringt als den nie versiegenden Ursprung der Dynamik des Lebens, innerhalb dessen sich die „Sachen selbst“ der Phänomenologie als ursprüngliche Phänomene darbieten.

2. GA 58, 66. 70.

3. M. HEIDEGGER, *Phänomenologische Interpretationen zu Aristoteles. Einführung in die phänomenologische Forschung* (GA 61), Frankfurt a. M. (1985) [2]1994, 57.

4. Vgl. GA 61, 174.

wußtseinshaltung geübte Abstandnehmen vom Erlebnis nicht nur methodisch, sondern auch in sich als das Abgeleitete und somit phänomenologisch Sekundäre gilt[1].

In dem Moment, wo die herkömmliche, noetisch-ontologische Begründungsordnung hinfällig wird und die Phänomenologie nicht nur ihren Ausgangspunkt im unmittelbaren Erleben findet, sondern ebenso auch dahin zurückkehrt[2], wird einerseits ihre unveräußerliche Eigenständigkeit sichtbar, die in nichts anderem als in sich selbst gründet. Da diese „Selbstbegründung" letztlich aber keinen Niveauunterschied von Grund und Begründetem mehr kennt, sondern sich auf derselben Ebene des Erfahrungsbodens in unablässiger Kreisbewegung abspielt, läßt sich andererseits fragen, ob die phänomenologische Betrachtung dann überhaupt noch die Gesamtheit phänomenalen Erlebens in irgendeiner Weise strukturieren kann und nicht vielmehr alle Unterscheidungen, Dichotomien, Begriffsgegensätze usw. als nicht ursprünglich genug hinter sich lassen muß.

1.4. Ein erster Blick in den Abgrund

Heideggers Kritik an Husserls scharfer Trennung von Subjekt und Welt könnte den Eindruck erwecken, als sei nunmehr die Zuschüttung jedes wie immer gearteten Grabens im Bereich der phänomenologischen Deutung der Lebenswirklichkeit oberstes Gebot. Dieser Anschein ist jedoch trügerisch. Die von Heidegger hervorgehobene Einheit von Subjekt und Welt im ursprünglichen Erlebniskontext ist ganz und gar nicht gleichbedeutend mit einer ursprungswissenschaftlichen Nacht, in der alle Phänomene schwarz sind. Der für Husserl so zentrale und unveräußerliche „Abgrund des Sinnes" zwischen dem Proprium der Phänomenologie und dem Rest der Wirklichkeit wird von Heidegger ausdrücklich aufgegriffen und lediglich in bezug auf die von ihm bezeichnete ontologische Demarkationslinie umgedeutet:

> „Wir stehen an der methodischen Wegkreuzung, die über Leben oder Tod der Philosophie überhaupt entscheidet, an einem Abgrund: entweder ins Nichts, d. h. der absoluten Sachlichkeit, oder es gelingt der Sprung in eine *andere Welt*, oder genauer: überhaupt erst in die Welt"[3].

Man sieht also, daß es keineswegs darum geht, das ehemals transzendentale Subjekt dem Seinsmodus der Naturdinge anzugleichen, im Gegenteil: Heidegger legt sein ganzes Bemühen dahinein, die „Welt" zwar nicht in das Subjekt, wohl aber in die dem Subjekt eigene Andersartigkeit gegenüber den Naturdingen mit hineinzunehmen, so daß der eigentliche „Abgrund" sich nicht zwischen Ich und Welt, sondern zwischen dem wesentlich welthaften Ich in der von ihm immer schon als bedeutungshaft erlebten Umwelt einerseits und der vermeintlich „neutralen", theoretischen Auffassung von Ich *und* Umwelt andererseits (im Sinne eines „reinen Bewußtseins" bzw. einer abstrakten „Gegenständlichkeit überhaupt") auftut. Der Unterschied, der Heideggers Phänomenologieverständnis von dem Husserls trennt, resultiert also nicht einfach aus einer anderen Absteckung der Seinsregionen, sondern vielmehr aus der Erkenntnis, daß *jede* Regionalisierung der Wirklichkeit bereits

1. Vgl. GA 56/57, 96.
2. Vgl. M. HEIDEGGER, *Phänomenologie des religiösen Lebens* (GA 60), Frankfurt a. M. 1995, 8.
3. GA 56/57, 63 (Hervorhebung im Original).

Ausdruck eines ganz bestimmten Seinssinnes, nämlich des Modus der theoretisch-distanzierten Neutralität ist, der von der phänomenologisch ursprünglichen Sichtweise des unmittelbar mitgehenden Verstehens des Welterlebens insofern durch einen Abgrund getrennt bleibt, als dieses nur verschiedene Sinnakzentuierungen, aber grundsätzlich keine gebietshaften Unterteilungen der welthaften Einheit mehr kennt[1].

Die drei Begriffe von Abgrund, Nichts und Welt nehmen damit eine Konstellation an, die sich von späteren Entwürfen in einem wesentlichen Punkt unterscheidet: Dem Nichts kommt hier noch keine wirklich konstitutive Rolle zu, sondern es ist lediglich Synonym für die phänomenologische Verarmung der theoretisch-neutralen „Sachlichkeit" und Objektivität, die sich der ursprünglichen Fülle der vortheoretischen Weltphänomene entgegenstellt. Der zwischen diesen beiden Modi klaffende „Abgrund" weist dementsprechend auf die methodische Inkommensurabilität von erlebender bzw. objektivierender Einstellung hin, doch ist der eigentliche Zielpunkt des von Heidegger evozierten „Sprungs" allein die Welt, für deren einzigartige Ursprünglichkeit der sich im Nichts der rationalen Erkenntnis auftuende Abgrund lediglich eine kontrastierende Folie, keinesfalls aber eine Wesenskomponente abgibt.

1.5. Das Problem der Rationalität innerhalb des vortheoretischen Erlebens von Welt

Heideggers Zurückweisung der Ansprüche einer auf größtmögliche Allgemeinheit bedachten Erkenntnis im Zusammenhang mit der Problematik der Grundwissenschaft, ja die Leugnung der Möglichkeit, das Wesen der als Philosophie schlechthin verstandenen Phänomenologie mit dem Begriff der „Erkenntnis" überhaupt adäquat wiederzugeben[2], und der zwischen phänomenologischer und objektivierender Einstellung aufgerissene „Abgrund" scheinen zunächst einer radikalen Absage an so etwas wie Rationalität überhaupt gleichzukommen. Wenn Heidegger die klassische Bestimmung *homo animal rationale* als „theoretisch-psychologische Definition"[3] einstuft, die, an seinem Ideal einer vortheoretischen Grundwissenschaft gemessen, schon abgeleiteten Charakter besitzt und daher für eine Bestimmung der phänomenologischen Vorgehensweise ungeeignet ist, kann dann nicht zu Recht der Vorwurf erhoben werden, daß die von ihm angestrebte, urwissenschaftliche Phänomenologie nichts mehr mit den Kategorien verstandesorientierten, wissenschaftlichen Denkens gemeinsam hat[4]?

Allein, das Ungenügen des Paradigmas wissenschaftlicher Rationalität angesichts des besonderen Statuts der Phänomenologie legitimiert noch keineswegs den Schluß auf ihre schlechthinnige Irrationalität, im Gegenteil: Zunächst läßt sich beobachten, daß Heidegger, sosehr er auch die Andersartigkeit der Phänomenologie gegenüber jeder Art von Einzelwissenschaften betont, doch auf alle Fälle weit eher geneigt ist, ihr wissenschaftlichen, d. h. methodisch strengen Charakter zuzuschrei-

1. Vgl. das in GA 61, 94 zu den Schemata der „Um-, Mit- und Selbstwelt" Gesagte.
2. Vgl. GA 60, 8.
3. GA 61, 96.
4. So etwa bei G. FUNKE, *Phänomenologie – Metaphysik oder Methode?*, Bonn 1966, 123, wo die Ansicht vertreten wird, Heidegger habe den Wissenschaften in grundsätzlicher Ablehnung gegenübergestanden.

ben, als sie mit den diversen Formen der damals verbreiteten „Weltanschauungsphilosophie“ auf eine Stufe zu stellen[1]. Der eigentliche Kern des Problems liegt jedoch in der Art und Weise, in der der methodische Grundmodus der Phänomenologie von der wissenschaftlichen Rationalität abgesetzt wird; steht das von der Phänomenologie zu untersuchende „Leben“ der rationalen Erkenntnis doch nicht einfach als konträres oder kontradiktorisches Gegenteil gegenüber, sondern stellt insofern ihren eigentlichen Ursprung dar, als rationales wie irrationales Verhalten zu den theoretischen Modifikationen des Weltverhaltens gehören, deren Möglichkeit in der ganzen Bandbreite des unmittelbaren Welterlebens enthalten ist:

> „Die Phänomenologie bekämpft gerade den absoluten Rationalismus, den Rationalismus überhaupt in jeder Gestalt. Sie bekämpft auch jedes verworrene Stammeln mit irrationalistischen ›Urworten‹ in der Philosophie. Sie läßt überhaupt die Scheidung von Rationalismus und Irrationalismus, in der man heute beliebterweise alles unterbringt, als eine grundverkehrte dastehen. Sie bewegt sich aber nicht etwa auf einem mittleren Weg – eine Art ›Vermittlungsphilosophie‹ –, sondern radikal in einer ganz ursprünglichen Richtung, in der dieser Gegensatz überhaupt nicht begegnet“[2].

Anstatt die Phänomenologie dem Bereich des „Rationalen“ bzw. „Irrationalen“ zuweisen zu wollen, ist also vielmehr geboten, sie über diesen beiden vermeintlich ausschließlichen Alternativen anzusiedeln, doch wiederum nicht im Sinne einer äußerlich übergeordneten, neutraler Position, sondern als Ausdruck jenes Ursprungs, der sowohl Rationalität wie Irrationalität einbegreift und nur insofern als ihr Anderes erscheint, als er in absoluter Weise das Übermaß der Möglichkeit dessen besitzt, was sich in relativer Weise in dem aus ihm Entsprungenen verwirklicht[3]. Die Rationalität ist also dem Leben und der mit ihr mitgehenden Phänomenologie nicht fremd, sondern sehr wohl innerlich in ihnen gegenwärtig, wenn sie auch nicht mehr einfachhin mit objektivierendem Denken gleichgesetzt werden darf, sondern sich noch diesseits aller Vergegenständlichung im Bereich der mitvollzogenen Erfahrung ansiedelt[4].

Der Stellenwert, den Heidegger der „Welt“ einräumt, führt ebensowenig dazu, das methodisch scharfe Profil der Phänomenologie zugunsten einer nebulösen „Weltanschauung“ aufzugeben, wie die zum „Dasein“ mutierte, transzendentale Subjektivität in naturalistischer Verkürzung als „Weltstück“ mißzuverstehen[5]. Sein Anliegen ist vielmehr, die „Welt“ derart in das ontologische Statut des Subjekts miteinzubeziehen, daß man dessen Grundstrukturen nicht darlegen kann, ohne zugleich auch das Wesen von Welt einer phänomenologischen Klärung zuzuführen. Ist die theoretisch-rationale Haltung zur Wirklichkeit ein abgeleitetes Phänomen, das

1. Vgl. dazu etwa GA 56/57, 7-12; GA 58, 25; GA 59, 9-12 sowie GA 61, 43-48.
2. GA 58, 20; vgl. eine ähnliche Stelle in GA 60, 79.
3. Vgl. GA 60, 305: „[...] phänomenologisches Urverstehen ist [...] so ursprünglich absolut, daß es die Eingangsmöglichkeiten in die verschiedenen Erlebniswelten und Formen in sich trägt“.
4. Vgl. GA 59, 171f.: „Die Rationalität der Philosophie wird nur einschlußweise zu ihrem Recht kommen, aber sich nicht absplittern, sondern nur eine immanente Erhellung der Lebenserfahrung selbst sein, die in dieser selbst bleibt und nicht heraustritt und sie zur Objektivität macht“.
5. So die Kritik bei G. FUNKE, *Phänomenologie – Metaphysik oder Methode?*, 30.

aber in der wesenhaften Beziehung des Subjekts zu so etwas wie Welt überhaupt die Bedingung seiner Möglichkeit besitzt, dann ist die Welt als Ort des unmittelbaren Erlebens der Ursprung und solcherart das Andere zum begründenden Denken der theoretischen Vernunft. Insofern „Welt“ im Grunde aber wiederum nichts anderes besagt als das Subjekt selbst in der vortheoretischen Fülle aller möglichen intentionalen Beziehungen[1], wird das nunmehr in seiner konkreten Faktizität als „Dasein“ begriffene Subjekt der Grund, in dem die Möglichkeit von so etwas wie wissenschaftlicher Begründung überhaupt und damit auch der „Abgrund“ zwischen unmittelbar welthafter und distanziert-theoretischer Haltung wurzeln muß, wenngleich der Bezug von Dasein und Grund mehr umfaßt als nur die Frage nach der Möglichkeit wissenschaftlicher Erkenntnis. Vielmehr ist das Dasein der Ort, an dem sich das Heideggersche Verständnis von „Grund“ in entscheidender Weise differenziert und mit ihm auch all die Grundbedeutungen, die das „Spiel“ in seinem Denken insgesamt einnehmen wird.

2. VON DER URSPRUNGSWISSENSCHAFT DES LEBENS ZUR FUNDAMENTALONTOLOGIE DES DASEINS

Wenn die ersten für das spätere Heideggersche Spieldenken bedeutsamen Elemente, wie der vorrationale Ursprung der Rationalität und der „Abgrund“ im Zusammenhang mit der theoretisch-neutralen Dingerkenntnis, sich bereits im Frühstadium seiner philosophischen Entwicklung abzuzeichnen beginnen, so erfolgt der eigentliche Durchbruch des Spielmotivs in dem Moment, wo das in *Sein und Zeit* zusammengefaßte, doch schon um einiges früher begonnene Projekt der Fundamentalontologie in aller Deutlichkeit hervortritt. Dieser Ansatz, der sich in der letzten Phase der Freiburger Lehrtätigkeit in gewisser Weise ankündigt, aber erst während der Jahre in Marburg (1923-1928) voll herausbildet, unterscheidet sich von der Anfangszeit der ersten Freiburger Periode hauptsächlich in zweierlei Hinsicht: Zum einen wird die bis dahin lediglich im Sinne des konkreten Welterlebens verstandene Dynamik des phänomenologisch Ursprünglichen auf die Ebene geschichtlicher Ursprünglichkeit hin ausgedehnt, so daß die verschiedenen philosophiegeschichtlichen Grundkonstellationen als mehr oder weniger stark entwickelte Verdeckungen eines originären Weltverhaltens gedeutet werden können. Abgesehen von diesem ausdrücklichen Rückgang auf die Geschichte, vollzieht Heidegger aber auch unter terminologischen Gesichtspunkten eine Anknüpfung an die philosophische Tradition, insofern er die bis dahin in ihrer Einzigartigkeit herausgestellte und von allen anderen Ansätzen der Philosophie (und Pseudophilosophie) abgegrenzte Phänomenologie ausdrücklich als „Ontologie“ bezeichnet, was es ihm ermöglicht, seine eigenen phänomenologischen Analysen zur Deutung des Entwicklungsprofils zu verwenden, das die philosophiegeschichtlich äußerst bedeutsamen Verschiebungen bezüglich der jeweiligen Identität und konkreten Bedeutung der „Seinswissenschaft“ im Laufe der Jahrhunderte widerspiegelt.

Beide Aspekte, sowohl die ausdrücklich geschichtliche Orientierung der Phänomenologie als auch ihre Transposition in ein ontologisches Register, stellen in

1. Vgl. M. HEIDEGGER, *Ontologie. Hermeneutik der Faktizität* (GA 63), Frankfurt a. M. (1982) ^{2}1995, 86.

keiner Weise eine Schmälerung, sondern im Gegenteil eine Radikalisierung ihres ursprungswissenschaftlichen Anspruchs dar, insofern die phänomenologische Methode damit endgültig über alle regionalwissenschaftlichen Einschränkungen[1] und die zeitbedingten Umstände ihrer Entstehung hinausgehoben und zur universalen Methode philosophischen Denkens überhaupt erklärt wird, an der sich die Ansprüche aller anderen geschichtlich verwirklichten Denkansätze messen lassen müssen.

Auch wenn die hermeneutische Unauflösbarkeit des thematisch-geschichtlichen Doppelcharakters der Ontologie schon auf den wesentlich geschichtlichen Charakter von Sein hinweist, ist es aus Gründen der Übersichtlichkeit erforderlich, die beiden Komponenten zunächst getrennt zu betrachten. Da sich, ausgehend von Heideggers bisherigem Ansatz einer urwissenschaftlichen Phänomenologie, der Durchbruch zur ontologischen Betrachtungsweise leichter nachvollziehen läßt als die Öffnung auf die geschichtliche Dimension hin, soll der erstgenannte Aspekt zuerst behandelt werden; stellt er doch die Frage nach der Identität der Phänomenologie in einer Weise, die direkt auf Husserls methodische Bestimmung der Phänomenologie antwortet und sie noch innerhalb der Grenzen einer systematisch orientierten Grundlagenbetrachtung radikalisiert.

2.1. Die Phänomenologie des Welterlebens als Ontologie

Standen Heideggers Bemühungen zunächst im Zeichen eines phänomenologisch ursprünglichen Zugangs zur Struktur welthaften Erlebens, so verschieben sich die Gewichte zunehmend von einer Analyse der unterschiedlichen Formen des Weltverhaltens hin zum faktischen Dasein als dem nichtsubjektiven Ursprung dieser originären Intentionalitäten[2]. Mit der Hinwendung zur Hermeneutik des Seinssinnes der Faktizität beendet Heidegger zugleich einen ersten Entwicklungsabschnitt in seinem Denken, der von einer scharfen Abgrenzung gegenüber der herkömmlichen philosophischen Terminologie geprägt war[3], und geht mehr und mehr dazu über, sich die traditionelle Begrifflichkeit in umdeutender Weise zu eigen zu machen, so daß deren philosophiegeschichtliche Dimension zwar unverkennbar deutlich wird, die entsprechenden Problemzusammenhänge aber aufgrund des nunmehr phänomenologischen und nicht doktrinalen Hintergrunds ihrer Verwendung in einem ganz neuen Licht erscheinen.

Das erste herausragende Beispiel für diese terminologische Wende betrifft nicht diesen oder jenen inhaltlichen Einzelaspekt, sondern das Verständnis der Philosophie bzw. Phänomenologie als solcher. Im Zusammenhang mit seinen in immer neuen Anläufen ausgesponnenen Überlegungen zur Identität der Phänomenologie hatte Heidegger – neben der schon erwähnten „Weltanschauungsphilosophie“ – bis dato vor allem die Begriffe „Metaphysik“ und „Ontologie“ sorgfältig vermieden, um von seinem eigenen Ansatz die Konnotationen abzuwehren, die für seine Zeitgenossen unvermeidlicherweise mit diesen Begriffen verbunden waren. Die beiden

1. Die letzte von der Phänomenologie als Urwissenschaft zu überwindende Einschränkung betrifft nicht nur ihre irrtümliche Einordnung in das Schema sektorieller Unterteilung wissenschaftlicher Gegenstandsgebiete, sondern die nach ihrer erfolgten methodischen Konstitution als Urwissenschaft beibehaltene Trennung von geschichtlicher und systematischer Betrachtungsweise (vgl. GA 61, 110f.).
2. Vgl. GA 63, 29.
3. Vgl. GA 58, 20ff.

Termini werden von Heidegger insofern zunächst als besondere Gefahr empfunden, als ihr philosophiegeschichtlich begründeter und gefestigter Anspruch auf den Titel der „ersten Philosophie“ sie am ehesten dazu geeignet macht, mit dem urwissenschaftlichen Streben der Phänomenologie zu konkurrieren oder gar irrtümlicherweise gleichgesetzt zu werden, obwohl sie *de facto* eben keine universale Identität mehr besitzen, sondern lediglich als – wenngleich privilegierte – Einzeldisziplinen des philosophischen Kanons insgesamt betrachtet werden[1]. Während der Begriff der „Metaphysik“ noch länger auf seine phänomenologische Rehabilitierung warten muß[2], unternimmt Heidegger bezüglich der Bezeichnung „Ontologie“ schon viel früher den Versuch, hinter deren kanonische Bedeutung innerhalb der neueren und vor allem der zeitgenössischen Philosophie zurückzugehen und diesen Begriff in einer Weise zu interpretieren, die seine etablierte Verwendung in Frage stellt. Der Grund dafür liegt unter anderem darin, daß die Gewinnung eines eigenständigen Begriffs der Ontologie Heideggers philosophischen Ansatz in direkterer Weise zu bestimmten Grundzügen der Husserlschen Phänomenologie in Beziehung setzt, als dies der Begriff der Metaphysik je könnte.

Wie Heidegger selbst anerkennt, geht die besondere Verbindung der Begriffe „Phänomenologie“ und „Ontologie“ auf Husserls Konzeption der „regionalen Ontologien“ im Sinne apriorischer Kategorienlehren einzelner Gegenstandsgebiete bzw. von Gegenständlichkeit überhaupt zurück[3]. Heideggers Widerspruch entzündet sich jedoch daran, daß eine solche Regionalisierung der Wirklichkeit die im Namen der Ontologie angedeutete Problematik des Seins in den Zusammenhang der Frage nach den allgemeinsten Gattungen hineinstellt, mit denen es die Regionalontologien letztlich immer zu tun haben. Indem Heidegger sich an die inhaltliche Unbestimmtheit des ὄν hält, erklärt er den Ontologiebegriff als besonders gut dazu geeignet, die restlose Offenheit der Phänomenologie gegenüber jeder Art von Phänomen zum Ausdruck zu bringen, unabhängig von den Schranken kategorialer Gegenstandslogik[4]. Das solcherart verstandene „Sein“ ist also insofern die ureigenste Angelegenheit einer dem Leben unmittelbar entspringenden Phänomenologie, als es die nicht zu vergegenständlichende, thematische Entsprechung zur gleichfalls nicht zu vergegenständlichenden, phänomenologischen Grundhaltung darstellt.

Die Bezeichnung der Phänomenologie als „Ontologie“ markiert insofern eine Wende in Heideggers frühem Denken, als sie der Abkehr von einem rein formalen zu

1. Vgl. dazu GA 58, 239f. sowie GA 56/57, 26f.
2. Vor dem Hintergrund der spezifischen Strömungen in der zeitgenössischen Philosophie versteht Heidegger die Metaphysik über lange Zeit hinweg einerseits als Sammelbecken für diverse dumpf-mystifizierende, weltanschauliche Strömungen (vgl. GA 56/57, 8; GA 60, 264; GA 61, 36. 70. 101 sowie GA 63, 44), andererseits als gemeinsamen Nenner für die Vertreter eines im weitesten Sinne neuscholastisch beeinflußten Denkens. Vor allem P. Wusts 1920 erschienenes Buch *Die Auferstehung der Metaphysik* wird – allerdings ohne Namensnennung – von Heidegger über mehrere Jahre hinweg mit beißendem Spott bedacht, wobei der weniger wissenschaftliche als eher „erbauliche“ Grundton dieses Werkes zum Anlaß für eine scharfe Polemik gegen jede Art von metaphysischer Tendenz in der zeitgenössischen Philosophie überhaupt genommen wird (vgl. GA 59, 181. 189; GA 61, 70. 129; GA 63, 5 sowie GA 20, 376). Dies ändert sich erst im Rahmen einer eingehenden Auseinandersetzung mit Kant, die Heidegger die Möglichkeit eröffnet, Begriff und Problem der Metaphysik vor dem Hintergrund seiner Fundamentalontologie des Daseins neu und positiv zu deuten.
3. Vgl. GA 63, 2.
4. Vgl. GA 63, 1.

einem thematisch orientierten Phänomenologiebegriff gleichkommt[1]. Diese „Entformalisierung" stellt das in seiner ursprungshaften Inhaltslosigkeit gleichsam punktförmige „Prinzip aller Prinzipien" in den Kontext der Frage nach dem Sinn von Sein hinein, in dessen Horizont es sich konkret entfalten kann, ohne daß seine Dynamik deswegen durch eine Vergegenständlichung ihres intentionalen Fluchtpunktes gebremst und in ihrer Weite eingeschränkt würde[2]. Dieser Umbruch in Heideggers Phänomenologieverständnis birgt jedoch noch weitere terminologische Konsequenzen in sich. Hatten während der ganz frühen Freiburger Periode der Begriff des „Lebens" und seine Eigenschaft als unableitbares Urphänomen und Quelle der Beziehungsmannigfaltigkeit zur Welt im Mittelpunkt gestanden, rückt nun der Weltbegriff als solcher in den Vordergrund und wird zum Ort, an dem das bis dahin einheitlich gefaßte Verständnis von Ursprünglichkeit in den Wirkungsbereich einer für sie konstitutiven Spannung eintritt. In dem Moment, wo das ursprungshafte und insofern „prinzipielle" Erkennen von Welt als „prinzipiell erkennendes Verhalten zu Seiendem", dessen Prinzip das Sein bzw. der Seinssinn ist, neuformuliert wird[3], beginnt sich eine Art von Ursprung abzeichnen, der zwar nach wie vor wesentlich auf das Dasein bezogen bleibt, durch seinen ursprungshaften Bezug auf Seiendes jedoch die Einheit von Dasein und Welt in einen größeren Zusammenhang hineinstellt, dessen Tragweite durch das Wort „Sein" zunächst eher verhüllend angedeutet als eindeutig bestimmt wird. Wenn unbeschadet der Absage an eine kategoriale Bedeutungsbestimmung von „Sein" dennoch der Versuch unternommen werden soll, den Prinzipcharakter von Sein näher darzulegen, so kann dies nur auf dem Boden einer mit dem Phänomen des Welterlebens zwar nicht identischen, aber ebenso radikalen Form von Ursprünglichkeit geschehen, die es erlaubt, das Verständnis von „Sein" anhand nichtlogischer, aber nichtsdestoweniger rational nachvollziehbarer Kriterien zu artikulieren.

2.2. Die philosophiegeschichtliche Einwurzelung des Problems phänomenologischer Ursprünglichkeit

Obwohl der Begriff der phänomenologischen „Destruktion" von Anfang an eine zentrale Rolle in Heideggers Phänomenologieverständnis spielt, bezieht er sich zunächst jedoch keineswegs auf die historischen Schichten einer ihre eigenen philosophischen Ursprünge immer stärker verdeckenden Denkhaltung, sondern bringt zunächst nur die Absage an die Einseitigkeiten und Vorurteile zum Ausdruck, die dem objektivierenden und somit abgeleiteten Ansatz einer theoretischen „Konstruktion" der Erlebnissphäre den Blick auf die ursprünglichen Phänomene

1. Vgl. F.-W. von HERRMANN, *Der Begriff der Phänomenologie bei Heidegger und Husserl*, Frankfurt a. M. 1981, 23. Von Herrmann spricht in bezug auf das Ergebnis der Heideggerschen Entformalisierung der Phänomenologie zugunsten der thematischen Ausrichtung an der Seinsfrage von einem „philosophischen Phänomenologiebegriff". Um den Unterschied zwischen dem Husserlschen und dem Heideggerschen Phänomenologieverständnis unmißverständlich herauszustellen, bevorzugen wir im folgenden jedoch den Gegensatz zwischen einem „formalen" und einem „thematischen" Phänomenologiebegriff.
2. Vgl. GA 61, 58ff.
3. Vgl. GA 61, 58f.

verstellen[1]. Die der Destruktion zugrundeliegende Hinkehr zur faktischen Existenz in ihrer konkreten „Zeitigung"[2] weist zwar schon in gewisser Weise auf die Notwendigkeit einer wesentlich geschichtlichen Ausrichtung der Phänomenologie hin, doch begnügt sich Heidegger über längere Zeit hinweg damit, die sich aus diesem Erfordernis ergebenden Schritte anzukündigen, ohne diesen Anspruch konkret umzusetzen[3]. Der erste konkrete Durchbruch in dieser Richtung ist in einer Formulierung vorgezeichnet, die mit einem Schlage ein wesentliches Leitmotiv für Heideggers ganzes späteres Denken sichtbar werden läßt. So ist für ihn die konsequente Durchführung des phänomenologischen Fragens an die Bemühung um ein Verständnis des „allerersten Anfangs" des Denkens geknüpft, den er in der griechischen Philosophie gegeben sieht[4]. Heideggers Vorhaben, von einer ursprungswissenschaftlichen Phänomenologie aus einen Bogen zum Anfang der Philosophiegeschichte zu schlagen, stellt jedoch nichts weniger als eine nostalgische Abkehr von der konkreten Entwicklung philosophischen Denkens zugunsten einer im Grunde ungeschichtlichen Fixierung auf die noch „unverfälschten" Anfänge des Denkens dar, im Gegenteil: Sein Interesse an der antiken Philosophie ist aus der Überzeugung heraus motiviert, daß eine eingehende Analyse der geschichtlichen Ursprünge philosophischen Denkens die Mittel an die Hand gibt, gerade die dazwischenliegenden Epochen in einem neuen Licht zu betrachten und ihre Rolle bei der Herausbildung des philosophischen *status quo* besser zu verstehen.

Dementsprechend sind die Marburger Jahre nicht nur von einer intensiven Beschäftigung mit Aristoteles und dem antiken Denken[5], sondern auch von einer eindringlichen Auseinandersetzung mit der mittelalterlichen[6], vor allem aber der neuzeitlichen Philosophie von Descartes[7], Leibniz[8] und Kant[9] geprägt, bei denen Heidegger sowohl die Ursachen als auch schon einzelne Lösungsansätze für die Aporien entdeckt, die sich ihm bei der Kritik der Husserlschen Phänomenologie aufgedrängt hatten. Heidegger begnügt sich also nicht mehr damit, einen radikalisierenden Gegenentwurf zu einer urwissenschaftlichen, letztbegründenden Phänomenologie vorzulegen, sondern fragt nunmehr nach den geschichtlichen Ursprüngen der Dominanz begründenden Denkens überhaupt sowie nach den Etappen seiner Entwicklung, deren Konsequenzen bei Husserl zwar in unübersehbarer Weise zutage treten, doch gerade deswegen nicht allein aus ihm heraus erklärt werden können.

1. Vgl. GA 56/57, 107; GA 58, 150. 240f.; GA 59, 171. 184ff. sowie T. KISIEL, *The Genesis of Heidegger's 'Being and Time'*, 123.
2. Vgl. GA 61, 37.
3. Vgl. GA 58, 246f. 252; GA 60, 90 sowie GA 61, 1ff. 96.
4. Vgl. GA 61, 170.
5. Vgl. M. HEIDEGGER, *Platon: Sophistes* (GA 19), Frankfurt a. M. 1992; ID., *Die Grundbegriffe der antiken Philosophie* (GA 22), Frankfurt a. M. 1993. Der weiteren ist die erst kürzlich als GA 18 veröffentlichte Vorlesung *Grundbegriffe der aristotelischen Philosophie* vom SS 1924 zu nennen.
6. So vor allem in der während des WS 1926/27 gehaltenen, bisher aber noch nicht edierten Vorlesung *Geschichte der Philosophie von Thomas von Aquin bis Kant* (geplant als GA 23) sowie im Rahmen von *Die Grundprobleme der Phänomenologie* (GA 24).
7. Hauptsächlich in der *Einführung in die phänomenologische Forschung* (GA 17), Frankfurt a. M. 1994, in *Prolegomena zur Geschichte des Zeitbegriffs* (GA 20), Frankfurt a. M. (1979) [3]1988 sowie im schon erwähnten Band 24 der *Gesamtausgabe*.
8. Vgl. die Vorlesung *Metaphysische Anfangsgründe der Logik im Ausgang von Leibniz* (GA 26).
9. Vgl. die Vorlesung *Phänomenologische Interpretation von Kants Kritik der reinen Vernunft* (GA 25) sowie GA 24.

Wenn die antike, vor allem Aristotelische Philosophie sowie das philosophische Denken der Neuzeit in den Jahren vor und kurz nach *Sein und Zeit* die beiden geschichtlichen Schwerpunkte für Heideggers Reflexion darstellen, so deshalb, weil in beiden die Frage nach dem Grund auf unterschiedliche Art eine zentrale Rolle spielt. So kann Heidegger zum einen in der Aristotelischen Lehre von der vielfachen Bedeutung des Seins eine differenzierte, aber gerade nicht in den zeitgenössischen Kategorien der Regionalisierung befangene Auffassung von der inneren Komplexität grundwissenschaftlichen Fragens erkennen[1]. Des weiteren gilt, daß Aristoteles zwar einerseits durch seine an der Kategorien- und Syllogismuslehre ausgerichtete Auffassung von der Ordnung des menschlichen Wissens indirekt dazu beitragen hat, der Auffassung von der Metaphysik als der „allgemeinsten" Wissenschaft den Boden zu bereiten, andererseits aber nie versäumt hat, zu betonen, daß das Sein in einer anderen Weise umfassend ist als die obersten Kategorien, da es nicht nur von diesen, sondern ebenso auch von den untergeordneten Gattungen und Arten sowie von den jeweiligen Artunterschieden aussagbar ist und somit das hierarchische Schema der Prädikabilien mitsamt dem ihm zugrundeliegenden Schema univoker bzw. äquivoker Attribution sprengt[2].

In dem Maße, als das Sein sich gegenüber den obersten Begriffen der Prädikation als grundsätzlich verschieden erweist und eine Universalität ganz eigener Art geltend macht, muß es durch seine eigene innere Artikulation die Möglichkeit einer vielfältigen Wirklichkeit erkennbar werden lassen – ein Standpunkt, der sich mit der von Heidegger betonten, vortheoretischen Einheit und Komplexität der ursprünglich erlebten Bedeutungshaftigkeit von Welt trifft. Somit kann Heidegger zu Recht argumentieren, daß die zeitgenössischen Tendenzen, die „erste Philosophie" ausschließlich als Wissenschaft der kategorial allgemeinsten Prinzipien zu verstehen, nicht zur geschichtlich ursprünglichsten Form dieser grundlegenden Fragestellung vorstößt, sondern sich vielmehr auf Auffassungen stützt, die sich erst im weiteren Verlauf der Philosophiegeschichte herausgebildet haben und somit vom phänomenologischen Standpunkt aus eine auszuschaltende Vormeinung darstellen.

Von der transgenerischen Universalität des Seins abgesehen, bezieht Heidegger noch ein weiteres Moment der Aristotelischen Metaphysik in seine Überlegungen mit ein, das den Übergang zu einem zentralen Thema der neuzeitlichen Philosophie erlaubt. Bekanntlich erfährt die „erste Philosophie" bei Aristoteles eine Vielzahl von Charakterisierungen, je nachdem, welchen Aspekt ihrer Fragehaltung man akzentuiert. Da sich für Aristoteles Wissen ganz allgemein als Erkenntnis aus Gründen definiert, kommt der gesuchten, ersten Wissenschaft die Suche nach den obersten Gründen sowie die Darlegung der verschiedenen Formen von Grundhaftigkeit zu. Die Bedeutung von „Grund" schwankt dabei zwischen der mehr logisch-allgemeinen Form der „ersten Prinzipien", die jedoch nur einen Aspekt von Grundhaftigkeit ausmachen, und der ontologischen Komponente im Sinne von „Prinzipien (ἀρχαί) des Werdens" bzw. der Veränderung von Seiendem, wobei

1. Vgl. GA 60, 56.
2. Vgl. ARISTOTELES, *Metaphysik* III, 3, 998b 22-27.

letztlich die zweite, auf die konkrete Dingwelt ausgerichtete Komponente bei der Aristotelischen Suche nach dem Wesen von Grundhaftigkeit überwiegt[1].

Ausgehend von dieser aitiologischen Komponente im Aristotelischen Ansatz der Seinsfrage, stellt Heidegger die von Aristoteles vorgelegte Rückführung der Gründe auf die vier Hauptfiguren der Form-, Zweck-, Material- und Wirkursache in den Vordergrund, doch geht es ihm nicht so sehr um die Einzelheiten der Aristotelischen Argumentation. Vielmehr sieht Heidegger im Faktum der von Aristoteles angesetzten Vierzahl der Gründe eine Bestätigung für die Schwierigkeiten, die der Problematik des Grundes von Natur aus inhärent sind und von Aristoteles zwar implizit erkannt, aber nicht zum Gegenstand einer eigenen Untersuchung gemacht wurden[2].

Hatte Aristoteles durch seine Konzeption der Metaphysik als „Wissenschaft der ersten Gründe" künftigen Ansätzen zu einer „ersten Philosophie" eine Grundrichtung vorgegeben, so bedeutet dies jedoch nicht, daß die konkrete Weiterentwicklung der Problematik des Grundes den wesentlichen Aristotelischen Einsichten im einzelnen treu geblieben ist. Im Gegensatz zur vierfachen Struktur des Grundes bei Aristoteles, die in gewisser Weise als Eingeständnis einer unbewältigten Problematik gedeutet werden kann, führt in der neuzeitlichen Philosophie die Suche nach einem absolut sicheren Fundament für das menschliche Wissen zu einer bisher ungewohnten Dominanz der logisch-rationalen Bedeutung von Grund und damit zu einer Verwischung des Zweiheit von „Begründung" und „Ursache". Diese Vorgehensweise stellt in Heideggers Augen insofern aber keine echte Lösung dar, als sie die bei Aristoteles ungeklärt gebliebene Fragestellung des Grundes einfach übernimmt und sie gemäß den Erfordernissen eines subjektorientierten Denkens wie selbstverständlich in eine Richtung weiterspinnt, ohne sich über ihre Problematik als solche klarzuwerden[3].

Trotz der ausdrücklichen Bezugnahme auf bestimmte Grundzüge der Aristotelischen Philosophie ist Heideggers Position damit keineswegs schon eindeutig bestimmt. Ebensowenig, wie er Husserls Ansatz schlechthin verwirft, sondern sich im Gegenteil das Grundprinzip phänomenologischer Einstellung zur Wirklichkeit in radikalisierender Weise zu eigen macht, ist seine positive Anknüpfung an den von Aristoteles vorgegebenen Ansatz der Seinsproblematik schon gleichbedeutend mit einer einfachen Übernahme der Grundpositionen der Aristotelischen Metaphysik. Dementsprechend kommt auch seine kritische Analyse der spezifisch neuzeitlichen

1. R. Schürmann bemerkt in durchaus treffender Weise, daß sich die aristotelisch verstandene ἀρχή auf die sinnlich wahrnehmbaren Substanzen bezieht und daher nicht mit dem *principium* gleichzusetzen ist, das in der neuzeitlichen Philosophie im Sinne eines evidenten, zur Ableitung anderer, nichtevidenter Erkenntnisse dienenden Grundsatzes verstanden wird (vgl. R. SCHÜRMANN, *Le principe d'anarchie: Heidegger et la question de l'agir*, Paris 1982, 126). Dennoch bleibt anzumerken, daß die ausgesprochen „ousiologische" Ausrichtung, die dem „aitiologischen" bzw. „archeologischen" Ansatz der „ersten Philosophie" bei Aristoteles eignet, sich zwar auf die *ersten* Substanzen konzentriert, dabei aber keineswegs nur die *sinnliche* Substanzenwelt im Blick hat. Wie G. Reale unterstreicht, besteht das Spezifikum der Aristotelischen Metaphysik im Gegenteil darin, als Wissenschaft vom Seienden als solchem die Ursachen *allen* Seins, also des sinnlichen wie des nichtsinnlichen, zu untersuchen. Diese zweite, „theologische" Komponente verhindert, daß die metaphysische Ursachenforschung mit der der Physik zusammenfällt, und garantiert der „ersten Wissenschaft" auf diese Weise eine unverbrüchliche Eigenständigkeit (vgl. G. REALE, *Il concetto di filosofia prima e l'unità della metafisica di Aristotele*, Milano 1993, 26f. 30f.).

2. Vgl. GA 22, 47 sowie U. GUZZONI, *Grund und Allgemeinheit. Untersuchungen zum aristotelischen Verständnis der ontologischen Gründe*, Meisenheim a. G. 1975, 18.

3. Vgl. GA 22, 47f.

Betonung des logisch-rationalen Verständnisses von Grund nicht einer Ablehnung dieses Ansatzes gleich; vielmehr versucht Heidegger, die Ursprünge dieser Einseitigkeit aus einem gewissen Ungenügen der antiken Philosophie heraus verständlich zu machen und die jeweils konstitutiven Grundbegriffe – Sein, Wahrheit und Gewißheit – im Lichte einer fundamentalontologischen Phänomenologie des Daseins zu deuten.

3. DIE ENTWICKLUNG DES SPIELGEDANKENS IM RAHMEN DER FUNDAMENTALONTOLOGIE

Die während der Marburger Jahre stattfindende Entfaltung der im Dasein angelegten Problematik des Grundes geht zum einen in die Richtung einer ausführlichen phänomenologischen Deutung der ursprünglichen Motivation, die nicht nur dem Husserlschen Projekt der Phänomenologie, sondern jedem Versuch philosophischer Letztbegründung überhaupt zugrunde liegt, zum anderen wiederholt sie die Analyse der bis dahin vor dem Hintergrund der ursprünglichen Vielgestaltigkeit des Lebens gedeuteten Phänomene innerhalb des Fragebereichs der ontologischen Differenz[1], die ihrerseits nicht als beliebiges Thema abgehobener philosophischer Überlegungen, sondern als von der konkreten Struktur des Dasein selbst aufgegebenes Grundmoment der unmittelbar gelebten wie auch der in der Reflexion thematisierten Existenz auftritt. Doch beschränkt sich Heidegger bei seiner fundamentalontologischen Fassung der Phänomenologie keineswegs nur darauf, frühere Einsichten lediglich in einem anderen Zusammenhang und mit einer etwas veränderten Terminologie zu wiederholen; vielmehr eröffnet die Orientierung an der Problematik der ontologischen Differenz den Zugang zu einer Reihe weiterer Themen, die in den ersten Freiburger Jahren kaum oder gar nicht zur Geltung gekommen waren, wie etwa die Frage nach der Sprache oder die differenzierte Betrachtung der verschiedenen Ereignisformen der Wahrheit im Bereich des Seienden. Nicht die quellende Dynamik des Lebens als solchen ist also letztlich in der Lage, alle in ihr liegenden Phänomene sichtbar werden zu lassen, sondern erst die Spannung, die sich zwischen den im Seienden antreffbaren Phänomenen und ihrem nie direkt antreffbaren, aber stets mitgegebenen Sinnhorizont auftut[2].

1. Die lexikographische Problematik bezüglich der erstmaligen ausdrücklichen Verwendung der Formulierung „ontologische Differenz“ fällt nicht zusammen mit der Frage nach dem Beginn ihrer konzeptuellen Relevanz in Heideggers Denken. Mit Recht bemerkt dazu G. Kovacs: „The ontological difference, indeed, from the early beginnings, guides Heidegger's thought even before it is called the ›ontological difference‹ and even when new words and insights deepen its comprehension in the unfolding of his unceasing meditations on the question of being“ (G. KOVACS, »The Ontological Difference in Heidegger's 'Grundbegriffe'«, *Heidegger Studies* 3/4 [1987/1988] 61-74, hier 61). Vgl. auch J.-L. MARION, »Question de l'être *ou* différence ontologique«, in: *Réduction et donation*, 163-210. Wir werden auf diese Problematik noch zurückkommen.

2. G. Funke weist im Zusammenhang mit seiner kritischen Bewertung der Heideggerschen Phänomenologie auf die Unmöglichkeit hin, das Leben durch ausschließliches Mitgehen in seiner Dynamik zu erfassen, und betont zu Recht, daß dazu eine reflexive Einstellung vonnöten sei. Hingegen ist seine Schlußfolgerung nicht zwingend, daß diese Reflexion den Charakter einer Bewußtseinsphilosophie haben müsse; impliziert der *konkrete Einsatz* des reflektierenden Bewußtseins doch weder seine bewußtseinsphilosophisch ausgerichtete Deutung noch seine Erhebung zum bevorzugten

3.1. Der Ursprung begründenden Denkens im Sorgebezug des Daseins zur Welt

Heideggers Ansatzpunkt einer Kritik des begründenden Denkens nimmt zunächst von Husserls Ideal einer „Philosophie als strenge Wissenschaft" seinen Ausgangspunkt, um die cartesianischen Wurzeln der dort beherrschenden Motive sowie ihre gemeinsamen Defizite deutlich werden zu lassen[1]. Zentraler Gedanke Heideggers ist dabei die innere Widersprüchlichkeit zwischen dem, was derartige Projekte einer absolut gewissen Grundlegung des Wissens ausdrücklich von sich behaupten, und dem, was in impliziter, aber unverkennbarer Weise aus ihrer konkreten Vorgehensweise spricht. Sowohl bei Descartes als auch bei Husserl orientieren sich die Ansätze einer philosophischen Letztbegründung am Ideal theoretischer Evidenz, d. h. einer Haltung, die das zu Erkennende im Modus neutral-distanzierter Intentionalität anvisiert. Heideggers Argumentation geht nun nicht eigentlich in die Richtung einer Widerlegung der konkreten Vorgehensweise, mittels derer Descartes bzw. Husserl zu den jeweils als ursprünglich angesetzten, unbezweifelbaren Evidenzen gelangen, sondern zielt darauf ab, aufzuzeigen, daß die hartnäckige und mit absolutem Einsatz vorangetriebene Suche nach theoretisch fundierter Gewißheit als solche keineswegs aus der Grundhaltung theoretischer Subjektivität heraus zu erklären ist, sondern vielmehr aus dem ursprünglichen Weltbezug des Daseins erfließt. Kernpunkt seiner Kritik ist also die Unmöglichkeit einer Selbstbegründung der Suche nach letzter Gewißheit *als Suche*, d. h. nicht im Hinblick auf ihren Grundcharakter für das von ihr Begründete, sondern in bezug auf den Ursprung der sie vorantreibenden Dynamik. Das Paradox und die Grenzen begründenden Denkens werden somit nicht innerhalb der diversen, satzhaft formulierten Begründungszusammenhänge, sondern auf performativer Ebene zwischen der postulierten inneren Natur und der phänomenal ursprünglichen Herkunft des sie hervorbringenden Antriebs ablesbar und verweisen dementsprechend auf die nicht mehr theoretisch-wissenschaftlich faßbare Wirklichkeit des Daseins in seiner Welt.

Die Kritik Heideggers an der Dominanz eines rein subjektorientierten Ansatzes läuft nun nicht auf eine ebenso spekulativ-neutrale Betonung einer ursprünglichen Einheit zwischen dem Dasein und der Welt hinaus, als handele es sich um eine reale Verbindung zwischen zwei substantiellen Bereichen oder auch nur zwei vergleichbaren Modi der Wirklichkeit. Vielmehr nimmt seine Darlegung des wesentlich welthaften Charakters des Daseins den Weg einer Infragestellung der theoretischen

Gegenstandsgebiet der Phänomenologie (vgl. G. FUNKE, *Phänomenologie – Metaphysik oder Methode?*, 33).

1. J.-L. Marion weist zu Recht darauf hin, daß Heidegger dazu neigt, bestimmte Unterschiede zwischen dem Cartesischen und dem Husserlschen Ansatz zu verwischen bzw. die von Husserl ausdrücklich evozierten Verbindungen zwischen den Schwerpunkten seiner eigenen Arbeit und zentralen Fragestellungen Descartes' in kurzschlüssiger Weise als Indiz für eine tatsächliche Übereinstimmung und wesentliche Kontinuität der beiden Denker zu nehmen. Die Unfähigkeit des Subjektes, in sich selbst den hinreichenden Grund für die Erhaltung der eigenen Existenz zu erkennen – woran die Notwendigkeit der Existenz Gottes ablesbar wird – macht deutlich, daß Descartes dem Subjekt keineswegs transzendentale Unsterblichkeit und Zeitlosigkeit zuspricht, wie Heidegger behauptet (vgl. GA 17, 250. 283), sondern es, im Gegensatz zu Husserl, in seiner wesentlichen Endlichkeit und Zeitlichkeit erkennt (vgl. J.-L. MARION, »L'altérité originaire de l'*ego*«, in: *Questions cartésiennes II*, Paris 1996, 3-47).

Grundhaltung als solcher zugunsten eines weiter gefaßten Verständnisses von Bezogenheit, das das herkömmliche Modell von Intentionalität an seine Grenzen führt. Demnach wäre das Ideal evidenter Gewißheit nur eine abgeleitete Form einer ursprünglicheren Relation, die sich nicht als Bewußtseinsakt im strengen Sinne fassen läßt. Heidegger findet bei Husserl selbst, allerdings in dessen *Logischen Untersuchungen*, eine Bestätigung für ein derart erweitertes Verständnis von Intentionalität[1], das es ihm erlaubt, die Bezogenheit von Dasein und Welt in einer Weise zu fassen, die auch die stets uneingestandene, aber eigentlich maßgebliche Motivation ursprungswissenschaftlichen Fragens verständlich werden läßt. Von zentraler Bedeutung ist hierbei der Begriff der „Sorge", der die eben nicht wissenschaftlich-interessefreie, sondern ursprünglich sinnorientierte und wesentlich auf die eigene Existenz bezogene Haltung des Daseins nicht *gegenüber* der Welt, sondern *in* ihr zum Ausdruck bringt[2]. Obwohl die mit dem Begriff der „Sorge" verbundenen Konnotationen zunächst in den Bereich des Emotionalen zu weisen scheinen, geht es Heidegger doch in keiner Weise um eine psychologisierende Deutung dieses Phänomens, sondern um seine Bedeutung für eine radikal ontologisch ausgerichtete Suche nach den existenzialen Wurzeln des Antriebs theoretischer Erkenntnis.

Die innere Widersprüchlichkeit der Suche nach einem absolut gewissen, unerschütterlichen Fundament der Erkenntnis wird dort sichtbar, wo sie ihre eigene Notwendigkeit mittels einer Argumentation *ad hominem* plausibel zu machen versucht:

> „Die Sorge um erkannte Erkenntnis macht an dieser Stelle einen eigentümlichen Schritt: Sie beruft sich auf das, was sie versäumt. In der Demonstration wird dem zu Widerlegenden gezeigt, wie das Dasein wäre, wenn es keine absolute Gültigkeit gäbe. Es wird einem mit einem Schielen auf das Dasein Angst gemacht. [...] Die Sorge um erkannte Erkenntnis ist nichts anderes als *die Angst vor dem Dasein*"[3].

Es ist offensichtlich, daß ein solches Argument nur dann verfängt, wenn der von einem möglichen Fehlen absoluter Gültigkeit bedrohte Weltbezug des Daseins nicht zuvor schon durch die Haltung theoretischer Distanziertheit relativiert oder gar als ganzer der transzendentalen ἐποχή verfallen ist. Die selbstauferlegten methodischen Beschränkungen bei der Suche nach letztgültiger Evidenz sind zwar in sich durchaus legitim, doch kontrastiert der dem Unternehmen damit eigene Index des Relativen und Bedingten überdeutlich mit dem vehement vorgebrachten Anspruch auf universale und unbedingte Gültigkeit und Notwendigkeit. Dementsprechend wäre die eigentlich ursprüngliche Haltung diejenige, die die Problematik des von der „ersten

1. Vgl. GA 17, 55, wo Heidegger sich auf die in den *Logischen Untersuchungen* relevante Konzeption der „Hintergrunderlebnisse" beruft, um sie der später von Husserl vorgenommenen Verengung der Bewußtseinsakte auf das ausdrückliche *ego cogito* in kontrastierender Weise gegenüberzustellen. Wenngleich Husserl in den *Ideen I* dem Bewußtsein auch nach wie vor die Möglichkeit zubilligt, bestimmte Anschauungen im Modus der Inaktualität, d. h. der fehlenden ausdrücklichen Aufmerksamkeit, zu besitzen, gilt diese Möglichkeit der Abschattungen doch nur in bezug auf die intentionalen Gegenstände, nicht aber für das Erlebnis als solches (vgl. E. HUSSERL, *Ideen I*, 76ff. 95ff. [§§ 35 und 42]). Dagegen geht Heideggers Vorhaben einer Überwindung der theoretischen Intentionalität als solcher in die Richtung einer Vielfalt von Befindlichkeitsformen in bezug auf die Welt, von denen die beobachtende Fixierung auf den eigenen Bewußtseinsstrom eher als „Entlebung" denn als „Erlebnis" anzusehen wäre (vgl. GA 56/57, 70-76. 112-117).

2. Vgl. GA 61, 135ff.; GA 63, 191ff.

3. GA 17, 96f. (Hervorhebungen im Original).

Philosophie" angestrebten Wahrheitsgrundes vom Ideal der Evidenz loslöst und es in demselben Bereich sucht, zu dessen Sicherung die Begründungsproblematik überhaupt gedacht war, nämlich im konkreten und in seinem Weltbezug keineswegs theoretisch modifizierten Dasein.

Entgegen allem Anschein hat Heidegger damit zwar das konkrete Verständnis des für Husserl unabdingbaren Schrittes der transzendentalen Reduktion rückgängig gemacht, nicht aber die ursprüngliche Absicht dieser Reduktion als solcher. Wenn Heidegger auch keinen Graben mehr zwischen dem Dasein und der Welt aufreißt, sondern die Welt vielmehr als nur im Dasein gegeben begreift, so wird der kritische Ansatz phänomenologischer Transzendentalität keineswegs zugunsten eines dogmatischen „An-sich-Seins" der Weltdinge aufgegeben, sondern im Gegenteil in einem Sinne gedeutet, der den transzendenten Bezug auf nichtdaseinshaftes Seiendes nur vor dem Hintergrund einer Identifikation von Transzendenz überhaupt mit dem Dasein selbst zu verstehen vermag. Dabei wird der ontologische Charakter des Weltlichen und seines wesentlichen Bezuges zum Dasein mittels einer anders verstandenen Reduktion sehr wohl vom Status bloßer Naturdinge abgehoben und auf einen Sinnhorizont hin entworfen, der zwar nicht auf eine theoretische Konstitution der Welt durch das Bewußtsein, wohl aber auf einen transzendenzhaften Überstieg des bloß Vorhandenden zugunsten eines spezifisch phänomenologisch Gegebenen hinausläuft[1]. Wenngleich die Richtung dieser Reduktion im Sinne Heideggers auch nominell vom Seienden zum Sein verläuft[2], so bedeutet dies doch nicht, daß letzteres damit als fester Terminus für ein von anderen Sachregionen abgegrenztes Gegenstandsgebiet stünde, auf das sich die Phänomenologie nunmehr zu beschränken hätte, sondern daß im Gegenteil der Sinn von Sein nur im vielfältig gestuften Bezug des Daseins zur Welt und zu sich selbst, innerhalb dieser Phänomensphäre aber zugleich als der nichtgegenständliche und insofern differente Horizont jedes Gegenstandsbezuges und jeder Selbstbezüglichkeit ablesbar wird.

Die in diesem Verstehensbezug liegende „Reduktion" hebt sich von der Reduktion im Husserlschen Sinne nicht nur durch ihre innere, im dualen Wechselspiel verharrende Struktur ab, sondern unterscheidet sich vor allem durch den konkreten Modus, in dem sich das Geschehen der „Rückführung" zur phänomenologischen Gegenstandsregion bzw. der „Hinführung" zum thematisch anvisierten Fragebereich des Seins für das Dasein jeweils darstellt[3]. Waren im ersten Falle, d. h. bei Husserl, sowohl die Reduktion als auch der aus ihr resultierende „Abgrund des Sinnes" zwischen der Gegenstandsregion der Phänomenologie und der Welt der

1. Wenn G. Funke behauptet, bei Heidegger werde auf letztlich unphänomenologische Weise „das sich Lichtende dogmatisiert als das Metaphysisch-Ansichseiende", so übersieht er dabei die bleibende Bedeutung der phänomenologischen Reduktion für Heidegger, deren Zielpunkt zwar nicht mehr im reinen Bewußtsein, dafür aber in einem Sein besteht, dessen Sinn sich gerade nicht „an sich", sondern nur im Dasein und für es erschließt (vgl. G. FUNKE, *Phänomenologie – Metaphysik oder Methode?*, 222).

2. Vgl. GA 24, 28ff.

3. J.-F. Courtine weist auf die doppelte, zwischen dem Seienden und seinem Sein spielende Dynamik der Reduktion im Heideggerschen Sinne hin, um darzulegen, daß es Heidegger nicht eigentlich um eine definitiv zu vollbringende Abkehr *vom* Seienden zugunsten des Seins, sondern um den beständig neu und positiv aufgegebenen, verstehenden Zugang *zum* Sein im Kontext des Seienden geht (vgl. J.-F. COURTINE, »L'idée de la phénoménologie et la problématique de la réduction«, in: *Phénoménologie et métaphysique*, 226f.).

natürlichen Einstellung Angelegenheit einer theoretisch-methodischen Grundoption, so ist bei Heidegger die in der Reduktion des Seienden auf sein Sein hin wirksame, ontologische Differenz samt der sich in ihr auftuenden „Abgründigkeit“ keine Frage der Methode mehr, sondern ein im Dasein als solchem unweigerlich mitgegebenes Geschehen, zu dessen Aufhellung und Auslegung die Phänomenologie berufen ist, ohne für es selbst ursächlich konstitutiv zu sein.

3.2. Das Dasein im Spielraum der ekstatischen Zeitlichkeit

Heideggers Neufassung der Phänomenologie des Weltbezugs steht von Anfang an im Zeichen der Abkehr von einer bloß nachträglichen Klassifizierung der Phänomene anhand eines mehr oder weniger feststehenden Kataloges von Wesenseigenschaften zugunsten einer Konzentration auf das Ursprungsgeschehen des phänomenalen Erlebens in seiner ganzen Konkretheit. Dieser Akzent auf der originären Dynamik der Phänomenalität findet zunächst im Begriff des „Lebens als entspringendem“[1] seinen Ausdruck, doch geht schon während Heideggers erster Freiburger Periode die Tendenz mehr und mehr dahin, den im Erleben sichtbar werdenden Geschehenscharakter des Daseins seinerseits als phänomenale Ausprägung einer ursprünglich zu verstehenden Zeit zu deuten, deren Primat nicht auf die abstrakte Leerform einer „Zeit überhaupt“ hinausläuft, sondern sich im Geschehen der „Zeitigung“ bzw. in einer nicht formal verstandenen „Zeitlichkeit“[2] stets aufs neue bezeugt. Die ausdrückliche Thematisierung dieser in der Dynamik des Phänomenalen zunächst implizit mitgegebenen Zeitlichkeit kommt in dem Moment voll zum Durchbruch, wo Heidegger der am Ideal der Wesensallgemeinheit und letztgültigen Evidenz ausgerichteten Phänomenologie Husserls nicht mehr nur einfach die nie versiegende Produktion phänomenaler Bezüge im und für das Dasein gegenüberstellt, sondern den Husserlschen Ansatz als Ausdruck eines bestimmten Verständnisses von Zeit und Zeitlichkeit deutet, das in keiner Weise der Seinsart des Daseins als des ontisch-ontologischen Ortes dieser intentionalen Bezugsvielfalt Rechnung trägt[3].

Im Husserlschen Verständnis der Evidenz als Verwirklichung einer schlechthin unbezweifelbaren und damit grundlegenden Form von Erkenntnis lassen sich zwei unterschiedliche Figuren von Zeit ausmachen, je nachdem, ob man die genetische oder die wesensmäßige Komponente der gesuchten, absoluten Gewißheit ins Auge faßt[4]. In dem Maße, als die einfache Gegebenheit eines Wesenszusammenhangs in der Evidenz, d. h. das völlige Zusammenfallen von noematischer Setzung und dem in ihm Gesetzten, den letzten Grund für die Unbezweifelbarkeit des solcherart Angeschauten abgibt[5], der originäre Charakter der Gegebenheit im strengen Sinne aber nur in der unmittelbaren Gegenwärtigkeit der Anschauung anzutreffen ist, wird die

1. GA 58, 81.
2. Vgl. GA 60, 45ff.; GA 61, 37.
3. Vgl. GA 17, 89ff.
4. Es handelt sich hierbei natürlich nicht um eine Genese im psychologisch-naturalistischen Sinne, sondern darum, daß das Phänomen der Evidenz auch im transzendentalen Bewußtseinsfluß nur zu gewissen, aber durch die ἐποχή ihrer eigentlichen Zeithaftigkeit beraubten Momenten auftritt. „Genetisch“ ist diese Perspektive also nur insofern, als sie sich auf den Subjektpol des transzendentalen Bewußtseinsstroms, nicht auf die in ihm anvisierten Inhalte konzentriert.
5. Vgl. E. HUSSERL, *Ideen I*, 333-341 (§§ 136-138).

Gegenwart, genauer gesagt, die momenthafte Einheit im Vollzug von Anschauung und Angeschautem, zur privilegierten Zeitdimension, die allein den Zugang zur evidenten Gewißheit zu eröffnen vermag[1].

Gilt die idealerweise ausdehnungslose Gegenwart als Königsweg für die schlechthin absolute Gewißheit von der Subjektseite aus, so herrscht auf der Seite des intentional Angeschauten die Dominanz der zeitlosen (bzw. überzeitlichen, außerzeitlichen oder gar ewigen) Gültigkeit vor. Der einzelnen, im Hier und Jetzt evident verwirklichten Anschauung geht es ja nicht um ein *als* im Hier und Jetzt adäquat Erkanntes, sondern um Wesenszusammenhänge, die nicht nur unabhängig vom jeweiligen Anlaß ihrer Erkenntnis, sondern unabhängig von konkreter Existenz überhaupt zeitenthobene, ja „ewige" Geltung besitzen[2]. Die unmittelbare Gegenwart, von der die Evidenz lebt, erhält ihre Bedeutung also nicht von ihrer augenblicklichen Konkretheit als solcher, sondern nur, insofern sich in diesem Moment der schlechthin adäquaten Anschauung das (in der einen oder anderen Weise) Zeitlose bzw. durch keine Zeitlichkeit Bedingte manifestiert, wobei die beidseitige Unendlichkeit des transzendentalen Bewußtseinsstromes der beliebigen und immer in gleicher Weise möglichen Wiederholung dieser Evidenz prinzipiell keine Grenzen setzt.

Diese beiden Grundzüge des Zeitverständnisses – die durch die ἐποχή in ihrer Konkretheit irrelevant gewordene, aufgrund ihrer beliebigen Wiederholbarkeit austauschbare und somit bedeutungsentleerte Gegenwart der Wesensschau einerseits und die zeitindifferente, jeder Veränderung enthobene Gültigkeit des in ihr Angeschauten andererseits – geben gleichsam einen Negativabdruck des Zeitverständnisses ab, das Heidegger dem Husserlschen Evidenzideal der Erkenntnis entgegensetzt: Nicht die gleichgültige Wiederholbarkeit des immer gleichen „Jetzt" in Richtung auf einen stets gültigen, in seiner Zeitlosigkeit beruhigenden Wesenssachverhalt, sondern die unveräußerliche Einzigkeit des Augenblicks innerhalb eines von Zukunft und Vergangenheit her bestimmten, aber wesentlich endlichen Zeithorizontes sind die beiden Leitmotive, die Heideggers Deutung der Fragestellungen von Grund und Zeitlichkeit in ihrer gemeinsamen Verwurzelung im Dasein dauerhaft bestimmen. Im gleichen Zuge mit dieser Erweiterung der Zeitperspektive von der Gegenwart hin zu den drei Zeitdimensionen richtet sich auch die Wahrheit nicht länger nach dem Ideal originär evidenter Gültigkeit, d. h. des völligen und unmittelbaren, für keinen möglichen Zweifel Raum lassenden Zur-Deckung-kommens des Angeschauten in und mit der Anschauung, sondern wird vielmehr – aufgrund ihrer wesentlichen Verknüpfung mit der ontologischen Struktur des Daseins – eine Angelegenheit des „Zwischen", der Spannung und der in konstitutiver Weise versagten Identität des Wahrheitsgrundes mit ihm selbst.

1. Selbstverständlich verlieren auch vergangene und damit der Erinnerung angehörende, adäquat gebende Anschauungen nicht schlechthin ihren Evidenzcharakter, doch ist ihnen dieser nur noch in mittelbarer, abgeleiteter Weise, d. h. unter der Bedingung einer jederzeitigen Wiederholbarkeit dieser Evidenz und somit ihrer bruchlosen Überführbarkeit vom Vergangenheitsmodus in die aktuelle Gegenwart eigen (vgl. E. HUSSERL, *Ideen I*, 346ff. [§ 141]).

2. Vgl. E. HUSSERL, »Philosophie als strenge Wissenschaft«, *Logos* 1 (1910/11), 316. 332. 336 bzw. im Sonderdruck bei Klostermann, Frankfurt a. M. 1965, 40. 61. 67.

3.2.1. Der Spielraum der Zeitlichkeit als Horizont des transzendenten Weltbezugs

A. Der Kantische Weltbegriff als Leitfaden für Heideggers Überwindung der transzendentalen Phänomenologie

a. Der Standort der Fundamentalontologie gegenüber dem Kantischen Ontologieverständnis und der Husserlschen Phänomenologie

Heideggers Analyse des Weltphänomens und seiner Bedeutung für die Entfaltung der Problematik der Seinsfrage im Rahmen der ontologischen Differenz stellt sich nicht nur als deutliche Abgrenzung von der bei Husserl beherrschenden Einklammerung des Weltphänomens als solchen im Hinblick auf eine nur mehr bewußtseinsimmanente Transzendenz des Weltlichen dar, sondern unternimmt ihren Gegenentwurf des phänomenologischen Bezugs von Welt und Transzendenz unter ausdrücklichem und positivem Bezug zur Kantischen Behandlung des Transzendenzproblems im Zusammenhang mit der *Kritik der reinen Vernunft* als dem Versuch einer Bestimmung der transzendentalen Vorgaben von Erkenntnis überhaupt[1]. Die augenfällige, von Heidegger nie verhohlene Ausrichtung an zentralen Motiven in Kants Denken kann indessen nicht über die teilweise gravierenden Unterschiede hinwegtäuschen, die sich zwischen dem Kantischen Unternehmen einer kritischen Revision der klassischen Ontologie und Metaphysik und der von Heidegger verfolgten Radikalisierung der Husserlschen Phänomenologie in Richtung auf eine Fundamentalontologie auftun.

Zum einen läßt sich deutlich erkennen, daß Kant die (in ihren Grenzen kritisch bestimmte) Ontologie nur als Vorbau bzw. Fundament für eine noch zu entwerfende, kritisch gereinigte Metaphysik betrachtet, von deren Endzweck her sich die Vorgehensweise und innere Struktur der Ontologie bestimmt[2]. Heideggers Vorhaben einer Fundamentalontologie ist dagegen nicht von derartigen teleologischen Über-

1. Daß Heidegger sich derart ausdrücklich gerade auf Kant beruft, ist aller Wahrscheinlichkeit nach kein Zufall, sondern eine Antwort auf Husserls Versuch, die Kantische Philosophie als direkte Vorläuferin der transzendentalen Phänomenologie in Anspruch zu nehmen (vgl. J.-F. COURTINE, »Kant et le temps«, *Le Temps de la réflexion* 5 [1984] 412f.). Dementsprechend richtet Heidegger sein Augenmerk auf diejenigen Themen Kants, die dazu angetan sind, bestimmte Grundmotive der Husserlschen Phänomenologie in Frage zu stellen, vor allem in bezug auf die Frage nach der transzendentalen Endlichkeit oder Unendlichkeit des Subjekts sowie hinsichtlich der Bedeutung des Weltbegriffs.

2. Kants Gebrauch des Begriffes „Ontologie" in der *Kritik der reinen Vernunft* (KrV) ist insofern schwankend, als dieser bisweilen als Synonym für die klassische, in ihrer rationalistischen Anmaßung auf die Erkenntnis von Dingen überhaupt Anspruch erhebende Begriffslogik gebraucht und somit in Gegensatz zur Analytik des reinen Verstandes gebracht wird (vgl. KrV, A 247 / B 303), dann aber wiederum als Bezeichnung für die in der *Kritik der reinen Vernunft* entworfene Transzendentalphilosophie im Zusammenhang der Architektonik der reinen Vernunft Verwendung findet (vgl. KrV, A 845f. / B 873f.). Diese Doppeldeutigkeit ist darauf zurückzuführen, daß auch der Begriff der Metaphysik je nach Kontext unterschiedlich aufgefaßt wird, einmal nämlich als geschlossenes, sich der Kritik widersetzendes System der Naturerkenntnis aus Begriffen *a priori* (vgl. KrV, A 841 / B 869), dann aber wieder als die nicht mehr spekulativ, sondern im Hinblick auf ihren moralischen Endzweck betrachtete Vollendung der menschlichen Vernunft (vgl. KrV, A 849ff. / B 877ff.). In jedem Falle kommt der Ontologie aber nur der Charakter einer untergeordneten, für andere philosophische oder wissenschaftliche Belange den Boden bereitenden Disziplin zu.

legungen geprägt, sondern vielmehr von der Überzeugung getragen, daß die Fundamentalontologie zwar die ontologischen Fundamente für die einzelnen Regionalontologien und alle Einzelwissenschaften überhaupt, einschließlich der Theologie[1], bereitstellt, diese Begründungsfunktion im Hinblick auf andere, einzelwissenschaftliche oder auch innerphilosophische Disziplinen ihr aber durchaus äußerlich und für die Vorgehensweise der fundamentalontologischen Analytik des Daseins in keiner Weise maßgeblich ist. Wenngleich Heidegger bei seiner Ablehnung, die Phänomenologie nur als „Vorwissenschaft" zu anderen philosophischen oder wissenschaftlichen Disziplinen zu begreifen[2], auch in positiver Weise an die von Husserl stets betonte Autarkie der transzendentalen Phänomenologie gegenüber allen anderen, „natürlich" eingestellten Wissenschaften anknüpft[3], so beruht die Sonderstellung der Fundamentalontologie doch nicht mehr ursächlich auf einem bestimmten, sich aus einem gesamtwissenschaftlichen Zusammenhang ergebenden methodischen Statut, sondern auf ihrer Anmessung an die im Dasein selbst immer schon gegebene Überschreitung des Seienden (als des Bereichs aller übrigen, „ontischen" Wissenschaften) auf sein Sein hin, das der fundamentalontologischen Phänomenologie zwar eine einzigartige thematische Ausrichtung, aber keine wie immer geartete Gegenstandsregion mehr vorgibt, sei sie nun ontisch-konkret, ontologisch-formal oder transzendental reduziert.

Die ontologische Umdeutung der von Husserl verfochtenen Eigenständigkeit der Phänomenologie läßt zugleich einen zweiten Unterschied zur Kantischen Vernunftkritik sichtbar werden, nämlich in bezug auf die jeweilige Bestimmung des Transzendenten: Steht bei Kant die „Transzendenz" gerade als Synonym für die Nichtbeachtung der Grenzen der auf das einzelne, für den endlichen Verstand nur als Gegenstand gegebene Seiende ausgerichteten Erkenntnis, so zielt Heideggers Deutung des Daseins als des Ortes der Transzendenz gerade auf die Möglichkeit des Verstehens von Sein, d. h. eines der theoretischen Verstandeseinsicht vorgelagerten und sie ursprünglich begründenden Zugangs zum nicht gegenständlichen Seinssinn des Seienden überhaupt[4]. Wie im folgenden zu zeigen ist, wird die für Kant zentrale Endlichkeit des Subjekts damit keineswegs verabschiedet, doch liegt sie bei Heidegger nicht mehr in der Begrenzung des Erkenntnis durch einen der Anschauung vorgegebenen Gegenstand der Erfahrung, sondern vielmehr in einer ursprünglichen Negativität und somit Verendlichung sowohl des Daseins als auch des von ihm verstehend erschlossenen Seins durch die wesentliche Endlichkeit des für beide bestimmenden Horizontes der Zeit.

b. Die Transzendenzproblematik als Indikator der Freiheit bei Kant und Heidegger

Unbeschadet des eben skizzierten Unterschieds des Kantischen bzw. Heideggerschen Transzendenzverständnisses läßt sich doch eine grundlegende Gemeinsamkeit darin ausmachen, daß in beiden Fällen die Frage nach der Transzendenz aus dem

1. Vgl. SZ, 13; GA 25, 32-39 sowie den Vortrag »Phänomenologie und Theologie« (GA 9, 45-67).
2. Vgl. GA 24, 3.
3. Vgl. GA 17, 258f.
4. Vgl. z. B. KrV, A 296f. / B 352f. und A 643 / B 671 sowie SZ, 38. Bezüglich der Gemeinsamkeiten und Unterschiede in Kants und Heideggers Transzendenzverständnis vgl. F. COUTURIER, *Monde et être chez Heidegger*, Montréal 1971, 133.

Spannungsverhältnis resultiert, das sich zwischen einer im Subjekt bzw. Dasein angelegten Möglichkeit und den konkreten Grenzen ihrer jeweiligen Verwirklichung ergibt. Die Transzendenz wird somit jedesmal Ausdruck für einen Überhang oder Überschwung, der sich einer vollständigen, konkreten Umsetzung zwar notwendigerweise widersetzt, nichtsdestoweniger aber in ebenso notwendiger Weise die unerläßliche Bedingung für jede einzelne Verwirklichung als solche darstellt. Das Zurückbleiben der jeweiligen Erfüllung gegenüber dem in der Möglichkeit des sie Ermöglichenden Angelegten eröffnet der Verwirklichung einerseits einen Raum der Freiheit, ist andererseits aber auch ebenso Synonym einer unvermeidlichen Negativität, die das Kontinuum der Möglichkeit auf die endliche Anzahl diskreter Umsetzungen einschränkt. Beide Aspekte – Endlichkeit und Freiheit – fließen im Kantischen Verständnis des Weltbegriffs zusammen, insofern dieser einerseits – im Bereich der theoretischen Vernunft – durch seinen jeder Vergegenständlichung entzogenen Ideencharakter der endlichen Erkenntnis ihre Bedingungen vorgibt und zugleich ihre Grenzen deutlich macht, andererseits aber ebenso – im Zusammenhang mit dem Gegensatz zwischen einer Philosophie nach dem „Schulbegriff" und einer Philosophie nach dem „Weltbegriff" – die letztlich nicht spekulativ-theoretische, sondern auf die moralisch-teleologische Verwirklichung der menschlichen Freiheit ausgerichtete Natur des Denkens zum Ausdruck bringt. Heidegger macht sich die Grundansätze von Kants Weltbegriff größtenteils zu eigen[1], richtet sein Augenmerk aber zugleich auf die darin zum Ausdruck kommende Aporie bezüglich des Verhältnisses von theoretischer und praktischer Vernunft, um sie seinerseits im Rahmen einer am Phänomen der menschlichen Freiheit ausgerichteten Betrachtung auf ihren Ursprung hin zu untersuchen[2]. Beide Aspekte treffen sich im Begriff der Möglichkeit bzw. des „Könnens", das einerseits weit mehr besagt als eine bloß formale Modalität des Denkens, andererseits aber noch diesseits des Problembereiches der praktischen Wahl- und Willensfreiheit angesiedelt ist[3].

Heidegger setzt bei Kants Bestimmung der endlichen Erkenntnis als einer wesentlich auf Anschauung bezogenen ein, analysiert diese aber zunächst weit weniger im Hinblick auf den der Erkenntnis konkret-empirisch vorgegebenen Gegenstand als vielmehr in Richtung auf die immer schon gegebene Zuwendung des Daseins zu Gegenständlichkeit überhaupt[4]. Der Unterschied ist dabei nicht lediglich gradueller Natur, so als sei „Gegenstand überhaupt" die oberste Gattung zu den einzelnen Gegenständen, die sich dem Dasein auf jeweils unterschiedliche Weise

1. Wie H. Declève unterstreicht, ist Heideggers Bewertung des Kantischen Weltverständnisses nicht einheitlich. So bestreitet Heidegger in *Sein und Zeit*, daß Kant dem Phänomen der Welt gerecht geworden sei, führt ihn aber nur wenig später in »Vom Wesen des Grundes« ausdrücklich als Zeugen für ein qualitativ-ontologisches Weltverständnis an (vgl. SZ, 321; GA 9, 151ff.). Dieses Faktum impliziert jedoch insofern keinen Widerspruch, als Heideggers Kritik sich auf die Grenzen des Kantischen Weltbegriffs im kosmologischen Sinne bezieht, während seine Anerkennung der Tatsache gilt, daß Kant selbst dessen Einseitigkeit zumindest teilweise durch einen existentiellen Weltbegriff überwindet, der dem von Heidegger herausgestellten Phänomen des existenzialen In-der-Welt-seins schon relativ nahekommt (vgl. H. DECLÈVE, *Heidegger et Kant* [Phaenomenologica 40], Den Haag 1970, 309).

2. Vgl. GA 24, 12. 16.

3. Vgl. P. DUPOND, *Raison et temporalité. Le dialogue de Heidegger avec Kant*, Bruxelles 1996, 41.

4. Vgl. M. HEIDEGGER, *Kant und das Problem der Metaphysik* (KPM), Frankfurt a. M. (1929) [5]1991, 70ff.

darbieten, im Gegenteil: Die Formulierung „Gegenstand überhaupt" findet ihre ontologische Stütze gerade nicht in den empirisch angetroffenen Gegenständen, sondern bezieht sich auf das Dasein selbst, insofern dieses immer schon in der Offenheit eines Horizontes steht, innerhalb dessen ihm überhaupt Gegenstände erscheinen können. In dem Maße, als die so verstandene „Gegenständlichkeit" diese grundsätzliche Offenheit des Daseins zum Ausdruck bringt, kann sie als Synonym für die „Welt" im Heideggerschen Sinne gelten, die ja gerade nicht die Ausrichtung auf ein theoretisch verzeichnetes „Etwas überhaupt", sondern die ursprüngliche Bezogenheit des Daseins auf nichtdaseinsmäßiges, aber umwelthaftes Seiendes zum Ausdruck bringt. Oder, mit anderen Worten: Will man die Bezeichnung des „Etwas überhaupt" beibehalten, so darf man sie nicht im Sinne einer noch so kategorial allgemeinen und bedeutungsentleerten Form von Denkbarem im weitesten Sinne mißverstehen, sondern muß sie als formalen Hinweis auf die Verwiesenheit des Daseins an eine wesentlich bedeutungsbegabte Welt verstehen.

Die an der Problematik der „Gegenständlichkeit" ablesbare Angewiesenheit des Daseins auf innerweltliches Seiendes ist aufgrund ihres Horizontcharakters zwar an sich prinzipieller Natur, doch erzwingt sie damit noch keineswegs die konkrete Hinwendung des Daseins zum einzelnen Seienden. Dem Dasein eröffnet sich somit auf ontologischer Ebene insofern ein Spielraum, als die transzendentalen Bedingungen nur die Stelle möglicher Verwirklichung vorgeben, ohne die Gewähr der jeweiligen konkreten Erfüllung in sich zu tragen. Die genaue Bewertung der besonderen, dem Wirklichen vorgelagerten und doch auf es bezogenen Stellung dieser Bedingungen fällt bei Kant bzw. Heidegger indes unterschiedlich aus. Während für Kant die bleibende Unerfülltheit der *a priori* gegebenen Formen, Begriffe und Grundsätze durch einen empirischen Gegenstand – und somit das dauernde Freibleiben dieses Erfüllungsspielraums – zu einem „bloßen Spiel" der Einbildungskraft oder des Verstandes im negativen Sinne führt[1], konzentriert sich Heidegger auf die positive Bedeutung des im Begriff der „reinen Anschauung" liegenden Charakters des „Spiels", insbesondere im Hinblick auf die reine Anschauung der Zeit:

> „Raum und Zeit als reiner Hinblick sind ein Spiel, d. h. nicht gebunden an das Vorhandene, sondern ein freies Verfügen über die reine Mannigfaltigkeit des Angeschauten. [...] Wir können unser Verhalten frei variieren, wir können uns spielend verhalten – wir spielen mit der Zeit, oder besser: die Zeit spielt mit sich selbst"[2].

Mit anderen Worten: Heideggers eigentliches Interesse am Problem der Zeit gilt nicht in erster Linie ihrer Eigenschaft als „formale Anschauung", d. h. als das in jeder konkreten Anschauung implizit Mitgegebene, aber nicht eigens Bewußte, sondern zielt darauf ab, die „Form der Anschauung", d. h. den Gegebenheitscharakter dieses Mitgegebenen als solchen für sich selbst und für das Dasein ausdrücklich zum Gegenstand der Frage zu erheben[3]. Wenn Heidegger die Zeit und nicht den Raum als die grundlegende Bedingung für den Bezug des Daseins zu

1. Vgl. KrV, A 239 / B 298.
2. GA 25, 130f.
3. Vgl. M. HEIDEGGER, *Logik. Die Frage nach der Wahrheit* (GA 21), Frankfurt a. M. 1976, 294f.

Seiendem versteht[1], so deshalb, weil die Thematisierung der Zeit auf das engste mit der Frage nach dem Apriori (als dem im „vor-hinein" Gegebenen) und somit nach der ontologischen Stellung des transzendentalen Subjekts verknüpft ist. Diese ausdrückliche Zusammenrückung, ja Gleichsetzung der Frage nach der Zeit mit der Problematik des Daseins[2] erfordert allerdings insofern eine Neubestimmung der Bedeutung von Zeit und Subjekt, als Heidegger in der Kantischen Konzeption eine gewisse Widersprüchlichkeit wahrnimmt, die aus dem ungeklärten Verhältnis zwischen Verstand und Sinnlichkeit sowie ihrer gemeinsamen, doch jeweils besonderen Beziehung zur Zeit resultiert.

Heidegger konzentriert seine Darlegungen auf die Tatsache, daß bei Kant das Problem der Beziehung des Verstandes auf die Anschauung in zweierlei Richtung durchlaufen wird: Zum einen geht Kant von der transzendentalen Apperzeption aus, die als Einheit des Bewußtseins möglich macht, daß die Mannigfaltigkeit der Erscheinungen überhaupt als Mannigfaltigkeit wahrgenommen werden kann. Da der Verstand jedoch ein endlicher ist, kann sich diese Bündelung der Wahrnehmungen nur sukzessiv, d. h. in der Zeit vollziehen. In diesem ersten Falle fungiert die Zeit also als inneres Medium der logischen Einheit des Verstandes. Zum anderen aber erörtert Kant die Rolle der Zeit im Zusammenhang mit der Einbildungskraft, die als produktive Synthesis die Beziehung der Verstandeskategorien auf Anschauung überhaupt erst ermöglicht. Die Bewegung führt also in aufsteigender Richtung von der Mannigfaltigkeit zur Einheit, womit der Primat der Sinnlichkeit und nicht mehr in erster Linie dem Verstand zufiele[3].

Heidegger setzt nun bei der Frage ein, welchem Element dieser Doppelstruktur des Bezugs von Verstand und Sinnlichkeit letztlich der Vorrang zukomme[4]. Die in der zweiten Auflage der *Kritik der reinen Vernunft* zum Ausdruck kommende Scheu Kants vor einer wesentlichen Anbindung der das Subjekt bestimmenden Zeit an die Sinnlichkeit zugunsten einer Zuweisung der transzendentalen Apperzeption und der für die endliche Erkenntnis wesentlichen Zeit an die Logik wird von Heidegger als wesentliches Indiz dafür gedeutet, daß Kant es nicht vermocht habe, den Bezug des Subjekts auf innerweltliches Seiendes und die dafür bestimmende Zeit in einer ursprünglichen Einheit zu denken, ohne zugleich die im Hinblick auf die Problematik von Freiheit und Moralität wichtige Andersartigkeit und Spontaneität des Subjekts gegenüber der Naturwirklichkeit zu gefährden[5]. Eine Betrachtung des phänomenal ursprünglichen Verhältnisses von Subjekt und Zeit ist nach diesen Prämissen also insofern unmöglich, als die reine Anschauung der Zeit wesentlich auf die Erscheinungen und damit die empirische Naturwirklichkeit bezogen ist, während das transzendentale Subjekt in keiner Weise innerhalb des raumzeitlichen Bereiches angetroffen werden kann, sondern dessen Bedingung und Grenze darstellt und gerade daraus sein besonderes, von Freiheit gekennzeichnetes Statut empfängt. Da der wesentliche Bezug von Zeit und Subjekt vom Kantischen Standpunkt aus lediglich funktionaler Natur ist, in ontologischer Hinsicht aber letztlich doch die Trennung von Erscheinung und Ding an sich widerspiegelt und somit einer Ineins-

1. Vgl. GA 25, 417.
2. Vgl. GA 21, 406ff.
3. Vgl. GA 25, 404ff.
4. Vgl. GA 25, 412.
5. Vgl. GA 21, 331 sowie KPM, 168f.

setzung der beiden Komponenten strikt entgegensteht, erfordert Heideggers Versuch, Zeit und Dasein auf dem gleichen ontologischen Niveau anzusiedeln, einen Phänomenbegriff, der zwar einerseits die Trennung zwischen einer bloß naturhaft verstandenen Welt der Erscheinungen und der transzendentalen bzw. noumenalen Wirklichkeit überwindet, andererseits aber die Spannung zwischen dem Erscheinenden und dem für es Bestimmenden, aber nicht direkt Erscheinenden beibehält und sie lediglich innerhalb der gleichen, wesentlich auf Zeit und Dasein bezogenen Phänomensphäre der Weltlichkeit ansiedelt.

c. Das Dasein als Ort sinnhafter Synthesis

Die kritische Komponente in Heideggers Bewertung der von Kant herausgestellten Beziehung zwischen dem Subjekt und der wesentlich auf die Welt der Erscheinungen bezogenen Zeit richtet sich vor allem gegen den spezifischen Modus, den dieser Begründungszusammenhang annimmt. Insofern bei Kant das transzendentale Subjekt als innere, aber unthematische Einheit der Wahrnehmungen lediglich formaler Natur ist, bleibt die apperzeptive Synthesis auf eine logische Funktion beschränkt, die weder die Art und Weise der Bezogenheit der wahrgenommenen Erscheinungen auf das Subjekt beleuchtet noch die Rolle der Zeit dabei einer differenzierten Betrachtung unterzieht. Der Vorstellung eines dem homogenen Strom neutraler Wahrnehmungen insgesamt zugrundeliegenden, funktional-abstrakten Ich stellt Heidegger nun eine andere „Synthesis" gegenüber, die jedoch nicht mehr eine bloß formale Struktur des Subjekts darstellt, sondern die Gegebenheit der Phänomene für das Dasein als Einheit einer spezifisch existentialen Sinnhaftigkeit versteht, die sich aus einem keineswegs homogenen, sondern in besonderer Weise gegliederten Zeitverständnis speist[1].

In dem Moment, wo das transzendentale Subjekt nicht mehr nur als das inhaltslose und gewissermaßen immer nur indirekt mitgewußte Einheitsprinzip seiner Wahrnehmungen fungiert, sondern als Dasein seine Identität immer in der einen oder anderen Weise aus den Bedeutungsbezügen schöpft, die seine Begegnung mit innerweltlichem Seienden bestimmen, kann es nunmehr ausdrücklich thematisiert werden, ohne dem Paralogismus zu verfallen, in der Überführung des Bewußtseins zum *Selbst*bewußtsein die grundsätzlich nicht objektivierbare Bedingung objektivierender Anschauung als solche selbst wieder in theoretisch-neutraler Weise anschauen zu wollen. An die Stelle des hoffnungslosen Unterfangens, den im Vollzug befindlichen Ichpol des Bewußtseinsstromes gewissermaßen vor die Augen der inneren Anschauung bringen, diese „Anschauung" als solche dabei zugleich jedoch mittels desselben Ichpols wahrnehmen zu wollen, tritt nunmehr die phänomenologische Analyse des Daseins, das sich als Ort der Transzendenz immer schon „aus einer Welt versteht"[2] und somit zur Aufdeckung des eigenen Seinscharakters nicht *hinter* den Quellpunkt seines Bewußtseins zurückzugehen braucht, da es in den es bedingenden ontologischen Strukturen immer schon *vor* sich selbst gebracht ist und sich als solches thematisieren kann[3].

1. Vgl. GA 21, 332. 407f. sowie GA 24, 179.
2. Vgl. GA 24, 425.
3. Vgl. E. ØVERENGET, *Seeing the Self. Heidegger on Subjectivity* (Phaenomenologica 149), Dordrecht – Boston – London 1998, 148ff. 164f.

Diese grundlegende Einsicht ist von entscheidender Bedeutung für das konkrete Verständnis von Welt bzw. ihr seinshaftes Statut. Während die Welt für Kant keine eigene ontologische Dichte besitzt, sondern nur als Vehikel und heuristische Fiktion für die Kohärenz der Erkenntnis von innerweltlichem Seienden dient[1], gibt sie für Heidegger nicht mehr nur den bedingenden Rahmen für die einzelnen Erscheinungen ab, sondern gilt in ihrer Gesamtheit selbst als das alle Einzelphänomene ermöglichende Grundphänomen[2]. Entscheidend ist hierbei aber, daß der Phänomenbegriff wiederum nicht mehr von den Kategorien des empirisch Seienden als solchen her, sondern im Hinblick auf die jedem kategorialen Denken wie auch jeder empirischen Erfahrung vorausgehenden Sinnstrukturen verstanden wird. Insofern für Heidegger die Frage nach der Erscheinung bzw. dem, was nicht erscheint, nicht mehr mit der Frage nach der faktisch gegebenen bzw. fehlenden Position eines nur Vorhandenen zusammenfällt, sondern sich auf die Offenlegung bzw. Verdeckung des Verständnisses von ontologischen Begründungs- und Bedeutungszusammenhängen durch das Dasein bezieht, können auch die Welt insgesamt und der transzendente Bezug des Daseins zu ihr als „Phänomen" bezeichnet werden, ohne damit dem transzendentalen Schein einer falschen Vergegenständlichung horizonthafter Bedingungen zu erliegen.

Dieser Wesenscharakter des Bezugs auf das Phänomen der Welt im allgemeinen und das innerweltliche Seiende im besonderen[3] setzt also dem Anspruch des transzendentalen Ich auf eine noumenale, sich selbst transparente und vernunftgemäß faßbare Identität zwar die ontologische Vorgabe seiner Welthaftigkeit entgegen, doch nur, um die bei Kant aus dem außerphänomenalen Charakter resultierende Freiheit des Subjekts nun im gesamten Freiraum des Innerweltlichen wirksam werden zu lassen, in den es kraft seiner Existenz hineingestellt ist. Die mit der scharfen Unterschiedenheit *vom* Phänomenalen erkaufte Freiheit des transzendentalen Subjekts im Sinne Kants verwandelt sich bei Heidegger also in eine Freiheit des Daseins, dem sich überhaupt nur in seiner Ausgespanntheit *hin zum* Phänomenalen der Spielraum der Möglichkeit existenzialen Verstehens des Seienden und zugleich damit das auf den Sinn von Sein gerichtete Verständnis für den durch die eigene existenziale Möglichkeit gebildeten Spielraum seiner selbst eröffnen[4].

B. Das Phänomen der Welt als Spielraum des Daseins

Vor dem Hintergrund des bisher Gesagten läßt sich leicht begreifen, daß die von Heidegger vorgenommene Betonung der Transzendenz als Wesenseigenschaft des Daseins weder gleichbedeutend mit dessen Assimilierung an die Seinsart einer bewußtseinstranszendenten Außenwelt ist, noch im Gegensatz dazu für den Versuch steht, die unveräußerliche Andersartigkeit des Daseins in seiner Hinordnung auf eine transempirische, gerade deshalb aber phänomenal ungedeckte Wirklichkeit zu veran-

1. Vgl. KrV, A 671 / B 699 und A 771 / B 799.
2. Vgl. GA 24, 413.
3. Man kann darüber streiten, inwiefern die ontologische Beschränkung und Endlichkeit des Daseins sich erst in seinem „Angewiesensein" auf konkretes, innerweltliches Seiendes – d. h. auf „Welt" im Sinne der Gesamtheit des Seienden – manifestiert oder schon in der ontologischen Struktur der Welt im Sinne der wesentlichen Ausrichtung des Daseins auf den *Horizont* der Gesamtheit des Seienden zum Ausdruck kommt (vgl. SZ, 64f. 87 sowie F.-W. von HERRMANN, *Subjekt und Dasein. Interpretationen zu ›Sein und Zeit‹*, Frankfurt a. M. 1985, 137).
4. Vgl. G. FIGAL, *Martin Heidegger. Phänomenologie der Freiheit*, Frankfurt a. M. (1988) ²1991, 132.

kern[1]. Vielmehr gilt Heideggers Bemühen der Herausstellung des spezifischen Transzendenzcharakters innerhalb der Sphäre des Grundphänomens der Welt in einer Weise, die die einzigartige Freiheit des Daseins nicht nur nicht beschneidet, sondern sowohl ihre faktische Ausübung als auch ihre phänomenologische Offenlegung überhaupt erst möglich macht. Die Welt in ihrer Phänomenvielfalt wird somit der Ort, in dem die Freiheit des Daseins gründet, so daß die Frage nach dem Grund als solchem aus dem Paradigma der möglichst umfassend vereinheitlichenden, begrifflichen Zusammenführung der Wirklichkeit in den Horizont mehrfältiger Ursprungszusammenhänge hineingestellt und vor diesem Hintergrund neu entfaltet wird.

a. Das Seinsverständnis als Entwurf von Grund

Wie Heidegger nicht müde wird zu betonen, hat die Begegnung des Daseins mit innerweltlichem Seienden in keinem Falle den Charakter eines kausal zu fassenden Naturvorgangs oder gar einer blinden Kollision[2], sondern ist von vornherein einem Verstehenshorizont einbeschrieben, der aus der Seinsart des Daseins selbst als Freiheit resultiert. Dies bedeutet, daß Dasein auf Seiendes überhaupt nur „treffen" kann, insofern es diesem immer schon einen Sinnkontext entworfen hat, dessen Struktur von den Erfordernissen und Gegebenheiten der eigenen Existenz bestimmt ist und dessen konkrete Verwirklichung stets die partielle Erfüllung der Möglichkeit des eigenen, nicht modalen, sondern existenzialen Seinkönnens darstellt[3]. Der das einzelne Seiende im vorhinein überschreitende „Entwurf" wird fortan zu einer zentralen Bezeichnung für die fundamentalontologische Betrachtung des Grundes, insofern er den Umgang des Daseins mit Weltdingen auf einer vom Dasein selbst inaugurierten, praktischen Finalität beruhen läßt, diese von nichts anderem als der Existenz selbst abhängende Begründungsordnung aber wiederum aus dem linearen Schema von Ursache und Wirkung hinausführt und sie in den „Umkreis der Verwendbarkeit"[4] einfügt, d. h. in ein in alle Richtungen sich ausspannendes Netz von Bedeutungszusammenhängen, die auf andere, zum selben Praxisbereich gehörende Dinge und Handlungssequenzen verweisen. Die die Verwendung der Weltdinge bestimmende Absicht eines jeweiligen „Um-zu" hat ihren Ursprung also nicht in einem „Grund" im Sinne eines einzelnen, in der Kausalkette rückwärts zu verfolgenden Gegenstandes oder Sachverhalts, sondern entspringt überhaupt nur im Rahmen eines auf der gleichen Ebene befindlichen Geflechts von Motivationen, die statt einer Serie sukzessiver Ausgangs- und Endpunkte einen zusammenhängenden Bereich des Sinnes bilden, der über die Einzelzwecke des „Um-zu" hinaus die Welt insgesamt als ein einziges, daseinshaft bestimmtes „Um-willen" erscheinen läßt[5].

Das herkömmliche Verständnis des Grundes wird auf diese Weise in zweifacher Weise modifiziert: Zum einen richtet sich das im „Um-zu" deutlich werdende Verstehen der Weltdinge in ihrem Sein zwar auf das Was des Seienden, also auf seinen jeweiligen Sinngehalt[6], der von seiner Funktion her der *realitas* im traditio-

1. Vgl. GA 24, 424.
2. Vgl. GA 20, 212f.; SZ, 55f. sowie GA 24, 267. 271.
3. Vgl. SZ, 145.
4. GA 24, 259.
5. Vgl. SZ, 84. 418ff.; GA 24, 418ff.
6. Vgl. GA 24, 415.

nellen Sinne entspricht, ohne jedoch Gegenstand eines ausdrücklichen *reddere rationem*, also einer Ausfaltung der einzelnen Wesenseigenschaften und der Aufzeigung ihrer Subjektsinhärenz zu werden. Das Verstehen des Sinnes von Seiendem vollzieht sich nicht durch den Rückgang auf die Komponenten eines analysierbaren Sachgehalts, sondern vielmehr implizit, d. h. indem es dem Entwurf des für jede Zeugverwendung maßgeblichen Spannungsverhältnisses des „Um-zu" im umfassenderen Sinnkontext der Welt seinen unthematischen Fluchtpunkt vorgibt[1]. Darin liegt zum anderen aber auch, daß so etwas wie Grundhaftigkeit sich nicht mehr von der möglichst weit zurückliegenden Stellung des entsprechenden Phänomens innerhalb einer Sukzessionskette her definiert, sondern sich nach dem Grade phänomenaler Ursprünglichkeit des Bedeutungshorizontes bemißt, der jedem Einzelphänomen einen es möglichst weit übersteigenden und ihm vorausliegenden Rahmen verleiht. In doppelter Absetzung von der traditionellen Terminologie steht „Grund" im fundamentalontologischen Kontext also gerade für das stillschweigende Beziehen zuhandener Dinge auf die ihnen nicht ontisch vorausgehende, sondern sie ontologisch umringende Bedeutungssphäre der Welt[2]. Die Tatsache, daß das innerweltliche Seiende in seiner konkreten Dienlichkeit entdeckt und verstanden werden kann, ist in der Möglichkeit begründet, als die sich dem Dasein die Sinnhaftigkeit der Welt insgesamt schon erschlossen hat[3].

Wenn sich eine solche Perspektive auch unschwer als der exakte Gegensatz zur Vorstellung eines ausdrücklichen, theoretisch geleiteten „Rechenschaftablegens" erweist, so stellt dies doch kein grundsätzliches Hindernis dafür dar, diesen verborgen bleibenden „Sinn und Grund" dessen, „was sich zunächst und zumeist zeigt"[4], einer ausdrücklichen Erörterung zu unterziehen. Was im Vergleich zur „Begründung" im klassischen Sinne aufgegeben werden muß, ist allerdings die Meinung, die Grundhaftigkeit der weltlichen Sinnzusammenhänge für das einzelne Seiende sei gleichbedeutend mit einer inneren, rationalen Struktur der Welt. Das Gegenteil ist der Fall; kann das Sichtbarwerden von Welt *als* Grund doch nur um den Preis einer Zerstörung der Sinneinheit geschehen, die für das ursprüngliche Verstehen des Seienden gemäß seinem „Um-zu" wesentlich ist. „Begründen" im Sinne von „den Grund darlegen" heißt demgemäß also nicht, eine vermeintliche Vernunftstruktur der Wirklichkeit in nachvollziehender Weise aufzudecken, sondern darzulegen, inwiefern der Grundcharakter von Welt gegenüber den einzelnen Phänomenen mit einer theoretischen, ja allgemein rationalen Haltung inkompatibel ist.

b. Das Offenbarwerden von Grund im Bruch der Sinnbezüge

Wenn der das einzelne Seiende immer schon umgebende Sinnhorizont auch dem Verständnis des Daseins von vornherein zugänglich und für sein Verhalten bestimmend ist, so tritt er doch gerade nicht in seiner Horizonthaftigkeit bewußt in Erscheinung, sondern nimmt seine Fundierungsfunktion für die Zeugverwendung gerade in unauffälliger Weise wahr[5]. Die ursprüngliche Sinnhaftigkeit der diversen

1. Vgl. SZ, 151.
2. Vgl. GA 24, 258.
3. Vgl. SZ, 220.
4. SZ, 35.
5. Vgl. GA 20, 268.

Gebrauchsgegenstände impliziert ja gerade, daß diese sich auf unmittelbare Weise in ihre jeweiligen Anwendungszusammenhänge einfügen und den Prozeß der Herstellung oder Bearbeitung anderer Gegenstände ermöglichen, ohne selbst direkt Gegenstand der Aufmerksamkeit zu werden[1]. Der Grad der Ursprünglichkeit des Verstehens der zeughaften, d. h. zur praktischen Verwendung dienlichen Gegenstände in ihrem spezifischen Sein ist somit dem Maß der Bewußtwerdung dieser ihr Verstandenwerden begründenden Sinnhaftigkeit umgekehrt proportional. Erst in dem Moment, wo durch Beschädigung, Zerstörung oder Verlust der Weltdinge die unmittelbare Einheit mit dem zur Verwendung dienlichen Seienden und dem mit ihm unmittelbar verknüpften Sinnbereich verloren geht, wird dem Dasein deutlich, daß es in Wirklichkeit nie nur auf das einzelne Ding als solches, sondern immer schon auf den seine Bedeutungshaftigkeit begründenden Horizont der Welt ausgerichtet war[2]. Doch dieses ausdrückliche Verstehen von Welt als solcher und ihrer gründenden Funktion für das Seiende hat so wenig wie das vorherige, unthematische Seinsverständnis theoretischen Charakter. Das seiner Verwendbarkeit beraubte Zeug fällt ja nie auf das Niveau der reinen Negation der ursprünglichen Sinnbezüge herab, sondern stellt sich immer nur als deren privative Variante dar, die ihre Verbindung zum ursprünglichen Modus der Zuhandenheit beibehält und, soweit möglich, diesem in der einen oder anderen Weise wieder eingegliedert werden soll[3].

Der Überstieg des einzelnen Seienden in Richtung auf die Welt als Grund ist somit nicht Frucht einer diskursiven, im wahrsten Sinne des Wortes „rationalen" Vorgehensweise, sondern ist implizit immer schon vollzogen und wird bei entsprechender Gelegenheit in Form eines schlagartigen „Aufleuchtens"[4] sichtbar, das jedoch keinesfalls als eine von der praktischen Verwendungstätigkeit grundsätzlich verschiedene, intellektuelle Anschauung zu verstehen ist, sondern in seiner Unmittelbarkeit lediglich das auf die Gesamtheit von Sinn überhaupt bezogene Gegenstück zum gleichfalls unmittelbaren Verstehen des einzelnen Dinges in seinem spezifisch begrenzten Sinnumfeld darstellt. Nicht der Verlust von Sinn insgesamt, sondern nur die Zerreißung bestimmter, konkreter Sinnbezüge ist der Anlaß, die das einzelne Weltding übersteigende Horizonthaftigkeit von Welt als solche hervortreten zu lassen. Daraus erhellt, daß auch der solcherart offenbar gewordene „Grund" des Seienden nichts anderes ist als sein es immer schon umgebender Sinn[5], der in keinem Falle Gegenstand theoretischer Erkenntnis, sondern immer nur Horizont eines je nach Anlaß impliziten oder expliziten, stets aber auslegenden Seinsverständnisses sein kann[6].

c. Der Spielraum der Zeitlichkeit im sorgenden Verstehen

Der soeben erörterte „Sinn" des Seins der Einzeldinge dient – trotz der unübersehbaren Betonung, die Heidegger dem spezifischen Charakter der jeweiligen Verwendungsbezüge zuteil werden läßt – nicht als formaler Platzhalter für eine

1. Vgl. SZ, 70.
2. Vgl. SZ, 75.
3. Vgl. SZ, 73f.
4. SZ, 75.
5. Vgl. SZ, 152.
6. Vgl. GA 20, 413ff.

inhaltlich nicht näher bestimmte, aus einer bloßen Aufzeigung faktischer Phänomene geschöpfte, irrationale Grundfärbung des Wirklichkeitsbezuges. Vielmehr werden die zahlreichen Einzelanalysen der Zeugverwendung in all ihren möglichen Modifikationen ausdrücklich in der Gesamtstruktur der Zeit begründet[1], die die unterschiedlichen Komponenten der immer wieder betonten Bedeutsamkeit der Welt zueinander in Beziehung setzt und auf diese Weise dem Eindruck vorbeugt, die Mannigfaltigkeit der Verwendungsbezüge lasse allenfalls eine Vielzahl einzelner, nebeneinanderstehender „Sinnmanifestationen", aber keinen Zusammenhang von Sinn insgesamt mehr zu. Durch die Umlegung der Strukturmomente des In-der-Welt-seins auf die Grundstruktur der Zeit[2] wird das Problem des Grundes am Leitfaden eines Phänomens entwickelt, das aufgrund seiner inneren Artikulation einerseits und der untrennbaren Einheit seiner unterschiedlichen Strukturbestandteile andererseits den Zwang zur Rückführung auf ein monolithisches Grundprinzip ebenso zu vermeiden weiß wie die völlige Aufsplitterung der Welt in einzelne, in ihrer Isoliertheit letztlich unverständliche Bedeutungsinseln. Aufgrund der inneren Gegliedertheit der Zeitlichkeit in die drei Zeitdimensionen der Zukunft, Vergangenheit und Gegenwart kann die solcherart angestrebte „Gleichursprünglichkeit" der phänomenalen Mannigfaltigkeit des In-der-Welt-seins aber gerade nicht in einer ontologischen „Gleichzeitigkeit" der Ursprungskomponenten bestehen, sondern vielmehr in der gemeinsamen Bezogenheit der Phänomenvielzahl auf die in unterschiedliche Ekstasen ausgespannte Zeit.

Die Begründung der verschiedenen Phänomenbereiche des In-der-Welt-seins in der Zeitlichkeit erfolgt mittels einer Weiterführung und Überbietung der bis dahin existenzial-räumlich gefaßten „Nähe" des Daseins zu den Weltdingen zugunsten einer zeitlich verstandenen Kontinuität der Sinnerstreckung. Der vom Dasein gebildete Spielraum des Bezuges zu Weltdingen hält sich zunächst spontan im nächsten Umkreis dessen, was den charakteristischen Sinnzusammenhang des jeweils zu Besorgenden ausmacht[3], doch ist die unterschiedlich weite Erstreckung dieses Verstehensschwerpunktes davon bestimmt, inwieweit die zur konkreten Verrichtung nötigen Gebrauchsgegenstände gegenwärtig sind oder nicht. Diese „Gegenwart" bezieht sich aber nicht auf die Tatsache, daß der fragliche Gegenstand überhaupt faktisch anwesend ist, sondern besitzt insofern zeitlichen Charakter, als sich das Weltding in seiner Zuhandenheit in die für die Handlungsabläufe wesentliche Zeit des „Jetzt" einzufügen vermag. Ein Zeugding ist somit nie „überhaupt" zuhanden, sondern immer in bezug auf einen spezifischen Sinnkontext und in einem gewissen Moment des ihm entsprechenden Handlungsablaufs.

Diese Aussage bedarf jedoch sogleich einer Präzisierung, was den genauen Charakter dieses „Momentes" angeht. Das den aktuellen Besorgenszusammenhang konstituierende „Jetzt" ist keineswegs ein ausdehnungsloser Punkt auf einem imaginären Zeitstrahl, sondern trägt in sich schon die vorwärts- und rückwärtsgewandte Erstreckung der mit der Gegenwart durch das Sinnkontinuum der unterschiedlichen Verrichtungen verbundenen Dimensionen der nächsten Zukunft und Vergangenheit[4].

1. Vgl. SZ, 436.
2. Vgl. GA 21, 406; SZ, 351ff.
3. Vgl. SZ, 369.
4. Vgl. GA 24, 352. 366.

Das Aufgehen des Daseins im Besorgten bringt es mit sich, daß dieser Spielraum der Zeitlichkeit vom „Gegenwärtigen", d. h. dem Verstehen des innerweltlichen Seienden im Hinblick auf seine unmittelbare Verwendbarkeit, bestimmt bleibt und Zukunft und Vergangenheit nur als zurückbehaltene bzw. noch ausstehende Weiterführung der im Besorgen direkt begegnenden Sinnhaftigkeit des Seienden auftreten[1]. Die zeitlichen Erstreckungen der begegnenden Sinnzusammenhänge bedeuten aber zugleich auch, daß das Dasein sich selbst gegenüber immer schon differiert[2] und in Entsprechung zum ausgreifenden, „ekstatischen" Charakter der Zeitlichkeit gleichfalls „außer sich" ist[3], so daß der dem Dasein eigene „Spielraum" der phänomenologischen Bestimmung seiner Seinsart nichts hinzufügt, sondern nur in deutlicherer Weise ausspricht, was im Wort „Existenz" (als dem „Hinaus-stehen") immer schon mitgemeint ist[4].

Die beiden Sinnstrukturen von Welt und Zeitlichkeit erweisen sich zum einen als der gemeinsame Grund für die Begegnung des Daseins mit innerweltlichem Seienden, zum anderen aber wird an ihnen selbst eine gewisse Komplementarität sichtbar, die, unabhängig von ihrem Begründungsverhältnis zu Seiendem, auf einen tieferliegenden Begründungszusammenhang untereinander verweist. Liegt in der Bestimmung der Welt als des transzendenten, über jedes einzelne Seiende hinausliegenden Sinnhorizontes die Betonung auf der uneinholbaren Weite der verstehenden Offenheit des Daseins für das Sein des Seienden, so zieht die den Weltbezug als ganzen begründende Zeitlichkeit dieses Verständnis auf den von der Gegenwart ausstrahlenden Zeitraum des besorgenden Zugangs zu Seiendem zusammen. Diese Doppelbewegung des Überschwungs auf Welt hin und der Rücknahme dieser Dynamik des Verstehens in den relativ eng umschriebenen und auf die Gegenwart ausgerichteten Zeitraum der jeweiligen Handlungssituation verhindert eine Fehlinterpretation der auf Welt ausgerichteten „Transzendenz" im Sinne einer über-physischen, also in irgendeiner Weise „jenseitigen" Wirklichkeit. Das Phänomenpaar von Welt und Zeitlichkeit durchbricht in zweifacher Weise die herkömmliche Fassung von Unendlichkeit, Endlichkeit und Grenze: Zum einen unterläuft der Horizont der Welt jedes Modell einer nach oben hin divergierenden Unendlichkeit durch seine Gründung auf die an endliche Verstehenssituationen gebundene Zeit. Zum anderen entspricht aber auch die im Gegenwärtigen begegnende Zeit nicht dem nach unten hin konvergierenden Limesbegriff eines idealerweise ausdehnungslosen Jetztpunktes, sondern ist immer schon auf die bedeutungshaft erschlossene Zukunft und Vergangenheit hin geöffnet, so daß die am Phänomen der Zeit ablesbare Endlichkeit in

1. Vgl. GA 24, 367.
2. Die Beziehung zwischen dem Verhältnis des Daseins zu sich selbst und seinem verstehenden Zugang zu innerweltlichem Seienden wird in *Sein und Zeit* nicht immer deutlich sichtbar. Wie E. Tugendhat bemerkt, erlaubt erst der zweite Abschnitt von *Sein und Zeit* eine einheitliche Interpretation dieser beiden Phänomenkomplexe vor dem Hintergrund des gemeinsamen Spielraumes der Zeitdimensionen, während vorher nicht klar hervortritt, daß schon die im Besorgen von innerweltlichem Seienden liegende Erstreckung des Gegenwärtigens in den Spielraum von Zukunft und Vergangenheit seine ontologische Möglichkeit letztlich dem Auf-sich-zukommen bzw. Auf-sich-zurückkommen des Daseins sich selbst gegenüber verdankt (vgl. E. TUGENDHAT, *Der Wahrheitsbegriff bei Husserl und Heidegger*, Berlin 1967, 274).
3. Vgl. GA 24, 377.
4. Vgl. SZ, 368.

qualitativ-sinnbestimmter Weise immer schon über sich selbst hinaus ist, ohne deswegen in eine quantitative Unendlichkeit umzuschlagen.

Der nicht auf eine stabile „Unendlichkeit" festlegbare Charakter von Welt und der ebensowenig als Punkt fixierbare Zeitraum des Gegenwärtigens machen deutlich, daß beide Phänomene trotz – oder gerade wegen – ihrer bestimmenden Rolle für den verstehenden Zugang zu Seiendem dem Sinn nach über das gegenständliche Seiende hinaus liegen. Sosehr sie der Garant dafür sind, daß das Dasein zu Seiendem überhaupt einen von Sinn bestimmten Zugang finden kann, sowenig sind sie selbst im Bereich des Seienden antreffbar. So besteht die „Grundhaftigkeit" des von ihnen eröffneten Spielraums für das konkret begegnende Seiende nicht darin, einen feststehenden und damit wiederum seienden „Hintergrund"[1] abzugeben, sondern in ihrem besonderen, der direkten Vorfindbarkeit gerade entzogenen und nur bei gelegentlichen Brüchen im Zuhandenheitskontext sichtbar werdenden Statut die Freiheit der verstehenden Erschlossenheit des Daseins gegenüber dem einzelnen, verstehend entdeckten Seienden *in actu* auszuüben. „Grund" ist also Synonym für das frei ermöglichende, dem Ermöglichten gegenüber jedoch ontologisch heterogene und darum an ihm selbst zunächst verborgen bleibende Ursprungsein von Sinn. In dieser Heterogenität des Ursprungs gegenüber dem aus ihm Hervorgehenden liegt folglich, daß Welt und Zeitlichkeit nicht mit den Kategorien des in ihnen entspringenden Seienden behandelt werden können, sondern strenggenommen als „Nichtseiendes" und zugleich damit als Indikatoren einer konstitutiven Nichthaftigkeit des Daseins selbst angesehen werden müssen.

d. Welt und Zeitlichkeit als Indikatoren des Nichts der Transzendenz

Bei der Vertiefung der Frage nach der Transzendenz im Hinblick auf ihre genaue Beziehung zu den Urphänomenen von Welt und Zeit knüpft Heidegger nochmals an die Grundzüge des Kantischen Weltbegriffs an, doch durchläuft er diesmal denselben Phänomenkomplex von der entgegengesetzten Seite aus. Bekanntlich ist das Gegenstandsverständnis der *Kritik der reinen Vernunft* mit dem von Heidegger kritisierten, formalen Begriff des „Etwas überhaupt" noch nicht ausgeschöpft, sondern beinhaltet in symmetrischer Komplementarität dazu den ebenso konstitutiven Begriff des „Nichts" in seinen unterschiedlichen Fassungen. Dementsprechend konzentriert sich Heidegger nunmehr auf diesen zweiten Gesichtspunkt, um anhand dessen den klassischen Ansatz der metaphysischen Gegenstandsproblematik zur Gänze auszuschöpfen, damit zugleich aber seine ihm insgesamt eigenen Grenzen aufzuzeigen und durch eine originelle Neuinterpretation der phänomenologischen Bedeutung des Nichts eine Perspektive auf eine nicht mehr im herkömmlichen Sinne metaphysische, doch auf die traditionellen Strukturen der Metaphysik Bezug nehmende und ihnen somit indirekt verbundene Weise des Denkens zu eröffnen.

Die Kantische Differenzierung des Nichts geht insofern über den für die klassische Metaphysik zentralen Nichtsbegriff hinaus, als diese von der formalen Unmöglichkeit des *nihil negativum* (d. h. der inneren, logischen Widersprüchlichkeit auf begrifflicher Ebene) ausgeht und sich damit begnügt, das den Gegenstand der Metaphysik ausmachende, die Unterteilung in Seiendes (*ens*) bzw. Nichtseiendes (*non ens* bzw. *nihil positivum*) noch umgreifende „Etwas überhaupt" (*aliquid*) durch

1. Vgl. GA 25, 115.

die formallogische Negation des *nihil negativum* zu gewinnen, um sich somit nicht als Wissenschaft vom Sein (bzw. dem Seienden als solchem), sondern vom Möglichen zu etablieren[1]. Kant übernimmt zwar die Definition des *nihil negativum* im Sinne des logisch unmöglichen, leeren Begriffs, doch stellt er ihr noch drei weitere mögliche Formen des Nichts gegenüber, so daß die Typologie des Nichts letztlich die Unterteilung der vier Gruppen der Kategorien widerspiegelt und auf ebensoviele mögliche Bedeutungen eines kontradiktorisch entgegengesetzten „Etwas" verweist[2].

Von den vier Nichtsmodifikationen des *ens rationis*, des *nihil privativum*, des *ens imaginarium* und des *nihil negativum* ist es besonders die dritte, auf die Heidegger sein Augenmerk richtet. Der Grund dafür ist leicht verständlich; bezieht sich die „Nichtigkeit" des *ens imaginarium* doch auf die Leere der ungegenständlichen Anschauung des reinen Raumes und der reinen Zeit, die nur als Formen der Anschauung eines empirischen „Etwas" fungieren, ohne je selbst direkt Gegenstand der Erfahrung werden zu können. Diese in den Bezeichnungen des Raumes und der Zeit liegende Negativität bzw. der ihnen zukommende Charakter des Nichtseienden dient für Heidegger nun als Anknüpfungspunkt für eine vertiefte Analyse des Phänomens des Nichts, das die aus der Zeit heraus verstandene „Bezogenheit" des Daseins auf Welt aus dem Schema einer Gegenstandsrelation im herkömmlichen Sinne herauslöst und sie als ein mit seiner Existenz zusammenfallendes Gestelltsein in den offenen Bereich der es allseitig umgebenden und sich dem vergegenständlichenden Erfassen doch stets entziehenden Möglichkeit neu erkennbar werden läßt.

Der nichthafte Charakter des Phänomens der Welt zeigt sich also daran, daß der „Welteingang" des Daseins gerade keinen besonderen „Vor-gang" im wörtlichen Sinne darstellt, d. h. kein im Hinblick auf eine eventuell stattfindende Inhaltsmodifikation vor-stellbares Geschehen[3], sondern nur ein anderer Ausdruck für das in der Struktur des Daseins immer schon gegebene „Sich-vorwegsein" ist, das sich nicht im noetisch-noematischen Zwischenraum einer intentionalen Blickausrichtung, sondern im Spielraum der verstehenden Offenheit für das es in jeder Hinsicht schon einschließende und umringende Phänomen der „Umwelt" auftut. In dem Maße, als die Welt sich als deckungsgleich mit dem auf das Sein des Seienden hin verstehend ausgespannten Nicht-zur-Deckung-kommen des Daseins mit sich selbst erweist, wird die Unmöglichkeit verständlich, sie selbst unter die so weit wie möglich gefaßte Form des „Etwas überhaupt" bzw. der „Gegenständlichkeit als solcher" zu bringen. Was die Weltlichkeit des Daseins betrifft, so ist sie strenggenommen wirklich „nichts", insofern das Dasein in ihr nichts anderes besitzt als die eigene, an der faktischen Angewiesenheit auf Seiendes ablesbare, ontologische Bedürftigkeit, die zugleich aber auch die nur ihm eigene Möglichkeit zum Ausdruck bringt, sich in dieser verstehenden Begegnung mit innerweltlichem Seiendem ontologisch zu bereichern[4].

In unübersehbarem Anklang an die traditionelle Terminologie, doch gerade unter Absetzung von ihren inhaltlichen Bestimmungen, prägt Heidegger für diese im Weltphänomen liegende Einheit von ursprünglich bestimmender und den Ursprung

1. Vgl. dazu J.-F. COURTINE, *Suarez et le système de la métaphysique*, Paris 1990, 418-432, vor allem 424-427.
2. Vgl. KrV, A 290ff. / B 346ff.
3. Vgl. GA 26, 252.
4. Vgl. GA 26, 273.

selbst ausmachender Negativität die Formulierung des *nihil originarium*[1], das ausdrücklich einer Verwechslung mit der leeren Nichtigkeit des *nihil negativum* vorbeugen soll, ohne deswegen mit dessen kontradiktorischem Gegenteil – der Form von Denkbarem überhaupt – zusammenzufallen. Aufgrund der von Heidegger vorgenommenen Aufhellung des Weltphänomens als wesentlich zeitlicher Struktur läßt sich das *nihil originarium* der Welt zwar eindeutig zu dem von Kant evozierten *ens imaginarium* der Zeit in Beziehung setzen, doch deutet der von Heidegger statt des *ens* verwendete Begriff des *nihil* darauf hin, daß er, wie schon früher angedeutet, die Zeitlichkeit im Gegensatz zu Kant nicht nur in der Funktion ihrer formalen Ermöglichung für Seiendes, sondern noch jenseits dieser ontischen Erfüllung an sich, d. h. in ihrer radikalen, doch phänomenal positiv zu deutenden „Nichthaftigkeit" betrachten will.

Unter dieser Voraussetzung gewinnt das Profil des als Begründungszusammenhang gefaßten Bezugs zwischen Zeitlichkeit und Welt an Tiefenschärfe. Die im Begriff der Ursprünglichkeit liegende Dynamik des „Entspringens" läßt erkennbar werden, daß die Gründung der Welt auf der Zeitlichkeit nicht bedeutet, daß diese beiden Phänomene wie zwei feste Strukturgebilde übereinandergeschichtet sind und der Zeitlichkeit dabei lediglich das tiefere und damit ontologisch „grundlegendere" Niveau zukommt. Vielmehr ist das Phänomen der Welt das Ergebnis jenes ständigen Geschehens, in dem sich die Zeitlichkeit als beständige, aber nicht begrifflich zu fassende Bewegung der Zeitekstasen entfaltet[2]. Somit wird ein doppelter, nicht gegenständlich zu verstehender Begründungszusammenhang erkennbar, in dem die Welt eine Mittelstellung einnimmt: Einerseits ist sie als letztes unthematisches „Um-willen" aller innerweltlichen Verwendungsbezüge der nichtseiende, „nichtige" Grund für die Ermöglichung der Begegnung des Daseins mit einzelnem Seienden. Andererseits ist aber auch diese nichtseiende Grundhaftigkeit der Welt nicht in sich das absolut letzte Phänomen, sondern ist selbst das „Produkt" einer sich beständig entfaltenden Zeitlichkeit:

> „Die Welt ist nichts in dem Sinne, daß sie nichts Seiendes ist. Nichts Seiendes und gleichwohl etwas, was es gibt. Das ›es‹, das da dieses Nicht-Seiende gibt, ist selbst nicht seiend, sondern ist die sich zeitigende Zeitlichkeit. Und was diese als ekstatische Einheit zeitigt, ist die Einheit ihres Horizontes: die Welt. Die Welt ist das Nichts, das sich ursprünglich zeitigt, das in und mit der Zeitigung Entspringende schlechthin – wir nennen sie daher das *nihil originarium*"[3].

Im Wechselspiel von Welt und Innerweltlichem sowie von Zeitlichkeit und Welt wird also in zweifacher Weise eine Form von Grund sichtbar, die anderes gibt, ohne selbst unmittelbar gegeben zu sein. An die Stelle einer biunivok zu durchlaufenden Kausal- oder Argumentationskette tritt die asymmetrische Beziehung des „es gibt", das anderes aus sich hervorgehen läßt, ohne daß sich dafür ein in rationaler Kontinuität herleitbarer Grund ausmachen ließe. „Grund" ist also das selbst grundlos frei verschenkende Ermöglichen dessen, was sich zwar aus diesem Ursprung „ergibt", an sich selbst unmittelbar aber keinen zureichenden Grund für sein Hervor-

1. Vgl. GA 26, 252ff.
2. Vgl. GA 26, 256. 264.
3. GA 26, 272.

gehen besitzt und diesen mangels der „Gegebenheit“ seines Ursprungs auch nicht nachträglich ableiten kann[1].

Eine solche Aufweisung der Herkunft von Welt aus dem dynamischen Nichts der Zeitlichkeit erfordert aber unweigerlich auch eine Präzisierung der ontologischen Valenz des „Entwurfs“ durch das Dasein. Wurde im Hinblick auf den Horizontcharakter der Welt für das Verständnis des Seins von Seiendem der Entwurf vor allem unter dem Aspekt des Sinngehaltes betrachtet, so bezeichnet die Betrachtung des Entwurfs im Licht seines Ursprungs aus der Zeitlichkeit weniger einen konkreten Sachgehalt als vielmehr die Bewegung des Entwerfens als solche, die in ihrer Unableitbarkeit die freie Inaugurierung von Sinn überhaupt erst ermöglicht. Die nicht linear verfließende, sondern in der Gesamtheit aller drei Zeitekstasen schwingende Zeitlichkeit wird somit der Ursprung des Schwungs, aus dem heraus das Dasein dem Seienden überhaupt so etwas wie einen Horizont der Welt entwerfen kann[2]. Da die Schwingung der Zeit aber keinen anderen Ursprung hat als sich selbst, bedeutet dies zugleich auch, daß das Dasein nicht nur in seinem Sinnentwurf für Seiendes von der Zeit abhängt, sondern – aufgrund der Unüberbietbarkeit ihres Charakters als Ursprungsinstanz – schon im Hinblick auf sein eigenes Sein von der sich ihm entziehenden, eigentümlich nichthaften Dynamik der Zeit abhängt.

3.2.2. Die ekstatische Zeitlichkeit als Abgrund des Daseins

Wie bereits angedeutet, stellt sich Heideggers Betrachtung der wesenhaften Ausrichtung des Daseins auf das Phänomen von Welt sowohl als Anknüpfung an Kant als auch als Abgrenzung von ihm dar: Einerseits dient ihm die von Kant betonte Angewiesenheit des Subjekts auf die empirische Anschauung als Beleg für die ursprüngliche Situierung des Daseins in einem den konkreten Gegenständen vorgelagerten Spielraum der „Gegenständlichkeit“, andererseits modifiziert er die damit eng verbundene Lehre von den reinen und deshalb selbst ungegenständlichen Formen von Raum und Zeit zugunsten einer nie als neutrales Kontinuum gegebenen, sondern immer schon in jeweils eigentümlicher Weise sinnbestimmten Zeitlichkeit und Räumlichkeit des Weltphänomens insgesamt. Insbesondere Heideggers Neuinterpretierung der Zeit, die nicht mehr nur als funktionaler Rahmen der Begegnung

1. An dieser Stelle wird deutlich, daß Heideggers Analyse von Welt, Zeitlichkeit und Grund im Zusammenhang mit der Seinsfrage keineswegs in unkritischer Weise diese Phänomene vergegenständlicht, da ja im Rahmen der Fundamentalontologie nichts anderes thematisiert wird als gerade ihre sich dem unmittelbaren Zugriff entziehende „Nichthaftigkeit“. Wenn auch für Heidegger – im Unterschied zu Kant – das Sein trotz dieses Sich-entziehens in seinen Urphänomenen mehr ist als eine „heuristische Fiktion“, kann doch das „Als ob“, das bei Kant dem Bezug des Subjekts zu den Ideen der reinen Vernunft eignet, in gewisser Weise der unausweichlichen Unberechenbarkeit an die Seite gestellt werden, mit der sich das Sein dem verstehend auf es ausgerichteten Dasein entzieht. Insofern bei Kant die fehlende Gegebenheit der Ideen kein Faktum theoretischer Spekulation ist, sondern im Bereich der praktischen Vernunft dem Subjekt den Verzicht auf unmittelbare phänomenale Bestätigung seiner moralischen Entscheidung abverlangt, steht sie Heideggers existenzialer Auffassung des Sich-entziehens des Seins um ein Vielfaches näher als das neukantianische Verständnis des „Als ob“ im Sinne einer notwendigerweise hypothetischen Vorgehensweise des Subjektes im theoretisch bestimmten Bereich der Wissenschaften (vgl. H. DECLÈVE, *Heidegger et Kant*, 243 sowie Heideggers scharfe Ablehnung der von Neukantianer Hans Vaihinger emblematisch proklamierten „Philosophie des ›Als ob‹“ in GA 19, 451).

2. Vgl. GA 26, 268.

mit dem einzelnen Seienden fungiert, sondern den Verstehenshorizont für das Sein von Seiendem überhaupt ausmacht, scheint dabei in eine Richtung zu weisen, die die Grenzen der bei Kant so fundamentalen Endlichkeit des Subjekts zu sprengen droht. Dieser Eindruck erweist sich jedoch als unbegründet; bezieht Heidegger doch im Gegenteil die Endlichkeit des Daseins nicht nur und nicht einmal primär auf die durch die Empirie vorgegebenen Grenzen seiner (theoretischen) Erkenntnis, sondern sieht sie zunächst als unüberholbares Charakteristikum seines Seinsmodus insgesamt[1] und erst infolgedessen auch als Bestimmung einzelner Phänomenbereiche wie der theoretischen, auf Naturerscheinungen ausgehenden Erkenntnis an. Nicht die wesenhafte Öffnung auf innerweltliches Seiendes liefert letztlich den Leitfaden für die Interpretation der Endlichkeit des Daseins als solchen, sondern umgekehrt: Nur weil das Dasein in ontologischer Weise, d. h. in seiner Seinsart selbst, von einer grundlegenden „Unganzheit" und Unfähigkeit zur Abgeschlossenheit gekennzeichnet ist, erweist es sich auch vom gnoseologischen Standpunkt aus im Bereich des vorwissenschaftlichen wie des wissenschaftlich durchdrungenen Weltbezugs als angewiesen auf innerweltliches Seiendes und somit als endlich[2].

Diese ontologische Radikalisierung der bei Kant auf den erkennenden Bezug des Subjekts zur Welt der Erscheinungen eingeschränkten Endlichkeit erfolgt anhand einer vertiefenden Interpretation des Phänomens der Transzendenz als des im Dasein immer schon geschehenden Verstehens von Seiendem in seinem Sein. Gerade die unthematische und vermeintlich selbstverständliche Zugänglichkeit der innerweltlichen Dinge für das Dasein wird zum Signum einer noch ursprünglicheren Endlichkeit, die sich nicht primär auf die existenzial konstitutive Verwiesenheit des Daseins auf Welt – und damit auf seine ontologische Bedürftigkeit – bezieht, sondern auf die Tatsache, daß dem Dasein die Möglichkeit dieses ursprünglichen Zugangs, nämlich sein eigenes Seinsverständnis, zunächst verborgen bleibt bzw. ständig einer unausdrücklichen Vergessenheit unterliegt[3]. Bei dieser strikt daseinsmäßig ausgerichteten Betrachtung der Endlichkeit geht es also gerade nicht um eine Beschränkung oder gar Negierung der ontologischen Sonderstellung des Daseins, sondern im Gegenteil um eine vertiefende und ergänzende Interpretation des Phänomens seiner existenzialen Freiheit, insofern diese nun nicht mehr nur in Verbindung mit dem verstehenden Horizontentwurf für Seiendes, sondern im Hinblick auf das Verständnis des Daseins für sein eigenes Sein betrachtet wird. Damit erfährt auch der Begriff des „Spielraums" eine andere, erweiternde Akzentuierung, insofern in ihm das Dasein nicht nur vor die Unvorhersehbarkeit seiner einzelnen möglichen Erfahrungen mit Seiendem, sondern zugleich auch vor die Unbestimmtheit und Unabgeschlossenheit

1. Vgl. SZ, 236.
2. Vgl. GA 20, 425f. sowie J. GREISCH, *Ontologie et temporalité. Esquisse d'une interprétation intégrale de 'Sein und Zeit'*, Paris 1994, 267. Die Beobachtung P. Duponds, bei der Endlichkeit des Daseins handele es sich um eine „finitude de la temporalité, non une finitude de la raison, de telle sorte que reste soustrait à la pensée le sol à partir duquel serait possible une compréhension fondamentale de l'essence de l'éthique" (*Raison et temporalité*, 328) ist insofern zutreffend, als Heidegger die Erörterung der Endlichkeit letztlich nicht *ausgehend von* der Problematik der Vernunft aufrollt; trotzdem steht die von ihm so betonte Endlichkeit der Zeitlichkeit nicht *neben* der Problematik der Vernunft und damit der Ethik, sondern begreift sie als ihr transzendentaler Grund gerade, wenn auch auf unausdrückliche Weise, mit ein.
3. Vgl. KPM, 233.

seiner eigenen Existenz als ganzer gestellt ist und zu diesem unwägbar offenen Charakter seiner selbst explizit in eine verstehende Beziehung tritt.

A. Nichttheoretische und theoretische Modifikationsformen der Verfallenheit

Sosehr Heidegger die ursprüngliche Einheit von Dasein und Welt auch betont, sowenig ist damit schon ausgemacht, daß die Art und Weise, in der das Dasein diese Eingebundenheit im Hinblick auf sich selbst interpretiert und verwirklicht, der Ordnung phänomenaler Abhängigkeiten gerecht wird. Wo das Dasein sich selbst nur noch von dem jeweils für die Sorge relevanten Innerweltlichen her bestimmt, vergißt es, daß sein Weltbezug insgesamt nicht ontisch-realen, sondern ontologisch-verstehenden Charakter hat, der es über das solcherart im Verstehen entdeckte Seiende hinaushebt. Nicht Assimilation, sondern im Gegenteil die Unmöglichkeit, sich dem innerweltlichen Seienden anzugleichen, ist die Bedingung dafür, daß das Dasein in wesentlichem Sinne ein Weltverhältnis haben kann – und damit zugleich den Hang, diese ontologische Eigenheit in der ausschließlichen Konzentration auf nichtdaseinshaftes Seiendes zu verdrängen und nach Möglichkeit zu vergessen[1]. Heidegger versucht nun, der Motivation dieses ontologisch unangemessenen Selbstverständnisses des Daseins nachzugehen und sie als Hinweis auf den existenzialen Grundcharakter zu deuten, den die verstehende Haltung zu Seiendem für das Dasein selbst annimmt.

Die Möglichkeit des Daseins, sich an die Weltdinge zu verlieren und sich in uneigentlicher Weise von ihnen her zu verstehen, kann auf zweifache Weise stattfinden, je nachdem, inwieweit die Dinge selbst noch in ihrer unmittelbaren „Zuhandenheit", d. h. der konkreten, situationsgebundenen Dienlichkeit, verstanden werden oder, ihrer existenzialen Bedeutsamkeit beraubt, auf dem Niveau einer neutralen „Vorhandenheit" erscheinen. In einem ersten Schritt besteht die Verfallenheit darin, daß das Dasein sich nicht damit begnügt, das innerweltliche Seiende im Hinblick auf seinen jeweiligen Verwendungszweck (das „Um-zu") zu verstehen, sondern sich selbst völlig in diese Finalitätszusammenhänge hineinprojiziert, obwohl es selbst nie als Mittel zur Erreichung einer anderen Sache, sondern stets nur „umwillen seiner selbst"[2] existieren kann. Das Dasein begnügt sich in diesem Falle nicht damit, seiner wesentlichen *Aus*richtung auf innerweltliches Seiendes gerecht zu werden, sondern geht so weit, seine völlige *Ein*richtung in dieser ihm ontologisch nicht ebenbürtigen Sphäre zu betreiben. Die Verfallenheit ist also letztlich von dem Bestreben des Daseins getragen, im Bereich des nichtdaseinshaften Seienden heimisch zu werden und dort Wurzeln zu schlagen, ja sich selbst derart ins Innerweltliche hinein zu zerstreuen, daß die wesenhaften Grenzen daseinshafter Existenz verschwimmen und sich schließlich völlig auflösen. Von diesem Standpunkt aus wäre der vom Dasein selbst vorgenommene Versuch seiner ontologischen Nivellierung also nicht Ausdruck von Bescheidenheit, sondern einer subtilen Vermessenheit, die der eigenen Endlichkeit durch die Anmessung an das potentiell unerschöpfliche Netz innerweltlicher Zusammenhänge zu entfliehen sucht. Ebenso, wie der Mechanismus der Verfallenheit zunächst auf eine für das Dasein nicht durchschaute Weise seine Wirkung ausübt, ist auch die Herausreißung des Daseins aus diesem Zustand

1. Vgl. GA 61, 100f. 119ff. 130. 148; GA 17, 5f. 283ff.; GA 20, 377f.; SZ, 130.
2. Vgl. SZ, 84. 123. 193.

völliger Selbstvergessenheit nicht das Ergebnis einer bewußten Entscheidung, sondern überfällt es in unvorhersehbarer Weise. Indem der betreffende Gebrauchsgegenstand beispielsweise seine Dienlichkeit einbüßt, werden die Bedeutungszusammenhänge zerrissen, in denen sich das Dasein bis dahin wie selbstverständlich bewegte. In diesem Falle wird die bloße „Vorhandenheit“ allerdings noch nicht als eigenständiger Seinsmodus wahrgenommen, sondern nur in ihrer privativen Abhängigkeit von der Zuhandenheit her und auf sie hin gedeutet[1].

Neben seiner zunächst rein privativen Dimension stellt der Vorhandenheitsmodus zugleich auch das Bindeglied für ein phänomenologisch ursprüngliches Verständnis der theoretischen, auf Wissenschaft ausgerichteten Weltsicht dar. Der Versuch, auch einer nicht mehr unmittelbar von der Verwendung her sinnbestimmten Gesamtheit von Phänomenen einen für das Dasein überschaubaren Sinn zu verleihen, findet in den theoretischen Wissenschaften, vor allem in der mathematisch bestimmten Naturwissenschaft bzw. den am Ideal mathematischer Exaktheit orientierten Wissenschaften insgesamt, seinen systematischen Ausdruck[2]. Die bestimmende Rolle der Mathematik führt dazu, daß auch weiteste bzw. in sich prinzipiell unbegrenzte Phänomenbereiche homogenisiert und somit trotz der in ihnen liegenden, unendlichen Potentialität grundsätzlich vorhersehbar gemacht werden. Dieses apriorische Netz rationaler Bestimmungen ermöglicht es daher dem Dasein, sich auch in der nicht mehr direkt von seinen alltäglichen, begrenzten Besorgenszusammenhängen charakterisierten Wirklichkeit auf eine grundsätzliche Gewißheit zu stützen, die die extensionale Unüberschaubarkeit der Phänomene intensional zu bändigen vermag und ihr damit die Bedrohlichkeit nimmt. Die buchstäbliche „Unberechenbarkeit“, mit der im Bereich des unmittelbaren Weltbezugs mögliche Störungen der vertrauten Bedeutungszusammenhänge auf überraschende Weise hereinbrechen können[3], wird also insofern entschärft, als das „Nur-noch-Vorhandensein“ über sein mögliches Auftreten im kontingenten Sinnverlust der einzelnen Weltdinge hinaus als Bedeutungsmodus *sui generis* aufgefaßt wird, der sich dank der Einebnung seines phänomenalen Profils einer neuen Bestimmung seines „Was“ am Leitfaden der theoretischen Berechenbarkeit erschließt und es dem Dasein ermöglicht, die ursprüngliche Vertrautheit auf einer höheren Ebene wiederzugewinnen. Ist also die bloße Reduktion alles Seienden auf den Vorhandenheitsmodus deswegen noch nicht dazu ausreichend, das Dasein aus der Ablenkung von sich selbst herauszureißen, weil die existenziale Aufdringlichkeit des „Nur-noch-Vorhandenen“ durch eine theoretische Durchdringung wieder neutralisiert werden kann, so legt sich die Vermutung nahe, daß nur ein nicht mehr rational einholbarer Vertrautheitsverlust gegenüber dem Seienden als solchem, d. h. ein Verlust jedes möglichen „Was“ der Dinge überhaupt, in der Lage ist, das Dasein aus dem Status der Verfallenheit in einer Weise herausholen, die sich durch ein theoretisierendes Verhalten im Bereich des Seienden nicht mehr adäquat ausgleichen läßt.

1. Vgl. SZ, 149.
2. Vgl. GA 17, 283.
3. Vgl. GA 63, 100 sowie SZ, 355.

B. Die Enthüllung der Faktizität im Phänomen der Angst

Der radikale Umschlag von der vertrauten Zuhandenheit des Weltphänomens in eine nicht mehr akzidentelle, sondern fundamentale Sinnlosigkeit des Seienden als solchen im Ganzen erfolgt mittels eines Phänomens, das die Gesamtheit des Seienden nicht mehr, wie im Zusammenhang der theoretischen Wissenschaften, in additiver Weise versteht, sondern dieser Totalität eine qualitative Prägung verleiht[1]. Dieses Phänomen ist die Angst, insofern in ihr nicht nur die einzelnen, je verschiedenen Bewandtniszusammenhänge des innerweltlichen Seienden mit einem Schlage ihre Bedeutung verlieren und die Dinge ihrer jeweiligen Sinnbegabtheit entkleiden, sondern der Sinn von Welt überhaupt hinfällig wird[2]. Damit ist das Dasein zunächst der Möglichkeit beraubt, sich durch ein ständiges Weiterspringen von diesem zu jenem Seienden weiterhin von der eigenen Existenz abzulenken, denn in dem Maße, als alle Dinge auf einen Schlag als gleich und damit als ontologisch gleichgültig erscheinen, ballt sich das innerweltliche Seiende zu einem einzigen Block zusammen, der dem nach Zerstreuung suchenden Dasein keinen Zugang mehr bietet.

Dieser schlagartige Verlust der Vertrautheit mit der Welt im Phänomen der Angst kann durchaus als Gegenstück zur Husserlschen ἐποχή gedeutet werden[3], nur daß hier gerade nicht das „Daß" der Welt einer Einklammerung verfällt, die sie für eine systematische Interpretation als Korrelat sinnbestimmter Bewußtseinsvollzüge freimacht. Vielmehr geht die Welt ihrer Eigenschaft als Träger existenzialen Sinnes verlustig, um frei von ihrer Begründungsfunktion für einzelne, innerweltliche Sinnzusammenhänge in ihrer direkten Einheit mit der Existenz des Daseins selbst hervorzutreten und dessen Sein selbst mit fraglich werden zu lassen. Die darin liegende Möglichkeit der Rückgewinnung eines ausdrücklichen Verständnisses des eigenen Seins durch das Dasein bezieht sich nicht auf die erstmalige oder erneute Bewußtwerdung bestimmter ihm eigener „Wesensvollkommenheiten", sondern im Gegenteil auf den verstehenden Zugang zu dem besonderen, endlichen Charakter der die eigene Existenz ausmachenden Zeitlichkeit. Dabei handelt es sich jedoch nicht nur um eine existenziale, „eigentliche" Parallelkonstruktion zu der Struktur der dem innerweltlichen Seienden besorgend zugewandten Zeitlichkeit, sondern um eine ganz andere Anordnung der Abhängigkeitsverhältnisse innerhalb der drei Zeitekstasen, in die sich sowohl die eigentliche als auch die uneigentliche Zeitlichkeit gliedert. War beim besorgenden Umgang mit Seiendem die Gegenwart die beherrschende Zeitdimension, von der aus sich über das „noch nicht" bzw. „nicht mehr" gegenwärtig Zuhandene die beiden anderen Dimensionen von Zukunft und Vergangenheit in

1. „Was beengt, ist nicht dieses oder jenes, aber auch nicht alles Vorhandene zusammen als Summe, sonder die *Möglichkeit* von Zuhandenem überhaupt, das heißt die Welt selbst" (SZ, 187; Hervorhebung im Original).

2. Vgl. SZ, 187.

3. Die Ähnlichkeit der beiden Formen der ἐποχή betrifft hauptsächlich ihre äußere, formale Struktur als radikale und schlagartige Ausschaltung welthaften Sinnes. Ein wesentlicher Unterschied besteht nichtsdestoweniger darin, daß die ἐποχή von Welt bei Husserl das Ergebnis eines freien methodischen Entschlusses ist, während sie bei Heidegger in Form des Phänomens der Angst das Dasein auf unvorhersehbare Weise überfällt und es gerade in seinem unmittelbaren, vorwissenschaftlichen Weltverhalten betrifft (vgl. J.-F. COURTINE, »L'idée de la phénoménologie et la problématique de la réduction«, in: *Phénoménologie et métaphysique*, 232ff. 241 sowie G. FIGAL, *Martin Heidegger. Phänomenologie der Freiheit*, 266).

uneigentlicher, weil sekundärer Weise erschließen[1], so liegt im Falle der eigentlichen, existenzialen Zeitlichkeit das Gewicht von vornherein auf diesen beiden „nichtgegenwärtigen" Zeitdimensionen, aus deren Zusammenwirken erst so etwas wie eigentliche Gegenwart entspringen kann[2].

Das dem Dasein durch das Phänomen der Angst in bedrängender Weise enthüllte „Daß" seiner Existenz[3] bezieht sich primär gerade nicht, wie man meinen könnte, auf die unableitbare Plötzlichkeit seiner sich als „Augenblick" ereignenden, eigentlichen Gegenwart[4], sondern einerseits auf die dem Modus der „Gewesenheit" zugeordnete Frage nach dem nicht rational aufhellbaren Ursprung seiner welteröffnenden Existenz und andererseits auf die sich in seiner existenzialen Zukunft abzeichnende, gleichfalls im Dunkeln liegende[5] Möglichkeit des Endes der das eigene Wesen zur Gänze ausmachenden Existenz als In-der-Welt-sein[6]. Indem die Enthüllung der eigentlichen Zeitlichkeit das Dasein vor die im Todesphänomen sichtbar werdende, beständige Möglichkeit des Nichts seiner welthaften Existenz stellt, ist die Welt (im Sinne der *Um*welt[7]) nicht nur der das Dasein schlechthin umgebende und daher nicht eigens intentional anvisierbare Sinnhorizont, sondern auch das „Korrelat" des gleichfalls intentional nicht faßbaren Phänomens der Angst[8], in der sich dem Dasein die besondere ontologische Stellung, aber auch Ausgesetztheit der eigenen Existenz erschließt:

> „Das Wovor und das Worum der Angst ist beides das Dasein selbst, genauer gesprochen, das Faktum, daß ich bin [...]. Diese nackte Tatsächlichkeit ist nicht die des Vorhandenseins wie ein Ding, sondern die Seinsart, die konstitutiv ist für das Sichbefinden. Dasein ist in einem radikalen Sinn ›vorhanden‹, im Sinne der Faktizität. Es findet sich nicht lediglich als Vorhandenes im Sinne des Grundes und Bodens, daß es ist, sondern der Grund ist ein *existenzialer*, d. h. ein erschlossener Grund – und zwar ein *Abgrund*. Das ist die existenziale Positivität des Nichts der Angst"[9].

1. Vgl. SZ, 328. 337.
2. Vgl. SZ, 326. 336. 339.
3. Vgl. SZ, 265.
4. Vgl. SZ, 338.
5. Vgl. SZ, 134.
6. Vgl. GA 20, 403ff.
7. Der erste Entwurf einer Zuweisung der verschiedenen Sinnsphären von Welt als „Um-, Mit- und Selbstwelt" (GA 58, 33ff.) wird von Heidegger in der Folgezeit dahingehend korrigiert, daß nur der ontologisch ursprüngliche Bezug auf nichtdaseinshaftes Seiendes als „Welt", die wesentliche Bezogenheit auf das eigene sowie auf fremdes Dasein dagegen als „Selbstsein" / „Jemeinigkeit" / „Jeweiligkeit" bzw. „Mitsein" bezeichnet wird (vgl. GA 20, 226f. 325ff.; zur ausdrücklichen Selbstkritik Heideggers an seiner früheren Konzeption der „Mitwelt" und „Selbstwelt" vgl. GA 20, 333f.).
8. In GA 17, 288 legt Heidegger die Grenzen der Intentionalität im herkömmlichen Sinne anhand einer Reihe von Phänomenen dar, die sich in der einen oder anderen Weise stets auf die Gesamtheit des Daseins, nicht auf seinen Bezug zu einem einzelnen Seienden beziehen: „Dieses Grundphänomen der Verdrehung [...] ist [...] der strukturmäßige Boden, auf dem solche Phänomene wie Freude, Schrecken, Trauer, Angst explizierbar werden – Phänomene, die übersehen werden, wenn sie als Intentionalität bestimmt sind. Das Phänomen der Angst kann ich nicht fassen als ein Bezogensein-auf-etwas, sondern es ist ein Phänomen des Daseins selbst". Dabei geht es Heidegger jedoch keineswegs um eine „Umdeutung der Husserlschen *Intentionalität* in den Begriff der *Sorge*" (G. IMDAHL, *Das Leben verstehen*, 24; Hervorhebungen im Original), sondern darum, die intentionale Ausrichtung der Bewußtseinsakte als legitime, aber abgeleitete und in bestimmter Weise modifizierte Ausprägungen des nichtintentionalen Sorgephänomens zu erweisen (vgl. GA 24, 296).
9. GA 20, 402 (Hervorhebungen im Original).

In dem Moment, wo sich die Unausweichlichkeit des eigenen Todes als die ursprünglichste, durch ihre Unvorhersehbarkeit aber auch unbestimmteste Gewißheit herausstellt, die dem Dasein gegeben ist[1], erscheinen die diversen Versuche einer philosophischen Letztbegründung der Erkenntnis nach dem Muster mathematischer Exaktheit als Ausdruck des (wenn auch vom ontologischen Standpunkt aus letztlich nutzlosen) Bestrebens, der im Dasein selbst antreffbaren, existenzial bedrohlichen Gewißheit durch ein Hineinverlegen der Begründungsproblematik in die abstrakt-distanzierte Sphäre der kalkulierenden Reflexion zu entfliehen und das mit dem Dasein selbst deckungsgleiche, vorintentionale Phänomen der Angst mittels einer Orientierung am objektivierenden Aktstrahl theoretischer Intentionalität von sich wegzulenken[2]. Abgesehen davon, daß der Versuch einer konsequenten Selbstvergewisserung des Subjekts ausgehend vom *sum cogitans* letztlich immer von der ursprünglicheren, wenn auch unthematischen Einsicht des Daseins in die unausweichliche Gewißheit des *sum moribundus* seiner eigenen Existenz motiviert und getragen ist[3], muß ein solches Unterfangen jedoch auch insofern sinnlos bleiben, als sich die totalisierende Einholung der Gesamtheit des Seienden im Rahmen der wissenschaftlichen Reflexion lediglich auf ihr theoretisch modifiziertes „Was" bezieht, ohne das eigentlich bedrängende „Daß" der Existenz des Daseins selbst und der ihm eigenen Welt einer Klärung oder gar Erklärung zuführen zu können.

An diesem dialektischen Wechselspiel der Gewißheiten wird die Grenze des rein rationalen Verständnisses von Grund ablesbar. Nicht das Reich theoretischer Evidenzen ist letztlich der Grund der Wahrheit im eigentlichen Sinn, sondern das Dasein selbst in seiner verstehenden Erschlossenheit für das eigene wie für das welthaft zugängliche Sein. In dem Maße, als die ursprüngliche Wahrheit der „Erschlossenheit" aber beständig der Möglichkeit des Todes und damit der schlechthinnigen Nichtigkeit ausgeliefert ist, hängt der Anfang jeder theoretischen Begründungskette letztlich immer über dem Nichts der ständig möglichen Abwesenheit des existenzialen Grundes[4] und macht auf diese Weise die Zwecklosigkeit des Unterfangens deutlich, der Unheimlichkeit des eigenen Daseins durch eine Flucht in die vermeintliche Gewißheit des theoretisch erfaßten, innerweltlichen Seienden dauerhaft begegnen zu wollen.

In ähnlicher Weise muß auch der Bezug zwischen der vortheoretischen Selbstvergessenheit des Daseins im umtriebigen Besorgen und dem Herausgerissenwerden aus dieser Befangenheit im Phänomen der Angst nicht im Sinne einer Entgegensetzung, sondern einer Radikalisierung des Verständnisses von Grund verstanden werden: Die völlige Beherrschung des Daseins durch die besorgende Nähe zu innerweltlichem Seienden ist bereits, wie ja auch der Begriff der „Ver*fallen*heit" andeutet, ein Sturz[5], ja sogar Absturz des Daseins aus seiner eigentlichen Seinsweise „in die Bodenlosigkeit und Nichtigkeit der uneigentlichen Alltäglichkeit"[6]. Das Dasein wird aus diesem Zustand ursprünglicher Verfallenheit aber nicht dadurch

1. Vgl. GA 20, 437f. sowie SZ, 257f.
2. Vgl. GA 17, 289f.
3. Vgl. J. GREISCH, *Ontologie et temporalité*, 281.
4. Vgl. SZ, 308.
5. Vgl. GA 61, 121. 127. 136. 145.
6. SZ, 178.

befreit, daß der besorgenden „Bodenlosigkeit" ein neuer Grund untergeschoben wird, sondern umgekehrt: Erst indem der phänomenal durchaus ursprüngliche Sturz- und Fallcharakter des verfallenen Daseins aus seiner *eigenen* Abgründigkeit, nämlich der unableitbaren, sich jeder Warumfrage entziehenden Herkunft seiner Existenz, gedeutet wird, wird überhaupt die Möglichkeit sichtbar, diesen existenzial primären Sturz durch die Flucht in die alltägliche Verfallenheit zu überdecken[1]. In der Verfallenheit fällt das Dasein also nicht aus einem ursprünglich festen Grund heraus, sondern stürzt aus der eigentlichen Form seiner unveräußerlich abgründigen Seinsweise in deren uneigentliche Variante. Der Sturz erfolgt damit nicht „irgendwohin", sondern sein „Ausgangs-" und „Zielpunkt" ist in durchaus tautologisch anmutender Weise beide Male das Sein des Daseins, nur unter jeweils anderem Vorzeichen[2].

Der wesentliche Bezug der Angst und der ihr verwandten, ebenfalls „stimmungsmäßigen" Phänomene[3] auf das „Daß" der Welt und des Daseins ist nun gerade nicht so zu deuten, als werde in ihnen nur das Sein und nicht mehr, wie im verstehenden Zugang der Sorge, das Seiende zugänglich; vielmehr geht es beide Male um das Sein des Seienden, doch unter jeweils unterschiedlichen Gesichtspunkten: Während im Falle des Verstehens das Sein den „Grund" im Sinne des Zugangshorizontes zu Seiendem abgibt, tritt im Phänomen der Befindlichkeit die wechselseitige Unableitbarkeit und Grund-losigkeit dieses horizonthaften Bezuges von Sein und Seiendem selbst zutage, der damit seine Selbstverständlichkeit einbüßt und vom Standpunkt rationaler Begründbarkeit aus als „Un-grund" erscheinen muß[4]. Nicht die einzelnen „Pole" von Seiendem bzw. Sein sind also in ausschließlicher Weise das jeweils Entscheidende für die Phänomene von Verstehen bzw. Befindlichkeit, sondern die je anders ausfallende Vollzugsform ihrer Beziehung. In dem Maße, als Sein und Seiendes aber nie nebeneinander vorliegen, sondern sich immer nur im Verstehen von Sein durch das Dasein zeigen, ist es diesem versagt, sich selbst einer der beiden „Seiten" dauerhaft zuzurechnen. Diese eigentümliche Mittelstellung des Daseins soll im folgenden daraufhin untersucht werden, inwiefern die in ihr liegende Unruhe und ständige Bewegtheit auch dem Problem des Grundes eine neue Dimension verleiht.

C. Die Dynamisierung der Problematik von Grund und Abgrund in den Phänomenen von Tod, Schuld und Gewissen

Die Erörterung der Frage nach dem Grund im Zusammenhang mit Verstehen und Befindlichkeit läßt zunächst zwei Dinge deutlich werden: Zum einen erweist sich das Dasein in seinem Entwurf des Verstehenshorizontes für innerweltliches Seiendes als der freie Ursprung sinnhafter Finalitätsbezüge, zum anderen erfährt es in den Befindlichkeitsphänomenen dieses mit der eigenen Existenz zusammenfallende Ursprungsein für den Bezug zu Seiendem als seinerseits nicht weiter gegründet, son-

1. „Erst im Übersprung seiner selbst eröffnet sich der Abgrund, der das Dasein je für es selbst ist, und nur weil dieser Abgrund des Selbstseins durch die und in der Transzendenz offen ist, kann er überdeckt und unsichtbar gemacht werden" (GA 26, 234).

2. Vgl. etwa SZ, 178: „Das Dasein stürzt aus ihm selbst in es selbst".

3. Die Differenzierung der verschiedenen Stimmungen sowie ihre unterschiedliche Bedeutung im Zusammenhang mit der Problematik der Seinsfrage und der ontologischen Differenz wird uns weiter unten beschäftigen.

4. Vgl. A. ROSALES, *Transzendenz und Differenz. Ein Beitrag zum Problem der ontologischen Differenz beim frühen Heidegger* (Phaenomenologica 33), Den Haag 1970, 103. 154.

dern umgekehrt stets von der Möglichkeit des Nichtseins und der Abwesenheit von Grund durchdrungen. In diesem Zusammenhang könnte jedoch die Formulierung Heideggers: „Dasein ist existierend der Grund seines Seinkönnens; *es ruht in der Schwere des Grundes, den es selbst nicht gelegt hat*"[1] noch dahingehend mißverstanden werden, als handele es sich bei dem für das Dasein konstitutiven „Abgrund" der eigenen Existenz um eine ihm beständig zukommende, statisch zu fassende Wesenseigenschaft, die lediglich das Fehlen eines weiteren, das Dasein stützenden Grundes zum Ausdruck bringt, den positiven und dynamischen Sinn dieser „Abwesenheit" von Grund aber nicht unmittelbar erkennbar werden läßt.

Dieser noch ausstehende Aspekt des ungegründet-begründenden Charakters des Daseins wird von Heidegger anhand der Thematik von Tod und Schuld bzw. Gewissen erörtert, insofern in ihr das Dasein nicht nur als der Ort erscheint, an dem ein Nicht des Grundes ablesbar wird, sondern sich umgekehrt selbst als „Grund einer Nichtigkeit"[2] erweist. Wenngleich es bei diesem Phänomenkomplex nie um bloß reale Ereignisse, sondern immer um eine existenziale Struktur des Daseins geht, so liegt in beiden Fällen doch ein Moment von Transitivität, das die direkte (wenn auch auf unvermeidliche Weise in der Existenz immer schon geschehende) und gleichsam „aktive" Rolle des Daseins im gesamten Komplex der Problematik von Nichts und Nichtigkeit deutlich werden läßt. Mit dieser Erweiterung der Ursprungshaftigkeit des Daseins auf das Grundphänomen des „Negativen" im weitesten Sinne hin wird somit nach der Problematik des Grundes nun auch die seines „Fehlens" endgültig aus der neutralen Betrachtungsweise von Grund im Sinne der lediglich auszumachenden bzw. nicht auszumachenden „Herkunft" oder dem „Von-woher" eines Vorgangs herausgehoben und im streng existenzialen Kontext neu gedeutet.

a. Der Tod als negatives Komplement phänomenaler Ursprungshaftigkeit

Obwohl in Heideggers Denken das Phänomen des Todes nicht gleich früh thematisiert wird wie die phänomenale Urkategorie des „Lebens"[3], besteht zwischen diesen beiden Aspekten insofern eine untrennbare Verbindung, als sich beide, wenn auch auf unterschiedliche Weise, auf die letztlich nicht einholbare Unverfügbarkeit des Ursprungs aller phänomenalen Dynamik beziehen und dementsprechend in einem phänomenologischen, nicht empirisch-biologischen Kontext gedeutet werden müssen[4]. Lag bei der ausführlichen Analyse des Lebens die Betonung auf der jeder

1. SZ, 284 (Hervorhebungen v. d. Verf.).

2. SZ, 283.

3. Während das Leben als „Urphänomen" schon von Heideggers erster Vorlesung von 1919/20 (GA 56/57) an bestimmend ist, wird das Todesproblem vor seiner ersten ausführlichen Erörterung in GA 20 lediglich zweimal kurz angesprochen: zum einen im Natorpbericht (zitiert nach der zweisprachigen Ausgabe unter dem Titel *Interprétations phénoménologiques d'Aristote* [französische Übersetzung von J.-F. Courtine], Mauvezin 1992, 24) sowie in GA 63, 17, wo es um den untrennbaren Zusammenhang der Fraglichkeit und Ungefestigtheit des Daseins einerseits und der Möglichkeit eines vom Ende her erfolgenden „Festmachens" seiner Existenz andererseits geht.

4. Es ist eine durchaus zutreffende Beobachtung, daß der zeitliche Abstand zwischen Heideggers Thematisierung des „Lebens" bzw. des „Todes" auch in gewissen Akzentverschiebungen in Vorgehensweise und thematischem Kontext seinen Niederschlag findet. So ist etwa unbestreitbar, daß die Todesthematik weit deutlicher als die des Lebens als „Urphänomen" mit der Thematisierung der Zeitlichkeit in Verbindung gebracht wird, doch rechtfertigt diese Feststellung noch nicht die Schlußfolgerung, der Tod stehe in *Sein und Zeit* aufgrund seiner engen Verknüpfung mit der

objektivierenden Reflexion vorgelagerten, quellenden Dynamik ursprünglicher Sinnstiftung, die alle weiteren Möglichkeiten phänomenaler Modifikationen in sich enthält, so läßt das Phänomen des Todes die in der Struktur dieses Ursprungs stets unausdrücklich mitgegebene Negativität sichtbar hervortreten und präsentiert sich damit als die ihm innerlich zugehörige phänomenale Ergänzung.

Ansatzpunkt der gegenseitigen Entsprechung der Phänomene des Lebens und des Todes ist der beiden gemeinsame Charakter der inbegrifflichen Totalität von Möglichkeit, die in jede einzelne, konkrete Verwirklichung mit eingeht, sie aber in ebenso notwendiger Weise immer übersteigt und sich somit dem Zugriff im Bereich des Seienden entzieht. So umfaßt das Leben in seiner Ursprungshaftigkeit sowohl den unthematischen, unmittelbaren Vollzug der Bedeutsamkeitszusammenhänge als auch ihren denkerischen Nachvollzug, der wiederum entweder die theoretisch unableitbare Priorität des Lebensphänomens anerkennen oder im Gegenteil – unter Verkennung seiner eigenen Herkunft aus dem Lebenskontext – fälschlicherweise den Primat der theoretischen Haltung vor der des ursprünglichen Mitvollzugs des Lebens behaupten kann. Zu den möglichen, im Urphänomen mitenthaltenen Modifikationen phänomenaler Einstellung gehört damit auch diejenige Haltung, die die phänomenale Valenz des Lebensvollzugs und damit letztlich die Möglichkeit ihrer selbst als ganze negiert. Das Leben als erste und unüberholbare Möglichkeit jeder mehr oder weniger ursprünglichen oder abgeleiteten Einstellung trägt in sich immer auch den Keim seines schlechthinnigen Gegensatzes und wird somit selbst zum unhintergehbaren Horizont der eigenen möglichen Aufhebung.

Ausgehend von diesem zunächst formalen Aufweis der notwendigen Bezogenheit aller geschehenden Möglichkeit auf ihre radikale Negation, fällt es nicht schwer, die innere Analogie zum Phänomen des Todes auszumachen: Dieses bezieht sich ebenfalls auf die stets mitgegebene Möglichkeit der Unmöglichkeit der strömenden Potentialitäten des Phänomenalen, doch liegt diesmal der Schwerpunkt auf der letztlich unüberbietbaren Endgültigkeit dieser in jedem Moment bereits implizit gegebenen Negation von Möglichkeit insgesamt. Betont der Ursprungscharakter des Lebens, daß diese Negation des Möglichen ihr Herkommen aus der Möglichkeit selbst hat, so macht das Todesphänomen deutlich, daß die einzelnen Möglichkeiten des Daseins auf die Negation von Möglichkeit überhaupt hinauslaufen und immer schon von ihr geprägt sind. Der Tod ist somit die spiegelsymmetrische Entsprechung der Unzugänglichkeit des Ursprungs als Fülle der Möglichkeit. In dem Maße, als diese Fülle wirklich uneingeschränkt ist, umfaßt sie immer auch ihr radikales Gegenteil, nämlich den Tod als den durch keine noch so zahlreiche Ver-

Zeitlichkeit nur mehr für eine transzendentale Struktur, die nichts mehr von der konkreten Analyse des Lebensphänomens während der frühen 20er Jahre an sich habe (vgl. M. HAAR, *Heidegger et l'essence de l'homme*, Grenoble 1990, 39. 126). Vielmehr ist festzuhalten, daß schon der frühe Heidegger bei aller emphatischen Ausrichtung der Phänomenologie auf „das Leben als entspringendes" nie darauf abzielt, dieses in seiner vitalen Unmittelbarkeit zu beschreiben – spricht er doch ausdrücklich vom „*phänomenologischen* Leben" (GA 56/57, 110; Hervorhebung v. d. Verf.) –, sondern es immer schon am Leitfaden seiner möglichen formalen Modifikationen, nämlich seiner unterschiedlichen Erlebnis- bzw. Entlebnisstufen, betrachtet. In dieser formalen Analyse des Lebens als des Ursprungs der Möglichkeit seiner Modifikationen liegt aber bereits ein im weiteren Sinne transzendentales (wenngleich nicht „transzendentallogisches") Element, das es verwehrt, diesen Ansatz als schlechthinnigen Gegensatz zu Heideggers Analyse des Todesphänomens als transzendentaler Struktur zu verstehen.

wirklichung einzelner Möglichkeiten zu vermindernde Grundmöglichkeit des definitiven Endes phänomenaler Möglichkeit als solcher.

So, wie das Leben als Urphänomen nicht für einen zeitlich zurückliegenden Anfang, sondern für die sich in den Einzelphänomenen stets neu vollziehende Dynamik des Entspringens steht, so ist auch der Tod nicht ein isoliertes Ereignis, das den Endpunkt der Gesamtheit existenzialer Möglichkeiten markiert. In derselben Weise, in der das Dasein den Ursprung seiner phänomenalen Bezüge nicht hinter sich läßt, sondern in einem eminenten und beständig transitiven Sinne dieser Ursprung selbst *ist*, muß auch der Tod als etwas verstanden werden, in dem das Dasein beständig in aktiver Weise die ihm innewohnende Nichtigkeit verwirklicht, ohne sich dessen notwendigerweise bewußt zu sein. Insofern ist es nur konsequent, zu sagen, das Dasein sei „der geworfene (das heißt nichtige) Grund seines Todes“[1] – nicht in dem Sinne, daß es sich selbst den Tod gäbe, sondern weil der Tod gar nicht zu trennen ist vom beständigen Wechselspiel aus Möglichkeit und verwirklichender Entscheidung, in dem das Dasein aus Freiheit beständig sein eigener, unableitbarer und ihm deshalb nie verfügbarer Grund ist. Da, solange das Dasein existiert, der Tod aber nie faktisch eingetreten ist, sondern sich nur indirekt in jedem Vollzug existenzialer Möglichkeit als dessen letztlich bestimmender Horizont ereignet, bedeutet dies zugleich, daß die Abgründigkeit des Daseins ihm nie als bloße Eigenschaft zugesprochen werden kann, sondern sich parallel zu seinem Fortschreiten in der Abfolge seines existenzialen Möglichkeits- und Entscheidungskontinuums laufend immer neu aktuiert. Nicht nur das Leben als der Quellpunkt seiner Erlebnis- und Sinnbezüge, sondern auch der Tod als der mögliche, endgültige Entzug dieser Bezugsvielfalt ist dem Dasein entzogen ; beide bezeugen in komplementärer Weise sein zweifaches Begrenztsein im Hinblick auf die es zur Gänze bestimmenden Grundphänomene.

b. Die Schuld als konstitutive Negativität des daseinshaften Seinsbezuges

Trotz ihrer gemeinsamen Bezogenheit auf die dem Dasein ursprünglich innewohnende und von ihm verwirklichte Negativität sind die Phänomenbereiche von Tod und Schuld bzw. Gewissen nicht einfachhin miteinander gleichzusetzen. Einer dieser Unterschiede betrifft ihre auf charakteristische Weise je anders gewichtete Zuordnung zum Grundphänomen der Zeit: Betont die Analyse des Todesphänomens das geschehnishafte Bezogensein des Daseins auf die ureigenste und radikalste seiner künftigen, d. h. nur ihm bevorstehenden und von ihm zu übernehmenden Möglichkeiten[2], so liegt im Phänomen der Schuld vor allem der Hinweis auf seine bleibende Bestimmtheit durch die ihm unveräußerlich eigene, aber nicht minder geschehenshaft verwirklichte Vergangenheit bzw. „Gewesenheit“[3]. Das bedeutet aber auch, daß an der Schuld – im Unterschied zum Tod als letztem, unüberholbarem „Bevorstand“ – die „herkünftige“ Seite seines negativen Grundseins deutlich wird, und zwar in einer Weise, die diese Negativität dem Ursprung nicht nur innewohnen läßt, sondern sie mit ihm gleichsetzt. Insofern geht die Analyse der Schuld weit über das Schema des einschlußweisen und partiellen Enthaltenseins von Negativität und Nichtigkeit

1. SZ, 306.
2. Vgl. SZ, 250. 262f. 325.
3. Vgl. SZ, 325f.

im Ursprung hinaus, das soeben anläßlich der Erörterung des Lebens als des Urphänomens erkennbar geworden ist. Es geht nicht mehr nur um die Tatsache, daß das Leben als Grund und Ursprung aller Möglichkeit von Phänomenalität immer zugleich *auch* deren mögliche totale Negation beinhaltet, sondern um das Verstehen von Grund und Ursprung *als* Nichtigkeit schlechthin.

In einigen der vor der Veröffentlichung von *Sein und Zeit* gehaltenen Vorlesungen hatte Heidegger im Rahmen einer geschichtlichen, vor allem auf die antike Philosophie konzentrierten Perspektive bereits die unterschiedlichen Gesichtspunkte der Problematik des Grundes zumindest ansatzweise thematisiert[1]. Im Mittelpunkt stand dabei die konstitutive Relevanz der jeweils eigenen Bedeutungen von „Grund" (ἀρχή bzw. αἰτία) für die verschiedenen Hauptformen menschlichen Wissens und Verhaltens, die sich durch einen jeweils charakteristischen Grad von Transitivität bzw. Immanenz ihres Zielpunktes in bezug auf seinen Ursprung voneinander abheben. Von besonderer Relevanz ist dabei der der praktischen Einstellung zugeordnete Habitus der φρόνησις, insofern in ihr der Mensch zugleich Ausgangs- und Zielpunkt der in der Handlung von ihm selbst gesetzten Bewegung ist[2]. In diesem von ihm selbst, aber immer auch nur „umwillen seiner selbst" ausgehenden Handeln ist das Dasein zwar notwendigerweise an sich selbst verwiesen, doch bedeutet dies nicht, daß es diese unvermeidliche Rückgebundenheit an sich selbst auch wirklich anerkennt. Die Gefahr, daß dieser verstehende Zugang des Daseins zu ihm selbst der Verdeckung anheimfällt, ist grundsätzlich immer präsent[3], woran deutlich wird, daß im Ursprung- und Zielsein des Daseins für sein eigenes Sein immer auch schon der Ursprung der Verkennung dieses Ursprung- und Zielseins selbst mitgegeben ist.

Ausgehend von diesen Vorüberlegungen wird verständlich, inwiefern in *Sein und Zeit* der Ursprungscharakter des Daseins auch in seiner Negativität nicht mehr als neutral-metaphysische ἀρχή betrachten kann, sondern – wie der Begriff der „Schuld" andeutet – immer schon eine existenziale, d. h. auf das eigene Sein zurückschlagende Ausrichtung besitzt. Der Kontext ist dabei jedoch eindeutig fundamentalontologisch: Nicht die Ethik im herkömmlichen Sinne, sondern der ἦθος als wörtlich genommener „Wohnort" des Daseins als „Sein des ›*Zwischen*‹ Subjekt und Welt"[4], das sich aufgrund seiner verstehenden Ausgespanntheit als grundsätzlich unabgeschlossen erweist und damit den Bereich möglicher Entschlüsse überhaupt erst eröffnet[5], ist letztlich die Motivation für die Ansetzung der „Schuld" als eines wesentlichen Charakteristikums der Seinsart des Daseins, so daß sich das „Zwischen" seiner Situation geradezu als Name für die daseinshafte Endlichkeit schlechthin deuten läßt[6]. Die Problematik von Schuld und Gewissen wird also nicht, wie es in einer im engeren Sinne ethischen Perspektive zu erwarten wäre, in erster Linie am Bezug des Daseins zum Mitdasein festgemacht, sondern bezieht sich auf die Art und Weise des verstehenden Verhaltens des Daseins zu ihm selbst, wie es sich in der konkreten Gestaltung seiner Verwiesenheit auf innerweltliches Seiendes manifestiert.

1. Vgl. GA 19, vor allem 21-64 sowie GA 22, 31-40.
2. Vgl. GA 19, 50f.
3. Vgl. GA 19, 52.
4. GA 20, 346f. (Hervorhebung im Original).
5. Vgl. SZ, 298ff.
6. Vgl. H. DECLÈVE, *Heidegger et Kant*, 321.

In der fundamentalontologischen Dimension der Schuld lassen sich zwei unterschiedliche Komponenten ausmachen, die einerseits die wesentlich zeitliche Komponente dieses Phänomens, andererseits seine inhaltliche Bestimmung betreffen. Konkret gesprochen, handelt es sich dabei zum einen um den bereits kurz erwähnten Aspekt der „Vergangenheit" (bzw. „Gewesenheit"), von der das Dasein unvermeidlicherweise eingeholt wird, zum anderen um die ihm zugeschriebene Urheberschaft eines Phänomens des Negativen im allgemeinsten Sinn. Beide Gesichtspunkte sind der grundlegenden Eigenschaft des Daseins als „In-der-Welt-sein" einbeschrieben und lassen sich auf ihre verschiedenen Modifikationen zurückführen, insofern das Dasein sich als „immer schon" in ursprünglicher Weise an die Welt verwiesen vorfindet – dies entspricht dem Gesichtspunkt seiner „Gewesenheit" –, in dieser phänomenal ursprünglichen Gegebenheit aber zugleich und unvermeidlicherweise seine ontologische Bedürftigkeit und Endlichkeit vollzieht, die auf die wesentliche Zugehörigkeit des Nichthaften zur Struktur seiner Existenz verweist.

Im In-der-Welt-sein manifestiert sich also ein eigenartiges Ineinander von ontologischem Überschwang und ontologischer Armut. Einerseits liegt im verstehenden Zugang zur Welt eine einzigartige Auszeichnung gegenüber allem anderen Seienden, die dem Dasein immer schon vorausgeht und ihm auferlegt ist, ohne von ihm je abgetragen oder im einzelnen Vollzug dieses Verstehens adäquat eingeholt werden zu können. Andererseits hat aber dieser existenzial-zeitliche Überhang gerade keine positive Fülle, sondern in zweifacher Weise phänomenale Negativität zum Inhalt: So ist das Dasein für die Ausübung seines Seinsverständnisses auf Seiendes (und d. h. auch auf sich selbst) angewiesen und somit ontologisch bedürftig, kann des weiteren aber diese Angewiesenheit im Sinne eines völligen ontologischen Sich-verlierens an das innerweltliche Seiende mißdeuten, sich selbst und seine herausragende ontologische Bedürftigkeit also gerade vergessen und diese implizite Negation seiner selbst in jedem konkreten Umgang mit dienlichem Seienden immer wieder aufs neue vollziehen. Als immer schon mit einem es übersteigenden Seinsverständnis ausgestattetes Seiendes ist das Dasein also der Schuldner seiner eigenen ontologischen Konstitution, erweist des weiteren den Mangel dieser Konstitution im Ausgerichtetsein auf anderes Seiendes, läuft dabei zugleich aber stets Gefahr, der ontologischen Eigentümlichkeit dieses Schuldverhältnisses nicht gerecht zu werden und somit dem eigenen Sein in wesentlicher, aktiver Weise nicht etwas, sondern sich selbst schuldig zu bleiben.

Mit der Analyse des Schuldphänomens ist jedoch noch nicht das letzte Wort über die wesenhafte Negativität des Daseins gesprochen; läßt seine Erweiterung auf den existenzialen Gewissensbegriff hin doch gerade erkennbar werden, daß das Dasein in zweifacher Weise mit sich selbst nicht deckungsgleich und damit von Nichtigkeit bestimmt ist: Zum einen ist es sich selbst immer schon voraus bei der von ihm besorgten Welt, an die es sich verliert, zum anderen aber ist auch dieses Sich-verlieren an die vom Dasein selbst entworfenen Sinn- und Zweckzusammenhänge nicht so vollständig, daß es sich daraus nicht selbst zurückrufen könnte; stammt doch der Gewissensruf, der das Dasein aus der beruhigenden Alltäglichkeit herausreißt, von niemand „anderem" als ihm selbst[1]. Dabei ist jedoch zu beachten, daß auch dieses selbstbezügliche Sich-anrufen des Daseins nicht gleichbedeutend ist

1. Vgl. SZ, 275. 277.

mit einem theoretischen oder praktischen Einholen der in der Verfallenheit zum Ausdruck kommenden Negativität seiner Existenz. Vielmehr besteht die Bedeutung des Gewissensrufes darin, die im Bezug zu Seiendem geschehende Nichthaftigkeit als Konsequenz der eigentlichen und ursprünglichen Nichthaftigkeit des darin verstandenen Seins zu erweisen. Das Zusammenfallen des Selbstseins des Daseins mit dem „Sein des Grundes", das eine ursprüngliche „Negativität" dieses Grundes ja nicht aus-, sondern gerade einschließt, bedeutet also alles andere als eine ontologisch starke Stellung des Daseins im Sinne eines letzten Grundes, sondern lediglich die an ihm ablesbare Autarkie sowohl des Phänomens des Grundes als auch des ihm innewohnenden Phänomens des Nicht bzw. der Nichtheit allem innerweltlichen Seienden gegenüber:

> „Grundsein besagt demnach, des eigensten Seins von Grund auf *nie* mächtig sein. [...] Selbst seiend ist das Dasein das geworfene Seiende *als* Selbst. *Nicht durch* es selbst, sondern *an* es selbst *entlassen* aus dem Grunde, um *als dieser* zu sein. Das Dasein ist nicht insofern selbst der Grund seines Seins, als dieser aus eigenem Entwurf erst entspringt, wohl aber ist es als Selbstsein das *Sein* des Grundes"[1].

Im Rahmen der Fundamentalontologie wird also nicht nur das existenziale Grundsein des Entwurfs auf das keinem Warum mehr zugängliche und somit „abgründige" Daß des Daseins zurückgeführt[2], sondern dieser „Abgrund" der Existenz wird in einem zweiten Schritt anhand der Analyse des Gewissensphänomens jeder Assoziation mit einem sich „unter" dem Dasein auftuenden Nichts beraubt und statt dessen als gleichfalls nur von sich selbst her auf sich selbst hin bezogenes Phänomen erwiesen. Außerhalb des Daseins gibt es also nicht nur keinen Grund des Grundes, sondern nicht einmal einen Grund – ein ὑποκείμενον, und sei es auch nur im Sinne einer „darunterliegenden" Leere – des Abgrundes, was nur bedeutet, daß Wesen wie Abwesenheit des existenzialen Grundes beide in gleichursprünglicher Weise *im* Dasein verwirklicht sind und sich in tautologischer Weise selbst gegenseitig fordern.

c. Von der Stille des Gewissensrufes zur Analyse des Sprachphänomens

Die eindeutig nicht ontisch-konkret, sondern ontologisch zu nehmende Bedeutung des „Gewissensrufes" als eines sich gerade in der Stille vollziehenden Phänomens[3] scheint auf den ersten Blick einer Absage an alle Maßstäbe intersubjektiver Sprachlichkeit gleichzukommen. Mithin ist verständlich, daß Heideggers auf die Vereinzelung des Daseins zielende Konzeption des Gewissens auch weit eher als Absage an die ethische Grundkategorie des Anderen als Mitmenschen denn als Beitrag zu einer angemessenen Deutung der Phänomene von Schuld und Verantwor-

1. SZ, 284f. (Hervorhebungen im Original). Wie M. Haar treffend bemerkt, besteht ein wesentlicher Unterschied zwischen der klassisch-metaphysischen Identifikation des Daseins mit einem (wie immer verstandenen) *Grund* und Heideggers Bestimmung des Daseins als *Sein des Grundes*, insofern letzteres für das dem Dasein stets neu aufgegebene Übernehmenmüssen eines Grundcharakters steht, den es aufgrund seiner Geworfenheit gerade *nicht* besitzt (vgl. *Heidegger et l'essence de l'homme*, 48).
2. Vgl. SZ, 276f.
3. Vgl. SZ, 273.

tung gewertet wird[1]. Natürlich spricht das unpersönliche, nur im ontologischen Sinne vom Dasein an sich selbst gerichtete „Es ruft" des Gewissens nicht eben für die in der Ethik so wichtige Betonung des Personcharakters des Menschen, doch ist damit noch nicht die Frage beantwortet, ob Heideggers Option einer Verknüpfung der Schuldproblematik mit der ontologischen Frage nach dem Grund wirklich als ausschließende *Alternative* zu der in der Kantischen Ethik zu beobachtenden Hinwendung zu Sprache und Intersubjektivität zu verstehen ist[2] oder ob die anhand des Gewissensphänomens erkennbar werdende und sich in der Stille manifestierende Problematik der Nichtigkeit und Negativität nicht umgekehrt die Möglichkeit eröffnet, auch die Sprache und mit ihr den Bezug der Menschen untereinander neu zu deuten. Alle vermeintlich „negativ" konnotierten Grundphänomene des Daseins, wie Tod, Angst, Stille, Abgrund, Geworfenheit usw., erscheinen gerade als positive Verweise auf das Sein, insofern dieses sich den auf Seiendes abgestellten Kategorien des Denkens und Sprechens nicht aus einem Mangel, sondern aus einem Übermaß seines Gegebenheitsmodus heraus entzieht. Daher wäre es verfehlt, die Stille lediglich in negativer Weise als Fehlen oder gar Verweigerung der Sprache zu deuten; vielmehr verlangt sie, ebenso wie der „Abgrund" oder die „Nichtheit", nach einer positiven Deutung im Rahmen der leitenden Frage nach dem Sinn von Sein überhaupt[3].

Die Besonderheiten in Heideggers Analyse des Sprachphänomens sind also die Konsequenz eines in keiner Weise mehr gegenständlichen, sondern sinnhaft zu verstehenden Seins„begriffs". So, wie der Grundcharakter des Seins in bezug auf Seiendes nicht in einem kausalen Abhängigkeitsverhältnis, sondern in der Bereitstellung einer umfassenden, in ihrer vorrationalen Ursprünglichkeit aber gerade nicht eigens hervortretenden Sinnhaftigkeit der innerweltlichen Bezüge besteht, so kann auch die Sprache nicht mehr in erster Linie als der Ort eines rationalen Nachvollzugs von kausalen Geschehensabfolgen oder rein verstandesmäßigen Argumentationsketten betrachtet werden. Mit der Überwindung der kausalen Bedeutung von „Grund" durch die daseinsimmanente Struktur des „Um-willen" entfällt auch die logische Auffassung von „Grund" im Sinne der „Begründung" zugunsten eines neuen Verständnisses von Sprache und Denken, das sich in ähnlicher Weise wie das

1. Vgl. P. DUPOND, *Raison et temporalité*, 261. Die Einschätzung, in Heideggers Ansatz bestehe das Gewissensphänomen im Angerufenwerden des Daseins als Einzelnen durch die ihm eigene, aber noch grundlegendere Struktur der Vereinzelung (ebd., 267), trägt zwar in angemessener Weise der Tatsache Rechnung, daß der Gewissensruf von keiner äußeren Instanz an das Dasein gerichtet wird, doch läßt dies umgekehrt nicht den Schluß zu, das Dasein erweise sich im Gewissensphänomen als autonomer, nur sich selbst gegenüber verantwortlicher Gesetzgeber; vielmehr ist das Gewissensphänomen der Beleg für eine dem Dasein selbst innewohnende, allerdings nicht schon auf den „Anderen" als den Mitmenschen zurückführbare Passivität, insofern der im Schweigen stattfindende Ruf des Gewissens keine Erwiderung oder „Gegenrede", nicht einmal in Form eines inneren Selbstgesprächs des Daseins, zuläßt (vgl. J. GREISCH, *Ontologie et temporalité*, 299. 304).

2. „[...] là où, chez Kant, la mise en question de la *ratio* conduit à une pensée de la parole, elle conduit, chez Heidegger à une pensée du *Grund*, fond et fondement" (P. DUPOND, *Raison et temporalité*, 242).

3. Vgl. SZ, 286. Die Kritik am nichttransitiven – und damit vermeintlich nicht mehr intersubjektiven – Charakter der Stille im Gegensatz zur Konkretion der Rede im beredeten Worüber verfehlt ihr Ziel, wenn man das Fehlen dieses Worüber lediglich als negatives oder privatives Phänomen versteht (vgl. P. DUPOND, *Raison et temporalité*, 260). Die Stille hat ihr Wesen gerade nicht in einem bloßen Fehlen von „Gesprächsstoff", sondern in ihrer Entsprechung zur „eigentlichen", d. h. nicht verfallend im besorgten Seienden aufgehenden Haltung des Daseins zu seinem eigenen, als nichthaft erkannten Sein.

nichtgegenständlich-grundhafte Sein als eine nicht selbst seiende, sondern das sinnhafte Erscheinen von Seiendem ermöglichende Offenheit darstellt. Ist das Sein durch seine nicht weiter zurückzuverfolgende Gegebenheit im Seinsverständnis des Daseins der „Abgrund“ zur herkömmlichen Vorstellung des Grundes, so wird eine daran anknüpfende Phänomenologie der Sprache diese nicht mehr als den Ort der „Begründung“, sondern gewissenmaßen als „Beabgründung“, d. h. als positive, ausdrückliche Sichtbarmachung und Darlegung dieses dem unmittelbaren Zugriff entzogenen Wesens des Seins verstehen; sie wird damit im wahrsten Sinne des Wortes zum „Medium des Mediums“, d. h. zur artikulierenden Verlautbarung des Seins des Daseins als dem offenen „Zwischen“ alles Verstehens[1].

3.2.3. Die Sprache als Raum des Abgrundes

Heideggers Erörterung des Sprachphänomens präsentiert sich einerseits als Antwort auf zentrale Fragestellungen, Aporien und Einseitigkeiten der traditionellen Logik, andererseits erfließt die Notwendigkeit einer eingehenden phänomenologischen Neubestimmung der Sprache aus bestimmten Grundzügen seines eigenen fundamentalontologischen Ansatzes als dessen Ergänzung und Korrektiv. So ist die Behandlung des Problems des Grundes im Zusammenhang mit der Frage nach der Sprache zum einen in der traditionellen Doppelbedeutung von „Grund“ im Sinne von „Ursache“ (Seinsgrund) und „Begründung“ (Grund des Verstehens) vorgegeben[2], andererseits wirft Heideggers Interpretation des Daseins als des in seinem Seinsverständnis sinnentwerfenden und damit in einer nichtkausalen Weise grundstiftenden Seienden die Frage auf, ob damit die Bemühung um eine ausdrückliche Rechtfertigung des solcherart Entworfenen nicht von vornherein überflüssig, ja unmöglich wird. Ist die abgründige Freiheit als Ursprung von Grund nicht *per definitionem* unzugänglich gegenüber dem Versuch einer Darlegung ihrer Legitimität im Medium der Sprache?

In der Tat scheint es so, als sei mit der transzendentalen Radikalisierung von „Wahrheit“ im Sinne der verstehenden Erschlossenheit der Existenz das Dasein selbst zur ersten und einzigen Instanz der Wahrheit geworden, so daß sich schon der Gedanke an eine mögliche Verschlossenheit bzw. Verdecktheit, an Irrtum und Täuschung wie von selbst verbiete. Dieser Eindruck ist jedoch nur so lange zutreffend, wie man die Erschlossenheit des Daseins als etwas Statisches faßt, das mit der Existenz in derart vollkommener Weise zusammenfällt, daß ein Abweichen davon

1. Vgl. SZ, 132. 374.
2. Obwohl Heidegger schon sehr früh, nämlich in seiner Habilitationsschrift, auf die Problematik dieser logisch-ontischen Doppelbedeutung eingeht, weist er sie zunächst noch nicht dem Wort „Grund“, sondern dem lateinischen Ausdruck *principium* zu. Während letzterer in analoger Weise sowohl für den Ursprung des Hervorgehens im Bereich der realen Wirklichkeit als auch für die logische Begründung stehe, bedeute das Wort „Grund“ ausschließlich das Von-woher des logischen Verstehens im Gegensatz zur „Ursache“, die den Seinsgrund im Sinne der *causa* bezeichne (vgl. GA 1, 256. 334). In der Folgezeit kommt es diesbezüglich zu einer terminologischen Verschiebung, insofern Heidegger die logisch-ontische (bzw. logisch-ontologische) Ambivalenz nunmehr dem Begriff des Grundes selbst zuschreibt, der sich dementsprechend in die beiden Bedeutungskomponenten von „Ursache“ einerseits und „Argument“ bzw. „Begründung“ andererseits gliedert (vgl. etwa GA 26, 146) bzw. diese beiden Komponenten im Zusammenhang mit der Aristotelischen Lehre von den vier Gründen neben zwei anderen Formen des Grundseins (Wesen bzw. Motiv) mit umfaßt (vgl. GA 26, 137f.).

schlechthin unmöglich ist, ohne zugleich das Dasein als ganzes zu negieren. In dem Maße jedoch, als die Entdecktheit des Seienden nie einfach vorliegt, sondern vom Dasein immer wieder der Verdeckung abgerungen werden muß, in dem Maße, als auch die Erschlossenheit für das eigene Sein trotz ihrer konstitutiven Anlage im Dasein diesem deswegen nicht schon wie von selbst bewußt wird, sondern in den meisten Fällen ihm gerade durch seine eigene Umtriebigkeit verdeckt bleibt, ist die sich im Dasein ereignende Offenheit nie nur die in konzentrischen Kreisen unweigerlich auf das Gravitationszentrum größtmöglicher Erschlossenheit ausgerichtete Lichtung des Seins, sondern der sich zwischen den beiden regulativen Extremen völliger Verdeckung und nie zu erreichender, völliger Erschlossenheit auftuende Spielraum mehr oder weniger großer Durchlichtung, in dem Verborgenheit und Entborgenheit zu wechselnden, aber nie ausschließlichen Anteilen hin- und herchangieren[1]. Darin liegt, daß das herkömmliche Verständnis von „Grund" keineswegs negiert wird; es bedarf lediglich einer Verankerung in bestimmten Wesenseigenschaften des Daseins, die den logischen Begriff des Grundes als dessen transzendentale Ermöglichung einbegreifen, ohne jedoch umgekehrt in erschöpfender Weise von ihm herleitbar zu sein.

Die im folgenden vorgenommene Ausweitung der Betrachtung auf Heideggers Analyse der Sprache anhand des Phänomens des Aussagesatzes im allgemeinen bedarf gleichwohl einer Rechtfertigung. Wenn sich auch Heideggers Ausführungen zur Problematik der Grund-sätze sachlich wie terminologisch bereits in einem Rahmen bewegen, der die spätere, in *Der Satz vom Grund* kulminierende Entwicklung der Problematik von Grundsatz, Grundlosigkeit und Spiel zwar nicht in allen, aber doch einigen wesentlichen Punkten bereits erkennbar werden läßt, so bewegt sich doch seine Destruktion der klassischen Satzform „S ist P" als des Leitparadigmas von Sprache überhaupt in einer terminologischen Sphäre, deren Verbindung zur Thematik des Spiels keineswegs unmittelbar einleuchtet.

Die zentrale Wichtigkeit, die der Heideggerschen Sprachdeutung auch schon in ihrer frühen Phase mit Blick auf sein Spieldenken zukommt, wird erst dann voll erkennbar, wenn man ihre tragenden phänomenologischen Grundzüge als strukturelle Vorboten derjenigen Grundfiguren begreift, die Heideggers Spieldenken in seiner mittleren und späten Periode auf so entscheidende Weise prägen. Weder die

1. Die von Heidegger vorgenommene Radikalisierung der verschiedenen Korrespondenzmodelle von Wahrheit, d. h. ihre Rückführung auf die Erschlossenheit des Daseins als ihre transzendentale Wurzel, läßt in der Tat den Verdacht aufkommen, eine solcherart ursprünglich verstandene Wahrheit besitze keine „Tiefendimension" mehr, lasse also die Alternative der Falschheit und somit auch kein Kriterium für die Erkenntnis eines möglichen Irrtums mehr zu (vgl. E. TUGENDHAT, *Der Wahrheitsbegriff bei Husserl und Heidegger*, 335. 344). Nun ist es zwar richtig – und angesichts der Heideggerschen Bestimmung der sich im Dasein ereignenden „Unverborgenheit" von Sein als der Bedingung der Möglichkeit aller Korrespondenzvorstellungen in fast tautologischer Weise selbstverständlich –, festzustellen, daß die Erschlossenheit kein *äußeres* Kriterium ihrer selbst mehr zuläßt, doch bedeutet dies noch keineswegs, es gebe keine Differenz *innerhalb* der Unverborgenheit mehr (vgl. ebd., 329); zeigt doch schon die Wortprägung der „Un-verborgenheit" selbst an, daß Heidegger die ursprüngliche Wahrheit keineswegs als monolithisch vorliegendes, keines Gegenphänomens mehr fähiges Faktum versteht, sondern als ein Phänomen, das sich überhaupt nur vom Gegensatz seiner selbst her zeigt. Die ursprüngliche Wahrheit ist also deswegen keinem „Kriterium" in herkömmlichem Sinne mehr zugänglich, weil sie sich selbst als „Krisis" schlechthin, d. h. als „Ur-scheidung" der beiden doch untrennbar miteinander verbundenen Aspekte von Verbergung und Entbergung präsentiert.

kreuzförmig angeordnete Konstellation des „Gevierts", in dem jede der vier Komponenten die anderen drei spiegelt und auf sie verweist, ohne sie jedoch zu ersetzen, noch ihr sprachliches Gegenstück, die in chiastischer Weise Subjekt und Prädikat nicht nur vertauschenden, sondern verwandelnden Sätze wie etwa „Das Wesen der Wahrheit ist die Wahrheit des Wesens", noch die sich aus beidem ergebende Eröffnung von Welt im wechselseitigen Bezug von Wort und Ding wären verständlich oder auch nur in ihrer Möglichkeit denkbar ohne die von Heidegger bereits sehr früh in Angriff genommene Deutung des Aussagesatzes als desjenigen phänomenalen Ortes, an dem die gleichursprüngliche Zugehörigkeit einander entgegengesetzter und sich doch vielfältig überkreuzender Grundphänomene zum Vorschein und zu Wort kommt. Die destruierende Aufbrechung der geschichtlich sedimentierten Rollenzuweisung und Gewichtung innerhalb der Satzkonstruktion hinterläßt also keine sprachliche Trümmerlandschaft, sondern lenkt vielmehr den Blick weg von den Satz„bausteinen" und „-bestandteilen" hin auf die Bewegungslinien derselben Dynamik, der sowohl die Sprache als auch das Spiel der in ihr angesprochenen, weltbildenden Phänomene immer schon folgen.

A. Die Grundlinien der geschichtlichen Problematik des Verhältnisses von philosophischer Wirklichkeitsdeutung und Sprache

Entsprechend seinem Ansatz, die Grundfiguren traditionellen philosophischen Denkens nicht zu negieren, sondern sie in ihrer Verwurzelung im phänomenal ursprünglicheren Boden der existenzialen Strukturen darzustellen, geht Heideggers Behandlung der Problematik der Sprache von der durch die Aristotelische Logik inaugurierten und seitdem beherrschenden Analyse der Sprache anhand des Aussagesatzes aus, um sowohl von dessen innerer Struktur als auch von dem ihm zugehörigen Bedeutungsmodus her den Brückenschlag zu einer Reihe von zentralen Ergebnissen der fundamentalontologischen Betrachtung zu vollziehen. Dabei steht für Heidegger vor allem die Frage im Mittelpunkt, inwiefern die philosophische Betrachtung von Sprache bereits die Frucht einer bestimmten Weltsicht ist und somit keineswegs universale Gegebenheiten, sondern lediglich partielle und dazu oft unausgesprochene ontologische Grundannahmen zum Ausdruck bringt. Nicht umsonst steht ja schon die grammatikalische Bezeichnung des „Satzes" in enger begrifflicher Verbindung mit „Setzung" und „Voraus-setzung"[1], d. h. mit dem, was jedem Sich-Verhalten in der Welt und dementsprechend erst recht jeder ausdrücklichen Artikulierung der unterschiedlichen Weisen dieses Weltverhältnisses immer schon zugrundeliegt, sie trägt und mitbestimmt, ohne deswegen selbst ausdrücklich zur Sprache zu kommen. Diese enge Verbindung von „Satz" und „Voraussetzung" ist in der geschichtlichen Entwicklung des abendländischen Denkens angelegt; ist die philosophische Wissenschaftsbetrachtung seit Aristoteles doch dadurch charakterisiert, daß sie einerseits jede Wissenschaft von dem her definiert, was von ihr selbst nicht mehr hinterfragt werden kann, sondern die Voraussetzung und Bedingung alles

1. Dieses Phänomen ist durchaus nicht auf die deutsche Etymologie beschränkt, sondern findet seine Entsprechung auch in der lateinischen bzw. lateinischstämmigen Begrifflichkeit, wie die in den einzelnen Sprachen zwar mit unterschiedlichen Bedeutungsnuancen verwendeten, aber doch von einem gemeinsamen onto-logischen Grundverhältnis getragenen Bezeichnungen *position, pro-position, sup-position* und die ihnen verwandten Ausdrücke erkennbar werden lassen.

konkreten Fragens innerhalb der jeweiligen Wissenschaft darstellt, dieses als tragend Vorausgesetzte aber andererseits in Form satzhaft formulierter Prinzipien faßt, die als oberste Axiome des jeweiligen Wissensgebietes fungieren[1]. Der Aussagesatz wird also insofern zur privilegierten Form der Sprache, als sich in ihm Wissen und Wissenschaft bei ihrer Konstitution definieren und im Vollzug ihren Ausdruck verschaffen.

Die von Heidegger zunächst aus der Tradition übernommene Grundstruktur des Aussagesatzes der Form „S ist P" wirft aufgrund ihrer spezifischen Mehrgliedrigkeit zwei unterschiedliche Probleme auf, die zwar in einer gewissen Beziehung zueinander stehen, aber doch voneinander unterschieden werden müssen. Zum einen weist die angeführte Satzform zwei Termini auf, nämlich die des Subjektes und des Prädikates, deren Stellung zueinander, innerhalb der Satzstruktur als ganzer und in bezug auf die besprochene Wirklichkeit unterschiedliche Deutungen zuläßt. Zum anderen sind diese beiden Termini nicht unverbunden nebeneinandergestellt, sondern durch die konjugierte Verbform „ist" verknüpft, die in ihrer Stellung den beiden Termini gegenüber sowie in ihrer logisch-ontologischen Valenz gleichfalls problematisch ist. Aufgrund der Weite des problemgeschichtlichen Horizontes soll die philosophiegeschichtliche Rückbindung der beiden von der Satzstruktur der Aussage aufgeworfenen Fragenkomplexe im folgenden nur paradigmatisch anhand derjenigen philosophischen Grundpositionen herausgestellt werden, die auch in Heideggers Ansatz selbst einen zentralen Platz einnehmen, nämlich Aristoteles, Leibniz, Kant sowie die verschiedenen Grundpositionen in der zeitgenössischen Logik.

a. Die Ursprünge der Heideggerschen Verknüpfung von Sprache und Seinssinn anhand der Satzstruktur der Aussage

Betrachtet man Heideggers thematische Orientierung in der Philosophie von einem genetischen Standpunkt aus, so läßt sich sagen, daß von Anfang an die Problematik der Kopula für ihn ein Leitmotiv darstellt, an dem sich die Frage nach Bedeutung und Verhältnis der übrigen Satztermini auszurichten hat. Die Frage nach der besonderen Valenz des „ist", die seine ersten wissenschaftlichen Arbeiten bestimmt, bezieht ihre Motivation dabei in erster Linie aus der zeitgenössischen Auseinandersetzung zwischen Psychologismus und Logizismus sowie der Positionsbestimmung der Phänomenologie gegenüber diesen beiden Extremen. Wenngleich Heidegger seine Erörterung hierbei auch teilweise mit Rückgriffen auf die weiter zurückliegende Tradition führt, so ist doch unverkennbar, daß seine Beschäftigung mit der logisch-ontologischen Dimension der Kopula zunächst wesentlich von den aktuellen Debatten innerhalb der zeitgenössischen Philosophie motiviert ist und deswegen in Ansatz und Argumentationsweise von vornherein eine mehr systematische als philosophiegeschichtliche Richtung einschlägt.

Wirft der junge Heidegger – in einer Art Vorwegnahme seiner selbst – bereits die Frage nach dem „Sinn des Seins" in den mit Hilfe der Kopula konstruierten Urteilssätzen auf[2], so folgt die Antwort zu diesem Zeitpunkt noch in durchaus konventioneller Manier der Argumentationsweise der antipsychologistischen Richtung innerhalb der Philosophie – also vor allem dem Fregeschen Logizismus bzw. der

1. Vgl. ARISTOTELES, *Zweite Analytik* X, 76a 16-18. 31-39.
2. Vgl. GA 1, 178.

Husserlschen Phänomenologie. Das „ist" der Kopula steht demnach nicht für eine Existenzaussage – sei diese Rückbindung an das reale Existieren nun auf Gegenstände der „Außenwelt" oder auf den faktischen Vollzug psychischer Akte gemünzt –, sondern bezieht sich auf den eigentümlichen Modus des „Geltens", der nicht das Urteil in seinem konkreten und somit kontingenten Geschehen betrifft, sondern seinen idealen Gehalt[1]. Ist Heideggers Betonung des nicht-naturalistischen Charakters der Geltung für sich genommen zunächst antipsychologistisches Gemeingut, so fällt andererseits doch auf, daß seine Analysen bereits darauf abzielen, die Grenzen einer ausschließlich am Urteilsmodell ausgerichteten Deutung der Sprache insgesamt aufzuzeigen und im Bereich der Urteilslehre selbst einer Gleichsetzung oder auch nur inhaltlich-methodischen Annäherung von logischer und mathematischer Beziehungsbetrachtung eine klare Absage zu erteilen. So nimmt zum einen Heideggers Deutung der mit Urteilskategorien nicht zu fassenden, unpersonalen Ausdrücke wie „es blitzt" in durchaus frappierender Weise Einsichten vorweg, die später in den Grundformeln des „es weltet", „es gibt", „es ereignet" usw. zur ausführlichen Anwendung kommen, vor allem in bezug auf den eigentümlich zeitlichen Grundcharakter dieser Formulierungen[2]; zum anderen liegt in seiner Ablehnung einer am mathematischen Identitätsmodell orientierten Interpretation des Aussagesatzes zugunsten einer Deutung der Subjekt-Prädikat-Beziehung im Sinne einer „nichtumkehrbaren", d. h. von einer „Richtungskraft" charakterisierten Relation[3] bereits ein Hinweis auf die intentionale Auffassung der Satzstruktur, wie sie in den Jahren der Ausarbeitung von *Sein und Zeit* zum Tragen kommt[4].

Hatte schon der junge Heidegger gegen die von gewissen Vertretern der zeitgenössischen Logik verfochtene Assimilierung des „ist" an das Satzprädikat nicht nur an der Eigenständigkeit der Kopula festgehalten, sondern sie als das „wesentlichste und eigentümliche Element im Urteil"[5] bezeichnet, so rückt das Problem des „ist" und seiner ontologischen Dimension in der Folgezeit immer mehr in den Mittelpunkt des Interesses. Zwar wird in den Analysen des Sprachphänomens aus der Marburger Zeit der Seinssinn der Kopula nicht mehr im Sinne der logischen und damit idealen Geltung aufgefaßt, doch fällt Heidegger ebensowenig in die Deutung des „ist" als Anzeige neutraler, „objektiver" Realität zurück, sondern beschreitet einen dritten Weg, der die nicht-naturalistische Eigentümlichkeit der Kopula beibehält, ohne sie jedoch vom Bereich der faktischen Existenz abzuschneiden. In dem

1. Diese zentrale Überzeugung Heideggers wird sowohl in der Doktorarbeit *Die Lehre vom Urteil im Psychologismus* sowie in der Habilitationsschrift *Die Kategorien- und Bedeutungslehre des Duns Scotus* mit gleicher Schärfe und – trotz des unterschiedlichen philosophiehistorischen Kontextes – mit fast den gleichen Argumenten vertreten, was sich darin zeigt, daß Heidegger offensichtlich keinerlei Bedenken hat, das *esse verum* bei Duns Scotus mit dem zeitgenössischen Begriff der „Geltung" gleichzusetzen (vgl. GA 1, 269. 301).
2. Vgl. GA 1, 77. 185f.
3. Vgl. GA 1, 180.
4. Daß Heideggers Absage an eine Auffassung der Satzaussage im Sinne einer Identitätsrelation und die Betonung einer „Gerichtetheit" der Aussagestruktur keinen Rückfall in das traditionelle Schema der grammatikalischen Subjektsdominanz bedeutet, wird sich im folgenden noch zeigen, doch sei schon hier darauf hingewiesen, daß die Intentionalität der Sprache sich auf die Sinngerichtetheit des Satzes als ganzen bezieht und somit etwas gänzlich anderes meint als eine bestimmte grammatikalische oder ontologische Gewichtung von Satzelementen.
5. GA 1, 179.

Maße, als Heidegger sich aus dem seinem unmittelbaren logikgeschichtlichen Umfeld entstammenden Antagonismus von naturalistischer bzw. geltungslogischer Deutung des „ist“ und der übrigen Aspekte der Satzlogik zu lösen beginnt[1], gewinnt seine Betrachtung des Sprachphänomens zunehmend philosophiegeschichtliche Tiefenschärfe, die sich nicht so sehr in einer besonders detaillierten und nuancenreichen Betrachtung der unterschiedlichen Epochen des logischen Denkens insgesamt manifestiert als vielmehr in der zunehmend ausdifferenzierten Zuweisung ganz bestimmter Problemaspekte an die einzelnen Autoren. Auf diese Weise versucht Heidegger, das, was sich unausdrücklich in der Geschichte der Logik ausspricht, in einer Weise hörbar zu machen, in der zugleich auch das Ungenügen der jeweiligen Ansätze mit anklingt und damit die Notwendigkeit einer radikalen Neubewertung der Sprache durch die Philosophie erkennbar werden läßt.

b. Aufzeigung der ontologischen Problematik der Sprachdeutung bei Aristoteles

Betrachtet man die Entwicklung der logischen Tradition seit der Antike, so fällt auf, daß bei der Deutung der Satzstruktur und ihrer Teile zunächst wie selbstverständlich grammatikalische, logische und ontologische Elemente zugleich mit hineinspielen. Am deutlichsten wird dies bei Aristoteles selbst erkennbar; spiegelt das in seiner Sprachtheorie erkennbare Ungleichgewicht zugunsten des Subjekts gegenüber dem Prädikat doch die in seiner Kategorienlehre bestimmende Dominanz der Substanz – vor allem der ersten, d. h. individuell existierenden Substanz – gegenüber ihren Akzidenzien wider[2]. In der grammatikalischen Bezeichnung des „Subjektes“ (ὑποκείμενον) liegt somit immer schon die Tendenz zur Verdinglichung des grammatikalischen Satzgegenstandes zu einem ontologischen Substrat, das durch die Vielheit der ihm zugesprochenen Prädikate bestimmt wird, ihnen umgekehrt aber in sich erst einen Ort der konkreten Verwirklichung schafft. Die beiden Termini des Aussagesatzes sind also grundsätzlich nicht gleichberechtigt, sondern werden als selbstverständlicher Ausdruck einer ontologischen Schwerpunktsetzung zugunsten des Seinsmodus der ersten Substanz aufgefaßt. Gegenüber all jenen Logikern, die in Aristoteles den maßgeblichen Vertreter einer Identifikation der Satzwahrheit mit der Wahrheit schlechthin sehen, betont Heidegger daher, Aristoteles selbst habe sehr wohl der Tatsache Rechnung getragen, daß eine Aussage nur insofern als wahr oder falsch bezeichnet werden könne, als dem in ihr besprochenen Seienden grundsätzlich schon die Möglichkeit des Aufgewiesen- bzw. Verdecktwerdens zukomme. Nicht der λόγος als solcher sei demnach der Ort der Wahrheit, sondern umgekehrt bilde die Wahrheit als Entdecktheit von Seiendem in seinem Sein den Ort, an dem überhaupt sinnvollerweise von Wahrheit oder Falschheit einer Aussage gesprochen werden könne[3].

1. Heideggers anfängliche Option für die antipsychologistische, geltungslogische Interpretation fällt in dem Moment dahin, wo er die dichotomische Einteilung von Realem und Idealem ebenso wie den Husserlschen Urgegensatz von Welt und Bewußtsein und überhaupt jede als unhintergehbar ursprünglich und primär behauptete Aufspaltung der Wirklichkeit in zwei unvereinbare Bereiche oder Seinsmodi als Ausdruck einer ungeklärten ontologischen Vorentscheidung deutet, die es durch die fundamentalontologische Frage nach dem Sinn von Sein überhaupt sichtbar zu machen und in ihrer Absolutheit zu überwinden gilt (vgl. GA 20, 160; GA 21, 50-62. 89ff.; SZ, 216f.).

2. Vgl. ARISTOTELES, *Kategorien* V, 2a 11-13; 3a 1-8 sowie ID., *Metaphysik* V, 8, 1017b 13-14.

3. Vgl. GA 19, 179-184; GA 21, 135.

Bei seinem Bemühen, diese der gängigen Auslegungstradition zuwiderlaufende Interpretation einsichtig zu machen[1], stützt sich Heidegger auf die von Aristoteles vorgenommene Analyse der sich am Aussagesatz auftuenden Dichotomien, die sich sowohl bei der strukturellen als auch bei der bedeutungsmäßigen Betrachtung des Satzes, aber auch und gerade im eigenartigen Verhältnis von struktureller und bedeutungshafter Dimension zueinander zeigen. Vom Standpunkt des inneren Satzaufbaus lassen sich zunächst zwei mögliche Gegensatzpaare ausmachen, nämlich zum einen „Verbindung / Trennung" (σύνθεσις / διαίρεσις), die sich auf die Komplexität der Satzstruktur als notwendige Bedingung für ein Wahr- oder Falschsein des Satzes beziehen, und zum anderen die zwei möglichen Grundformen des Bejahens bzw. Verneinens (κατάφασις / ἀπόφασις), die den positiv bzw. negativ gesetzten Bezug des Prädikats zum Satzsubjekt zum Ausdruck bringen. Da die Wahrheitsfrage jedoch immer auch die Relation des Satzes zur damit gemeinten Wirklichkeit impliziert, werden die beiden zunächst als satzimmanent dargestellten Begriffspaare um den Gegensatz „wahr / falsch" (ἀληθές / ψεῦδος) ergänzt, den Heidegger als „entdeckend / verdeckend" neuformuliert, um mit Hinblick auf seinen eigenen phänomenologischen Ansatz die Wahrheitsfrage auf die Problematik des Daseins und seines ursprünglichen, ihm den Zugang zu Seiendem eröffnenden Seinsverständnisses hin durchscheinend zu machen.

Heideggers eigentliche Kritik der bisherigen Verwendung dieser Begriffspaare zielt weniger auf diese selbst als auf die mangelnde Thematisierung der in ihren gegenseitigen Bezügen liegenden Schwierigkeiten. Versucht man, die drei Gegensätze „verbindend / trennend", „zusprechend / absprechend" und „entdeckend / verdeckend" zueinander in Beziehung zu setzen, so zeigt sich nämlich, daß die jeweils in ihnen liegenden Elemente von Positivität und Negativität sich keineswegs entsprechen und daher einer Parallelisierung der drei Schemata entgegenstehen[2]. So kann ein Satz, in dem das Prädikat dem Satzsubjekt abgesprochen wird, gerade deshalb „entdeckend", also wahr sein, weil er die betreffende Sache als diejenige sichtbar werden läßt, die sie ist, nämlich als eine, der das betreffende Prädikat tatsächlich nicht zukommt. Umgekehrt kann ein positiv-zusprechend formulierter Satz verdeckend, also falsch sein, wenn das in ihm Prädizierte der Sache nicht zukommt und sie somit als etwas erscheinen läßt, was sie nicht ist. Die beiden umgekehrten Fälle gelten natürlich genauso, d. h. es besteht insgesamt ein Geviert möglicher Kombinationen, insofern sowohl der zusprechende als auch der absprechende Satz jeder für sich von Fall zu Fall ebensogut verdeckend wie entdeckend sein kann[3].

Vor diesem Hintergrund werden jedoch nicht so sehr die vier an diesem Chiasmus beteiligten Termini der Bejahung und Verneinung, Entdeckung und Verdeckung problematisch als vielmehr das in seiner fundamentalen Allgemeinheit

1. Vgl. GA 21, 166; GA 24, 304f.
2. Vgl. GA 21, 138ff.
3. Vgl. GA 19, 184ff.; GA 21, 135. Bereits in seiner Doktorarbeit hatte Heidegger festgehalten: „Jetzt läßt sich auch die Antwort auf die vielverhandelte Frage finden, ob das negative Urteil dem positiven *nach-* oder *neben*geordnet sei. Für die logische *Nachordnung* kann kein stichhaltiger *logischer* Grund beigebracht werden. [...] Die Negation ruht *primär* in der Kopula. Die Art der Differenz zwischen dem positiven und negativen Urteil fordert notwendig die logische Gleichstellung und Nebenordnung der beiden Urteile" (GA 1, 184f.; Hervorhebungen im Original).

zunächst harmlos scheinende, erstgenannte Begriffspaar, nämlich das der σύνϑεσις und διαίρεσις. Wohl ist klar, daß der synthetische Charakter eines Satzes nicht schon durch die Gegenwart mehrerer aneinandergereihter Termini innerhalb seiner Struktur gegeben ist; vielmehr müssen seine Bestandteile, d. h. die „Einzelwörter", von vornherein durch eine Sinneinheit bestimmt sein, die auf keinen der Termini als solchen zurückführbar ist. Dann ist aber nicht ersichtlich, inwiefern in einem bejahenden Satz – einmal ganz abgesehen von seiner möglichen Wahrheit oder Falschheit – mehr σύνϑεσις anzutreffen sein soll als in einem verneinenden, in dem die Negation des Absprechens ja auch nur dann als solche begriffen werden kann, wenn die Zusammengehörigkeit der Termini genauso eindeutig feststeht wie beim Zusprechen. Umgekehrt ist aber auch in einem zusprechenden, also bejahenden Satz nicht weniger διαίρεσις anzutreffen als in einem absprechenden, insofern das Auseinanderlegen in mehrere Termini in jedem Falle ein Moment der Trennung dessen impliziert, was in der Sache selbst in phänomenaler Einfachheit vorliegt. Insofern wird also das Begriffspaar von σύνϑεσις und διαίρεσις zur Anzeige dafür, daß das Carré möglichen Zu- und Absprechens in Wahrheit oder Falschheit auf dem Verhältnis von Einheit und Vielheit des Phänomenalen gründet und in der Möglichkeit ihres gleichzeitigen Ineinanders und Miteinanders seine eigentliche Bedingung hat.

Mittels seiner an Aristoteles angelehnten Analyse der eigentümlichen Verschlingung und Überkreuzung der drei obengenannten Begriffspaare läßt Heidegger zum einen in einer Art *reductio ad absurdum* deutlich werden, daß sich weder aus den zu verknüpfenden Termini des Satzes selbst noch aus den ihre unterschiedlichen Beziehungen charakterisierenden Bezeichnungen ein Hinweis auf eine der Sprache natürlich eigene *propensio in verum* gewinnen läßt. Bei dem Versuch, die Wahrheit an nur *einem* der Termini ἀληϑές, κατάφασις oder σύνϑεσις festzumachen, wird man unweigerlich auf das jeweilige Gegenphänomen verwiesen, so daß die Frage nach der Wahrheit im chiastischen Geflecht der unterschiedlichen Beziehungsmöglichkeiten letztlich keinen Anhalt findet. Der Grund von Wahrheit muß also in einer Art von σύνϑεσις liegen, die den Zusammenhalt der auf den ersten Blick so gegensätzlich scheinenden Termini verständlich werden läßt, in deren gegenseitigem Zusammenspiel sich gleichwohl nicht nur der Raum möglicher Wahrheit, sondern auch Falschheit eröffnet.

In der antik-aristotelischen Philosophie sieht Heidegger die Wahrheit im ursprünglichen, nicht primär satzhaft formulierten Sinne durch die Zugänglichkeit des Seienden für das hinnehmend schauende und mit dem Erblickten unmittelbar eins werdende Verstehen (νοεῖν) gegeben[1]. Gleichzeitig liegt in dieser ursprünglichen Allianz von Mensch und Welt aber auch schon der Ansatz für eine Kritik, die nicht die ontologische Verankerung der antiken Logik als solche, sondern ihr spezifisches Gepräge betrifft. Heidegger macht seine kritische Argumentation am Begriff der οὐσία fest, dem für die Konstitution der Logik insofern eine zentrale Stellung zukommt, als sich die übrigen neun Kategorien der Prädikation als Modi auf die Hauptbedeutung der in sich seienden Substanz beziehen. Heidegger erkennt durchaus an, daß in der griechischen Philosophie das Getragensein des Verstehens und Aussagens durch die Gegenwart der οὐσία zunächst sehr wohl noch von der

1. Vgl. GA 19, 145. 182ff.; GA 21, 110. 181f.; GA 26, 31.

besonderen „Anwesenheit" der Gebrauchsdinge her verstanden wird[1]. Dennoch habe, so Heidegger, die Orientierung der ursprünglichen Einheit von Mensch und Seiendem an der Einstellung des νοεῖν einer zunehmenden Verdrängung des welthaft motivierten Verhaltens des Menschen – genauer gesprochen: einer zunehmenden Verschiebung des „um-sichtigen" Verstehens in Richtung des neutralen Nur-noch-hinsehens und Betrachtens (θεωρεῖν) – Vorschub geleistet und damit letztlich die Logik aus ihrer existenzialen Verankerung gelöst[2]. In Heideggers Augen stellt sich die Verfestigung dieser Orientierung der antiken Logik somit als Verabsolutierung eines abgeleiteten Seinsmodus dar, bei der die existenziale Notwendigkeit, sich sprechend zur Welt zu verhalten, auf die keineswegs mehr von existenzialer Bedeutsamkeit bestimmte Dimension des theoretischen Dingerfassens gegründet werden soll[3]. Die Folgen sind nun insofern gravierend, als es bei der Frage nach der Logik um sehr viel mehr geht als um die angemessene oder unangemessene Bestimmung einer philosophischen Disziplin, nämlich um einen Rückstoß auf das Selbstverständnis des Menschen als solchen[4]. Insofern der aus dem weltlichen Seienden geschöpfte Begriff der οὐσία für die Konstitution des λόγος maßgeblich wird und dieser theoretisch-distanziert aufgefaßte λόγος für die griechische Philosophie wiederum zum charakteristischen Merkmal des Menschen (ζῷον λόγον ἔχον) avanciert[5], wird der Denk- und Sprechmodus der Kategorialität stillschweigend auf den Menschen übertragen, ungeachtet seiner spezifischen Seinsweise, die so etwas wie Sprache in allen ihren Modi überhaupt erst ermöglicht.

Die Bilanz der Heideggerschen Auseinandersetzung mit dem Sprach- und Wahrheitsverständnis des Aristoteles hat also ihre zwei Seiten: Einerseits verweist die ontologische Verwurzelung der Logik auf eine vorsprachliche, phänomenale Wahrheit, die sich im verstehenden Verhalten des Menschen zu Seiendem manifestiert und von einer ursprünglichen Einheit des Sinnzusammenhangs getragen ist. Insofern aber andererseits diese ursprüngliche Einheit von Mensch und Seiendem um den Preis einer existenzvergessenen Assimilierung des Menschen an das Innerweltliche erkauft ist, verlangt sie nach einer Korrektur, die die vorprädikative Wahrheit des Umgangs mit Seiendem vom Dasein her verständlich macht und somit auch die Logik auf ein neues, existenziales Fundament stellt[6].

1. Vgl. GA 24, 152f.
2. Vgl. GA 22, 158; GA 24, 154. 448.
3. Vgl. GA 20, 301.
4. Vgl. GA 26, 18-23.
5. Vgl. GA 20, 365.
6. Vgl. GA 17, 117.

c. Die Problematik der Logik vor dem Hintergrund des präkategorialen Status des Subjektes bei Kant

Wie bereits erwähnt, ist die antike Philosophie von einer wechselseitigen Permeabilität der logischen und ontologischen Sichtweise bestimmt, die sich insbesondere in der Parallelführung von grammatikalischem und seinshaftem Primat des „Subjektes" im doppelten Sinne des Satzgegenstandes bzw. der ersten Substanz zeigt. Dieses ontologisch gehaltvolle Verständnis von Subjekthaftigkeit bleibt bis weit über das Ende der mittelalterlichen Philosophie hinaus für die Philosophie bestimmend. Noch bei Autoren der frühen Neuzeit, etwa bei Descartes, wird das *subjectum*, auch dort, wo es sich auf den Denkenden bezieht, als etwas gedacht, was – ganz wie die „zugrundeliegende" erste Substanz bei Aristoteles – in sich Bestand hat und den ihm inhärierenden Eigenschaften Einheit verleiht[1]. Äußerlich betrachtet, erfolgt der eigentliche Durchbruch zu dem heute geltenden Verständnis des Begriffes „Subjekt" in aller Deutlichkeit erst bei Kant[2]. Gegenüber der sich in der Tradition auf unterschiedliche Weise durchhaltenden ontologischen Substantialisierung des Subjektes markiert die Kantische Position auf den ersten Blick einen unübersehbaren Bruch; streift das „Subjekt" doch gerade im Zusammenhang mit dem transzendentalphilosophischen Ansatz der Kantischen Kritik alle „Substratreste" ab und fungiert nur mehr als nichtempirischer Grund der vollzugshaften Einheit des Bewußtseins in seinen Inhalten, der in keiner Weise mehr „vorliegt", sondern sich nur indirekt in der Kontinuität der Vorstellungen zeigt.

Da Heideggers Kritik an der antiken Kategorienlehre sich hauptsächlich gegen ihre Ausrichtung auf den Bereich des theoretisch nivellierten Innerweltlichen richtet, läge folglich die Vermutung nahe, daß er in der Kantischen Urteilslehre eine Bestätigung für die von ihm eingeforderte strikte Trennung von kategorialer und existenzialer Betrachtungsweise finden müßte; ist im Paralogismuskapitel der *Kritik der reinen Vernunft* doch die Nichtanwendbarkeit der Verstandeskategorien auf das sie anwendende, transzendentale Subjekt – in Heideggers Worten: das Nichtvorkommen des Daseins im Bereich des „Vorhandenen" – mehr als deutlich ausgesprochen und damit die besondere Seinsweise des menschlichen Subjekts ausdrücklich anerkannt. Gleichwohl ist auch die Kantische Konzeption mit Mängeln behaftet, die hauptsächlich darauf zurückzuführen sind, daß sie das Problem des Verhältnisses von Subjekt und Innerweltlichem bei der Konstitution des Kategorialen zwar vom entgegengesetzten Extrem her aufzieht wie die antike Philosophie, die Problematik des gegenseitigen Bezuges der Domäne des Präkategorialen zu der des Kategorialen aber wiederum nicht eigentlich als solche thematisiert, sondern an den äußersten Rand ihres Betrachtungshorizontes drängt und das eigentliche Desideratum einer

1. Vgl. etwa R. DESCARTES, *Meditationes de prima philosophia*, in: *Œuvres de Descartes* (hrsg. von C. Adam und P. Tannery, nouvelle édition, Paris [1965] ^{2}1996, im folgenden AT) VII, 161 (fünfte, sechste und siebente Definition) sowie ID., *Discours de la Méthode*, AT VI, 33.

2. Damit soll Leibniz' maßgebliche Rolle beim Übergang vom antik-mittelalterlich-frühneuzeitlichen zum Kantischen Subjektsverständnis keineswegs übergangen werden; wegen der besonders engen Verbindung seiner monadologischen, an die Begriffe von „Vorstellung" bzw. „Wahrnehmung" geknüpften Subjektsmetaphysik mit seiner Deutung der Satzwahrheit am Grundmodell der Identität bietet es sich jedoch an, seinen Ansatz erst im Zusammenhang mit der Problematik der Kopula zu erörtern.

genuin daseinsmäßigen Darstellung der Subjektivität sowie der ihr eigenen Logik damit unerfüllt läßt[1].

Ein Grundproblem der Kantischen Logik liegt darin, daß Kant das „Ich denke" einerseits zum selbst nicht thematisch werdenden Möglichkeitsgrund anderer Bewußtseinsvollzüge depotenziert, andererseits aber dann nur schwer erklären kann, inwiefern die solcherart gefaßte, transzendentale Apperzeption als *Selbst*bewußtsein verstanden werden soll, das doch eine reflexive Rückwendung des Bewußtseins auf sich selbst und damit eine thematische Selbsthabe voraussetzt. Unter der Annahme, daß das Bewußtsein durch seine inhaltlich bestimmten Vollzüge hindurch von sich selbst wissen soll, wäre also zu folgern, daß es eine Art Vollzugsbewußtsein geben müßte, die weder mit dem konkreten Inhalt einer einzelnen Vorstellung noch mit einer erst nachträglichen Besinnung auf die eigene transzendentale Funktion zusammenfällt, sondern als „innere Reflexion" jedem Bewußtseinsakt schon in begleitender Weise innewohnt[2]. Dies hätte allerdings zur Folge, daß sich der *ontologische* Modus der Einheit des Bewußtseins nicht so reinlich von dem seiner Vollzüge und deren kategorialer Artikulierung im Urteil trennen ließe, wie dies der von Kant betonte, präkategoriale Status des transzendentalen Subjekts ursprünglich nahegelegt hatte. Das aber hieße wiederum, daß die transzendentale Logik sich nicht darauf beschränken kann, die Möglichkeit eines Objektbezugs bestimmter Begriffe allein vom reinen Denken aus darzulegen, sondern vielmehr bestrebt sein muß, die Beziehung des Denkens auf Gegenständlichkeit überhaupt sowie die sich daraus ergebenden Urteilsformen von der besonderen Seinsart des Subjektes *als faktischem* her zu deuten.

Sosehr Heidegger auch mit Kant die Einschätzung teilt, derzufolge die rein formale Logik keine hinreichende Antwort auf die Problematik des Denkens gibt[3], sowenig kann er sich mit der konkreten Ausgestaltung der Kantischen Kategorien- und Urteilslehre zufriedengeben. Heideggers Kritik an Kants Logikkonzeption speist sich dabei aus seiner existenzialen Umdeutung der transzendentalen Logik als der Darlegung der Möglichkeit apriorisch gegenstandsbezogenen Denkens zugunsten einer ursprünglichen Ausgerichtetheit des Daseins auf den Spielraum des innerweltlichen Seienden, und zwar in einer Weise, die die Unterscheidung der Aspekte von Formalität und Transzendentalität überhaupt hinfällig werden läßt durch die Überwindung der ihnen gemeinsamen Ausrichtung am Grundmodell des Kategorialen. Sosehr der nichtkategoriale Status des transzendentalen Subjektes bei Kant sich auch mit Heideggers eigener Position deckt, so ließe sich von Heideggers Standpunkt aus immer noch gegen Kant einwenden, daß die apperzeptive und im Urteil sprachlich artikulierte Synthesis letztlich doch in der Einstellung theoretischer Neutralität gegenüber den zu verbindenden Dingvorstellungen durchgeführt wird, ohne auf die alle „Verbindung" erst motivierende, existenziale Bedeutungshaftigkeit von innerweltlichem Seienden überhaupt einzugehen. Die transzendentale Subjektivität wird von Kant also lediglich in ihrer Funktion als apperzeptiv-synthetischer und somit einheitsstiftender Grund herausgestellt, doch ohne daß der *Antrieb* zu

1. Vgl. GA 24, 204ff.
2. Zur diesem aporetischen Aspekt der Kantischen Konzeption des Selbstbewußtseins vgl. J. HEINRICHS, *Die Logik der Vernunftkritik. Kants Kategorienlehre und ihre aktuelle Bedeutung*, Tübingen 1986, 59ff.
3. Vgl. GA 21, 12-19 sowie GA 26, 4f.

dieser Konstitutionsleistung, auch und gerade bezüglich der reinen theoretischen Vernunft, eigens im Hinblick auf seinen existenzialen Grund beleuchtet und wenigstens ansatzweise geklärt würde.

Wenn Heideggers Kritik an der bisherigen logischen Tradition sowohl ihren maßgeblichen Anfängen bei Aristoteles als auch dem von Kant vorgegebenen Ansatz einer Rückbindung der Urteilslogik an die transzendentale Subjektivität gilt, so deshalb, weil sich beide Ansätze letztlich auf einen gemeinsamen, für ihn inakzeptablen Nenner bringen lassen. Die von Heidegger praktizierte Infragestellung der an der Prädikationsstruktur „S ist P" deutlich werdenden Grundannahme, die die Sprachartikulation je nach philosophischem Gesamtkonzept entweder an einer in sich bestehenden, in ihrer Gegenständlichkeit neutralen Entität oder an einem in seiner transzendentalen Funktionalität ebenso neutralen Einheitsgrund prinzipiell homogener Vorstellungen festmacht, ist also nur eine im wahrsten Sinne des Wortes logische Konsequenz der Heideggerschen Überwindung des herkömmlichen Subjekts- und Gegenstandsverständnisses, das sich im Rahmen der Fundamentalontologie als ein abgeleitetes und somit für eine Deutung der existenzialen Grundphänomene letztlich nicht maßgebliches Derivat des Daseins und des ihm sinnhaft zugeordneten innerweltlichen Seienden erweist. Insofern die Untrennbarkeit des Bezugs von Dasein und Welt aber nicht ontischer Natur ist, sondern sich im ontologischen Medium des (wenn auch zunächst unausdrücklichen) Seinsverständnisses vollzieht, verweist die Infragestellung der traditionellen, logisch-ontologischen Doppelrolle des Subjektes vor dem Hintergrund des besonderen Seinsmodus der Existenz wie von selbst auf die zweite für die logische Tradition besonders bedeutsame Komponente der Satzstruktur, nämlich auf die Funktion des Seins als Kopula.

d. Die connexio realis *der Kopula bei Leibniz als Hinweis auf die Verankerung der Logik in der Metaphysik des Daseins*

Wie schon bezüglich der Problematik von Satzsubjekt und ontologischem Substrat bildet die Aristotelische Logik auch im Falle der Kopula einen maßgeblichen geschichtlichen Referenzpunkt für Heideggers Beschäftigung mit dieser Fragestellung. Dies ist insofern nicht verwunderlich, als Aristoteles' Deutung der Kopula genaugenommen ein Korollar zu seiner Kategorienlehre darstellt[1] und somit in Heideggers Augen mit denselben Einseitigkeiten behaftet ist wie diese. Das Subjekt und Prädikat verknüpfende „ist" hat für Aristoteles keine einheitliche Bedeutung, sondern bringt ein analoges „So-sein" zum Ausdruck, dessen jeweilige inhaltliche Bestimmung sich gemäß den Seinsmodi der Kategorien definiert[2]. Insofern nun die Vielfalt der analogen Bedeutungen von „Sein" sich um die Zentralbedeutung der Substanz gruppiert, steht auch die Deutung der Kopula unter der Vorgabe dieses Leitsinnes. Damit wird deutlich, daß die Kopula nicht nur keine einheitliche, sondern erst recht keine eigenständige Bedeutung genießt, sondern eine weitgehende Assimilation an das die Substanz bestimmende Prädikat erfährt.

1. Bei Aristoteles finden sich nur sporadische Ansätze zu einer gesonderten Behandlung der Kopula als eines „dritten" Satzelementes neben Subjekt und Prädikat (vgl. *De interpretatione* X, 19b 20), aber keine wirklich entwickelte Theorie. Eine ausdrückliche Problematisierung und Durchdringung der Fragestellung erfolgt erst bei Boethius und in der mittelalterlichen Philosophie.
2. Vgl. ARISTOTELES, *Metaphysik* V, 7, 1017a 22-24.

Im Rahmen der Kantischen Logik erfährt die Kopula eine nicht weniger große Unterbewertung, wenn auch aus der entgegengesetzten Richtung. So zieht Kant eine scharfe Trennung zwischen dem „ist" als Existenzsetzung des angesprochenen Subjektes und dem „ist" in seiner Funktion als bloßes „Verhältniswörtchen"[1], das nur die logische Beziehung von Subjekt und Prädikat ausdrückt, die unter Absehung vom konkreten Inhalt des Gesagten rein durch einen Denkakt zustande kommt[2]. Auf diese Weise wird die Kopula ihrer ontologischen Dimension entkleidet und dem denkenden Subjekt zugeschlagen, doch diesem wiederum im Modus der Transzendentalität, nicht in dem der faktischen Existenz.

Die Selbstverständlichkeit der substanzontologisch-kategorialen Engführung des „ist" bei Aristoteles steht ebenso wie die von Kant praktizierte Reduktion der Kopula auf eine Manifestation der vorstellungsbezogenen Verstandestätigkeit offenkundig in diametralem Gegensatz zu Heideggers Deutung der Kopula als einer privilegierten Anzeige der existenzialontologisch verankerten Grundfrage nach dem Seinssinn als solchem[3]. Das Novum in Heideggers Ansatz liegt darin, daß das „ist" der Satzaussage gerade zum fundamentalontologisch verstandenen Begriff der Existenz in Beziehung gesetzt wird und somit ausdrücklich eine ganz neue, ontologisch-metaphysische, aber nicht sinneutrale Valenz zugesprochen erhält. Das im Verlauf der Geschichte der Logik herausgebildete, scheinbar selbstverständliche Nebeneinander von Sein als „bloßer" Kopula und Sein als Existenzaussage wird also insofern durchbrochen, als sowohl das scheinbar setzungsfreie Zusprechen eines Prädikats an ein grammatikalisches Subjekt als auch die scheinbar ebenso nachträgliche Frage nach der Existenz oder Nichtexistenz des Satzsubjektes bzw. dem Bestehen oder Nichtbestehen des ausgesagten Sachverhaltes in ihrem gleichzeitigen, d. h. im ontologischen Sinne gleichursprünglichen Hervorgehen aus dem daseinseigenen Verstehen von Sinn neu gedeutet werden.

Der von Heidegger eingeschlagene Weg einer Absage an die Interpretation der Satzstruktur im Sinne einer Identitätsaussage sowie die von ihm verfochtene Rückbindung aller Prädikation an die weltorientierte Sinnbestimmtheit des Daseins läßt leicht erkennbar werden, wieso in der Folgezeit Leibniz zum bevorzugten Gesprächspartner bei der fundamentalontologischen Neubestimmung der Logik avanciert, wobei sowohl die Nähe als auch die Distanz zwischen den beiden Ansätzen schärfer hervortritt, als dies bei den meisten anderen der von Heidegger behandelten Autoren der Fall ist. Ganz absehen von Heideggers spezifischen geschichtshermeneutischen Kriterien kommt Leibniz insbesondere in bezug auf die problemgeschichtliche Betrachtung des Subjektbegriffs tatsächlich eine Scharnierfunktion zu[4], insofern er einerseits noch in gewisser Weise der ontologisch-metaphysischen Dimension des antiken und mittelalterlichen Subjektsverständnisses verhaftet bleibt, andererseits aber auch dem Kantischen Subjektsverständnis den Boden bereitet, da die Subjektivität sich für ihn gerade nicht in bloßer Substrathaftigkeit erschöpft, sondern wesentlich auf der Aktivität der Perzeptionen und Vorstellungen der Seele beruht.

1. Vgl. KrV, B 141f.
2. Vgl. KrV, A 598f. / B 636f.
3. Vgl. GA 24, 254.
4. Vgl. GA 26, 28.

Diese Metaphysik der individuellen, wesentlich als Tätigkeit bestimmten Substanzen ist bei Leibniz gar nicht von der Logik zu trennen, sondern im Gegenteil je nach Sichtweise ihre unmittelbare Voraussetzung oder Konsequenz[1]. So beziehen bei ihm die Monaden ihre Eigenschaft als individuelle Substanzen aus ihrer vollständigen begrifflichen Bestimmtheit, die aus der wesentlichen Verbundenheit der Seele mit allen anderen Elementen und Zuständen innerhalb des Universums resultiert. Dabei sind die einzelnen Komponenten dieses umfassenden Weltbezugs der jeweiligen Seele selbst zwar nur in unterschiedlichen Deutlichkeitsabstufungen bewußt, lassen sich aber zumindest grundsätzlich in Urteilssätzen artikulieren, die – aktualiter oder zumindest virtuell – in Identitäten überführbar sind[2]. Das „Subjekt" bzw. die „Substanz" ist also nicht anderes als die Seele selbst[3], insofern diese den Einheitspunkt ihrer mehr oder weniger deutlichen Vorstellungen darstellt und zugleich damit das Gravitationszentrum bildet[4], von dem aus sich in jede erdenkliche Richtung die einzelnen Eigenschaften auf letztlich analytische Weise in Urteilssätzen ausfalten lassen, ohne doch jemals die Grenzen des von vornherein feststehenden Individualbegriffs zu überschreiten. Die Kopula wird auf diese Weise zu einer Spiegelebene, an der sich die Bestimmungen jedes Individuums nacheinander brechen und in auslegender Weise sichtbar werden können, wobei diese Bestimmungen andererseits doch nichts anderes sind als die in die Monade immer schon hineingebrochene Spiegelung des Universums insgesamt. Das „ist" drückt damit nicht nur eine leere, formale Identität aus, sondern eine *connexio realis*, d. h. die wirkliche Zusammengehörigkeit der Vielzahl welthafter Bestimmungen im dynamischen Konvergenzpunkt ihrer vollzugshaften Einheit (*in-esse subjecto*[5]), unbeschadet der Tatsache, daß auch die aus dem Weltbezug erfließenden, kontingenten Tatsachenwahrheiten bezüglich jeder einzelnen Monade sich letztlich zumindest für eine unendliche Erkenntnis in explizite Identitäten auflösen lassen.

Die Frage nach dem Primat von logischer oder metaphysischer Betrachtungsweise bei Leibniz ist letztlich falsch gestellt; wird man doch von jedem der beiden Gesichtspunkte aus unweigerlich auf den jeweils anderen verwiesen, so daß die Frage nach dem Verhältnis der beiden Komponenten sich nie in eine endgültige, „substantielle" Definition fassen läßt, sondern in derselben beständigen Dynamik des Übergehens von einem zum anderen gehalten wird wie die Aktivität der Monaden selbst. Insofern paßt die von Leibniz vorgenommene Verknüpfung der logischen Problematik der Satzwahrheit mit dem besonderen, auf entelechetische Weise dynamischen Weltbezug der individualbegrifflich bestimmten Monaden vor-

1. Diese Alternative interpretatorischer Grundansätze bezüglich der Leibnizschen Philosophie, die auch von Heidegger ausdrücklich erwähnt wird, setzt natürlich voraus, daß die beiden „Disziplinen" der Logik und Metaphysik notwendigerweise in einem formalen Begründungsverhältnis stehen (vgl. GA 26, 36. 127ff.). Wie sich noch zeigen wird, ist aber noch eine dritte Möglichkeit gegeben, derzufolge die Logik zwar in der Metaphysik „gründet", doch in einem dynamischen Sinne, der immer aufs neue zu bestimmen ist (vgl. ebd., 132).

2. Vgl. G.W. LEIBNIZ, *Monadologie* (hrsg. von C. Frémont), Paris 1996, §§ 33 und 36.

3. Vgl. G.W. LEIBNIZ, *Remarques sur le livre de l'origine du mal*, § 20, in: *Essais de Théodicée sur la bonté de Dieu, la liberté de l'homme et l'origine du mal*, (hrsg. von J. Brunschwig), Paris (1969) ²1996.

4. Vgl. G.W. LEIBNIZ, *Principes de la Nature et de la Grâce, fondés en raison* (hrsg. von C. Frémont), Paris 1996, §§ 2 und 3.

5. Vgl. G.W. LEIBNIZ, *Discours de Métaphysique* (frz./dt., Übersetzung von H. Herring), Hamburg (1958) ²1985, § 13.

züglich zum Heideggerschen Ansatz, demzufolge die Logik letztlich nur in wesentlicher Rückbindung an eine Metaphysik desjenigen Seienden angemessen bestimmt werden kann, dessen Seinsweise nicht in substanzhafter Beständigkeit, sondern allein in der aktiven Verwirklichung seines Seins – im transitiven Sinne, doch um seiner selbst willen – zu fassen ist.

Trotz dieser wesentlichen Übereinstimmung stellt sich Leibniz' logisch-metaphysischer Ansatz für Heidegger unter einem anderen Gesichtspunkt jedoch als Manifestation traditioneller philosophischer Strukturen dar, die es in ihrer Selbstverständlichkeit fraglich zu machen und abzubauen gilt. Grund dafür ist eine spezifische Unterscheidung, die Leibniz im Bereich der tatsachenunabhängigen, ewigen und notwendigen Wahrheiten vornimmt, näherhin die Unterscheidung zwischen den *veritates originariae* und den *veritates derivativae.* Obwohl beiden keinerlei empirisches Element anhaftet, sind sie doch dahingehend verschieden, daß letztere mittels eines selbst für eine endliche Vernunft finiten Analyseprozesses in eine ausdrückliche Identität überführt werden und auf diese Weise rational begründet werden müssen, während erstere schlechterdings nie Gegenstand des *rationem reddere* werden *können*, insofern bei ihnen keinerlei Abstand zwischen ihrem grundsätzlichen Identitätscharakter und seiner konkreten Ausdrucksform besteht, deren nicht unmittelbar einsehbare Virtualität allein einen Begründungsprozeß überhaupt erst möglich und notwendig machen könnte[1]. Diese ursprünglichsten, schlechthin und unmittelbar evidenten Wahrheiten sind also der Grund, auf den jede Aussagewahrheit letztlich zurückgeführt werden muß, doch ohne daß sie selbst einer begründenden Rechtfertigung zugänglich wären. Sie sind also im eminenten Sinne grundlos, nämlich insofern sie selbst Grund für alles andere sind. Indem sie auf nichts anderes mehr verweisen, sind sie der unmittelbare, durch keinen Schleier der Virtualität mehr getrübte und zu keinem Analyseprozeß mehr Anweisung gebende Ausdruck der Struktur des Denkens selbst in seiner höchsten Reinheit[2]. Diese Ansetzung der völligen Identitätsstruktur der *ratio* als der selbst relationslosen Ermöglichung aller begründungsbedürftigen Relationalität[3] macht aus der Frage nach dem Wesen der Wahrheit eine Sache der Gesetzlichkeit des Denkens selbst, das als völlige Selbsttransparenz und Evidenz begriffen wird. Der selbst nicht weiter begründete Grund wird mit der Struktur der *ratio* selbst gleichgesetzt, die sich in den unmittelbar einsichtigen Urwahrheiten und Grund-gesetzen des Denkens manifestiert.

Von hier aus treten die Unterschiede zwischen der Leibnizschen und der Heideggerschen Position in unübersehbarer Weise zutage. Zum einen ist der für die Monadologie konstitutive Weltbezug der dynamischen Einzelsubstanzen in Heideggers Augen insofern spiegelverkehrt aufgefaßt, als nach wie vor in den metaphysischen Kategorien von „innen" und „außen" argumentiert wird, während der

1. Vgl. G.W. LEIBNIZ, *Monadologie*, § 35.
2. Vgl. GA 26, 64-70.
3. Vgl. L. DI BARTOLO, »Logos come fondamento: il superamento della metafisica nella riflessione heideggeriana su Leibniz«, *Giornale di metafisica* (Nuova Serie) 14 (1992) 525: „Il rimando da ente a ente, da effetto a causa, dall'ente alla struttura metafisica che lo riguarda, dalla verità contingente alla verità di ragione è possibile perché la *ratio* sta a principio essendo in grado di dare il fine ultimo. La *ratio* attraversa cioè la totalità reggendo la struttura del rinvio come tale, *essendo anzi essa stessa la relazionalità*" (Hervorhebungen v. d. Verf.).

Weltbezug des Daseins umgekehrt in einem „Immer-schon-draußen-sein" des Daseins bzw. in einer völligen Durchbrechung dieser Unterscheidung von Immanenz und (ontisch verstandener) Transzendenz, von Bewußtsein und Seiendem besteht[1]. Schwerer als diese falsche Ausrichtung des transzendenten Weltbezugs des Subjekts wiegt jedoch, daß Leibniz die Wahrheit im ursprünglichsten Sinn, d. h. den ontologischen Ort des grundlosen Grundes und des unbedingt Bedingenden im reinen Denken lokalisiert, dessen Grundstruktur die abgeleiteten Formen der erkennenden Bewußtseinsvollzüge, wie Wahrnehmungen und Vorstellungen, bestimmt und legitimiert. Eine derart rational verkürzte Sicht der Urwahrheit steht offensichtlich in krassem Gegensatz zum wesentlich vorrational (nicht irrational!) geprägten Ansatz Heideggers, bei dem zwar das Dasein in ebenso wesentlicher Weise mit der Welt eins ist wie bei Leibniz, wo sich jedoch jede abgeleitete Form von Wahrheit an der Urwahrheit des verstehenden Weltverhaltens des Daseins und dem Verstehen seines eigenen Seins zu bewähren hat.

Anhand der bisher erörterten Grundmomente der von der metaphysischen Tradition privilegierten Satzstruktur entfaltet Heidegger nunmehr sein existenzialontologisches Sprachverständnis in der für ihn charakteristischen Weise, indem er nämlich die Vorgaben der Tradition zunächst aufnimmt, um sie in sein eigenes, fundamentalontologisches Register hinüberzutransponieren und ihnen damit einen neuen Sinn zu verleihen. Konkret gesprochen: Bei der phänomenologischen Bestimmung des Aussagesatzes gilt es letztlich nicht, zwischen substratontologischer Kopflastigkeit des Satzsubjektes einerseits und einer ausgewogenen Gewichtung der Satzstruktur um den Preis ihrer Angleichung an das Modell mathematischer Identitätsrelationen andererseits zu wählen, sondern die beiden Grundmotive sinnbestimmter Gerichtetheit und spiegelsymmetrischer Gleichursprünglichkeit gleichermaßen, aber auf andere Weise als bisher zu ihrem Recht kommen zu lassen.

B. Die phänomenologische Deutung der Sprache aus den Grunderkenntnissen der Fundamentalanalyse

a. Die ontologische Drittrangigkeit der Sprache bezüglich der Wahrheit

Hält man sich vor Augen, welch zentrale Bedeutung die Sprache für den mittleren und vor allem späten Heidegger gewinnt, wirkt die untergeordnete Rolle, die diesem Phänomen im Rahmen der Fundamentalontologie zugewiesen wird, um so erstaunlicher. Wie weit unten auf der ontologischen Skala es genau angesiedelt ist, hängt wiederum davon ab, ob man die ontologische Stellung der Sprache im Hinblick auf die Ebene der ontologischen Grundstrukturen insgesamt bestimmt oder sie zu deren einzelnen Momenten in Beziehung setzt, die wiederum untereinander eine Hierarchie gemäß der Ursprünglichkeit des ihnen zugeordneten Wahrheitsphänomens bilden.

Folgt man der erstgenannten Möglichkeit, so nimmt die Sprache bezüglich des ontologisch ursprünglicheren Phänomens der Rede eine zweitrangige Stellung ein[2]. Der Primat der Rede resultiert daraus, daß sie das artikulierende Medium sowohl für die Erschlossenheit des Daseins für sein eigenes welthaftes Sein (Befindlichkeit) als

1. Vgl. GA 26, 270f.
2. Vgl. SZ, 160f.

auch für den sinngeleiteten Umgang mit den sich welthaft erschließenden Möglichkeiten (Verstehen) abgibt und auf diese Weise das dritte Element in dem Ternar der Grundphänomene des Daseins als In-der-Welt-sein bildet. Unter diesem Gesichtspunkt ist die Sprache nur ein existenziales Korollar, in dem das immer schon gegebene „Draußen" des Weltbezugs konkrete, intersubjektive bzw. mitdaseinshafte Realität gewinnt[1].

Differenzierter fällt die Stellung der Sprache im Sinne der verlautenden Aussage allerdings aus, wenn man nicht das Problem der Artikulation des Sinnes insgesamt, sondern speziell die Frage nach dem Phänomen der Wahrheit zum Kriterium macht. Hier tun sich auch innerhalb der verschiedenen Phänomenbereiche des In-der-Welt-seins als solchen Abstufungen auf, die die Sprache in einem umfassenderen, mehrgliedrigen Fundierungszusammenhang als dessen letzte und dem Ursprung fernste Instanz erscheinen lassen[2]. Das für das Verständnis der Satzwahrheit als *adaequatio* („Übereinstimmung") grundlegende Schema der „Beziehung von etwas zu etwas"[3] ist bei Heidegger nichts weniger als eine logisch-mathematische oder ontische Relation; vielmehr bezieht sie sich auf die Seinsart des Daseins in der Fülle seiner welthaften Bezüge. Daher ist es nur folgerichtig, wenn Heidegger die als aktives „Entdecken" gefaßte Wahrheit primär im Dasein lokalisiert, während das entdeckte Seiende nur in einem zweiten, abgeleiteten, doch der Aussagewahrheit immer noch vorgeordneten Sinne für wahr gelten kann[4]. Demzufolge könnte die Sprache, in der entdecktes Seiendes *als etwas* angesprochen wird, noch nicht einmal, wie bezüglich des Existenzials der Rede, ein „rôle subalterne et secondaire"[5] beanspruchen, sondern erschiene nur mehr als tertiäres Phänomen, das zwar sowohl hinter der Entdecktheit des Seienden als auch der Erschlossenheit des Daseins zurückbleibt, gleichwohl aber in beiden gründet und letztlich in der Existenz selbst seinen Ursprung haben muß[6].

b. Theoretischer vs. hermeneutischer Aussagemodus

Wenn Heidegger es ablehnt, die ursprüngliche Wahrheit auf den Satz zu gründen, so bedeutet dies nicht, daß er das Phänomen der Wahrheit vom Satz überhaupt loskoppeln will. Das Eigentümliche der Heideggerschen Analyse zeigt sich vielmehr darin, daß er die Betrachtung der Wahrheit als einer Übereinstimmung von Satz und Sache von der elementaren Ebene der „richtig" verknüpften Satzbausteine auf das nächsthöhere Niveau des Bedeutungsmodus der Aussage als ganzer hebt und daran die Kritik der zur Behandlung des Wahrheitsproblems verwendeten Begriffe wie „Übereinstimmung", σύνϑεσις usw. festmacht. Da die formale Gleichheit zweier Sätze in der Konstruktionsweise „S ist P" noch keineswegs verbürgt, daß die in ihnen angesprochene Sache unter dem gleichen intentionalen Blickwinkel anvisiert wird, muß sich die Frage nach Wahrheit und Falschheit – oder, mit Heidegger gesprochen: nach Entdeckung und Verdeckung – vom abstrakten Begriff der „Übereinstimmung" zwischen Aussage und Sache in Richtung der Frage verlagern, wie

1. Vgl. GA 20, 365-376 sowie SZ, 162.
2. Vgl. SZ, 34.
3. Vgl. SZ, 215.
4. Vgl. SZ, 220.
5. P. VANDEVELDE, »Aristote et Heidegger à propos du ΛΟΓΟΣ. L'enjeu et la discursivité d'une traduction«, *Revue de philosophie ancienne* 9 (1991), n. 2, 198.
6. Vgl. M. HEIDEGGER, *Einleitung in die Philosophie* (GA 27), Frankfurt a. M. 1996, 50.

unter der scheinbar gemeinsamen Grundform der Aussage situationsgebunden eine je eigene Zugangsart zu Seiendem ihre sprachliche Manifestation findet.

Die von Platon und Aristoteles gewonnene Einsicht, daß der λόγος immer Aussage *über etwas* darin Enthülltes ist und von dieser besprochenen Sache her seine Einheit erhält, wird also von Heidegger durchaus aufgenommen, doch gilt ihm dafür der letztlich privilegierte Zugangsmodus zu diesem Seienden, das theoretische νοεῖν, als phänomenologisch unterbestimmt. Jedes Etwas, das dem Dasein überhaupt zugänglich ist, erscheint ihm demzufolge immer schon *als etwas*, d. h. durchaus nicht in der abstrakten Form eines Gegenstandes überhaupt, sondern als Träger situationsspezifischen Sinnes, der sich von den jeweiligen, weltlich motivierten Interessen des Daseins her definiert, in deren Rahmen das Interesse theoretischer Neutralität und Universalität sich nicht als reine Fiktion, wohl aber als nur partielle Ausprägung eines ganz bestimmten existenzialen Interesses erweist, nämlich des *a priori* vollzogenen Entwurfs der Welt in ihrer Gesamtheit auf größtmögliche Sicherung und Berechenbarkeit hin.

Für die Heideggersche Deutung der Sprache ist entscheidend, daß der Aussagesatz in der Lage ist, in strukturell scheinbar identischer Form sowohl dem Eingebundensein in die weltlichen Sinnzusammenhänge von Zuhandenem Ausdruck zu geben als auch – nach Verlust oder bewußter Ausklammerung der Unmittelbarkeit des Besorgens – die defiziente Gegebenheitsweise der bloßen Vorhandenheit zu thematisieren[1]. Das ursprünglich auslegende, vorsprachliche Verstehen des Seienden in seiner bruchlosen Einfügung in die welthaften Zusammenhänge tritt erst in dem Moment sprachlich zutage, wo die Fortführung der Besorgenssequenz aus irgendeinem Grunde gestört ist, so daß dem Dasein das bis dahin nur dienliche, aber nicht in seiner Dienlichkeit als solcher erkannte Gebrauchsding nun erstmals bewußt wird und mit seiner ungewohnten, der Anwendung gerade entgegenstehenden Dominanz ins Wort drängt[2].

Die beiden grundlegenden Bedeutungsmodi von Zuhandenheit und Vorhandenheit werden nun zum Ort, an dem Heidegger die Problematik des Wahrheitsbegriffes verdeutlicht. Gemäß der Aristotelischen Logik und dem überwiegenden Teil der späteren abendländischen Denktradition, schließt die Wahrheit als Eigenschaft eines Satzes in kontradiktorischer Weise seine Falschheit aus und umgekehrt. Am Verhältnis von ursprünglich-auslegender und theoretisch-neutraler Aussageweise wird jedoch deutlich, daß die als „Entbergung“ bzw. „Entdeckung“ verstandene Wahrheit unweigerlich immer schon ihr Gegenteil, nämlich eine spezifische „Verdeckung“ und „Verbergung“, zur Folge hat, nur daß sich dieser Gegensatz auf die beiden Verstehensmodi selbst bezieht, die für den Zugang zur besprochenen Sache maßgeblich sind. Wenn demnach die traditionelle Logik den in vermeintlicher existenzialer Neutralität formulierten Aussagesatz zum eigentlichen Modus der Wahrheit, d. h. des entdeckenden Zugangs zum Seienden, proklamiert, liegt darin im Gegenzug eine Verdeckung und Verschüttung der Tatsache, daß man Seiendem gerade nie im allgemeinen begegnet, sondern nur insofern, als man mit ihm in einer bestimmten,

1. Vgl. GA 21, 157f.
2. Bezüglich der Stufung von unterschiedlich großen hermeneutisch-auslegenden bzw. theoretisch-konstatierenden Sinnanteilen der Aussage vgl. SZ, 158 sowie die detaillierte Darstellung der einzelnen Zwischenglieder im Fundierungszusammenhang von Dasein und Sprache in GA 20, 360ff.

existenzial relevanten Weise zu tun hat[1]. Das Maß an theoretischer Aufzeigung des Seienden im theoretisch auslegenden Aussagesatz ist also dem Grad an Verbergung seiner welthaften Bedeutsamkeit direkt proportional und bezeugt auf diese Weise die gleichursprüngliche Zugehörigkeit von Wahrheit und Falschheit im phänomenalen Sinne. Ebenso läßt sich aber auch die noch ganz vom verwendungsbezogenen Verstehen her bestimmte Aussage, die die Sache in ihrer Dienlichkeit anspricht und sehen läßt, bereits als eine Form der Verdeckung interpretieren, insofern in ihr die völlige Unmittelbarkeit des Zutunhabens mit der Sache durchbrochen wird.

An diesem überraschenden Sich-Kreuzen von Entbergung und Verbergung wird erkennbar, daß die σύνϑεσις, die in der bisherigen Logik die Komplexität der Satzstruktur und damit die Möglichkeit des Wahr- und Falschseins der Aussage konstituiert, sich nun aus dem besorgenden Sein des Daseins bei Innerweltlichem definiert. Nicht die Termini des aus dem Zuhandenheitszusammenhang entspringenden und ihn auslegenden Satzes sind das Primäre gegenüber der sie nachträglich verknüpfenden Kopula, sondern das aus der Vertrautheit des Daseins mit Welt entspringende Verstehen des Seienden in seinem Seinssinn schafft sich Ausdruck in einem je eigenen „ist“, um das herum sich in Abhängigkeit vom jeweiligen Sinnzusammenhang Subjekt und Prädikat gruppieren. Die Kopula kann nur in dem Maße mit dem Begriff der „Identität“ assoziiert werden, als sie im Rahmen des hermeneutisch-besorgenden Aussagemodus nicht als Ausdruck eines formalen Verhältnisses zweier Terme fungiert, sondern die Möglichkeit der gemeinsamen Bezogenheit von Subjekt und Prädikat auf dieselbe, bedeutungshaft erschlossene Sache anzeigt[2]. Dann ist die Wahrheit aber nicht länger das eine von zwei sich gegenseitig ausschließenden Extremen, sondern entspringt derselben Mitte, in der sich das implizit-verstehende Verhalten des Daseins zum Innerweltlichen immer schon hält[3]. Was der Aussage als ihr ὑποκείμενον zugrunde liegt, ist also nicht das Satzsubjekt oder die ihm entsprechende Substratentität, sondern das von existenzialem Sinn getragene Worüber der ursprünglich verstehenden Aussage[4]. Dementsprechend gewinnt der Aussagesatz seinen Richtungssinn nicht aus dem ontologisch motivierten Ungleichgewicht seiner strukturellen Bestandteile, sondern aus der sinn- und zweckbestimmten Intentionalität des sich in ihm artikulierenden Weltbezugs des Daseins insgesamt.

Ist das existenziale Seinsverständnis also letztlich der Ursprung des je spezifisch auslegenden „ist“ des Aussagesatzes, dann läuft die Problematik der Wahrheit und ihrer Begründung letztlich auf die Frage hinaus, wieso das Dasein bei der Aufweisung der Sache in den unterschiedlichen, doch gleichermaßen möglichen Modi der Zuhandenheit und Vorhandenheit zum Initiator konkurriender Formen von Entdeckung und Verdeckung werden kann. Die Problematik der *ratio reddenda* betrifft also nicht länger die Wahrheit von Sätzen, sondern zielt auf die Frage, ob das bei diesem Akt der Freiheit des Daseins zugunsten der einen oder anderen Form der Ver- oder Entdeckung wirksam werdende *potius quam* zwar nicht als solches erklärt, aber doch in seiner transzendentalen Ermöglichung näher beleuchtet werden kann.

1. Vgl. GA 21, 158 sowie SZ, 157f.
2. Vgl. GA 24, 266.
3. Vgl. GA 24, 305: „Die Wahrheit liegt in der Mitte ›zwischen‹ den Dingen und dem Dasein“.
4. Vgl. GA 26, 39.

C. Die Radikalisierung der Problematik von Sprache und Denken anhand des Übergangs vom Satz zum Grundsatz

In den bis jetzt durchgeführten Analysen ist deutlich geworden, daß Heideggers Destruktion der herkömmlichen Deutung der Wahrheit als Eigenschaft von Sätzen wesentlich von dem Bemühen getragen ist, den abkünftigen Charakter der Sprache zu betonen und ihre Deutung aus dem verstehenden Umgang des Daseins mit Seiendem zu entwickeln, dessen spezifische Sinnhaftigkeit sich in vorbegrifflicher Weise erschließt. Trotz dieses wesentlichen Neuansatzes gibt sich Heidegger jedoch nicht mit den vor und in *Sein und Zeit* gelieferten Ansätzen zur Problematik von Logik und Sprache zufrieden, sondern unternimmt es, dem „Wesen des Grundes" in einer differenzierteren Weise nachzugehen als bisher, ohne das bereits Erreichte aufzugeben. Die entscheidende Frage betrifft dabei den Schritt von der in der logischen Tradition so privilegierten Form des Satzes als der Artikulation konkreter Erkenntnis zum Grund-satz, d. h. zur satzhaften Formulierung der transzendentalen Prinzipien möglichen Seins und möglicher Erkenntnis überhaupt. Wie so oft bei Heidegger, ist auch diese Fragestellung mit enormen philosophiegeschichtlichen Implikationen befrachtet, deren ausdrückliche, destruierende Wiederholung die Bahn zu einem neuen Verständnis von Grund und Begründung, von Sein und Denken ebnet, wenngleich der neugewonnene Sinn des Grundes sich zunächst noch weit mehr in transzendentalen als in wirklich geschichtlichen Bahnen bewegt. Die bisherige geschichtliche Verwirklichung des Verständnisses von Grund liefert Heidegger also lediglich den Ausgangspunkt für einen Gegenentwurf, der allerdings nicht in der Lage ist, in hinreichender Weise den Grund für diese zu destruierende Entwicklung erkennbar werden zu lassen. Die Destruktion der Geschichte des Grundes führt also zu diesem Zeitpunkt noch nicht zu einer neuen Konzeption des Grundes der Geschichte.

a. Die Problematik der Grundsätze innerhalb der Geschichte der Metaphysik

Die Suche nach einem „ersten Prinzip" bzw. mehreren ersten Prinzipien ist seit Aristoteles untrennbar mit der Frage nach dem Wesen und der Bestimmung der Metaphysik als der Frage nach dem Seienden als solchem verbunden und folgt dementsprechend den Grundlinien der Aristotelischen Seinsauffassung. So wird der Bezug der ersten Prinzipien, die formalen Charakter haben (der Satz vom Widerspruch sowie der Satz vom ausgeschlossenen Dritten) zu den in den einzelnen Wissenschaften angewandten Axiomen und Schlußfolgerungen im Sinne der Analogie verstanden[1], die bei Aristoteles jene innere Vielfalt der Artikulation des Seinssinnes zum Ausdruck bringt, die noch jenseits der gattungshaften Allgemeinheit angesiedelt ist. Der besondere Charakter dieser obersten Grundsätze speist sich dementsprechend daraus, daß sie gerade nicht als oberste Prämissen möglichst universaler Syllogismen und Deduktionsketten fungieren, sondern vielmehr jedem Element eines inhaltlich bestimmten Schlusses sowie dem Schluß insgesamt innewohnen als die ihn jeweils ermöglichende, doch selbst von jeder Konkretisierung unberührte Vollzugsform der Erkenntnis[2].

1. Vgl. ARISTOTELES, *Zweite Analytik* I, 10, 76a 37-40.
2. Vgl. ARISTOTELES, *Zweite Analytik* I, 10, 76b 23-27; I, 11, 77a 26-35.

Im Laufe der Philosophiegeschichte wird die Frage nach der Bedingtheit bzw. Unbedingtheit der für die Metaphysik konstitutiven Prinzipien einer Revision unterzogen, die sich aus der zunehmenden Differenzierung der bei Aristoteles zwar unterschiedenen, aber doch noch zusammengehörigen Aspekte der onto-logischen und theo-logischen Komponente metaphysischen Denkens ergibt. In dem Maße, als das theo-logische Element der Metaphysik sich nicht mehr auf den in selbstdenkender Autarkie verharrenden, nur durch seine Anziehung bewegenden Ersten Beweger bezieht, sondern – vor dem Hintergrund der Schöpfungsidee – vom Paradigma der aktiv erzeugenden Wirkursächlichkeit aus verstanden wird, treten die individuell-kausale und die formal-allgemeine Bedeutungsebene des „Prinzips" auseinander und verlangen nach einer Bestimmung ihres Verhältnisses. Insofern die Schöpfung als freier Akt des als reiner Geist begriffenen, allmächtigen Gottes verstanden wird, stellt sich die Frage, ob die Strukturen des göttlichen Denkens ebenso an die Seins- und Denkgesetze gebunden sind wie jedes endliche Denken auch oder ob vielmehr die für das endliche Denken schlechthin nicht bezweifelbaren Grundsätze nicht Bedingung, sondern Produkt der göttlichen Schöpfungstätigkeit sind.

Unter den verschiedenen Stellungnahmen zu dieser Frage nimmt der Leibnizsche Ansatz insofern eine Sonderstellung ein, als in ihm das Verhältnis von kausalem Seinsgrund und rationaler Denkstruktur nicht nur, wie bei den Vorgängern und Zeitgenossen, einfach als solches problematisiert, sondern in der Form eines ausdrücklich formulierten „Satzes vom zureichenden Grunde" (*principe de raison suffisante* bzw. *déterminante*) zusammengeführt wird. Das Novum in Leibniz' Verständnis der Grundsätze liegt darin, daß die beiden „großen Prinzipien" des Widerspruchs und des zureichendes Grundes sich nicht in gleichextensiver und kommutativer Weise auf die Gesamtheit von Sein und Denken beziehen, wie dies bei den obersten Prinzipien des Aristoteles noch der Fall war. Vielmehr ist der Satz vom Widerspruch dem Satz vom zureichenden Grunde untergeordnet, und zwar in zweifacher Hinsicht: Zum einen gibt der Satz vom Grund im Falle der notwendigen Wahrheiten die Anweisung für eine Auflösung der virtuellen Identitäten in unmittelbar erkennbare. Der „Grund" dieser finit analysierbaren Wahrheiten liegt somit in ihrer eigenen Struktur, die gleichwohl ausdrücklich dargelegt werden muß, so daß in diesem Zusammenhang der Satz vom Grund die dynamische Umsetzung der formalen Bedingung der Widerspruchsfreiheit bestimmt. Zum anderen erweist sich der Satz vom Widerspruch als *formale* Bedingung der Wahrheit[1] jedoch als unzureichend im Falle der kontingenten, auf konkrete Tatsachen bezogenen Urteile. Dies liegt daran, daß die Widerspruchsfreiheit nur die rein negative Grenze möglicher Wahrheit vorgibt, im Falle der *vérités de fait* aber nicht dazu ausreicht, die Inhärenz des Prädikates im Subjekt mittels eines finiten Analyseprozesses darzulegen. Noch weniger reicht das Prinzip der Identität dazu aus, zu erklären, wieso von den mehreren in ihrer inneren Kohärenz kompatiblen, gleichermaßen denkbaren Gesamtheiten von Dingen oder Sachverhalten nur eine verwirklicht wird[2]. Um diese Einschränkung des Überhangs an Möglichkeiten auf die eine Wirklichkeit plausibel zu machen, ist wiederum das Prinzip des zureichenden Grundes gefordert, doch bezieht es sich nunmehr auf die Verleihung objektiver Existenz, dank derer die in jedem

1. Vgl. G. W. LEIBNIZ, *Monadologie*, §§ 31 und 33.
2. Vgl. G. W. LEIBNIZ, *Monadologie*, §§ 53-55.

Individualbegriff liegende Möglichkeit konkreten Seins sowie die zuvor nur immanent-formale Wahrheit der analytischen Ausfaltung der von diesem Begriff umfaßten, kontingenten Prädikate in der jeweiligen, tatsächlich existierenden Monade einen Ort der Verwirklichung erhalten[1].

Obwohl der Satz vom Grund die Wohlbegründetheit der Entscheidung für die eine mögliche Welt gegen alle anderen behauptet und sich somit als Regel der Erkenntnis wie des Seins präsentiert, ist der darin liegende Anspruch der Rationalität nicht gleichzusetzen mit den Regeln der inneren Gesetzmäßigkeit des Denkens. Ebensowenig kann aber der „Grund" für die Verwirklichung des einen und nicht des anderen im Sinne einer bloßen Wirkursächlichkeit verstanden werden, da es ja nicht um die Setzung objektiven Seins als solche, sondern um die *Motivation* für die Setzung eines Komplexes von Möglichkeiten anstelle eines anderen geht. Die Wurzel des „Satzes vom Grund" in bezug auf die Existenz kann letztlich nur in der moralischen Dimension des „Prinzips des Besten" (*principe du meilleur* bzw. *principe de convenance*) gefunden werden, von dem aus die von ihrer Kohärenz her gleichermaßen möglichen Welten sich gemäß ihrem Grad an Hinordnung auf den Endzweck der Wirklichkeit als ganzer unterscheiden lassen[2]. Die faktische Existenz der Individuen ist also nicht von einem je eigenen ontisch-ontologischen Grund her motiviert, sondern wird erst von der finalen Vollgestalt der Welt insgesamt her verständlich, wenngleich die Einsicht in diese Begründungszusammenhänge einer endlichen Erkenntnis meist verschlossen bleibt[3].

Wenn der Leibnizsche Ansatz für Heideggers Ausführungen in und um »Vom Wesen des Grundes« besondere Bedeutung gewinnt, dann deshalb, weil bei Leibniz die Problematik des Grundes als der Bestimmung des Verhältnisses von Möglichkeit und wirklicher Existenz nicht hauptsächlich mit Blick auf das einzelne Individuum, sondern in wesentlichem Zusammenhang mit dem Begriff der Welt insgesamt entfaltet wird – ein Ansatz, der ja auch ein wesentliches Bestandsstück der Fundamentalontologie darstellt. Anders als bei Leibniz, liegt für Heidegger der Einheitsgrund von Möglichkeit und Wirklichkeit jedoch nicht in Gott und betrifft auch nicht die ontische Setzung irgendeines zuvor nur als möglich Gedachten, sondern vollzieht sich ausschließlich im immer schon faktisch existierenden Dasein. Der Bereich des Grundes ist bei Heidegger zwischen der Weltlichkeit als existenzialer Möglichkeit und der Welt in ihrer faktischen existenzialen Verwirklichung angesiedelt und betrifft das Ungleichgewicht dieser beiden Komponenten, das sich diesmal nicht im teleologischen Verweis auf die übergeordnete göttliche Zentral-

1. Die Frage, ob der Satz vom Grund sich bei Leibniz nur auf die Herleitung der kontingenten Wahrheiten aus dem individuellen Subjekts*begriff* oder auch auf die wirkliche Existenz dieses Subjektes selbst bezieht, ist nicht eindeutig zu beantworten. Wir werden im dritten Teil dieser Arbeit anläßlich von Heideggers Leibnizkritik in *Der Satz vom Grund* nochmals auf diese Problematik eingehen. Die Vieldeutigkeit der Problematik rührt zum Teil auch daher, daß *Heideggers* Verständnis des Satzes vom Grund je nach Zusammenhang und eigenen Interpretationsabsichten zwischen einer essentialistischen und einer existenzorientierten Deutung schwankt.

2. Vgl. G. W. LEIBNIZ, *Monadologie*, § 48 sowie ID., *Principes de la Nature et de la Grâce, fondés en raison*, § 11.

3. Vgl. G. W. LEIBNIZ, *Monadologie*, § 32. Bezüglich des Primats, der der Motivation für die Schöpfung einer bestimmten Welt als ganzer gegenüber der Frage nach dem Sein und Sosein der individuellen Existenzen zukommt, vgl. M. FICHANT, »De l'individuation à l'individualité universelle«, in: *Science et métaphysique dans Descartes et Leibniz*, Paris 1998, 143-162, hier vor allem 156-160.

monade als letzten Grund der Dinge auflöst[1], sondern im bleibend von Endlichkeit geprägten, wenn auch entelechetisch „umwillen seiner selbst“ existierenden Dasein verankert ist.

b. Die Frage nach dem Grundsatz als Hinweis auf die transzendentale Freiheit des Daseins

Obwohl Heidegger in seiner Schrift »Vom Wesen des Grundes« in ausdrücklicher, wenngleich summarischer Weise auf die philosophiegeschichtlichen Gegebenheiten dieser Problematik Bezug nimmt, stehen doch für ihn sehr viel weniger die einzelnen philosophiegeschichtlichen Positionen bezüglich der Rangordnung zwischen dem Satz vom Grund und den übrigen Grundsätzen im Mittelpunkt des Interesses als vielmehr das *Wesen* von Grundsätzlichkeit überhaupt vor dem Hintergrund der fundamentalontologischen Betrachtung. Wie aus der zur selben Zeit (Sommersemester 1928) gehaltenen Vorlesung über Leibniz hervorgeht, ist dabei nicht die formale Hierarchie der einzelnen Grundsätze bestimmend, sondern die existenziale Möglichkeit der in ihnen zum Ausdruck kommenden Normativität. Die Ver-bindlichkeit aller Grundsätze kann ja nur bestehen, wenn das ihnen unterstehende Denken der Bindung fähig ist, d. h. über eine Freiheit verfügt, die durch so etwas wie Grundsätze überhaupt eingeschränkt und in eine bestimmte Richtung gelenkt werden kann[2]. Gleichzeitig mit der Akzentuierung der Freiheitsproblematik werden die in *Sein und Zeit* allenfalls in Andeutungen sichtbar gewordenen, unterschiedlichen Gesichtspunkte im „Grundsein“ des Daseins nunmehr zum Anlaß für eine ausdrückliche Differenzierung im Verständnis des Grundes als solchen genommen, die es Heidegger ermöglicht, zumindest ansatzweise einen neuen Zugang zu der bis dahin noch recht unbefriedigenden Behandlung des Sprachphänomens, der Logik und des begründenden Denkens zu finden.

Der erste Hauptteil in »Vom Wesen des Grundes« führt in die Problematik des Grundes zunächst anhand der Frage nach der Wahrheit und ihrer möglichen Ausweisung ein. In ganz ähnlicher Weise wie in *Sein und Zeit* und den vorangegangenen Vorlesungen wird dabei die Satzwahrheit als nachrangiges Phänomen dargestellt, das in seiner eigenen Definition („Übereinstimmung der in der Aussage verknüpften Termini mit dem Seienden“) schon die Offenbarkeit des Seienden voraussetzt und damit über sich hinaus auf eine fundamentalere, ontische Wahrheitsebene verweist, die ihrerseits in der ontologischen Wahrheit, d. h. in der verstehenden Erschlossenheit des Daseins für den Sinn von Sein wurzelt[3]. Nach diesem eher rekapitulierenden Teil nehmen Heideggers Darlegungen jedoch eine Wendung, die seinen bisher vertretenen Positionen gegenüber etwas Neues darstellt. Zum einen wird der Begriff der Transzendenz in einer Weise betont, wie sie in *Sein und Zeit* noch nicht anzutreffen ist[4], zum anderen wird die genaue Bedeutung dieser Transzen-

1. Vgl. G. W. LEIBNIZ, *Principes de la Nature et de la Grâce, fondés en raison*, § 8.
2. Vgl. GA 26, 24f.
3. Vgl. GA 9, 130f.
4. Der Begriff der Transzendenz wird in den Vorlesungen vor *Sein und Zeit* nur äußerst sporadisch (vgl. GA 20, 181; GA 22, 10. 231), in *Sein und Zeit* selbst nur in der Einleitung sowie insbesondere im § 69 mit nennenswerter Häufigkeit verwendet; weit häufiger wird das damit Gemeinte dafür mit Begriffen wie „ekstatische Erschlossenheit“, „In-der-Welt-sein“ oder „Überstieg“ bezeichnet. Mit Rosales kann man daher zu dem Ergebnis kommen, daß die ausgesprochen transzendental-

denz weit ausdrücklicher als früher mit der ontologischen Differenz in Verbindung gebracht[1] und gemäß den unterschiedlichen Ausformungsmöglichkeiten der faktischen Verwirklichung dieser Differenz im und durch das Dasein ihrerseits weiter differenziert. In *Sein und Zeit* war die Transzendenz – in Abwehr einer nachträglich theoretisch konstruierten Intentionalität der Subjektsphäre – vor allem auf das ursprüngliche In-der-Welt-sein des Daseins bezogen[2]. Dieser Weltaspekt der Transzendenz bleibt in »Vom Wesen des Grundes« zwar erhalten, doch wird deutlicher als früher betont, daß es dabei um keine Transzendenz „in Richtung auf" das innerweltliche Seiende geht[3], sondern um das immer schon durch das Dasein vollzogene Transzendierthaben des innerweltlichen Seienden auf Welt hin, die allerdings keine Eigenschaft eines äußeren Dinges, sondern Grundzug des eigenen, existenzialen Seins ist[4]. Die Transzendenz wird also zur Bezeichnung für die Verwiesenheit des Daseins auf sein eigenes, obgleich welthaftes Sein, das danach verlangt, in seinem „Wie" genauer bestimmt zu werden.

Schon früher hatte Heidegger den Entwurf eines welthaften Sinnhorizontes als Hinweis auf eine dem Dasein eigene, unableitbare Spontaneität gedeutet, die sich damit als der selbst grundlose Ursprung von Grund erweist. In dem Moment aber, wo die in diesem Ansatz nur indirekt anklingende Konzeption der Freiheit zu einem ausdrücklich und bewußt verwendeten, „operativen Begriff" wird[5], verlangt auch der mehrdeutige Begriff des „Grundes" in diesem Zusammenhang nach einer deutlicheren Betonung des in ihm liegenden Freiheitsaspektes – ein Erfordernis, dem mit der Einführung des Begriffs der „Stiftung" Genüge getan wird[6]. Weltentwurf impliziert also nicht einfach ein Grundsein des Daseins im allgemeinen, sondern die Stiftung, d. h. unableitbare Inaugurierung, eines welthaft bestimmten Sinnhorizontes, der die Möglichkeiten daseinshafter Existenz insgesamt umfaßt. Dieser Schritt, mit dem Heidegger den existenzialontologischen Begriff des „Grundes" zumindest für einen Moment aus seinem konzeptuellen Zwielicht rückt[7], findet

philosophische Ausrichtung in »Vom Wesen des Grundes« die ausdrückliche, thesenhafte Entfaltung dessen darstellt, was in *Sein und Zeit* nur als Möglichkeit angelegt war (vgl. A. ROSALES, *Transzendenz und Differenz*, 246).

1. Zwar wird in GA 22, 10. 231 und SZ, 38 die Transzendenz bereits auf den nichtontischen Unterschied von Sein und Seiendem bezogen, doch ist der Verstehenshorizont dieser Differenz noch vornehmlich der des ekstatisch-zeitlichen Weltbezugs.

2. Vgl. SZ, 366.

3. Vgl. GA 9, 168.

4. Vgl. GA 9, 138f.

5. Wie G. Figal betont, ist dieser Umbruch in dem Moment anzusetzen, wo die vom frühen Heidegger angestrebte Befreiung der Phänomenologie *von* der Bindung an geschichtlich gewachsene, sprachliche Perspektiven (d. h. eine noch rein negativ verstandene Freiheit) sich in die Freiheit des spontanen Entwurfs, mithin in die Freiheit *zum* Grunde verwandelt (Vgl. G. FIGAL, *Martin Heidegger. Phänomenologie der Freiheit*, 31. 37).

6. Vgl. GA 9, 165.

7. Die innere Bedeutungsvielfalt von Grund wird bei Heidegger natürlich nicht zugunsten einer Reihe von „eindeutigen", in sich univoken, aber voneinander abgetrennten Ersatzbegriffen aufgelöst. Rosales bemerkt daher mit Recht, der Gebrauch der drei verschiedenen Ausdrücke sei zwar „nicht synonymisch", d. h. durch keinen gemeinsamen Bezug auf irgendeine übergeordnete Gattung von „Grund überhaupt" bzw. „Gründen überhaupt" geeint, doch ständen die drei Bedeutungskomponenten gleichwohl in einem „sachlichen Zusammenhang". Ob man dieses Zusammentreffen von Vielheit und Einheit im Sinne der klassischen Figur der „Analogie" (Ent-sprechung) verstehen darf, bleibe indes dahingestellt (vgl. A. ROSALES, *Transzendenz und Differenz*, 278). Angesichts der Tatsache, daß es bei

naturgemäß seine Fortsetzung in einer präziseren Bestimmung des zweiten Aspektes des In-der-Welt-seins, der in *Sein und Zeit* als „Verfallenheit" bezeichnet worden war, d. h. das Sich-verlieren des Daseins an das in seinem Seinsverständnis erschlossene Seiende. Zwar ist das faktische „Schon-sein-in-der-Welt" ebenso wie das „Sein bei" innerweltlichem Seienden ein durchaus ursprüngliches Phänomen des Daseins, doch liegt zum einen schon in der Faktizität der Existenz selbst eine Einschränkung gegenüber den Möglichkeiten, die die Struktur des Daseins als solche umfaßt, zum anderen verführt die wie selbstverständlich erfahrene Nähe zu nichtdaseinshaftem Seienden das Dasein dazu, auf diesem ontischen Grund „Wurzeln zu schlagen" und sich ihm zugehörig zu fühlen. Daher bezeichnet Heidegger – unter Ausnützung der besonderen inhaltlichen Nähe der deutschen Begriffe „Grund" und „Boden" – diese Art von Gründen als „Bodennehmen", wobei der dieser Bezeichnung eigene Beiklang von „Usurpation" sich hier weniger auf die „Besetzung" von Seiendem durch das Dasein als vielmehr auf die „Besessenheit" und Eingenommenheit des Daseins durch das Seiende bezieht[1].

Die Behandlung der dritten, als „Begründung" im engeren Sinne bezeichneten Form des Grundes reiht sich nicht in die Tradition logisch-rationaler Beweisverfahren ein[2], sondern ergibt sich aus dem Verhältnis der ersten beiden Formen des Gründens: Indem das faktische Seiende, in dessen Mitte sich das Dasein befindet, immer schon *in einer konkreten Weise* ist, das Dasein andererseits aber durch sein Seinsverständnis im vorhinein schon einen Sinnhorizont entworfen hat, der mit der bloß additiven Gesamtheit des Seienden nicht zusammenfällt, sondern selbst noch die Fülle aller möglichen Weisen solcher Gesamtheiten des Seienden, also jedes nur mögliche Wie umfaßt, spricht das Faktum, daß das Seiende ist, wie es ist, nicht für sich, sondern steht von vornherein in einer Spannung zu dem Überschwang der als Entwurf „gestifteten", aber eben darum nicht faktisch verwirklichten Möglichkeiten. Das Seiende entbehrt folglich sowohl in seinem Was als auch in seinem Wie der Selbstverständlichkeit; es ist in den Augen des Daseins mit sich nicht deckungsgleich. Der „Spielraum" zwischen dem in seiner Möglichkeit freischwebenden, welthaften Seinssinn einerseits und dem in seiner Faktizität „bodenständig" verwirklichten Seienden andererseits[3] drängt somit dazu, ausdrücklich wahrgenommen und ausgewiesen zu werden. Damit wird er zum Ursprung des „Warum?", das hier noch nicht auf konkrete, einzelne Sachverhalte bezogen ist und auf keine Antwort ausgeht, sondern im wahrsten Sinne des Wortes die Fraglichkeit und Fragwürdigkeit der Transzendenz insgesamt zum Ausdruck bringt. Erst der im Seinsverständnis als dem faktischen Vollzug der ontologischen Differenz eröffnete Freiraum der Transzendenz läßt überhaupt das Ungleichgewicht von Möglichkeit und Wirklichkeit erkennbar werden, das ins „Warum?" drängt und so letztlich, wenngleich in abgeleiteter Weise,

den verschiedenen Gesichtspunkten des Gründens nicht um logisch determinierbare Beziehungen zwischen Grund und Begründetem geht, sondern darum, die verschiedenen, im Begriff des „Grundes" bzw. des „Gründens" mitschwingenden Aspekte zumindest einmal ausdrücklich hörbar und damit bewußt zu machen, scheint es eher angemessen, die Vielheit und Einheit der Gesichtspunkte von Grund nicht als „ana*loge*", sondern als „ana*phonetische*" oder „ana*kousmatische*" zu verstehen.

1. Vgl. GA 9, 166.
2. Vgl. GA 9, 168.
3. Vgl. GA 9, 166.

auch das konkret-ontische Nachfragen und Begründen sowie die Normativität der dafür erforderlichen logischen Grundregeln ermöglicht.

Vor diesem Hintergrund nimmt auch Heideggers Formulierung, Freiheit sei „nicht nur eine eigene ›Art‹ von Grund, sondern der *Ursprung von Grund überhaupt*“[1] eine andere Bedeutungsnuance an als bisher. „Freiheit“ ist hier nämlich nicht auf die erste Form des Gründens, nämlich den Entwurf von Welt als des transzendentalen Horizontes der Möglichkeiten, beschränkt, sondern bezieht sich auf den Freiraum „zwischen“ Entwurf und Eingenommenheit sowie auf die Möglichkeit des Daseins, die Spannung dieses Spielraumes im „Warum?“ zu artikulieren und, wenn auch nicht zu „beantworten“ oder zu „verantworten“, sie doch in gewisser Weise zu „übernehmen“[2]. In ähnlicher Weise wird das vor und in *Sein und Zeit* dem Verfallen an Seiendes zugewiesene Existenzial der „Zerstreuung“[3] nun auf alle drei Formen des Gründens in ihrer gleichursprünglichen Rückbindung auf das Dasein bezogen. Dasein ist also nun nicht mehr nur deswegen zerstreut und zersplittert, weil es in der ausschließlichen Konzentration auf innerweltliches Seiendes aufgeht, sondern weil selbst dieses inadäquate Bodennehmen und Wurzelschlagen inmitten des Seienden nur *eine* von drei Formen des Gründens ist, die alle gleichermaßen in seiner Existenz liegen und damit die mehrfache Gebrochenheit von Grund auf einer übergeordneten Ebene, nämlich direkt von der des Daseins aus, aufzeigen.

Die drei Formen des Gründens – Stiften, Bodennehmen und Begründen – verleihen somit dem bis dahin weitgehend homogenen Raum der Transzendenz eine innere Artikulation, die es definitiv unmöglich macht, die im Dasein verankerte, transzendentale Wahrheit als in sich ruhendes, selbstgenügsames und selbstverständliches Phänomen aufzufassen. Insofern Heidegger den „Grund“ aber nicht nur auf das Dasein bezieht, sondern ihn als einen „transzendentalen Wesenscharakter des *Seins überhaupt*“[4] ausmacht, liegt im „dreifach gestreuten Gründen der Transzendenz“[5], das dem Abgrund der Freiheit des Daseins entspringt, schon ein Hinweis auf eine gleichfalls mehrfach gebrochene Grundhaftigkeit und Abgründigkeit des Seins selbst. Dieser Ansatz ist mit den anderen im Verlauf der Metaphysikgeschichte, etwa bei Aristoteles, vertretenen Modellen einer „Vielheit“ der Gründe nicht gleichzusetzen; ist die Mehrursprünglichkeit doch immer eine solche *des Seins*, die vom logisch-begründenden Denken in dieser ontologischen Einheit gedacht wird[6]. Im Gegensatz dazu läßt sich die „Streuung“ des Gründens bei Heidegger nicht unmittelbar auf das Sein als ihren gemeinsamen Boden zurückführen, sondern wird vielmehr aus jener Brechung der Grundhaftigkeit im Dasein selbst verstanden, die den Indikator der ontologischen Differenz abgibt. Da das Sein in Heideggers Verständnis nicht einfach „vorliegt“, sondern sich immer nur im Verständnis des Daseins als des

1. GA 9, 165 (Hervorhebungen im Original).
2. GA 9, 168.
3. Vgl. GA 61, 101f. 109; GA 20, 383; SZ, 347.
4. GA 9, 172 (Hervorhebungen im Original).
5. GA 9, 170.
6. Eine entscheidende Kehre in der Betrachtung des Grundes findet nach Heideggers Auffassung bei Aristoteles statt, insofern er den bei den Vorsokratikern durchaus ontisch verstandenen ἀρχαί eine ontologische Bedeutung unterstellt und von diesem Boden aus seinen eigenen Ansatz entwickelt (vgl. GA 19, 436). Dieser Schritt ist nur scheinbar ein „Fortschritt“; wird die Problematik des Grundes doch damit lediglich der anderen der beiden „Seiten“ der ontologischen Differenz zugewiesen, nicht aber auf das Verhältnis von Ontischem und Ontologischem selbst hin gedacht.

ontisch-ontologischen Schnittpunktes schlechthin vollzieht, ist auch das Gründen mitsamt seiner dreifachen Brechung weder dem Dasein als Seiendem noch dem im Sinnentwurf begründeten Sein schlechthin zuzuordnen, sondern charakterisiert den jeweiligen Vollzug dieser Differenz *als solcher*. Die Mehrursprünglichkeit ist also nicht einfach eine Gebrochenheit „des" Seins als „des" Grundes, sondern eine mehrfache Brechung der differenten Gebrochenheit selbst, in der und als die sich Seinsverständnis überhaupt notwendigerweise vollzieht.

c. Die Warumfrage als Überleitung zu einer grund-sätzlichen Betrachtung der Metaphysikproblematik

Heideggers Ansatz in »Vom Wesen des Grundes« stellt zwar einerseits der vierfachen Fassung des Grundes bei Aristoteles und ihren nachfolgenden Varianten die dreifache existenzialontologische Streuung des Gründens entgegen, von denen die eine als Ursprung der Warumfrage fungiert und damit auch die verschiedenen geschichtlichen Ansätze zu deren Beantwortung ermöglicht. Bezüglich der sich daraus ergebenden Frage, warum sich im Laufe der Philosophiegeschichte bestimmte Auffassungen von Grund unter den vielen möglichen so und nicht anders durchgesetzt haben, ist Heidegger zu diesem Zeitpunkt jedoch noch nicht in der Lage, eine genuin geschichtliche Antwort zu geben; vielmehr ist sein Erklärungsansatz noch vornehmlich auf die Grundmuster der existenzialen Analytik ausgerichtet. Das Hauptversäumnis liegt seines Erachtens ja darin, daß die unterschiedlichen von der Metaphysik vorgelegten Grundsätze als absolut transzendentale betrachtet werden, ohne ihre Herkunft aus der ursprünglicheren Transzendenz des Daseins zu beleuchten. Insofern aber die Transzendenz nichts anderes ist als das sich je anders im daseinseigenen Seinsverständnis vollziehende Geschehen der ontologischen Differenz, ist auch die unangemessene Verkürzung der Problematik des Grundes auf die Grundsätze letztlich nur eine Konsequenz der Selbstvergessenheit des Daseins – also gleichsam eine philosophiegeschichtliche Ausprägung der Verfallenheit, die aus seiner wesentlich endlichen Seinsverfassung resultiert[1].

Das „Un-wesen", das die metaphysische Formulierung des Satzes vom Grund mit dem Wesen des Grundes treibt[2], ist also noch kein Indikator für ein das Dasein sowie die Geschichte des abendländischen Denkens gleichermaßen übersteigendes Geschehen, sondern fügt sich ohne größere Schwierigkeiten in die Reihe der übrigen von ursprünglicher „Nichtigkeit" bzw. Nichthaftigkeit geprägten Existenzialien ein. Wenn aber die Frage nach dem Grund bzw. nach seiner Relevanz für die Bestimmung des Sinnes von Sein sich als die insgeheim tragende Leitfrage der Metaphysik erweist, dann kann eine Destruktion der Geschichte des bisherigen metaphysischen Denkens nur darin bestehen, die Metaphysik auf die ursprünglichen Grundstrukturen zurückzuführen, die das Dasein immer schon ist. Will man dafür die Bezeichnung „Metaphysik" beibehalten, so ist zu beachten, daß es sich dabei um eine Metaphysik „des" Daseins im Sinne eines *genitivus subjectivus* handelt, die der philosophiegeschichtlich verwirklichten Metaphysik gegenüber in eminentem, in die Richtung einer *causa essentialis* gehenden Sinne metaphysisch ist[3].

1. Vgl. GA 9, 174.
2. Vgl. GA 9, 173.
3. Vgl. KPM, 230.

Angesichts der Tatsache, daß die grundsätzlichste Bestimmung des Daseins in seiner Zeitlichkeit liegt, die existenziale Zeitlichkeit sich aber wiederum in die dreifache Struktur der unterschiedlichen Zeitekstasen bzw. Dimensionen gliedert, rückt nun auch Heideggers eigenartige Insistenz auf der dreifachen Unterteilung des existenzialen Gründens[1] in ein neues Licht. Es geht also letztlich nicht darum, die überlieferten „ersten Gründe" oder „Grund*sätze*" – wie viele es auch immer sein mögen – in apriorischer Konstruktion durch andere, angemessenere zu er*setzen*, sondern vielmehr die Metaphysik so im Dasein zu begründen, daß jede Form satzhafter Verfestigung durch die schwebende Dynamik der Zeitlichkeit selbst von vornherein vermieden wird.

3.3. Das Dasein als Ort und Abgrund der Metaphysik

Obwohl Heidegger schon sehr früh die Problematik der Phänomenologie als Grundwissenschaft gegenüber den „positiven", d. h. in irgendeiner Weise auf welthaft vorhandenes Seiendes im weitesten Sinne bezogenen Einzelwissenschaften auf die in ursprünglicher Weise ontologische – d. h. seinsverstehende – Konstitution des Daseins zurückführt, bleibt der Bezug zwischen dem solcherart existenzial verankerten Seinsverständnis und seiner ausdrücklichen philosophischen Thematisierung weitgehend unterbestimmt. Zwar wird das vom Dasein vollzogene Entdecken von Seiendem durch seine Ausrichtung auf den nichtseienden Sinnhorizont des Seins hin schon als „ontologisch" im weiteren Sinne betrachtet, doch bleibt in *Sein und Zeit* ebenso wie in *Die Grundprobleme der Phänomenologie* die Frage ausgespart, was letztlich die Motivation dafür darstellt, den zunächst nur in Form einer transzendentalen Struktur gegebenen ontologischen Grundcharakter des Daseins auch in eine begrifflich faßbare Ontologie im eigentlichen Sinne zu überführen. Was bewirkt, daß das Dasein als die „ontisch-ontologische Bedingung der Möglichkeit aller Ontologien"[2] es nicht bei dieser Möglichkeit – d. h. bei dem „durchschnittlichen und vagen Seinsverständnis"[3] – beläßt, sondern sie in Form einer ausdrücklichen Aneignung dieses ihm ursprünglich selbst nicht recht bewußten Existenzials verwirklicht?

Der entscheidende Mittelterm im Reflexionsprozeß, der zu einer ausdrücklichen Betrachtung des Übergangs vom impliziten zum ausdrücklichen Seinsverständnis führt, ist in der sich um 1927 innerhalb relativ kurzer Zeit vollziehenden Herausbildung des Begriffs der „ontologischen Differenz" zu suchen, insofern dieser von der Sache her – dem eigenartigen Ineinander und gegenseitigen Aufeinanderverweisen von Seiendem und Sein – die schon lange vorher entwickelten Analysen der existenzialen Verstehensstrukturen aufgreift, von seiner formalen Prägung her

1. Schon im Zusammenhang mit Aristoteles hatte Heidegger darauf hingewiesen, daß hinter bzw. neben der klassischen Fassung der Lehre von den vier Gründen sich auch Passagen finden, in denen eine dreigliedrige Unterteilung der verschiedenen Formen von Grund („Wassein" [Wesen], „Daßsein" [Ursache] und „Wahrsein" [Argument]) vorherrscht, ohne daß der Bezug dieser beiden Ansätze genau geklärt würde (vgl. GA 26, 137f. sowie GA 9, 124f.). Das Spannungsverhältnis „drei zu vier" dient Heidegger dabei als Indikator für die Verwurzelung der Problematik des Grundes in der dreifach gegliederten und doch ursprünglich einigen Zeitlichkeit.
2. SZ, 13.
3. SZ, 5.

aber eher dazu angetan ist, die Brücke zu der bisherigen Ontologie und ihrem außerordentlich differenzierten Begriffsapparat zu schlagen. Dabei ist das mit dem Begriff der „ontologischen Differenz“ Gemeinte aber nicht nur dem vorontologischen Seinsverständnis der Existenz dadurch überlegen, daß es dessen ureigenstes Wesen thematisch zum Ausdruck bringt, sondern ist auch den geschichtlich verwirklichten Möglichkeiten dieser begrifflichen Explizierung vorgeordnet, insofern diese sowohl bei ihren kategorial bestimmten Begriffsunterscheidungen als auch bei den etwaigen regionalen Einteilungen der Wirklichkeit gemäß bestimmter ontologischer Kriterien implizit zu erkennen geben, daß die Betrachtung des Seienden unter dem Gesichtspunkt seines Seins für sie in irgendeiner Weise immer mittels einer „Unterscheidung“ zu erfolgen hat.

Es geht also darum, zu zeigen, daß sich die geschichtlich verwirklichten Ontologien (bzw. Metaphysiken, insofern man unter „Metaphysik“ die Frage nach dem Seienden als solchem versteht) immer schon in der Möglichkeit des Differenten bewegen, ohne diese Möglichkeit als solche eigens zu thematisieren. Insofern Heidegger die Motivation für den ontologischen Ansatz des Denkens nicht mehr, wie noch wenige Jahre zuvor, einfach global auf die theoretisch verbrämte, in ihrer faktisch-lebensweltlichen Dimension aber uneingestandene Sorge um existenziale Gewißheit zurückführt, sondern den Anstoß für ein ausdrückliches Fragen nach dem Sein des Seienden direkt aus einem mit der „eigentlichen“ Existenz verknüpften Phänomen hervorgehen läßt, steht die Tür offen zu einer Bewertung der Ontologie als solcher, die auch das geschichtliche Phänomen ontologischen Denkens in seiner bedingten Positivität eher zu würdigen vermag, als dies vorher der Fall war.

3.3.1. Die unterschiedlichen Differenzierungen von Differenz und Unterscheidung

Obwohl Heideggers eigenes Vokabular auch in *Die Grundbegriffe der Phänomenologie* nicht immer und an allen Stellen eindeutig und konsequent ist – wobei noch zu fragen bliebe, ob bei derart fundamentalen Fragestellungen eine völlige terminologische Kohärenz nicht überhaupt in sich widersprüchlich wäre –, läßt sich bezüglich der Frage nach der Beziehung von Seiendem und Sein – genauer: ihrer eigenartigen „Nicht-Identität“ – doch mit hinreichender Klarheit eine begriffliche Trias ausmachen, deren Ausfaltung einiges Licht auf die ganze weitere Behandlung der Seinsfrage wirft. Es handelt sich um die drei Begriffe „Unterscheidung“, „Unterschied“ und „Differenz“, die zwar zunächst auf ein grundsätzliches Problem im Verhältnis von Begrifflichkeit und Wirklichkeit verweisen, im Zusammenhang mit der Seinsfrage aber noch über diese duale Struktur hinausführen.

Es ist eine alte Erkenntnis der Philosophie, daß durchaus nicht jede begrifflich vorgenommene Unterscheidung auch einen realen Unterschied in der ontologischen Struktur der davon betroffenen Entitäten widerspiegelt. Die Sprache ist innerhalb gewisser Grenzen frei, die Wirklichkeit je nach den Erfordernissen des jeweiligen Sinnzusammenhangs in unterschiedlicher Weise einzuteilen, so daß dieselben Bereiche des Seienden zu teilweise recht unterschiedlichen Unterteilungen Anlaß geben können, ohne daß in dieser Vielfalt der Unterscheidungsformen und -ansätze schon etwas Illegitimes oder Verfälschendes liegen müßte. Allerdings ist mit der relativen begrifflichen Freiheit der Sprache gegenüber der nach ihrem Sinn zu gliedernden

Wirklichkeit auch die Gefahr gegeben, die Grenzen bestimmter Grundkategorien zu überschreiten und die zu untergliedernde Sache in widernatürlicher, d. h. vorgezeichnete „Artikulationen" zerreißender Weise einzuteilen[1]. Die Frage, wie weit der Spielraum für unterschiedliche, doch gleich legitime begriffliche Unterteilungen gefaßt ist, läßt sich nicht *a priori* beantworten, da die Vielfalt der möglichen, lebensweltlichen Verstehenszusammenhänge, die den Ansatz bedingen, nicht von vornherein in ihrer Gesamtheit zu überblicken ist. Allerdings ist grundsätzlich zu beachten, daß es neben den im guten Sinne willkürlichen, d. h. je nach Kontext anders zu ziehenden Grenzen und Unterscheidungen auch Gliederungen gibt, die in der Natur der Sache liegen und deshalb dem Verstand in gewisser Weise aufgenötigt werden. Dieser Unterschied, der sich in der scholastischen Terminologie in den Begriffen der *distinctio rationis ratiocinantis* und der *distinctio rationis ratiocinatae* niedergeschlagen hat[2], drückt sich im Deutschen in den beiden Begriffen der „Unterscheidung" bzw. des „Unterschiedes" aus, deren unterschiedliche semantische Dimension sich auch in den ihnen zugeordneten Verben wiederfindet: Während eine Unterscheidung „getroffen", d. h. durch einen Akt der Konvention inauguriert wird, sagt man von einem Unterschied, er „bestehe", d. h. habe seine objektive, gleichsam subsistente Gültigkeit auch unabhängig von einem zufällig so und nicht anders entwickelten Begriffsapparat.

Diese Differenzierung innerhalb des Bereiches philosophisch-begrifflicher Einteilungen wird nun von Heidegger aufgegriffen, aber noch um den Begriff der „Differenz" erweitert, der speziell im Bereich der Seinsfrage, d. h in bezug auf das logisch-ontologische „Verhältnis" von Sein und Seiendem, zum Tragen kommt. Der Grundansatz besteht dabei darin, das Begriffspaar „Sein-Seiendes" nicht als Ergebnis einer willkürlichen terminologischen *distinctio* zu verstehen, die ebensogut auch anders erfolgen könnte. Vielmehr bevorzugt Heidegger dort, wo er vom Bezug des Seins zu Seiendem spricht, den Terminus „Unterschied", der in sich schon gegeben ist, noch bevor er in eine ausdrückliche terminologische Unterscheidung gefaßt wird. So lesen wir etwa in *Die Grundprobleme der Phänomenologie*:

> „Anders gewendet, es muß gelingen, den Unterschied von Entdecktheit und Erschlossenheit begrifflich zu fassen und als möglichen und notwendigen, aber ebenso auch die mögliche Einheit beider zu begreifen. Darin liegt zugleich die Möglichkeit, den Unterschied zwischen dem in der Entdecktheit entdeckten Seienden und dem in der Erschlossenheit erschlossenen Sein zu fassen, d. h. die Unterscheidung zwischen Sein und Seiendem, d. h. die ontologische Differenz zu fixieren"[3].

1. Vgl. PLATON, *Phaidros*, 265e 1-3.
2. Die *distinctio rationis ratiocinantis* liegt dann vor, wenn von der Sache her kein Ansatz für eine Unterscheidung vorliegt, wie z. B. im Falle schlechthin synonymer Begriffe, die *distinctio rationis ratiocinatae* bezeichnet dagegen diejenigen Unterscheidungen, die zwar vom Verstand getroffen werden, aber doch ein *fundamentum in re* besitzen (z. B. im Falle der Transzendentalien *ens, unum, verum* usw., die zwar extensional miteinander konvertibel sind, aber das Seiende doch je von einem anderen Gesichtspunkt aus beleuchten). Die dritte Form, die *distinctio realis*, bezieht sich entweder auf den Unterschied zwischen zwei verschiedenen Dingen oder zwischen den inneren, realen Gründen der Dinge (*essentia / existentia, actus / potentia* usw.) und ist von allen drei Unterschieden bzw. Unterscheidungen die vom Verstand unabhängigste.
3. GA 24, 102.

Und weiter heißt es:

> „Der Unterschied von Sein und Seiendem *ist*, wenngleich nicht ausdrücklich gewußt, latent im Dasein und seiner Existenz *da*. Der Unterschied *ist da*, d. h. er hat die Seinsart des Daseins, er gehört zur Existenz. Existenz heißt gleichsam: ›im Vollzug dieses Unterschiedes sein‹. [...] Der Unterschied von Sein und Seiendem ist *vorontologisch*, d. h. ohne expliziten Seinsbegriff, *latent in der Existenz des Daseins da*. Als solcher kann er zur *ausdrücklich verstandenen Differenz* werden. [...] Der ausdrückliche Vollzug und die Ausbildung der ontologischen Differenz ist daher auch, sofern sie in der Existenz des Daseins gründet, nichts Beliebiges und Beiläufiges, sondern ein Grundverhalten des Daseins, in dem sich die Ontologie, d. h. Philosophie als Wissenschaft konstituiert"[1].

Anhand dieser Ausführungen wird deutlich, daß der „Unterschied" von Sein und Seiendem die ontologische Differenz bezeichnet, insofern sie im Seinsverständnis des Daseins auf vorbegriffliche Weise „faktisch wird"[2], während die „Unterscheidung" für die Differenz in ihrer begrifflich explizit vollzogenen, die Ontologie als Wissenschaft ermöglichenden Form steht[3]. Nichtsdestoweniger ist aber auch die ontologisch-begrifflich gefaßte „Unterscheidung" von Sein und Seiendem nicht einfach mit jenen *distinctiones* gleichzusetzen, die in der metaphysischen Tradition zur begrifflichen Fassung des Verhältnisses von „Wesen" (*essentia*) und „Sein" (*existentia*) als Prinzipien der Wirklichkeit Verwendung finden. Heidegger ist zwar keineswegs blind für die Unterschiede, die das reale Verständnis dieses Unterschiedes (Thomas von Aquin) von seiner formalen (Duns Scotus) oder gar nur konzeptuellen Interpretation (Suarez) trennen[4], doch kranken seines Erachtens alle drei Ansätze daran, daß sie die für sie dabei jeweils maßgeblichen, schöpfungstheologischen Erwägungen dem Bereich der bereits als Wissenschaften konstituierten Philosophie bzw. Theologie entnehmen, ohne die existenziale Wurzel alles onto-(theo-)logischen Fragens aufzuzeigen. Woher stammt also der Anstoß zur ausdrücklichen Fassung des Unterschiedes von Seiendem und Sein, der in den begrifflichen Differenzierungen der inneren Struktur des Seins, wie sie in der geschichtlich ver-

1. Vgl. GA 24, 454 (Hervorhebungen im Original).
2. GA 9, 134.
3. Vor diesem Hintergrund ist nur schwer nachzuvollziehen, wie J.-L. Marion zu dem Ergebnis kommen kann: „La différence entre *Unterscheidung* et *Unterschied* n'est pas pertinente dans les textes de Heidegger. [...] L'équivalence des termes allemands devient parfois une identité complète. [...] Alors que Heidegger thématise l'écart, parfois, entre *Unterschied* et *Differenz*, il ne distingue essentiellement pas entre *Unterschied* et *Unterscheidung*" (J.-L. MARION, *Réduction et donation*, 175f., Anm. 22). Vor allem der oben zitierte und auch von Marion erwähnte Text aus GA 24, 102 eignet sich gerade nicht als Beleg für die vermeintliche Synonymie von „Unterschied" und „Unterscheidung" bei Heidegger, da die (begriffliche) „Fixierung" der Unterscheidung darauf beruht, daß der Unterschied zwischen Seiendem und Sein „gefaßt", d. h. von der impliziten auf die ausdrückliche Ebene gehoben wird. Ebenso kann man nicht in allgemeiner Weise davon sprechen, Heidegger betreibe bisweilen eine Unterscheidung zwischen „Unterschied" und „Differenz"; wo eine solche Differenzierung stattfindet, betrifft sie nicht den Begriff der „Differenz" als solcher, sondern gewissermaßen nur die *species inferior* der ausdrücklich ontologisch-begrifflichen Differenz in Abhebung von ihrer bloß impliziten Faktizität im Dasein.
4. Vgl. GA 24, 128-139.

wirklichten Ontologie anzutreffen sind, seine nicht illegitime, aber ihren Ursprung zunehmend verdeckende Weiterführung erfährt?

3.3.2. *Die Begründung der Metaphysik im Geschehen der Differenz*

Heidegger versteht seine Frage nach der Begründung der Metaphysik im Dasein keineswegs als Novum, sondern stellt sich ausdrücklich in eine Linie mit dem Projekt der Kantischen Kritik der traditionellen Schulmetaphysik am Leitfaden der Transzendentalphilosophie. Insofern bei Kant jedoch die im Verlauf der neuzeitlichen Philosophie zur vollen Ausprägung gekommene Gliederung der Metaphysik in zwei Teile – die von den Prädikaten des Seienden überhaupt handelnde Ontologie als *metaphysica generalis* einerseits und den Block der drei Einzeldisziplinen der *metaphysica specialis* (Kosmologie, Psychologie, Theologie) andererseits – nicht schlechthin aufgegeben, sondern vom Boden der Vernunftkritik aus in sichererer Weise neu entworfen werden soll, findet sich auch bei Kant die Doppelung zwischen den mehr ins konkrete Detail gehenden Untersuchungen über die einzelnen Seinsregionen und der grundsätzlichen Frage nach der Verankerung der Möglichkeit von so etwas wie Metaphysik überhaupt in der menschlichen Existenz[1]. Aufgrund des kritischen Ansatzes kann aber das Pendant zur alten, von Selbstüberschätzung geprägten Ontologie nicht mehr in einer Lehre von den allgemeinsten Prädikaten des Seienden unter Loslösung von der erfahrungsbezogenen und damit endlichen menschlichen Erkenntnis bestehen, sondern muß diese Endlichkeit zum ausdrücklichen, wenn auch nicht konstruktiv, sondern nur analytisch aufzuhellenden Gegenstand ihrer Darlegungen machen[2]. Heidegger weiß sich mit Kant darin einig, daß der Weg zu einer Grundlegung der Metaphysik mittels einer neuen, transzendental begriffenen Ontologie notwendigerweise über die Frage nach dem Menschen und der ihm wesenhaft eigenen Endlichkeit führt[3]. Allerdings beschränkt sich bei Heidegger die Gründung der Metaphysik auf die Ontologie des Daseins nicht dauerhaft auf die Analytik des Daseins, sondern steht letztlich im Zeichen der – wenn auch neu zu fassenden – Frage nach dem Sinn von Sein überhaupt, die sich nicht mit der Gesamtheit der im Rahmen der speziellen Metaphysik betrachteten Problemstellungen deckt.

Schon lange vor *Sein und Zeit* stehen die minutiösen und detailreichen Analysen der daseinseigenen Phänomenvielfalt unter einem bestimmten Vorzeichen, nämlich der Herausarbeitung der Sorge als der wesentlich vom Sinn der Zeitlichkeit bestimmten Grundstruktur des Daseins, innerhalb derer sich Seinsverständnis vollzieht. Die Herausstellung der Endlichkeit des Daseins anhand der Sorge hat jedoch den Nachteil, daß dieses Grundphänomen noch im Sinne einer transzendentalen und somit statischen Struktur verstanden werden kann und dem Dasein damit einen Anschein von ontologischer Stabilität und Harmlosigkeit verleiht, den es genaugenommen nicht haben dürfte[4]. Demgemäß bestünde eine radikalisierende Steigerung der besonderen Stellung des Daseins darin, daß es – gleichsam in einer zweiten Stufe – selbst der seine Endlichkeit manifestierenden Phänomene nicht

1. Vgl. KrV, B 7; A 832ff. / B 860ff.; A 850f. / B 878f.
2. Vgl. KrV, A 66f. / B 91f.
3. Vgl. KPM, 206f.
4. Vgl. KPM, 238.

sicher sein kann, sondern daß diese sich ihm *in* ihrer Negativität nochmals entziehen.

Die herkömmliche Metaphysik bzw. Ontologie versteht sich selbst als Wissenschaft, deren Betrachtungen auf „das Seiende als solches im Ganzen" gehen. In dieser Bestimmung liegt somit einerseits eine Verallgemeinerung (das „im Ganzen"), die den „Gegenstandsbereich" der Metaphysik in extensiver Weise bestimmt, indem sie ihn in seiner Nichtbegrenzung charakterisiert, sowie ein Gesichtspunkt (das „als solches"), unter dem die Gesamtheit dieser „Gegenstände" betrachtet werden soll, wodurch die Metaphysik ihre spezifische Perspektive erhält. Beide Aspekte – Gegenstandsbereich und je eigener Blickwinkel, unter dem sich die Betrachtung vollzieht – sind nach dem Aristotelischen Wissenschaftsmodell für die Konstitution jeder Wissenschaft wesentlich, doch stellt die Metaphysik wegen des nicht mehr bereichshaft zu begrenzenden Charakters ihres „Gegenstandes" einen besonderen Fall dar. Wie kann eine offenbar allumfassende Extension begrifflich gefaßt werden? Und wie soll dementsprechend der selbst nicht thematisierte, sondern alle thematische Fragestellung immer schon bedingende Gesichtspunkt des „Seienden *als Seienden*" zugänglich werden?

Heideggers Antwort auf diese Schwierigkeiten besteht in einer Verlegung der Aspekte von Objektextension und Perspektive von der Ebene des Begrifflich-Allgemeinen in den Bereich der beiden vorsprachlichen Grundphänomene von Langeweile und Angst[1]. Diese erfüllen zwar einerseits dieselbe Funktion, nämlich das Dasein aus der Selbstverständlichkeit seines In-der-Welt-seins inmitten von Seiendem herauszureißen, doch sind sie andererseits komplementär bezüglich ihrer Stellung zueinander und in bezug auf die zu offenbarende Sache: So ist es zunächst die Langeweile, die aufgrund der in ihr geschehenden Einebnung der Unterschiede alles Seienden das Seiende im Ganzen bzw. die Allheit des Seienden offenbar macht, doch nicht in einer quantitativen oder additiven Form, sondern durch eine schlagartige Entwertung aller Sinnbezüge, die das Dasein in der Verlorenheit an bestimmtes Seiendes halten[2]. Somit wäre der erste Teil des „Gegenstandes" der Metaphysik enthüllt, nämlich das Seiende im Ganzen. Doch genügt diese stimmungshaft offenbarwerdende Allheit noch nicht als Anstoß für das metaphysische Denken; vielmehr muß sich erst der für die Metaphysik charakteristische Gesichtspunkt, unter dem dieses Seiende in seiner Gesamtheit betrachtet werden soll, herausstellen. Dies erfolgt durch die Grundstimmung der Angst, indem sie dem „Seienden im Ganzen" den Anschein eines akkumulierbaren und immer für die Reflexion vorhandenen Bestandes nimmt und es als solches fragwürdig macht: Die Angst läßt die in der Langeweile offenbare und nur scheinbar allumfassende Allheit des Seienden in ihrem Kontrast zum Nichts erscheinen, das dem Seienden nicht im Sinne eines logischen Gegensatzes gegenübersteht – das Nichts ist ja kein „Etwas", das zu etwas anderem in Beziehung treten könnte –, sondern die mögliche Nichtigkeit des Seienden im Ganzen sichtbar macht. Die Gesamtheit des Seienden wird somit als solche in Frage gestellt, wobei das, was die Fraglichkeit motiviert, nicht

1. Die Grundstimmung der Freude wird zwar in »Was ist Metaphysik?« im gleichen Zusammenhang wie die Langeweile kurz erwähnt, doch wird diese Idee in keiner Weise entfaltet und spielt auch für die weiteren Darlegungen keine Rolle mehr (vgl. GA 9, 110 sowie J.-L. MARION, »L'angoisse et l'ennui. Pour interpréter 'Was ist Metaphysik?'«, *Archives de Philosophie* 43 [1980] 126f.).
2. Vgl. GA 9, 110.

etwas ihm gegenständlich Entgegengesetztes ist, sondern „nur“ ein besonderes Licht, *in dem* das Seiende erscheint, nämlich im Lichte der Möglichkeit seines völligen Nichtseins[1].

Von diesem Standpunkt aus wird das Dasein dazu gedrängt, das Sein des Seienden ausdrücklich auf sein Warum hin zu befragen. Die Frage „Warum ist überhaupt Seiendes und nicht vielmehr Nichts?“ zielt damit nicht auf einen ontischen oder ontologischen Grund, sondern bringt die abgrundhafte Beziehung des Seienden zu seinem Sein zum Ausdruck. Dabei bleibt jedoch zu beachten, daß die Angst und die in ihr erfolgende Manifestation des Nichts keinen beliebig abrufbaren ontischen Bestand im Dasein darstellt, sondern ein nur von Zeit zu Zeit mit unvorhersehbarer Plötzlichkeit hereinbrechendes Phänomen ist. Dementsprechend hat auch die Metaphysik nicht ihren festen Ort im transzendental verankerten Seinsverständnis des Daseins, sondern wird erst da Wirklichkeit, wo das Seiende in der Erfahrung des Nichts ins Schweben gerät und dieses „Erzittern alles Existierenden“[2] durch sein Hin- und Herschwingen den Spielraum für die ausdrückliche Frage nach dem Sein eröffnet.

Die Metaphysik im ursprünglichen Sinne kann somit nicht Frucht eines sukzessiven, methodisch geleiteten Vorgehens sein, in dem sich die Frage nach dem Sein durch die Abgrenzung von den anderen Wissenschaften, deren Gegenstandsregionen und Methoden nach und nach ihre eigene Identität erschließt. Die sie konstituierende ontologische Differenz kann zwar nachträglich begrifflich gefaßt werden, aber die Erfahrung, die den Anstoß zu dieser begrifflichen Anstrengung gibt, ist selbst nichts Begriffliches mehr, sondern das *Geschehen des Offenbarwerdens* der Differenz im Phänomen der Angst. Der Übergang vom alltäglichen – auch alltäglich-wissenschaftlichen – Verhalten zum existenzial metaphysischen Fragen geschieht daher nicht kontinuierlich, sondern „kommt nur in Gang durch einen eigentümlichen Einsprung der eigenen Existenz in die Grundmöglichkeiten des Daseins im Ganzen“[3]. Nicht mehr der „*Satz* vom Grund“ ist das Erste der Metaphysik, sondern der ausdrücklich vollzogene „*Sprung* in den Abgrund“ der Differenz, die im Dasein zwar immer schon geschieht, ohne jedoch notwendigerweise immer auch in die durch keine Antwort zu befriedigende Frage nach dem Warum des Seienden in seinem Sein zu drängen.

1. Diese Verbindung des Nichts mit der Lichtmetaphorik ist keineswegs willkürlich. Heidegger selbst spricht von der „hellen Nacht des Nichts der Angst“, wohl um anzudeuten, daß im Bereich von Nichts und Sein, die beide als „nichtseiend“ anzusehen sind, die „Sprache des Tages“, d. h. die kategoriale Denk- und Sprechweise, versagt. Schon in GA 17, 10ff. hatte Heidegger anläßlich der Analyse des Terminus „Phänomeno-*logie*“ unter Rückgriff auf Aristoteles darauf hingewiesen, daß es Dinge gibt, die *nur* in der Dunkelheit sichtbar sind, ohne daß jedoch für diesen gesamten Seinsbereich eine eigene Logik und Begrifflichkeit entwickelt worden wäre. Er schreibt: „Darin aber, daß ein Name für diese Dinge fehlt, zeigt sich an, daß unsere Sprache (Kategorienlehre) eine Sprache des Tages ist. [...] Man kann dem nicht abhelfen, indem man etwa eine Kategorienlehre der Nacht baut. Wir müssen vielmehr vor diesen Gegensatz zurück, damit verstanden werden kann, warum der Tag dieses Vorrecht hat“ (GA 17, 12). Eine solche Aufhebung dieses Gegensatzes kann man in der Tat in der Formulierung von der „hellen Nacht“ erkennen, die zwar nichts Seiendes (Taghaft-Kategoriales) erkennen läßt, das Dasein aber auch keineswegs in eine unterschiedslose Schwärze taucht, sondern ihm im Gegenteil das nichtseiende, doch alle Erkenntnis von Seiendem ermöglichende (und somit in ursprünglicher Weise lichthafte) Sein erschließt.

2. KPM, 238; vgl. auch GA 9, 117. 122.

3. GA 9, 122.

Erinnern wir uns einen Augenblick an Kant: Dieser hatte die Möglichkeit der Metaphysik in ihrer positiven Bedeutung wie in ihren Risiken in der Endlichkeit des Daseins lokalisiert. Indem Heidegger die Metaphysik im Phänomen der Angst gründen läßt, die das Dasein nicht herbeiführen kann, sondern von der es in unvorhersehbarer Weise überfallen wird, entspringt die Metaphysik nicht mehr nur der Endlichkeit des Daseins, sondern der Endlichkeit seiner Endlichkeit, die nicht einmal Herr über die Nichtigkeit der eigenen Existenz ist:

> „So endlich sind wir, daß wir gerade nicht durch eigenen Beschluß und Willen uns ursprünglich vor das Nichts zu bringen vermögen. So abgründig gräbt im Dasein die Verendlichung, daß sich unserer Freiheit die eigenste und tiefste Endlichkeit versagt"[1].

Diese Potenzierung der Endlichkeit, die weder ein formale Iteration noch eine thematische Objektivierung der Metaphysik von der Warte einer höheren, metametaphysischen Reflexionsstufe aus ist, sondern das Zusammenspiel von Nichtigkeit und nichtendem Entzug der Nichtigkeit zum Ausdruck bringt, erklärt auch, wieso Heidegger sein eigenes Anliegen in die Nähe zu Kants kritischem Projekt rücken kann[2]. Nur die existenzial gefaßte Endlichkeit der Endlichkeit ermöglicht eine „Metaphysik von der Metaphysik", die nicht mehr theoretische Disziplin ist, sondern sich auf jeder Ebene ihrer unterschiedlichen vorontologischen oder explizit ontologischen Stufungen als eine Möglichkeit des Daseins selbst erweist. Gleichzeitig damit kündigt sich ein Ende der Dominanz des bisherigen, vornehmlich visuell ausgerichteten Metaphysikparadigmas an: Es geht nicht mehr um die „Ideen" oder die „Anschauung" (sei sie empirisch, kategorial oder intellektuell) eines sich dem Blick darbietenden Gebildes oder auch nur einer formalen Gegenständlichkeit überhaupt, sondern um ein Erzittern, das das Seiende wie das Dasein in eine Schwingung versetzt, aus der heraus die Frage nach dem Warum des Seienden hörbar wird. Statt sich auf ein vor-gestelltes, intentional anvisierbares Objekt zu konzentrieren, muß sich die Metaphysik also nunmehr in Bewegung versetzen, indem sie mit einem Sprung die alltägliche Befangenheit im unmittelbar naheliegenden Seienden, aber auch alle von ihr gesuchten „letzten Gründe" und „unerschütterlichen Fundamente" verläßt und der Schwingung des von ihr zu Befragenden in ihrem eigentümlichen Hin und Her folgt – frei in ihrem Schwingungsbereich und doch genötigt von der bedrängenden Grundlosigkeit des Seienden in seinem Sein.

Damit zieht Heidegger eine definitive Trennungslinie zwischen dem Bestimmungsparadigma der Philosophie und dem aller anderen, ontisch-positiven Wissenschaften: Während diese sich ihre Gegenstandsregion leicht dadurch anschaulich machen können, daß sie sich „ein bestimmtes Seiendes aus einem bestimmten Gebiet als Beispiel gleichsam zuspielen"[3], verursacht der Versuch, diese Vorgehens-

1. GA 9, 118.
2. Vgl. KPM, 230.
3. GA 24, 18. Die Nähe zur viel später entstandenen Kernpassage aus ID, 57f., in der das Seiende mit dem Bei-spiel, das Sein hingegen mit dem Spiel schlechthin identifiziert wird, ist, zumindest was den ersten Teil dieser Formulierung anbelangt, unverkennbar. Allerdings wird die von Heidegger hergestellte Verbindung des Seins mit dem „Schwindel" hier noch nicht in Richtung auf das Wesen des Spiels weiterverfolgt.

weise auf die Philosophie und ihren „Gegenstand", das Sein, zu übertragen, „Schwindel"[1], insofern die Frage nach dem Sein keinen Anhalt mehr an dem findet, was ist. Mit anderen Worten: Die Metaphysik folgt nicht den Spielregeln der positiven Wissenschaften, da das in ihr thematisierte (aber nicht objektivierte) Sein im Spielraum seiner Differenz das Seiende in seinem Sein enthüllt und ihm damit die Bedingungen seiner möglichen wissenschaftlich-thematischen Entfaltung überhaupt erst vorgibt.

3.3.3. Das vielstimmige Zusammenspiel von Welt, Dasein und Wahrheit

Nach der knapp ein Jahrzehnt langen Periode der ersten Freiburger und Marburger Lehrtätigkeit stellt sich die erste Vorlesung der zweiten Freiburger Periode *Einleitung in die Philosophie* (WS 1928/29) als eine ausgesprochen detaillierte und ausführliche Darstellung der Quintessenz der ersten Entwicklungsphase des Heideggerschen Spieldenkens dar, insofern in ihr die zuvor nur einzeln erörterten philosophischen Aspekte des Spiels – die Problematik des (Ab-)grundes, die Einheit von Freiheit und Bindung, der Spiel-raum, das eigenartige Statut des Spiels in seiner tätigen Selbstgenügsamkeit gegenüber den anderen, philosophisch leichter definierbaren Verhaltensparadigmen der ποίησις, der πρᾶξις und der θεωρία – zum ersten Mal in großangelegter Weise zusammengeführt und in ihren gegenseitigen Bezügen herausgestellt werden.

Die Konvergenz betrifft hauptsächlich die zentralen Themen des Daseins als des besonderen, „zwischen" Seiendem und Sein angesiedelten Seienden, die Welt als den Ort der Transzendenz, das Phänomen der Wahrheit in seinen unterschiedlichen ontisch-ontologischen Ausprägungen sowie die Identität der Metaphysik bzw. Philosophie in ihrer besonderen existenzialen Verankerung. All diese Grundmotive laufen in der Frage nach dem „Statut" des Seins und der Art seines Gegebenseins zusammen, die nun ausdrücklich anhand des Spielparadigmas in ursprünglicher Weise entwickelt wird. Dabei greift Heidegger bewußt auf all die Bedeutungsaspekte zurück, die dem Begriff „Spiel" auch in der Alltagssprache eigen sind, doch zeigt die Art und Weise ihrer Verwendung an, daß es sich nicht um eine oberflächliche Metaphorik handelt, sondern um die Ausnützung des spekulativen Potentials dieser Bedeutungsvielfalt im Hinblick auf die nichtbegriffliche Sinnvielfalt des Seins und seiner Bezüge.

A. Der an-intentionale Charakter des Seins bei Seiendem

Wie in den Jahren zuvor, betrachtet Heidegger auch in *der Einleitung in die Philosophie* das Phänomen der ursprünglichen Wahrheit im Zusammenhang mit der vortheoretischen Nähe des Daseins zu dem umweltlich gegebenen Seienden. Gegenüber den entsprechenden Passagen in *Sein und* Zeit und den ihm vorangegangenen Vorlesungen erscheint der Bezug zu Seiendem diesmal jedoch in einem wesentlich weniger auf die Finalität der Verwendung konzentrierten Licht; das Gewicht liegt im Gegenteil auf der Tatsache, daß das Seiende in seiner Entdecktheit für das Dasein ursprünglich nicht eigens thematisiert ist und somit strenggenommen auch nicht direkt „Gegenstand" des Verständnisses sein kann. Diese nichtintentionale Bezie-

1. GA 24, 18.

hung des Daseins zu Seiendem in seinem Sein bezeichnet Heidegger deswegen auch mit einem Wort, das in ganz ähnlicher Form ein Grundwort seiner späteren Philosophie wird, nämlich mit dem Begriff des „Seinlassens", das die spezifische Absichtslosigkeit im Bezug von Dasein und Seiendem zum Ausdruck bringt:

> „Wir lassen die Dinge sein, wie sie sind, überlassen sie ihnen selbst, auch dann und gerade dann, wenn wir uns so intensiv wie immer beschäftigen. Ja, gerade in dem und für den Gebrauch muß ich das Ding sein lassen, was es ist. [...] Im Gebrauchen ebenso wie im Nichtgebrauchen liegt dieses Seinlassen der Dinge, und zwar liegt es allem gebrauchenden Umgang mit den Dingen zugrunde. Aber nicht nur im gebrauchenden Verhalten, auch in ganz andersartigem Verhalten zu ganz andersartigem Seienden, etwa im aesthetischen Verhalten liegt ein ganz bestimmtes Seinlassen eines Gemäldes z. B. oder einer Plastik [...]. Dieses Seinlassen der Dinge im weitesten Sinne liegt grundsätzlich noch vor jeder besonderen Interessiertheit bzw. bestimmten Gleichgültigkeit. Dieses unser Seinlassen, unser Überlassen der Dinge an sie selbst und ihr Sein ist eine eigene Gleichgültigkeit unsererseits, eine Gleichgültigkeit des Daseins, die zu seinem metaphysischen Wesen gehört. Diese ›Gleichgültigkeit‹ ist nur möglich in der Sorge. Die Lässigkeit in diesem Überlassen ist kein Unterlassen schlechthin. Das Seiende sein lassen ist nicht etwa nichts; wir tun freilich nichts dazu, daß etwa die Natur ist, was und wie sie ist, wir können nichts dazu tun, und doch ist dieses Seinlassen ein ›Tun‹ der höchsten und ursprünglichen Art und nur möglich auf dem Grunde unseres innersten Wesens der Existenz, der Freiheit. Diese metaphysische Gleichgültigkeit zu den Dingen wird uns noch sehr in Anspruch nehmen auf unserem Wege"[1].

Vergleicht man diese überaus dichten Ausführungen über den Grundcharakter des Seinsverständnisses mit den entsprechenden Ansätzen von *Sein und Zeit*, so fällt auf, daß an die Stelle der ehemals so fundamentalen, umsichtig-besorgenden „Zeugverwendung" das „Seinlassen der Dinge" tritt, von dem es nunmehr heißt, es liege „allem gebrauchenden Umgang mit den Dingen *zugrunde*" – also *auch* dem verstehenden Umgang mit Zeug, das folglich das Monopol als fundamentalontologischer Hauptvertreter des nichtdaseinshaften Seienden verliert. Die terminologische Verdrängung des „Zeugs" durch das „Ding" ist dabei aber nicht im Sinne einer lediglich quantitativen Erweiterung der Menge alles philosophisch zu bedenkenden Seienden zu verstehen, so als umfasse diese Mannigfaltigkeit von Seiendem neben Zeugdingen jetzt *auch* Kunstwerke: Was sich in dem für *jede* Art von Dingen je anders zum Tragen kommenden „Seinlassen" ändert, ist vielmehr der existenziale Grundmodus, in dem sich die transzendentale *Möglichkeit* des Bezugs des Daseins zu Seiendem überhaupt darstellt.

Nun soll damit nicht geleugnet werden, daß schon in *Sein und Zeit* die Phänomene der Indifferenz bzw. der Gleichgültigkeit und des „Seinlassens" aufscheinen, doch ist ihre Bedeutung zu diesem Zeitpunkt nicht dem ursprünglichen Zugang des Daseins zum Sein, sondern im Gegenteil seiner uneigentlichen Verstellung in der Alltäglichkeit zugeordnet:

1. GA 27, 102f.

„Die fahle Ungestimmtheit des Gleichgültigen vollends, die an nichts hängt und zu nichts drängt und sich dem überläßt, was je der Tag bringt, und dabei in gewisser Weise doch alles mitnimmt, demonstriert am eindringlichsten die Macht des Vergessens in den alltäglichen Stimmungen des nächsten Besorgens. Das Dahinleben, das alles ›läßt‹, wie es ist, gründet in einem vergessenden Sichüberlassen an die Geworfenheit. Es hat den ekstatischen Sinn einer uneigentlichen Geworfenheit“[1].

Die alltägliche Indifferenz ist also mit der „metaphysischen Gleichgültigkeit“ alles andere als identisch; ist diese doch ein Werk der Freiheit der Existenz im höchsten Sinne, während jene das Dasein in seiner alltäglichen, seinen einzigartigen Seinsmodus gerade verdeckenden Befangenheit im Seienden charakterisiert. Das „Seinlassen“ wird hier als passives Verhalten im negativen Sinne, d. h. als Flucht vor der in der Existenz liegenden Entscheidung interpretiert. Eine positive Bewertung des „Seinlassens“ bzw. der „Gelassenheit“ scheint zu diesem Zeitpunkt also zumindest, was den Bezug des Daseins zu seiner eigenen Existenz angeht, weit entfernt. Das Dasein darf sich selbst und sein eigenes Sein nicht „sein lassen“, sondern „hat es“ zu sein, und zwar in einer Weise, die kein Hin- und Herschwingen erlaubt, sondern Entscheidung und Entschlossenheit fordert. Allenfalls ist Heidegger zu diesem Zeitpunkt bereit, den „Gleichmut“ zu tolerieren, der jedoch aufgrund seines bejahenden Bezuges zum Vorlaufen zum Tode im Grunde in der Entschlossenheit miteinbehalten ist[2].

Schließt Heidegger zu diesem Zeitpunkt ein „gelassenes“ Selbstverständnis des Daseins kategorisch aus, scheint sich die Gelassenheit aber doch zumindest im Verhältnis zu anderem Seienden einen Weg zu bahnen. An anderer Stelle in *Sein und Zeit* sowie in der gleichfalls 1927 gehaltenen Vorlesung *Die Grundprobleme der Phänomenologie* thematisiert Heidegger die Bezogenheit des Daseins auf das gebrauchte Zeug folgendermaßen:

„Dieses vorgängige Verstehen von Bewandtnis, dieses Entwerfen des Zeugs auf seinen Bewandtnischarakter, nennen wir das *Bewendenlassen*. [...] Wir lassen es *beim* Hämmern *mit* etwas *bewenden*. [...] ›Bei etwas bewenden lassen‹ heißt Gewärtigen eines Wozu. Das Bewendenlassen ist als Bewendenlassen-*bei* immer zugleich ein ›*mit* etwas bewenden lassen‹. Aus dem Wozu bestimmt sich das, womit es jeweils die Bewandtnis hat“[3].

Bei genauerem Hinsehen zeigt sich jedoch, daß das „Bewendenlassen“ hier noch nicht die Bedeutung des „Seinlassens“ in der *Einleitung in die Philosophie* hat; liegt der Akzent doch vielmehr auf dem „Wobei“, „Womit“ und „Wozu“ der besorgenden Verstehenszusammenhänge, nicht auf dem Lassen als solchem. In der *Einleitung in die Philosophie* wird die „Sorge“ als die Grundstruktur der Existenz zwar nicht negiert, aber doch überholt bzw. eingeholt in einer „Gleichgültigkeit“, die gerade keine starr in sich ruhende Indifferenz bedeutet, sondern sich vielmehr darauf bezieht, daß die sich im Verstehen eröffnende Differenz von Seiendem und Sein kein einseitig ausgerichtetes Phänomen darstellt, sondern einen Raum aufspannt, der,

1. SZ, 345.
2. Vgl. SZ, 345.
3. GA 24, 415 (Hervorhebungen im Original). Vgl. auch SZ, 354.

unbeeinflußt von der Heterogenität einer intentionalen Struktur, in beiden Richtungen gleichermaßen zu durchlaufen ist[1]. Auch die in *Sein und Zeit* als „Entwurf" gefaßte Gründung des Seinssinnes durch das Dasein erfährt vor diesem Hintergrund in gewisser Weise eine Revision. Lag es in *Sein und Zeit* noch nahe, den Entwurf als das Ergebnis einer „Initiative" des Daseins zu verstehen, wird nunmehr deutlich, daß der Sinnhorizont, innerhalb dessen Seiendes sich in seinem Sein erschließt, sich nicht durch eine bestimmte „Aktivität" des Daseins eröffnet, sondern in seinem nichtgegenständlichen Wesen nur durch ein Sich-losmachen vom Seienden gewonnen werden kann:

> „Dieser gekennzeichnete Entwurf ist als Entwerfen des Seins des Seienden nichts anderes als das Seinlassen des Seienden, dem wir nachfragten. Dieses Entwerfen als Sein*lassen* des Seienden ist die gesuchte Urhandlung des Daseins, in der theoretische Einstellung, d. h. Offenbarmachen des Seienden umwillen seiner Unverborgenheit allein ermöglicht wird. Im Entwurf, der die Positivität ermöglicht, liegt die ursprüngliche πρᾶξις, der ursprünglich praktische Charakter des Theoretischen"[2].

Das Grundsein des Daseins für den Sinnhorizont des Seins, innerhalb dessen jeweils Seiendes erscheinen kann, vollzieht sich zwar in der Enthaltung von konkret-empirischen Akten (im praktischen wie im bewußtseinsmäßigen Sinne), doch nicht im Sinne eines inerten „Nur-einfach-vorhandenseins", sondern in der en-ergetischen Ruhe desjenigen Seienden[3], das sich der ontischen Geschäftigkeit enthält, um für das in ihm selbst angelegte und zur Vollendung kommende Phänomen der Wahrheit des Seins frei zu werden. Die dem Dasein eigene „Handlung" des Entwerfens besteht darin, sich in dem zu üben, was man als aletheiologische ἐποχή bezeichnen könnte: Durch die Ausschaltung der Einzelphänomene in ihrer unmittelbaren ontischen Valenz wird der Zugang frei für die Phänomenalität der Phänomene als solche, d. h. ihre Unverborgenheit für das daseinshafte Verstehen gerade auch in seiner offenkundig „zweckfreien", d. h. im eigentlichen Sinne wissenschaftlich-theoretischen Form:

> „So bedarf am Ende gerade dieses Seinlassen des Seienden, bei dem es einzig um die Unverborgenheit des Seienden geht, einer besonderen ›Anstrengung‹, wenn anders nicht schon das bloße ›Aussetzen‹ (Nichtstun) das Seiende an ihm selbst offenbar werden läßt. Das bloß betrachtende Verweilen ist also kein quietistisches Verhalten"[4].

1. Diese das Sein erschließende „Gleichgültigkeit" ist nicht mit dem Phänomen der Langeweile gleichzusetzen, die das Seiende in seiner Bedeutsamkeit einebnet und das Dasein für den Anspruch des Seins unempfänglich macht (zu dieser auf das Sein selbst bezogenen Deutung der Langeweile vgl. J.-L. MARION, »L'angoisse et l'ennui. Pour interpréter 'Was ist Metaphysik?'«, *Archives de Philosophie* 43 [1980] 139ff.). Die seinlassende „Gleichgültigkeit" eröffnet ja allererst den Zugang zum nichtseienden Sein, indem sie seinem nichtgegenständlichen Charakter ent-spricht, und ist deswegen nicht mit einer metaphysischen ἀκηδία gegenüber dem Anspruch des Seins gleichzusetzen.

2. GA 27, 199 (Hervorhebung im Original).

3. Vgl. GA 27, 175.

4. GA 27, 184.

Damit drängt sich die Frage auf, wie das bisherige Wissenschaftparadigma als ganzes im Lichte des neuen, „gelassenen" – d. h. in tätiger Weise „seinlassenden" – Zugangs zu Seiendem interpretiert und als authentisches, wenn auch nicht ursprünglichstes Phänomen der Existenz erwiesen werden kann. Zwar werden die Wissenschaften nach wie vor als „positive", d. h. auf einen je eigenen Bereich des Seienden bezogene, verstanden, doch haben sie ihr „Positum" nicht schon von sich aus einfach zur Beackerung „vorliegen", sondern finden überhaupt erst den Zugang zu ihm, indem sie nicht schon das Seiende selbst, sondern dessen ontische, aber nichtsdestoweniger ungegenständliche Unverborgenheit als solche um ihrer selbst willen annehmen und thematisieren. Alles wissenschaftliche Verhalten ist damit letztlich im Bereich der ontologischen Differenz anzusiedeln[1]. Insofern die Differenz aber keine binäre Relation ist, sondern sich nur in geschehenshafter Weise im Seinsverständnis des Daseins vollzieht, muß sich die ursprünglich gemeinte Bestimmung der Wissenschaft aus der spezifischen Struktur der Transzendenz her deuten lassen, die das implizite Seinsverständnis im Dasein und damit erst recht seine expliziten Fassungen und Derivate ermöglicht.

B. Das Begründungsverhältnis von Philosophie und Wissenschaften

Obwohl die Vorlesung *Einleitung in die Philosophie* Ende der 20er Jahre und somit in einem Moment gehalten wird, wo Heideggers Denken hinsichtlich der meisten für ihn relevanten Grundfragen zu einer ersten Reife gelangt ist, sind viele der darin enthaltenen Ausführungen auf den ersten Blick bestimmten Fragestellungen aus der ganz frühen Zeit der ersten Freiburger Periode zum Verwechseln ähnlich, ohne sich jedoch in einer bloß mechanischen Wiederholung des damals Gesagten zu erschöpfen. So tritt die Frage nach dem Selbstverständnis der Philosophie gegenüber den beiden gängigen Extremen von „Wissenschaft" und „Weltanschauung" erneut in den Vordergrund[2], diesmal jedoch von einem Standpunkt aus, der sich von dem des frühen Heidegger in mehr als nur einer Hinsicht unterscheidet. Während Heidegger Anfang der 20er Jahre noch versucht, die Sonderstellung der Philosophie gegenüber den Einzelwissenschaften in einer Weise herauszuarbeiten, die zumindest in gewisser Hinsicht beanspruchen kann, eine radikalisierende Weiterführung des Husserlschen Projektes der Phänomenologie als „Urwissenschaft" zu sein, führt Heidegger in der Vorlesung von 1928/29 seine damalige Terminologie nur noch einmal an, um ihre mangelnde Eignung angesichts der aus der Metaphysik des Daseins gewonnenen Grundeinsichten um so deutlicher hervortreten zu lassen. War das Verhältnis der phänomenologischen „Urwissenschaft" zu den positiven Wissenschaften früher noch derart gefaßt, daß die methodische Strenge der Phänomenologie als ursprüngliche und eminente Verwirklichung dessen gelten konnte, was in den jeweiligen Einzeldisziplinen an spezifischer Exaktheit und je eigener Sachgebundenheit der Vorgehensweise zum Tragen kommt[3], lehnt Heidegger für die Philosophie nun selbst den Titel der „Urwissenschaft" ab und rückt sie damit endgültig aus dem Paradigma des Wissenschaftlichen hinaus:

1. Vgl. GA 27, 210ff.
2. Vgl. die frühen Stellungnahmen Heideggers bezüglich dieser Problematik in GA 56/57, 7-12 sowie in GA 59, 9-12.
3. Vgl. GA 17, 102f.

„Die Philosophie ist eben nicht Wissenschaft, auch nicht die reinste und strengste […]. Philosophie ist zwar *Ursprung* der Wissenschaft, aber gerade deshalb *nicht* Wissenschaft, – auch nicht Ur-wissenschaft“[1].

Dies bedeutet aber nicht, daß Heidegger überhaupt davon Abstand nähme, die Philosophie mit den Wissenschaften in Beziehung zu setzen, sondern vielmehr kehrt sich die Argumentationsrichtung dahingehend um, daß nunmehr auch die Einzelwissenschaften in nicht-wissenschaftlicher Weise, nämlich in einer gewissen Partizipation am wesenhaft nicht-wissenschaftlichen Charakter der Philosophie und der sie ermöglichenden ontologischen Grundstruktur des Daseins interpretiert werden. In diesem Zusammenhang erhält auch der früher ausschließlich negativ konnotierte Begriff der „Weltanschauung“ eine neue Wertung; wird er doch im Rahmen einer erneuten Deutung des Kantischen Weltbegriffs auf seine transzendentalen Wurzeln hin zurückverfolgt, so daß die konkret-geschichtlichen (und damit auch die ehemals mit so viel Polemik bedachten zeitgenössischen) „Weltanschauungen“ als individuelle Instanzen eines Phänomens gelten, das zur ontologischen Konstitution des Daseins als solchen gehört[2]. Die Weltanschauung wird also nunmehr in ihrer positiven phänomenalen Valenz ernstgenommen, und zwar als Hinweis auf die gerade nicht bloß neutral „anschauende“, sondern immer schon in die Welt involvierte und damit ihr gegenüber in existenzialer Weise Stellung beziehende Haltung der „Welthabe“ durch das Dasein[3].

Schon der Kantische Weltbegriff aus der Zeit vor der Abfassung der *Kritik der reinen Vernunft* hat – in der vertiefenden Fortsetzung einer bestimmten schulmetaphysischen Terminologie[4] – die Eigenschaft, sich nicht so sehr auf ein quantitativ zu bestimmendes „Was“ zu beziehen („das Seiende in seiner Gesamtheit“) als vielmehr auf die Art und Weise des Bezuges der darin umfaßten Termini, nämlich eine Verknüpfung, die auf die wechselseitige Beeinflussung (*commercium*) und Abhängigkeit alles Seienden untereinander hinausläuft. In dieser Sichtweise meint die Welt also nicht mehr die Totalität einer gegebenenfalls rational zurückzuverfolgenden Kausalkette, sondern die wohl rationale, aber in netzartigen Bezügen zu begreifende Verwiesenheit jedes Seienden auf die ganze übrige Realität – eine Auffassung, die im Rahmen der *Kritik der reinen Vernunft* durch die Deutung der Welt als der selbst nie gegebenen Bedingungstotalität alles erscheinungshaften Seienden weitergeführt wird.

Diese Bedeutungsverschiebung des kosmologischen Weltbegriffes von einer quantitativen Mengen- bzw. Reihenbezeichnung in Richtung einer für die Subjektivität überhaupt gültigen, allseitig ausgeformten und doch nie aktuell auszuschöpfenden Sinnstruktur ebnet wiederum die Bahn für die bei Kant neben dem kosmologischen Weltbegriff gleichfalls anzutreffende Deutung der Welt als eines existenziellen,

1. GA 27, 18 (Hervorhebungen im Original).
2. Vgl. GA 27, 345.
3. Vgl. GA 27, 233.
4. Die genaue Fassung des Weltbegriffes wird auch in der vorkantischen Schulmetaphysik nicht einheitlich gehandhabt. Als Vertreter der beiden Grundrichtungen, von denen die eine die „Welt“ als das quantative „All des Seienden“, die andere als die qualitative Verknüpfung dieser Gesamtheit des Seienden bestimmt, führt Heidegger Baumgarten bzw. Crusius an. Kants Verständnis des Weltbegriffes ist somit eher als Fortführung des Crusius'schen Ansatzes zu verstehen (vgl. GA 27, 246f.).

d. h. wesentlich auf die Menschen und ihre gegenseitigen Bezüge ausgerichteten Strukturbegriffs. Die „Welt" ist also auch nicht nur die im Sinne eines umfassenden *commercium* oder einer transzendentalen Begründungsstruktur aufzufassende Vorgegebenheit für das Seiende überhaupt, sondern das Seinsstatut des Menschen in seinem Bezug zu den Mitmenschen und zum Seienden insgesamt. Diese nicht auf theoretisch-spekulative Betrachtung, sondern auf existenzielle Sinngebung und Zielsetzung ausgerichtete „Welt" kann daher von Kant insofern als „Spiel des Lebens" bezeichnet werden, als ein tätiges Sich-verhalten zu dieser Gesamtheit des menschlichen wie nichtmenschlichen Seienden gefordert ist, und zwar in Übereinstimmung mit den Regeln, die jeweils den Umgang der Menschen miteinander in ihren welthaften Bezügen bestimmen.

Heidegger knüpft an diese Zweiheit von kosmologischem und existenziellem Weltbegriff an, um sie im Rahmen seiner Betrachtung des Daseins im existenzialen Weltbegriff zu einer Einheit zusammenzufügen. Beides, sowohl das vorwissenschaftlich-verstehende Sich-verhalten zu Seiendem als auch der auf das Seiende in seiner Unverborgenheit als solche bzw. auf das Seiende im Ganzen und damit auf die Sache der Wissenschaft bzw. der Metaphysik zielende Erkenntnisdrang des Daseins, wird im Begriff der Transzendenz verankert, die den daseinsspezifischen Bezug auf Seiendes überhaupt in seinem Sein zum Ausdruck bringt. Insofern Heidegger den bei Kant auf die existenzielle Komponente beschränkten Spielcharakter der Welt auf beide Bedeutungsaspekte ausdehnt, bedeutet dies aber auch, daß nunmehr die welthafte Transzendenz überhaupt in allen ihren Modi als Spiel gedeutet werden muß.

C. Das Erbilden von Sein im Spiel der Transzendenz

Der in der *Einleitung in die Philosophie* erneut vorgenommene Anlauf zu einer umfassenden Deutung des Phänomens der Transzendenz zeichnet sich aus durch seine deutliche Abhebung der Transzendenz als In-der-Welt-sein vom Seinsverständnis, in dem sich die ontologische Differenz vollzieht. Während in *Sein und Zeit* die Transzendenz des Daseins auf Welt hin noch mit dem Ort des Seinsverständnisses zusammenzufallen schien[1], wird nun eindeutig klar, daß das Verständnis des Seins von Seiendem bzw. von Seiendem in seinem Sein nicht die ganze phänomenale Fülle des In-der-Welt-seins ausschöpft, sondern nur ein „Wesensmoment" an ihm darstellt[2]. Das Grundverhalten des Daseins zur Welt beschränkt sich also nicht wie ehedem auf die Gesamtheit von vorontologischem und ausdrücklich ontologischem Seinsverständnis, sondern weist einen Überschuß an Weltcharakter auf, der sich auf keine Komponente der inneren Mannigfaltigkeit des Seins zurückführen läßt[3]. Zwischen dem im Seinsverständnis erschlossenen Sein und der welthaften Transzendenz tut sich also im wahrsten Sinne des Wortes ein Spielraum auf, der es erforderlich macht, das Verhältnis des Seins zum Spiel der Welt als der Transzendenz genauer zu bestimmen.

1. Vgl. SZ, 208. 364ff.
2. Vgl. GA 27, 307.
3. Vgl. GA 27, 307.

„Daß wir vom ›Spiel des Lebens‹ sprechen, ist nicht nur eine Redewendung; andererseits müssen wir uns hüten, einfach in das bloße Wort etwas hinein zu deuten. Es gilt vielmehr, dessen Sein zu klären, dabei die sachlichen Phänomene selbst zu fassen, darauf wir stoßen, und sie gleichsam mit dem zusammenzuhalten, was wir mit ›Welt‹ meinen“[1].

Die Deutung der Welt als Spiel erfolgt somit anhand einer Inbezugsetzung ihrer transzendentalen Strukturen zu den strukturellen Eigenheiten des Spiels als konkretem Phänomen. Damit wird keineswegs behauptet, das Transzendentale lasse sich aus dem Empirischen *ableiten*; vielmehr bietet das Spiel in besonderer Weise die Gelegenheit, an einem einzelnen Phänomen in seiner Wirklichkeit *abzulesen*, was der Gesamtheit des Phänomenalen in seiner Möglichkeit immer schon eignet[2].

Als erstes Strukturmoment des Spiels der Welt wird der schon in *Sein und Zeit* verwendete Begriff der „Stimmung“ wiederaufgegriffen, allerdings in leicht abgewandelter Form, insofern er nicht mehr das Sichbefinden des Daseins *inmitten* des Seienden im Ganzen bezeichnet, sondern die ursprüngliche Übereinstimmung von Dasein und Seiendem anzeigt. Das Dasein und das es Bestimmende sind damit in einer so ursprünglichen Weise eins, daß sie überhaupt nur in der Dynamik einer ursprünglichen Handlung gegeben sind, die aus nichts anderem hervorgeht und auf nichts anderes aus ist als auf sich selbst:

„Im Spiel gehören Spielregel und Spieler nicht nur unmittelbar zusammen, sondern im Spiel liegt mehr: Es ist von vornherein etwas Ursprünglicheres. Wir sagen roh: eine gewisse Freude am Spiel; aber nicht nur an ihm, sondern im Spielen selbst. Spielen ist seinem Grundcharakter nach ein In-Stimmung-sein, Gestimmtsein; ja sogar umgekehrt gilt: zu jeder Stimmung gehört Spiel in einem ganz weiten Sinne“[3].

Obwohl Heidegger an dieser Stelle noch nicht ausführlich darauf eingeht, liegt im Begriff der „Stimmung“, die zugleich das Bestimmtsein (Regel) des Daseins und den Freiraum seines Seinsbezugs ausdrückt, schon durch seinen Wortstamm der Hinweis auf das „Spiel“ im Bereich der Musik, wo die „Stimmung“ eines Instruments ja auch nicht ohne ein Regelwerk von Intervallbeziehungen und -proportionen sein kann, das seinerseits das Instrument in seinen spezifischen Möglichkeiten aber erst freisetzt und ihm seinen Spiel-raum schafft. Die „Stimmung“ des Spiels von Dasein und Seiendem ist also nicht eine äußere Zusammenkoppelung von Regelbindung und Freiheit, sondern ein Spiel im Sinne einer Harmonie, die als das Über*ein*kommen die von ihm zusammengespannten Aspekte erst in ihrer *Zwei*heit hervortreten läßt.

Heidegger entfaltet den spezifischen Charakter des Spiels überhaupt anhand von vier Grundzügen, die das Wesen des Spiels im metaphysischen Sinne ausformen. Da die vier Gesichtspunkte eng miteinander verknüpft sind, ist es nötig, den Passus in seiner vollen Länge zu zitieren:

1. GA 27, 311.
2. „Vor allem ist als Spiel nicht charakterisiert das jeweilige faktische Verhalten, sondern das, was es ermöglicht“ (GA 27, 313).
3. GA 27, 311f.

„Das Spielen ist demnach 1. keine mechanische Abfolge von Vorgängen, sondern ein freies, d. h. immer regelgebundenes Geschehen. 2. Dabei ist in diesem Geschehen nicht wesentlich das Handeln und Tun, sondern das Entscheidende am Spielen ist gerade der spezifische Zustandscharakter, das eigentümliche Sich-dabei-befinden. 3. Weil so nicht das Verhalten das Wesentliche im Spielen ist, deshalb ist auch die Regelung von anderem Charakter, nämlich: Die Regeln bilden sich erst im Spielen. Die Bindung ist eine freie in einem ganz besonderen Sinne. Das Spielen spielt sich, und zwar jedesmal erst auf ein Spiel ein, das sich dann ablösen kann als Regelsystem. In diesem Sicheinspielen auf... entsteht erst das Spiel, muß aber nicht sich ausformen zu Regelsystem, Vor-schriften. Darin liegt aber 4. Die Spielregel ist keine feste, irgendwoher bezogene Norm, sondern ist wandelbar im Spielen und durch das Spielen. Dieses schafft sich selbst jedesmal gleichsam den Raum, innerhalb dessen es sich bilden und d. h. zugleich umbilden kann“[1].

Da diese vier Kriterien das Heideggersche Spielverständnis in relativ gedrängter Form darstellen, ist es angebracht, insbesondere die ersten beiden Punkte in etwas ausführlicherer Form auszufalten: So macht die Ablehnung einer Deutung des Spiels als „mechanische Abfolge von Vorgängen“ zur Genüge deutlich, daß es sich bei dem aufeinander eingestimmten Bedeutungsgefüge von Dasein und Seiendem, grob gesagt, nicht um ein lediglich äußerlich zusammengekoppeltes Ganzes von Maschinenteilen handelt, die untereinander zufällig mehr oder weniger „Spiel haben“, sondern um eine komplexe Sinneinheit, die nur dadurch in eminenter und aktiv-transitiver Weise „Spiel *haben*“ kann, daß sie die ihre Freiheit bedingenden und ermöglichenden Regeln „hat“, d. h. als solche übernimmt. In dieser ersten Abwehr einer banalisierenden, nämlich mechanisierenden Interpretation des Spieles als einer „Abfolge von Vorgängen“ liegt zugleich schon der Hinweis auf den zweiten Gesichtspunkt. In dem Maße, als es sich eben um keinen objektivierbaren „*Vor*gang“ handelt, den man aus der Distanz beobachten könnte, sondern um ein Geschehen, bei dem das Dasein immer schon mitzugehen hat, erweist sich das Spiel als „Zustandscharakter“, d. h. als nichtintentionale und a-teleologische Befindlichkeit, die in sich selbst, genauer: in der eigenen Bewegtheit ruht und in ihrem Sichbefinden einen vorreflexiven, doch nichtsdestoweniger dem Verständnis erschlossenen oder zumindest erschließbaren Selbstbezug aufweist.

Der sinnimmanente Charakter des Spieles, der in einem völligen Fehlen äußerer Elemente oder Verweise besteht, bezieht sich zum Dritten darauf, daß selbst das, was man gemeinhin als das dem Spiel „Vorgegebene“ und es Bedingende ansehen sollte, nämlich die Regeln, keine Eigenständigkeit oder gar Präexistenz gegenüber der Spielhandlung genießt, im Gegenteil: Die Tatsache, daß es Spiele ohne kodifizierte und damit vom jeweiligen konkreten Spielzusammenhang abstrahierbare Regeln gibt[2], zeigt an, daß sich das Spielen in ursprünglicher Weise von dem her

1. GA 27, 312.
2. In der Spieltheorie wird dieser Unterschied zwischen der subjektiv-transzendentalen und der objektiv-strukturellen Seite des Spiels meistens mit Hilfe der englischen Terminologie wiedergegeben, die zwischen *play* (Spielhandlung bzw. -verhalten) und *game* (kodifiziertes, mehr oder minder unveränderliches Regelsystem, wie z. B. beim Schachspiel) unterscheidet (vgl. J. HENRIOT, *Le jeu*, 29 sowie ID., *Sous couleur de jouer*, 98f.). Als Beispiel für die erstgenannte, nichtkodifizierte Form des

bestimmt, „worauf es sich einspielt", d. h. daß es von den Grenzen eines bestimmten Sinnzusammenhangs locker umschrieben ist, ohne daß deswegen schon die einzelnen Züge und Bewegungen bestimmten „transzendenten" Auflagen und Regelungen außerhalb ihrer selbst unterlägen. Zutreffenderweise spricht Heidegger daher auch vom „*Sich*-einspielen", das gewissermaßen „nirgendwohin", sondern im Gegenteil immer tiefer in das eigene Sein des Spielenden hineinführt. Dementsprechend stellt sich die „Spielregel" zum Vierten als inneres Bewegungsgesetz dar, das eben nie ein für allemal „gesetzt" ist, sondern sich ständig umbildet, indem es sich selbst in souveräner Weise bald ein-, bald absetzt. Es gibt also nicht „erst" einen Spielraum, in dem „anschließend" irgendwann gemäß bestimmter Regeln ein Spiel stattfinden kann, sondern die autonome Hoheit der Spielhandlung selbst läßt ihren Bezirk durch die spezifische, allseitige Endlichkeit ihrer in sich selbst von sich selbst her bestimmten Bewegung erst hervortreten.

Die Komplexität dieser vier Strukturmomente, die dem Wesen des Spiels als solchem eignen, macht die Eigenart der Formulierung verständlich, in der Heidegger die unterschiedlichen Aspekte des Spiels der Transzendenz auf engstem Raume zusammenballt:

> „Das In-der-Welt-sein ist dieses ursprüngliche Spielen des Spiels, auf das ein jedes faktische Dasein sich einspielen muß, um sich abspielen zu können, derart, daß ihm faktisch so oder so mitgespielt wird in der Dauer seiner Existenz"[1].

Wenngleich man auf den ersten Blick versucht sein mag zu folgern, Heidegger habe hier einfach einmal der Lust am Wort*spiel* nachgegeben, so sind die erwähnten Momente des Spiels doch mit weit mehr Bedacht gewählt und nebeneinandergestellt, als es die rein assonanzhafte Ähnlichkeit der Worte vermuten ließe. Durch die Betonung der Tatsache, daß das Dasein sich auf das „ursprüngliche Spielen des Spiels" „einspielen" muß, wird das Mißverständnis abgewehrt, das Spiel sei ein Produkt oder eine willkürliche Laune des Subjektes bzw. des Daseins. Es ist dem Dasein somit in gewisser Weise etwas „vorgegeben", nämlich die transzendentale Struktur der Immanenz des Handlungssinnes in der Handlung selbst, mit anderen Worten: Die Vorgegebenheit ist nur eine solche der Möglichkeit bezüglich ihrer Wirklichkeit, die ihrerseits in der faktischen Umsetzung und Ausdeutung derselben Sinnimmanenz besteht. Das Vorgegebene bleibt dem Dasein somit nicht äußerlich, sondern ist als transzendentale Bedingung der faktischen Verwirklichung in dieser einbehalten. Das „Sicheinspielen auf..." ist folglich nicht ein Sich-anpassen an einen vorgegebenen Grund, sondern das Sicheinstimmen der Faktizität auf die in keiner Weise mehr präexistente, sondern sich nur jeweils im Geschehen der Transzendenz eröffnende Sinnstruktur der Welt.

Diese ursprüngliche Übereinkunft von Dasein und In-der-Welt-sein ermöglicht sodann das „Sich-abspielen" des Daseins, d. h. den Vollzug seiner Existenz als wesenhaft in der Zeit erstreckter und endlicher. Es wäre also unzutreffend, wollte

Spielens kann hauptsächlich das Spiel des Kindes dienen, insofern sich hierbei die „Regeln" spontan in der Tätigkeit selbst ergeben und umgesetzt werden, ohne daß das Kind in den meisten Fällen daran dächte, den von ihm selbst gesetzten Spielregeln eine über die momentane Spielhandlung hinaus für alle künftigen analogen Situationen relevante Gültigkeit zuzusprechen.

1. GA 27, 312.

man sagen, „etwas" spiele sich in der Faktizität ab[1]: Das *sich* Abspielende ist immer ein Wer, nämlich das Dasein, das nicht nachträglich von außen abgespielt wird wie eine bereits vorliegende Schallplatte oder Tonkassette, sondern sich im zeitbestimmten Vollzug seiner Existenz selbst entfaltet, indem es sich zu dem immer schon von Sinn „umspielten"[2] Seienden verhält, das gerade in seinem *Um*spieltsein keinen stabilen Grund mehr hinter oder unter dem Spielgeschehen zuläßt. Insofern das Dasein damit keinen sicheren Seinsgrund mehr hat, wird auch verständlich, warum das Dasein bereits in seiner Existenz bedroht und „aufs Spiel gesetzt"[3] ist: Sosehr das Dasein selbst gefordert ist, das Spiel seiner Transzendenz im Verhältnis zu Seiendem mitzuspielen, sowenig ist es gegen die Schutzlosigkeit seiner Seinsweise gefeit, die es über das zuhandene und vorhandene Seiende hinaushebt. Gerade weil das Dasein im Seinsverständnis immer schon über das Seiende *im Ganzen* hinaus ist, hat es das Seiende *im einzelnen* nicht mehr völlig in der Hand und kann damit nicht verhindern, „daß ihm faktisch so oder so mitgespielt wird in der Dauer seiner Existenz"; zieht es doch aufgrund seiner Unangepaßtheit im Bereich des Seienden die in der Transzendenz aufgebaute Spannung förmlich auf sich, ohne auf einem sicheren Grund zu stehen, der in der Lage wäre, das proportional nicht faßbare Verhältnis von Seiendem und Sein abzufedern.

Das Verhältnis von In-der-Welt-sein und Sein, die vorher schon als aufeinander bezogen, aber nichtidentisch dargestellt worden waren, kann nun dahingehend positiv bestimmt werden, daß das Sein „erspielt", d. h. in dem Spiel der Transzendenz als Verständnis herausgebildet wird:

> „Wir gebrauchen ›Spiel‹ in einem ursprünglichen und zugleich weiten Sinne. Wir fassen die Transzendenz als Spiel, die Transzendenz selbst zunächst hinsichtlich des Momentes des Seinsverständnisses, mithin hat auch dieses Spielcharakter. Wenn wir vom In-der-Welt-sein als Spielen sprechen, dann ist hier nicht gemeint, ein Spiel spielen im vulgären Sinne, nur übertragen und gleichsam vergrößert auf das ganze Dasein, oder gar aber: mit dem Seienden spielen, aber auch nicht spielen mit dem Sein, sondern: das Sein spielen, erspielen, in diesem Spiele erbilden. Vielmehr gilt es, das spezifische Geschehen und seine Bewegtheit zu fassen, die wir mit dem Spielen überhaupt meinen"[4].

Das Sein ist kein „Produkt", das, einmal im Spiel der Transzendenz ausgeformt, sich von ihm ablösen und weiterreichen ließe. Wenn „Seinsverständnis [...] wesenhaft zum Spiel der Transzendenz gehörig, also selbst ein Spiel"[5] ist, dann liegt darin, daß sich das Sein nur jeweils im konkreten Vollzug der Transzendenz erschließt und seine Entborgenheit an keiner festen Entität jenseits dieses spielerischen Geschehens festmacht. Gerade dieses völlige Aufgehen des Seinsverständnisses im Spiel der Welt hat aber etwas Bedrohliches angesichts der Tatsache, daß das Seinsverständnis das ontologische Proprium des Menschen als des Daseins sein soll: In dem Maße, als das Sein nirgendwo anders als in der Transzendenz erspielt

1. Vgl. GA 27, 313.
2. GA 27, 313.
3. GA 27, 313.
4. GA 27, 315.
5. GA 27, 315.

wird, steht beständig auch das ihm verstehend erschlossene Dasein mit auf dem Spiel, ohne jeden Anspruch darauf, daß ihm sein ontologisches Statut auch „an sich" und unabhängig von den Unwägbarkeiten dieses Spiels zukommen müßte:

> „Gerade das sollen wir sehen lernen, daß, was wir Seinsverständnis nennen, nicht die Harmlosigkeit einer Analyse von Kategorien hat, die man mit der Zeit vollständig zusammenbekommt wie eine Münzsammlung, daß das Verständnis des Seins und dieses selbst sich vielmehr bildet mit der Bildung der Welt. In-der-Welt-sein als Transzendenz, als transzendentales Spiel ist immer Weltbildung"[1].

Die transzendentale Verwurzelung des Spiels im Dasein ist nur scheinbar der Garant einer Stabilität der seinsverstehenden Erschlossenheit. Die völlige Lokalisierung des Seins und seiner Erschlossenheit in der mit dem Dasein geschehenden Transzendenz besagt ja gerade, daß die ontologische Wahrheit im ursprünglichsten Sinne völlig vom Einsatz des Daseins abhängt, dem es im Spiel seiner eigenen Transzendenz wiederum um den eigenen, wesentlich seinsverstehenden Seinsmodus geht:

> „Aufs Spiel gesetzt sein, d. h. In-der-Welt-sein, ist in sich selbst Halt-losigkeit, d. h. das Existieren des Daseins muß sich Halt beschaffen. Schärfer gesagt: Das In-der-Welt-sein ist keine dem Dasein angeklebte Eigenschaft, sondern die Seinsverfassung, die ihrem Wesen nach danach verlangt, daß das Dasein sich in ihr hält"[2].

Beide, Sein und Dasein, stehen also auf dem Spiel, verlangen Einsatz und sind im Einsatz, der jedoch nicht in ontischem Aktivismus, sondern im möglichst angemessenen Sicheinspielen auf den nichtgegenständlichen und nur im Seinlassen zu eröffnenden Spielraum der Möglichkeit alles Seienden besteht.

D. Sein und Denken im Spiel der Welt

Die konstitutive Rolle, die Heidegger dem Spiel für alle Formen von Weltverhalten und Seinsverständnis zukommen läßt, stellt scheinbar einen derart offenkundigen Gegensatz zur landläufigen Auffassung menschlicher Rationalität dar, daß ein ausdrückliches Eingehen auf diese Fragestellung unumgänglich ist. Zwar kennt die philosophische Tradition seit Parmenides das Motiv einer ursprünglichen Korrelation von Sein und Denken, doch ist dieses Ent-sprechungsverhältnis, das sich in der Folgezeit in der herrschenden Rolle des λόγος konsolidiert, nicht unbedingt gleichbedeutend mit dem Heideggerschen „Gestimmtsein" und „Sicheinspielen" des Daseins auf das den Zugang zum Seienden eröffnende Sein. Der Hauptunterschied liegt darin, daß bei Heidegger das Spiel der Transzendenz zwar das (ausdrücklich ontologisch formulierbare) Seinsverständnis und damit *a fortiori* auch die verschiedenen Formen ontischer Erkenntnis am Leitfaden der Logik ermöglicht, doch ist dieses Spiel *zugleich* und *als solches* „Spiel des Lebens", d. h. das Spiel eines Phänomens, das sich in rational nicht weiter ableitbaren, aber nichtsdestoweniger sinnhaften Bezügen verwirklicht.

1. GA 27, 314.
2. GA 27, 336.

Die *Einleitung in die Philosophie* geht insofern über den frühen Ansatz der Lebensproblematik in den ersten Freiburger Vorlesungen hinaus, als sie sich nicht darauf beschränkt, das Leben als vorrationales „Urphänomen“ darzustellen, sondern es in positiver Weise in die entelechetischen Spielbezüge der Transzendenz als der Bedingung aller Phänomenalität hinein auflöst. Es gibt also nicht nur keinen rationalen „Grund“, sondern auch nicht einmal mehr einen ihm vorausgehenden „Erfahrungsboden“ des ursprünglichen Erlebens, da das Dasein sich vollends aus dem von ihm selbst zu vollziehenden Mitspielen im Beziehungsgeflecht der Transzendenz her bestimmt. War die Entthronung des Paradigmas der Rationalität bei gleichzeitiger Kritik an den eben nur „irrationalistischen“, gerade deswegen aber der Rationalität verhafteten Denkrichtungen schon in der Zeit der ersten Freiburger Lehrtätigkeit ein Leitmotiv Heideggerschen Denkens, so bezieht sich das Zurückfragen hinter die scheinbar ausschließliche Alternative „Rationalität-Irrationalität“ nunmehr weit weniger auf die Vertreter der unmittelbar zeitgenössischen Strömungen in der Philosophie als vielmehr auf die großen Entwicklungslinien innerhalb der Geschichte der Metaphysik als ganzer:

> „Überwindung der Herrschaft der Logik bedeutet nicht Verteidigung des Irrationalismus, auch nicht die Bejahung der Lebensphilosophie. Wenn wir historisch orientieren, wäre eher zu sagen: Die Motive, die sich in der abendländischen Philosophie zur Bestimmung des Wesens der Philosophie vordrängten, sind in der ganzen Weite und Gleichursprünglichkeit einheitlich zu begreifen, d. h. nicht eklektisch, sondern aus der Exposition der Grundprobleme selbst, der Transzendenz zu entwickeln“[1].

Mit den Namen Parmenides, Platon, Kant und Hegel sind bereits die ganz großen Linien der geschichtlichen Entwicklung der Problematik von λόγος und Vernunft abgesteckt[2], und die Frage nach der „Herrschaft des λόγος und der Logik in der Metaphysik“[3] verlangt danach, zu dem vorderhand nur in einem transzendentalen Deutungsschlüssel entwickelten Begriff des Spieles in Beziehung gesetzt und von ihm her gedeutet zu werden. Wohl macht Heidegger darauf aufmerksam, daß die ältesten antiken Philosophen mit der Frage nach der ἀρχή nicht nur auf das abzielen, woraus die synchron in ihrem Hier und Jetzt anvisierten Dinge bestehen, sondern mit ἀρχή auch die Ur*geschichte* der Dinge meinen und somit den Grund aus der Zeit heraus deuten[4], doch zieht er selbst noch nicht ausdrücklich die Konsequenzen daraus, auch die Geschichte der Metaphysik und ihres Beherrschtseins durch die Logik vom Spiel her zu deuten, das er als die grundlose Grundstruktur der Transzendenz und des Seinsverständnisses überhaupt erkannt hat.

Trotz dieses teilweise nur rudimentär ausgeführten Neuansatzes der Deutung von Transzendenz und Seinsverständnis im und als Spiel lassen sich zumindest einige Hinweise darauf gewinnen, wie die ontischen Wissenschaften vor diesem Hintergrund zu verstehen sind. Hält man sich vor Augen, daß bei einer Konzeption des Seinsverständnisses als Spiel Wahrheit und Erschlossenheit keinerlei spieltranszen-

1. GA 27, 330f.; vgl. auch GA 27, 320.
2. Vgl. GA 27, 317ff.
3. GA 27, 319.
4. Vgl. GA 27, 383ff.

dente Wirklichkeit besitzen, so hat dies auch weitreichende Folgen für das Selbstverständnis der „positiven" Wissenschaften. Zwar steht, oberflächlich betrachtet, wie schon früher die Bedeutung des „Satzes" für die Konstitution wissenschaftlichen Denkens in Frage, doch zielt die Argumentation diesmal nicht nur auf den satzhaften oder nicht satzhaften Charakter des „letzten Grundes" oder „ersten Prinzips" der Wissenschaften, sondern stellt auch unabhängig von den Grundlagenproblemen die innere Bestimmung der Wissenschaft als eines nach und nach herauskristallisierten und damit verfügbaren Zusammenhanges von Sätzen in Frage[1]. Ereignet sich Wahrheit überhaupt nur im Spiel der Welt, und sind auch die ontischen Wissenschaften ein Sich-halten in dieser stets neu zu erspielenden Erschlossenheit, dann erweist sich das Paradigma des Aussagesatzes „S ist P" nicht nur im Bereich der Frage nach dem Grund als unzureichend, sondern greift bereits zu kurz, wenn es darum geht, das ontisch orientierte Wahrheitsphänomen der Einzelwissenschaften angemessen zu deuten.

Mit der umfassenden Destruktion des Satzes als des Ortes wissenschaftlicher Erkenntnis überhaupt verläßt Heidegger im Hinblick auf die Beziehung von Philosophie und Wissenschaft, aber auch bezüglich der Relationen der Einzelwissenschaften untereinander definitiv das imaginäre Muster von vertikaler Schichtung bzw. horizontaler Gleichordnung. An die Stelle dieser in beiden Fällen linearen Schemata tritt nun die komplexe, am ehesten noch mit einer Netzstruktur vergleichbare Verknüpfung der Welt als ganzer bzw. ihrer einzelnen Bereiche. Der Weltbegriff wird somit auch im Hinblick auf die Wissenschaften zu einem nicht extensional, sondern sinnhaft zu verstehenden Ausdruck für die Gesamtheit der Regelzusammenhänge, die alle nur möglichen Verhaltensformen des Daseins gegenüber dem Seienden im Ganzen wie auch seinen einzelnen „Untermengen" umfaßt. Heidegger schreibt:

> „Aber Problem ist gerade die Ganzheit eines solchen auf das Dasein wesenhaft orientierten Ganzen [...]. Was bestimmt werden muß, ist die spezifische Ganzheit des ganzen Seins, das je im Dasein verstanden ist, die innere Organisation dieser Seinsganzheit, die wir nicht von theoretisch ausgebildeten Ontologien her als eine Aufschichtung und ein Nebeneinander von Regionen fassen dürfen"[2].

Und die Fußnote zu diesen Ausführungen bringt in stenogrammartiger Kürze die Problematik auf den Punkt:

> „Die spezifische Ganzheit dieser metaphysischen apriorischen Spielregeln, die je ein faktisches Spiel des Lebens möglich machen"[3].

Damit wird unmißverständlich klar, daß auch die Einzelwissenschaften in ihrer Identität nicht durch die Absteckung eines „Gegenstandsgebietes" und die Zuweisung je eigener axiomatischer Grundsätze als deduktiver Ausgangspunkte zu definieren sind, sondern aus den Spielregeln heraus begriffen werden müssen, die die unterschiedlichen Verhaltungen der faktischen Existenz immer schon bestimmen. Die

1. Vgl. GA 27, 48f.
2. GA 27, 309.
3. GA 27, 309.

Welt als „Ganzheit des Seienden“ ist kein Konglomerat bereits vorliegender und nachträglich zu klassifizierender Elemente, sondern Ausdruck der Tatsache, daß das Dasein sich zu Seiendem immer schon gemäß bestimmter Regeln verhält, die – unbeschadet ihrer konkreten Verschiedenheit – alle miteinander verbunden sind und in ihrer Gesamtheit den Spielraum der seinsverstehenden Transzendenz eröffnen. Dementsprechend ließen sich die einzelnen Wissenschaften als unterschiedliche Spiele fassen, in denen sich das „seinlassende“, d. h. wesenhaft spielerische, gerade deshalb aber regelgebundene Verhältnis des Daseins zum Seienden im Ganzen dadurch ausprägt, daß es die jeweiligen Grundregeln schärfer faßt, als dies im Bereich des Alltäglichen erforderlich und sinnvoll wäre, und dabei gegebenenfalls zur Formulierung neuer Regeln kommt. Doch bleibt dabei festzuhalten, daß auch eine solche Präzisierung und Erweiterung der Spielregeln dem verstehenden Bezug zu Seiendem nichts von seinem wesentlich bezugshaft und nicht begründungshaft aufzufassenden Charakter nimmt. Somit ist die Wissenschaft also nicht nur in bezug auf die sie ermöglichende, doch nicht regional zu fassende Philosophie „ohne Grund“, sondern erweist sich selbst in ihrem eigenen Binnenbereich als grundlose, gleichwohl aber sinnbestimmte Verflechtung gewisser im Dasein verwirklichter oder doch zu verwirklichender Modi des Verstehens von Seiendem.

E. Das Spiel als Bewegung des Daseins zwischen nichtpolarisierten Extremen

Bereits anläßlich der ersten Erörterung des „Seinlassens“ von Seiendem war kurz das Thema einer Überwindung der Intentionalität in ihrer theoretisch-erkennenden wie in ihrer teleologisch-handlungsorientierten Form angeklungen. Diese „metaphysische Gleichgültigkeit“ des Daseins wird von Heidegger nun im Sinne des energetischen Spielcharakters der Transzendenz so ausgeführt, daß sie sich nicht als ein neutrales Über-den-Extremen-stehen, sondern im Gegenteil als ein beständiges und gleichmäßiges Hin- und Herbewegen zwischen den von keiner wie immer gearteten, einsinnig ausgerichteten Vorstruktur klassifizierten Extremen darstellt:

> „So habe ich von verschiedenen Seiten her Hinweise gegeben dafür, daß die Endlichkeit des Daseins nicht in einer Beschränktheit von Eigenschaften besteht, sondern in der Art und Weise, wie das Dasein existiert. Diese Nichtigkeit im Wesen des Daseins bekundet also, daß das Dasein ständig ein Wägen und Wagen, Fallen und Steigen, Nehmen und Geben ist – all das nicht als Resultat und Produkt des Zusammenstoßes von Seiendem mit Seiendem, sondern als Seinsart des Daseins selbst, d. h. als Spiel, auf das der Mensch gesetzt ist. Dieses Spiel ist das Wesentliche dessen, was wir die Welt nennen, die als Welt nur weltet im und als In-der-Welt-sein. [...] Erst im Hinblick auf die ursprüngliche Nichtigkeit des Daseins erhält alles sogenannte Positive seine Kraft und Einzigkeit, aber nicht etwa dadurch, daß wir der Nichtigkeit des Dasein ausweichen und die Augen schließen vor dem Spiel, auf das wir gesetzt sind“[1].

Die so oft beschworene „Nichtigkeit“ bzw. ursprüngliche „Negativität“ der Existenz ist also kein leeres Nichts, sondern ergibt sich aus der Unmöglichkeit des Daseins, auf einem Etwas definitiv zur Ruhe zu kommen. Die Endlichkeit des

1. GA 27, 336.

Daseins „ist" eigentlich nicht, sondern geschieht in der ständigen Bewegtheit in den zwischen verschiedenartigen Gegensätzen aufgespannten Spielräumen. Im besonnenen Nachdenken wie im restlosen Aufs-spiel-setzen („Wägen und Wagen"), im rational nicht zu mildernden Abgrund wie im transzendenzhaften Überstieg („Fallen und Steigen"), in der freien Aufgeschlossenheit für das Sein wie in der Bereitschaft, sich an das zu Erschließende zu verlieren („Nehmen und Geben") manifestiert sich *gleichermaßen* die Wahrheit des Seins, die nicht weniger „negativ" als „positiv" und ebenso „beglückend" wie „bedrohlich" ist. Sah es bisher so aus, als sei das Dasein der alleinige Akteur beim Freilegungsgeschehen der ἀ-λήθεια, so zeigt sich nun, daß trotz allen „Einsatzes" im ernsten Spiel der Transzendenz auch ontologisch gesprochen *actio* immer gleich *reactio* ist:

> „Aus dem, was nun über die Geworfenheit gesagt wurde, ergibt sich, daß auch die frühere Charakteristik des In-der-Wahrheit-seins nur eine vorläufige sein konnte. Das In-der-Wahrheit-sein als Offenbarmachen ist nicht einfach ein indifferentes Aufdecken von Seiendem und Betrachten desselben, sondern alles Offenbarmachen des Seienden ist in sich ein Durchwaltetsein vom Seienden"[1].

Dieses Schon-umfangen-sein von der Übermacht des Seienden fordert das Dasein dazu heraus, sich in ausdrücklich-verstehender Weise mit dem Seienden auseinanderzusetzen[2], wobei alles Aufdecken und Ins-Licht-rücken vorontologischer, ontischer und ausdrücklich ontologischer Zusammenhänge doch immer getragen wird von der meistens verborgen bleibenden und doch stets im Spiel befindlichen Nachtseite aller Phänomenalität, die notwendigerweise im Dunkeln *gelassen* werden muß, damit überhaupt anderes erscheinen kann. Sosehr sich die Philosophie des λόγος und der *ratio* bemüht, zum Ersten vorzudringen und bei ihm anzufangen, so ist doch auch dieses Erste nur das Zweite gegenüber dem eigentlich Ersten, das immer schon angefangen hat, gegenüber dem Anderen seiner selbst aber keine eindeutige chronologische Ausrichtung geltend macht. Auch zwischen dem Dunklen und dem Hellen des Denkens, zwischen dem sichtbar Sich-Entfaltenden und dem es verborgen Bestimmenden, gibt es weder Priorität noch Unterordnung, weder Vorher noch Nachher, sondern nur den gleichmäßig und immer wieder zu durchlaufenden Spielraum vom einen zum anderen, die beide in je eigener Weise Anfang und Ende füreinander sind.

1. GA 27, 342.
2. Man kann das Übermächtige natürlich – entsprechend der von Heidegger selbst vorgegebenen Zweiheit von „Bergen" und „Halten" – in Richtung auf die Problematik des Religiösen und der Gottesfrage weiterverfolgen, um so mehr, als Heidegger schon in GA 26, 211 Anm. 3 „das Verstehen von Sein als *Übermächtigem*, qua Heiligkeit" (Hervorhebung im Original) im Phänomen der Transzendenz selbst verwurzeln will (vgl. J. GREISCH, »Das große Spiel des Lebens und das Übermächtige«, in: *„Herkunft aber bleibt stets Zukunft". Martin Heidegger und die Gottesfrage* [Schriftenreihe der Martin-Heidegger-Gesellschaft, Bd. 5, hrsg. von P.-L. Coriando], Frankfurt a. M. 1998, 62ff.). In unserem Zusammenhang ist aber der zweite, auf die Philosophie bezogene Aspekt der „Haltung" entscheidender, insofern das „Durchwaltetsein vom Seienden" auf ein Geschehen verweist, das sich ohne eigenes „Zutun" des Daseins vollzieht, nichtsdestoweniger aber von ihm in denkerischer Weise ausgehalten und ausgestanden werden muß, nämlich das Ereignis des Seins in seiner Geschichte.

4. DIE PHÄNOMENALEN GRUNDBEWEGUNGEN IN DER ERSTEN PHASE DES HEIDEGGERSCHEN SPIELDENKENS

Betrachtet man die Grundzüge der Entwicklung, die Heideggers Spieldenken von den Anfängen seiner Lehrtätigkeit an bis etwa 1928/29 durchläuft, so lassen sich trotz mehrerer oft parallel laufender Motivstränge und vielfacher Überschneidungen doch verschiedene aufeinanderfolgende Grundkonstellationen ausmachen, die dieser Entwicklung eine innere Artikulation verleihen. Ihr gemeinsamer formaler Bezugspunkt ist dabei das Verhältnis des Daseins zu dem auf jeweils charakteristische Weise abwesenden Grund sowie der ontologische Ort, an dem sich diese Abwesenheit ereignet. Das Spiel zeigt sich also vorwiegend in Form des „Ab-grundes", wobei der eigentliche Kernpunkt nicht so sehr in der Negativität des „Ab-" liegt als vielmehr in dem auf je eigene Weise damit eröffneten Freiraum.

4.1. Figuren der Abwesenheit des Grundes

4.1.1. Der gegebene Ursprung

Während der ersten Freiburger Periode findet das Problem des Grundes seinen Ausdruck in der Frage nach dem Verhältnis zwischen der intentionalen Struktur der theoretisch-phänomenalen Einstellung und der sie bedingenden Sphäre des ursprünglichen phänomenalen Erlebens. In bezug auf die einzelnen intentionalen Akte ist der konkret erlebte „Erfahrungsboden" dabei insofern „abwesend", als er zwar die Dynamik der einzelnen, explizit intentionalen Bezüge trägt und ermöglicht, aber von der Natur der Sache her selbst nie unmittelbar in das Gegenstandsfeld ihrer Blickrichtung geraten kann. Zwar ist es möglich, wie Heidegger es fordert und auch praktiziert, diese quellende Ursprungshaftigkeit des Lebens *als solche* zum Thema einer nicht mehr erklärenden, sondern nur noch explizierenden Phänomenologie zu machen, doch wird damit strenggenommen der Bereich der theoretischen Intentionalität zugunsten eines mitgehenden Nachvollzuges verlassen. Die Nicht-gegenwart des Ursprungs im Feld des Objektivierend-Intentionalen ist somit nicht im Sinne einer zeitlichen, sondern einer modalen Abwesenheit zu verstehen, die nur durch ein Zurückgehen hinter die objektivierende Einstellung zugunsten eines nachvollziehenden Zugleich durchbrochen werden kann.

Die an-intentionale Bedingung alles theoretischen Betrachtens ist somit zwar *vor*gegeben, doch in einer Art und Weise, die dem Bedingten selbst nicht direkt erschlossen ist. Erst durch das Zurückspringen aus der explizit intentionalen Haltung in ihren phänomenalen Grund wird der bis dahin abwesende Ursprung in seiner immer schon wirksamen Vorgegebenheit erkennbar, wenn auch nicht direkt in objektivierender Weise anvisierbar. Obwohl die Dominanz der zwischen Subjekt- und Objektpol aufgespannten Intentionalität damit gebrochen wird, bleibt die für sie charakteristische Grundrichtung jedoch insgesamt beherrschend: Sosehr Heidegger auch versucht, das Urphänomen des Lebens nicht mehr in linearen Objektbezügen, sondern in Form eines sich in alle Richtungen erstreckenden Geflechtes von Sinnbezügen zu denken, bleibt doch eine grundsätzliche Asymmetrie bezüglich des Verhältnisses von Urphänomen und abgeleiteter Phänomenalität erhalten. Das Entspringen der vortheoretischen Fülle der Erlebnisse bleibt letztlich auch und gerade vom Standpunkt eines nachvollziehenden Mitgehens derjenige ontologische Ort, von dem sich alle Intentionalitätsmodifikationen herleiten, der aber seinerseits auch im Rückgang auf die Ebene der vortheoretischen Phänomenalität nur *in* dieser einsinnig zu durchlaufenden Beziehung erkennbar wird. So, wie das intentionale Objekt nie ohne den für seinen Phänomenstatus konstitutiven Subjektpol sein kann, so ist auch die intentionale Struktur der Einzelphänomene insgesamt in ihren diversen Modifikationen letztlich kein kommensurabler Gegenpol zu ihrem Ursprung, sondern empfängt sich aus ihm her, ohne seiner letztlich mächtig zu sein.

4.1.2. Der als abwesend entworfene Grund

In einem zweiten Schritt, der der Zeit der Marburger Vorlesungen und vor allem *Sein und Zeit* selbst zuzuordnen ist, wird die Abwesenheit des Grundes nicht als unableitbare Gegebenheit verstanden, sondern gerät in eine besondere, wenn auch nicht mehr intentional zu fassende Beziehung zum Dasein. Der Grund – d. h. in diesem Kontext: der Sinnhorizont für das Verständnis von Seiendem in seinem Sein – liegt nicht einfach vor, sondern muß vom Dasein in seiner Existenz selbst entworfen werden, insofern sein Weltbezug einerseits die Bedingung des Verstehens des einzelnen Seienden abgibt, ihm andererseits aber nicht einfach wie eine Eigenschaft anhaftet, sondern sich nur im beständigen Vorauswurf seiner Existenz insgesamt als Möglichkeit vollzieht. Insofern das Dasein in seiner Existenz wesentlich nicht durch die Gegenwart, sondern durch Zukunft und Vergangenheit, d. h. durch die Zeitdimensionen der „Abwesenheit", gekennzeichnet ist, ist auch der von ihm entworfene Grund des Seienden kein zu einem bestimmten Zeitpunkt hergestelltes und dann ein für allemal vorliegendes Produkt, sondern das stets aufs neue sich vollziehende Zusammenwirken der beiden nichtgegenwärtigen Zeitdimensionen im Entspringenlassen von ungegenständlichem Sinn.

Insofern der nichtseiende Horizont der Gegenständlichkeit aber nichts dem Dasein Äußerliches, sondern der Spielraum seiner existenzialen Freiheit ist, ist auch der Entzug, der sich in der Unanschaulichkeit der reinen Anschauung der Zeit manifestiert, noch ein Phänomen, das sich im Rahmen der Endlichkeit und ursprünglichen Negativität des Daseins selbst interpretieren läßt. Nicht zufällig knüpft Heidegger an Kants Konzeption der Vorstellungs*kraft* an, die die Fähigkeit des Subjekts bezeichnet, sich Gegenstände auch in deren Abwesenheit (d. h. bei fehlender empirischer Anschauung) vorzustellen und in freier Weise miteinander in Beziehung zu setzen. Die Leere, innerhalb derer sich Vorstellungen aller Art ihr Stelldichein geben können, ist dabei nicht schlechthin nichts, sondern das Sich-zurückziehen dessen aus der Anschauung, was Anschauung überhaupt ermöglicht. Insofern dieser ungegenständliche Horizont aber Frucht des Entwurfes durch das Dasein ist, entwirft dieses somit den sich entziehenden Grund in seiner Ungegenständlichkeit.

Damit wird das Dasein selbst zum Ursprung seines eigenen Abgrundes; nimmt es doch nicht einfach mehr phänomenal Vorgegebenes in möglichst ursprünglicher Weise entgegen, sondern wird zum Entwerfer des phänomenalen Horizontes insgesamt, der als solcher nie gegenwärtig werden kann, sondern im Aufklaffen seiner eigenen Abwesenheitsdimensionen Gegenständliches gibt. Die Fülle des Grundes ist hier eine negativ-unerschöpfliche, insofern sie sich für immer neue Einzelbegegnungen mit Seiendem in gründender Weise zurückzieht, doch bleibt ihre Rolle zu diesem Zeitpunkt noch weitgehend auf diesen – wenn auch gegenüber der metaphysischen Tradition modifizierten – Gründungscharakter für Seiendes beschränkt, ohne eine Deutung für die Entwicklung der metaphysischen Konzeption des Grundes aus dem Grund selbst her zu geben.

4.1.3. Die Spielbezüge des Gründens

Der dritte Moment in der schrittweisen Modifikation der Phänomenalität des Grundes zeichnet sich in »Vom Wesen des Grundes« und vor allem in der *Einleitung in die Philosophie* ab, insofern dort die mit der Problematik des Grundes untrennbar verbundene Transzendenz zunehmend ihren einheitlichen Horizontcharakter verliert und mehr und mehr als innere Geschehensstruktur des mehrfach gegliederten Bezuges von Dasein und Seiendem erscheint. Das Sein als selbst nicht „seiender" Sinnhorizont für Seiendes ist auch diesmal nicht „anwesend", doch läßt sich sein Status nicht mehr eigentlich in bezug auf den vom Dasein zu vollziehenden „Entwurf" bestimmen. Liegt im „Entwerfen" noch immer ein Rest von – wenngleich vortheoretisch-ungegenständlicher – Intentionalität (was sich schon in der Formulierung des „*Woraufhin* des Entwerfens" widerspiegelt), ist das Sein nunmehr zu „erspielen", und zwar in einer geschehensimmanenten Weise, die nicht von vornherein den Spielraum der Einbildungskraft aufspannt, sondern das nichtgegenständliche Sein erst nach und nach „erbilden" muß. Nicht einmal die „Abwesenheit" des Seins in seinem gründenden Rückzug vom Seienden ist noch „anwesend", d. h. ein für allemal dem Verstehen „gegeben", sondern bildet sich in der reinen Dynamik des Spieles der Transzendenz und ist nicht ablösbar von seinem Vollzug. Für das Dasein bedeutet dies, daß es die Transzendenz, in der das Sein erspielt wird, nicht einfach besitzt, sondern sich auf die sich im Spiel bildenden und umbildenden Regeln dieser Vollzüge „einstimmen", d. h. „einspielen" muß gemäß den Erbildungsstufen des zu erspielenden Seins.

Das Dasein befindet sich hier also in der Lage, nicht durch eine Aktivität im herkömmlichen, transitiven Sinn zum Nichterscheinenden in Beziehung zu treten, sondern durch ein Ablassen von aller auch horizonthaft ausgerichteten Intentionalität zugunsten einer ab-sichtslosen Sinnimmanenz des Tuns. Es gilt nicht mehr, auf etwas *hin*zusehen, sondern die Abwesenheit des phänomenalen Grundes selbst in seiner Zurückgezogenheit als Freiraum zu erfassen, in dem sich die nicht-orientierte Bewegung des Erspielens in ihrem bleibenden Hin und Her entfaltet. Die Abwesenheit des Grundes kann damit endgültig nicht mehr „geortet" werden (auch nicht mehr als „Horizont" für Seiendes, das er *nicht* ist), sondern ist in jeder Richtung und in jedem Moment des Spielvollzugs gleich viel oder gleich wenig anzutreffen. Die Unterscheidung „Grund-Gegründetes" ist definitiv nicht mehr in welcher Weise auch immer „räumlich" (als „Schichtung", „Außerhalb-Innerhalb" usw.) zu verstehen, sondern tritt an jedem Moment des Spieles nur noch in der Unterschiedenheit zwischen dem jeweils durchlaufenen Moment und der es durchlaufenden Dynamik hervor.

Die drei Figuren des abwesenden Grundes deuten bei analoger Fortsetzung der verschiedenen Haltungen des Daseins und der Abwesungsformen von Grund eine vierte Konstellation an, in der das Dasein wiederum als annehmendes auftritt, doch diesmal nicht einfach für einen abwesenden Grund, sondern für diese Abwesenheit als solche in ihrem Geschehen. Der von der theoretischen Intentionalität nicht zu erfassende Boden des Urphänomens ist zwar nicht als solcher in seinem ontologischen Ort, wohl aber in seiner unerklärlichen, unergründlichen Dynamik etwas dem auslegenden Dasein Äußerliches, das auf es „zukommt", nicht „gemacht" oder „konstituiert" ist. Der Spielraum der Einbildungskraft ist sodann in seinem Entwurf durch das Dasein das Geschehen des Ab-grundes *im* Dasein selbst, insofern der in ihm selbst entworfene Freiraum für Gegenständlichkeit überhaupt zugleich das Signum der Bezüglichkeit und damit Endlichkeit der eigenen Existenz darstellt. In einem dritten Schritt fängt das Sich-entziehen des Grundes an, sich aus seiner strukturellen Verankerung im Dasein zu lösen, indem es sich in einen Spielvollzug verlagert, in dem das Dasein zwar mitspielen kann und muß, zu dem es aber nicht mehr in Entwurf und Entschlossenheit, sondern durch Gelassenheit und Gestimmtheit den Zugang findet. Als Viertes wäre somit wieder ein Hinaustreten der Abwesenheit des Grundes aus dem Dasein und seinen transzendentalen Strukturen zu erwarten. Die produktive Leere des Spielraumes des Grundes kann sich letztlich nicht aus der Einbildungskraft des Daseins her erklären, sondern muß in einem Geschehen zu suchen sein, in dem das Dasein angewiesen ist, das Sich-versagen des Grundes entgegenzunehmen und als solches freizulegen.

4.2. Figuren des Spielraumes

Die Neubestimmung des Verhältnisses von Dasein, Phänomen und Grund bringt es mit sich, daß die herkömmliche Gegenüberstellung von Subjekt und Objekt nicht mehr beibehalten werden kann. Nichtsdestoweniger wird damit die das Verstehen ermöglichende, strukturierte Bezüglichkeit als solche nicht negiert, sondern anderen Instanzen zugewiesen und in anderer Weise ausgerichtet als in der funktionalen Dualität von Bewußtseinspol und Gegenstandspol. Die „Vielheit" dieser Struktur wird in unterschiedlichen Konfigurationen entwickelt, die teils das Motiv der Zweiheit, wenn auch in anderer Form, wiederaufnehmen, teils aber das binäre Schema überhaupt aufgeben und den Raum des Verstehens in drei bzw. vier „Richtungen" aufbrechen.

4.2.1. Die Zweiheit von Urphänomen und Einzelphänomen

Der erste Gestus bei der Überwindung des Subjekt-Objekt-Paradigmas besteht darin, die vorgebliche Dominanz dieses theoretischen Schemas durch den Hinweis auf ihre Herkunft aus einem ursprünglicheren Weltverhalten zu brechen. In dem Moment, wo das Subjekt-Objekt-Denken nicht mehr die gesamte Sphäre der Wirklichkeitsbetrachtung erfüllt, sondern in seiner Bedingtheit und Relativität gegenüber dem ursprünglichen phänomenalen Erleben erkennbar wird, tritt der Spielraum zwischen dem Erlebnisboden und jeder anderen Form abgeleiteter, intentionaler Einstellung zutage, der durch keine nachträgliche Reflexion adäquat geschlossen werden kann. Das Dasein bewegt sich somit zwangsläufig in einem Zwischenraum, der nicht zwei gleichwertige Extreme verbindet, sondern sein Gravitationszentrum letztlich im Ursprungsboden des Lebens hat. Wohl kann und soll das Dasein, ausgehend vom Boden der unmittelbaren phänomenalen Erfahrung, dieses Urphänomen auslegen und entfalten, doch kehrt die Bewegung des Verstehens letztlich wieder in den Grund zurück, aus dem sie selbst hervorgegangen ist, insofern ihre eigene Motivation wiederum als Manifestation des Verhältnisses des Lebens zu sich selbst gedeutet wird. Das Verstehen hat kein freies Spiel, sondern tendiert immer wieder zu seinem Zentrum und Ursprung, dem vortheoretischen Erfahrungsboden, von dem aus es sich nur zeitweise und in bleibender Abhängigkeit von ihm abzustoßen in der Lage ist. Die Zweiheit ist also insofern asymmetrisch, als das Leben nicht „eine" Komponente von zweien, sondern das schlechthin „Eine" der phänomenalen Ursprünglichkeit ist, das alles ihm nachträglich entgegengesetzte „Andere" immer schon in sich begreift.

4.2.2. Die Vielfalt des Grundes im Horizont der Zeit

Im Zusammenhang mit seiner ausdrücklichen Anknüpfung an das Problem des Grundes in der Aristotelischen Philosophie stellt Heidegger die Frage nach dem Sinn der Vierzahl, in die das Phänomen des Grundes dort unterteilt wird. Da Aristoteles an anderer Stelle jedoch auch nur von drei Formen von Grund spricht, stellt das Verhältnis „Drei" zu „Vier" das Hauptmotiv in Heideggers diesbezüglichen Erwägungen dar, wenn sich die Zahlen auch nicht direkt auf die unterschiedlichen Arten von Gründen beziehen, sondern auf die Gliederung ihres Sinnhorizontes.

Zum einen betrachtet Heidegger das Problem des Grundes im Zusammenhang mit der Frage nach dem Phänomen der Wahrheit und seiner Artikulation. Dabei betont er die doppelte Aufspaltung, die sich einerseits innerhalb der aus Subjekt und Prädikat bestehenden Satzstruktur und andererseits zwischen der Satzaussage als ganzer und ihrem prädikativen Bezug zum besprochenen Seienden auftut. Die zugleich verbindende und trennende Satzstruktur kann dabei wiederum als von der Wirklichkeit „getrennt" – d. h. unzutreffend – bzw. als mit ihr „übereinkommend" gedacht werden, so daß sich vier verschiedene, sich miteinander kreuzende Konstellationen ergeben, die das Geviert der Prädikation in ihrer möglichen Wahrheit und Falschheit eröffnen.

Diese Betrachtung des Wahrheitsphänomens ausgehend von der Ebene der Satzwahrheit ist jedoch insofern unzureichend, als sie das nicht mehr logisch zu begründende Warum des Zugangs des Daseins zum besprochenen Seienden unberücksichtigt läßt. Wenn sich die Satzwahrheit auf Seiendes beziehen und sich an ihm messen soll, dann kann der Grund für dessen Verstehbarkeit nicht selbst innerhalb der vier Strukturmomente der Prädikation liegen. An dieser Stelle tritt die Dreierstruktur des Grundes in Konkurrenz zu seiner viergliedrigen Figur: Das Verständnis von Seiendem in seinem Sein vollzieht sich für Heidegger in vorprädikativer, doch keineswegs monolithisch-homogener Weise am Leitfaden des Sinnes, den die Zeit in ihrer existenzialen Form sowohl für den Umgang mit anderem Seienden als auch in bezug auf das eigene Sein vorgibt. Das zu besprechende Seiende ist auf ursprüngliche Weise im dreifach gegliederten Zeithorizont von Gegenwart, Vergangenheit und Zukunft verstanden und in seinem Sinn von ihm her gegründet. Insofern der welthafte Horizont für das Verstehen von Seiendem dem freien Entwurf des Daseins entspringt, ist das Phänomen der Grundes im ursprünglichen Sinne also die dreifache Ungegenständlichkeit der Zeit, die den Sinnhorizont für Seiendes vorgibt und mit diesem Verstehen überhaupt erst sprachliche Artikulation, Satzwahrheit und deren Begründung ermöglicht.

4.2.3. Die Vielfalt im Bereich der Seinsfrage

Der sich in einem eigenartigen 3/4-Takt bewegende Bezug zwischen den traditionellen Formen des Grundes und dem nicht seienden, sondern zeitlichen Ursprung des Sinnes von Grund ist indes nicht das einzige Beispiel für das spannungsreiche Verhältnis der verschiedenen Ansätze der Vielheit des Grundes. Das im Grundphänomen des In-der-Welt-seins vorgegebene Problem der Transzendenz des Daseins, die sich nicht mehr mit der Frage nach dem Subjekt-Objekt-Bezug deckt, sondern sich auf sein ursprünglich gegebenes Seinsverständnis bezieht, setzt diese Schwierigkeit im Hinblick auf die Seinsfrage fort, in der sich diesmal das innere Verhältnis 2:3 wiederfindet.

Die Dreiheit ist zum einen von der Struktur der Seinsfrage insgesamt vorgegeben, wie sie Heidegger vor und in *Sein und Zeit* entwickelt, zum anderen entfaltet sie sich in einem ihrer Elemente: Die Seinsfrage geht demnach vom Seienden als dem *Befragten* aus, das sie auf sein Sein als das *Gefragte* hin befragt. Mit diesen beiden Komponenten der Frage hat es jedoch nicht sein Bewenden, sondern das Fragen geht letztlich auf das *Erfragte*, nämlich den Sinn von Sein als den Gesichtspunkt, der die Frage nach dem Sein leitet. Obwohl in dieser Fragestruktur die ersten beiden Aspekte – befragtes Seiendes und gefragtes Sein – bereits die „Termini" der ontologischen Differenz zum Ausdruck zu bringen scheinen, ergeben sich doch zwei Probleme: Zum einen paßt das dritte Element dieser Fragestruktur – der Sinn von Sein als Horizont für die Ausrichtung der Frage – eigentlich nicht in diese duale Struktur hinein, zum anderen sind auch die ersten beiden Strukturelemente noch nicht auf das Seiende überhaupt und das Sein als solches bezogen, sondern auf den Bereich des Daseins als des besonderen, zu befragenden Seienden und *sein* Sein eingeengt. Damit liegt die Folgerung nahe, man könne in diesem Stadium noch nicht wirklich von „ontologischer Differenz" sprechen; vielmehr bilde diese sich erst in dem Moment heraus, wo die dreigliedrige Form der Seinsfrage aus *Sein und Zeit* aufgegeben werde[1].

Diese Antwort ist jedoch nicht voll befriedigend, um so mehr, als die Zeit auch in den auf *Sein und Zeit* folgenden Schriften, Manuskripten und Vorlesungen keineswegs verschwindet bzw. dem Denken der Differenz als des „Ereignisses" untergeordnet wird[2], sondern vielmehr in der Form des „Zeit-Spiel-Raums" den Raum eröffnet, in dem sich die untrennbare Zweiheit von Ereignis *und* Enteignis, von Gegebenheit *und* Entzug des Seins in geschichtlich-epochaler Weise vollzieht. Die sich in der Zeit als dem „Sinn von Sein" aufspannende Dreiheit der Zeitdimensionen wird also nicht von der Zweiheit der ontologischen Differenz abgetrennt, sondern gibt als Zeit-Raum den im Verlauf der Philosophiegeschichte verschieden ausgeprägten Formen der Abwesenheit des Grundes in der Differenz erst den Sinn ihrer geschichtlichen Entwicklung und Aufeinanderfolge vor[3].

1. Vgl. J.-L. MARION, »Question de l'être *ou* différence ontologique«, in: *Réduction et donation*, 194ff.
2. So die Behauptung bei J.-L. MARION, »Question de l'être *ou* différence ontologique«, in: *Réduction et donation*, 196.
3. Dies ist der Deutungsansatz des Zeit-Spiel-Raumes in den *Beiträgen zur Philosophie* bei V. HOUILLON, »Le libre jeu de l'espace et de l'imagination chez Heidegger. L'hésitation et le flottement de l'espace-temps«, *Alter* 4 (1996) 219-261, hier insbesondere 228. 241f. Wir werden auf diesen

4.2.4. Der Spielraum des Erbildens

Ist in bezug auf die ontologische Differenz die Zweiheit noch immer von der grundsätzlichen Unvergleichbarkeit der beiden „Termini" charakterisiert, so wird in der Zeit um 1928/29 die in der Transzendenz zum Tragen kommende Differenz des Phänomenalen und seiner Phänomenalität als nicht mehr eindeutig ausgerichteter „Spielraum" verstanden, in dem das Dasein seine unveräußerlich eigentümliche Existenz vollzieht und dabei das Sein erspielt. Die Transzendenz des Daseins ist damit auch nicht mehr wie früher orientiert („Überstieg des Seienden auf sein Sein hin"), sondern bezeugt sich vielmehr als Freiheit, die ihr besonderes ontologisches Statut nicht nur in ihrem Verhältnis zu verwendungsbestimmtem Seienden manifestiert, sondern das verstehende Erschließen von Sein in jeder Bewegung der Existenz und an jeder Stelle der existenzialen Bezüge vollziehen kann. Das Sein gibt sich zwar als *Differenz*, ist aber in keiner Weise mehr von den Zügen und Vollzügen der sie erspielenden Transzendenz *verschieden*. Jede Sinnverbindung innerhalb des Netzes der Sinnbezüge der Welt ist somit „Überstieg", da dieser nirgendwo*hin* mehr erfolgt, sondern sich im reinen, intentionslosen und damit allseitig gerichteten Tun des Spieles ereignet.

4.3. Metaphysik vs. Phänomen

Ungeachtet der beträchtlichen Umbrüche in Heideggers Sicht der Beziehung zwischen Wissenschaft und Philosophie, Metaphysik und Existenz, kann man insgesamt doch sagen, daß die eigentliche Instanz des Spieldenkens in der ersten Phase bis 1928/29 das Phänomen des Seienden und nicht die Philosophie bzw. Metaphysik selbst ist. Sosehr Heidegger sich auch bemüht, die Metaphysik als Grundgegebenheit der Existenz selbst zu erweisen, sowenig ist die Entwicklung der Metaphysik selbst als Phänomen verstanden, das es aus dem Spiel heraus zu verstehen gilt. Der Schwerpunkt liegt vielmehr darauf, das in seiner welthaften Phänomenalität betrachtete Seiende aus dem Bereich intentionaler Fixierung und evidenter Gewißheit hinauszuspielen in den Freiraum der Beziehung zu seinem abwesenden Grund.

Letztlich liegt darin eine Gegenüberstellung von herkömmlichem metaphysischem Denken und dem Verstehen des Seienden aus dem Spiel der Transzendenz heraus. *Als* der Tradition Gegenüberstehendes ist das Spieldenken somit begrenzt durch das Andere seiner selbst, das ihm äußerlich bleibt. Dieses Gegenüber gilt es nun derart aufzubrechen, daß sichtbar wird, daß das Verständnis des Seins als Spiel der grundlosen Transzendenz und die Tradition metaphysischer Vorstellungen des Seins als Grund nicht unverbunden nebeneinanderstehen, sondern ihrerseits einen Spielraum eröffnen, in dem das Denken ungehindert vom einen zum anderen und zurück gelangen kann.

bedeutsamen Artikel im Zusammenhang mit der Konzeption der Seinsgeschichte in den *Beiträgen zur Philosophie* noch ausführlicher zu sprechen kommen.

II. DAS EREIGNIS DES SEINS ZWISCHEN ZUSPIEL UND STREIT

Obwohl Heidegger selbst das Jahr 1936 (den Beginn der Abfassung des posthum veröffentlichten Manuskripts *Beiträge zur Philosophie*) als entscheidenden Einschnitt und Beginn einer neuen Wegstrecke in seinem Denken ansieht[1], ist der Beginn der zweiten Periode in Heideggers Spieldenken doch schon früher anzusetzen, und zwar etwa um das Jahr 1930. Auch wenn es wegen der überaus großen Aspektvielfalt der Heideggerschen Spielproblematik und ihres bisweilen von chronologischen Überschneidungen geprägten Entwicklungsprofils nicht möglich ist, ein in jeder Hinsicht zufriedenstellendes Einteilungsschema zu finden, läßt sich der vorgeschlagene Einschnitt doch im Hinblick auf die neuen Grundansätze rechtfertigen, die die spekulative Valenz des Spiels fortan bestimmen[2].

1. GRUNDLINIEN DER SEINSGESCHICHTLICHEN WENDUNG DES SPIELMOTIVS

1.1. Das Spiel und die Problematik der Metaphysik als solcher im Ganzen

Der Beginn der zweiten Hauptperiode innerhalb der Entwicklung des Heideggerschen Spieldenkens stellt nicht in erster Linie deshalb einen Einschnitt gegenüber dem Vorangegangenen dar, weil der Ausdruck „Spiel" im einzelnen um inhaltliche Aspekte bereichert wird, sondern weil sich der Bereich seiner expliziten wie impliziten Anwendung als ganzer ändert und eine neue Qualität annimmt. War während der ersten Phase das Spiel ein zentrales Motiv in Heideggers Kritik der bisherigen innerphilosophischen Deutung bestimmter Grundphänomene, so wird es nun zum maßgeblichen Leitfaden seiner Sicht der Geschichte der Metaphysik als ganzer

1. Vgl. die bekannte Anmerkung im Humanismusbrief (GA 9, 313 Anm. a).
2. Wenngleich Heidegger das mit dem Jahr 1936 einsetzende Ereignisdenken naturgemäß als besonderen Markstein in seinem Denken ansetzt, läßt er an anderer Stelle doch durchscheinen, daß es Entwicklungslinien gibt, die eine andere Artikulation nahelegen. So bemerkt er im Vorwort zum ersten der beiden Nietzsche-Bände, mit dieser Veröffentlichung einen Blick auf den Denkweg zwischen 1930 und 1947 verschaffen zu wollen, woraus sich schließen läßt, daß dieser Zeitabschnitt offensichtlich in gewisser Hinsicht als Einheit empfunden wird (vgl. Ni I, 10). Als roter Faden zumindest der Jahre von 1936-1946 kann dabei die anhand der intensiven Beschäftigung mit Nietzsche entwickelte Problematik des europäischen Nihilismus und der Deutung des neuzeitlichen Phänomens der Technik als der konsequenten Umsetzung des „Willens zur Macht" gelten, auch wenn diese Fragestellungen mit dem Übergang zu Heideggers Spätphase keineswegs verschwinden (bezüglich der Schwierigkeit dieser chronologischen Abgrenzung vgl. G. B. SMITH, *Nietzsche, Heidegger and the transition to postmodernity*, Chicago – London 1996, 244f.).

in ihrem Verlauf zwischen dem ihr eigenen Anfang und Ende sowie der veränderten Möglichkeiten und Erfordernisse des Denkens vor dem Hintergrund dieses ebenso einzigartigen wie unabwendbaren Geschehens. Der Schritt von einer Betrachtung gewisser – wenn auch grundlegender – Einzelphänomene im Lichte des Spiels hin zu einer entsprechenden Deutung der Philosophiegeschichte als ganzer ist deshalb nicht rein quantitativer Natur, weil eine solche vom Gedanken des Spiels – d. h. des in sich vollständig sinnerfüllten Vollzuges – beherrschte Geschichtsdeutung von der Sache her keine geschehenstranszendenten Restbestände des Denkens dulden kann und folglich auch selbst dem Anspruch auf jegliche aus einem transzendentalen Niemandsland her ausgeübte Sonderrolle *gegenüber* dem von ihm Durchdachten entsagen muß. Ist die Philosophie als ganze in ihrer Geschichte wesentlich aus dem Spiel her zu begreifen, dann kann auch das diese Gegebenheit betrachtende Denken selbst sich nicht auf einen diesem Geschehen äußerlichen Standpunkt zurückziehen, sondern ist im gleichen Atemzug mit der von ihm vorgenommenen Deutung des Denkens insgesamt vor dem Hintergrund des Spiels in dieses Spiel selbst mit hineingenommen[1].

Die Einsicht, daß die von einem Denker entwickelte Konzeption der Philosophie in der einen oder anderen Weise auf sein eigenes Denken zurückschlägt, ist indes nicht neu; vor allem da, wo – etwa wie bei Hegel – die Entwicklung der Philosophie als ganze auf dem Prüfstand steht, befindet sich der betreffende Philosoph in der schwierigen Lage, nicht nur seinen eigenen Platz innerhalb dieser in bestimmter Weise als folgerichtig verstandenen Entwicklung zu bestimmen, sondern gleichzeitig plausibel machen zu müssen, wie sich diese von „ihm selbst" vorgenommene Ortsbestimmung des eigenen Ansatzes mit der in seinem Denken ausgesprochenen Eigengesetzlichkeit verträgt, die laut eigenem Bekunden in der Philosophie am Werk sein soll. Bei Heidegger stellt sich die Lage noch insofern um einiges schwieriger dar, als seine Sicht der abendländischen Metaphysikgeschichte nicht dem Paradigma einer mit vernunftgemäßer Notwendigkeit abrollenden Selbstentfaltung des Absoluten folgt, sondern im Gegenteil den freien und d. h. spielerischen

1. Bezüglich der Einstellung Heideggers zur Metaphysik ist natürlich zu unterscheiden zwischen der Metaphysik im doktrinal-inhaltlichen Sinne und der Metaphysik als Teil der Seinsgeschichte. Insofern ist auch die Aussage zu nuancieren, Heideggers Proklamation des „Endes der Metaphysik" bestehe nicht darin, sich als Schlußstein in das Gebäude des bisherigen metaphysischen Denkens einzufügen, sondern vielmehr darin, mittels einer sich in der Destruktion manifestierenden Entscheidung *über* die Metaphysik deren Ende zu konstatieren (so die Deutung bei J.-L. MARION, »La fin de la fin de la métaphysique«, *Laval Théologique et Philosophique* 42 [1986], n. 1, 23-33, hier 27). Einerseits gibt Heidegger selbst zu, in *Sein und Zeit* (und somit in dem Werk, das die Destruktion in großem Stil anwendet) noch der Sprache der Metaphysik verhaftet gewesen zu sein (vgl. GA 65, 93), andererseits fällt der Moment, wo es ihm gelingt, sich von diesen metaphysischen Restbeständen freizumachen, mit dem Durchbruch zum Ereignisdenken zusammen, das ihn dazu bringt, Beginn und Ende der Metaphysik als ein Geschehen der Seinsgeschichte selbst zu deuten, die keineswegs mehr der willkürlichen Entscheidung eines Denkers unterliegt, heiße er nun Martin Heidegger oder wie auch immer. Dadurch fällt aber auch die Möglichkeit einer distanzierenden Gegenüberstellung vis-à-vis der Metaphysik dahin, so daß Heidegger sich zwar nicht als Figur *innerhalb* der verschiedenen metaphysikgeschichtlichen Grundstellungen verstehen kann, aber sich zusammen mit diesen im gemeinsamen Raum des Verhältnisses von Sein und Denken angesiedelt weiß. Bezüglich dieser Doppeldeutigkeit der „Metaphysik" bei Heidegger vgl. F. DASTUR, »La fin de la philosophie et l'autre commencement de la pensée«, in: *Heidegger. Questions ouvertes* (Le Cahier du Collège international de philosophie), Paris 1988, 125-141, insbesondere 131ff.

Charakter des Ursprungs der vernunftgeprägten Sinnbestimmtheit der Philosophie wie des Denkens überhaupt betont. Dementsprechend läßt sich zumindest an einigen der aus dieser Epoche stammenden Schriften Heideggers die Tendenz ausmachen, auch im eigenen Schreibstil die traditionell vorausgesetzte Transzendenz des Wortsinnes gegenüber dem Zeichen zugunsten einer immanenten, stets neu zu vollbringenden Sinnstiftung im jeweiligen Geschehen der Sprache selbst zu überwinden. Bei aller Analyse der unterschiedlichen Bedeutungsnuancen, die Heidegger der Konzeption des Spiels in bezug auf die Metaphysikgeschichte insgesamt beimißt, muß man also immer zugleich auch die Frage im Hinterkopf behalten, ob und inwieweit seine eigenen Darlegungen das in bezug auf das Denken ausdrücklich thematisierte Paradigma des Spiels bereits selbst ins Werk setzen oder – wie Heidegger selbst eher widerwillig einräumt – aus Gründen der Verständlichkeit genötigt sind, noch diesseits der Schwelle der vollständigen performativen Kohärenz mit dem eigenen Gedachten und Gesagten zu verharren[1].

Abgesehen von den interpretatorischen Schwierigkeiten, die diese zeitweilige Durchbrechung der Ebene eines das Spielmotiv *verwendenden* zu einem selbst spielerisch *geprägten* Denken mit sich bringt, hat eine Erörterung des Heideggerschen Spielgedankens in seiner zweiten großen Entwicklungsperiode jedoch auch damit zu kämpfen, daß während dieser Zeit die thematische Nähe zu traditionellen philosophischen Ansätzen der Spielthematik und damit auch die Gefahr einer mißverständlichen Deutung besonders groß ist. Während die in der Frühphase vorherrschende Motivik des Spiels als Synonym für die vortheoretische, alles welthafte Verhalten bedingende Offenheit des Daseins sowie für die unableitbare Freiheit seines wesentlich zeitlich geprägten, ontologischen Grundvollzugs weitgehend als ein Heideggersches Spezifikum angesehen werden kann, zwingt die jetzt mehr und mehr in den Vordergrund tretende Verbindung des Spiels mit der Frage nach dem Wesen des Kunstwerks und der Dichtung zu einer ausdrücklichen Auseinandersetzung mit den herkömmlichen Ansätzen einer philosophischen Ästhetik.

Darüber hinaus befindet sich die von Heidegger vorgenommene Deutung der Geschichte der Metaphysik als ganzer im Zeichen des Spiels in der mißlichen Lage, sich gegen die in der Folgezeit aus ihr hervorgegangenen oder doch sich auf sie berufenden Denkansätze abgrenzen zu müssen, die im Zeichen einer wie auch immer verstandenen „Überwindung (bzw. Verwindung) der Metaphysik" das Spiel zum Leitparadigma eines postmodernen, postmetaphysischen oder ganz einfach unmetaphysischen Denkens erheben, das die bisherige Dominanz des Prinzipiellen, die vereinheitlichende Zusammenfassung durch die *ratio* sowie die Deutung der Wirklichkeit gemäß den Kategorien von Substanz bzw. Subjekt abgestreift und hinter sich gelassen hat[2]. Dabei wird vorausgesetzt, daß Heidegger nach der im *Kantbuch* bzw. in »Was ist Metaphysik?« entwickelten Konzeption einer „Meta-

1. Vgl. dazu GA 65, 8. 10. 12. 59. 86. 423f. 430.

2. Für eine solche Einreihung Heideggers in die Schiene der postmodernen Denker, für die das Motiv des Spiels die Konzeption von Sein als Grund ablöst bzw. aus ihr hinausführt, vgl. beispielsweise das bereits zitierte Buch von R. SCHÜRMANN, *Le principe d'anarchie. Heidegger et la question de l'agir*, G. VATTIMO, *La fine della modernità. Nichilismo ed ermeneutica nella cultura postmoderna*, Milano 1985, außerdem W. SCHULZ, *Subjektivität im nachmetaphysischen Zeitalter*, Pfullingen 1992 (vgl. z. B. 216. 228) sowie in gewisser Weise auch T. KÜCHLER, *Postmodern Gaming. Heidegger, Duchamp, Derrida* (Studies in Literary Criticism and Theory 1), New York 1994 (vor allem 1ff. 42. 138).

physik des Daseins“ den Begriff der Metaphysik vor dem Hintergrund seiner nunmehr seinsgeschichtlichen Perspektive in dezidiert negativ konnotierter Weise verwendet und – nach einigen von ihm selbst als problematisch und unbefriedigend empfundenen Versuchen einer vermittelnden Anknüpfung an die metaphysische Tradition und ihre Terminologie – sein eigenes Denken in inhaltlicher wie methodisch-begrifflicher Weise definitiv davon abzusetzen sucht[1].

Betrachtet man die Sachlage indes genauer, so büßt eine solche Interpretation der Heideggerschen Spielkonzeption in Richtung auf ein „postmodernes“ Denken ihre vermeintliche Evidenz ein. Im Hinblick auf die Metaphysik als ganze verhält es sich ja keineswegs so, daß die von Heidegger selbst eingestandene Begrenztheit seines eigenen Ansatzes einer Metaphysik des Daseins schon gleichbedeutend ist mit einer definitiven Absage an das Paradigma des Grundes im allgemeinen bzw. an den Versuch einer Begründung der Metaphysik im besonderen. Heidegger selbst geht jedenfalls schon unmittelbar im Anschluß an seine um 1928/29 anzusetzende Phase der „Metaphysik des Daseins“ so weit, die Möglichkeit eines andersartigen, nicht primär im Dasein verankerten Denkens der Metaphysik aus ihrem Grund ausdrücklich zu bejahen:

> „Ob jedoch die Problematik der Metaphysik jederzeit aus der Zeitlichkeit des Daseins entwickelt werden muß, läßt sich objektiv, gewissermaßen für die ganze Weltgeschichte, nicht entscheiden. Die Möglichkeit einer anderen Notwendigkeit der Begründung der Metaphysik muß offen bleiben“[2].

Abgesehen von diesem immanenten Einwand, den man gegen die Behauptung der „Postmodernität“ Heideggers anführen kann, ließe sich aber des weiteren auch die grundsätzliche Frage stellen, ob nicht schon die stillschweigende Gleichsetzung oder zumindest selbstverständliche Verbindung von „Postmodernität“ und „Postmetaphysik“ in sich unhaltbar ist. Wird die „Moderne“ im geschichtlich-chronologischen Sinne verstanden und mit der europäischen „Neuzeit“ gleichgesetzt, dann spricht natürlich nichts dagegen, „nach“ dieser (als mehr oder minder lang angesetzten) geschichtlichen Periode sich eine weitere, anders geartete Zeit vorzustellen, die sie ablöst. In diesem Falle ist das Geschichtsbild aber in der einen oder anderen Weise vom typisch neuzeitlichen „Fortschrittsgedanken“ geprägt, der sich aus gegebenem Anlaß, etwa bei eventuellen negativen Auswirkungen des sogenannten „Fortschritts“, in sein Gegenteil, nämlich einen Geschichtspessimismus, verkehren kann, bei dem die Entwicklung von den Anfängen an als Geschichte eines kontinuierlichen Verfalls gedeutet wird[3].

1. Wenn man überhaupt in bezug auf Heideggers Denken von einer ausdrücklichen Gegnerschaft gegen begründendes Denken schlechthin sprechen will, so kann man sie lediglich während einer relativ kurzen Phase als Übergangsphänomen im Rahmen der Destruktion ausmachen, nicht aber als eigenständige und fortdauernde philosophische „Position“. G. B. Smith bemerkt dazu: „Heidegger expected (hoped?) an anarchic antifoundationalism would lead to a cleansing, leveling chaos from which something new would grow. Heidegger did not believe in the simple fecundity of ongoing antifoundationalist flux“ (*Nietzsche, Heidegger and the transition to postmodernity*, 180 Anm. 9).

2. M. HEIDEGGER, *Die Grundbegriffe der Metaphysik. Welt – Endlichkeit – Einsamkeit* (GA 29/30), Frankfurt a. M. 1983, 254.

3. Die Unterscheidung zwischen „Neuzeit“ und „Modernität“ anhand ihres unterschiedlichen Verhältnisses zur Antike sowie zur Geschichte in ihrer Gesamtheit wird von F. Fédier in seinem

Demgegenüber kann Heideggers Denken nicht in das griffige Paradigma einer „Fortschrittsfeindlichkeit“ und eines „Kulturpessimismus“ eingeordnet werden; geht es ihm doch gerade darum, die Geschichte des metaphysischen Denkens mit all seinen Nebenphänomenen nicht aus einer ihr innewohnenden, kohärenten Gesetzmäßigkeit zu deuten, sei diese nun als Auf- oder Abstieg gedacht, sondern aus einem freien Ursprung, der das Geschehen der Metaphysik als ganzer ermöglicht, ohne in ihr aufzugehen. Damit ist offenkundig, daß der chronologisch verstandene Begriff der „Postmoderne“ für Heideggers Denken des „anderen Anfangs“ nicht angemessen ist, doch bliebe immer noch die Frage bestehen, inwiefern man Heideggers Denken in angemessenerer Weise zumindest als „postmetaphysisch“ charakterisieren könnte.

Meist wird anläßlich der Problematik der sogenannten „Überwindung“ und „Verwindung“ der Metaphysik darauf hingewiesen, daß es Heidegger in seinem Verhältnis zur Metaphysik gerade darum gehe, den Gestus einer *eindeutig* ausgerichteten und *ein für allemal* zu vollbringenden Abstoßungsbewegung „weg von“ bzw. „hinaus aus“ der Metaphysik aufzugeben, da gerade eine solche Haltung des Überwindens „in Richtung auf“ noch von der (typisch neuzeitlichen) Auffassung eines eindeutig ausgerichteten Fortschreitens getragen werde. Dementsprechend bestehe die „Überwindung“ der Metaphysik nicht darin, sich der vom Anspruch auf letzte Gründe getragenen Metaphysik als dem „Einen“ entgegenzustemmen und sie dem nunmehr auf der Tagesordnung stehenden, spielerischen Denken als dem „Anderen“ in platter Weise gegenüberzusetzen, sondern die Metaphysik als gleichberechtigte, aber nicht ausschließliche Art der Wirklichkeitsdeutung innerhalb eines Pluralismus der Bedeutungsparadigmen zuzulassen. Dem von der Metaphysik als beständig angesetzten Grund sei also nicht die ebenso beständige Abwesenheit des Grundes entgegenzusetzen, sondern lediglich die Unsicherheit über An- oder Abwesen des Grundes[1].

Wenn eine solche Deutung auch das Verdienst hat, eine platte und banale Interpretation der „Über-“ bzw. „Verwindung“ der Metaphysik zu verhindern, erweist sie sich ihrerseits auf einer zweiten, schwieriger auszumachenden Ebene als doch noch nicht ganz frei vom alten metaphysischen Paradigma der Entgegensetzung und des Übersteigens, nur diesmal in Beziehung auf die Figuren des Denkens insgesamt. Wenn innerhalb einer gemäßigt „postmodernen“ Interpretation Heideggers zugestan-

Vortrag »Gibt es ein modernes Denken?« ausführlich entwickelt (veröffentlicht in: *Martin Heidegger. Denker der Post-Metaphysik [Symposium zum Anlaß seines 100. Geburtstages]*, hrsg. von F. W. Veauthier, Heidelberg 1992, 67-86, hier insbesondere 76ff.)

1. Vgl. T. KÜCHLER, *Postmodern Gaming*, 31f. Gegenüber dieser moderaten Deutung, die bei Heidegger kein völliges Dahinfallen, sondern nur das Ins-Schwingen-geraten des metaphysischen Grundes konstatiert, versteht G. Vattimo Heidegger als einen „postmodernen“ Denker im engeren Sinn und kommt zu der Auffassung: „L'atteggiamento che ne risulta [sc. aus der Auffassung des Seins als Geschick] è una specie di relativismo storicistico: non c'è alcun *Grund*, alcuna verità ultima“ (»Nichilismo e postmoderno in filosofia«, in: *La fine della modernità*, 184). Obwohl Vattimo an anderer Stelle durchaus anerkennt, daß die „Überwindung der Metaphysik“ nirgendwo anders hinführt, sondern nur in einer Wiederholung und Verwindung der Tradition bestehen kann (vgl. ebd., 186), klingt die Ausschließlichkeit, mit der er dem seinsgeschicklichen Denken jeden Anspruch auf einen letzten Grund und eine letzte Wahrheit abspricht, doch wiederum sehr metaphysisch-kategorisch (zur Kritik an Vattimos „postmoderner“ Heidegger-Deutung vgl. W. WELSCH, *Unsere postmoderne Moderne*, [Weinheim 1988] Berlin [4]1993, 137).

den wird, die Metaphysik als begründendes Denken werde nicht schlechterdings aus der nunmehr als Spiel zu denkenden Pluralität konkurrierender Deutungsschemata ausgeschlossen, sondern auch darin integriert, so liegt darin doch die stillschweigende Annahme, das metaphysische Denken sei etwas dem Spieldenken eigentlich doch Äußerliches und werde erst *ab einem gewissen Zeitpunkt* zu einem Spielelement innerhalb der Gesamtheit möglicher Denkansätze. Eine solche Entgegensetzung von metaphysischem und „postmodernem" (oder besser „postmetaphysischem") Denken verfällt damit aber wieder der Versuchung, den Übergang von der Metaphysik zum (wie immer gearteten) „anderen" Denken als einen Fortschritt zu begreifen, in dem der Metaphysik ein Charakter zuwächst, den sie vorher nicht hatte, nämlich der eines vom Spiel her zu begreifenden Denkens. Demgegenüber wäre das wirklich „nichtmetaphysische" – d. h. aber eigentlich: auf alle derartigen Etikettierungen und kategorialisierenden Einordnungen verzichtende – Denken vor die Aufgabe gestellt, *sowohl* die Metaphysik *als auch* das ihr „nachfolgende" Denken sowie das Zusammenwirken beider als einen Unterschied zu begreifen, der sich immer schon im und aus dem Spiel ergibt, ohne von diesem selbst gemeistert, d. h. wie unter einer übergeordneten Gattung zusammengefaßt zu werden.

Daher müssen auch Heideggers Erörterungen zur Metaphysik und ihrer „Überwindung" im sogenannten „anderen Anfang des Denkens" im Hinblick auf die Frage gelesen werden, inwiefern dieses andere, „anfängliche" Denken in seiner spielerischen Grundbestimmtheit der Metaphysik wirklich entgegengesetzt und ihr äußerlich ist oder vielmehr eine ganz bestimmte Art und Weise darstellt, gerade das, was sich in der Geschichte der Metaphysik bisher ereignet hat, in nichtmetaphysischer Weise zu betrachten und damit der Metaphysik in einer Weise innerlich zu sein, wie diese selbst es nie sein könnte[1]. Eine solche Interpretation der Heideggerschen „Metaphysikkritik" ist allerdings leicht von der Versuchung bedroht, in das genau entgegengesetzte Extrem zu verfallen, d. h. die Heideggersche „Postmetaphysik" (die hier von der „Postmodernität" scharf abgehoben wird) als im Grunde immer noch „metaphysisches" Denken zu deuten, das die charakteristischen metaphysischen Topoi von „Einheit und Ganzheit" nur unter einer anderen Form der Darstellung weiterverwendet. Als Indizien für eine solche Deutung Heideggers als des metaphysischen Wolfes im seinsgeschichtlich-postmetaphysischen Schafspelz werden vor allem die seinem Spätdenken entnommenen Begriffe wie „Fügung" und „Geviert" angeführt, die, so das Argument, durch ihre strukturelle Geschlossenheit ein im eigentlichen Sinne postmodernes, d. h. genuin plurales Verständnis von Vielfalt von vornherein unterbinden[2].

Eine solche klassifizierende Einordnung Heideggers „innerhalb" oder „außerhalb" der bisherigen Metaphysik krankt jedoch in vielen Fällen daran, daß sie sowohl das metaphysische als auch das Heideggersche Denken als mehr oder minder feste Größen ansetzt, deren Verhältnis man in eindeutiger Weise ein für allemal bestimmen kann. Insofern die traditionelle Metaphysik vom Hang zur Objektivierung und Fixierung ihres Gegenstandes geprägt ist, liefe ein im weitesten, neutralsten Sinne

1. Vgl. D. JANICAUD, »Dépasser la métaphysique?«, in: D. JANICAUD – J.-F. MATTÉI, *La métaphysique à la limite*, Paris 1983, 11-23, insbesondere 20.

2. Vgl. W. WELSCH, *Unsere postmoderne Moderne*, 211ff. Auf diese „metaphysisch-holistische" Interpretation von Geviert und Fügung wird noch einzugehen sein.

„nicht-metaphysisches" Verständnis sowohl der Metaphysik selbst als auch der Heideggerschen „Kritik" im Gegenteil darauf hinaus, die Metaphysikgeschichte in ihrer Gesamtheit gerade nicht als ein Objekt zu betrachten, sondern sie – entsprechend dem phänomenologischen Ansatz, der bei Heidegger schon im Bereich des Seienden insgesamt seine Anwendung gefunden hat – aus dem Freiraum her zu denken, in dem sie als ganze in Erscheinung tritt.

Die Destruktion der Geschichte der bisherigen Ontologie hatte zum Ziel, die unterschiedlichen philosophischen Grundansätze als jeweils charakteristische Modifikationen der Verkennung der ontologischen Differenz als solcher zu erweisen. Die einzelnen Entwicklungsabschnitte können dabei als geschichtliche *Epochen* im wörtlichen Sinne verstanden werden, insofern sie das jeweilige Ausbleiben der Thematisierung des Seins als solchen zum Ausdruck bringen. Die unterschiedlichen Formen der Nichtbeachtung der ontologischen Differenz bilden dabei die verschiedenen epochal beschränkten Horizonte, vor denen sich das ontologisch-metaphysische Fragen nach dem Sein auf je eigene Art und Weise entfaltet, ohne sich jedoch über den spezifischen Ursprung des eigenen Fragehorizontes im Wesen der ontologischen Differenz als solcher Rechenschaft zu geben. In diesem Sinne wäre also Heideggers Ansatz einer „Überwindung" des metaphysischen Denkens im Spiel allem Anschein zum Trotz letztlich weit weniger Nietzsche verpflichtet als vielmehr Husserl, insofern sich nämlich seine Aufmerksamkeit auf das richtet, was im Phänomen der Metaphysik als solcher immer schon mitgegeben ist, ohne jedoch selbst ins Auge zu springen oder auch nur ausdrücklich als solches thematisiert zu werden. Dieses in einer äußeren Betrachtung der Metaphysik als Wissenschaft vom Seienden als solchem implizit Angeschaute, aber nicht eigens Erkannte ist es, was Heidegger in den Mittelpunkt seines Ereignisdenkens stellt und es aus demselben Zeit-(Spiel-)Raum des Erscheinens her deutet wie zuvor schon die Grundphänomene der Welterfahrung, nur mit dem Unterschied, daß dieser Zeit-Raum statt seiner bisherigen, wesentlich transzendental-strukturellen Bedeutung nunmehr eine eminent geschichtliche Dimension erhält.

Ebensowenig, wie man im Rahmen der Husserlschen Phänomenologie sinnvollerweise nach einer schlechthin bewußtseinstranzendenten Wirklichkeit jenseits oder außerhalb der Erscheinungen suchen kann, hat es gemäß der Heideggerschen Betrachtung der Metaphysik Sinn, das, was sich im bisherigen abendländischen Denken entfaltet hat, zu einem Irrtum bzw. bloßen Schein zu erklären, hinter bzw. nach dem sich das „eigentlich" zu Denkende antreffen ließe, zu dem man im „postmetaphysischen" Zeitalter überzugehen hätte[1]. Vielmehr gilt in beiden Fällen, daß

1. Im Grunde hat W. Schulz den Kern des Problems erfaßt, wenn er unter Bezugnahme auf Heideggers Deutung der Metaphysikgeschichte als der „Irre" schreibt: „Andererseits kann es der späte Heidegger nicht bei einer einfachen Verurteilung der Neuzeit bewenden lassen, denn wenn – hier zeigt sich die metaphysische Komponente – das Sein das Gebende, Gewährende und Zuschickende ist, dann kann diese Geschichte nicht ohne das Sein geschehen sein" (W. SCHULZ, *Subjektivität im nachmetaphysischen Zeitalter*, 228). Unzutreffend ist lediglich die Folgerung, Heidegger sei sich der Eingebundenheit der metaphysischen „Irre" in die Geschichte des Seins nicht bewußt gewesen. Das geht nicht erst aus den posthum veröffentlichten Manuskripten der 30er Jahre hervor, sondern zeigt sich bereits wesentlich früher, beispielsweise in einem Passus aus dem Aufsatz »Nietzsches Wort ‚Gott ist tot'«: „Die Metaphysik wäre demgemäß kein bloßes Versäumnis einer noch zu bedenkenden Frage nach dem Sein. Sie wäre vollends kein Irrtum. Die Metaphysik wäre als Geschichte der Wahrheit des

das Element des Inadäquaten, das dem jeweiligen konkret-faktischen Phänomen anhaftet und seine volle und restlose Gegebenheit verhindert, sich aus dem Überschuß dessen ergibt, was sich im Vorgang des Erscheinens indirekt als dessen Ursprung, Bedingung und Horizont mitbekundet, dabei selbst jedoch außerhalb des Bereichs des Erscheinenden bleibt. Auf die Geschichte der Metaphysik angewendet, bedeutet dies, daß man nicht nur nach den verschiedenen, faktisch verwirklichten Grundstellungen innerhalb des Horizontes der ontologischen Differenz, sondern nach deren Wesen selbst fragen muß, d. h. nach dem, was das Ins-Licht-treten der verschiedenen Konstellationen des abendländischen Denkens in seiner tatsächlich eingetretenen Entwicklung ermöglicht, ohne aber von den empirischen Ausprägungen dieses Denkens selbst ableitbar zu sein. Aufgrund dieser Unterscheidung von Faktum und Wesen der Metaphysik ist offenkundig, daß ein solches Vorgehen zwar über das von der Metaphysik selbst billigerweise zu Leistende, nicht aber über die Metaphysik *als solche*, d. h. das in ihr Wirksame, hinausgeht. Die der Metaphysik eigene Wahrheit ist somit nicht unterschieden von ihrem geschichtlichen Entfaltungsraum; es kommt lediglich darauf an, die spezifische Gegebenheitsweise des von ihr objektivierten Gegenstandes herauszustellen und zu zeigen, inwiefern diese den Spielraum für möglichen „Irrtum" und für die Verkennung des Wesens der Metaphysik als ganzer eröffnet.

Mit Blick auf Heideggers am Leitfaden des Spiels geleistete Kritik der systematisch-inhaltlichen Grundmuster traditionellen philosophischen Denkens wird erkennbar, inwiefern seine bisherige Deutung der abendländischen Philosophie über sich hinausweist auf die Einordnung der Entwicklung der Metaphysik in den größeren Zusammenhang der Seinsgeschichte. So stellen die beiden Hauptschwerpunkte seiner Analysen bezüglich des vortheoretischen Spielraums der Erfahrung welthafter Phänomene einerseits und des Aufs-Spiel-gesetztseins des Daseins in der radikalen Erfahrung des Nichts der Angst andererseits eine Entsprechung zu den beiden Komponenten derjenigen Dichotomie dar, die vom Beginn der Neuzeit an dazu dient, den Gegenstandsbereich der Metaphysik in der allgemeinstmöglichen Form zu umreißen, nämlich des Gegensatzes zwischen dem Etwas (nicht etwa schon dem Seienden!) und dem Nichts.

Mit der Überwindung dieses lediglich formalen und phänomenologisch nicht gedeckten Begriffspaares hat Heidegger zumindest in grundsätzlicher Hinsicht das enge Bretterhaus einer von ihrem theoretisch anvisierten Gegenstand her bestimmten Metaphysik zur Gänze ausgeschritten. Auch eine Untersuchung und Deutung der unterschiedlichen Art und Weise, in der die Philosophen der verschiedenen Epochen jeweils die Problematik der Metaphysik und ihres Gegenstandes *de facto* aufgefaßt haben, läßt die Frage nach dem Rechtsgrund der Metaphysik als ganzer im Dunkeln. Stellt sich an den Grenzen metaphysischen Denkens die Frage „Warum ist überhaupt Etwas und nicht vielmehr Nichts?", insofern das *factum brutum* des Seienden im Ganzen sich nicht von selbst rechtfertigen kann, so zielt die Frage des *cur potius quam* jetzt auf die Metaphysik als ganze, die in ihrer konkreten, faktischen Verwirklichung ebensowenig den Charakter fragloser Selbstverständlichkeit in Anspruch

Seienden als solchen aus dem Geschick des Seins selbst ereignet. Die Metaphysik wäre in ihrem Wesen das ungedachte, weil vorenthaltene Geheimnis des Seyns selbst" (Hw, 265).

nehmen kann wie das von ihr befragte Seiende[1]. Schwebten in der existenzialen Erfahrung der Angst das Seiende als ganzes und mit ihm das Dasein über dem möglichen Nichts ihres Seins, so wird jetzt die Geschichte der Metaphysik insgesamt, d. h. die Entwicklung der Frage nach dem Seienden als solchem im Ganzen, in ihren vermeintlichen Fundamenten erschüttert und in Schwingung versetzt, um auf diese Weise sichtbar zu machen, daß sie sich einem Freiraum geschichtlicher Entscheidung verdankt, der selbst nicht metaphysisch motiviert ist. Insofern diese Fragestellung das „Was" der Metaphysik, d. h. ihr (verbal verstandenes) „Wesen" als Inbegriff der Fülle ihrer Möglichkeiten, zum „Daß" ihrer jeweils geschichtlich-epochal begrenzten Verwirklichung in Beziehung setzt, kann Heidegger das Problem der Metaphysik insgesamt als das Problem der Freiheit schlechthin deuten[2]. Wenn die Leitfrage der Metaphysik auf der Frage nach dem Wesen der Freiheit gründet, die Leitfrage als Frage nach dem Sein des Seienden ihrerseits aber von der ontologischen Differenz getragen ist, dann verlangt eine radikale Behandlung des Freiheitsproblems letztlich nach einer Klärung des Ursprungs der ontologischen Differenz als solcher.

1.2. Das Spiel und die ontologische Differenz

Anders als die meisten anderen philosophischen Entwürfe zur Spielproblematik, läßt sich das Spiel bei Heidegger weder ausschließlich der empirisch-konkreten noch der spekulativ-transzendentalen Perspektive zuschlagen[3]. Vielmehr unternimmt er es, die Spielstruktur der Phänomenalität auf den beiden „Seiten" der ontologischen Differenz, d. h. sowohl in bezug auf das Seiende als auch auf das Sein selbst weiterzuverfolgen, jedoch in einer Weise, die die beiden nicht als zwei unterschiedliche „Aspekte" nebeneinander stehenläßt, sondern das Geschehen dieser nie starr und ein

1. W. Schulz' Deutung der Heideggerschen „Überwindung" der Metaphysik krankt daran, daß er sie bezüglich des extensionalen Charakters der geschichtlichen Betrachtung zu rasch mit Nietzsches Metaphysikkritik ineinssetzt. Er schreibt: „Beide Denker [sc. Nietzsche und Heidegger] sind um eine geschichtliche Orientierung bemüht, die eben nur möglich ist, wenn man sich nicht auf einzelne Denker der Vergangenheit bezieht, sondern die *ganze Tradition der abendländischen Philosophie* in ihrem faktischen Verlauf reflektiert; faktischer Verlauf aber bedeutet: die wesentlich negativ zu beurteilende Entwicklung stellt eben doch einen Sinnzusammenhang dar, d. h.: sie ist durchaus konsequent" (W. SCHULZ, *Subjektivität im nachmetaphysischen Zeitalter*, 206; Hervorhebungen im Original). Dabei besteht der eigentliche Kernpunkt der Heideggerschen Deutung der Metaphysik doch gerade darin, ihr Wesen eben nicht mit der Summe ihrer faktischen Verwirklichungen gleichzusetzen, sondern aus einem Geschehen her zu deuten, das auch die vermeintliche „Negativität" ihrer Entwicklung in einem anderen Licht erscheinen läßt.

2. Vgl. M. HEIDEGGER, *Vom Wesen der menschlichen Freiheit. Einleitung in die Philosophie* (GA 31), Frankfurt a. M. (1982) ^{2}1994, 134. 161.

3. W. Schulz' Deutung kommt in diesem Zusammenhang das Verdienst zu, Heideggers Spielverständnis von den im archaischen Sinne kosmologischen Spielkonzeptionen Nietzsches bzw. Heraklits abgegrenzt zu haben. Insbesondere weist er darauf hin, daß jede mögliche Totalisierung der Spielstruktur bei Heidegger schon dadurch von vornherein durchbrochen werde, daß bei ihm auch die kosmologische Komponente des Spiels immer auf die Schickung des Seins hin offen und auf sie angewiesen bleibe (vgl. W. SCHULZ, *Metaphysik des Schwebens. Untersuchungen zur Geschichte der Ästhetik*, Pfullingen 1985, 61). Auf diese „Unabgeschlossenheit" des Spiels bei Heidegger wird noch später ausführlicher eingegangen.

für allemal zu fassenden Differenz selbst nochmals aus dem Spiel her und als Spiel versteht[1].

Das zunehmend dynamische Verständnis der ontologischen Differenz in ihrer geschichtlichen Entfaltung führt dahin, daß sie ihre Eigenschaft als „Unterschied aller Unterschiede und der Anfang aller Unterscheidung“[2] nicht nur im Verhältnis „Seiendes-Sein“, sondern in einer Vielzahl anderer Konstellationen ausübt, die zwar über den Begriff des „Ereignisses“ miteinander verbunden sind, aber dennoch recht unterschiedliche Grundzüge an sich tragen. Insbesondere werden die bisher gängigen Grundmomente des Spiels – vor allem der Spielraum des „Zwischen“ sowie die Grund-losigkeit des Entwurfs – in einer Weise aufgebrochen, die jeden dieser beiden Gesichtspunkte nochmals in mehrere unterschiedlich konzipierte Verhältnisfiguren auseinanderlegt.

Was das besondere Verhältnis des Daseins zum Sein angeht, so hatte in und um *Sein und Zeit* der existenziale Vollzug der ontologischen Differenz seinen Ort im implizit bzw. ausdrücklich entwerfenden Verstehen des Seienden auf sein Sein hin. Dies ändert sich mit dem um 1930 erfolgenden Einschnitt insofern, als die verstehende Erschlossenheit des Daseins für das Sein kein fraglos vorausgesetztes Konstitutivum seines ontologischen Statuts mehr ausmacht, sondern sich innerhalb der Sphäre des Daseins selbst dem Einsatz einiger weniger Vertreter verdankt, die in ihrer herausgehobenen, nicht nach Bedarf „machbaren“ Seinsweise als Schaffende (Dichter, Denker usw.) die Unverfügbarkeit des zu erschließenden Seins widerspiegeln. Nicht mehr das Dasein als solches ist von vornherein durch Existenz gekennzeichnet, sondern „die Ek-sistenz des geschichtlichen Menschen fängt in jenem Augenblick an, da der erste Denker sich fragend in die Unverborgenheit des Seienden stellt mit der Frage, was das Seiende sei“[3]. Der „erste Denker“ ist also in seinem ausdrücklichen, von der ontologischen Differenz getragenen Fragen nach dem Seienden zwar nicht die Ursache für das Vorkommen des Menschen als Teil der Naturwirklichkeit, wohl aber Ursprung für seine Einsetzung als Da-sein, d. h. als einmalig ontisch-ontologisch ausgezeichnetes Seiendes.

In dem Moment, wo der ausdrückliche Vollzug der ontologischen Differenz sich einer unvorhersehbaren Stiftung durch die „Schaffenden“, insbesondere die Denker, verdankt, nimmt auch die mit Blick auf die Geschichte der traditionellen Ontologie diagnostizierte „Seinsvergessenheit“ eine andere Qualität an. So, wie das Dasein, d. h. die Erschlossenheit des Menschen für das Sein, „kein Verdienst, sondern ein Geschenk“[4] ist, so kann auch das von Heidegger in der Geschichte der Metaphysik beobachtete Unterbleiben der ausdrücklichen Frage nach dem Sein selbst nicht als ein auf ontische Umstände zurückzuführendes Versäumnis betrachtet werden, das dem Dasein anzulasten ist. Vielmehr ist der Grund für dieses Ausbleiben im Geschehen der ontologischen Differenz selbst zu suchen, so daß das Nichterfolgen der ausdrücklichen Seinsfrage keiner originären Initiative des Daseins entspringt, sondern schon die Antwort auf ein ursprünglicheres Geschehnis darstellt. Wenn die bisherige Metaphysik die Frage nach dem Sein selbst, d. h. nach seinem Wesen,

1. Vgl. T. KÜCHLER, *Postmodern Gaming*, 1.
2. M. HEIDEGGER, *Parmenides* (GA 54), Frankfurt a. M. (1982) ^{2}1992, 225.
3. »Vom Wesen der Wahrheit«, GA 9, 189.
4. M. HEIDEGGER, *Erläuterungen zu Hölderlins Dichtung* (GA 4), Frankfurt a. M. 1981, 42.

„nicht“ gestellt hat, so deshalb, weil die dem geschichtlichen Denken begegnende Gegebenheit des Seins schon mit einem ursprünglichen „Nicht“ behaftet ist, für dessen genaue Valenz die Begriffe des „Positiven“ wie des „Negativen“ sich als gleich inadäquat erweisen. Während in und unmittelbar nach *Sein und Zeit* das Phänomen des Nichthaften sich hauptsächlich in Begriffen ausdrückt, die von ihrer Grundbedeutung her ausschließlich „negativen“ Charakter haben (Nichts, Nichtigkeit, Angst), so wird das Nichthafte fortan – wie die Wörter Ab-grund, Vor-enthalt, Ent-eignis usw. deutlich machen – nie in reiner und homogener Negativität aufgefaßt, sondern immer schon in seiner Beziehung zum Ursprung und von ihm her gedacht[1]. Der „Ab-grund“ wird also dementsprechend nicht mehr als „nichtige“ Abwesenheit des Grundes schlechthin verstanden, sondern weist auf eine Unerschöpflichkeit und Unergründlichkeit des Grundes hin, dessen Reichtum es zwar mit dem Instrumentarium nichtmetaphysischen Denkens, doch im Hinblick auf die Geschichte der Metaphysik selbst auszuloten gilt.

1.3. Die Vertiefung des „Zwischen“ als des Grundmotivs der Endlichkeit

Die Ausweitung von einer weitgehend thematisch orientierten Betrachtung der einzelnen Grundprobleme der Metaphysik hin zur Betrachtung der Metaphysik *als* geschichtlichem Grundproblem vom Ereignis her läßt den Eindruck entstehen, als handele es sich beim seinsgeschichtlichen Denken um ein Hyper-System, das nicht nur das Geschehen des Seins selbst in seinem Ans-Licht-treten, sondern auch die Entwicklung der Verkennung dieses Geschehens innerhalb des Denkens umfaßt und auf diese Weise in eine Totalisierung verfällt, die die begrifflichen Universalitätsansprüche der Ontologie von ehedem durch die gesamtgeschichtliche Dimension ihrer Betrachtung noch weit in den Schatten stellt. Dieser Eindruck eines ereignisorientierten Allmachtdenkens, so naheliegend er mit Blick auf die von Heidegger vorgegebene Weite des Betrachtungshorizontes zunächst auch sein mag[2], relativiert sich jedoch, wenn man die innere Form des seinsgeschichtlichen Denkens genauer unter die Lupe nimmt. Heideggers Ereignisdenken hat mit anderen großen Systemansätzen, vor allem denen des Deutschen Idealismus, die Grundauffassung gemeinsam, daß das System als denkerisch verstandene Entität nichts der Wirklichkeit

1. Für diese aufschlußreiche chronologische Abstufung in der Begrifflichkeit der „Negativität“ bei Heidegger vgl. R. REGVALD, *Heidegger et le problème du néant* (Phaenomenologica 101), Dordrecht – Boston – Lancaster 1987, 185.

2. W. Franzen kommt zu dem Ergebnis, die seinsgeschichtliche Perspektive bedeute „nichts anderes als die Folge der freien Setzungen und Schickungen des in seiner ›Omnipotenz‹ durch nichts einschränkbaren, zur Willkür legitimierten Seins“ (W. FRANZEN, *Von der Existenzialontologie zur Seinsgeschichte*, Meisenheim a. G. 1975, 120). Dabei wird offensichtlich übersehen, daß Heidegger die „freie Schickung“ im Ereignisdenken durch die Bedürftigkeit und Angewiesenheit des Seyns auf seine Gründung durch das Da-sein ausgleicht. Das Seyn hat sich also keineswegs zum alles erdrückenden Geschichtssubjekt verselbständigt (vgl. ebd., 106. 125), sondern ist in seiner epochalen Endlichkeit auf das gleichfalls endliche Dasein angewiesen. In ähnlicher Weise mißversteht auch W. Schulz den als „totalphilosophisch“ bezeichneten seinsgeschichtlichen Ansatz im Sinne einer „Übermetaphysik“, in der das Sein „zu einer nicht faßbaren Größe erhoben worden [sei], die es in ihren Entscheidungen anzuerkennen gilt“ (vgl. W. SCHULZ, *Metaphysik des Schwebens*, 63. 261 sowie ID., *Subjektivität im nachmetaphysischen Zeitalter*, 229).

Äußerliches, also keine ihr nachträglich und willkürlich aufgezwungene Fächeranordnung sein kann, sondern daß im Gegenteil die Beschaffenheit des echten philosophischen Systems sich aus der inneren Artikulation der Wirklichkeit selbst ergeben muß[1]. Dennoch entgeht Heideggers Ansatz dem Vorwurf einer alles erdrückenden Systematisierung, insofern er in Bezug auf den Geschehenscharakter der Wirklichkeit den Akzent nicht auf die zu verbindenden Extreme legt, sondern im Gegenteil dem Dazwischenliegenden, begrifflich nicht Fixierbaren besonderes Augenmerk widmet. Im Gegensatz zu Hegel, der die Mitte, das „Dazwischen", in positiver Weise als die Gesamtheit der Übergänge innerhalb des teleologisch orientierten Vernunftprozesses deutet[2], macht Heidegger das „Zwischen" zum bevorzugten, ja fast archetypischen Namen für die Endlichkeit, die die Seinsgeschichte *als* Geschichte des Denkens kennzeichnet und damit allen Systemambitionen einen Riegel vorschiebt. Die innere Einheit von Sein und Denken erscheint ihm als „Fuge"[3], d. h. als eine Zusammenfügung, die dennoch über den Spalt bzw. Riß nicht hinwegzutäuschen vermag, der beide durchzieht und sich einer Aufhebung im Denken widersetzt. Die „Fuge" ist nicht ein Durchgang, der anderswohin führt, sondern steht für die Endlichkeit des Zusammengefügten und seiner Zusammenfügung als solcher, die nie ein für allemal gegeben, sondern immer neu zu vollziehen und in ihrer entsprechenden Bewegtheit zu verstehen ist.

Das Motiv der „Fuge" hält erstmals in der großen Vorlesung von 1929/30 Einzug, die mit *Grundbegriffe der Metaphysik. Welt – Endlichkeit – Einsamkeit* überschrieben ist. Auch wenn auf den ersten Blick die breit angelegten Analysen zur Grundstimmung der Langeweile nur ein Motiv aufzugreifen scheinen, das in »Was ist Metaphysik?« schon angedeutet, aber nicht weiter ausgeführt wurde[4], geht der Rahmen der Fragestellung doch schon über den einer „Metaphysik des Daseins" hinaus. Dies wird zum einen daran ersichtlich, daß die Lange*weile* – im Gegensatz zur Grundstimmung der Angst – in deutlicher Beziehung zur Problematik der Zeit steht, doch nicht mehr ausschließlich zur Zeitlichkeit als dem vom Dasein entworfenen Horizont weltorientierten Verstehens, sondern zur Zeit, deren Wesen dem Dasein nicht mehr zu Gebote steht:

> „[...] es ist damit immer noch nicht entschieden, ob der Zeithorizont nur an der Offenbarkeit des Seienden im Ganzen beteiligt ist, oder auch daran, daß das Seiende im Ganzen sich versagen kann. Ist das letztere der Fall, dann heißt das: Der Zeithorizont ist mit im Spiel jeweils bei jedem Offenbarwerden des Seienden im Ganzen, nicht nur überhaupt, sondern gerade in Hinsicht auf die bestimmte Art. Darin liegt aber dann, daß der Zeithorizont auf mannigfache Art, die uns noch gänzlich unbekannt ist, ins Spiel kommen kann, daß wir die Abgründe des Wesens der Zeit nicht einmal ahnen"[5].

1. Vgl. M. HEIDEGGER, *Schellings Abhandlung über das Wesen der menschlichen Freiheit [1809]* (im folgenden SAFr), Tübingen (1971) ^{2}1995, 31. 34 sowie ID., *Die Metaphysik des deutschen Idealismus [Schelling]* (GA 49), Frankfurt a. M. 1991, 13.
2. Vgl. M. HEIDEGGER, *Hegels Phänomenologie des Geistes* (GA 32), Frankfurt a. M. (1980) ^{3}1997, 113. 168.
3. Vgl. SAFr, 35. 77.
4. Vgl. GA 9, 110.
5. GA 29/30, 219f.

Und ein weiterer Unterschied tut sich auf; ist doch in »Was ist Metaphysik?« das Ins-Schweben-Geraten des Daseins in der Erfahrung der Angst doch noch vor dem Hintergrund seiner seinsverstehenden Transzendenz begriffen, die es über das übrige Seiende hinaushebt und somit in das Nichts (des Seienden) hineinhält. In der Vorlesung von 1929/30 kommen dagegen die den Raum der Schwebung aufspannenden Begriffspaare – Weite und Spitze, Horizont und Augenblick, Welt und Vereinzelung[1] – darin überein, daß sie in ihrer Form die alte metaphysische Zweiheit von Sein im Allgemeinen und Sein schlechthin wieder aufgreifen, die seit Aristoteles die Doppelgesichtigkeit der Metaphysik als Ontologie bzw. Theologie ausmacht.

Zwar hatte Heidegger schon zuvor demselben Doppelcharakter der alten Metaphysik in seiner eigenen Konzeption von Fundamentalontologie und ontisch verwurzelter Existenzialanalytik (Sein als solches – Dasein) Rechnung getragen[2], doch lag der Schwerpunkt hier noch auf dem Dasein als dem Ausgangspunkt des ontologischen Fragens sowie dem Sinn von Sein überhaupt als dessen Zielpunkt. In den angeführten Begriffskombinationen sind dagegen nicht die „zusammengekoppelten" Extreme als solche wichtig, sondern das „und", d. h. die Art und Weise ihrer Zusammengehörigkeit und Gebrochenheit[3]. Spricht *Sein und Zeit* noch relativ unbefangen von der Existenzialanalyse als Vorbereitung, die den Weg für die Frage nach dem Sinn von Sein überhaupt ebnen soll[4], so wird schon bald danach in *Die Grundbegriffe der Metaphysik* das Wie dieses Übergangs als solches fraglich. Denkt man diese Problematik in Richtung auf die Geschichte der Metaphysik weiter, so wird deutlich, daß dementsprechend auch nichts weniger selbstverständlich ist als die Art und Weise, in der in bezug auf den ersten *und* den anderen Anfang der Seinsgeschichte, die Metaphysik *und* ihre Überwindung im anderen Denken, jeweils das „und" zu denken ist. Vielmehr stellt das „und", das Zwischen des jeweils in ursprünglicher Weise Zusammengehörigen, am Anfang der seinsgeschichtlichen Perspektive zunächst eine Leerstelle dar, deren vielfache Bedeutung sich erst im Laufe der Behandlung der einzelnen Problemfelder sowie des Ereignisdenkens insgesamt herauskristallisiert.

2. DAS GESCHEHEN DER WAHRHEIT ZWISCHEN SEIN UND SEIENDEM

So vielfältig die Themen und Fragestellungen in Heideggers mittlerer Periode auch sind, so läßt sich doch eine bedeutsame Gemeinsamkeit ausmachen: Sowohl die mehr auf einzelne Phänomene zugespitzte Weiterverfolgung der Problematik von Grund, Gründung und Spiel als auch die Deutung des Grundes der Metaphysikgeschichte als ganzer vollziehen sich innerhalb des Horizontes der Frage nach dem Wesen der Wahrheit, näherhin dem genauen Charakter des Verhältnisses von Sein, Erscheinen und Verborgenheit. Zwar bleibt die schon in *Sein und Zeit* mit dem Begriff der ἀ-λήθεια eingeführte Betonung des von ursprünglicher Negativität gekennzeichneten Wesens der Wahrheit als Konstante erhalten, doch wird das darin liegen-

1. GA 29/30, 252.
2. Vgl. GA 26, 199-202.
3. Vgl. GA 29/30, 252.
4. Vgl. SZ, 436.

de, besondere Verhältnis von Sein und Seiendem nicht mehr einfach in formaler Allgemeinheit als Spielraum der Möglichkeit von verstehender Offenheit bzw. Irrtum angesetzt, sondern dynamisiert und auf einzelne, jeweils unterschiedliche Konstellationen zugespitzt, deren konkrete Fassung und Ausdifferenzierung ein Indiz für die zunehmende Vergeschichtlichung der von Heidegger betrachteten Grundphänomene darstellt.

Versucht man, die im Zusammenhang mit dem Leitmotiv „Erscheinen-Verbergen" behandelten, thematischen Schwerpunkte auszumachen, so fällt auf, daß zum einen die bisher analysierten Phänomenbereiche Dasein – Seiendes – Sprache um die vorher bewußt ausgeklammerte Problematik Gottes bzw. des Göttlichen erweitert werden[1] und zum anderen Stellung und Modus des Sprachphänomens eine grundlegende Wandlung durchmachen, die die in *Sein und Zeit* praktizierte Analyse der Sprache am Leitfaden des (positiven) Aussagesatzes als unzureichend und einseitig erscheinen läßt[2]. Besondere Beachtung verdient in diesem Zusammenhang die Tatsache, daß Heidegger – nach den schon früher abgehandelten Phänomenbereichen des Daseins sowie des (innerweltlichen) Seienden – mit der nun erstmals angeschnittenen Problematik des Göttlichen den letzten der drei thematischen Teilbereiche des neuzeitlichen metaphysischen Fragens – Seele, Welt, Gott – in direkter Weise angeht. Bedenkt man dazu noch, daß seine Betrachtungen zum Sprachphänomen, die zunächst eine Antwort auf die herkömmliche Logik darstellen, damit zugleich auch die weitgehend prädikativ, nicht ontologisch ausgerichtete *metaphysica generalis* treffen, so wird erkennbar, daß Heidegger nicht nur, wie früher schon, auf die Metaphysik und ihre formale Gegenstandsbestimmung im allgemeinen (*aliquid-nihil*), sondern auch auf jeden ihrer konkreten Objektbereiche eingeht.

Eigenartigerweise ist Heidegger erst in dem Moment zu dieser vollständigen Ausschöpfung der thematischen Extension der bisherigen Metaphysik bereit, wo er diese selbst schon als ganze in den Geschehenscharakter der Wahrheit des Seins hineingenommen hat. Die an traditionelle Thematiken gemahnenden Fragestellungen – Dasein, Welt, Gott – werden aber gerade so eingesetzt, daß an ihnen dieselbe zeitlich-geschichtliche Dimension von Erscheinen und Verbergen des Seins sichtbar wird, die die Metaphysik als ganze trägt und bestimmt. Nicht die Grundthemen der neuzeitlichen Metaphysik an sich sind also für Heidegger von Interesse, sondern die Möglichkeit, sie als ontische Instanzen desselben Erscheinungsgeschehens zu erwei-

1. Über lange Zeit hinweg ist der „methodische Atheismus" für Heidegger die selbstverständliche Voraussetzung der als Wissenschaft im eminenten Sinne geltenden Phänomenologie, auch und gerade da, wo das Phänomen des religiösen Erlebens unter strukturell-formalen Gesichtspunkten betrachtet wird (vgl. GA 61, 197. 199; GA 20, 109f. sowie GA 59, 91; GA 60, 67. 134f.; GA 17, 118 und GA 9, 48f. 65). In einem zweiten Schritt wird der untrennbar onto-*theo*-logische Charakter der herkömmlichen Metaphysik als ein geschichtlicher Hinweis auf die Notwendigkeit gedeutet, dem Verhältnis von Gott, Sein und Grund erneut nachzugehen, ohne daß jedoch durch die bisherigen inhaltlichen Determinationen dieses Ansatzes eine mögliche neue Antwort schon in irgendeiner Weise positiv präjudiziert wäre (vgl. GA 19, 220-227; GA 21, 410; GA 24, 38ff.). Erst in einem dritten Schritt führt diese kritische Auseinandersetzung an den beiden Fronten theo-logischen Denkens zur Ausbildung eines eigenen Ansatzes, der das Göttliche bzw. den letzten Gott aus dem Ereignis des Seins her zu denken versucht (zur dreifachen, biblisch-ontotheologisch-seinsgeschichtlichen Grundstruktur der Gottesproblematik bei Heidegger vgl. P. CAPELLE, *Philosophie et théologie dans la pensée de Martin Heidegger*, Paris 1998).

2. Vgl. GA 29/30, 488.

sen, dessen ontologische Artikulierung die herkömmliche Metaphysik über ihre eigenen Gegenstandsgrenzen hinausverweist[1].

2.1. Das Kunstwerk als Ort ursprünglicher Wahrheitsstiftung

Eine Grundkonstante in Heideggers Kritik der traditionellen Ontologie betrifft das Verständnis von Sein als dem „Allgemeinsten" bzw. „Leersten", dessen begriffliche Unbestimmtheit und als selbstverständlich vorausgesetzte Gegebenheit von vornherein von der Notwendigkeit zu dispensieren scheinen, der Seinsfrage eigens nachzugehen. In einem ersten Moment, nämlich in *Sein und Zeit*, bestand der Gegenentwurf darin, gegen die vermeintliche begriffliche Leere von „Sein" den Reichtum der vorbegrifflichen Verstehenshorizonte seines zeitlich-welthaften Sinnes herauszustellen. Demgegenüber ist die besondere Aufmerksamkeit, die Heidegger Mitte der 30er Jahre dem Phänomen der Kunst und dem Kunstwerk entgegenbringt, ein deutlicher Hinweis darauf, daß sich der Spielraum des Verstehens jetzt nicht mehr in erster Linie im praktisch orientierten Sinnentwurf manifestiert, sondern in der grundlosen und doch sinnhaften Seinsweise des in jeder Hinsicht verwendungsuntauglichen und im guten Sinne „überflüssigen" Kunstwerkes[2].

In dem Maße, als Heidegger das Kunstwerk und nicht mehr in erster Linie den Gebrauchsgegenstand zum Paradigma der Welthaftigkeit des Seienden macht, wird unübersehbar deutlich, daß das sich an diesem Seienden manifestierende Sein nichts Alltägliches und Gewöhnliches, sondern etwas Einzigartiges und daher im wahrsten Sinne des Wortes „Frag-würdiges" darstellt[3]. Diese Konzeption des Seienden findet ihre Entsprechung in einer Neufassung der in *Sein und Zeit* nur ansatzweise entwickelten Deutung der Sprache. Gegenüber dem dortigen Ansatz, der Rede und Sprache lediglich als Artikulierung des vorsprachlichen Verständnisses der Verwendungsbezüge auffaßt, wird nun eine Sichtweise verlangt, in der die Sprache nicht in ihrer alltäglichen und darum als selbstverständlich hingenommenen Form erscheint, sondern in einer Art und Weise, die in ihrer Ungewöhnlichkeit von selbst danach verlangt, dem Verhältnis von Wirklichkeit und Sprache ausdrücklich nachzufragen. Im Falle der Kunst wie in dem der Sprache sollen also die jeweiligen Phänomene

1. Wenn Heidegger die drei Domänen „Gott – Welt – Mensch" als „Fluchtbereiche der Metaphysik" bezeichnet, dann bezieht sich dies auf die fehlende Gründung dieser Unterteilung in der Wahrheit des Seins (vgl. GA 66, 29). Die „Flucht" besteht demnach in der umtriebigen Hinwendung zu den sich jeweils auftuenden Einzelfragen bei gleichzeitiger Abwendung von dem sie tragenden Grund.

2. Vgl. »Der Ursprung des Kunstwerkes«, Hw, 13f. Nebenbei bemerkt, leuchtet diese Hinwendung zur Phänomenalität der nicht verwendungsbezogenen Dinge schon vor *Sein und Zeit* einmal kurz auf: So thematisiert Heidegger den Gegensatz von lebensweltlicher Einheit der unmittelbaren Erfahrung und reflexiver Distanz des bewußten Nach-denkens über dieses Erleben am Beispiel einer blühenden Wiese, einer Sammlung von Rembrandtgemälden sowie einer Choralmesse in der Beuroner Abteikirche (vgl. GA 58, 65. 76). Diese thematische Vielfalt eines nicht tätigkeitsbezogenen, phänomenalen Erlebens wird in der Folgezeit allerdings dann wieder verdrängt von der Analyse der Zeugdinge innerhalb der „Werkwelt".

3. Vgl. Hw, 53: „Im Werk dagegen ist dieses, daß es als solches *ist*, das Ungewöhnliche. [...] Je wesentlicher das Werk sich öffnet, um so leuchtender wird die Einzigkeit dessen, daß es ist und nicht vielmehr nicht ist" (Hervorhebung im Original). Das Kunstwerk als einzelnes Seiendes soll damit in seiner Befremdlichkeit auf die Fragwürdigkeit von Sein überhaupt verweisen, die dazu drängt, zu fragen, warum überhaupt Seiendes ist und nicht vielmehr Nichts.

selbst zur Frage nach ihrem eigenen Wesen sowie dem Grund ihrer Zusammengehörigkeit herausfordern und damit die aus der vermeintlichen Allgemeinheit des Seins resultierende Abstumpfung gegenüber dem Fragen durch die Zuspitzung auf wenige, besonders privilegierte Phänomene durchbrechen.

2.1.1. Die Dingbetrachtung und der Zeit-Raum

Obwohl der Kunstwerkaufsatz sicher das prominenteste Zeugnis für Heideggers Betrachtung des Verhältnisses von Wahrheit und Seiendem darstellt, kann er doch nicht gedacht werden ohne sein negatives Komplement, nämlich die fast zeitgleich gehaltene Vorlesung *Die Frage nach dem Ding*[1], die durch Aufzeigen der in der neuzeitlichen metaphysischen Sicht von Gegenstand und Gegenständlichkeit liegenden Problematik die Notwendigkeit einer gewandelten Deutung des Seienden am Leitfaden des Werkes sichtbar macht. Der bewußte Rückgang auf den neutralen, noch nicht durch den Gegensatz zu „Zeug" und „Werk" eingeschränkten Dingbegriff der metaphysischen Tradition soll dabei dazu dienen, das bisherige Denken derart darzulegen, daß erkennbar wird, inwiefern seine eigenen Grundannahmen bei radikalem Weiterdenken über sich selbst hinausdrängen.

Wie schon bei der Frage nach dem besonderen Statut des Daseins, findet Heidegger auch im Zusammenhang mit der Dingproblematik seinen bevorzugten Gesprächspartner in der Kantischen Philosophie. Das Problem des Bezugs des Daseins auf die Dinge war zwar schon im *Kantbuch* anläßlich der Analysen der Einbildungskraft angeklungen, doch galt Heideggers Bemühen dort eher der Betonung der ursprünglichen Einheit von Zeitlichkeit und Dasein, nicht so sehr dem Dingbezug als solchem. In *Die Frage nach dem Ding* wird dagegen mehr die Kantische Analyse der äußeren Anschauung und ihrer Gesetzmäßigkeiten in den Vordergrund gestellt, um auf den Zeitbezug des räumlich lokalisierten Seienden als solchen und die in dieser Raumzeitlichkeit liegende Problematik einzugehen.

Ausgangspunkt der Heideggerschen Überlegungen ist Kants Bestimmung der dinglichen Wirklichkeit als Natur, d. h. als Bereich durchgängig raumzeitlich situierbarer Phänomenalität. Die geometrisch-mathematische Fassung dieser Raumzeitlichkeit läßt dabei erkennen, daß es sich hierbei um einen Entwurf handelt, in dem die sinnlich erfahrbare Wirklichkeit nicht als solche, sondern vom Standpunkt ihrer Denkbarkeit im Rahmen einer naturwissenschaftlich orientierten Rationalität betrachtet wird[2]. Die Wahrheit des Seienden reduziert sich unter dieser Prämisse auf seine Zugänglichkeit für ein Denken, in dem das einzelne Seiende nicht als solches, sondern nur in seiner Eigenschaft als zwar individuelle, doch aufgrund ihrer typologischen Funktion beliebig austauschbare Instanz für die Bewährung universaler Gesetzmäßigkeiten von Bedeutung ist. Der Grund, von dem her Seiendes verstanden wird, ist also der ihm vorausgehende (weil *a priori* entworfene) Horizont der quantitativen Bestimmbarkeit seiner materiellen Eigenschaften.

Heideggers Kritik setzt nicht eigentlich am mathematisch geprägten Charakter dieser Auffassung von Natur an, sondern an der Art und Weise, in der der Modell-

1. M. HEIDEGGER, *Die Frage nach dem Ding. Zu Kants Lehre von den transzendentalen Grundsätzen*, Tübingen (1962) ^{3}1987 (im folgenden abgekürzt mit FD).
2. Vgl. FD, 71.

charakter der inneren Homogenität und Kohärenz der verstandesmäßigen Bestimmungen des Denkens zu Maskierung der Probleme führt, die sich aus der Heterogenität der Grundquellen der Anschauung ergeben. Die Quantifizierung von Raum und Zeit betrifft diese beiden Bedingungen der Phänomenalität ja nicht nur jeweils getrennt für sich, sondern erlaubt darüber hinaus, ihr Verhältnis als eine Verknüpfung prinzipiell gleichförmiger Parameter zu deuten, deren Einheit auf nichts anderem beruht als auf der Tätigkeit des reinen Denkens selbst. Das „und" von „Raum *und* Zeit" besteht also in diesem Falle in der mathematisch artikulierten Gesetzlichkeit, die die Vernunft als die ihr selbst eigene Struktur erkennt, und wird somit aus dem Bereich der weltlichen Phänomenalität, auf die es sich ursprünglich bezieht, in die Sphäre des Denkens hineinverlagert. Die Grundsätze der Metaphysik der Natur fallen daher mit der zu systematischer Geschlossenheit tendierenden Gesetzlichkeit des Denkens schlechthin zusammen, ohne daß noch Raum bliebe für die Gründung der Welthaftigkeit der Phänomene im eigentlichen Sinne[1].

Heideggers Ansatz zielt dementsprechend darauf ab, das „und" in der Verknüpfung von „Raum *und* Zeit" als solches zu problematisieren und ihre von Kant vorgenommene Zuweisung an die „äußere" bzw. „innere" Anschauung in Frage zu stellen. Nachdem schon die Zeitlichkeit in ihrer wesentlichen Verankerung in der Seinsart des Daseins aufgezeigt wurde, geht es nunmehr darum, den mangelhaften Charakter einer an der „Naturwirklichkeit" ausgerichteten, geometrischen Deutung des Raumphänomens aufzuzeigen und sie durch eine nicht mehr vom Interesse an rationaler Beherrschbarkeit und regelbestimmter Machbarkeit erfüllten Sicht des Seienden in seiner Weltlichkeit zu überwinden[2].

2.1.2. Die Doppeldeutigkeit des Spiels bei der Wahrheitsgründung im Werk

Wenn sich Heideggers Augenmerk im Zusammenhang mit dem Bemühen um eine nichtmetaphysische Betrachtungsweise des Seienden vornehmlich am Kunstwerk orientiert, so ist damit jedoch nicht gesagt, daß der damit verbundene Leitgedanke einer freien, von keinen wie immer gearteten Interessen bestimmten Sicht der Dinge sich ohne weiteres mit dem bisherigen Verständnis der Kunst als eines spielerischen – oder gar *bloß* spielerischen – Phänomens deckt, in dem der Antagonismus zwischen der kategorial-universal bestimmten Gegenständlichkeit der theoretischen Erkenntnis und den auf konkrete ethische Bewährung hin entworfenen Ideen der praktischen Vernunft zugunsten eines besonderen Verhältnisses von verstandesgemäßer Universalität und sinnlicher Individualität außer Geltung gesetzt ist[3]. Aus dieser Ablehnung einer letztlich auf die disparaten und doch miteinander

1. Vgl. FD, 83. 95. 164.
2. Vgl. FD, 12f. sowie auch GA 65, 377.
3. Daß Heidegger sich in dieser Zeit mit dem kantischen und schillerschen Ansatz des Spiels als einer möglichen Versöhnung der unterschiedlichen Erkenntniskräfte bzw. Triebe des Menschen auseinandergesetzt hat, geht aus dem Verzeichnis seiner Lehrveranstaltungen hervor, das im Anhang von *Besinnung* veröffentlicht ist. Für das Jahr 1936 sind dort ein Seminar über Kants *Kritik der Urteilskraft* sowie über Schillers *Briefe über die ästhetische Erziehung des Menschen* vermerkt (vgl. GA 66, 419. 423). Leider sind zum gegenwärtigen Zeitpunkt die Aufzeichnungen zu dem ersten Seminar noch nicht

bestehenden Fähigkeiten des Subjektes zugeschnittenen Spielkonzeption erklärt sich der distanziert-kritische Unterton, mit dem Heidegger sich gegen eine „nur spielerische“ Deutung von Kunst und Dichtung verwahrt; ist die Bedeutung von „Spiel“ doch hier eindeutig die der schweifenden, willkürlichen, auf subjektives Erleben ausgerichteten Auffassung der Kunst[1] – einer Grundhaltung, die letztlich auch andere zentrale Phänomene wie die Sprache der Gefahr des „spielerischen Unwesens“[2], d. h. eines oberflächlich-unverbindlichen Umgangs mit dem sich darin Manifestierenden aussetzen kann.

Unter diesen Umständen liegt die Deutung nahe, Heidegger habe in bezug auf das Kunstwerk für eine agonale Spielauffassung optiert, die – in Anlehnung an Nietzsche – das Spiel auf keine subjekt- oder substrathaften Instanzen, sondern auf die die Wirklichkeit bestimmenden Grundkräfte beziehe. Das derart als ἀγών bzw. πόλεμος verstandene Spiel stelle damit eine Anknüpfung an archaisch-vorrationale Deutungsmuster der Wirklichkeit dar, in denen das dionysische Element einer ursprünglichen Welteinbezogenheit des Menschen und überhaupt aller Bereiche des Seins gegenüber der apollinischen Helle eines vernunftbestimmten Gegenübertretens zur Wirklichkeit den eindeutigen Vorrang habe[3]. Eine solche Interpretation scheint um so plausibler, als Heidegger ja ausdrücklich von einer „Widerwendigkeit“ innerhalb des Seins selbst redet und dementsprechend auch die Kunst vom „Streit“ her versteht.

Ließe sich schon mit Blick auf die Antike die These eines holistischen, alle Bereiche der damaligen Kultur gleichermaßen beherrschenden, agonalen Spielverständnisses vom geschichtlichen Standpunkt aus mit guten Gründen in Frage stellen[4], so kann im Falle Heideggers noch viel weniger von einer intensionalen wie extensionalen Homogenisierung des Spielverständnisses innerhalb der kosmologischen Matrix die Rede sein. Auch, wenn er mit Blick auf die Kunst deren gewaltsam-produktiven Charakter gegenüber dem der Rezeption herausstellt, so ist

veröffentlicht (geplant als Band 84 der Gesamtausgabe), während die Notizen zum Schiller-Seminar wohl als verloren zu gelten haben (vgl. die Anmerkung des Herausgebers in GA 66, 436).

1. Vgl. GA 4, 45 sowie GA 39, 7f. 23.

2. GA 39, 64.

3. Diese archaische Deutung des Spiels als Kampf und (noch nicht rational zur Dialektik herabgestufter) Widerstreit ist nicht auf Kunst und Dichtung der vorklassischen Epoche der griechischen Kultur beschränkt, sondern kann in gewisser Weise auch auf das Denken der Vorsokratiker, vor allem Heraklits, angewendet werden, wie es sich etwa in dessen bekanntem Fragment 52 ausspricht. M. Spariosu bemerkt dazu: „Perhaps it would not be too farfetched to interpret *aion* in this particular context as cosmic (physical) force because according to some scholars, *aion* may have originally meant something like ›vital force‹. It is, perhaps, only later that Plato redefines *aion* to mean ›the immutable eternity of the Forms‹, thus further obscuring the fact that his idealist philosophy is rooted in a mentality of power. [...] In B 52, then, Heraclitus seems to operate with an archaic, Homeric notion of play as *agon*, which in other contexts he calls *polemos* and *eris*, and which he turns into a fundamental cosmic principle“ (M. SPARIOSU, *God of many names*, 66). Die Ausscheidung des archaischen, gewaltsamen Elementes aus dem Spielverständnis fällt also zeitlich mit dem Übergang von der vorsokratischen zur sokratisch-platonischen Philosophie zusammen – einem geschichtlichen Moment, in dem auch Heidegger den entscheidenden Wendepunkt in der Geschichte der Metaphysik ausmacht. Nichtsdestoweniger ist, wie sich noch zeigen wird, der Umkehrschluß irrig, seine Kritik des bisherigen metaphysischen Denkens stehe für eine Rückkehr zur archaischen Welt, ihrem Spielverständnis und ihrem Denken.

4. Vgl. U. MANN, »Der Ernst des heiligen Spiels«, in: *Das Spiel der Götter und Menschen* (hrsg. von R. Ritsema), *Eranos-Jahrbuch* 51 (1982), Frankfurt a. M. 1983, 9-58, hier 16f.

damit noch keineswegs ausgemacht, daß er sie als Schauplatz bzw. Nachvollzug eines zwischen den Grundkräften der Wirklichkeit insgesamt tobenden Kampfes versteht; vielmehr wird in seiner Deutung die dem Kunstwerk innewohnende Spannung gerade an jenem Grundzug der Phänomenalität festmacht, der sich einer totalisierenden Einbeziehung in ein homogen-universal vom Streit geprägtes Weltverständnis grundsätzlich widersetzt, nämlich dem Element der Erde.

Doch auch in einer zweiten Hinsicht ist eine Gleichsetzung seines Ansatzes mit der nietzscheschen Auffassung der Kunst unvereinbar: So setzt Nietzsche in seiner Kritik der metaphysischen Abwertung der sinnlichen Sphäre zugunsten der intelligiblen, „wahren“ Welt den „Scheincharakter“ der Kunst wieder in sein Recht ein, wodurch er aber im Grunde, wenn auch nur vorübergehend und zu argumentativ-polemischen Zwecken, die der Metaphysik eigene Zweiteilung von Schein und Sein mitmacht. Bei Heidegger wird dagegen der „Scheincharakter“ der Kunst nie auch nur aus methodischen Gründen der Wahrheit des Seienden überhaupt entgegengesetzt, wie sie ihre Artikulation im philosophisch-ontologischen Denken findet. Sein Bemühen zielt vielmehr darauf, anhand der Kunst aufzuzeigen, daß Wahrheit überhaupt nur ist *als* ein Erscheinen, das aber weder auf eine „Hinterwelt“ verweist noch sich als „bloßer Schein“, d. h. als ein raffiniertes, lediglich praktisch legitimiertes Gewebe undurchschauter Metaphorik präsentiert, sondern sich *als Wahrheit* tatsächlich im Bereich des Seienden vollzieht, wenngleich auch dieses Erscheinen an ihm selbst unvermeidlicherweise ein Moment der Dunkelheit besitzt[1].

2.1.3. Welt und Erde als Chiffren der inneraletheiologischen ἐποχή

Die Eigenart des Heideggerschen Spielverständnisses gegenüber den „(neo-)archaischen“ Deutungsmustern liegt in der besonderen Fassung seines Weltbegriffs beschlossen. Diesbezüglich ist zunächst festzuhalten, daß „Welt“ schon um die Wende von den 20er zu den 30er Jahren nicht mehr mit dem gleichnamigen Existenzial aus *Sein und Zeit* gleichzusetzen ist. Wurde dort die „Welt“ mit dem vom Dasein zu vollbringenden Entwurf von Sinnhorizonten für Seiendes und folglich mit seinem spezifisch existenzialen Seinsmodus identifiziert, so ändert sich in der Folgezeit die Perspektive dahingehend, daß „Welt“ zunächst tendenziell auch in Richtung auf das Seiende im Ganzen verwendet wird und schließlich jene Offenheit bezeichnet, in der sich der Mensch immer schon befindet, ohne sie aktiv entworfen zu haben[2]. Dieser „dunkle Rest“, das Sich-entziehende an dieser so verstandenen Welt macht deutlich, daß sich Heideggers Weltbegriff auch nach *Sein und Zeit* keineswegs als kosmisch (bzw. kosmologisch)-totalisierend darstellt, sondern vielmehr wesenhaft auf die Erde als das Element ursprünglicher Dunkelheit und Dichte verwiesen ist. Diese stellt jedoch weniger ein der Welt äußerlich gegenüberstehendes Element dar als vielmehr die explizite Herauslegung der Tatsache, daß diese Welt keine transzendental verankerte mehr ist. „Erde“ kann somit als das Sich-entziehende am neuverstandenen Weltphänomen verstanden werden: der selbst nicht entwerfbare Rest in der Gegebenheit aller Möglichkeit von Entwurf überhaupt.

1. Vgl. Ni I, 88f. 166-176. 243-254.
2. Vgl. dazu F. DASTUR, »Le concept de monde chez Heidegger après *Être et temps*«, *Alter* 6 (1998) 119-136.

Heideggers Kunstauffassung unterscheidet sich von bisherigen Ansätzen vor allem durch die Art und Weise, wie die Kunst jeweils zum Begriff der „Natur“ in Beziehung gesetzt wird. Einerseits grenzt er – im Gegensatz zur griechischen Philosophie – die Kunst nicht als äußerlich geschaffene τέχνη von der eigendynamischen φύσις ab[1], andererseits beschreitet er auch nicht den Weg Kants, bei dem sowohl die Natur als auch das Kunstwerk Gegenstand des teleologischen Urteils werden können[2]. Wenn also weder Entgegensetzung noch Gleichordnung dem Verhältnis von Natur und Kunst bei Heidegger gerecht werden können, so deswegen, weil bei ihm die φύσις nicht im Sinne einer bestimmten Seinsregion verstanden wird, etwa des organischen, sich von selbst entwickelnden Teils der Wirklichkeit oder aber der Gesamtheit der Gegenstände möglicher sinnlicher Erfahrung. Für Heidegger ist die φύσις nicht eine Seinsart neben anderen, sondern vielmehr Ausdruck für das Wesen des Seins als solchen[3]. Dementsprechend kann die Kunst weder ein ihr äußerlich entgegengesetztes Gebiet darstellen noch parallel zu ihr unter dem gemeinsamen Oberbegriff der teleologischen Ordnung zusammengefaßt werden.

Im Gegensatz zu dem in seiner alltäglichen Verwendung aufgehenden Zeug, das im Normalfall gerade nicht zu einer ausdrücklichen Reflexion über seine weltbezogene Entdecktheit als solche einlädt, ist das Kunstwerk in besonderer Weise dazu angetan, die am Zeug selbst nicht unmittelbar sichtbar werdende Einheit von Enthüllung und Verbergung des Seins als solchen sichtbar werden zu lassen. Zwar bleibt im Zusammenhang mit dem gegenseitigen Gründungsverhältnis von Welt und Seiendem die zirkuläre Verweisungsstruktur erhalten, derzufolge gilt: „Wo Werk – da Welt, und umgekehrt“[4], doch ist die sich aus der Zirkelstruktur ergebende Unmöglichkeit einer einseitig-linearen Begründungsordnung nochmals in ihrer Abgründigkeit überboten durch die Erde in ihrem besonderen Verhältnis zur jeweiligen Geschichtlichkeit der Erschlossenheit von Sein. Mit dem Übergang zur seinsgeschichtlichen Perspektive wird unmißverständlich deutlich, daß es nicht „die“ Welt „des“ Daseins an sich gibt, sondern daß sie dem geschichtlichen Dasein in je eigener, epochal beschränkter Weise zu „einer geschlossenen Offenbarkeit des Seienden“[5] wird. Offenbarkeit von Welt gibt es also nur unter gleichzeitiger Versagung ihrer gesamtgeschichtlichen Valenz: Seiendes ist nicht als solches und schlechthin dem Verstehen erschlossen, sondern immer nur für einen jeweils spezifischen, in sich geschlossenen Weltkontext.

Die Abgeschlossenheit der jeweiligen geschichtlichen Konfigurationen von Welt führt unvermeidlicherweise zur ihrer Pluralisierung. Welt ist immer nur *eine* von vielen möglichen, während Heidegger stets nur von *der* Erde im Singular spricht, woraus ersichtlich wird, daß die Erde an sich nicht der epochal-geschichtlichen Begrenzung der Welten unterliegt, sondern ihr gemeinsamer Grund ist[6]. Dieses Gründungsverhältnis ist allerdings nichts weniger als ein konstatierbarer Zustand,

1. Vgl. ARISTOTELES, *Physik* II, 1, 192b 8 – 193b 21.
2. Vgl. I. KANT, *Kritik der Urteilskraft* (KdU), § 23.
3. Vgl. »Vom Wesen und Begriff der Φύσις«, GA 9, 299f.
4. M. HEIDEGGER, *Aristoteles, Metaphysik Θ 1-3. Von Wesen und Wirklichkeit der Kraft* (GA 33), Frankfurt a. M. (1981) [2]1990, 146.
5. GA 33, 146.
6. Vgl. M. HAAR, *Le chant de la terre. Heidegger et les assises de l'histoire de l'être*, Paris 1985, 128.

sondern besteht vielmehr in der immer neuen Herausstellung der Erde als desjenigen Elementes, das sich der Aufhellung innerhalb eines jeden Welthorizontes widersetzt:

> „Im ›Vor-Spiel‹ einer rauheren Zeit geschieht das schon [sc. das Werden der Erde zur Heimat durch ihre Ausrichtung auf die Götter], damit dann erst die Erde voll ins eigentliche Spiel kommt, d. h. die Geschichte und die geschichtliche Zeit. Sie ist das große Spiel, das die Götter mit den Völkern und mit einem Volk spielen, denn ein Spiel sind die großen Zeiten der Weltzeit, so sagt es ein alter griechischer Philosoph, Heraklit, den sie den Dunklen nennen und dessen tiefste Gedanken gerade Hölderlin neu gedacht hat. Fragment 52: [...] ›Die Weltzeit – ein Kind ist sie, ein spielendes, her und hin die Brettsteine setzend, eines [solchen] Kindes ist die Herrschaft [über das Sein].‹ In solchem Spiel der Götter steht die Erde“[1].

Die so verstandene Geschichtlichkeit des Seins ist also eindeutig schon als auf Welt bezogenes Spiel verstanden, wobei die Freiheit der einzelnen, epochalen Züge sich der unberechenbaren Abgründigkeit und Verschlossenheit der Erde verdankt. Innerhalb „des Aufgehens selbst und im Ganzen“[2], d. h. in der φύσις des Seins als solchen, stellt das Kunstwerk die Erde in je anderer Weise als den „heimatlichen Grund“ heraus, der sich in wesentlicher Weise derselben welthaften Durchlichtung verschließt, die er doch zugleich ermöglicht[3]. Der in diesem Verhältnis ausgetragene „Streit“ zwischen Welt und Erde wird folglich nicht zwischen zwei antagonistischen, der Sache nach jedoch gleichgeordneten Prinzipien ausgetragen, sondern betrifft die Spannung zwischen der geschichtlich-epochal gegebenen (und damit begrenzten) Verwirklichung der Erschlossenheit von Sein und ihrem ungeschaffenen, d. h. *a fortiori* aber auch unentworfenen, irdischen Abgrund, der nicht epochal begrenzt ist und sich gerade deshalb der geschichtlichen Ausschöpfung immer wieder entzieht; zwischen epochaler Entbergung von Welt und der ἐποχή des nicht welthaft begrenzten Bodens dieser Entbergung selbst[4]. Das ἀ- der ἀ-λήθεια ist demnach nicht einfach das Anzeichen einer lediglich strukturellen Privationsbewegung innerhalb des Wahrheitsphänomens, sondern indiziert den Durchbruch des geschichtegebenden, aber seinerseits nicht innergeschichtlichen (Ab-)Grundes von Sein zu seinen je geschichtlich gegründeten Erscheinungsformen.

1. GA 39, 105 (die beiden in eckige Klammern gesetzten Ergänzungen im letzten Satz des Zitats stammen von Heidegger).
2. Hw, 28.
3. Vgl. Hw, 35.
4. Vgl. GA 39, 107. Man kann diese prinzipiell nie restlos aufzuhellende Vorgegebenheit der „Erde“ als formale, ins Geschichtliche gewendete Entsprechung zum Begriff des „Erfahrungsbodens“ aus den frühen Freiburger Jahren verstehen: So, wie der phänomenale Boden des theoretisch nicht durchschauten Welterlebens den reflexiv nicht einholbaren Grund und Ab-grund für das transzendentalphilosophische Denken abgibt, ist die Erde als der geschichtliche, nicht welthaft gelichtete Boden der Grund und Ab-grund der Metaphysik in ihrer seinsgeschichtlichen Dimension. Was beim jungen Heidegger einem „oubli inaugural“ unterliegt, ist wohl die *geschichtliche* Dimension der Erde, nicht aber die Erfahrung eines ursprünglichen Bodens für den Lebenskontext überhaupt (vgl. diesbezüglich die kritische Bemerkung bei A. VUILLOT, *Heidegger et la terre. L'assise et le séjour*, Paris – Montréal – Budapest – Torino 2001, 19).

2.1.4. Die Unentschiedenheit des Zeit-Raumes

Ausgehend von dieser Deutung des Wahrheitsereignisses im Kunstwerk, läßt sich ein Einblick in Heideggers Verständnis des Zeit-Raums bzw. der Einheit von Raum und Zeit in bezug auf das Seiende gewinnen, die anläßlich der Betrachtung des metaphysischen Dingverständnisses zum Problem geworden war. In der Konzeption der Natur als einer vom Verstand *a priori* vorgegebenen Gesamtheit der Gesetzlichkeiten sinnlicher Phänomenalität war das Sein des Seienden als mathematisierbare Raumzeitlichkeit bestimmt und damit allein vom Subjekt und seinen synthetischen Leistungen abhängig. In dem Maße, als das Erscheinen des Seienden nur in Form sinnlicher Erfahrbarkeit gedacht wird, bleibt das In-die-Anschauungfallen gemäß den Gesetzen der raumzeitlichen Natur das einzige, aber eindeutige Kriterium, das die Erscheinung des Seienden als solche ausweist.

Demgegenüber setzt Heidegger den Zeit-Raum gerade nicht als die sicher gegebene Form der Erscheinung des Seienden an, sondern als Synonym für die Ungewißheit in bezug auf sein Sein. So meint der Ausdruck „Zeit-Raum" nicht lediglich eine andere Verknüpfung von Raum und Zeit, sondern die Offenheit der Entscheidung darüber, *ob* Seiendes in seinem Sein erscheint oder nicht. Der Zeit-Raum ist damit die Aufhebung der These des ausschließlichen Entweder-Oder des Seienden in seiner Position, die Schwebe, in der die Frage nach seiner Gegebenheit oder seinem Ausbleiben nicht nur vorübergehend, sondern dauerhaft hängt[1]. Wenn so gegensätzlich scheinende Phänomene wie „Nähe und Ferne, Leere und Schenkung, Schwung und Zögerung"[2] mit dem Wesen des Zeit-Raumes in Verbindung gebracht werden, dann ist damit das exklusive Entweder-Oder nicht zugunsten eines indifferenten Sowohl-Als auch aufgehoben, sondern diese Begriffspaare indizieren den abgründigen Reichtum des Seins, das sich *weder* auf das eine *noch* auf das andere in erschöpfender Weise festlegen läßt und somit im Freiraum seiner eigenen Gegebenheit steht. Die Frage nach dem Zeit-Raum betrifft also nicht mehr die Einbildungskraft als diejenige Instanz, die dem denkenden Subjekt den Bezug der ontologischen Ebene der Begriffe auf die ontische Sphäre der Anschauung des Seienden ermöglicht, sondern wird zu einem Charakteristikum des Seins selbst in seiner Freiheit, sich dem Seienden als dessen Grund zu übereignen oder auch nicht[3]. Die beiden in der klassischen Metaphysik als homogen gedachten Größen von Raum und Zeit als Formen der Erkenntnis der Naturwirklichkeit können damit nicht mehr als koextensiv mit dem Zeit-Raum der Erscheinung des Seins selbst im Seienden gelten; sind die mathematisch gefaßten Raum-Zeit-Parameter doch nur *eine* (nämlich die neuzeitliche) welthafte Ausprägung der Art und Weise, in der sich das Sein im Entscheidungsbereich seiner Lichtung und Verbergung je für ein geschichtliches Dasein darstellt.

1. Vgl. V. HOUILLON, »Le 'refus du monde' chez Heidegger«, *Alter* 6 (1998) 207-234, hier 217.
2. GA 65, 372.
3. „Die offene Stelle inmitten des Seienden, die Lichtung, ist niemals eine starre Bühne mit ständig aufgezogenem Vorhang, auf der sich das Spiel des Seienden abspielt. [...] Unverborgenheit des Seienden, das ist nie ein nur vorhandener Zustand, sondern ein Geschehnis" (Hw, 41). Vgl. dazu V. HOUILLON, »Le libre jeu de l'espace et de l'imagination chez Heidegger. L'hésitation et le flottement de l'espace-temps«, *Alter* 4 (1996) 228. 251.

2.2. Der Spielraum des Göttlichen im seinsgeschichtlichen Denken

Ähnlich, wie sich das Weltphänomen durch seine irreduzible Verwiesenheit auf die Erde allen Versuchen einer universalistischen Interpretation entzieht, wird auch an Heideggers spezifischem Ansatz zur Gottesfrage die Grundtendenz erkennbar, die in der klassischen Metaphysik von einer jeweils charakteristischen, asymptotischen Unendlichkeit gekennzeichneten Leitideen von Welt, Ich und Gott durch Bezug auf ein komplementäres Phänomen einzuschränken und damit einen Freiraum zu eröffnen, der die ehemals als heuristischen Verstehensgrund für anderes angesetzten Grenzbegriffe nun selbst in Erschütterung versetzt und damit in Frage stellt. Insbesondere im Hinblick auf die Problematik des Göttlichen wird dessen „Begründungsfunktion“ einer scharfen Kritik unterzogen, die – im Gegensatz zur Auseinandersetzung mit der ontologischen Komponente der Metaphysik – nicht eigentlich das Denken der griechischen Antike als solches trifft, sondern vielmehr die vor dem Hintergrund der jüdisch-christlichen Tradition erfolgte Einbeziehung schöpfungstheologischer Grundthemen in den Kanon metaphysischen Fragens[1]. Die Problematik ist also keineswegs rein innermetaphysisch-systematischer Natur, sondern berührt die konkrete, faktische Ausprägung metaphysischen Denkens in seiner Begegnung mit dem eminent geschichtlich verankerten Phänomen des Offenbarungsglaubens.

2.2.1. Die Kritik der Theologisierung des Kausalitätsgedankens: Grund und Transzendenz

Die Frage nach dem Grund stellt sich für Heidegger als Frage nach der Freiheit dar, die sich aus der Unableitbarkeit des faktischen Seins der Dinge bzw. der Welt insgesamt aus der Gesamtheit ihrer möglichen Sinnbestimmungen ergibt. Dieses Auseinanderklaffen eröffnet den Raum für das Fragen nach dem Sein des Seienden und damit für die Philosophie als ganze. In dem Maße, als der in der Schöpfungsidee enthaltene Kontingenzgedanke das Verhältnis vom Was der Dinge zu ihrem Daß unter Verweis auf den göttlichen Schöpfungsakt beantwortet, wird dagegen die Problematik des Grundes derart mit theologischen Implikationen befrachtet, daß das Verhältnis von Grund und Gegründetem eine vom Standpunkt der Fundamentalontologie unhaltbare Prägung erhält.

Der hierbei maßgebliche Begriff ist die jeweils anders aufgefaßte Bezeichnung der „Transzendenz“, die im Bereich der Theologie für das souveräne, d. h. nicht in seiner Wirkungsimmanenz aufgehende Verhältnis Gottes zur Schöpfung steht, im Rahmen der Fundamentalontologie aber die existenziale Eigenheit des Menschen zum Ausdruck bringt, das innerweltliche Seiende auf sein Sein hin in endlicher Weise verstehend zu übersteigen. Das Paradigma regionalontologischer Unterscheidungen versagt hier, so daß strenggenommen schon das „trans-“ in der Transzendenz zu Mißverständnissen Anlaß gibt, wenn man es im Sinne eines „Hinüber-zu“ bzw.

1. Die Verbindung des Ursachebegriffes mit der Gottesvorstellung wird zwar auch in der platonisch-aristotelischen Metaphysik vollzogen, doch handelt es sich bei dem ϑεῖον als πρώτη ἀρχή nicht um die Wirkursächlichkeit, sondern um die Ursache von Erkennbarkeit und Finalität, die in keinerlei „schöpferischer“ Beziehung zur Welt steht (vgl. »Platons Lehre von der Wahrheit«, GA 9, 235).

„Über-hinaus" interpretiert[1]. Andererseits versucht Heidegger auch nicht, wie etwa Schelling, das Problem von Endlichkeit und Freiheit durch Hinweis auf den Unterschied von Grund und Existenz in Gott zu lösen, sondern konzentriert im Gegenteil seine Bemühungen darauf, das Sein selbst unter Verzicht auf die Terminologie des Absoluten in seiner wesentlichen Endlichkeit zu erweisen[2]. Das aber bedeutet, daß *a fortiori* auch das Göttliche nicht mehr in der Matrix der Unendlichkeit gedacht werden kann, sondern von demselben Schicksal betroffen und *innerhalb* desselben Spielraums angesiedelt sein muß, den die bleibend nichtidentische Einheit von Grund und Existenz im menschlichen Dasein eröffnet[3].

Der Grund für Heideggers Ablehnung des Schöpfungsparadigmas erklärt sich aus seiner Kritik der abendländisch-metaphysischen Grundhaltung gegenüber dem Seienden. Die analogisierende Interpretation des menschlichen Ingeniums als Abbild der göttlichen Schöpferkraft habe – so Heidegger – dazu geführt, daß der zweckorientierten Bearbeitung und berechnenden Ausnützung der Dinge von seiten des Menschen in Analogie zur göttlichen Allmacht grundsätzlich keine Grenze mehr gesetzt sei. Selbst die neuzeitlichen Phänomene von „Machenschaft" und „Gestell" werden damit als Ausläufer einer Entwicklung gedeutet, die in der religiös bedingten „Vergötterung des Ursacheseins als solchen, des Grundes des erklärenden Vorstellens überhaupt [...] der ›Kausalität‹ als ›Kausalität‹"[4] ihre Initialzündung erhalten und damit den „gelassenen" Zugang zum Sein in seinem ungegenständlichen Sich-geben verbaut hat[5]. Wo die göttliche Allmacht als Seinsgrund all dessen, was ist, angesetzt wird, erscheint das einzelne Seiende als selbstverständlicher, in der Fülle seiner Wesensbestimmungen ruhender Träger von Eigenschaften, ohne in seinem Sein als solchem jemals ernsthaft fraglich zu werden[6]. Das Fehlen der grundsätzlichen

1. Die verschiedenen Bedeutungen von „Transzendenz" (ontisch, ontologisch, fundamentalontologisch) werden von Heidegger in GA 65, 24f. 216ff. voneinander unterschieden und in ihrer jeweiligen topologischen Valenz innerhalb des Übergangs vom metaphysischen zum fundamentalontologischen Denken situiert. Vor diesem Hintergrund wird selbst noch der Ansatz des Transzendenzgedankens in »Vom Wesen des Grundes« als nicht radikal genug einer Kritik unterzogen (vgl. GA 65, 250f. 322; GA 66, 94).

2. Vgl. SAFr, 150f. 194ff.

3. Diese gemeinsame Bedingtheit von Göttern und Menschen durch das gleiche sie umgreifende und doch epochal verendlichte Wesen des Seins wird von Heidegger ausdrücklich mit der antiken Vorstellung der alles umwaltenden μοῖρα in Beziehung gebracht (vgl. GA 54, 164).

4. GA 66, 240; vgl. auch GA 65, 132 sowie M. HEIDEGGER, *Heraklit. Der Anfang des abendländischen Denkens / Logik. Heraklits Lehre vom Logos* (GA 55), 209. 213.

5. „Der Ursache-Wirkungs-Zusammenhang wird zum allbeherrschenden (Gott als causa sui). Das ist eine wesentliche Entfernung von der φύσις und zugleich der Übergang zum Hervorkommen der *Machenschaft* als Wesen der Seiendheit im neuzeitlichen Denken" (GA 65, 127; Hervorhebung im Original). An anderer Stelle geht Heidegger sogar so weit, den Glauben an die Kirche als gnadenvermittelnde Institution als direktes „Vor- und Nebenspiel der neuzeitlichen Technik" zu deuten, insofern beide dem übermächtigen Drang nach Sicherheit in einem als beständig angesetzten Seienden entspringen (vgl. GA 66, 176).

6. Vgl. »Vom Wesen der Wahrheit«, GA 9, 180f.; EiM, 5f. sowie GA 65, 110. 115. Es würde an dieser Stelle zu weit führen, Heideggers Sicht der Schöpfung als „Herstellung" einer eingehenden Kritik zu unterziehen; darum sei hier nur darauf hingewiesen, daß sie z. B. jenem neuplatonisch beeinflußten Traditionsstrang innerhalb der abendländischen Metaphysik nicht gerecht wird, der das Hervorgehen des endlichen Geistes aus Gott in grundsätzlich anderer Weise begreift (*emanatio* bzw. *procedere a ratione*) als das Geschaffenwerden der ganzen übrigen Welt (*productio* bzw. *procedere secundum*

Fraglichkeit des Seienden in seinem Sein hält dem Dasein die Hände frei für die Manipulation des Seienden, das in der Kette seiner möglichen Verwendungen aufgeht, ohne mit Bezug auf einen eventuell eben nicht eindeutig auszumachenden Grund in der Möglichkeit seines Sich-versagens zu erscheinen.

Wenn das Verhältnis Gottes zur Welt bei Heidegger auch nicht mehr in den Kategorien von Schöpfung und Bewirkung gedacht wird, so bedeutet dies doch nicht, daß zwischen den beiden kein Verhältnis bestünde. In dem Moment, wo bei Heidegger die Frage nach dem Wesen des Göttlichen ausdrücklich Thema der Überlegungen wird, erscheint sie vielmehr untrennbar mit der Frage nach der Welt verbunden[1] und wird vor dem Hintergrund derselben epochalen Grundstruktur entfaltet, die auch das Wahrheitsgeschehen im Bereich des Seienden bestimmt.

2.2.2. Die Zeitlichkeit des Göttlichen

Einer der massivsten Gegensätze, den Heidegger zwischen seinem Ansatz zur Gottesfrage und dem der Tradition herausstellt, betrifft die Situierung des Göttlichen im Verhältnis zu den Charakteristika von „Zeit“ und „Ewigkeit“. Schon anläßlich der innerphänomenologischen Regionalisierung der Seinsbereiche hatte Heidegger das ungeklärte In-Beziehung-setzen von Zeitlosigkeit, Außer- bzw. Überzeitlichkeit und Ewigkeit sowie die nicht immer klare Bestimmung der ihnen entsprechenden Extensionen (logische Geltung? – mathematische Entitäten? – Gott?) einer Kritik unterzogen, insofern die darin je anders zum Ausdruck kommende Abstoßung der Zeitlichkeit die Phänomenologie mit einem inhaltlichen Vorurteil belastet und damit von ihrer eigentlichen Aufgabe, nämlich der Entfaltung der ursprünglichen Phänomene in der ihnen eigenen Gegebenheitsweise, wegführt[2]. Die Assoziation der gesuchten phänomenologischen „Ursprünglichkeit“ mit der größtmöglichen Idealität des transzendentalen Subjekts und der intentionalen Objekte seiner Bewußtseinsvollzüge ist somit für Heidegger ein schlecht verhehltes theologisches Residuum, das es zu durchschauen und zu eliminieren gilt[3].

Über lange Zeit hinweg bleibt es jedoch bei dieser negativen Abgrenzung der fundamentalontologischen Zeitlichkeit von einer wie immer gearteten theologischen Dimension. Erst der Durchbruch zum ursprünglichen Zeitcharakter des Seins selbst macht den Weg frei, die spezifische Zeitlichkeit des Daseins *und* des Göttlichen aus der Struktur ihrer gegenseitigen Verwiesenheit her zu entwickeln. Neben die radikale

rationem), nämlich in einer Weise, die weit eher an das abgründig reziproke Gründungsverhältnis von Sein und Dasein erinnert als an das vorstellende „Produzieren“.

1. Vgl. etwa GA 33, 128, wo die Dichtung als „Ausruf der Welt im Anruf des Gottes“ bezeichnet wird. In indirekter Weise wird dies auch an anderer Stelle deutlich, wo Heidegger in Anknüpfung an Nietzsches Formulierung „[...] und um Gott herum wird Alles – wie? vielleicht zur ›Welt‹?“ die „Gottlosigkeit“ der neuzeitlichen Philosophie als Ursache für ihre gleichzeitige „Weltlosigkeit“ ansetzt (vgl. M. HEIDEGGER, *Nietzsches Metaphysik / Einleitung in die Philosophie. Dichten und Denken* [GA 50], Frankfurt a. M. 1990, 115). Vgl. ebenso Hw, 31: „Auch das Verhängnis des Ausbleibens des Gottes ist eine Weise, wie Welt weltet“. G. B. Smith hat damit recht, wenn er bezüglich des Weltphänomens in Heideggers mittlerer und später Phase schreibt: „In short, according to Heidegger, there can never be a secular world; any genuine world bears the stamp of the sacred“ (*Nietzsche, Heidegger and the transition to postmodernity*, 265).
2. Vgl. GA 20, 7-10; SZ, 18 sowie GA 9, 161.
3. Vgl. SZ, 229.

Verzeitlichung und Verendlichung der grundlegenden existenzialen Charaktere des Daseins tritt daher eine Verendlichung des Göttlichen mittels der gleichermaßen zeitlich-ekstatischen Deutung seiner Seinsweise. Allerdings wird diese Zeitlichkeit nicht als eine Art innergöttliches Existenzial verstanden, sondern von vornherein in der Dimension der Geschichte des Seins gedeutet und dazu auf das gleichfalls geschichtliche Sein des Menschen bezogen. Wenn Geschichte allein im Zwischen der Entgegnung von Göttern und Menschen spielt[1], dann heißt dies zugleich auch, daß die Art und Weise, in der beide einander zugeordnet sind, von derselben Epochalität gekennzeichnet ist, die dem Sein im Hinblick auf seine Geschichte insgesamt zukommt.

2.2.3. Der Zeit-Raum der Begegnung von Göttern und Menschen

Weit entfernt davon, die beständige Anwesenheit Gottes durch eine ebenso einfach konstatierte Abwesenheit bzw. ein bloßes Nichtsein abzulösen, betrifft die ἐποχή des Göttlichen gerade die Unentscheidbarkeit seiner Wesensweise[2] und damit die Unmöglichkeit, die ein für allemal festgestellte Anwesenheit *oder* Abwesenheit des Gottes als stabiles Faktum für eine darauf aufbauende Weltdeutung zu nehmen. Vielmehr gilt es, die klassische metaphysische Vorstellung von Gott als dem Verankerungspunkt *jeder* Art von Gewißheit aufzugeben und die Frage nach seiner möglichen Begegnung mit dem Menschen in der Schwebe zu belassen[3]. Dementsprechend indiziert der für die jetzige Situation konstatierte „Fehl" des Gottes auch keine vorentworfene Stelle, die irgendwann in Zukunft einmal durch das faktische Eintreffen des Gottes ausgefüllt und damit in reine Gegebenheit göttlicher Präsenz überführt werden könnte[4]. Eine solches Hinausprojizieren der „Ankunft" des Gottes

1. Vgl. GA 65, 479.
2. Vgl. GA 65, 23.
3. „Zur härtesten Strenge der innigen Schwingung des Da-seins gehört, daß es die Götter nicht zählt und auch nicht auf sie zählt und gar nicht mit dem Einzelnen rechnet" (GA 65, 293; vgl. auch ebd., 12 sowie GA 66, 339).
4. Ganz allgemein ist eine solche, auf „eschatologische Erfüllung" ausgerichtete Deutung der Seinsgeschichte problematisch. Einerseits ist Heideggers Sicht der Seinsgeschichte in ihrer Ausgespanntheit zwischen „Anfang" und „Ende" vom Motiv des „Letzten" bzw. „Äußersten" durchdrungen, so daß Heidegger – unter ausdrücklicher Abgrenzung von theologischen oder philosophischen Fehlinterpretationen – von einer „Eschatologie des Seins" reden kann (vgl. »Der Spruch des Anaximander«, Hw, 327). Andererseits ist im Hinblick auf die Art und Weise, in der Anfang und Ende ineinandergreifen und sich im Grunde einer chronologisch-teleologischen Anordnung entziehen, die Deutung dieses „Letzten" als eines „Bevorstehenden" inadäquat: „Der letzte Gott ist kein Ende, sondern das Insicheinschwingen des Anfangs und somit die höchste Gestalt der Verweigerung, da Anfängliches sich dem Festhalten entzieht und nur west im Überragen all dessen, was schon als Künftiges in ihn eingefangen und seiner bestimmenden Kraft überantwortet ist" (GA 65, 416). – „Die Zukünftigkeit dieser Vorgeschichte ist eine *innere* der stetigen Anstimmung und Bestimmung zur Gründung der Wahrheit des Seyns – ganz anders als jede Art der ›eschatologischen‹ Haltung, die *nicht* auf Gründung gestimmt ist, sondern auf das Ausharren einer ›Endzeit‹, das schon eine völlige Seinsvergessenheit zur Voraussetzung hat. Alle ›Eschatologie‹ lebt aus einem Glauben an die Sicherheit eines neuen Zustandes. Im Vordenken des seynsgeschichtlichen Denkens aber ist der gründende Grund des Da-*seins* dieses selbst, das Erfragen des Seyns [...] Die Stunde des Seyns ist nicht der Gegenstand einer gläubigen Erwartung" (GA 66, 245; Hervorhebungen im Original). Zur Problematik des eschatologischen Seinsdenkens vgl. J. GREISCH, *La parole heureuse. Martin Heidegger entre les choses et les mots*, Paris 1987, 332ff.

in eine ferne Zukunft verkennt, daß die seine ἐποχή ausmachenden Modi von Entzug und Vorübergang seine ureigensten „Seinsweisen" *sind*[1]. Die Bestimmung des Göttlichen als unauflösbare Entzogenheit verweist also auf keine noch ausstehende, geschehenstranszendente Erfüllung mehr, sondern trägt das Gesetz ihres Sinnes auf immanente Weise in sich. Der „zukünftige" Charakter des Gottes bezieht sich also nicht darauf, daß dieser irgendwann einmal tatsächlich in Erscheinung tritt, sondern auf die von seiten des Denkens noch ausstehende Einsicht in die Tatsache, daß das Ausbleiben dieser faktisch greifbaren Erscheinung des Göttlichen notwendige Bedingung seines Wesens selbst ist[2].

Trotz des epochalen Entzuges des Göttlichen wird, wie sich an der Formulierung „Brautfest von Menschen und Göttern" ablesen läßt, sein wesenhaftes Verhältnis zum Menschen betont. In dieser Bezeichnung liegt zum einen der Aspekt der Ungewöhnlichkeit und Einmaligkeit ihrer Zugehörigkeit, zum anderen aber auch ein Grundzug der Gegenseitigkeit, wie er im „Streit von Welt und Erde" nicht erkennbar ist. Während dort der Schwerpunkt mehr auf dem antagonistischen Widerstreben der beiden Extreme liegt, herrscht im Fall von Göttern und Menschen die Begegnung bzw. Entgegnung und damit das Einander-zugewandtsein vor[3]. Die sich im Zeit-Raum der Entscheidung ereignende Offenheit von Sein ist also nicht einseitig auf das Auseinanderstreben der Gegensätze gegründet, sondern bewegt sich ständig zwischen der diastolischen Spannung des Streites und dem systolischen Zusammenfinden in der Begegnung, ohne daß einer der beiden Aspekte eindeutig die Oberhand über den anderen gewönne. Die metaphysische Subjekt-Objekt-Dichotomie der theoretischen Betrachtungsrichtung wird hier also einerseits durch die Umkehr der Intentionalität in einem vortheoretischen Sich-Begegnen unterlaufen, doch wird im gleichen Atemzug dieses Zueinander der Begegnung in seiner ungestörten Ausprägung durchkreuzt durch das Auseinandertreten der Helle von Sichtbarem überhaupt (Welt) und seinem sich der Helle des Anschauens als solchen verschließenden und verweigernden Grund (Erde). Dieses kreuzweise Zusammenwirken der gegenstrebigen Bewegungen der Gegensatzpaare wird dabei schon in einem Sinne verstanden, der die spätere Konstellation des „Gevierts" vorwegnimmt[4]. Mit Blick auf die metaphysische Problematik der Verknüpfung von Raum und Zeit wird sichtbar, daß die Kreuzung der vier Komponenten also keine neutrale Verbindung andersartiger, in

1. „Die Unentschiedenheit, welcher Gott und ob ein Gott welchem Wesen des Menschen in welcher Weise noch einmal zur äußersten Not erstehen werde, ist mit dem Namen ›die Götter‹ gemeint" (GA 65, 437; vgl. auch GA 39, 95. 107. 111). Die Anklänge an das biblische Motiv des „Vorbeigangs Gottes" dürfen indes nicht zu interpretatorischen Kurzschlüssen führen; geht es doch nicht eigentlich um den Vorbeigang – und d. h. die ungreifbare Nähe – Gottes selbst, sondern um eine nochmalige Potenzierung dieser Unfaßbarkeit, nämlich „die Erzitterung des Vorbeigangs der Götter*entscheidung*" (GA 65, 395; Hervorhebung v. d. Verf.).

2. Der Grundgedanke einer immanenten Sinnfülle des jeweiligen Momentes mit Blick auf die in ihm gegebene Möglichkeit der Ankunft des Gottes ist offenkundig durch die Kairos-Problematik mitbestimmt, die Heidegger schon in den ersten Jahren seiner Lehrtätigkeit beschäftigt hat. Jedoch wurde die kairologische Verzeitlichung des religiösen Bezuges zu Gott zu diesem Zeitpunkt vor allem in bezug auf die faktische menschliche Existenz, nicht auf die geschichtegründende Ereignishaftigkeit des Gottes selbst gedeutet (vgl. GA 60, 102ff. sowie T. KISIEL, *The Genesis of Heidegger's 'Being and time'*, 185ff. 224).

3. Vgl. M. HEIDEGGER, *Hölderlins Hymne »Andenken«* (GA 52), Frankfurt a. M. (1982) [2]1992, 69. 77; GA 65, 506; GA 66, 15. 339.

4. Vgl. GA 65, 310. 477. 485f.; GA 66, 15. 87. 163. 275. 308ff. 314. 321. 328. 339.

diesem Falle lediglich untereinander gänzlich heterogener Instanzen darstellt; vielmehr ist es die bleibende Auseinandersetzung zwischen den unterschiedlichen Formen ihrer Zusammengehörigkeit selbst, in der sich die „Einheit" der vier Komponenten vollzieht.

2.2.4. Die Gestalt des Dionysos im Kontext der Frage nach dem Wesen der Wahrheit

Da Heidegger es ablehnt, die seinsgeschichtliche Deutung des Gottes an irgendeine der herkömmlichen Gottesvorstellungen anzulehnen[1], ist es um so auffallender, daß er über weite Strecken hin anläßlich dieser Thematik auf die Figur des Dionysos Bezug nimmt. Im Hinblick auf Heideggers Kritik der bisherigen Konzeptionen von Gott als dem stabilen, einheitsstiftenden Seinsgrund der Wirklichkeit scheint die Folgerung nahezuliegen, daß der Rückgriff auf die mythologische Gestalt des Dionysos in Richtung einer völligen Auflösung der festen Formen und Gesetzmäßigkeiten der rational betrachteten Welt weist; wirkt sie doch jedenfalls in ihrer mythologischen Valenz auf den ersten Blick wie ein Emblem für den irrationalen Taumel, in dem alle vernunftbestimmten Unterschiede und Differenzierungen der Wirklichkeit zugunsten eines Wirbels archaischer Urkräfte dahinfallen.

Wenn auch, wie sich im folgenden zeigen wird, die Gestalt des Dionysos mit Bedacht gewählt ist, so läßt sich andererseits doch ausmachen, inwiefern Heidegger das spezifische Profil dieses Halbgottes derart modifiziert, daß er sich nicht mehr ohne weiteres in ein solches archaisierendes Deutungsschema pressen läßt. Was an der Dionysosgestalt für Heidegger relevant ist, fällt nicht mit der Gesamtheit ihrer kulturhistorisch oder religionsgeschichtlich „korrekt" dargestellten Eigenschaften zusammen; vielmehr geht es ihm um die Art und Weise, in der einige ihrer mythologischen Charakteristika den formalen Grundzügen entsprechen, die auch das Geschehen der ursprünglichen Wahrheit auszeichnen. Wenn Dionysos also überhaupt noch in irgendeiner Weise mit dem „Mythos" in Verbindung steht, dann nur, insofern sich seine Gestalt in gewisser Weise auf den „Mythos" der Göttin ἀλήθεια beziehen läßt, die bei Parmenides das Verhältnis von Sein, Nichts und Schein enthüllt[2].

Dionysos nimmt innerhalb der antiken Götterwelt insofern eine besondere Stellung ein, als er sich einer eindeutigen Bestimmung seines Charakters gerade entzieht. Wenn ihm überhaupt eine durchgängige Grundeigenschaft zugesprochen werden kann, so ist es die des Sowohl-Als auch, die ihn in mehrfacher Hinsicht im

1. Vgl. in GA 65, 403 den Leitspruch über der VII. Sektion (VI. Fuge), die mit „Der letzte Gott" überschrieben ist: „Der ganz Andere gegen die Gewesenen – zumal gegen den christlichen".
2. Vgl. GA 54, 14. 90ff. 165ff. 240ff.; VA, 239f. sowie *Was heißt Denken?* (WhD), Tübingen (1954) [4]1984, 6f. Zur Frage nach der Bedeutung des „Mythos" bei Heidegger im Zusammenhang mit der Frage nach der Wahrheit des Seins vgl. J.-F. MATTÉI, *L'ordre du monde. Platon – Nietzsche – Heidegger*, Paris 1989, 192-197 sowie J. GREISCH, *La parole heureuse*, 376-382. Die Tatsache, daß Dionysos bei Heidegger nicht im strengen Sinne mythisch-theologisch gedacht ist, bedeutet jedoch nicht, daß diese Gestalt eine „Anthropologisierung" bzw. „Entmythologisierung" durchgemacht hat (vgl. dazu G. FIGAL, »Philosophie als hermeneutische Theologie. Letzte Götter bei Nietzsche und Heidegger«, in: *„Verwechselt mich vor Allem nicht!". Heidegger und Nietzsche* [Schriftenreihe der Martin-Heidegger-Gesellschaft, Bd. 3, hrsg. von H.-H. Gander], Frankfurt a. M. 1994, 89-107, hier 97f.).

Zwischenraum gegensätzlicher Prinzipien ansiedelt. Am offenkundigsten ist dies an seiner halb göttlichen, halb menschlichen Abstammung abzulesen, die ihn nicht ausschließlich den Himmlischen zugesellt, sondern ihm ebenso auch eine Zugehörigkeit zur Erde verschafft. Die Einheit von himmlischer Helle und erdhaftem Dunkel setzt sich darüber hinaus auch in seinen Attributen fort, vor allem in den beiden so unterschiedlichen Gewächsen des Weinstocks und des Efeus, die für Helle und Feuer bzw. für Kühle und Dunkelheit stehen, wobei das Efeu selbst wiederum die Besonderheit aufweist, sowohl Licht- als auch Schattentriebe zu besitzen, und damit ein nochmaliges Echo auf die eigentümliche Doppelgesichtigkeit der Dionysosgestalt bietet[1]. Diese vielfältig wiederkehrende Zusammengehörigkeit von Hell und Dunkel ist allerdings nicht der einzige und nicht einmal der fundamentalste Antagonismus, der die Gestalt des Dionysos durchzieht. Seine Eigenart besteht nicht darin, diese Gegensätze einfach nur *zu sein*, sondern vielmehr, sich als der verschwundene *und* zugleich kommende Gott darzustellen, in dessen Charakter es liegt, nicht einmal in der Paradoxie seines Wesens in eindeutiger Weise greifbar und präsent zu sein[2]. Folglich trägt auch die Begegnung mit ihm nicht den Stempel des bloßen Anwesendseins, sondern stellt sich als plötzlich hereinbrechende Epiphanie des Gottes dar, in der die Erscheinung eine derartige Qualität gewinnt, daß sie auf nichts anderes mehr verweist, sondern ganz der Erscheinende selbst ist, zu dessen Spezifikum es allerdings gehört, sich der bleibenden Vergegenständlichung ebenso nachdrücklich zu entziehen, wie sein Erscheinen überwältigend ist. Diese eigentümliche Form der unverfügbaren Erscheinung ist der Grund dafür, daß dem Dionysos das Symbol der Maske zugeordnet ist: Die Maske hat keine „Rückseite“, sondern ist ganz Begegnung, doch gerade eine Begegnung mit dem Unverfügbaren, die überwältigende Anwesenheit des Abwesenden[3].

Aus den eben geschilderten Grundeigenschaften der Dionysosgestalt werden die Parallelen zu Heideggers Wahrheitsverständnis ersichtlich: Beide Male geht es um die nicht rational aufzulösende Einheit von Helle und Dunkelheit, Göttlichem und Irdischem sowie um den besonderen Charakter der Begegnung mit dem Sichentziehenden, das andererseits doch nicht jenseits oder hinter seiner Erscheinung gedacht werden kann. Die Einheit der göttlich-irdischen Herkunft des Dionysos mit der in seinem Wesen vielfältig ineinandergreifenden Zugehörigkeit von Helle und Dunkelheit illustriert dabei die untrennbare Zugehörigkeit des „Brautfestes von

1. Zu dieser Analyse der Symbolik der mythologischen Grundeigenschaften des Dionysos vgl. W. F. OTTO, *Dionysos. Mythos und Kultus*, Frankfurt a. M. 1933, 83. 143ff.

2. Vgl. W. F. OTTO, *Dionysos*, 75.

3. „Sie [die Maske] ist Symbol und Erscheinung dessen, was da ist und zugleich nicht da ist; unmittelbarste Gegenwart und absolute Abwesenheit in Einem“ (W. F. OTTO, *Dionysos*, 85). Heidegger greift in seiner Hölderlinvorlesung diese eigentümliche Einheit von An- und Abwesenheit in der Figur des Dionysos auf. Unter ausdrücklichem Bezug auf W. F. Ottos Buch schreibt er: „Anwesend west dieser Halbgott ab, und abwesend west er an. Das Sinnbild des anwesenden Abwesenden und des abwesenden Anwesenden ist die Maske. Diese ist ein ausgezeichnetes Symbol des Dionysos, d. h. metaphysisch-griechisch verstanden: der ursprünglichen Bezogenheit von Sein und Nichtsein (Anwesenheit und Abwesenheit) aufeinander“ (GA 39, 188f.). Der Bezug von Sein, Mensch und Maske als Symbol des erscheinenden Hereinbrechens des Nicht-Greifbaren wird in WhD, 27f. noch einmal aufgegriffen, wo der Mensch als Maske (*per-sona*) des Seins bezeichnet wird.

Menschen und Göttern" zur Frage nach der Erkennbarkeit von Sein als solchem[1]. Mit anderen Worten: Auch wenn die Zugehörigkeit von Mensch und Gott selbst nicht mehr in ontologischen Termini gefaßt wird, bedeutet das Ereignisdenken doch keine Loskoppelung der Gottesfrage von der Frage nach dem Wesen des Seins, im Gegenteil: Je mehr das Sein nicht länger als transzendental auffindbare Bestimmung des Seienden, sondern als seine epochal stets aufs neue fragliche Übereignung gedacht wird, desto leichter fällt es, das Wesen des Göttlichen in seiner Unvorhersehbarkeit zwar nicht mit dem Ereignis des Seins gleichzusetzen, wohl aber es ihm anzunähern bzw. in es hineinzuverlegen[2].

Die ausgesprochen seinsgeschichtlich orientierte Dimension des Heideggerschen Dionysos macht auch eine bedeutsame Abweichung von einer ihrer traditionellen mythologischen Eigenschaften verständlich. So zeigt sich ein wesentlicher Unterschied darin, daß Dionysos nicht im Zusammenhang mit der Musik als der ekstatischen und ordnungsauflösenden Kunstform *par excellence* eingeführt wird, sondern im Gegenteil anläßlich der Erörterung der apollinisch assoziierten Dichtkunst in Verbindung mit der bildenden Kunst, die die Welt als Ort der Wahrheit gerade „aufstellt", d. h. im Werk zum Stehen bringt[3]. Ebenso wie Dionysos ist bei Heidegger aber auch Apollon keine mythologische Figur, sondern Träger einer eminent philosophischen Bedeutung: Der delphische Spruch, demzufolge der Gott (d. h. Apollon selbst) weder direkt offenbar macht (λέγει) noch verhüllt (κρύπτει), sondern Zeichen gibt (σημαίνει), wird auf die Rolle insbesondere des dichterischen Wortes im Geschehen der Wahrheit bezogen: Dichtung ist nicht direktes, verbales Offenbarmachen im Besprechen, aber doch ein Zeigen bzw. Aufzeigen dessen, was sich als Verhülltes gibt, und wird damit zum zentralen Element im Geschehen der sprachlichen Enthüllung von Welt[4]. Die Verbindung des Dionysosmotivs mit der apollinisch verstandenen Dichtung als deutendes Aufweisen der Dinge im Wort führt dazu, daß die dabei mit einfließenden, teilweise fast chthonisch anmutenden Grundzüge des Halbgottes sich nicht zu einem äußerlichen

1. Vgl. GA 65, 437: „Von den Göttern her das Denken des Seyns zu begreifen [...]". – „›Die Götter‹ bedürfen des Seyns nicht als ihres Eigentums, darin sie selbst einen Stand finden. ›Die Götter‹ brauchen das Seyn, um durch dieses, das ihnen nicht gehört, doch sich selbst zu gehören" (ebd., 438). Auch wenn Heidegger bezüglich des Festes der Entgegnung von Göttern und Menschen schreibt: „Zum Glanz der Feier gehören Spiel und Tanz" (GA 52, 67), so ist es doch nicht ohne weiteres möglich, dieses Spiel mit E. Finks Konzeption von „Spiel als Weltsymbol" gleichzusetzen (so etwa bei J. GREISCH, *La parole heureuse*, 343f.). Abgesehen davon, daß die ausgesprochen „kosmologische" Dimension des Gevierts bei Heidegger nicht so sehr in den Vorlesungen der frühen 40er Jahre, sondern erst etwa ein Jahrzehnt später durchbricht, sind auch die sich im Bereich des Heiligen zwischen Himmel und Erde vollziehenden Ereignisse von „Feier" und „Fest" in ihrer Einzigartigkeit nicht unabhängig vom „Fest des Denkens", das das Sein nicht mehr in ontologischer Alltäglichkeit als „allgemeinste und leerste Bestimmung", sondern in seiner „feiertäglichen" Außergewöhnlichkeit und Einzigkeit denkt (vgl. M. HEIDEGGER, *Nietzsche: Der Wille zur Macht als Kunst* [GA 43], Frankfurt a. M. 1985, 7 sowie Ni I, 14f.).

2. Vgl. GA 65, 409: „Der letzte Gott ist nicht das Ereignis selbst, wohl aber seiner bedürftig als jenes, dem der Dagründer zugehört". An anderer Stelle wird die Problematik der Beziehung Gott-Ereignis in ihrer schillernden Vieldeutigkeit noch deutlicher: „In der Wesung der Wahrheit des Seyns, *im* Ereignis und *als* Ereignis, verbirgt sich der letzte Gott" (ebd., 24 [Hervorhebungen im Original]; vgl. auch ebd., 508f.).

3. Vgl. Hw, 32ff.

4. Vgl. GA 39, 127.

Gegenentwurf zu der im Wort aufklingenden Ordnung der Wirklichkeit formieren, sondern lediglich den Ursprung dieser Ordnung in ihrem hell-dunklen Doppelcharakter in Erinnerung rufen.

2.3. Das Ereignis des Seins in der Sprache

Die mythologische Depotenzierung der Gestalt des Dionysos wird am deutlichsten daran ablesbar, daß sie keine selbständige „Existenz" besitzt. Wenn Dionysos auch die Einheit von Hell und Dunkel, An- und Abwesenheit verkörpert, so kann er selbst doch nur in dieser schwebenden Doppeldeutigkeit erscheinen, insofern ihm durch die Offenheit von Sein schon ein Bereich eröffnet ist[1]. Wie schon erwähnt, ist das Ereignis des Göttlichen für den Menschen auf das strittige Verhältnis von Erde und Welt bezogen. Die in diesem Zeit-Spiel-Raum der Kreuzung geschaffene Offenheit wird von Heidegger ausdrücklich mit dem Da gleichgesetzt[2], nur daß dieses nicht mehr wie selbstverständlich mit der Seinsart „des" Menschen zusammenfällt. Der Mensch ist nicht mehr ohne weiteres das Da des Seins; er ist *als Mensch* aus dem Zentrum der Lichtung hinausgerückt an deren Rand, während sich die Aufmerksamkeit auf die zwischen Welt und Erde, Menschen und Göttern offene Mitte richtet, die kein nachträglicher Kreuzungspunkt, sondern der Ursprung ihrer Entfaltung ist. Wenn das Sein auch nach wie vor auf den Menschen angewiesen ist, so sind es doch zunächst nur wenige herausgehobene Gestalten, die den Menschen in seine ihm eigentlich angemessene Beziehung zur Wahrheit des Seins als Grund bringen[3]. Wenn das Menschenwesen auch grundsätzlich von der „Unheimlichkeit", d. h. von der bleibend unentschiedenen Stellung zwischen Anwesenheit und Abwesenheit des Seins gekennzeichnet ist[4], so befinden diese „Schaffenden" sich doch stellvertretend für das Dasein als solches in einer besonders ausgesetzten Stellung, die sie um so mehr den Gefahren des Absturzes ausliefert[5]. Somit sind sie in doppelter Weise auf das Spiel gesetzt, in dem es darum geht, dem Sein seinen Ort im Seienden zu stiften: Einerseits eröffnen sie durch ihre überragende Stellung inmitten der Menschen und aufgrund ihres besonderen Bezuges zum Grund die ganze Weite des Zeit-Spiel-Raumes, in dem sich das Dasein der übrigen Menschen in seiner Wahrheit vollziehen kann, andererseits setzen sie sich der Gefahr aus, gerade wegen ihrer exponierten Stellung für das Ereignis der Wahrheit geopfert zu werden[6]. Das Existenzial der „Sterblichkeit" wird also nicht mehr gleichmäßig auf das Dasein als solches verteilt, sondern in besonderer Weise

1. Vgl. GA 39, 165ff. Insofern scheint es fraglich, ob, wie G. B. Smith formuliert, Heidegger – im Gegensatz zu Nietzsche – wirklich geglaubt haben soll, „that there truly is a Dionysian core toward which one must be open [...] he seems [...] actually to be waiting for a silent call to course through his or some future thinker's being" (*Nietzsche, Heidegger and the transition to postmodernity*, 273). Die von Heidegger ausdrücklich vollzogene Verbindung der Dionysosgestalt mit der Frage nach der Gründung der Wahrheit durch das Dasein scheint mit einer solchen „gläubigen" Fixierung auf das Dionysische als solches unvereinbar.
2. Vgl. GA 65, 310.
3. Vgl. M. HEIDEGGER, *Grundfragen der Philosophie. Ausgewählte »Probleme« der »Logik«* (GA 45), Frankfurt a. M. (1984) ^{2}1992, 215; GA 65, 399ff.; GA 4, 41f. 147.
4. Vgl. GA 53, 92ff.
5. Vgl. GA 39, 52; EiM, 122f.; GA 4, 47; GA 65, 87.
6. Vgl. GA 39, 146; EiM, 123; GA 66, 37.

den Gestalten der „Gründer“ des geschichtlichen Da-seins zugesprochen[1]. Freie Gewährung der Wahrheit des Seins im Seienden kann es also nur geben, wenn der Größe des zu Erlangenden die Großzügigkeit des Einsatzes entspricht, und der Zeit-Raum der Entscheidung über die Gewährung oder den Entzug von Sein wird im Bereich des Ereignisdenkens nur zuweilen durch die ek-statische Position der einzelnen Schaffenden aufgespannt[2].

2.3.1. Sprache und Dichtung

Trotz anfänglicher Anklänge an die metaphysische Interpretation der Kunst gemäß dem Stoff-Form-Schema[3] macht Heidegger bei seiner Deutung des Kunstwerkes in unmißverständlicher Weise geltend, daß das Wesen der Kunst, nämlich die Ins-Werk-setzung der Wahrheit, sich nur in der ursprünglich von der Sprache her möglichen Offenheit des Seienden vollziehen kann[4] und damit in demjenigen Medium, das den geringsten Grad an raumgebundener Stofflichkeit, dafür aber einen untrennbaren Bezug zur Zeit aufzuweisen hat. In dem Maße, als die Dichtung im ursprünglichen Sinne nicht für dieses oder jenes poetische Werk steht, sondern das Wesen von Sprache überhaupt bezeichnet[5], gehört sie eigentlich nicht als „Kunstwerk“ *in* die Reihe der verschiedenen Instanzen des Seienden – Ding, Zeug, Machenschaft, Werk, Tat, Opfer –, die alle auf jeweils andere Weise das Spiel des Seienden in seiner Wahrheit verwirklichen[6], sondern ist vielmehr das, was diese Reihe hält und ermöglicht, indem sie ihren Spielraum eröffnet. Wenn die Sprache bzw. Dichtung aus der Reihe der innerweltlichen Formen der Gründung der Wahrheit herausfällt, so liegt dies daran, daß Weltbildung überhaupt erst in der Sprache geschieht[7].

Heideggers Insistenz auf dem Begriff der „Dichtung“ für die in der Sprache gestiftete Offenheit von Welt ist nicht zufällig, sondern vielmehr Zeichen einer erneuten Auseinandersetzung mit dem Kantischen Leitmotiv der Verbindung von

1. „Der Vollzug des Seins zum Tode ist nur den Denkern des anderen Anfangs eine Pflicht, aber jeder wesentliche Mensch unter den künftig schaffenden kann davon wissen“ (GA 65, 285; zum Verhältnis von Schaffen und Sterblichkeit vgl. auch »Wozu Dichter?«, Hw, 272).

2. Auch wenn etwa in der *Einführung in die Metaphysik* die Stellung der „Schaffenden“ eine weitaus bedeutsamere Stellung einnimmt als in Heideggers Spätdenken, wäre es doch verfehlt, die dort angesprochene „Gewalt-tätigkeit“ und die Notwendigkeit, „das Sein in das Seiende zu reißen“, im Sinne einer plumpen Gewaltverherrlichung zu interpretieren. Nicht zufällig schreibt Heidegger ja „Gewalt-tätigkeit“ mit Bindestrich, um eine oberflächliche, am gewöhnlichen Gebrauch orientierte Deutung dieses Wortes zu verhindern (vgl. EiM, 121ff.). Wenn das „Gewalt“-Vokabular bei Heidegger etwa nach 1940 weitgehend verschwindet, so mag dies daran liegen, daß er selbst trotz allem darin noch eine von außen her mißverstehbare Nähe zur gewaltverherrlichenden Terminologie der nationalsozialistischen Propaganda gesehen haben mag und eine solche oberflächliche Mißdeutung von vornherein ausschließen wollte (vgl. dazu G. B. SMITH, *Nietzsche, Heidegger and the transition to postmodernity*, 245ff. sowie W. ULLRICH, *Der Garten der Wildnis. Zu Martin Heideggers Ereignis-Denken*, München 1996, 152).

3. Vgl. Hw, 32.

4. „Sprache bringt das Seiende als Seiendes allererst ins Offene [...] Noch vor Bauen und Bilden ist schon in der Sprache die Lichtung des Seienden geschehen“ (Hw, 61f.).

5. Vgl. Hw, 61ff.

6. Vgl. GA 65, 70.

7. GA 33, 128f. bindet das „Aufbrechen der Offenheit und Kundschaft von Welt überhaupt“ an Sprache und Dichtung. In ähnlicher Weise spricht Heidegger an anderer Stelle vom Dichten als „Weltvorgang, in dem Welt in ihren Ursprüngen entspringt und als Welt waltet“ (SAFr, 70).

Einbildungskraft und ursprünglicher Zeitlichkeit. Die mögliche Ungebundenheit der Einbildungskraft gegenüber dem gerade Präsenten hat bei Kant jedoch den leicht pejorativen Beigeschmack des willkürlichen, keinem Erkenntniskriterium mehr unterworfenen „bloßen Spiels der Einbildungen"[1]. Diese Charakteristik der Einbildungskraft, ihre Eigenschaft als ein auf Abwesendes gerichtetes Vermögen, beinhaltet einerseits die Gefahr eines haltlosen, weil am unmittelbar Gegebenen nicht mehr ausweisbaren Phantasierens, andererseits bezeugt ihre Spontaneität die Freiheit des Denkens, das selbst keiner naturhaften Kausalität mehr unterworfen, sondern selbst Ursprung für anderes ist. In Heideggers Auffassung ist der Stiftungscharakter der Dichtung allerdings weit davon entfernt, sich selbst als „bloßes Spiel" zu relativieren, um damit transzendentalphilosophische Narrenfreiheit für seine Ungebundenheit gegenüber dem Gegenwärtigen zu erhalten; bezieht sich Dichtung doch auf das Sein selbst[2], d. h. nicht nur auf dieses oder jenes gerade abwesende und zufällig nicht in den Gesichtskreis der Anschauung tretende Seiende, sondern auf die selbst wesenhaft nicht anschaulich zugängliche, sondern der direkten Erfahrung entzogene Erschlossenheit des Anschaubaren als solche. Wenn mit „Dichtung" nicht mehr nur eine freie, aber doch noch indirekt auf Seiendes bezogene Anordnung von Elementen sinnlicher Provenienz, sondern die spontane Gründung des ursprünglichen Möglichkeitshorizontes für Seiendes als solches gemeint ist, wie kann dann verhindert werden, daß die im Weltbegriff ausgesprochene, qualitative Ordnung des Seienden im Chaos völliger Beliebigkeit versinkt?

Das Verdikt einer zügellosen Ungebundenheit ergibt sich aus der schweigenden Annahme, daß „Dichtung" und „Entwurf" noch auf eine Art Subjekt oder Substrat bezogen sind, das sich nur der regulierenden Beschränkungen seines transzendentalphilosophischen Korsetts, nicht aber der konstitutiven Mächtigkeit seiner Transzendentalität als solcher entledigt hat. Das Verhältnis der Schaffenden zum Sein ist aber auf beiden „Seiten" nicht mehr im Sinne einer spontanen, subjektiv gesteuerten Verursachung zu begreifen, sondern von einer unauflöslichen gegenseitigen Abhängigkeit des Gründens geprägt, die in beständiger Bewegtheit in sich zurückläuft[3]. Im Gegensatz zu *Sein und Zeit*, wo durch die breit ausgeführte Existenzialanalyse der Eindruck entstehen konnte, das Dasein sei der in konzentrischen Ringen aufgebaute Brennpunkt der Fundamentalontologie als der Frage nach dem Sein, wird jetzt erkennbar, daß der Bezug von Sein und Dasein sich wie eine Ellipse mit zwei Brennpunkten darstellt, deren Mitte schlechthin nicht mehr das Dasein ist[4].

Der Vorwurf der „Zirkularität" wird hierbei schon dadurch entkräftet, daß das eigentlich Entscheidende nicht das Fehlen einer eindeutigen (d. h. „einseitigen") Ordnung der Abhängigkeit ist, sondern die Strukturierung der sich zwischen Sein und Dasein auftuenden Offenheit. Der Zeit-Raum ist nicht mehr Einbildungskraft von irgend jemandem, auch nicht des stiftenden Da-seins, sondern ist die Einbildungskraft des Seins selbst in seiner Ungegenständlichkeit[5]. Da Sein ganz

1. Vgl. KrV, A 239 / B 298; A 376 sowie KdU, § 53.
2. Vgl. GA 39, 6. 33. 74. 98. 120; GA 65, 11.
3. „Das Ereignis gründet in sich das Da-sein (I.). Das Dasein gründet das Ereignis (II.). Gründen ist hier kehrig: I. tragend durchragend, II. stiftend entwerfend" (GA 65, 261).
4. Vgl. GA 55, 206.
5. Vgl. V. HOUILLON, »Le libre jeu de l'espace et de l'imagination chez Heidegger. L'hésitation et le flottement de l'espace-temps«, *Alter* 4 (1996) 243. 255.

offensichtlich nicht nur zufällig, sondern wesenhaft nie in die ontische, raumzeitliche Anschauung treten kann, macht das dem Zeit-Raum eigene Nichts der Anschauung deutlich, daß das „Einbilden“ des Seins selbst von ihm selbst her, d. h. *sein* eröffnender Bezug auf Seiendes, nicht mehr adäquat im Medium des Sehens und Sichtbaren gedacht werden kann: „So reich gefügt und bildlos das Seyn west, es ruht doch in ihm selbst und seiner *Einfachheit*“[1] – dieser Satz gibt trotz seines scheinbar hermetischen Charakters einen Hinweis darauf, wie dieses ursprünglichste „Einbilden“ bezüglich des Seins selbst aufzufassen ist: An die Stelle der Einbildungskraft als der vermittelnden Instanz, die den als Einheitsfunktionen aufgefaßten Verstandesbegriffen ihr Bild in der Mannigfaltigkeit der raumzeitlichen Anschauung verschafft, tritt das bildlose Zusammenwirken zwischen der nicht mehr apperzeptiven, sondern wesenhaften Einheit des Seins *selbst* („in seiner Einfachheit“) einerseits und seiner ebenso ureigensten Bezogenheit auf die Vielfalt des Seienden („reich gefügt“) andererseits. Es gilt also folglich nicht mehr, die Übergangsbewegung vom Begriff zur Anschauung durch Rekurs auf die Zeitlichkeit der Schemata plausibel zu machen, sondern die innere Spannung von Einheit und Vielheit des Seins als „Entbildung“ zu begreifen, in der sich das „Sein selbst“ in der ihm eigenen Zeitlichkeit dem auf die Gegenwärtigkeit des „Seins von Seiendem“ gerichteten Blick entzieht.

Die von der Metaphysik geübte Privilegierung des visuellen Paradigmas stößt also dort an ihre Grenzen, wo sie die phänomenale Gegebenheit des Seienden nicht mehr nur von den Schemata der eigenen denkerischen Inblicknahme, sondern als solche in ihrer eigenen Ursprungsordnung zu begreifen versucht[2]. Wenn die Einheit von Erscheinen und Sich-entziehen des Seins selbst in bezug auf das Sein des Seienden somit auch das bleibende Nichts der Anschauung ist, so bleibt sie gleichwohl einer Gesetzmäßigkeit unterworfen, die sich diesmal nicht im Rahmen intuitiven, sondern sprachlich verzeitlichten Erkennens vollzieht. Das implizit „Mitangeschaute“, aber in radikaler Weise nicht äußerlich Anschaubare ist somit von selbst in den Bereich der Sprache verwiesen, wo sich seine innere Ordnung in der geäußerten und entäußerten Unanschaulichkeit des Ausgesprochenen artikuliert[3].

1. GA 65, 470 (Hervorhebung im Original).

2. Trotz aller Kritik Heideggers am metaphysischen Grundparadigma, das das Wesen der Erkenntnis in Form eines Sehens und Anvisierens denkt, sind gerade seine bereits vom Denken des „anderen Anfangs“ her bestimmten Ausführungen von einer reichhaltigen Lichtmotivik durchzogen. „Licht“, „Leuchten“, „Helle“, „Aufblitzen“, „Durchstrahlen“, „Dämmerung“, „Nacht“, „Funken“ und „Feuer“ weisen in einen Bereich, in dem nicht mehr das Gesichtete, sondern die Sehbarkeit, d. h. die Helle als solche, in ihrem eigenen Wesen bedacht wird (vgl. etwa GA 65, 321. 339f. 353. 409ff. 430. 432. 486ff.). Insofern diese Helle aber selbst nie Gegenstand des Sehens sein kann, führt sie das Sichtparadigma gerade durch den Exzeß hindurch an seine Grenzen und – mittels der „Helle“ als dem „Offenen“, „Hallenden“ – über es selbst hinaus in den Bereich des Hörens (vgl. M. HEIDEGGER, *Vom Wesen der Wahrheit. Zu Platons Höhlengleichnis und Theätet* [GA 34], Frankfurt a. M. [1988] ²1997, 54).

3. Das Motiv der „Bildlosigkeit“ wird praktisch immer mit dem „Sagen“ bzw. dem „Wort“ des Seins zusammengebracht, insofern dieses durch keine wie immer geartete Vorstellung mehr vermittelt ist (vgl. GA 66, 15. 22. 49. 64). Die Nähe zum mystischen Grundthema der „Entbildung“ als der Befreiung von allen vermittelnden und darum hinderlichen Vorstellungen klingt hier an. Trotzdem verficht Heidegger keine „unmittelbare“ Beziehung vom Wort zum Sein, insofern das Wort keine dem Menschen selbst eigene und von ihm gemeisterte Eigenschaft, sondern seinerseits schon eine Gabe des Seins ist (vgl. GA 65, 79).

2.3.2. *Stimme und* ἐποχή

Die für das seinsgeschichtliche Denken zentrale Akzentverschiebung in bezug auf die Rolle der Sprache knüpft – trotz aller Einschnitte und Umbrüche – an ein Thema an, das schon in *Sein und Zeit* eine erste Entwicklung erfahren hat. Gemeint ist die Verbindung zwischen Endlichkeit und Sprache bzw. Stimme, sei diese nun in erster Linie auf das Dasein oder auf das Sein selbst bezogen[1]. Die „Stimme", die das Dasein in einer eigentümlichen Unfaßbarkeit anruft, hat nicht diese oder jene ethische Einzelproblematik zum Gegenstand, sondern zielt auf das Ganze seiner Existenz in deren Endlichkeit. Sie ruft das Dasein nirgendwo anders hin als vor es selbst, d. h. vor die Unausweichlichkeit des eigenen Todes und die daraus resultierende, besonders geartete Beziehung zum Sein. Das Dasein ist also in konstitutiver und transitiver Weise seine eigene ἐποχή, d. h. die Verweigerung und Versagung der Gegebenheit seines eigenen Seins. Die Unvorhersehbarkeit des Eintreffens der aufhebenden „Erfüllung" im Moment des Todes spiegelt sich, wenn auch in entgegengesetzter Weise – im plötzlichen Überfallenwerden durch den Gewissensruf wider[2]: Während das plötzliche Wirklichwerden des Todes die ἐποχή des Daseins und damit dieses selbst aufhebt, ist das abrupte Hereinbrechen der Stimme des Gewissens dazu angetan, den in der Schwebe befindlichen Vorenthalt seiner Existenz überhaupt erst als solchen herauszustellen. Diese Stimme ist also Artikulation der Endlichkeit, insofern sie im Modus des Schweigens, d. h. dem ontisch noch nicht determinierten und deshalb jeder Verfügung entzogenen Grund aller Rede und Sprache, die Suspension der Entscheidung über das radikale Nichtsein und Sein des Daseins in Erinnerung ruft[3].

In ähnlicher Weise, wenn auch in weit größerem Rahmen, präsentiert sich das Phänomen von Sprache und Stimme innerhalb der seinsgeschichtlichen Perspektive. In dem Maße, als die direkte und konstitutive Beziehung von Sprache und Welt hervortritt, Welt aber wiederum in ihrer epochalen Endlichkeit erkennbar wird, erweist sich Sprache als die ursprüngliche Eröffnung von Sein in der Unverfügbarkeit seiner Geschichte[4]. Die als „Erschweigung" („Sigetik") bezeichnete Beziehung von

1. Zu dieser in der Gewissensanalyse erfolgenden Antizipation des in Heideggers Spätdenken vorherrschenden Leitmotivs des Angesprochen- bzw. Angerufen*werdens* vgl. J.-F. COURTINE, »Voix de la conscience et vocation de l'être«, in: *Heidegger et la phénoménologie*, Paris 1990, 305-325, insbesondere 322ff.

2. Vgl. SZ, 275.

3. Das dem Gewissensruf eigene Fehlen inhaltlicher Bestimmung, d. h. die in bezug auf die semantische Dimension von Sprachlichkeit geübte ἐποχή, kann einerseits als Befreiung vom Modell des verfallenden Geredes verstanden werden, andererseits läßt der vom Gewissen an es selbst gerichtete, „nichts-sagende" Ruf den Einwand aufkommen, damit falle die intersubjektive und kommunikative Dimension des Gewissens dahin (vgl. P. DUPOND, *Raison et temporalité*, 253). Allerdings ließe sich fragen, ob die „mise hors jeu de la transitivité de la parole" (ebd., 261), solange sich das fehlende „Darüber" auf ontische Sachverhalte bezieht, nicht vielmehr dazu angetan sein könnte, einer genuinen Anerkennung des Anderen als Mit-dasein durch das vorherige Ausschalten aller Elemente von „Vorhandenheit" und „Zuhandenheit" zumindest indirekt den Boden zu bereiten. Die ἐποχή ersetzt oder eliminiert in diesem Falle nichts, sie macht den Raum frei für das, was sie selbst gar nicht mehr zu leisten beansprucht.

4. „[...] die Sprache [ist] das *ursprüngliche Aufklingen der Wahrheit einer Welt*" (M. HEIDEGGER, *Nietzsches metaphysische Grundstellung im abendländischen Denken: die ewige Wiederkehr des Gleichen* [GA 44], Frankfurt a. M. 1986, 110; Hervorhebungen im Original).

Sprache und Sein als Ereignis ist also alles andere als eine willkürliche Konstruktion, sondern die dem Sein entsprechende Artikulation seiner epochalen Versagung[1]. Die Tatsache, daß im metaphysischen Denken das Wesen der Dingstruktur sein Spiegelbild im Wesen der Satzstruktur findet[2], wird also nicht von ihrer formalen Seite her, sondern im Hinblick auf ihre inhaltliche Ausschließlichkeit in Frage gestellt ; die Kritik zielt darauf, daß die Möglichkeit dieser „Entsprechungen" zwischen der jeweils vorherrschenden Gegebenheitsweise von Sein und den Richtlinien seiner sprachlichen Erschließung nicht in ihrer Bedingtheit erkannt und aus der gleichen epochalen Endlichkeit her gedeutet wird wie das Wesen des Seins selbst.

Sprache sagt in jeder der Epochen der Metaphysik, wie das Sein in epochaler Weise *be-stimmt* ist. Insofern das „anfängliche Denken" sich einerseits nicht in die epochale Abfolge der seinsgeschichtlichen Artikulationen der Metaphysik einfügt, sondern sie in ihrer Eigenschaft *als Epochen* des Seins herausstellt, andererseits aber an der wesentlichen Erschließung von Sein in der Sprache grundsätzlich festhält, besteht demgegenüber das wesentliche Charakteristikum der von ihm verwendeten Sprache darin, das Verhältnis von metaphysischem und anfänglichem Denken selbst sichtbar werden zu lassen. Nicht eine je eigene, beschränkte Art des Entzuges von Sein findet damit ihren sprachlichen Niederschlag, sondern das Wesen des als Entzug bestimmten Seins als solchen im Entscheidungsspielraum seiner möglichen Verkennung oder Anerkennung.

2.3.3. Die chronologische Problematik der Entwicklung von Heideggers Sprachverständnis

Die teils durch ausdrückliche, thematische Kritik, teils durch direkte Umsetzung der daraus gewonnenen Einsichten vorgenommene Überwindung der traditionellen philosophischen Sprachauffassung ist vielleicht derjenige Aspekt in Heideggers Denken, bei dem sich der Übergang von der frühen über die mittlere zur späten Phase seines Denkens am wenigsten eindeutig festmachen läßt. Während bei anderen Fragestellungen – etwa bei der Bedeutung von Kunstwerk und Ding oder bezüglich des Verhältnisses von Metaphysik und anfänglichem Denken – eine deutlich erkennbare Verschiebung zwischen dem Ansatz der 30er und dem der späten 40er bzw. 50er Jahre erkennbar wird, läßt sich das Entwicklungsprofil der Heideggerschen Sprachbetrachtung nicht einfach zu den anderen Themensträngen parallel setzen.

Von besonderer Bedeutung sind hierbei die beiden Grundformen des Satzes, die vor allem mit dem Werk des mittleren und späten Heidegger verbunden sind: zum einen die Tautologie, zum anderen die komplexere, chiastisch gebaute Satzstruktur der Form „A – B / B' – A'". Entscheidend ist im letztgenannten Beispiel die „Mitte", die als „fünftes", d. h. eigentlich erstes Element die vier Komponenten in besonderer Weise zusammenhält. Diese Kreuzstruktur hat aber keine univoke Bedeutung; bedeutet sie doch zum einen, nämlich im Hinblick auf die Geschichte des Seins als Ereignis, den unsichtbar situierten „Knick", der den Umschlagspunkt vom metaphysischen zum seinsgeschichtlichen Denken markiert; zum anderen aber,

1. Vgl. GA 65, 78.
2. Vgl. FD, 36.

nämlich in der „kosmologischen" Bedeutung der Kreuzung, wird nicht so sehr die Zweiteilung innerhalb des Chiasmus betont als vielmehr seine Viergliedrigkeit, die eine sprachliche Entsprechung zum „Geviert der Welt" bildet. Obwohl diese beiden Deutungsschemata – das der Kehre im Sein und des Gevierts der Welt – sich beide deutlich mit der chiastischen Kreuzung in Verbindung bringen lassen, wird dennoch eine chronologische Verwerfung deutlich: So treten diese beiden „Satz"typen, vor allem der Chiasmus, im Zusammenhang mit dem Weltphänomen einerseits durchaus auch schon weit vor den 30er / 40er Jahren auf[1] und konzentrieren sich andererseits in massiver Weise erst wieder im Spätwerk der 50er Jahre anläßlich der Phänomenologie des Verhältnisses von „Welt" und „Ding", wohingegen die seinsgeschichtliche Bedeutung des Chiasmus während der 30er Jahre – d. h. zu einer Zeit, in der die Problematik der Beziehung von Metaphysik und „anderem Anfang des Denkens" im Mittelpunkt steht – keine derart ausgiebige Verwendung findet. Der Chiasmus bleibt hier eher als geschichtliches Denkschema im Hintergrund, ohne notwendigerweise als sprachliches Stilmittel in Erscheinung zu treten.

Wenn der Primat des metaphysischen Aussageparadigmas zu diesem Zeitpunkt auch bereits gestürzt ist, so geht Heidegger doch noch nicht geradewegs darauf aus, Einheit und Widerspiel von Metaphysik und anfänglichem Denken bei jeder sich bietenden Gelegenheit in der sich überkreuzenden Satzstruktur direkt sichtbar zu machen, sondern konzentriert sich zunächst einmal darauf, analog zum „Wesen des Seins" dem „Wesen der Sprache" nachzugehen, d. h. die jeweils in der Sprache ausgesprochene ἐποχή des Seins durch die ἐποχή von Sprache überhaupt sichtbar zu machen. Dies geschieht von ihren beiden Extremen her, nämlich dem doppelten Entzug der Sprache im Schweigen und in der Fülle des „Ersagens". Da diese letztgenannte Form der „Überwindung" des metaphysischen Sprachverständnisses von ihrer formalen wie bedeutungsmäßigen Seite her weniger leicht zu erschließen ist, soll sie daher zuerst behandelt werden, bevor auf die Grundformen von Tautologie und Chiasmus eingegangen wird.

2.3.4. Die Sprache zwischen Exzeß und ursprünglicher Versagung

Die Manuskripte der 30er Jahre bieten ein ausführliches Beispiel für den Wandel in Heideggers Verwendung der Sprache, der jedoch um so schwieriger zu fassen und in seinen wesentlichen Grundzügen festzuhalten ist, als er in Heideggers Erörterungen weniger thematisiert als vielmehr selbst ins Werk gesetzt wird. Zwar gibt es nach wie vor Passagen, in denen die Eigenheiten der Sprache im Bereich des Ereignisdenkens ausdrücklich herausgestellt werden[2], doch wird die Unmöglichkeit

1. Die Verwendung dieser sprachlichen Formen, wo es gilt, bedeutsame philosophische Grundeinsichten auszudrücken, beginnt vereinzelt schon in der Frühzeit. Bereits in den ersten Freiburger Vorlesungen finden sich beispielsweise Formulierungen wie „Gibt es das ›es gibt‹?" sowie „Alles, was real ist, kann welten; nicht alles, was weltet, braucht real zu sein" (GA 56/57, 62 bzw. 91). Am bekanntesten sind wahrscheinlich die in *Sein und Zeit* mehrfach verwendete Tautologie: „die Zeit [bzw. Zeitlichkeit] zeitigt sich" (vgl. etwa SZ, 328f.) sowie die Formulierung „Das Nicht nichtet" aus »Was ist Metaphysik?« (GA 9, 114). Trotzdem bleibt dieser Gebrauch auf einzelne Gelegenheiten beschränkt und wird noch kein durchgängiges Ausdrucksmittel des philosophischen Denkens.

2. „Dennoch muß auch hier schon wie in einer Vorübung jenes denkerische Sagen der Philosophie im anderen Anfang versucht werden. Von ihm gilt: Hier wird nicht beschrieben und nicht erklärt, nicht verkündet und nicht gelehrt; hier ist das Sagen nicht im Gegenüber zu dem zu Sagenden, sondern ist

eines objektivierenden, d. h. von seinem Vollzug ablösbaren Sprechens weit eher noch an Heideggers Sprache selbst ablesbar. Die *Beiträge zur Philosophie* ebenso wie die anderen Manuskripte aus dieser Zeit weisen dementsprechend eine ausgesprochene stilistische Heterogenität auf: So stehen neben diskursiven, in Fragestellung wie Darlegungsweise durchaus verständlichen Passagen[1] andere Momente, in denen das mehr oder weniger sukzessive Fortschreiten von Satz zu Satz zugunsten einer Sprechweise aufgehoben wird, in der das zu Sagende gleichermaßen aus jedem Wort bereits ganz hervordrängt, nichtsdestoweniger aber in jedem Wort immer wieder neu gesagt werden muß. Stellvertretend seien hier zwei Beispiele dieser eigentümlichen Sprechweise angeführt:

> „Wie aber birgt der Denker die Wahrheit des Seyns, wenn nicht in die schwere Langsamkeit des Ganges seiner fragenden Schritte und ihrer gebundenen Folge? Unscheinbar wie auf einsamem Feld unter dem großen Himmel der Sämann schweren, stockenden, jeden Augenblick verhaltenden Schrittes die Furchen abschreitet und im Wurf des Armes den verborgenen Raum alles Wachsens und Reifens durchmißt und gestaltet"[2].

> „Die Stimmung ist die Versprühung der Erzitterung des Seyns als Ereignis im Dasein. Versprühung: nicht als ein bloßes Verschwinden und Verlöschen, sondern umgekehrt: als Bewahrung des Funkens im Sinn der Lichtung des Da gemäß der vollen Zerklüftung des Seyns"[3].

In diesen „Sätzen" ist – trotz ihrer grammatikalisch „korrekten" äußeren Konstruktion – strenggenommen keine prädikativ-zeitliche Struktur mehr zu erkennen, vielmehr spiegelt sich in ihnen die Aufhebung der Zeit als Ordnungsform des Wahrnehmens und Verstehens sowie der Zeit als Kriterium ontisch-ontologischer Abgrenzung wider – eine Aufhebung, aus der die absolute „Gleichzeitigkeit", d. h. in keiner Weise mehr sinnlich situierbare bzw. ontologisch abzustufende Nähe des Seins zum Seienden spricht[4]. Während in der Metaphysik das Sein immer in irgendeiner Weise als dem Seienden ontologisch „vor-geordnet" (*a priori*) und in der Ordnung des Erkennens dementsprechend „nach-geordnet" war, ist der Bezug des (seinsgeschichtlich verstandenen) Seins zum Seienden von der jedem Moment gleichermaßen innewohnenden Möglichkeit ihrer ereignishaften Zugehörigkeit gekennzeichnet. Dieses wesenhafte „Ineins" des kairologischen Ineinanderschlagens auf der Geschehensebene findet seine (gleichfalls nicht nachgeordnete, sondern „gleichzeitige") Entsprechung in einer Sprache, die genaugenommen keine syntaktisch bzw. semantisch bestimm-

dieses selbst als die Wesung des Seyns" (GA 65, 4). – „*Das Seyn west als das Ereignis*. Das ist kein Satz, sondern die unbegriffliche Verschweigung des Wesens, das sich nur dem vollen geschichtlichen Vollzug des anfänglichen Denkens eröffnet" (ebd., 260; Hervorhebungen im Original).

1. Vgl. z. B. die unterschiedlichen Ausführungen „Das Erlebnis und ›die Anthropologie‹" (GA 65, 134), „Der Nihilismus" (ebd., 138ff.), „Die Seinsverlassenheit und ›die Wissenschaft‹" (ebd., 141ff.), „Die ἰδέα, der Platonismus und der Idealismus" (ebd., 208ff.), „Das Seyn und das Nichts" (ebd., 266f.).

2. GA 65, 19.

3. GA 65, 21.

4. Vgl. GA 65, 13: „Das Seyn aber ist nicht ein ›Früheres‹ – für sich, an sich bestehend –, sondern das Ereignis ist die zeiträumliche Gleichzeitigkeit für das Seyn und für das Seiende". – „Die Wahrheit des Seyns und die Wesung des Seyns ist weder das Frühere noch das Spätere" (ebd., 223; vgl. auch ebd., 66. 85. 389).

ten und sukzessiv aufeinanderfolgenden Sinnelemente besitzt, sondern in einem klingenden „Auf-der-Stelle-treten“ die innere Vielfalt des Ereignisses auf immer neue, aber inhaltlich nicht kumulative Weise zu sagen versucht[1].

Wenn die oben zitierten „Sätze“ sich dem Verständnis kategorial geprägten Denkens widersetzen, so nicht aus einem Mangel, sondern aus einem Übermaß an Sinnhaftigkeit heraus. Sie sind gewissermaßen das akustische Äquivalent zum Versuch, nicht das im Licht erscheinende Seiende zu betrachten, sondern in die Helle selbst zu blicken: Ebenso, wie das Auge durch das reine, an keinem Körper reflektierte Licht geblendet wird und aus einem Zuviel an Sichtbarkeit überhaupt nichts mehr sieht, überfordert der Versuch, die Offenheit des Seins ohne sich dazwischenschiebende Vorstellungen zu sagen, das Ohr wie den Verstand mit einem Übermaß an Hör- und Verstehbarkeit, das auf völliges Nichtverstehen hinausläuft. Die Gegebenheit eines nicht quantitativen, sondern qualitativen Zuviel fällt somit in seinem Resultat mit der Verweigerung des Gebens überhaupt zusammen; ist es doch kein sprachliches Einzelphänomen mehr, das die Verständnisfähigkeit exzessiv fordert, überfordert und gleichsam blendet, sondern die in der Sprache hörbar gemachte Offenheit der Phänomenalität als solche.

Nichtsdestoweniger erweist sich dieser scheinbare Umweg über das unverständliche „Ersagen des Seyns“ als notwendig, weil erst im Scheitern des Wortes deutlich werden muß, daß sich das Sein einer direkten Bemächtigung im Wort entzieht, und zwar notwendigerweise um so nachdrücklicher, je mehr das Sprechen versucht, sich seinem (epochalen) Wesen anzugleichen. Das „*Er*schweigen“ ist also in seiner transitiven Funktion durchaus ernstzunehmen: Nicht das bloße, womöglich insgeheim träge Nichts-sagen hat schon den eigentlichen Bezug von Sein und Sprache erfaßt, sondern vielmehr jenes Sprachverständnis, das in der konkret er-fahrenen, d. h. durchzumachenden Überschreitung der Grenzen seiner Möglichkeiten das epochale Sein eben nicht als bloße Abwesen*heit*, sondern gleichfalls als *Geschehen* des Entzuges erkennbar macht[2].

2.3.5. Die seinsgeschichtliche Valenz von Tautologie und Chiasmus

Wenn, wie schon erwähnt, die Schriften der 30er Jahre keinen allzu reichhaltigen Fundus an ausdrücklicher Verwendung von Tautologie und Chiasmus bieten, so sind sie mit Blick auf die spätere, ausgiebige Verwendung dieser Sprachfiguren doch insofern von zentraler Bedeutung, als sie zunächst einmal den Sinn ihrer Anwendung auf das geschichtliche Wesen des Seins verdeutlichen. So beziehen sich die weitaus meisten der um und nach 1930 auftretenden Chiasmen nicht auf Einzelphänomene wie Sprache oder Welt, sondern auf das „Wesen der Wahrheit“ (verstanden als ἀλήθεια des Seins) bzw. auf das Verhältnis von Sein zu Seiendem, mit

1. Vgl. GA 65, 21. Im Aufgeben der von der Verknüpfungsstruktur her bestimmten Satzdeutung zugunsten eines „fragmentarischen“, d. h. jede Worteinheit in ihrer Eigenständigkeit gleichermaßen betonenden Sprachverständnisses liegt bereits eine Andeutung der für den späten Heidegger typischen Tendenz, sich in seiner Deutung des abendländischen Denkens zunehmend auf die durchweg sehr kurzen, bisweilen auf einzelne Worte reduzierten „Fragmente“ der vorsokratischen Denker zu stützen (vgl. hierzu W. ULLRICH, *Der Garten der Wildnis*, 134).

2. Vgl. GA 65, 80. 83.

anderen Worten: auf die Bedingung von so etwas wie Phänomenalität überhaupt[1]. Die Perspektive der „Kehre“ läßt dabei den Umschlag in der Mitte des Chiasmus in seiner geschichtlichen Dimension hervortreten: Es geht nicht um eine „an sich“ nachvollziehbare Konstruktion von Begriffen in ihrem Ineinander-übergehen, sondern um das Umspringen des Sinnes der Phänomenalität von Sein von seiner innermetaphysischen zu seiner „anfänglichen“ Wesensweise.

Sowohl in bezug auf den Chiasmus als auch auf die Tautologie, die bisweilen ganz ohne „ist“ auskommen und die Termini nur nebeneinanderstellen[2], rückt die Frage nach der Bedeutung der Kopula erneut in den Mittelpunkt. Während von Heideggers frühem Denken an bis zu den 30er Jahren die Destruktion des vermeintlich rein funktionalen Verknüpfungscharakters des „ist“ den Ansatzpunkt der Frage nach dem Sinn von Sein überhaupt abgibt, wird die (teils anwesende, teils abwesende) Kopula nun zum Index und Brennpunkt der Schwierigkeiten, die sich für das philosophische Denken und Sprechen aus dem Einblick in die epochale Entzogenheit von Sein ergeben[3]. Gerade diese seinsgeschichtlich orientierte „Grenzwertbetrachtung“ der Kopula läßt aber die Frage aufkommen, inwiefern sich Tautologie und Chiasmus von der bereits skizzierten „Verweigerung“ von Sprache im Exzeß des Sagens unterscheiden und ob sie nicht vielmehr in einer nur formal strengeren Form genauso „nichts-sagend“ sind wie die oben zitierten Beispiele wortüberbordenden „Er-sagens“.

A. Tautologie und Phänomenalität

Der Ansatzpunkt für eine Kritik an Heideggers Verwendung der Tautologie ergibt sich aus dem von ihm selbst formulierten Verständnis der Phänomenologie als hermeneutischer Phänomeno*logie*, d. h. als sprachlich vermitteltem Aufweisen und Kundgeben (ἑρμηνεύειν) dessen, was sich gerade nicht zeigt, aber durch die Phänomenologie ausdrücklich als solches enthüllt werden kann[4]. Selbst dort, wo das dem Blick zunächst Entzogene kein einzelner phänomenaler Sachverhalt, sondern der Sinn von Sein selbst ist, kann dieser anhand der unterschiedlichen Sinnhorizonte für Seiendes doch indirekt aufgewiesen und sprachlich artikuliert werden. Die Frage ist nun, ob die in der Kehre vollzogene Umwendung der Fragerichtung vom Seienden (Dasein) in seinem Sein hin zum Sinn von Sein selbst nicht auch eine Abkoppelung der Sprache von ihrem phänomenalen Boden zur Folge hat, so daß ein derartiges „Denken des Seins ohne das Seiende“ sich selbst den Ast absägt, auf dem es sitzt. Liegt nicht die Folgerung nahe, daß ein von allen ontischen

1. „Das Seyn west als *Ereignis der Dagründung* und bestimmt selbst die Wahrheit des Wesens aus der Wesung der Wahrheit neu“ (GA 65, 183; Hervorhebungen im Original). An anderer Stelle ergibt sich der Chiasmus nicht direkt im Text, sondern zwischen den Überschriften der unmittelbar aufeinanderfolgenden Abschnitte 165 und 166: „Wesen als Wesung“ – „Wesung und Wesen“ (GA 65, 287f.).
2. Vgl. GA 65, 346: „Das Ereignis trägt die Wahrheit = die Wahrheit durchragt das Ereignis“. – „Warum das Seyn? Weil die Götter? Warum die Götter? Weil das Seyn?“ (ebd., 508).
3. Vgl. C.-A. SCHEIER, »Die Sprache spricht. Heideggers Tautologien«, *Zeitschrift für philosophische Forschung* 47 (1993) 60-74, hier 72.
4. Vgl. SZ, 27-39 (§ 7), insbesondere 37.

„Verunreinigungen" befreiter Denkansatz gerade aufgrund seiner Reinheit und Kohärenz zu phänomenologischer Unfruchtbarkeit und Leere verurteilt ist?[1]

Die Frage nach Sinn und Bedeutung der Tautologie im Hinblick auf die phänomenale Struktur der Welt ist bemerkenswerterweise nicht nur auf Heideggers Denken beschränkt; vielmehr findet man sie in scheinbar ganz anders geartetem Zusammenhang, nämlich in Wittgensteins *Tractatus*, anläßlich der Unterscheidung von sinnvollen und sinnlosen Sätzen. Während erstere sich auf bestimmte, innerweltliche Sachverhalt beziehen, haben letztere kein „Worüber" mehr, sondern machen als formale Grenzfälle der Sprache die Bedingung der Möglichkeit von sachhaltigem Sprechen sichtbar[2]. Die transzendentale Bedingung für die Beziehung Satz-Sachverhalt kann ihrerseits in keinem Satz direkt formuliert werden, der noch „etwas" sagt, d. h. bei dessen Bestandteilen man die Frage nach ihrem sinnvollen semantischen Gehalt stellen könnte. Was die spiegelbildliche Entsprechung des Reichs der Sätze zu dem der Sachverhalte ermöglicht, ist kein innerweltliches „matter of fact", sondern der innere Aufbau der Welt als solcher[3]. Dieser kann seiner Formalität wegen nur noch in Sätzen ausdrückt werden, die – legt man als Kriterium für Sinnhaftigkeit die Beziehung auf Sachverhalte zugrunde – sinn*los*, aber nicht *un*sinnig sind[4]. Damit sind einerseits all jene logischen Satzarten gemeint, die kraft ihrer Form allein als „richtig" (nicht als „wahr") gelten können, d. h. die sich letztlich auf die reine Tautologie reduzieren, andererseits diejenigen Satzkomplexe, die in ihrer Struktur einen kontradiktorischen Widerspruch bergen und damit die negative Grenze von Sagbarkeit markieren.

Obwohl die Wittgensteinsche Fragestellung sicher nicht mit Heideggers Ansatz einfachhin gleichgesetzt werden darf, kann man doch feststellen, daß die Tautologie beide Male eine im weiteren Sinne transzendentale Dimension annimmt. In beiden Fällen wird ihr gerade aufgrund ihrer ontischen Inhaltsleere nicht ein „Weniger" an Satzhaftigkeit gegenüber den Sätzen mit semantischem Bezug zugeschrieben, sondern im Gegenteil ein qualitatives „Mehr", insofern sie die Fülle der Bedingungen für alles phänomengebundene Sagen „zeigt", d. h. in einer Weise sichtbar macht, die nicht mehr „Gegenstand" einer Aussage sein kann. Trotz dieser grundsätzlichen Übereinstimmung in der Sache selbst wird zugleich aber auch ein wesentlicher Unterschied zwischen Wittgenstein und Heidegger deutlich, der nicht so sehr das philosophische Verständnis der Tautologie als solcher, sondern vielmehr die ihr zugemessene Rolle innerhalb des eigenen Denkens betrifft. Während Wittgenstein auf die Tautologie in ihrer Eigenschaft als „Grenzsatz" lediglich einmal ein Schlaglicht wirft, sie aber nicht zum integralen Bestandteil seiner Philosophie macht, rückt sie für Heidegger ins Zentrum des Denkens und wird nicht nur einmal, sondern immer wieder ausdrücklich in ihrer konstitutiven Nichtobjektivierbarkeit thematisiert.

Die Tautologie wird bei Heidegger trotz ihrer formalen Besonderheit nicht *als* formale (regulative) Größe genommen, sondern – was man in weitgefaßter Anleh-

1. Zu dieser Kritik vgl. J.-F. COURTINE, »Phénoménologie et/ou tautologie«, in: *Heidegger et la phénoménologie*, 381-405, insbesondere 399f.: „La tautologie ne donne rien à voir, elle ne montre plus rien. Elle est la figure totalement épurée à travers laquelle ressort la pure ›articulation‹ du sens, c'est-à-dire l'accentuation".

2. Vgl. L. WITTGENSTEIN, *Tractatus logico-philosophicus*, 4.243, 4.46.

3. Vgl. *Tractatus logico-philosophicus*, 4.12, 4.121, 4.124.

4. Vgl. *Tractatus logico-philosophicus*, 4.461-4.462.

nung an die Kantische Unterscheidung von „Regel" und „Gesetz" deuten könnte – als „Gesetz" des Seins selbst in seiner Phänomenalität. Wenn ihr auch notwendigerweise der Bezug zu einem Einzelphänomen fehlt, so bedeutet dies doch nicht, daß sie lediglich als innerverstandesmäßige „Spielregel" aufzufassen wäre; vielmehr wird in ihr die große Grundfrage der Philosophie seit Parmenides, nämlich die Frage nach der inneren Identität und „Selbigkeit" des Seins einerseits und dem Verhältnis von Sein und Denken andererseits ausgetragen. In der Formel des Parmenides τὸ γὰρ αὐτὸ νοεῖν ἐστίν τε καὶ εἶναι ist es das τὸ αὐτό, das Heideggers Interesse weckt und den Ursprung seiner „Tauto-logien" darstellt[1]. Die ursprüngliche Zusammengehörigkeit von Sein und Denken vollzieht sich nicht in stummer Intuition, sondern muß, wie Heidegger anläßlich des Fragments 6 von Parmenides durchblicken läßt, ausgesprochen werden, und zwar in tautologischer Weise[2]. Der für die Tautologie charakteristische, unmittelbare Übergang vom „anderen" zum „Selben"[3] wird dabei zum direkten Ausdruck der durch keine Vorstellung – d. h. keine dritte, von den beiden Zusammengehörigen ontologisch abgehobene Instanz – vermittelten Zugänglichkeit des Seins für das Dasein[4]. So, wie die Tautologie als „Satzform" nicht fortschreitet, sondern im „Selben" verharrt, so „versammelt" auch das Sein das Seiende an denselben Ort der Lichtung, an dem es sich dem ursprünglichen Denken des Daseins darbietet.

Wenn man sagt, die Heideggerschen Tautologien ließen *nichts* mehr in seinem Sein hervortreten, zeigten *nichts* mehr auf und hätten damit das Terrain phänomenologischen Denkens verlassen, so ist dies richtig, solange man dabei die Beziehung auf das einzelne, innerweltliche Phänomen im Blick hat. Betrachtet man aber die „großen" Tautologien, d. h. diejenigen, die sich auf die Entfaltung der Wahrheit des Seins in seiner metaphysikgeschichtlichen Verwirklichung beziehen („das Ereignis ereignet", „das Seyn *ist*" [wobei die „Identität" des „ist" hier nicht in analoger Weise zum „ist" des Seienden verstanden werden darf, sondern „das Seyn selbst aus ihm selbst"[5] sagt]), so darf man nicht vergessen, daß der fehlende Anhalt am einzelnen Seienden keine Abkapselung von der Sphäre des Phänomenalen schlechthin bedeutet. Was die „Tauto-logie" an Phänomenologischem bewahrt, ist zwar nicht das direkte Aufzeigen des verborgenen Sich-Gebens von Sein im Seienden überhaupt,

1. Vgl. EiM, 104ff. – „Sein waltet, aber weil es waltet und sofern es waltet und erscheint, geschieht notwendig *mit* Erscheinung *auch* Vernehmung" (ebd., 106; Hervorhebungen im Original).

2. Es handelt sich um das χρὴ τὸ λέγειν τε νοεῖν τ'ἐὸν ἔμμεναι (EiM, 107). Heidegger bezieht sich bezüglich der „Selbigkeit" des Seins zwar ausdrücklich auf diese „tautologisch" formulierte Stelle bzw. auch auf Parmenides' ἔστι γὰρ εἶναι, grenzt sich aber insofern von ihm ab, als er das εἶναι gerade nicht als ἐόν, d. h. als Seiendes oder Seiendheit, sondern in größtmöglicher Radikalität als das Sein selbst gedeutet sehen will (GA 65, 473).

3. Vgl. C.-A. SCHEIER, »Die Sprache spricht. Heideggers Tautologien«, *Zeitschrift für philosophische Forschung* 47 (1993) 65.

4. Vgl. »Die Zeit des Weltbildes«, Hw, 90f.: „Zum Sein gehört, weil von ihm gefordert und bestimmt, das Vernehmen des Seienden. [...] Das Seiende wird nicht seiend dadurch, daß erst der Mensch es anschaut im Sinne gar des Vorstellens von der Art der subjektiven Perception. Vielmehr ist der Mensch der vom Seienden Angeschaute, von dem Sichöffnenden auf das Anwesen bei ihm Versammelte. [...] Deshalb muß dieser Mensch, um sein Wesen zu erfüllen, das Sichöffnende in seiner Offenheit sammeln (λέγειν) und retten (σώζειν), auffangen und bewahren und aller sich aufspaltenden Wirrnis ausgesetzt bleiben (ἀληθεύειν). Der griechische Mensch *ist* als der Vernehmer des Seienden, weshalb im Griechentum die Welt nicht zum Bild werden kann" (Hervorhebung im Original).

5. Vgl. GA 65, 473.

wohl aber das Aufweisen der „Selbigkeit“ des Seins *als* „Selbigkeit“ mit dem Denken – eine ursprüngliche Verbindung, die das Phänomen der Metaphysik (*genitivus subjectivus*) als ganzer in ihrem Hervortreten aus dem freien, verborgenen Grund dieser Zusammengehörigkeit ausmacht.

B. Die Kehre im Satz als Satz in die Kehre

Mehr noch als die Tautologie wirft die chiastische Satzform aufgrund ihrer größeren inneren Komplexität Fragen bezüglich ihrer philosophischen Valenz auf, insbesondere, wenn man sie vor philosophiegeschichtlichem Hintergrund liest. Die scheinbar spiegelsymmetrische Struktur sowie die paradigmatische Stellung, die sie in Heideggers Denken einnimmt, läßt die Vermutung aufkommen, man habe es hier mit der Heideggerschen Variante des „spekulativen Satzes“ zu tun, bei der sich das Geschehen des Seins in seiner inneren Spannung von Erscheinen und Verbergen ausspricht und entfaltet. Der seinsgeschichtliche Chiasmus wäre also der Ort, an dem die beiden jeweiligen Elemente A und B in ihrer Selbigkeit und Verschiedenheit, ihrem So-sein und Nicht-so-sein zwischen metaphysischem und anfänglichem Denken zum Vorschein kämen.

Obwohl Heidegger sich intensiv mit der bei Hegel so zentralen Rolle des Satzes innerhalb der Darlegung des Systems und mit der engen Verbindung von Denken und Sprechen überhaupt auseinandersetzt, ist er jedoch weit davon entfernt, die spekulativen Sätze als solche zu übernehmen; gelten sie ihm doch als Ausdruck des setzenden, d. h. aufgrund seiner exemplarischen Vernunftbestimmtheit grund-losen Denkens, dem Gipfelpunkt der sich selbst verabsolutierenden Subjektivität[1]. Die in der chiastischen Umkehrung sichtbar werdende und durchzuarbeitende Strittigkeit zielt für ihn durchaus nicht auf eine Aufhebung von abstrakten Bestimmungen in der Bewegtheit ihres Ineinander-übergehens, sondern auf die Aufzeigung der bleibenden Unaufhebbarkeit der Endlichkeit des Seins, die sich aus der ihm eigenen Differenz und Zugehörigkeit zum Seienden ergibt.

Die Verbindung der chiastischen Satzstruktur mit der Problematik der ontologischen Differenz deutet sich schon vor 1930 an. So schreibt Heidegger in »Vom Wesen des Grundes«: „Ontische und ontologische Wahrheit betreffen je verschieden *Seiendes in* seinem Sein und *Sein von* Seiendem. Sie gehören wesenhaft zusammen auf Grund ihres Bezugs zum *Unterschied von Sein und Seiendem* (ontologische Differenz)“[2]. Ebensowenig, wie es möglich ist, das reziproke, aber nicht symmetrische Verhältnis von ontischer und ontologischer Wahrheit zu einer Identität oder wenigstens kommensurablen Relation herabzustufen, kann die Formulierung „Seiendes in seinem Sein – Sein von Seiendem“ im Sinne einer spiegelbildlichen Umkehrung verstanden werden, in der die Bedeutung der beiden Termini grundsätzlich gleichbleibt. Während „Seiendes in seinem Sein“ auf die Faktizität des Seinsverständnisses für das Verstehen abhebt, liegt in der Formulierung „Sein von Seiendem“ die Frage nach der Möglichkeit des Seins, sich in Seiendem zu erschließen. Dieses Verhältnis zwischen der Faktizität *in* ihrem Grund und der

1. „›Das Absolute allein ist wahr. Das Wahre allein ist absolut‹ (Hegel). [...] Diese Sätze sind unbegründet, aber nicht willkürlich im Sinne des beliebigen Behauptens. Die Sätze sind unbegründbar. Sie haben das gesetzt, was selbst erst gründet“ (»Hegels Begriff der Erfahrung«, GA 9, 135).
2. GA 9, 134 (Hervorhebungen im Original).

Freiheit des Grundes *zur* Endlichkeit ist es, das sich letztlich auch in der chiastischen Satzstruktur widerspiegelt, ohne jedoch eine Auflösung oder Vermittlung zu erfahren. Die unsichtbare Mitte, der Umschlagspunkt des Chiasmus, steht vielmehr für die Umwandlung der Termini, die ihrer möglichen Ineinanderüberführung zuvorkommt und sie damit unmöglich macht: für den Entzug der möglichen Auflösung ihrer Differenz durch deren Umwandlung. Die Überkreuzung ist also weniger spekulativ als spiegelbildlich, nicht indem sie die ontologische Differenz in spiegelverkehrter Weise verdoppelt, sondern indem sie ihr erstmals ein (nicht vorstellungs-, sondern schemahaftes) Bild von der in ihr wirksamen Endlichkeit zuwirft[1].

Die Verwendung eines derart verstandenen Chiasmus in bezug auf die innere Artikulation der Seinsgeschichte verhindert damit, daß der Übergang bzw. Sprung von metaphysischem zu anfänglichem Denken als simple Umkehrung oder Umdrehung erscheint. Wie Heidegger am Verhältnis Nietzsches zu Platon herausstellt, bleibt ja eine solche bloße Vertauschung der Plätze von Seiendem und Sein, ein Funktionstausch von „scheinbarer" und „wahrer" Welt, noch innerhalb des Raumes, der die metaphysische Gegenüberstellung von Sein und Seiendem allererst ermöglicht[2], ohne nach dem Ursprung ihrer Zusammengehörigkeit in der Nichtidentität zu fragen. Dieser Ursprung zeigt sich im seinsgeschichtlichen Chiasmus schlechthin, der das „Wesen der Wahrheit" als „Wahrheit des Wesens" bestimmt[3]. Stehen im ersten Falle „Wesen" für die allgemeinbegriffliche Bestimmung einer Sache und „Wahrheit" für die Übereinstimmung von Vorstellung und Seiendem innerhalb der ontisch-ontologischen Offenheit von Sein, so wird „Wahrheit" im zweiten Falle als die sich von sich selbst her zeigende ἀλήθεια verstanden, die keine Eigenschaft „des" Wesens, sondern dieses „Wesen" im verbalen Sinne des „Aufgehens", der φύσις selbst, ist[4]. Das die beiden Teile des Chiasmus miteinander verbindende „ist" bedeutet demnach weder Identität noch Einschluß, sondern die „Selbigkeit" des Einen im Anderen als seinem Ursprung, wobei die auseinanderlegende Kreuzstruktur andererseits jedoch deutlich macht, daß diese „Selbigkeit" gerade nicht vom Standpunkt des ersten, metaphysischen Teiles des Chiasmus aus sichtbar wird, sondern nur nach dem Umschlag hin zur seinsgeschichtlichen Perspektive, die das metaphysische Denken als sich selbst in seinem Ursprung verkennendes Ereignis „des" Seins begreift.

Im seinsgeschichtlichen Zusammenhang erscheint der Chiasmus also eher in seiner positiven Funktion, die auf ein wesentliches Ineinandergreifen zwischen der innermetaphysischen Betrachtung eines Phänomens und seiner Deutung aus dem geschichtlichen Wesensgrund seiner Phänomenalität her verweist[5]. Die ihm eigene

1. Zu dieser Unterscheidung zwischen spekulativ (*spéculatif*) und spiegelbildlich (*spéculaire*) vgl. J.-F. MATTÉI, »Le chiasme heideggérien«, in: *La métaphysique à la limite*, 49-162, hier 61f.

2. Vgl. M. HEIDEGGER, *Nietzsche: Der europäische Nihilismus* (GA 48), Frankfurt a. M. 1986, 5; Ni I, 13. 177-198; Ni II, 12; GA 44, 226; GA 65, 138f. 173. 176. 182. 215. 218f.

3. Vgl. »Vom Wesen der Wahrheit«, GA 9, 198 sowie Ni I, 175.

4. Vgl. »Vom Wesen der Wahrheit«, GA 9, 200 sowie Ni I, 170-174.

5. J.-F. Mattéi unterscheidet zwei Grundtypen des Chiasmus bei Heidegger, zum einen den eher „polemisch-antithetischen", der durch pointierte Gegenüberstellung eines bestimmten metaphysischen „Philosophems" mit der entsprechend umgewandelten Formulierung aus dem Denken der „Kehre" das Ungenügen der Metaphysik aufzeigt, zum anderen den „positiv-verknüpfenden", der die Metaphysik nicht abstößt, sondern auf ihre wesentliche „Verschlungenheit" mit dem „anfänglichen" Denken

Bewegung ist nicht vorwärtsstrebend in Richtung einer Aufhebung oder Vermittlung, sondern geht vom sich Zeigenden rückwärts in Richtung auf das darin Verborgene, ohne jedoch das Hervorgehen und Ans-Licht-treten als solches im Sinne eines „Abfalls“ oder einer „Fehlentwicklung“ zu brandmarken. Das Zurücktreten des Ursprungs ist nichts anderes als das Sich-geben des daraus Entspringenden, und somit liegt das Vergessen- und Verdrängtwerden des Anfangs in ihm selbst als Gesetz seines Wesens.

2.3.6. Der λόγος als Vorwort und Vorspiel der Metaphysik

Die chiastische Denk- und Schreibweise bedeutet, wie soeben dargelegt, weder die Umkehrung desselben in sein Gegenbild noch das Fortschreiten vom einen zum anderen, sondern das Wesen des Selben *im* Anderen. Diese Zusammengehörigkeitsstruktur erweist sich dabei als keineswegs willkürlich, sondern stellt sich vielmehr als die in jedem Aussagen und Sich-zeigen liegende, unterirdische Gegenströmung dar, die Erscheinen wie Sagen in ihren Ursprung zurückträgt[1]. Deswegen ist nichts, was ist oder gesagt werden kann, nur es selbst, sondern eine Wesensweise seines Ursprungs, der zugleich Hervortreten wie Zurückgehen ist. Das Sich-kreuzen von Metaphysik und anfänglichem Denken bleibt also nicht auf der Kreuzungsmitte festgebannt, sondern bewegt sich beständig hin und her, so daß das Hervorgehen aus dem Ursprung durch den Rückgang zum Ursprung keineswegs in einer ungeschichtlichen Leugnung der bisherigen Entwicklung desavouiert, sondern im Gegenteil in seiner Notwendigkeit und Legitimität aufgewiesen wird.

Das die Metaphysik ermöglichende Verhältnis von Denken und Sein, das sich aus dem Aufgehen der φύσις ergibt, wird unter Rückgriff auf zwei Fragmente Heraklits in doppelter Weise aus dem Blickwinkel des Spiels gedeutet: Zum einen geht es um den inneren Bezug von Freiheit und Regel, der das Hervorgehen des Seienden in seinem Sein aus dem Sein selbst charakterisiert. Der „Spielraum“ des Erkennens tut sich also nicht mehr nur zwischen logischer, ontischer und ontologischer Wahrheit auf, sondern im Aufgehen von Sein selbst, das einerseits im Aufgegangenen ans Licht tritt, andererseits sich aber zugunsten des Seienden zurücknimmt, damit dieses wirklich freigegeben wird, d. h. in seinem Sein zur Geltung kommen kann:

> „Das Wort φύσις bedeutet: das von sich aus Aufgehen ins Offene und Freie und im Aufgegangenen Dastehen und Erscheinen und im Erscheinen dem Freien sich dargeben und dabei doch einer Regel folgen. Also zu ›wesen‹ ist das Wesen des Spiels. Zur φύσις gehört das Spiel“[2].

Die Freiheit, die im Aufgehenlassen von Seiendem in seinem Sein liegt, bedeutet also gerade nicht, daß das Seiende einer an-archischen Abwesenheit des

hinweist, das die Metaphysik mittels der chiastischen Torsion in den ihr eigenen Grund zurückbiegt (vgl. *La métaphysique à la limite*, 58).

1. Zu diesem Motiv des „rückwärts gehenden Stromes“ (was heißen soll, daß er sich nicht von seiner Quelle trennt, sondern bei ihr verweilt und somit in ihr einbehalten bleibt), vgl. M. HEIDEGGER, *Hölderlins Hymne »Andenken«* (GA 52), Frankfurt a. M. (1982) ^{2}1992, 200.

2. GA 55, 25.

Grundes ausgeliefert wird, sondern im Gegenteil: Die Tatsache, daß der Ursprung es sich zum Gesetz macht, das aus ihm Ent-stehende nicht zu überstrahlen und zu verdrängen, sondern freizugeben und dabei selbst verborgen zu bleiben, bezeugt seine Souveränität, die keinerlei ontische Selbstbehauptung nötig hat. Die Entzogenheit des Ursprungs ist also gerade nicht Zeichen des Dahinfallens seiner beherrschenden, ἀρχή-haften Macht, sondern bezeugt im Gegenteil deren Größe, insofern sie durch keinen wie immer gearteten Vorgang auf der ontischen Ebene geschmälert werden kann. Sie kann also gerade aufgrund ihrer Unerschöpflichkeit darauf verzichten, sich durch die Anerkennung ihrer ursprünglichen „Herrschaft" im Bereich des Seienden eine Selbstbestätigung und durch diese reflexive Bewußtheit etwa einen höheren Grad an Wirklichkeit zu verschaffen. Die φύσις als Ursprung ist verschwenderisch, da sie durch das aus ihr Hervorgehende weder vermehrt noch geschmälert werden kann – die reine Selbstmächtigkeit zur Selbstentäußerung:

> „[...] weil die φύσις als das reine Aufgehen offener ist als jedes geradehin Offenkundige; deshalb bleibt sie und west sie als das Unscheinbare. Denn als die Unscheinbare ist die Fügung κρείττων – ›vermögender‹, sie vermag ›mehr‹"[1].

Der Bezug des reinen Erscheinens zum Erscheinenden ist also von einer ungezwungenen Sinnhaftigkeit gekennzeichnet; er ist gewissermaßen der ἄρχων bzw. βασιλεύς (letzteres im Sinne von Heraklits Fragment 52), aber nicht *princeps*, insofern er die eigene Herrscherposition nicht in der Hand behält (*capere*), sondern im Gegenteil das Heft der großmächtigen Prinziphaftigkeit aus der Hand gibt, ohne als Ursprung das Entsprungene deswegen fallenzulassen[2]:

> „Die φύσις ist das Spiel des Aufgehens ins Sichverbergen, das birgt, indem es das aufgehend Offene, das Freie, freigibt. [...] Vom Seienden aus gesehen, [...] ist die φύσις dasjenige, was niemals sich verbirgt, sondern immer schon aufgegangen ist. Dieses ihr Aufgehen selbst jedoch ruht in sich im Spiel, als welches das Aufgehen dem Sichverbergen die Gunst gewährt, das Bergende seines Wesens zu bleiben"[3].

Diese Einheit von Gewähren und Entziehen, Herrschen und Sich-bescheiden, Helle und Dunkel wird von Heidegger als der λόγος schlechthin bezeichnet, insofern in ihm sich nicht nur die ursprünglichen Gegen*sätze*, sondern die vor jedem „Satz" und jedem „Widerspruch" liegende Gegenstrebigkeit des Ursprungs versammelt und er somit „nicht das Wort, [sondern] ursprünglicher denn dieses, das

1. GA 55, 143.
2. Obwohl die Heideggersche Konzeption des „Ursprungs" in den Heraklitvorlesungen sicher nicht mehr die Machtposition der metaphysischen ἀρχή bzw. des *principium rationis* für sich beansprucht, scheint es doch fragwürdig, den „Ursprung" rein im Vorgang der Erscheinung des Seienden innerhalb der jeweiligen metaphysischen „Grund"-Paradigmen aufgehen zu lassen. Wenn R. Schürmann schreibt: „Un principe gouverne. Il se manifeste dans ses effets. Mais l'originaire ne manifeste rien; c'est la manifesta*tion*, l'événement de manifest*er*" (*Le principe d'anarchie*, 183; Hervorhebungen im Original), so ist das einerseits zutreffend, insofern der Ursprung nicht auf die Ebene eines je epochal verschiedenen Prinzips unter anderen herabgedrückt werden darf; andererseits führt seine Identifikation mit der Manifestation als solcher zu dem Mißverständnis, als gebe es in bezug auf den Ursprung keinerlei geschichtlichen Vor-behalt mehr.
3. GA 55, 139f.

Vorwort jeder Sprache"[1] ist. Im Gegensatz zur metaphysischen „Logik", die sich auf das Seiende *als Seiendes*, d. h. auf sein Sich-vordrängen im Aufgegangen*sein*, nicht aber auf das Aufgehen als solches konzentriert[2], besteht das Denken des λόγος darin, ontische Askese zu üben und von dieser Fixiertheit auf das Seiende zu lassen, um „das Sein wesen zu lassen aus seiner eigenen Wahrheit"[3], d. h. in seinem Sich-entfalten, dessen ungezwungenen und ungeschuldeten Charakter eine frühere Vorlesung schon – unter unüberhörbarem Anklang an ein später verwendetes Motiv – mit dem Aufgehen der Rose verglichen hatte[4].

Diese Ausführungen zum Ursprung des abendländischen Denkens stehen somit schon deutlich im Übergang zu Heideggers Spätdenken. Andererseits kann nicht genug betont werden, daß die „Gelassenheit" dem Seienden gegenüber keineswegs als Aufforderung zu einem quietistischen Rückzug aus dem metaphysischen Denken zu verstehen ist. Die abendländische Philosophie ist kein Mißgriff des Denkens, sondern ein Ergebnis der Großzügigkeit, mit der der wie ein königliches Kind spielende Ursprung sich zugunsten des Hervorgegangenen zurückhält und sich in die ἐποχή seiner selbst zurücknimmt; keine Irrtumsgeschichte also, sondern die Geschichte eines Denkens, dessen einziges Versäumnis darin besteht, all seine Liebe (φιλία) und Aufmerksamkeit der Gabe zugewandt zu haben, ohne an das Gebende einen Gedanken zu verschwenden.

3. ÜBERWINDUNG, ZUSPIEL, GESCHENK: DIE FRAGE NACH DER METAPHYSIK IM SEINSGESCHICHTLICHEN DENKEN

Wenn auch jeder der bis jetzt erörterten, einzelnen Themenstränge für sich genommen schon den tiefgreifenden Umbruch erkennbar werden läßt, der sich in Heideggers Denken von Beginn der 30er bis etwa Mitte der 40er Jahre vollzieht, so kreist die während dieser Zeit schlechthin zentrale Frage doch um die Metaphysik und ihre geschichtliche Dimension im Rahmen der Seinsgeschichte insgesamt. Dieses neugewonnene Verständnis der Metaphysik ist schon deswegen von besonderer Bedeutung, weil es auch Heideggers eigene Bemühungen der vorangegangenen Jahre um eine Neubegründung der Metaphysik in der daseinsmäßig verankerten Fundamentalontologie in einem anderen, kritischeren Licht erscheinen läßt. Die Ansätze der damaligen Zeit, etwa der Rückgriff auf Kants Vorhaben einer „Metaphysik der Metaphysik", werden nunmehr als der traditionellen Metaphysik noch zu sehr verhaftet angesehen[5] und dementsprechend vom nun zu verfolgenden Ansatz deutlich abgegrenzt.

Trotz dieser ausdrücklichen Selbstkritik Heideggers an den metaphysischen Restbeständen in seinem eigenen, früheren Denken ist jedoch noch keineswegs klar, wie die für notwendig erklärte „Überwindung der Metaphysik" tatsächlich auszusehen hat. Insofern die Metaphysik nunmehr als Teil der Freiheitsgeschichte des Seins selbst interpretiert wird, liegt die wohl größte Schwierigkeit in der Frage, inwiefern

1. GA 55, 383.
2. Vgl. GA 55, 136.
3. GA 55, 279.
4. Vgl. GA 45, 131.
5. Vgl. GA 67, 12. 68. 261ff.

die Rede vom „Ende", der „Überwindung" bzw. „Verwindung" der Metaphysik eine innere Notwendigkeit des Denkens zum Ausdruck bringt oder vielmehr von derselben unableitbaren Spontaneität gekennzeichnet ist, die die jeweiligen Epochen des Seins innerhalb der Metaphysik inauguriert. Das Dilemma läßt sich mit anderen Worten so formulieren: Will man mit Bestimmtheit von einem „Ende der Metaphysik" in dem Sinne sprechen, daß diese aufgrund einer inneren Logik und Kohärenz ihrer Entwicklung die ihr anfänglich mitgegebenen Möglichkeiten endgültig und unzweifelhaft erschöpft hat, liegt die Schlußfolgerung nahe, das „andere", „künftige" Denken stelle ein notwendiges Komplement dar[1], das sich mit zwingender Notwendigkeit aus dem Versagensprofil der bisherigen Metaphysik ergebe. In diesem Falle ist aber nicht mehr recht einzusehen, wie diese Notwendigkeit mit dem grundsätzlichen Freiheitscharakter des Seins selbst vereinbar sein soll, dessen geschichtliche Dimension sich gerade der menschlichen Willkür und Machbarkeit entzieht.

Die zweite Möglichkeit besteht darin, die bisherige Metaphysik – trotz Heideggers extrem global gefaßtem Reden von „der" Metaphysik insgesamt – auch in ihrer inneren Entwicklungsstruktur – „von Platon bis Nietzsche" – nicht als eine sich mit teleologischer Zwangsläufigkeit abspulende Folge denkerischer Grundpositionen zu begreifen, sondern die sie verbindende Gemeinsamkeit vielmehr gerade in der Diskontinuität zu sehen, mit der sich das Sein jeweils einem geschichtlichen Denken enthüllt und damit zugleich verbirgt. Eine solche Konzeption hätte zwar den Vorzug, daß in ihr auch der Übergang zum „anderen Anfang des Denkens" als wesentliches Geschehen der Freiheit im epochalen Spiel des Seins interpretiert werden könnte, doch fiele gerade mit der inneren Diskontinuität der Metaphysikgeschichte zugleich auch die Möglichkeit dahin, die Diagnose des „Endes der Metaphysik" als notwendige Konstatierung eines unabwendbaren und seinen eigenen Entwicklungsgesetzen folgenden Geschehens darzustellen. In dem Moment, wo die Geschichte des Seins als Geschichte der Freiheit herausgestellt wird, erscheint zugleich auch die „Notwendigkeit" eines anderen Anfangs fraglich. Gesetzt, daß das Sein sich nicht in einem innerlich kohärenten Vernunftprozeß – und sei es in Richtung eines wachsenden Verfalls – selbst entfaltet, sondern sich in sprunghafter, je anderer und nicht aus einer gemeinsamen Wurzel ableitbarer Weise dem Denken in seiner Geschichte übereignet[2], wie kann man dann mit letzter Sicherheit behaupten, die Möglichkeiten des metaphysischen Denkens seien restlos erschöpft, an ihr Ende gelangt und drängten auf den Übergang zum „anderen Anfang" hin?

Diese Schwierigkeit wird noch dadurch verschärft, daß sich bei Heidegger selbst neben Ansätzen zu einem eher teleologisch-diachronischen Deutungsmodell der

1. So die Deutung bei J. GREISCH, »Les 'Contributions à la philosophie (À partir de l'*Ereignis*)' de Martin Heidegger«, *Revue des Sciences Philosophiques et Théologiques* 73 (1989) 605-632, hier 615.
2. Vgl. D. JANICAUD, »Hegel – Heidegger: un 'dialogue' impossible?«, in: *Heidegger et l'idée de la phénoménologie* (Phaenomenologica 108, Hrsg. F. Volpi et alii), Dordrecht – Boston – London 1988, 147, wo Heideggers Geschichtsverständnis als „une ›libre suite‹ d'envois destinaux, sans aucune nécessité rationnelle" charakterisiert wird. Wie sich im folgenden noch zeigen wird, hängt die Problematik der „Überwindung der Metaphysik" gerade an einer Neubestimmung der beiden letztgenannten Charakteristika, Notwendigkeit und Rationalität, vor dem Hintergrund der Freiheit des Seins selbst.

Metaphysikgeschichte[1] auch andere Interpretationsmuster finden, bei denen die Vorstellung eines jäh hereinbrechenden Ereignisses vorherrscht, das „je neu“ die Art und Weise bestimmt, in der sich das Sein auf sich-entziehende Weise in der Geschichte zeigt[2], wodurch naturgemäß die Vorstellung eines linearen „Fortschrittes“ (d. h. des „kontinuierlich fortschreitenden Verfalls“) innerhalb des metaphysischen Denkparadigmas hinfällig wird. Erscheint die Geschichte der bisherigen Metaphysik bald wie ein Ring oder weit ausholender Kreisgang, der mit Platon beginnt und sich mit Nietzsche schließt[3], so steht daneben doch auch die Deutung der Metaphysik als der Geschichte des Nihilismus, der in jeder der seinsgeschichtlichen Epochen, wenngleich verhüllt, gleichermaßen anzutreffen ist[4], so daß die Geschichte der Metaphysik nicht so sehr ein Fortschreiten als vielmehr ein Auf-der-Stelle-Treten innerhalb desselben unzureichenden Ansatzes bezüglich der Seinsfrage darstellt.

Obwohl diese Spannungen zwischen den verschiedenen Charakteristika der Metaphysikgeschichte nicht leichtfertig übergangen werden sollten, erscheint ein Großteil der Problematik jedoch in einem anderen Licht, wenn man bedenkt, daß es Heidegger bei „der“ Metaphysik nicht um die Summe ihrer geschichtlich erarbeiteten Inhalte geht, sondern um den Raum, der von vornherein jedes metaphysische Denken und Fragen als solches bestimmt und den dieses nicht nur *de facto*, sondern *de iure* nie überschreiten kann[5]. Demzufolge sind metaphysische Grundstellungen, überspitzt gesagt, je eigene Arten, den Grund der Metaphysik gerade nicht zu denken, sich aber wie selbstverständlich auf ihm zu bewegen[6]. Die „Überwindung“ dieser Einstellung kann dann aber gerade nicht bedeuten, daß man lediglich ein anderes Denken *neben* der Metaphysik inauguriert, sondern es geht vielmehr darum, eine andere Denkebene zu gewinnen, die den besonderen Grund der Metaphysik als solchen beleuchtet.

3.1. Erste Grundlinien für ein anderes Denken

Heideggers Deutung der Philosophiegeschichte verläuft in zwei verschiedenen Bahnen: Im Zusammenhang der Destruktion in *Sein und Zeit* werden die Hauptetappen der Entwicklung metaphysischen Denkens im Hinblick auf ihre jeweils mitgegebenen, epochalen Horizonte rekapituliert, die sich innerhalb der ontologischen Differenz auftun und diese auf je eigene Weise nicht beachten. Für Heideggers eigene Argumentation gilt die ontologische Differenz allerdings zunächst wiederum als etwas, das selbst keine geschichtliche Herkunft besitzt bzw. auf diese hin nicht befragt werden muß, sondern vielmehr selbst den Spielraum alles Fragens darstellt. Die sich in der Differenz eröffnende Abgründigkeit des Seins als Grund für das

1. Vgl. GA 65, 203. 333ff.; GA 66, 27; GA 44, 226; Ni II, 201. 278.
2. Vgl. »Der Spruch des Anaximander«, Hw, 338.
3. Vgl. GA 44, 226 sowie Ni I, 469.
4. Vgl. Ni II, 343.
5. Vgl. die Unterscheidung zwischen der „verborgenen Geschichte der Metaphysik“ und der „Historie der metaphysischen Lehrmeinungen“ in GA 65, 424; vgl. ebenso J. GREISCH, »Les 'Contributions à la philosophie (À partir de l'*Ereignis*)' de Martin Heidegger«, *Revue des Sciences Philosophiques et Théologiques* 73 (1989) 615.
6. Vgl. GA 65, 77f.; GA 43, 4 Anm. 1; GA 48, 176f. 286ff.; Ni II, 210. 240f.

Seiende erscheint somit ihrerseits als ein ἀνυπόθετον, gleichsam als ein strukturell verankerter Schwebungscharakter von Dasein und Seiendem, der als solcher kein noch ursprünglicheres Zurückfragen und kein weiteres Erschüttertwerden mehr zuläßt.

Im Laufe der 30er Jahre wird in einem zweiten Schritt dieser Letztgültigkeitscharakter der ontologischen Differenz durchbrochen zugunsten einer Perspektive, die die Figur der Differenz in ihrer geschichtlichen Bedingtheit und Vorläufigkeit hervorhebt und in Frage stellt. Die ursprünglich schlechthin transzendentale Funktion des Unterschiedes von Sein und Seindem[1] wird nunmehr ihrer ungeschichtlichen Absolutheit entkleidet und in einen Kontext eingebettet, in dessen Spielraum das von der ontologischen Differenz bedingte Denken nur *eine* mögliche Instanz ausmacht. Der sich zwischen dem Seienden und seinem Sein eröffnende Spielraum des (metaphysischen) Denkens ist also nur eine von diesem Denken selbst nicht begrifflich faßbare Einschränkung des weiter gefaßten Raumes des geschichtlichen Verhältnisses von Seiendem und Sein sowie Sein und Denken überhaupt[2]. Metaphysisches Denken und das Denken dessen, was die in der Metaphysik wirksame Differenz selbst bedingt, verhalten sich also nicht zueinander wie Art und Gattung bzw. wie Individuum und Begriff, sondern wie Teil und Ganzes, wobei das Ganze wiederum keine quantifizierbare Totalität, sondern die unentschiedene Offenheit der möglichen Verhältnisse von Sein und Seiendem und damit auch der unterschiedlichen Formen der interpretatorischen Deutungsansätze bezüglich des geschichtlichen Phänomens der Metaphysik ausmacht. Die gegenseitige Stellung dieser beiden Grundhaltungen des Denkens wird in ausführlicher Form erstmals in den *Beiträgen* thematisiert, doch spielt bereits die ein Jahr zuvor gehaltene *Einführung in die Metaphysik* bei dieser Erweiterung insofern eine zentrale Rolle, als sie nochmals den Bereich des metaphysischen Denkens in allen seinen Richtung ausschreitet und damit in seinen Grenzen aufzeigt, um so die Möglichkeit und Notwendigkeit eines anderen Denkens und Fragens anzudeuten.

3.1.1. Das Geviert der Metaphysik

Die Charakteristika des metaphysisch verstandenen Seins werden in der *Einführung in die Metaphysik* nicht, wie man erwarten könnte, in erster Linie anhand des Binoms Sein-Seiendes herausgestellt, sondern anhand von vier Begriffspaaren, die nur mittelbar mit der ontologischen Differenz in Beziehung stehen. Von den vier Paaren „Sein und Werden", „Sein und Schein", „Sein und Denken" sowie

1. „Wenn anders nun das Auszeichnende des Daseins darin liegt, daß es Sein-verstehend zu Seiendem sich verhält, dann muß *das* Unterscheidenkönnen, in dem die ontologische Differenz faktisch wird, die Wurzel seiner eigenen Möglichkeit im Grunde des Wesens des Daseins geschlagen haben. Diesen Grund der ontologischen Differenz nennen wir vorgreifend die *Transzendenz* des Daseins. Kennzeichnet man alles Verhalten zu Seiendem als intentionales, dann ist die *Intentionalität* nur möglich *auf dem Grunde der Transzendenz*, aber weder mit dieser identisch noch gar umgekehrt selbst die Ermöglichung der Transzendenz" (»Vom Wesen des Grundes«, GA 9, 134f.; Hervorhebungen im Original).

2. „Das seynsgeschichtliche Erfragen des Seyns ist nicht Umkehrung der Metaphysik, sondern Entscheidung als Entwurf des Grundes jener Unterscheidung, in der sich auch noch die Umkehrung halten muß. *Mit solchem Entwurf kommt dieses Fragen überhaupt ins Außerhalb jener Unterscheidung von Seiendem und Sein*" (GA 65, 436; Hervorhebungen v. d. Verf.).

„Sein und Sollen“ sind es ganz offensichtlich die mittleren beiden, die Heideggers Interesse am meisten auf sich ziehen, was sich schon daran ersehen läßt, daß „Sein und Werden“ und „Sein und Sollen“ nur auf jeweils zwei bis drei Seiten abhandelt werden, während die Behandlung von „Sein und Schein“ etwa vierzehn und die von „Sein und Denken“ über sechzig Seiten einnimmt[1].

Die vier Binome sind untereinander nur dem äußeren, formalen Anschein nach gleich. Im Gegensatz zu „Sein und Werden“, „Sein und Schein“ sowie „Sein und Sollen“ hebt das Begriffspaar „Sein und Denken“ nicht auf „etwas“ ab, was dem Sein entgegengesetzt wird, sondern auf das Denken selbst, das sich dem Sein entgegensetzt und nur aufgrund dieser Distanz dem Sein eine andersgeartete Vorstellung wie „Werden“, „Schein“ oder „Sollen“ gegenüberstellen kann. Obwohl erst an dritter Stelle abgehandelt, ist das Binom „Sein und Denken“ das fundamentalste, das die anderen drei erst ermöglicht[2]. Nichtsdestoweniger sind seine Beziehungen zu jedem einzelnen der drei nicht ganz gleichwertig; vielmehr nimmt „Sein und Schein“ wiederum eine Sonderstellung ein, insofern es das spezifische Spannungsfeld indiziert, in dem sich in der Geschichte der Metaphysik das Denken herausgebildet hat; ist die Problematik des „Scheinens“ bzw. des „Scheins“ doch der Ort, an dem der ursprüngliche phänomenale Charakter des Seins selbst in seiner Gegebenheit für das Denken am radikalsten in Frage steht.

Das griechische Denken nimmt in bezug auf die Wechselbeziehung von Sein und Schein insofern eine besondere Stellung ein, als es zwar einerseits den „bloßen Schein“ als Gefahr registriert, ihn aber dem Sein entgegensetzt, anstatt die Zugehörigkeit beider als solche zu denken. Dieser Schritt hat jedoch weitreichende Folgen, da das vom Schein „gereinigte“ Sein, statt eine größere Macht und Eindeutigkeit zu gewinnen, nunmehr durch einen ihm vorstellungsmäßig entgegengesetzten Begriff eingeschränkt und bedingt wird. Die Bemühung des griechischen Denkens, das Sein gegen den Schein zu unterscheiden, es ihm „abzuringen“, läßt zwar in angemessener Weise sichtbar werden, daß das Denken keine Angelegenheit eines passiv-kampflosen Zur-Kenntnis-nehmens ist, sondern immer eine Anstrengung voraussetzt, mittels derer das zu Denkende als solches überhaupt erst freigelegt wird. Nichtsdestoweniger wird diese – für das Denken selbst zunächst einmal notwendige – Unterscheidung in dem Moment irreführend, wo sie die wesenhafte Zusammengehörigkeit des Scheins zum Sein verleugnet und den Eindruck vortäuscht, das Sein bzw. das Seiende in seinem Sein lägen als Gegenstände der Erkenntnis, von ihrem Ursprung, dem Erscheinen, abgekoppelt, einfachhin vor. Das sich am Anfang des griechischen Denkens herausbildende Verständnis von Denken als λόγος hat insofern recht, als es das Sich-Zeigen von Seiendem als nicht selbstverständlich, sondern stets bedroht herausstellt, doch geht es dort fehl, wo es nicht bedenkt, daß der ursprüngliche λόγος im „sammelnden“, d. h. das Seiende an den Ort seiner An-

1. Das Motiv einer ungleich gewichteten Viererfigur durchzieht auch die Gesamtstruktur der *Einführung in die Metaphysik*: So, wie „Sein und Denken“ das bei weitem umfangreichste der vier Binome der „Beschränkung des Seins“ darstellt, ist auch das Kapitel selbst, in dem diese vier Gegensätze behandelt werden, das vierte und längste im Aufbau der Vorlesung als ganzer. Zu diesem immer wieder auf verschiedenen Ebenen durchscheinenden Leitmotiv der Tetrade in Heideggers Denken vgl. J.-F. MATTÉI, *Heidegger et Hölderlin. Le Quadriparti*, Paris 2001, hier insbesondere 76ff.
2. Vgl. EiM, 89. 149f.

wesenheit bringenden Charakter des Seins besteht – einem Verhältnis, das sich wesentlich als Schein und Erscheinen vollzieht[1].

Das Denken schlägt damit einen Weg ein, der ihm die Einsicht in das ursprüngliche Wesen des Seins verbaut. Es schließt aus einem Erfordernis der Art und Weise seines Vernehmens – das Sein des Seienden gegen den *bloßen* Schein – irrtümlicherweise auf die Art des Gegebenseins – Sein *und schlechthin nicht* Schein – und schränkt damit das Sein in einer Weise ein, die es in seiner Mächtigkeit beschneidet und zu einer in ihren Grenzen bestimmten und überschaubaren Instanz herabstuft[2]. Die anderen beiden Binome – „Sein und Werden" sowie „Sein und Sollen" – sind dementsprechend nur mehr als Korollare zu verstehen, die diese Beschränkung des Seins in allen ihren Richtungen weiterverfolgen. Gemeinsamer Grundzug ist jeweils, daß ein wesentlicher Aspekt aus dem Charakter des Seins als φύσις herausgerissen und dem Sein als sein scheinbares Anderes entgegensetzt wird. Das metaphysische Denken, wie es sich seit den Griechen herausgebildet hat, ist damit im doppelten Sinne Grund für die Beschränkung, der das Sein als gedachtes nunmehr unterliegt. Die Metaphysik lebt, ohne es selbst zu wissen, von der ursprünglichen Zugehörigkeit ebenjener Charakteristika zum Sein als sich darbietender φύσις, die sie dem Sein als vorgestelltem in begrifflich-unterscheidender Weise entgegensetzt. Eine ursprünglich geschichtliche Sicht des Seins als φύσις in der Fülle seiner Aspekte und insbesondere in der strittigen Zugehörigkeit zum Schein[3] besteht demgegenüber darin, die Grenzen dieses begrifflichen Raumes zu durchbrechen, damit das Sein „in der ganzen Weite seines möglichen Wesens neu erfahren werden"[4] kann und sich als der dieses Geviert umfassende Bereich zeigt, der den „umkreisenden Kreis und Grund alles Seienden"[5] bildet. Diese Erweiterung ist nicht nur synchronisch-systematischer Natur, sondern hat eine chronologisch-geschichtliche Dimension, insofern das Grundbinom „Sein und Denken" den Leitfaden für das metaphysische Denken des ganzen ersten Anfangs abgibt und die Überwindung seiner ausschließlichen Dominanz in einen ganz anderen Bereich der Geschichte führt[6].

3.1.2. Die seinsgeschichtliche Vielfalt der Fragebereiche

Die Verschiebung in Heideggers eigener Sicht der ontologischen Differenz manifestiert sich nicht in einer anderen begrifflichen Fassung der isoliert betrachteten Termini „Seiendes" bzw. „Sein", sondern in der Art und Weise, wie diese sich in die Struktur der unterschiedlichen seinsgeschichtlichen Frageformen einfügen. Ab Anfang der 30er Jahre, vor allem aber seit der *Einführung in die Metaphysik*, werden die Geschichte der Metaphysik als ganze, das anfängliche Denken sowie das Denken, das im Übergang vom einen zum anderen steht, nicht mittels einer „Gegenstandsregion", einer Methode oder einer bestimmten, mehr oder weniger großen Anzahl

1. Vgl. EiM, 129.
2. Vgl. EiM, 128.
3. Vgl. EiM, 87.
4. EiM, 155.
5. EiM, 156.
6. Bezüglich der synchronischen und diachronischen Interpretationsmöglichkeiten des „ontologischen Gevierts" in der *Einführung in die Metaphysik* vgl. J. GREISCH, *La parole heureuse*, 306ff.

von „Grundsätzen" definiert, sondern durch eine je charakteristische Frage gekennzeichnet, die jedoch gerade nicht mit dem konkret Gefragten (dem *objectum* bzw. einem der vielen *objecta* einer Wissenschaft) zusammenfällt, sondern den einzelnen, konkreten Fragestellungen die für sie bestimmende Leitlinie vorgibt. Die Tatsache, daß diese für die unterschiedlichen Formen des philosophischen Denkens maßgeblichen Blickrichtungen in Frageform auftreten, verhindert dabei zugleich, daß sie sich – in Anlehnung an den aristotelischen Wissenschaftsbegriff – zu einem notwendigerweise unbefragten ὑποκείμενον oder *subjectum* verfestigen[1]; wird doch im Hinblick auf die bisherige Metaphysik das für sie Bestimmende, d. h. der „blinde Fleck" ihrer Sichtweise, nicht einfach mit dem ᾗ ὄν oder *qua ens* (in der Formel des τὸ ὄν ᾗ ὄν bzw. *ens qua ens*) angegeben. Vielmehr ist es das „als" (ᾗ bzw. *qua*) selbst, das in seiner Scharnierfunktion zwischen dem thematischen Gegenstand und dem unthematischen Grund der Metaphysik fraglich und problematisch wird:

> „Jetzt und so eröffnet das Er-staunen sein einzig Er-staunliches, nämlich: das Ganze als das Ganze, das Ganze als das Seiende, das Seienden im Ganzen, *daß* es *ist*, *was* es *ist*; das Seiende *als* das Seiende, das ens qua ens, τὸ ὄν ᾗ ὄν. Dies, was hier mit dem ›als‹, dem qua, dem ᾗ benannt wird, ist jenes im Er-staunen auseinandergeworfene ›Zwischen‹, das Offene eines noch kaum geahnten und bedachten Spielraumes, in dem das Seiende als ein solches ins Spiel kommt, nämlich als das Seiende, das es *ist*, in das *Spiel seines Seins*"[2].

Folglich ist vom seinsgeschichtlichen Denken aus die Quintessenz der Metaphysik nicht in ihrem „Gegenstand", dem Seienden *als solchem*, zu suchen, sondern in der *Frage*: „Was ist das Seiende (als solches / im Ganzen)?" bzw. „Was ist das Sein des Seienden?". Diese Frage nach dem Sein *des Seienden* wird von Heidegger als die „Leitfrage" der bisherigen Metaphysik bezeichnet, insofern sie die ganze Geschichte des abendländischen Denkens in horizontaler Weise durchzieht und voranträgt, ohne in die Frage nach dem sie selbst bedingenden Grund vorzudringen[3]. Insofern die Formel „das Seiende *als* Seiendes" auf die Betrachtung des Seienden in seinem Sein hinausläuft, weist die Partikel „als" auf die unthematische, als selbstverständlich vorausgesetzte Offenheit der ontologischen Differenz, d. h. die „offene Mitte" des Verhältnisses von Sein und Seiendem hin. Die Tatsache, daß in der verkürzten Form der Leitfrage „Was ist das Seiende?" das Sein gar nicht erst explizit vorkommt, dient dabei als Anzeichen der Seinsvergessenheit des metaphysischen Fragens: Das Sein, auf das hin das Seiende befragt werden soll, ist in der Frage nicht einmal als eigene Instanz angeführt, sondern vom zu befragenden Seienden her verstanden und im voraus in dessen Grenzen konstituiert[4]. Die Leitfrage macht auf diese Weise selbst sichtbar, was in ihr gerade nicht in Frage steht, da das befragte

1. „Für die Grundfrage dagegen ist das Sein nicht Antwort und Antwortbereich, sondern das Fragwürdigste" (GA 65, 76).
2. GA 45, 168 (Hervorhebungen im Original); vgl. auch GA 66, 387 sowie GA 67, 218.
3. Die genaue Fassung der „Leitfrage" variiert von Fall zu Fall. So wird sie meist nur in der verkürzten Form „Was ist das Seiende?" wiedergegeben (vgl. GA 31, 31; GA 32, 17; GA 44, 212; Ni I, 454; GA 65, 12. 75. 179), gelegentlich aber auch durch den Zusatz „...als solches" bzw. „...im Ganzen" erweitert (vgl. GA 33, 49; SAFr, 110; GA 48, 105).
4. Vgl. GA 65, 465f.

Seiende schon für sich genommen das Blickfeld auszufüllen droht, das ursprünglich doch überhaupt erst durch seine Differenz „zum" Sein eröffnet wurde.

Das metaphysische Denken ist allerdings nicht gänzlich in dieser Vorherrschaft des Seienden befangen, sondern erreicht in gewisser Weise schon den Punkt, an dem die Unzulänglichkeit seines eigenen Fragens deutlich wird. Die – seinsgeschichtlich verstandene – „Übergangsfrage"[1] (die vom Standpunkt der Metaphysik aus jedoch als die „Grundfrage" schlechthin erscheinen muß[2]) macht sich von der Befangenheit durch die unmittelbare Dominanz des Seienden frei und stellt die Selbstverständlichkeit seines Seins in Frage. Dies geschieht in der von Leibniz formulierten und von Heidegger noch verschärften Frage: „Warum ist überhaupt etwas (bzw. Seiendes) und nicht vielmehr nichts (bzw. Nichts)?". Einerseits bringt diese Frage sehr wohl das Seiende in seiner Schwebe über dem Nichts zum Vorschein, so daß nach dem Grund, dem *cur potius quam* seiner „Herrschaft" gegenüber dem als einfacher und selbstverständlicher geltenden Nichts gefragt werden muß[3], andererseits ist die Frage nach dem Grund hier für Heidegger immer noch zu sehr durch die für die Metaphysik charakteristische Abstandnahme des vorstellenden Denkens gekennzeichnet. Dort, wo das Denken sich von der unmittelbaren Versunkenheit ins Seiende freimacht und aus dem Abstand einer theoretischen Betrachtung heraus das Seiende im Ganzen auf das Warum seines Seins hin befragt, wird der zu erfragende Grund ebenfalls in neutraler Weise, d. h. entweder im Sinne einer theoretisch auffindbaren *ratio* oder eines für die bloße Vorhandenheit des Seienden verantwortlich zeichnenden, obersten Seinsgrundes verstanden[4]. Das Nichts, das das Seiende in seiner Fraglichkeit oszillieren läßt, wird lediglich als der schlechthinnige Gegensatz zum Seienden, nämlich als dessen mögliche Nichtigkeit, gedeutet und dementsprechend auch dem für das *potius quam* zuständigen, obersten Seinsgrund des Seienden diametral entgegengesetzt, anstatt vielmehr als Hinweis auf die Nähe des ebenfalls schlechthin „nichtseienden" Seins genommen zu werden.

Sowohl die Leitfrage als auch die Übergangsfrage (d. h. die metaphysische „Grund"frage) bewegen sich also nach wie vor im Bereich der ontologischen Differenz, ohne jedoch das Sein als solches in seiner besonders gearteten Grundhaftigkeit zu fassen. Die eigentliche Grundfrage, die Heidegger bald als „Was ist das Sein (selbst)?"[5], bald als „Wie west das Seyn?"[6] formuliert, bezieht sich dementsprechend auf das Verständnis der Wahrheit als aufgehendes Sich-Verbergen des Seins[7], das zwar der Metaphysik und ihrem Denken „zugrundeliegt", doch gerade nicht im Sinne einer begrifflich faßbaren *ratio*, sondern als die abgründige Zweiheit des Differenten als solchen, das die „ontologische Differenz" in ihrer begrifflichen wie vorbegrifflichen Form überhaupt erst ermöglicht.

1. Vgl. GA 65, 509; GA 66, 265.
2. Vgl. EiM, 5. 17. 56. 71; GA 66, 273.
3. Vgl. EiM, 21f.
4. Vgl. EiM, 3ff.; GA 66, 267; GA 67, 214.
5. Vgl. GA 31, 203; GA 32, 59; GA 43, 78f.; Ni I, 80.
6. Vgl. EiM, 55; GA 65, 54. 76. 78; GA 66, 274.
7. Vgl. SAFr, 78; GA 65, 307.

3.2. Die Unentscheidbarkeit der Unterscheidung

Im Rahmen der Fundamentalontologie hatte die ontologische Differenz die Grundbedingung für alles welthafte, vortheoretische wie wissenschaftliche, eigentliche wie verfallende Verhalten des Daseins vorgegeben, d. h. aber auch: den Spielraum für die Möglichkeit der „Ent-schlossenheit" als der besonderen, durch Eigentlichkeit ausgezeichneten Art und Weise, seine seinsverstehende Existenz zu übernehmen[1]. Jene radikale „Ent-scheidung" des Daseins wurzelte damit in der „Unterscheidung" und damit letztlich im „Unterschied" von Sein und Seiendem im Da der Existenz.

Diese stillschweigende Voraussetzung der universalen Bedeutung der ontologischen Differenz wird innerhalb des seinsgeschichtlichen Denkens einer Revision unterzogen. In Frage gestellt wird näherhin die Vollständigkeit der Deutung der Geschichte des Denkens anhand der Grundfigur der ontologischen Differenz. Der mit der Seinsgeschichte neueröffnete Entscheidungsspielraum zwischen der die Metaphysik tragenden, ontologischen Differenz und dem möglichen, anderen Denken der Differenz als solcher kann – bei aller gebotenen Vorsicht mit formal-äußerlichen Gleichsetzungen – dabei durchaus in einer gewissen Analogie zu einer anderen Form der Unentscheidbarkeit des Denkens gedeutet werden, die eine zweite Hauptrichtung der Philosophie des 20. Jahrhunderts kennzeichnet – sosehr diese im übrigen auch die genauen Antipoden zu Heideggers Verständnis der Philosophie bildet. Gemeint ist das Gödelsche Paradox der Unentscheidbarkeit logisch-mathematischer Systeme[2]. In einem beliebigen formalen System können bekanntlich diejenigen Aussagen, die sich mittels einer reflexiven Verwendung der formalen Zeichen auf diese selbst und ihre eigene Stellung innerhalb des Systems beziehen, nicht als wahr bewiesen werden, ohne die Kohärenz des Systems zu sprengen. Das, was die Zugehörigkeit von Aussagen zu einem System bedingt, ist also dem Zugriff der Beweiskraft der binnensystemischen Aussagen selbst entzogen. Dieser den formalen Systemen eigene Hiatus zwischen systemimmanent gegebener Wahrheit und ihrer direkten, thematischen Faßbarkeit und Beweisbarkeit erlaubt es, eine gewisse Parallele zu Heideggers Denken der seinsgeschichtlichen Entscheidung bzw. Unentscheidbarkeit zu sehen: Wohl formuliert das metaphysische Denken die begriffliche „Unterscheidung" zwischen dem Seienden und dem, was jeweils als dessen transzendent-transzendentaler Erklärungs- oder Seinsgrund angesetzt wird, doch ist es nicht in der Lage, den Ursprung der Möglichkeit der dabei beständig irgendwie vorausgesetzten ontologischen Differenz selbst aufzuweisen. Diese durchgängige Unfähigkeit, nach dem Grund ihrer eigenen Möglichkeit zu fragen, ist jedoch andererseits die Bedingung dafür, daß sich die Metaphysik als Metaphysik geschichtlich konstituieren kann. Mit anderen Worten: Auch die „Kohärenz" der Metaphysik als des gleichermaßen von der ontologischen Differenz getragenen Denkens ist durch die Unmöglichkeit bedingt, vom metaphysischen Denken aus die ontologische Differenz selbst in ihrer Wahrheit zu erweisen:

1. Vgl. SZ, 297f. 301.
2. Auf die Möglichkeit einer solchen, wenngleich in der Suche nach Entsprechungen nicht überzustrapazierenden Betrachtung des „Unentscheidbaren" im Zusammenhang mit Gödels Theorem einerseits und Heideggers Sicht der Seinsgeschichte andererseits weist D. Janicaud hin (vgl. »Métamorphose de l'indécidable«, in: *La métaphysique à la limite*, 163-176).

„Die Unterscheidung des Seienden und des Seins wird in die Harmlosigkeit eines nur vorgestellten Unterschiedes (eines ›logischen‹) abgeschoben, wenn innerhalb der Metaphysik dieser Unterschied selbst *als* ein solcher ins Wissen kommt, was strenggenommen ausbleibt und ausbleiben muß, da ja das metaphysische Denken nur *im* Unterschied sich hält, aber so, daß in gewisser Weise das Sein selbst eine Art des Seienden ist. […] Die Unterscheidung nimmt das Wesen der Metaphysik auf das in ihr entscheidende, aber von ihr nie entschiedene und durch sie auch nicht entscheidbare Geschehnis zusammen […]“[1].

Der tiefgreifende Unterschied zwischen der logisch-formalen und der seinsgeschichtlichen Unentscheidbarkeit betrifft allerdings die die Entscheidung jeweils tragende Instanz: Während im Falle von Gödels Theorem die Nichtentscheidbarkeit formaler Systeme von der transzendentalen Subjektivität des logischen Denkens selbst bewiesen und damit als solche wieder aus der Schwebe der Nichtentscheidung herausgerückt wird[2], betrifft im Bereich des seinsgeschichtlichen Denkens die (Nicht-)Entscheidung das Sein selbst in seinem Spielraum von Lichtung und Verbergung, Ereignis und Vorenthalt[3]. Es geht also um keine subjektive Wahl zwischen verschiedenen Alternativen, sondern die „Entscheidung“ ist gewissermaßen die „Urscheidung“, d. h. der Ursprung aller Scheidung, der das Hervorgegangene in seinen Differenzen, Gegensätzen und Gegenüberstellungen erst hervortreten läßt[4]. In Frage steht dabei nicht, ob die für die Metaphysik maßgebliche ontologische Differenz durch etwas anderes ersetzt wird, sondern ob diese Differenz in ihrer Bedeutung als Anzeichen des Entzugs und des „zögernden Sichversagens“[5] des Seins selbst erkennbar wird. Bei der seinsgeschichtlichen Entscheidung geht es also nicht um „etwas“, das herbeigeführt werden muß oder auch nicht, sondern um die dem Denken aufgegebene Entscheidung, den Entscheidungs- und Zögerungscharakter des Seins *als solchen* wahrzunehmen oder nicht[6]. Der Entscheidungsspielraum öffnet sich demnach zwischen den beiden Anfängen des Denkens als den jeweiligen Entsprechungen zu den frei gewährten, geschichtlichen Gegebenheitsweisen des Seins selbst.

3.3. Widerspiel und Zuspiel der Anfänge in der Fuge des Seins

Die besonders geartete (und von der Sache her nie eindeutig und ein für allemal faßbare) Beziehung von erstem und anderem Anfang wird am ausführlichsten in den *Beiträgen zur Philosophie* auf eine Weise entfaltet, die den Spielcharakter der Seinsgeschichte in der Vielzahl seiner Bedeutungen sichtbar werden läßt. Dies beginnt schon beim äußeren Aufbau des Textes, dessen Hauptteil – zwischen einem

1. GA 65, 423f. (Hervorhebungen im Original).
2. Vgl. D. JANICAUD, »Métamorphose de l'indécidable«, in: *La métaphysique à la limite*, 165. 167.
3. Vgl. GA 65, 88. 90f. 92. 95. 99; GA 66, 46f.
4. Vgl. GA 65, 87.
5. GA 65, 15.
6. Vgl. GA 65, 100-103, insbesondere 102: „Die Entscheidung geht ursprünglich darüber, ob Entscheidung oder Nichtentscheidung. […] Die Entscheidung über die Entscheidung (Kehre). Keine Reflexion, sondern das Gegenteil davon: über *die* Entscheidung, d. h. schon wissen das Ereignis“ (Hervorhebung im Original).

einleitenden *Vorblick* und einem mit *Das Seyn* überschriebenen Schlußteil – sich in sechs „Fugen" gliedert, die dasselbe Ereignisdenken unter je unterschiedlichem Blickwinkel betrachten. Allein schon im Terminus „Fuge" schwingt, wie so oft beim mittleren und späten Heidegger, eine ganze Obertonreihe von Bedeutung mit, die auf das Spiel hinweisen. So ist die von Heidegger hauptsächlich intendierte Bedeutung die der „Fuge" im Sinne des „Gefüges", d. h. einer Verbindung, die nichtsdestoweniger die zusammengehörigen Instanzen in ihrer Zweiheit beibehält, d. h. zwischen ihnen gleichsam eine „Fuge", einen Spalt oder Spielraum, bestehen läßt. Die zweite Bedeutung, die an den Begriff der Fuge geknüpft ist, hängt mit der „Fügung" bzw. der „Verfügung" zusammen, in der sich die rezeptive Stellung des Denkens gegenüber dem Sein ausspricht: Auch wenn das Denken in wesentlicher Weise dem Sein zugehört, kann es sich doch nicht seiner bemächtigen, sondern bleibt darauf angewiesen, gerade im Vollzug seiner Freiheit auf das einzugehen, was das Sein selbst in seiner epochalen Ereignungsweise auf unberechenbare, geschickliche Weise „verfügt"[1].

Neben diesen beiden direkt etymologisch motivierten Bedeutungen der „Fuge" läßt sich jedoch noch eine dritte Sinnebene ausmachen, die von Heidegger nicht eigens hervorgehoben wird, das Denken der *Beiträge* wie überhaupt das Denken der beiden „Anfänge" jedoch in entscheidenden Weise bestimmt: Gemeint ist die „Fuge" im musikalischen Sinne als formal relativ strenge, kontrapunktisch aufgebaute Form der Mehrstimmigkeit, die das vorgegebene musikalische Material – ein oder mehrere Themen – mittels sukzessiver Ein- und Durchführungen sowie Zwischenspiele verarbeitet. Diese Charakteristika der „Fuge" kommen in den *Beiträgen* gleich auf mehrfache Weise zum Tragen: So ist der gesamte Text von mehreren Grundthemen durchzogen, die aufgegriffen und durchgearbeitet werden, eine gewisse Zeit in den Hintergrund treten, dann wieder in anderem Zusammenhang erscheinen, sich mit anderen Themen verschlingen usw. Die *Beiträge* wirken also demnach wie eine sechsstimmige Fuge, insofern ihre Leitthemen zwar unterschiedliche Aspekte der Seinsgeschichte herausstellen, doch stets aufeinander Bezug nehmen und aufeinander verweisen.

Im Zusammenhang des „anfänglichen" Denkens ist die wohl wichtigste Eigenschaft der „Fuge" aber die der „Kontrapunktik", insofern die „Überwindung" der Metaphysik zunächst auf die Grundthemen und -ansätze metaphysischen Denkens eingeht, um sie jeweils – „als Widerspiel zum Zuspiel"[2], *punctum contra punctum* – der Sichtweise innerhalb der seinsgeschichtlichen Dimension des Denkens gegenüberzustellen[3]. Die beiden Denkformen bilden also die Grenzpunkte eines Zusammen- und Gegeneinanderspiels, zwischen denen sich die Schwebung des Übergangs und der noch nicht gefallenen Entscheidung entfaltet. Die Deutung der bisherigen Metaphysik als eines musikalischen Themas folgt dabei bereits dem Paradigma eines nicht mehr in erster Linie vom Sehen, sondern vom Hören her bestimmten Denkens: Die erste „Fuge" in den *Beiträgen*, die nochmals die in der Metaphysik zur Entfaltung gekommene Seinsvergessenheit rekapituliert, um auf den anderen Anfang hinzudeuten, ist mit „Der Anklang" betitelt. Mit anderen Worten:

1. Vgl. GA 65, 81.
2. GA 65, 107.
3. Vgl. J.-F. MATTÉI, »Le chiasme heideggérien«, in: *La métaphysique à la limite*, 77.

Das für das anfängliche Denken entscheidende Thema ist bereits in der Metaphysik angeklungen, ohne jedoch in einer ausdrücklichen, „thematischen“ Behandlung einen Widerhall zu erfahren[1]. Demnach geht es gerade nicht darum, die Metaphysik vom Standpunkt des anderen Denkens aus zum Schweigen zu bringen, sondern das in ihr Liegende allererst hörbar zu machen:

> „Ob wir Künftigen das Ohr haben für den Klang des *Anklangs*, der in der Vorbereitung des anderen Anfangs zum Klingen gebracht werden muß?“[2].

> „Aus einem einfachen *Ruck* des wesentlichen Denkens muß das Geschehen der Wahrheit des Seyns versetzt werden vom ersten Anfang in den anderen, damit im Zuspiel das ganz andere Lied des Seyns erklinge“[3].

Das *canticum novum* des Seins im Heideggerschen Sinne entsteht durch Versetzung (musikalisch gesprochen: Transponierung) des Denkens des ersten Anfangs in einen gänzlich anderen Schlüssel, der es erlaubt, das in ihm Ungedachte zu Gehör zu bringen. Das Begriffsfeld der Musik erlaubt es Heidegger dabei, die in »Was ist Metaphysik?« auf das Geschehen der Philosophie im Dasein bezogene „Grundstimmung“ in einer geschichtlichen Dimension wiederaufzugreifen. Wenn die „Stimmung […] als Stimme des Seyns das Er-eignete […] in eine Grundstimmung [stimmt]“[4], dann ist das aus der Grundstimmung des „Erstaunens“ erwachsende metaphysische Denken[5] keine Dissonanz in der Fuge des Denkens, sondern *eine* – wenn auch nicht die leitende oder gar einzige – „Weise“ (μέλος) des Denkens, die auf die epochale Stimme des Seins im „Widerklang“ des geschichtlichen Daseins antwortet[6]; will man die musikalischen Konnotationen der Heideggerschen Begrifflichkeit auf die Spitze treiben, so ist die Metaphysik das „Präludium“ (*Vorspiel*) zur Fuge des Ereignisses, die ihrerseits das unberücksichtigte „Grundthema“ des Präludiums aufgreift und verwandelt[7]. Das Verhältnis der Metaphysik zum anderen Denken ist damit nicht als „Überspieltwerden“ zu verstehen (wie wenn man etwa den nicht mehr relevanten Inhalt einer Tonkassette bei der Aufzeichnung von Neuem überspielt), es ist aber andererseits auch mehr als eine bloße „Anspielung“, die vom einen Anfang in Form analoger Entsprechung auf den anderen *verweist*[8]. Das „Zuspiel“ der Anfänge eröffnet einen Spielraum, der aber nur dadurch

1. Dieses Motiv des „fehlenden Anklangs“ betrifft auch Heideggers eigenen Versuch, die Seinsfrage erneut zu stellen. Vgl. EiM, 31: „Da aber diese Frage [sc. nach dem Sein] bisher weder Anklang noch gar Widerklang gefunden hat, sondern durch die verschiedenen Kreise der schulmäßigen Philosophiegelehrsamkeit sogar ausdrücklich abgelehnt wird […]“.
2. GA 65, 112 (Hervorhebung im Original).
3. GA 65, 9f. (Hervorhebung im Original).
4. GA 66, 320.
5. Vgl. GA 65, 20.
6. Vgl. GA 66, 328.
7. „[…] solange wir nicht ermessen, was sich in der Geschichte der Metaphysik ereignet hat: das Vorspiel des Ereignisses selbst als der Wesung des Seyns“ (GA 65, 174).
8. Wenn die Behauptung auch zu einseitig ist, der Begriff des Zuspiels habe aufgrund des „notwendigen“ Übergangs vom ersten zum anderen Anfang „rien de ludique“ (J. GREISCH, »Les ‘Contributions à la philosophie [À partir de l’*Ereignis*]’ de Martin Heidegger«, *Revue des Sciences Philosophiques et Théologiques* 73 [1989] 615), so ist umgekehrt die Übersetzung von „Zuspiel“ mit „allusione“ (Anspielung) wiederum zu schwach (cf. L. SAMONÀ, »L’‘altro inizio’ della filosofia. I

offenbleiben kann, daß die Metaphysik als erster Anfang der Seinsgeschichte nicht dahinfällt und ausscheidet, sondern ein bleibendes Hin und Her von erstem und anderem Anfang ermöglicht. Dies bedeutet wiederum nicht, daß die Radikalität des Unterschiedes zwischen Metaphysik und anfänglichem Denken herabgestuft werden soll, doch betrifft dieses Umspringen und Versetztwerden in ein anderes Paradigma ja kein Aufgeben der Metaphysik als solcher, sondern nur der metaphysischen Sicht von dem, was die Metaphysik trägt und begründet[1].

Die Nähe zum musikalischen Paradigma bedeutet nicht, daß das Motiv des „Streites" und der Auseinandersetzung, das bezüglich des Ins-Werk-Setzens der Wahrheit im Kunstwerk Anwendung findet, im Spiel der Seinsgeschichte nicht mehr vorkommt, doch bleibt es eher im Hintergrund und ist nur mittelbar zu erschließen: Die seinsgeschichtliche „Fuge" ist von ihrem Wesen her keine spannungs- und kraftlose Harmonie des reinen Einklangs, also weniger eine „Symphonie", wenn man die Betonung dabei auf das „sym-" legt[2], sondern veranstaltet im wahrsten Sinne des Wortes ein „Konzert" (*con-certare* als Wetteifern, Miteinander-um-die-Vorherrschaft-Kämpfen), in dem zum einen das metaphysische Denken sich als kontrapunktische Antwort zur jeweiligen epochalen Gegebenheitsweise des Seins entfaltet und zum anderen der erste und der andere Anfang als ganze gegeneinanderspielen.

In der Erkenntnis, daß sich Heideggers Ereignisdenken aufgrund der in ihm zur Anwendung kommenden Schemata von Spiegelung bzw. Umkehrung der Themen, Kontrapunktik usw. am ehesten als denkerische Entsprechung zu Bachs „Kunst der Fuge" verstehen läßt[3], liegt mehr als die Behauptung einer zufälligen, strukturellen Ähnlichkeit. Der Begriff der Fuge in Gegenüberstellung zur Symphonie ist vielmehr Träger einer mehr als symbolischen Dimension in bezug auf die Problematik der geschichtlichen Entwicklung des Denkens und der Rationalität. Es fällt auf, daß Heideggers „Fuge des Denkens" praktisch im gleichen Moment zur Entfaltung und Durchführung kommt (nämlich in der Abfassung des Manuskripts der *Beiträge* 1936-1938), wo sein Lehrer Husserl in der *Krisis* (sukzessive Ausarbeitung von 1935 bis 1937) mit erschütternden Worten nicht nur die Gefährdung der abendländischen, vor allem neuzeitlichen Rationalität als eines theoretischen Ideals, sondern vor allem das Scheitern des für sie typischen Lebensgefühls des Vernunft-

Beiträge zur Philosophie di Heidegger«, *Giornale di Metafisica* 12 [1990], n. 1, 67-112, hier 73); geht es doch um einen wirklichen Übergang vom einen zum anderen, wenngleich die Metaphysik als der erste Anfang nicht negiert, sondern in ihrer Wahrheit bewahrt bleibt.

1. „Der andere Anfang ist keine Absetzung vom ersten und seiner Geschichte – als könnte er das Gewesene hinter sich werfen –, sondern als der *andere* Anfang ist er wesentlich auf den *einen* und ersten bezogen. Dies aber so, daß im anderen Anfang der erste ursprünglicher erfahren und in seine Größe zurückgestellt wird [...]" (GA 45, 199; Hervorhebungen im Original).

2. Zur Charakterisierung der *Beiträge* als einer (unvollendeten) Symphonie vgl. W. J. RICHARDSON, »Dasein and the ground of negativity. A note on the fourth movement in the *Beiträge*-symphony«, *Heidegger Studies* 9 (1993) 35-52. Auch in der Heraklit-Vorlesung von 1943/44 betont Heidegger den spannungsreichen, nicht im Einklang aufgehenden Charakter des „Harmonischen" im seinsgeschichtlichen Kontext: „Wir denken bei diesem Wort [sc. Harmonie] sogleich an die Fügung der Töne und fassen ›Harmonie‹ als den ›Einklang‹. Allein das Wesentliche der ἁρμονία ist nicht der Bereich des Klingens und Tönens, sondern der ἁρμός, die Fuge, dasjenige, wobei eines in ein anderes sich einpaßt, wo beides in die Fuge sich fügt, so daß Fügung *ist*" (GA 55, 141; Hervorhebung im Original).

3. Vgl. J.-F. MATTÉI, *Heidegger et Hölderlin. Le Quadriparti*, 121. 207. 231.

optimismus konstatieren muß – eines Vernunftoptimismus, dessen reinste Ausprägung Husserl nicht von ungefähr in der Vertonung von Schillers „Ode an die Freude“ in Beethovens Neunter Symphonie verwirklicht sieht[1]. Steht die Neunte Symphonie nicht nur für den Höhepunkt der Symphonie als Kunstform, sondern aufgrund ihres triumphalen Schlußchores auch für die Quintessenz des begeisterten Vertrauens in die Macht der menschlichen *ratio*, dann können das Ende und die Grenzen des rationalen Denkens sinnvollerweise nicht ebenfalls in Analogie zu dieser musikalischen Gattung dargestellt werden. Vielmehr bietet sich dazu der Rückgriff auf die „Fuge“ an, die nicht nur im musikgeschichtlichen Sinne einen „Schritt zurück“ darstellt, sondern auch unter strukturellen Gesichtspunkten der Problematik des Verhältnisses der unterschiedlichen „Grundstimmungen“ von rationalem und „anderem“ Denken nähersteht. Im Bereich des Ereignisdenkens verliert, bildlich gesprochen, der geballte Klangkörper eines homophon auf die Rationalität eingestimmten und von ihr orchestrierten Denkens seine durchschlagende Kraft; was bleibt, sind – nach Ausschaltung des Symphonisch-Instrumentalen – nur noch die einzelnen „Stimmen“ (im vokalen Sinne) des Ereignisses, die nicht mehr in ihrem „harmonischen“, vertikalen Zusammenklang, sondern in ihrem polyphon-horizontalen Verlauf als „Leit-“ und „Grundstimmungen“ hervortreten[2].

Es ist jedoch nicht nur die Abgrenzung von der Symphonie als der musikalischen Entsprechung zur typisch neuzeitlichen Form der Rationalität, die die Assoziation von Heideggers Ereignisdenken mit der „Kunst der Fuge“ rechtfertigt, sondern auch eine direkte, positive Verbindung. Bekanntlich ist die letzte, achtzehnte Fuge zu vier Stimmen aus Bachs „Kunst der Fuge“ unvollendet geblieben, und zwar einige Takte, nachdem Bach seinen eigenen Namen (B-A-C-H) als Fugenthema eingeführt hat. Mit anderen Worten: Dasjenige Werk, in dem Bach den Versuch unternimmt, alle möglichen Varianten der Fuge als Kunstform auszuspielen, bricht in dem Moment ab, wo sich der Autor im Werk zu erkennen gibt – gleichsam eine musikalische Variante des Gödelschen Unvollständigkeitstheorems. In ganz ähnlicher Weise verhält es sich auch mit Heideggers Deutung der abendländischen Metaphysik, deren Ende nicht etwa durch vollständige, summarische Auflistung der innergeschichtlichen Variationsformen des Themas der ontologischen Differenz erkennbar wird, sondern erst in dem Moment, wo Heidegger den Versuch unternimmt, den Ursprung dieses Grundthemas selbst thematisch werden zu lassen. In dem Augenblick, wo durch ausdrückliche Miteinbeziehung des unthematischen

1. Vgl. E. HUSSERL, *Die Krisis der europäischen Wissenschaften und die transzendentale Phänomenologie* (*Husserliana* VI), Den Haag 1954, 8 (§ 3).
2. Aus diesem Grunde ist es zumindest problematisch, die Vierstimmigkeit des Heideggerschen „Gevierts“ doch noch als teilweise „symphonisch“ zu deuten (so bei J.-F. MATTÉI, *Heidegger et Hölderlin. Le Quadriparti*, 78f. Anm. 3). Wohl ist richtig, daß die Elemente der Heideggerschen Tetraden (Erde / Himmel, Menschen / Götter in ihren unterschiedlichen Varianten) nie nur rhapsodisch „zusammengerafft“, sondern sehr genau durchkomponiert sind, doch ist das Gegenteil von „rhapsodisch“ nicht zwingenderweise „symphonisch“; denkbar wäre ja z. B. auch „gefügt“. Nebenbei bemerkt, ist die „Rücknahme“ der Neunten Symphonie mit ihrem Bekenntnis zur Rationalität und den damit verbundenen Idealen des Guten und Edlen zugunsten der älteren Form der vokalen Polyphonie ein Motiv, das etwa acht Jahre nach der Abfassung der *Beiträge* bzw. der Entstehung der *Krisis* auch in der Literatur, nämlich in Thomas Manns *Doktor Faustus*, zum paradigmatischen Ausdruck für die Demaskierung der Ideale der Vernunft durch den immer deutlicher sichtbar werdenden Nihilismus wird (vgl. insbesondere das Ende von Kapitel XLV und das ganze Kapitel XLVI dieses Romans).

Ursprungs restlose Vollständigkeit angestrebt wird, zerbricht das System und verweist damit auf seine nicht reflexiv einzuholende Bedingtheit durch einen je größeren Zusammenhang.

So reich an verblüffenden Analogien, mitschwingenden Konnotationen und Entsprechungen das musikalische Begriffsfeld von „Spiel“ und „Fuge“ im Hinblick auf das Ereignis des Seins auch ist – die schwebende Doppeldeutigkeit der Bedeutungen in Heideggers Wortwahl verhindert, daß die Motivik von „Vorspiel“, „Anklingen“, „Einspielen“, „Gegeneinanderspielen“ usw. sich ihrerseits zu dem letztgültigen Deutungsmuster der seinsgeschichtlichen Deutung der Metaphysik verfestigt; erscheint die im „Zuspiel“ wirksame, „konzertante“ Beziehung von erstem und anderem Anfang doch ihrerseits als vorläufige Charakteristik, die zum einen dazu dient, die bleibende geschichtliche Relevanz der Beziehung von metaphysischem und nicht-metaphysischem Denken in vorbereitender Weise deutlich zu machen[1], andererseits jedoch dem Mißverständnis Vorschub leistet, als könne das „andere Denken“ selbst noch aus dem Gegensatz zum metaphysischen Denken als dem „Widerspiel“ erschlossen und abgeleitet, d. h. in wohlbegründeter Weise errechnet werden[2]. Es ist also zu unterscheiden zwischen der (kontrapunktisch-auseinandersetzenden) Art und Weise, in der sich das Verhältnis der beiden Anfänge in ihrer seinsgeschichtlichen Dimension darstellt, und der Art und Weise, in der man vom metaphysischen Denken zu dieser *Sichtweise* des Verhältnisses der Anfänge gelangt. Hier gibt es keinerlei Kontinuität, sondern nur einen Sprung, der den „grundverschiedenen“ (d. h.: im Hinblick auf das Denken des Verhältnisses von Sein und Grund unvergleichbaren) Charakter der beiden Denkansätze deutlich macht[3]. Erst durch den Sprung heraus aus dem metaphysischen Denken, das das Seiende und seinen „seiendsten“ Grund in der kontinuierlichen Bewegung der Transzendenz begreift[4], wird der kontrapunktische Zuspielcharakter der Fuge von erstem und anderem Anfang als solcher sichtbar. „Anklang“ und „Zuspiel“, d. h. das innere Aufeinander-verweisen von erstem und anderem Anfang, erscheinen somit wiederum als „Boden und Feld für den ersten Absprung“[5], mit dem das anfängliche Denken die Einsicht in die notwendige Grund-losigkeit, d. h. Unableitbarkeit des Denkens des anderen Anfangs umsetzt.

So, wie die ereignishaft-epochale Freiheit des Seins sich in begründender und daher selbst grund-loser Weise in der Geschichte der Metaphysik ereignet und doch

1. „Das *Zuspiel* des Fragens nach dem Seyn. Das Zuspiel ist zuerst Zuspiel des ersten Anfangs, damit dieser den anderen Anfang ins Spiel bringe und aus diesem Wechselzuspiel die Vorbereitung des Sprunges erwachse“ (GA 65, 9; Hervorhebung im Original).

2. „Die metaphysische und die seynsgeschichtliche Seinsfrage lassen sich nicht wie Standpunkte gegeneinander und in Beziehung setzen und auf ein handhabbares Verhältnis verrechnen, ihr Zusammenhang ist ein geschichtlicher; er entscheidet sich künftig aus der Ab-gründigkeit der Ereignung, die noch Verborgenes der Metaphysik und ihrer Geschichte aufbewahrt und keine rechenhafte historische Erledigung der metaphysischen Grundstellungen zuläßt“ (GA 66, 351; vgl. auch GA 65, 10). Dies hat auch G. B. Smith erkannt; wenn er schreibt: „To project the concrete features of a future thinking in detail would be to fall into the totally modern trap of projecting a frame unto the future, and that is precisely what must be transcended“ (*Nietzsche, Heidegger and the transition to postmodernity*, 258).

3. Vgl. GA 65, 234. 431.

4. Vgl. GA 65, 75f. 229. 250f.

5. GA 65, 82.

vom Boden der Metaphysik aus selbst nicht gedacht werden kann, sondern durch einen abgründigen Sprung von ihm getrennt bleibt, so ist auch das seinsgeschichtliche Denken gehalten, den in bestimmter Hinsicht noch allzu „grundhaft" wirkenden Bezug des „Anklangs" und „Zuspiels" von erstem und anderem Anfang nochmals zu überspringen, um bei aller inneren Zugehörigkeit doch auch die abgründige Verschiedenheit seiner eigenen Denkweisen sichtbar zu machen. Einmal mehr also ist in den *Beiträgen* der performative Rückschlag von Heideggers Spieldenken auf seine eigenen Darlegungen erkennbar: Es geht nicht nur darum, die Beziehung von Metaphysik und anderem Denken in einer spielerischen Bewegtheit zu deuten, die dem Eindruck vorbeugt, man habe es hier mit zwei verfestigten, in ihrer Bedeutung völlig durchschaubaren Positionen zu tun[1], sondern die Begrifflichkeit des Spiels selbst muß in einem zweiten Schritt wieder relativiert werden durch wechselseitige Akzentverschiebungen innerhalb ihrer unterschiedlichen, seinsgeschichtlichen Bedeutungsbereiche, damit nicht der Eindruck entsteht, mit der rein „spielerischen" Bedeutung des Spiels sei Heideggers Sicht des Verhältnisses von erstem und anderem Anfang erschöpfend erklärt.

Waren „Anklang", „Zuspiel" und „Sprung" auf die Beziehung der beiden geschichtlichen Anfänge des Denkens bezogen, so läßt die vierte, mit „Die Gründung" überschriebene Fuge eine Konvergenz zwischen der seinsgeschichtlich-metaphysikgeschichtlich gearteten Perspektive der Anfänge und der aletheiologisch-phänomenologischen Betrachtung des Seienden erkennbar werden. Der Sprung von der (metaphysischen) Frage nach dem Sein des Seienden zur (seinsgeschichtlichen) Frage nach dem Sein (bzw. Seyn) selbst bedeutet also nicht, daß das Sein als Ereignis schlechthin vom Seienden losgekoppelt wird, doch wird die Phänomenalität des Seienden vornehmlich in ihrer seinsgeschichtlichen Relevanz herausgestellt, d. h. mit Blick auf seine Rolle als Ort der Gründung des Seins in seiner geschichtlichen Wahrheit. Auch in der geschichtlichen Perspektive des Ereignisses des Seins selbst wird das Seiende nicht aufgesogen oder „verdunstet", sondern dient als Ort, an dem sich das geschichtliche Da der Lichtung ereignen kann[2]. Die „Einbildung" betrifft nicht mehr nur das einzelne Seiende im Zeit-Raum der Wahrheit seines Seins für das Dasein, sondern ist das Geschehen der Lichtung selbst, d. h. derselben *einen* Einheit von Verbergung und Entbergung des Seins, die sich in je verschiedenen, konkreten Konstellationen im geschichtlichen Denken der bisherigen Metaphysik entfaltet[3].

Am frappierendsten wird die Fusion des Erscheinungsraumes von dinglichem Einzelphänomen und geschichtlichem Phänomen der Metaphysik als solcher in einer Formulierung deutlich, die das Motiv der „Offenheit" von Sein anhand eines Beispiels verdeutlicht, das in den 50er Jahren im Zusammenhang mit dem Vortrag über »Das Ding« ausführlich in all seinen Aspekten behandelt wird. Heidegger

1. Vgl. GA 65, 169: „Die *Leitstimmung*: Die Lust der fragenden *wechselweisen* Übersteigung der Anfänge (erste Hervorhebung im Original, die zweite v. d. Verf.).

2. „Das Da-sein [Heideggers Schreibung für das „Dasein" in unmißverständlich seinsgeschichtlichem Sinne] führt nicht aus dem Seienden hinaus und verdunstet es nicht in eine Geistigkeit, sondern umgekehrt, gemäß der Einzigkeit des Seyns eröffnet es erst die Unruhe des Seienden, dessen ›Wahrheit‹ nur bestanden wird im wiederanfänglichen Kampf seiner Bergung in das durch den geschichtlichen Menschen Geschaffene" (GA 65, 314).

3. Vgl. GA 65, 312.

vergleicht die vorobjektive und alle Objekti(vi)tät erst tragende Offenheit mit der Höhlung eines Kruges, die in ihrer Bedeutung der Materialität der „Wandung" noch vorausgeht:

> „Die Offenheit, ist das nicht das *Leerste des Leeren*? (vgl. Wahrheit und Abgrund). So erscheint sie, wenn wir versuchen, sie gleichsam für sich wie ein Ding zu nehmen. Aber das Offene, in das, zugleich sich verbergend, je das Seiende hereinsteht, und zwar nicht nur die nächsten handwerklichen Dinge, ist in der Tat so etwas wie eine *hohle Mitte*, z. B. die des Kruges. Hier erkennen wir jedoch, daß nicht eine beliebige Leere nur durch die Wände umschlossen und von ›Dingen‹ unerfüllt gelassen ist, sondern umgekehrt, die hohle Mitte ist das Bestimmend-Prägende und Tragende für die Wandung der Wände und ihrer Ränder. Diese sind nur die Ausstrahlung jenes ursprünglichen Offenen, das seine Offenheit wesen läßt, indem es solche Wandung (die Gefäßform) um sich herum und auf sich zu fordert. So strahlt im Umschließenden die Wesung des Offenen wider. Entsprechend, nur wesentlicher und reicher, müssen wir die Wesung der Offenheit des Da verstehen. Seine umrandende Wandung ist freilich nichts dinghaft Vorhandenes, ja überhaupt nicht ein Seiendes und selbst nicht das Seiende, sondern des Seins selbst, das Erzittern des Ereignisses im Winken des Sichverbergens"[1].

Dasselbe Motiv, das die ungegenständliche Offenheit des Seins als Bedingung für das Zum-Stehen-bringen des Seienden in seiner Gegen-ständlichkeit verdeutlicht, wird auch auf jene Offenheit des Seins insgesamt gedeutet, deren verborgene Beschränkungen und Bedingungen das Denken der Metaphysik in ihren Grenzen konstituieren:

> „Das Seyn ist der Ab-grund, die Kluft des gelichteten Inzwischen, deren ›Wände‹ und Ab-stürze und Auf-ragungen sich verborgen halten"[2].

> „Was seynsgeschichtlich so gedacht und d. h. fragend geschichtlich übernommen wird, ist überall aus der ›Vollendung‹ begriffen, wobei Vollendung der Metaphysik *seynsgeschichtlich* erfahren ist. Diese Vollendung (Hegel nur die noch unbegriffene und noch vor der Umkehrung stehenbleibende Vorstufe) ist nicht Abschluß bloß, sondern als *Ende* das Vor-rücken an den Rand des Ab-grundes; ist Vorbereitung dieser *Randung*"[3].

Wenn die Metaphysik als ganze sich zu ihrer geschichtlichen Vollgestalt rundet und damit in ihrer Endlichkeit Gestalt annimmt, dann tut sie dies innerhalb desselben offenen Raumes, dessen unsichtbare Wandung auch dem Seienden den Ort vorgibt, an dem es *in* seiner Wahrheit, doch nicht *als* diese selbst zum Stehen kommt. Die Einzigkeit des Seins (als Seyn) läßt keine regionale Scheidung und Klassifizierung der Phänomene nach systematisch-strukturellen und geschichtlichen Kategorien mehr zu: Es gibt nicht *einerseits* das Sein des Seienden als die Lichtung für das Sichverbergen des Seins selbst und *andererseits* das Sein selbst als Ereignis, das in seiner Geschichte die Metaphysik und das sie „überwindende" Denken

1. GA 65, 338f. (Hervorhebungen im Original).
2. GA 66, 99.
3. GA 67, 100 (Hervorhebungen im Original).

umfaßt, sondern es gibt nur „die" Wahrheit des Seins als Geschehnis, das sich in dem einen Zeit-Raum der Geschichte einbildet, und zwar sowohl in bezug auf das einzelne, dinghafte Seiende als auch bezüglich der Metaphysik als desjenigen Phänomens, das den nicht strukturellen, sondern epochal-geschehnishaften Charakter der durch das Dasein vollzogenen Thematisierung der Einbildung des Seins im Seienden (d. h. alles „onto-logische" Denken) betrifft:

> „Die *Augenblicksstätte*, Einzigkeit und Anfall der hellsten Entrückung in den Bereich des Winkes aus der sanften Berückung des Sichversagenden-Zögernden, Nähe und Ferne in der Entscheidung, das Wo und Wann der Seinsgeschichte sich lichtend-verbergend aus der Ereignung der Grundstimmung der *Verhaltenheit*. Diese und die Grunderfahrung des Da und so des Zeit-Raumes"[1].

Die ursprüngliche Geschichtlichkeit ist also keine äußere Form, die den Einzelphänomenen außer der subjektiven, kontinuierlich zeit-räumlichen Bestimmung ihres Wahrgenommenwerdens eventuell auch noch zukommt, sondern mit dem Dahinfallen aller „subjektiven" Wahrnehmungsformen und Denkkategorien situiert sich *jedes* Phänomen – das einzelne Seiende, das Dasein des Menschen, die Götter, aber auch und gerade die Geschichte des metaphysischen Denkens – im selben Zeit-Raum der Einbildung des Seins selbst in das Sein des Seienden und des Seins für das Denken des Daseins[2].

Die bisher betrachteten Aspekte der seinsgeschichtlichen Blickrichtung lassen also erkennbar werden, daß es nicht möglich ist, den Bezug von „erstem" und „anderem" Anfang in einfacher, definitiver Weise zu bestimmen. Neben „Anklang" und „Zuspiel", die sich mehr auf die Auseinandersetzung und Zuordnung der Anfänge beziehen, steht der „Sprung", der die abgründige Verschiedenheit beider hervorhebt, und die „Gründung" läßt schließlich erkennbar werden, daß das „andere Denken", d. h. das Denken des „Seins selbst", sich keineswegs vom Seienden und seinem Sein losreißt, sondern im Gegenteil das Seiende *und* die Metaphysik als das Denken des Seins im Bezug auf das Seiende im gleichen Zeit-Spiel-Raum der Wahrheit des Seins als Ereignis entfaltet. Trotz dieser irreduziblen Vielfalt der „Fugen" innerhalb der seinsgeschichtlichen Perspektive zerfällt die Betrachtung andererseits aber wiederum nicht in ein bloßes Nebeneinander unterschiedlicher Ansätze. Auf einer höheren Ebene wird die Einheit, der „Zusammenklang", doch wieder gewahrt, was den gemeinsamen Grundzug jedes der „Fugenbereiche" angeht, wenngleich das „Verbindende" gerade in dem besteht, was Zugriff und Vergegenständlichung durch das Denken unmöglich macht:

1. GA 65, 375 (Hervorhebungen im Original).

2. Aus diesem Grunde ist es auch nicht zutreffend, den maßgeblichen Einschnitt in der Entwicklung von Heideggers Denken zwischen *Sein und Zeit* und dem »Brief über den ‚Humanismus'« darin zu sehen, daß die ekstatische Zeitlichkeit in den Hintergrund tritt. In der Beurteilung „Heidegger no longer emphasizes the ecstatic intermingling of the three ecstases of temporality, because he wishes to make clear that it is not man that accounts for Being's presencing; on the contrary, 'It gives', 'there is' (es gibt) Being" (G. B. SMITH, *Nietzsche, Heidegger and the transition to postmodernity*, 247f.) liegt der Fehler darin, daß die ekstatische Zeit-Räumlichkeit als notwendigerweise an das Dasein gekoppelt und auf es beschränkt erscheint, während in der seinsgeschichtlichen Perspektive der Zeit-Raum zu einer Eigenschaft der Lichtung des Seins selbst und somit gerade der Ort seiner „Gegebenheit" wird.

„Anklang und Zuspiel, Sprung und Gründung haben je ihre Leitstimmung, die aus der Grundstimmung ursprünglich zusammenstimmen. Diese Grundstimmung ist aber nicht so sehr zu beschreiben als zu erwirken im Ganzen des anfänglichen Denkens. Mit *einem* Wort aber ist sie kaum zu nennen, es sei denn durch den Namen *Verhaltenheit*. [...] Die Grundstimmung enthält das Zumutesein, das Gemüt des Mutes als des gestimmt-wissenden Willens des Ereignisses. Die Leitstimmungen sind bestimmt und stimmend im Einklang miteinander. [...] Der ursprüngliche Einklang der Leitstimmungen wird erst durch die Grundstimmung voll angestimmt“[1].

Die „Verhaltenheit“ kann hier als die seinsgeschichtliche Entsprechung des Denkens zu dem gelten, was im Bereich der transzendentalen Subjektivität der Phänomenologie ein zentraler Aspekt der ἐποχή war: das bewußte Zurücknehmen theoretischer Konstrukte zugunsten einer ursprünglichen Begegnung des Denkens mit der Sache selbst. Das Ereignisdenken hält sich mit einer *systematischen* Deutung der bisherigen Philosophiegeschichte zurück – die „Fuge“ läßt ja stets Zwischenräume und Abgründe offen[2] –, doch versucht es nichtsdestoweniger, in der Form und Artikulation seines Denkens dem Wesen der Sache zu entsprechen. Anders als die phänomenologische ἐποχή, ist die „Verhaltenheit“ also nicht nur ein methodischer Schritt, der den Zugang zu einem von ihm verschiedenen Gegenstand eröffnen soll, sondern bringt das Wesen der in Frage stehenden Sache – das Wesen der Wahrheit des Seins als Geschichte – selbst zum Ausdruck. Die Unterscheidung von Form und Inhalt, Gegenstand und Methode fällt dahin, so daß auch die in den *Beiträgen* vorherrschende Grundstimmung der „Verhaltenheit“ als Charakteristik der Wahrheit des Seins selbst gedeutet werden muß. Das Sein ist in der Geschichte der Metaphysik die ἐποχή seiner eigenen Wahrheit[3], und nur, weil es seinen ursprünglichen Wahrheitscharakter nicht selbst zur Geltung bringt, kann die Metaphysik bei der Frage nach dem Sein des Seienden den Gesichtspunkt seines Wahrheitsgeschehens aus- bzw. einklammern, ihn beständig aus dem Bereich seines thematischen Fragens verdrängen und so für das Denken außer Geltung setzen.

3.4. Die Negativität im Erscheinen und der metaphysische Nihilismus

Die Fassung des Verhältnisses der beiden „Anfänge des Denkens“ als „Zuspiel“, „Sprung“ usw. macht deutlich, wie ihre Stellung zueinander *gedacht* werden muß, *wenn* die beiden Anfänge in dieser Art begriffen werden, doch gibt sie noch keinen direkten Aufschluß über den Grund der Anfänge als solcher. Trotz der eminent geschichtlichen Dimension des „Anfangs“ ist es ja nicht so, daß damit nur ein bestimmter Zeitpunkt – und sei es im ereignishaften Sinne – gemeint ist, sondern im „Anfang“ schwingt immer auch die alte Bedeutung der ἀρχή, des Ursprungs, des Von-Woher, des Grundes mit. Hält man dabei fest, daß die Metaphysik nicht nichts, sondern im Gegenteil der erste dieser beiden Anfänge ist, dann stellt sich die Frage

1. GA 65, 395f. (Hervorhebungen im Original). Das Verhältnis von Leitstimmungen und Grundstimmung innerhalb des seinsgeschichtlichen Denkens selbst ist hier ein Echo auf die Beziehung von Leitfrage und Grundfrage, die das Verhältnis von erstem und anderem Anfang charakterisiert.
2. Vgl. GA 65, 81f.
3. Vgl. »Der Spruch des Anaximander«, Hw, 337f.

nach dem Ursprung der für sie charakteristischen Anfangshaftigkeit. Mit anderen Worten: Warum hat sich die Metaphysik als solche überhaupt entwickelt und nicht vielmehr nicht? Warum hat sie sich so entwickelt und nicht anders? Warum hat sich die Metaphysik als das mit dem „Warum?“ nach dem Grunde fragende Denken herausgebildet? Oder noch kürzer: Warum die Geschichte des „Warum?“ und seiner unterschiedlichen Antworten?

Obwohl Heidegger die innere Struktur der Seinsgeschichte keineswegs als eine bloße Nebeneinanderstellung der beiden Anfänge begreift, ist die Frage nach Grund und Ursprung der Metaphysik als faktischer doch insofern schwierig zu beantworten, als sie gerade die metaphysische Fragestruktur durchbricht. Das Ungenügen der Warumfrage im Hinblick auf die Metaphysik liegt darin, daß diese Frage selbst noch im vorstellenden Denken verharrt, als sei die Metaphysik als ganze ein Gegenstand, der vor dem Hintergrund der Möglichkeit seines Nichtseins erschiene und deswegen auf den Grund seiner Wirklichkeit hin befragt werden müßte. Diese Auffassung ist jedoch noch insofern unangemessen, als die Metaphysik nicht in neutraler Weise *in* der Geschichte einfach vorhanden ist und vom seinsgeschichtlichen Denken aus als ein bloßes Faktum vorgestellt werden könnte. Wenn schon im Hinblick auf das Seiende im Ganzen die metaphysische Warum-Frage sich als unzureichend erweist, da sie nur nach dem Grund als *ratio* oder *causa* des Vorhandenen fragt, ist die Frage „Warum das Warum?“, die nach dem Grund der Metaphysik fragt, doppelt inadäquat, da sie das doch wesenhaft geschichtlich bedingte Paradigma des vorstellenden Denkens wiederum nur in seiner „Vordergründlichkeit“ nimmt, d. h. in einer zum Gegenstand abgeflachten Form, in der die vorgeblichen „Wesenszüge“ der Metaphysik unter Abkoppelung von ihrer Geschehensstruktur betrachtet werden[1].

Die Unmöglichkeit, im Hinblick auf das seinsgeschichtliche Denken das „Wesen“ von der Einzigartigkeit seiner geschichtlichen Ausprägung zu trennen[2], bedeutet mit anderen Worten, daß die Frage nach dem Grund des geschichtlichen Anfangscharakters der Metaphysik nicht in das Verhältnis der herkömmlich verstandenen Modalitäten von Möglichkeit und Wirklichkeit gefaßt werden kann. Ist das „Wirkliche“ das Vorhandene als beständig anwesender, konkreter Gegenstand einer Kenntnisnahme von seiten des Denkens, dann sind sowohl das Seiende als solches als auch die Metaphysik in ihrer Geschichte wie in ihrem Grunde nie „wirklich“, sondern im Gegenteil der Ort, an dem sich der „Grund“ im Sinne des Ursprungs als die Einheit von Möglichkeit und Notwendigkeit im Hinblick auf das daraus Hervorgehende erweist[3].

3.4.1. Die seinsgeschichtliche Topologie des Ursprungs

Die besondere Konzeption der geschichtlichen Struktur der Anfänge des Denkens führt dazu, daß der Begriff des Ursprungs in zweifacher Weise aus seinen gewöhnlichen kategorialen Bestimmungen herausgerückt wird. Dieser Wandel betrifft zum einen den Bezug der ἀρχή zur Zeitlichkeit, zum anderen den Charakter ihrer „Notwendigkeit“ in bezug auf das aus ihr dank seiner Möglichkeit als Wirk-

1. Vgl. GA 66, 267.
2. Vgl. GA 65, 66. 288f.
3. Vgl. M. HEIDEGGER, *Grundbegriffe* (GA 51), Frankfurt a. M. (1981) ^{2}1991, 24.

liches Entspringende. Wird der Ursprung im Sinne ontisch-ontologischer Kausalität verstanden, so ist er insofern einem zeitlichen Schema eingefügt, als er entweder dem zu Bewirkenden zeitlich vorausgehen oder zumindest zugleich mit ihm gegeben sein muß. Auch die Finalursächlichkeit im aristotelischen Sinne macht hierin keine grundlegende Ausnahme, insofern das einer Tätigkeit oder Handlung vorgegebene und ihre Durchführung leitende Ziel auch nur im Hinblick auf seine Verwirklichung „präexistent" ist und erst in ihr seine Vollgestalt erreicht, nicht aber schon an sich und *als* noch künftiges.

Heidegger durchbricht dieses noch zu sehr ontisch bestimmte Zeitschema der Ursprünglichkeit zugunsten einer doppelten „Nichtanwesenheit" des Ursprungs in Richtung auf die beiden anderen Zeitdimensionen. Das „Zurückliegen" des Ursprungs ist jedoch ebensowenig als bloße „Vergangenheit" zu verstehen, wie sein „Vorauswalten" eine lediglich ausstehende und irgendwann eintreffende Zukunft bezeichnet[1]. Vielmehr drücken beide Momente seine konstitutive Mächtigkeit gegenüber dem in die Anwesenheit entlassenen Entsprungenen aus: Der Ursprung ist diesem *immer schon* („Vergangenheit") in uneinholbarer Weise *vorausgesprungen* („Zukunft"), behält es zugleich in jedem Moment in sich ein („Gegenwart")[2] und bringt es in die beständige Schwingung des „von… her" und des „auf… zu", die die einseitige Ausrichtung des gewöhnlichen kausalen Schemas („*von* der Ursache *zur* Wirkung") sprengt. Im Hinblick auf die Metaphysik als ganze und ihren Ursprung aus der Geschichte des Seins führt diese Überwindung der linearen Zeitlichkeit zu einer beständigen Durchbrechung der kontinuierlichen Zeitauffassung einer „Historie" des Denkens in Richtung einer kairologischen Ekstasis, in der jede „Epoche" der Metaphysik, d. h. jeder innermetaphysische, für eine gewisse Zeit beherrschende und in ihr fortwirkende Anfang der Wahrheit des Seins als solchen, aus der ἐποχή des Seins selbst entspringt, die das „noch Aufbehaltene", d. h. das „Künftige" des Denkens ausmacht[3]. Der insgesamt geschichtegründende Ursprung liegt also noch „außerhalb" der Gesamtheit der epochemachenden, diachronisch aufeinanderfolgenden ἀρχαί, d. h. der Leitfiguren der Ursprünglichkeit des Seins für ein jeweils bestimmtes, geschichtliches Denken[4].

In jeder der geschichtlichen Epochen der Metaphysik ist der jeweilig beherrschende Ursprung das, was die weitere, innerepochale Entfaltung des Denkens der

1. Vgl. GA 49, 77.
2. Vgl. GA 51, 108 sowie GA 65, 57. 281.
3. „Die Seynsgeschichte ist nicht rational zu denken, nicht nach Plan und Schrittfolge (etwa im Sinne Hegels) zu deduzieren; wesentlich die Anfänglichkeit und ihre Verbergung. Hier bleibt alles im Unvorhersehlichen. Auch ›Gesamtdarstellungen‹ eines Geschichtsablaufes vermögen hier nichts zu verdeutlichen; denn jedesmal ist der Einsprung in die Wahrheit des Seyns anfänglicher vorzubereiten und die Bereitschaft zum An-spruch zu erwecken" (GA 67, 165).
4. „Die Geschichte der Wahrheit des Seienden entspringt in jedem ihrer Aufenthalte je als eine Loslassung des Seins in das erklärbare Seiende und damit in eine Verhüllung des Wesens der Wahrheit als Unverborgenheit" (GA 67, 165). – „Jeder Anfang ist dem Wesen des Anfangs gemäß verschieden. Was heißt Anfang? *Ab-grund der Geschichte sein.* Ab-grund – was Gründbares in sein Wesen entläßt, so zwar, daß das Entlassende dabei sich verweigert und der Gründung ein Vorhandenes und die Berufung und Versteifung darauf versagt" (GA 69, 98; Hervorhebungen im Original). Zur Unterscheidung zwischen dem Ursprung im ursprünglichen, schlechthin singulären Sinne und der Vielzahl der Ursprünge als der jeweiligen Epocheanfänge der Metaphysik vgl. R. SCHÜRMANN, *Le principe d'anarchie*, 156.

Seiendheit in notwendiger Weise bedingt. Die Aufeinanderfolge dieser epochalen Anfänge, mit anderen Worten: die Ursprungshaftigkeit dieser Ursprünge als solcher ist jedoch nur scheinbar „ein Schauspiel von Zwangsläufigkeiten“[1], nämlich nur, solange man die Metaphysik im Vordergrund ihrer seinsgeschichtlichen Bühne betrachtet. Ein Blick hinter die Kulissen läßt indes erkennbar werden, daß dieser Vordergrund nicht etwa kontinuierlich in einen das Ganze harmonisch untermalenden Hintergrund übergeht, sondern zu einem Abgrund führt[2], nämlich dem Ursprung der Epochehaftigkeit des Seins in ihrer Möglichkeit. Auf diese Weise gehen Notwendigkeit und Spiel zusammen, die nur im Hinblick auf das einzelne Seiende unvereinbar sind, in bezug auf das Seiende im Ganzen sowie den Ursprung des Denkens des Seienden im Ganzen aber sich zusammenfinden[3]: Notwendigkeit in bezug auf die im voraus allumfassende Bestimmung des zu denkenden Seienden durch den Horizont seiner je epochal verschiedenen ἀρχή; Spiel im Hinblick auf die schwebende, nicht im Faktischen festzubannende und von ihm auszuschöpfende Möglichkeit dessen, daß sich überhaupt Seiendes für das Denken in unterschiedlichen epochalen Formen darbietet. Auch hier ist also die Möglichkeit höher als die Wirklichkeit, vor allem aber höher *und* tiefer als die Notwendigkeit, die sich innerhalb der Geschichte der Metaphysik dem Denken in leitender, doch letztlich nicht gründender Weise auferlegt.

3.4.2. Mehr als das Ganze und weniger als Nichts: die Maß-losigkeit des Seins als Geschichte

Die Bewegung, die das Verhältnis von Sein und Metaphysik vor dem Hintergrund des Ereignisdenkens aus dem Paradigma der beständigen Anwesenheit des „Wirklichen“ als des bloß Vorhandenen hinausführt, hat nicht nur ihre Konsequenzen für das Verständnis der geschichtlichen Zeitlichkeit, sondern betrifft auch die strukturellen Charakteristika des sich dem Denken jeweils darbietenden Seins in seinem Verhältnis zum Nichts. Das Nichts ist nicht mehr nur der „Schleier des Seins“, sondern dem Sein in seiner Entfaltung als Ereignis selbst zugehörig und daher nicht mehr von ihm zu unterscheiden[4], insofern es nämlich das Grundgesetz der in ihm wirksamen Einheit von Entbergung und Verbergung, selbst jedoch „nichts von beiden“ ist. „Was“ das Nichts ist, läßt sich nicht mehr vom Nichts allein aus sagen; es ist selbst kein Phänomen mehr, auch kein „Grundphänomen“, sondern der eigenste Charakter der Phänomenalität als solcher in ihrem unaufhörlichen Hin und Her von Verbergung und Entbergung, das selbst keinen Gegensatz mehr kennt[5]. Das Nichts ist „nichts anderes als“ das Spiel innerhalb der geschichtlichen Phänomenalität des Seins, nicht obwohl, sondern weil diese vom sich vordrängenden Seienden dominiert wird.

Die beständige Bewegtheit der Charakteristika des Seins zwischen seinen jeweiligen seinsgeschichtlichen Extremen wird von Heidegger ausführlich in der 1941 gehaltenen Vorlesung *Grundbegriffe* entfaltet. Im Gegensatz zu der mit „Das

1. GA 67, 164.
2. Vgl. M. HEIDEGGER, *Hegel. Die Negativität* (GA 68), Frankfurt a. M. 1993, 42.
3. Vgl. GA 44, 81.
4. Vgl. GA 65, 266f.; GA 66, 58f. 127.
5. Vgl. R. REGVALD, *Heidegger et le problème du néant*, IX. 3.

Zuspiel" betitelten Fuge aus den *Beiträgen* geht es hier nicht in erster Linie darum, das Verhältnis von erstem und anderem Anfang insgesamt zu beleuchten, sondern die dem Sein innewohnende, strittige Einheit anhand von „seinsgeschichtlichen Antinomien" herauszustellen, die die rein metaphysische Fassung vom Sein als nicht grundsätzlich falsch, aber zumindest einseitig erweisen. Die unterschiedlichen, metaphysischen bzw. seinsgeschichtlichen Grundzüge des Seins werden nach und nach in zweimal vier Gegensatzpaaren entwickelt. Die metaphysischen Leitworte wirken dabei wie ein gedrängtes Resümee der Kritik, die Heidegger im Laufe vieler Jahre und in unterschiedlichen Zusammenhängen an die metaphysische Vorstellung vom Sein gerichtet hat:

> „Das Sein ist das Leerste und das allem Gemeinste.
> Das Sein ist das Verständlichste und das Abgegriffenste.
> Das Sein ist das Verläßlichste und das Gesagteste.
> Das Sein ist das Vergessenste und das Verzwingendste"[1].

Die ersten beiden Binome entsprechen deutlich den traditionellen ontologischen Grundannahmen, die Heidegger zu Beginn von *Sein und Zeit* rekapituliert, nämlich die intensionale Unbestimmtheit und Abgeschliffenheit sowie die extensionale Verschwommenheit und Grenzenlosigkeit, die den „Begriff" des Seins kennzeichnen, sowie seine angebliche unmittelbare Verständlichkeit, die ein ausdrückliches Fragen nach seiner Bedeutung überflüssig, ja unmöglich machen soll. Das dritte Begriffspaar, das Sein als das „Verläßlichste und Gesagteste", übersteigt die bloße Einordnung des Seins in die begrifflich-kategoriale Ordnung, insofern es sich auf seine konkrete Funktion innerhalb eines sich zunehmend als System formierenden, philosophischen Denkens bezieht. Das Sein als das „Verläßlichste" deutet auf seine Bestimmung als *fundamentum inconcussum* bzw. auf seine Funktion als *principium* hin, das sich nicht mehr als ἀρχή des Werdens, sondern als *satz*haft formulierbarer Fußpunkt (das „Gesagteste", d. h. der „Satz" *par excellence*) für ein sich gleichfalls in Sätzen artikulierendes und deduktiv fortschreitendes Denken verstanden wird. Das vierte Begriffspaar bezieht sich zwar noch auf die Charakteristik des Seins in der Metaphysik, doch weist es bereits durch seine geschichtliche Komponente in den Übergang. Das Sein als das „Vergessenste und das Verzwingendste" ist in der Tat das, was die Metaphysik in unabdingbarer Weise bedingt, ohne daß sie sich selbst darüber Rechenschaft gäbe. Die Metaphysik unterliegt also um so mehr dem „Zwang" des Seins (als ἀνυπόθετον, Apriori), als sie es nur als über das Seiende herrschende ἀρχή, nicht aber in ihrem eigenen Wesen gedacht hat.

Dementsprechend stellen die vier darauffolgenden Binome das Sein vom seinsgeschichtlichen Standpunkt aus dar, wobei die „Gegensätzlichkeit" nur scheinbar aus bloß konträrer Gegenüberstellung der jeweiligen Grundpositionen erwächst. Der intensionalen „Leere" und „Gemeinheit" des Seins antworten sein „Überfluß" und seine „Einzigkeit", seiner angeblichen „Verständlichkeit" und „Abgegriffenheit" seine „Verbergung" und seine Eigenschaft als „Ursprung", die „Verläßlichkeit" des Seins als des „Gesagtesten" für das vorstellende Denken findet im „Ab-grund" und der „Verschweigung" seine Erwiderung, und statt „Vergessen"

1. GA 51, 68.

und „Verzwingung" überwindet die „Erinnerung" den Zwangscharakter der ἀρχή, indem sie durch den Rückgang in die Anfänglichkeit des Seins dieses als geschichtliche „Befreiung" herausstellt.

Diese Gegenüberstellungen sind jedoch nicht nur begrifflicher Natur, als seien die ersten acht Grundworte bloße Gegensätze zu ihren jeweiligen seinsgeschichtlichen Pendants. Da das Sein nicht das eine *oder* das andere, sondern beides zugleich ist, enthält etwa seine Eigenschaft als „Überfluß" zugleich auch die Möglichkeit der innermetaphysischen Verarmung des Seins zum leersten und allgemeinsten Begriff; die Zurückgezogenheit seines ab-gründigen Charakters beinhaltet letztlich indirekt die Gefahr, daß sich die Gewißheit axiomatischer Grundsätze für das Denken als „Ungrund", d. h. dem Sein nur scheinbar angemessener Grund, vorschiebt; die Freiheit des Seins läßt zu, daß sich die Auffassung vom Sein als dem das Seiende zwingenden Apriori etabliert usw. Insofern kann man also nicht sagen, daß die erste Gruppe von Leitworten nur die Grundzüge der Metaphysik repräsentiert, während die zweite Gruppe eindeutig und ausschließlich für das seinsgeschichtliche Denken steht. Eher ließe sich sagen, daß die ersten acht Leitworte nur deutlicher herauslegen, was in der ganzen Weite der vier folgenden Begriffspaare schon unausdrücklich enthalten ist[1]. Es handelt sich also um eine Hermeneutik im wahrsten Sinne des Wortes, d. h. nicht nur um eine „Auslegung", sondern um eine „Herauslegung" der Metaphysik als einer Komponente, die den seinsgeschichtlichen Wesensreichtum des Seins mit ausmacht. Interessanterweise ist die Richtung des hermeneutischen Vorgehens dabei nicht, wie man erwarten könnte, einseitig von der einmal als maßgeblich erkannten, seinsgeschichtlich-ereignishaften Perspektive her bestimmt, sondern es sind, zumindest einmal bei dieser Gelegenheit, die unterschiedlichen Grundzüge der metaphysischen Vorstellung vom Sein, die durch ihre „analytische" Hervorhebung aus der Fülle des ereignishaften Bedeutungsreichtums des Seins dieses artikulieren und in seinen geschichtlichen Entfaltungsformen auseinanderlegen.

An diesem Punkt ist jedoch Vorsicht geboten. Mit der ausführlichen, doppelten Darstellung der Charakteristika des Seins innerhalb der Metaphysik einerseits und des Seins als des Ereignisses andererseits sowie der inneren Verwiesenheit des einen auf das andere drängt sich der Eindruck auf, damit werde eine erschöpfende Beschreibung der Phänomenalität des Seins in seiner Geschichte gegeben, wie sie sich dem Blick des Ereignisdenkens darbietet. Das Gegenteil ist der Fall; bezieht sich doch die ursprüngliche Nichthaftigkeit im Ereignis gerade auf die Unmöglichkeit, die innere Struktur des geschichtlichen Erscheinens selbst als Erscheinung vor sich zu haben. Darin liegt die Abstoßung eines „metaphysischen Restes" aus der Konzeption des Ereignisses als der ursprünglichen Ein-bildung: Nicht mehr die das

1. „Werden hier nun einfach beliebige Bestimmungen über das Sein ausgesprochen und aufgereiht und durch das nicht weniger einfache Mittel der Entgegensetzung je um ihr Gegenteil vermehrt? Das Urteil über diese naheliegende Meinung sei noch zurückgestellt; denn zuvor gilt es, daß wir überhaupt über die Dürftigkeit hinwegkommen, in der uns das übliche Meinen, aber auch ein zweitausendjähriges metaphysisches Denken ›das Sein‹ vorführt. Wir wollen doch erst nur dies ›erfahren‹, daß, wenn wir [...] das Seiende im Ganzen bedenken, wir dabei sogleich in der Unterscheidung des Seienden und des Seins stehen, daß hierbei das Sein selbst eine Wesensfülle bekundet, gesetzt, daß wir nur anfangen, das Sein selbst zu denken" (GA 51, 69).

Sein des Seienden ausmachenden Kategorien – die Quantität inbegriffen[1] – sind Maß des Erscheinens von Seiendem und Leitfaden für den ontisch-ontologischen Charakter des Denkens, sondern die geschichtliche Einbildung des Seins als Ereignis besteht gerade im Dahinfallen der Trennung in eine kategoriale und eine sinnliche Komponente zugunsten des einen, „maß-losen" Zeit-Raumes des geschichtlichen Erscheinens[2]. Damit ist jedoch nichts weniger als eine Einebnung der Tiefendimension des Phänomenalen der Geschichte gemeint, so als liege nunmehr das Wesen des metaphysischen Denkens offen und durchschaubar zutage. Das, was den ersten Anfang des Denkens vom anderen unterscheidet, ist kein Mangel in der Erscheinungsfülle des Seins, das durch ein „Denken des Ungedachten der Metaphysik" von einer mehr oder minder inadäquaten zu einer vollkommenen Gegebenheit seines geschichtlichen Wesens gelangt, sondern vielmehr die Art und Weise, in der die der Gegebenheit von Sein innewohnende Nichthaftigkeit selbst zur Gegebenheit kommt. Der „nihilistische" Charakter der Metaphysik liegt gerade nicht an einer allzu beherrschenden Rolle der Negativität in ihrem Denken, sondern im Gegenteil daran, daß das „Wesen" des Nichts nie ausdrücklich befragt und als unabdingbare Bedingung für das Erscheinen von Sein für das Denken erkannt wurde. Das „Nichts" des metaphysischen Nihilismus ist also das Un-eigentliche in dem, was die Metaphysik an Gegebenem vernommen zu haben glaubt. Das andere Denken hat demzufolge nicht die Aufgabe, diesem uneigentlichen Nihilismus etwas entgegenzusetzen oder ihn zu ergänzen, sondern ihn in einen eigentlichen zu verwandeln, d. h. in einen, der in seiner Zugehörigkeit zum Erscheinen des Seins, mit dem zusammen er sich für das Denken und als das Denken gibt, „vernommen", d. h. angenommen und angeeignet wird[3].

Der geschichtliche Spielraum verläuft also nicht zwischen dem Nichts der Metaphysik (d. h. der Tatsache, daß es in ihr „mit dem Sein nichts ist") und der Fülle der adäquaten oder gar überadäquaten Gegebenheit dessen, was in ihr hätte in Frage stehen sollen (das „Sein als Ereignis"), sondern öffnet sich durch die Überwindung der „erschöpfenden" Konzeption eines in der geschichtlichen Interpretation nur vorgestellten (und damit wieder zum „Objekt" bzw. „Gegenstand" abgeflachten) Nichts zugunsten des Nichts als der Bedingung der geschichtlichen Erscheinung von Sein als solcher in ihrem unausschöpfbaren Tiefenprofil. Das „Ungedachte" der Metaphysik, nämlich die Zugehörigkeit des Nichts zum Sein als Ereignis, ist nicht ein Teil des „Gegenstandes" der Metaphysik, der zunächst außer acht gelassen und in einem zweiten Schritt nachholend thematisiert wird, sondern betrifft das Denken selbst und die ereignishafte Unerschöpflichkeit seiner Beziehung zu Seiendem, die aller Vergegenständlichung als ihre Bedingung vorausgeht[4]. Bildlich gesprochen, beschreitet das Denken beim Übergang vom Ungedachten zum Gedachten der Metaphysik nicht nacheinander zwei Halbkugeln derselben, sich zu einem Ganzen runden-

1. Vgl. GA 65, 318.
2. „Für die Metaphysik ist das Sein als Seiendheit sogleich ἀρχή und damit Maß, was dann aus dem Seienden selbst und für dieses durch das Vor-stellen als Beständigung des Anwesenden errechnet wird: das Absolute, das Unbedingte. [...] Das Seyn aber ist nie Maß, denn seine Wahrheit sagt *dieses* allem zuvor: daß es im Seienden nirgends ein Maß gibt, weil es als Eigentum er-eignet ist in die Fragwürdigkeit der Entscheidung (Ereignis) [...]" (GA 66, 318; Hervorhebung im Original).
3. Vgl. R. VITI CAVALIERE, *Heidegger e la storia della filosofia*, Napoli 1979, 140f.
4. Vgl. R. VITI CAVALIERE, *Heidegger e la storia della filosofia*, 149.

den Sphäre, sondern springt von der Betrachtung der einen Halbkugel in die Einsicht der Leere des ihre Grenzen einschließenden Raumes.

Der Grad der innergeschichtlichen Entborgenheit von Sein als solchem ist dem Grad an Verborgenheit des Seins selbst direkt proportional. So viel ἐποχή – d. h. Entzug und geschichtliches Sich-außer-Geltung-setzen des Seins selbst –, so viel Gegebenheit des Seins als Sein des Seienden innerhalb der Metaphysik. Je mehr die φύσις als aufgehende Anwesenheit dem Denken entgegenwächst und scheinbar im Licht zum Stehen kommt, desto mehr wächst sie im gleichen Maße zurück in ihren eigenen Ursprung und Grund[1], so daß sich zwischen der Gegebenheit des Anwesens von Sein und dem Entzug des Geschehenscharakters dieser Anwesung der Spielraum für das metaphysische Denken aufspannt, das in mehr oder weniger hohem Grade, doch grundsätzlich immer, das ins Anwesen seines Seins aufgegangene Seiende nimmt und das Aufgehen selbst läßt. Die Zusammengehörigkeit von Unverborgenheit und Verbergung, die Heidegger als ebenso notwendig bezeichnet wie die von Berg und Tal[2], ist dabei keine dialektische Verknüpfung entgegengesetzter Vorstellungen oder einander wechselseitig fordernder Prinzipien[3], sondern die Einheit zwischen dem Überschuß an ontisch verankerter Gegebenheit von Sein, die den Blick des Denkens restlos gefangennimmt, und der Zurückgenommenheit des Ursprungs, der sich aus jeder der von ihm in bestimmter Weise inaugurierten Epochen des Seins in das ἄπειρον seiner geschichtlichen Grenzenlosigkeit und Unerschöpflichkeit zurückzieht[4].

3.4.3. Das Spiel des Seins mit sich selbst

Die Konzeption der Metaphysikgeschichte als der Geschichte des Nihilismus hat den wesentlichen Vorteil, durch ihre Orientierung am Ungedachten und Vergessenen der Metaphysik die Geschichte des Denkens von der interpretatorischen Zwangsvorstellung eines sich geschichtlich entfaltenden Prozesses zu befreien, der in die Logik seiner Entwicklung alles positiv-faktisch Auszumachende integrieren muß. Die Deutung der Metaphysik als des Nihilismus, d. h. einer Folge von je anderen Formen des Nichtdenkens des eigentlich Bestimmenden, hat damit eine wichtige hermeneutische Dimension, die darauf abzielt, die Geschichte des Denkens von der Geschichte des vom Denken nicht Beherrschbaren her zu verstehen und sie damit als Geschichte der Freiheit herauszustellen[5]. Das Wesen des Seins selbst ist der Nihilismus, denn nur, insofern es im Sein als solchem (d. h. der Seiendheit) mit dem Sein selbst „nichts" ist, kann es mit dem Sein auch für das Denken „nichts" sein[6]. Der von Heidegger zur Bezeichnung des Seins als Ereignis verwendete Zusatz „selbst" ist somit keineswegs Anzeichen der Selbstbehauptung und des Beharrens einer

1. Vgl. GA 44, 42 sowie »Vom Wesen und Begriff der Φύσις«, GA 9, 254.
2. Vgl. GA 34, 90. Bemerkenswert ist, daß Heidegger zur Verdeutlichung der seinsgeschichtlichen Notwendigkeit der Einheit von Entbergung und Verbergung dieses oft zitierte Beispiel aus der traditionellen Logik verwendet, das sich auf die notwendige (d. h. in ihrem Nichtsein „undenkbare") gegenseitige Implikation von Begriffen bezieht.
3. Vgl. GA 51, 50.
4. Vgl. GA 51, 111. 115.
5. Vgl. R. VITI CAVALIERE, *Heidegger e la storia della filosofia*, 143f.
6. „Das Wesen des eigentlichen Nihilismus ist das Sein selber im Ausbleiben seiner Unverborgenheit, die als die seine Es selber ist und im Ausbleiben sein ›ist‹ bestimmt" (Ni II, 356; vgl. auch ebd., 362f.).

überindividuellen oder gar absoluten Subjektivität, sondern im Gegenteil die Bedingung dafür, daß das Sein sich in die Geschichte hinein verlieren und dem Vergessen ausliefern kann[1]. Das Sein im Sinne des Ereignisses neigt nicht dazu, in vollkommenem Selbstbesitz bei sich zu verharren, hat aber auch nicht den Drang, sich über eine nur vorübergehende Entäußerung in reicherer Form wiederzugewinnen. Die sich im Sein als Einheit von Ereignung und Entzug öffnende Mitte ist keine Vermittlung, kein Übergang, sondern indiziert den Bruch, den Sprung, den Abgrund, der sich nicht begrifflich überbrücken läßt[2]. Anfänge, Richtung und Ende der Geschichte des Seins stehen nicht von vornherein fest, so als ob die einzelnen Epochen der Metaphysik bloße Peripetien eines Dramas darstellten, dessen Ausgang als solcher schon festgeschrieben ist[3]. Die Geschichte des Seins ist vielmehr die Geschichte, in der und als die sich das Sein selbst aufs Spiel setzt, ohne daß ein teleologisches Schema zumindest grundsätzlich das künftige Ergebnis vorgäbe. In Anlehnung an Heraklits Fragment 52 formuliert Heidegger:

> „Die Geschichte des Seyns wirft die Würfel und läßt zuweilen den Schein zu, die Menschenmache bestimme, wie sie dann fallen. Sie fallen aber je nach dem Gefälle, in das sich das Seyn zum Seienden ereignet. [...] Das Sein als Ereignis entscheidet nicht nur über die Zeit, da es sich in diese Wesung lichtet. Das Seyn als Ereignis trägt auch in seinem Abgrund und als dieser ein gewandeltes Wesen des ursprünglich einigen Zeit-Spiel-Raumes, darin die Geschichte ihre Zukunft aufnimmt“[4].

Obwohl dieser Passus den Eindruck erweckt, als sei die Geschichte des Seins – und damit auch die ihr einbeschriebene Geschichte des Denkens – dem Zugriff des Menschen völlig entzogen, ist damit jedoch keineswegs gemeint, dem Denken komme bei alledem keinerlei Bedeutung mehr zu. Mehr als je zuvor ist von ihm gefordert, in dieses Spiel des Seins mit sich selbst einzutreten, und dieser Eintritt ins Spiel ist um so gewagter, als der Einsatz unermeßlich und der Ausgang nicht nur von seiten des Denkens nicht abzusehen, sondern auch vom Sein selbst her nicht vorherbestimmt ist: Das Sein und nicht der Mensch wirft die Würfel, doch verfügt das Sein ebensowenig wie der Mensch darüber, ob, wann und wie sie fallen:

> „Auf dem Spiel, in dem künftig mit dem ›Einsatz‹ des Seyns selbst gespielt werden muß, steht, was noch nie in der Geschichte des Denkens auf dem Spiel stand: daß die Wahrheit des Seyns erfragt, dieser Wahrheit ein Grund gegründet und der Mensch – sich wandelnd – in diesen Grund abgründig werde [...]. Die einzige Entscheidung steht bevor: ob das Seyn in das Wesen seiner Wahrheit erfragt wird

1. „Wir erfahren das Menschentum jetzt in solchem Aufenthalt, in dem das Sein als Zuwurf die Unumgänglichkeit bekundet und darin seine Unantastbarkeit; wir erfahren einen Aufenthalt, in dem das Sein sich aber auch gleichsam in die Zerstörung seiner selbst preisgibt, wenn anders das Sein zugleich durch alles Vorstellen und Denken seiner zu einem Seienden wird“ (GA 51, 85).

2. Vgl. GA 66, 405 sowie GA 68, 46.

3. Heidegger zieht zwar einen Vergleich zwischen dem Wesen der Geschichte der Metaphysik und dem Wesen der antiken Tragödie, insofern in beiden Fällen der Anfang schon der Grund des Untergangs ist (vgl. GA 66, 223), doch bezieht sich diese unabwendbare „Tragik“ des Seins auf die innermetaphysische Notwendigkeit der Seinsvergessenheit *innerhalb* des ersten Anfangs, nicht aber auf alle Anfänge und den gesamten Verlauf der Seinsgeschichte als solcher.

4. GA 69, 213.

oder ob das Seiende seine Machenschaft behält und eine Entscheidungslosigkeit verbreitet, die verhindert, daß je noch einmal ein Einziges bevorsteht und ein Anfang ist“[1].

Das Sein selbst und der Mensch sind also nach wie vor aufeinander angewiesen und durcheinander bestimmt, doch in einem Spiel, das beide der völligen Ungewißheit aussetzt. Das Spiel des Seins mit sich selbst und das Spiel des Denkens um das Sein selbst bilden damit zusammen das große, einzige Spiel, das auf keine äußere Meta-Ebene des Geschehens mehr bezogen und durch sie relativiert würde. Das durch das Dasein zu vollziehende, gründende Erspielen des Seins, das dabei selbst als Ganzes auf dem Spiel steht, hat dabei nicht die Leichtigkeit des „Als ob“, die aus der Aufhebung des Wirklichen in den schwebenden Raum der Möglichkeit und des Potentiellen resultiert; vielmehr ist sie als nicht modale, sondern geschichtliche Möglichkeit vom Sein als dem „Verzwingendsten“ „umspielt und durchspielt“[2]. Das will besagen, daß das Denken des Seins durch das Dasein zwar durch das Sein bedingt ist, doch ihm nicht wie einem „Grundsatz“ in einem notwendigen Begründungszusammenhang untersteht. Das „Zwingende“, Beherrschende, steht nicht in eindeutiger Weise als notwendige ἀρχή oder *principium* am Anfang oder an oberster Stelle einer Deduktions- oder Kausalkette, sondern „umspielt“ als höchste und reichste Möglichkeit das Dasein, damit dieses, der geschichtlichen Notwendigkeit entsprechend, dem Sein seine jeweiligen epochalen Durchbruchsstellen schafft.

3.5. Das Ethos des Denkens in der Geschichte

Seit den ersten Marburger Vorlesungen ist Heideggers Denken von dem Bemühen bestimmt, die Problematik von Erkenntnis und Wahrheit aus dem Ansatz theoretischer Betrachtung zu lösen und ihr in der Praxis des Daseins eine ursprüngliche, allen wissenschaftstheoretischen Dichotomien und begrifflichen Unterscheidungen vorgelagerte Stätte zu geben. Das Dasein erhält nur dadurch Zugang zum ursprünglichen Sein des Seienden, daß es sich gerade nicht in theoretischer Weise auf ihre Differenz fixiert, sondern das Sein „sein läßt“, d. h. ihm seine Horizontfunktion beläßt, um im besorgenden Umgang mit Seiendem erst richtig bei ihm sein zu können. Dementsprechend besteht die Aufgabe des fundamentalontologischen Denkens nicht darin, das Sein als theoretisches Konstrukt aus der „vorphilosophischen“ Verhaltensweise des Daseins herauszulösen, sondern die Zusammengehörigkeit des Umgangs mit Seiendem und des Seinlassens des Seins in einer Weise herauszustellen, die gerade das Seinlassen als solches sehen läßt, um in einem zweiten Schritt die von Heidegger zwar als „phänomenologisch“ bezeichnete, treffender aber eigentlich als „ontologisch“ zu charakterisierende Reduktion zu vollziehen, d. h. vom Seienden *in* seinem Sein zur ausdrücklichen Thematisierung *des* Seins überzugehen[3].

1. GA 66, 45.
2. Vgl. GA 51, 67.
3. Vgl. GA 24, 29.

Obwohl Heideggers seinsgeschichtlicher Ansatz das Dasein aus dem Zentrum hinausrückt, das es in *Sein und Zeit* vorübergehend einnimmt, ist die Bedeutung des „Verhaltens“ des Daseins im Zusammenhang mit der seinsgeschichtlichen Deutung der Metaphysik deswegen doch keineswegs ausgeblendet. Der Unterschied ist daran festzumachen, daß es in diesem Kontext nicht *nur* um das als „Machenschaft“, „Erlebnis“, „Gestell“ usw. bestimmte Verhalten zu Seiendem geht, sondern daß vor diesem Hintergrund auch die Einstellung zur Metaphysik als ganzer und das mögliche Verhalten des Denkens ihr gegenüber einer Revision unterzogen werden muß. Alle „Gegenbewegungen“, alles kontrapunktische Gegenübersetzen, alle „Kritik“ an der Seinsvergessenheit haben ihrerseits nur einen provisorischen Charakter, der zwar zur Markierung und deutlichen Absetzung der eigenen Position vom bisherigen Denken zunächst Verwendung finden muß, fast im gleichen Atemzug aber wieder als ungenügend, ja irreführend zurückgenommen wird[1]. Ebensowenig, wie das Sein sich für die vortheoretische Einstellung als direkt handhabbarer, einzelner Gebrauchsgegenstand bzw. für das Denken als eine vom Seienden nur begrifflich-kategorial unterschiedene Entität darbietet, sowenig kann die zunächst so verführerisch klar wirkende Unterscheidung des „Seins selbst“ als des Ursprungs der Anfänge des Denkens überhaupt vom „Sein als solchem“, d. h. dem metaphysisch verstandenen Sein des Seienden, in ihrer vermeintlich schematischen Form aufrechterhalten werden, soll das Denken der Metaphysik vom Ereignis her nicht wieder in die Vergegenständlichung dessen verfallen, was zwar geschichtlich in Erscheinung tritt, doch sich die Tiefendimension seiner eigenen Nichthaftigkeit vorbehält.

3.5.1. Die Gelassenheit des Denkens und das „Ende der Metaphysik“

Die Erweiterung der Perspektive, die von der Betrachtung der „Seinsvergessenheit“ der traditionellen Ontologie und Metaphysik hin zu ihrer Einfügung in die geschichtliche Deutung der Wahrheit selbst führt, läßt das hermeneutische Paradigma der „Destruktion“ bezüglich der Richtung seiner geschichtlichen Intentionalität hinfällig werden. Bei der Destruktion geht es ja darum, vom chronologisch am nächsten Liegenden auszugehen, um rückwärtsgehend die geschichtlichen Verdeckungen abzubauen, die den Zugang zum Anfang in seiner ursprünglichen Form versperren. Diese Vorgehensweise ist im Zusammenhang der Seinsgeschichte insofern unzureichend, als es nicht mehr nur darum geht, innerhalb der Geschichte der Metaphysik in ihrem Entwicklungsbogen von Platon bis Nietzsche das Anfängliche in seinen unterschiedlichen Abstufungen herauszulegen, sondern die (sukzessiv dekonstruierte) Geschichte der Metaphysik insgesamt als einen Anfang zu begreifen, der einerseits einem anderen, „künftigen“ Anfang gegenüberzustehen scheint, andererseits aber aus dem Wesen dieses selben Anfangs als Ereignis bereits seinen eigenen Ursprung schöpft. Die chronologische Sinnorientierung für die geschichtliche Destruktion der Metaphysik kann hier also keine Anwendung finden, insofern keine kontinuierliche Entwicklung gegeben ist, die in umgekehrter Reihenfolge durchlaufen und bis auf ihren Anfang hin verfolgt werden könnte. Im Bereich des seinsgeschichtlichen Denkens hört die Phänomenologie zwar nicht auf, durch den ihr

1. Vgl. GA 69, 45.

eigenen Grundvollzug der „Freilegung" den Deutungsschlüssel für die Interpretation der Metaphysik in ihrer Entwicklung vorzugeben, doch ist der Gegenstand des Abbaus diesmal nicht diese oder jene inadäquate oder einseitige Grundannahme innerhalb des ontologisch-metaphysischen Denkens, sondern die dabei stillschweigend gemachte Voraussetzung, der Anfang im geschichtlichen Sinne sei etwas Singuläres und Einfaches, das sich durch einen geschichtlichen Rückblick auf die einzelnen metaphysischen Grundstellungen erschließen ließe.

Die Vorläufigkeit und das Ungenügen der destruktiv-geschichtlichen Kennzeichnung der Metaphysik als „Onto-theo-logie" resultiert in der Tat aus der einseitigen und noch in gewisser Weise „subjektiven" Ausrichtung ihrer retrospektiven Sichtweise[1]. Indem der Blick zurück von der Geschichte der Metaphysik ausgeht, wie sie sich tatsächlich entwickelt hat, wird der Reichtum des Ursprungs auf eine seiner legitimen, aber doch notwendigerweise partiellen Manifestationsformen eingeengt, die selbst nicht ihre möglichen Alternativen sichtbar zu machen vermag. Die „Destruktion" ist also dahingehend fortzusetzen, daß der Eindruck abgebaut werden muß, durch ein weiteres chronologisches Zurückgehen vom ersten Anfang des Denkens zu einem noch ursprünglicheren Moment lasse sich der andere Anfang erreichen. Gefordert ist vielmehr ein Wechsel der Sichtweise, die nicht mehr aus eigener Initiative von ihrer jeweiligen Jetztzeit her ein vermeintliches Versäumnis des bisherigen Denkens konstatiert und zu korrigieren versucht, sondern sowohl die Beziehung des metaphysischen Seins zum Seienden als auch die Einstellung des Denkens zu diesem sich im Denken vollziehenden Geschehen aus dem Bereich der Subjektivität herausrückt und vom Ort des Ursprungs selbst aus und von seinem Wesen her in nicht retrospektiver, sondern vorauswerfender Weise zu betrachten sucht[2].

Was das Seiende in seiner Wirklichkeit hervortreten läßt, ist gerade die „Seinsverlassenheit", d. h. der Rückzug des Seins aus dem Seienden, doch nicht unmittelbar zum Schaden, sondern zugunsten des Seienden. Das Sein „bewirkt" nichts Seiendes durch Mitteilung aus der Fülle seiner reinen Wirklichkeit, sondern es entläßt das Seiende gerade durch einen Verzicht auf eigene Mächtigkeit. Das Seiende ist nicht das Kind des Überflusses, sondern des Mangels und der Versagung des Seins, das gerade deswegen aber noch unerschöpfliche, geschichtliche Möglichkeiten des Verhältnisses von Sein und Seiendem aufspart. Dieser Grundeigenschaft des Seins muß konsequenterweise die Haltung eines Denkens antworten, das die Metaphysik nicht zum Objekt seiner destruierenden und auf einen Neubeginn ausgerichteten Aktivität macht. Die „Überwindung der Metaphysik" bezeichnet in Wirklichkeit keinen vom Denken geforderten Akt und schon gar keine Kraftanstrengung, sondern im Gegenteil die „Entsagung"[3], d. h. die Absage des Denkens an jeden Anspruch auf eine positiv-konstitutive Dimension der Deutung der Geschichte des Seins in seiner Verweigerung[4].

Jedes Reden von einer „Überwindung der Metaphysik", die die Metaphysik als Gegenstand einer möglichen denkerisch-geschichtlichen Initiative darstellt, ist daher

1. „Onto-theo-logie ist eine mögliche, aber immer nur rückblickende Kennzeichnung der Grundfrage der Philosophie. […] Besser ist es, solche Titel überhaupt zu vermeiden" (SAFr, 79).
2. Vgl. GA 51, 9.
3. GA 66, 97.
4. GA 66, 97.

verfehlt; nicht nur, weil ein solches Verständnis noch eine subjektiv-willentliche (und damit metaphysische) Steuerung der Geschichte voraussetzt, sondern auch, weil der in Frage stehende „Gegenstand" der Überwindung in keiner Weise mehr „entgegensteht" und damit auch nicht einer geschichtlichen Manipulation unterworfen werden kann. Wenn schon die Metaphysik selbst „kein Gemächte des Menschen"[1] ist, sondern von der Bereitschaft einiger weniger Denker abhängt, das Sein in seinem jeweiligen, epochalen Erscheinen zu „vernehmen", d. h. entgegenzunehmen, kann die „Überwindung" dieses noch verstandesmäßigen und auf die begreifende Beherrschung des Seienden ausgerichteten Denkens erst recht nicht Sache einer gezielten, berechenbaren „Mache" bzw. „Machenschaft" sein[2]. Wohl ist der Mensch vom ersten Anfang der Geschichte des Seins als der Geschichte des Nihilismus unmittelbar in seinem Wesen betroffen[3], doch ist er nicht Herr der Lage und kann daher nicht diese selbst, sondern nur seine eigene Einstellung zu ihr dahingehend verändern, daß er lernt, die Nichthaftigkeit des metaphysischen Nihilismus als eine wesentliche geschichtliche Manifestationsform des Seins selbst zu erkennen und sie als solche entgegenzunehmen[4].

3.5.2. Die unüberwindliche Schenkung

Obwohl Heidegger in einem Atemzug mit dem Durchbruch zum seinsgeschichtlichen Denken die Mißverständlichkeit und Vorläufigkeit des Begriffes „Überwindung der Metaphysik" herausstellt[5], scheinen andere von ihm verwendete Formulierungen doch den Eindruck zu erwecken, als gehe es darum, *jede* Art von Metaphysik, auch die im Geschehen des Daseins verankerte, zu verlassen, um zum Denken des Seins als Ereignis überzugehen[6]. Dieser Eindruck erweist sich jedoch als irreführend, wenn man bedenkt, daß sich im Laufe der 30er Jahre Heideggers Sicht des Verhältnisses des Daseins zum nichtdaseinsmäßigen Seienden grundlegend wandelt, was auch seine Konsequenzen für die Betrachtungsweise des geschichtlichen Phänomens der Metaphysik hat. Dreh- und Angelpunkt dieser Veränderung ist die völlige Aufgabe des Begriffes der „Transzendenz" sowohl im fundamentalontologischen als auch im metaphysikgeschichtlichen Kontext.

Im Gegensatz zu den Bedeutungskomponenten der „Transzendenz" bzw. des „Transzendentalen" im Verlauf der Philosophiegeschichte ist Heideggers Transzendenzbegriff von vornherein weder regionalontologisch noch statisch-strukturell zu fassen. Wohl ist die Transzendenz an ein besonderes Seiendes, nämlich das Dasein, gekoppelt, doch stellt sie keine definitorisch umgrenzbare Eigenschaft, sondern einen beständigen Vollzug dar, nämlich das immer schon geschehende Übersteigen von Seiendem auf sein Sein hin. Die Transzendenz vollzieht sich zunächst in unthematischer Form, kann aber durch ausdrückliche Formulierung als solche hervortreten und das Dasein als den Ort der ontologischen Differenz, d. h. des

1. Ni II, 332.
2. Vgl. GA 66, 101.
3. Vgl. Ni II, 362f.
4. Vgl. Ni II, 366. 371.
5. Vgl. die unter der Überschrift »Überwindung der Metaphysik« gesammelten Überlegungen in VA, 67-95, besonders 67. 74f.
6. Vgl. z. B. GA 65, 218: „Mit dem Übergang zur Grundfrage ist alle Metaphysik überwunden".

„Unterschiedes“ von Seiendem und Sein, erweisen. Vor dem Hintergrund dieser im Dasein geschehenden ontologischen Differenz wird dementsprechend die Geschichte der traditionellen Ontologie einer Kritik unterzogen, indem jede einzelne metaphysische Grundstellung des Denkens in ihrem je spezifischen Nicht-Bezug zur ontologischen Differenz aufgewiesen wird.

Diese, wenngleich in ihrer eigentlichen Absicht „positive“ Kritik der ontologisch-metaphysischen Tradition wird in dem Moment hinfällig, wo Heidegger den folgenreichen Schritt unternimmt, selbst die im Rahmen der Fundamentalontologie entwickelte Konzeption der „Transzendenz“ hinter sich zu lassen. Wenn sich die Formulierung eines Übergangs „*vom* ersten *zum* anderen Anfang“ als noch zu sehr „transzendent“ erweist, insofern ihr die Vorstellung einer „höheren“, „richtigeren“ Form des Denkens *gegen* die bisherige Metaphysik und *in Absetzung von ihr* (eine Art „geschichtlicher Differenz“ des Denkens) zugrundeliegt[1], dann ergibt sich daraus die Notwendigkeit, die „Überwindung“ oder „Verwindung“ der Metaphysik zwar nach wie vor in Form einer Bewegtheit zu fassen, deren topologische Komponente sich jedoch nicht mehr als lineare *Fort*bewegung *von* einer geschichtlichen „Region“ *zur* anderen, sondern – unter Aufgabe der für die Metaphysik maßgebenden „Unterscheidung“ innerhalb der ontologischen Differenz[2] – als Bewegung *desselben* in *dasselbe* darstellt[3].

Die dem seinsgeschichtlichen Denken eigene Bewegtheit folgt der Art und Weise, in der sich dem metaphysischen Denken das Sein des Seienden darstellt. Obwohl das Sein des Seienden als „anfänglicher und notwendiger Schein“ des Seyns bezeichnet wird, der das „Schauspiel der Metaphysik“ ermöglicht[4], ist es doch kein bloßer Schein, hinter dem sich das „eigentliche“ Sein versteckt hielte. Das Sein selbst, das das Sein des Seienden für die Metaphysik aufgehen läßt, liegt nicht in gerader Fluchtlinie *hinter* diesem, sondern umgibt und umspielt es als der unthematische Verstehenshorizont für den geschichtlichen Zugang des Denkens zum Sein. Will das „anfängliche“ Denken dieses Ungedachte der Metaphysik gegenüber dem sich bisher vordrängenden Seienden und seinem Sein zur Geltung bringen, dann kann dieser Schritt nicht in der „schlechten Unendlichkeit“ einer geradeaus gerichteten Bewegung „hin zu…“ bzw. „zurück zu…“ liegen, sondern muß dem umringenden, umgebenden Charakter des sich selbst zugunsten des Erscheinenden verbergenden Erscheinens entsprechen.

Wenn überhaupt im Zusammenhang mit der „*Über*windung“ räumlich-geometrische Assoziationen zur Kennzeichnung des Verhältnisses von metaphysischem und seinsgeschichtlichem Denken verwendet werden sollen, dann kann man allenfalls von einer Kreisbewegung sprechen, die sich nicht fortbewegt, sondern in demselben Dreh- und Angelpunkt verankert bleibt, in dem auch das zu „überwinden-

1. „Jetzt ist und wird alles anders. Die Metaphysik ist unmöglich geworden. Denn die Wahrheit des Seyns und die Wesung des Seyns ist das Erste, nicht das *wohinaus* der Überstieg erfolgen soll (GA 65, 183; Hervorhebung im Original).

2. Vgl. GA 67, 37. 67.

3. „[…] der Ort der Entscheidung muß erst gegründet werden und zwar durch die Eröffnung der Wahrheit des Seyns in seiner vor allen Gegensätzen bisheriger ›Metaphysik‹ liegenden Einzigkeit. Der andere Anfang ist nicht die Gegenrichtung zum ersten, sondern steht *als anderes* außerhalb des Gegen und der unmittelbaren Vergleichbarkeit“ (GA 65, 187; Hervorhebungen im Original).

4. Vgl. GA 66, 201f.

de" Denken wurzelt[1]. Wenn die Metaphysik die „Schenkungsgeschichte"[2] des Seins darstellt, in der das Sein des Seienden für das Denken in Erscheinung tritt, insofern es von der Versagung, dem „Nicht" des Erscheinens selbst, umringt ist und damit erst in seinem eigenen Sinnhorizont hervortreten kann, dann ist die anfängliche Besinnung der Philosophie auf ihren eigenen Wesensursprung aus dem ereignishaften Nichts kein „bodenloses Kreisen um die eigene Leere"[3]; vielmehr erweist sich die Kreis- und Drehbewegung des die Metaphysik „überwindenden" Denkens als Spiegelbild der „umringenden" Horizontstruktur der Gegebenheit, die die geschichtliche „Schenkung" des Seins für dieses Denken ausmacht.

Das Ereignis ist kein bloßer Ab-grund, dessen Ab-wesenheit sich im übrigen an derselben Stelle situiert, die im metaphysischen Denken dem Grund eingeräumt wird. Grund und Abgrund der Metaphysik ist vielmehr das Ereignis als die sie umgebende Sinnsphäre, die den „Umring" der Bedeutsamkeit geschichtlichen Denkens ausmacht. Wenn Heidegger einige Jahre später die „Verwindung" der metaphysischen Seinsvergessenheit im Anklang an die „Winde" als ein „Umranken"[4] bezeichnet, so ist dies nicht als romantisch-botanische Metaphorik zu verstehen, sondern als Einsicht in die Tatsache, daß die wie eine Pflanze für die Metaphysik aufgehende φύσις des Seins von dem sie Bedingenden nicht untermauert, sondern umringt und eingehegt ist, so daß ein „Überwinden" des metaphysischen Denkens auf seinen Grund hin nicht in einem Rückgang, sondern in einem Kreisgang und Umgang dessen bestehen muß, was die Metaphysik in ihren Grenzen umfaßt, für das metaphysische Denken aber stets außerhalb dieses Ringes bleiben mußte, nämlich das Wesen der Wahrheit als ἀλήθεια[5].

3.6. Windung hinauf, Windung hinab – dasselbe

Der Begriff der „Überwindung" der Metaphysik fordert aufgrund seiner eminent philosophiegeschichtlichen Valenz begreiflicherweise ein ausdrückliches Eingehen auf Hegels Begriff der „Aufhebung" im Sinne des beständigen, sich nie verfestigenden Übergangs von einer geschichtlichen Erscheinungsform der Wahrheit zur nächsten. Ist Heideggers hermeneutisch je verschiedenes „Kreisen" um das in der Metaphysik Ungedachte nicht als ein Bemühen zu verstehen, das, was die Metaphysik zunächst nur „an sich" ist (das von der ontologischen Differenz implizit bestimmte Denken) durch ausdrückliche Thematisierung in ein Für-sich der Metaphysik zu verwandeln, um beide „Gegensätze" schließlich als das An-und-für-sich des Seins selbst in seiner Geschichte zu erweisen und damit in ihrer partiellen Wahrheit aufzuheben?

Sosehr Heideggers Deutung der Geschichte der bisherigen Philosophie und der Wirklichkeit insgesamt in manchen Grundzügen dem Hegelschen Ansatz formal ähneln mag, so weicht sie doch bei näherem Hinsehen in zu vielen zentralen Punkten davon ab, als daß man den Vergleich ohne Schwierigkeiten aufrechterhalten

1. Vgl. GA 66, 323 sowie GA 69, 117. Der Dreh- und Angelpunkt ist dieselbe offene Mitte, die in der metaphysischen Formel des τὸ ὂν ᾗ ὂν bzw. *ens qua ens* zum Problem wurde.
2. GA 66, 68.
3. GA 66, 68.
4. Vgl. »Zur Seinsfrage«, GA 9, 416.
5. Vgl. GA 54, 78.

könnte. Abgesehen von der jeweils anderen Rolle der Negativität bzw. der Nichthaftigkeit, gibt vor allem die von Heidegger vorgenommene Situierung der Triebkraft der Entwicklung in der φύσις und nicht im Begriff der Entfaltungsdynamik eine andere Ausrichtung vor. Während bei Hegel – auch dann, wenn man die Unmöglichkeit eines definitiven Abschlusses des Entwicklungsprozesses der Wirklichkeit berücksichtigt – die grundlegende Ausrichtung dieser Bewegung als zumindest asymptotische Annäherung an einen immer größeren Grad an Wahrheit und Selbstbesitz des Absoluten verstanden werden muß, ist bei Heidegger weder ein positiv-teleologisch vorwärts- und höherdrängendes noch umgekehrt ein einseitig negativ abfallendes Entwicklungsmuster in eindeutiger Weise zu erkennen. Was seine Sicht der Geschichte bestimmt, ist vielmehr die Einsicht in die immer neu und sich keineswegs notwendig auseinander ergebende Vielfalt der Anfänge des Seins für ein Denken, das zwar innerhalb seiner geschichtlichen Grenzen die Gegebenheitsweise des Seins in fortschreitender Weise entwickeln kann, sich aber mit jedem neuen epochalen *incipit* wieder auf die ursprüngliche, elementare Beziehung von Gewährung und einfacher Vernehmung zurückgeworfen sieht.

Wenn im Zusammenhang mit der „Überwindung" der Metaphysik von einer „Überhöhung" der Metaphysik die Rede ist, dann ist das weder im Sinne einer höheren Reflexionsstufe des Denkens auf sich selbst noch einer höheren Evolutionsstufe der Selbstentfaltung des Absoluten zu verstehen. Ebenso, wie die fundamentalontologische „Überhöhung" des Menschen nicht in seiner Verankerung am Scheitelpunkt der ontologischen Hierarchie, sondern in seiner „Untertiefung", d. h. im Aufweisen der Abgründigkeit seines Wesens besteht[1], ist auch im seinsgeschichtlichen Kontext die „Hebung" der Metaphysik in der Tat nichts anderes als ihre „Ergründung"[2], d. h. die Freilegung ihres Wesens in dem, was ihr vorausgeht und durch keinen nachträglichen Entwicklungsprozeß je eingeholt werden kann. Die „Überwindung" ist zugleich „Unterwindung", d. h. eigentlich: ebensowenig ein zielstrebiges „Darüber-hinaus" wie ein auf die Sicherheit eines Fundamentes oder Ursprungs ausgehendes „Hinunter-zu" oder „Zurück-zu". Die Deutung der Metaphysikgeschichte läßt sich in keiner der beiden Betrachtungsrichtungen – weder in der rückwärtsgehenden Destruktion von den faktischen Entwicklungsschichten der Metaphysik hin zu ihrem Anfang noch in der vom Anfang und seiner Dynamik ausgehenden Interpretation der Metaphysik aus der Freiheit ihres Ursprungs – erschöpfend und ein für allemal zureichend fassen. Das Wesen der Metaphysik tritt nicht als Ergebnis ihrer gesamten geschichtlichen Entwicklung zutage, sondern „reicht tiefer als sie selbst"[3], insofern es der Grund ihres Was-seins wie ihres Daßseins ist. Beide geschichtshermeneutischen Ansätze, der retrospektive der Destruktion wie der vorausgreifende des geschichtlichen Entwurfs, sind damit jeder für sich genommen ebenso notwendig wie unzureichend.

Wenn schon die ontologische Differenz als etwas der begrifflichen Unterscheidung Vorgelagertes verstanden wird, das aus der ursprünglichen geschichtlichen Entscheidung des Seins selbst entspringt[4], ist auch die „Überwindung" dieser in

1. Vgl. GA 66, 252.
2. Vgl. GA 67, 14.
3. GA 67, 235.
4. Vgl. GA 66, 47.

Wirklichkeit nie vom Dasein abhängigen Unterscheidung Sache des Seins und Teil seiner eigenen Bewegungsstruktur[1]. Wie schon an vielen verschiedenen Stellen der bisherigen Deutung sichtbar geworden ist, verdeutlicht Heidegger die ursprüngliche, unableitbare Offenheit des Seins anhand der aus ihr hervorgehenden Extreme wie Möglichkeit und Notwendigkeit, Gewesenheit und Künftigkeit oder, wie in diesem Falle, Höhe und Tiefe, die sich jeweils entsprechen und sich gegenseitig bedingen:

> „›Überwindung‹ sei als seynsgeschichtliches Wort gesagt, das die Windung denkt als Windung der Winde. Die Winde hebt hoch – stemmt sich zugleich in den Grund; Windung als Hebung in ein anderes (das seynsgeschichtliche) Wesen und zugleich Ergründen des Grundes. Die Windung ist eine Drehung und Wendung; sofern die Winde im Wesen der Metaphysik selbst angesetzt ist – sofern sie aus ihrem verborgenen Grund kommt (Seyn), wird die Metaphysik in die Lichtung des Seyns gehoben und (als *Gewesenes*) gegründet“[2].

Wenn man die immer stärkere Hinwendung zum schlechthin anfänglichen Denken der Vorsokratiker berücksichtigt, die Heideggers Sicht der Geschichte des abendländischen Denkens bestimmt, drängt sich angesichts der Thematik der „Winde“ und der „Überwindung“ der Bogenschlag zu zwei Fragmenten Heraklits auf, von denen Heidegger zwar nur eines ausdrücklich zitiert[3], die der Sache nach jedoch beide das eigentümliche Verhältnis der beiden Verlaufswege der geschichtlichen Deutung der Metaphysik hervorragend wiedergeben. Dem Fragment 22 B 59 (nach der Zählung von Diels-Kranz) zufolge, bezeichnet Heraklit den Weg der Walkerschraube, die zugleich (in ihrer Drehrichtung) gerade und (in ihren Windungen) gekrümmt ist, als ein und denselben, und in ähnlicher Weise spricht das darauffolgende Fragment 22 B 60: „Der Weg hinauf und hinab ist ein und derselbe“. Wendet man diese herakliteischen Formulierungen auf das eigentümliche Hin und Her der Heideggerschen Deutung der Metaphysik und ihrer „Überwindung“ an, so kommt man zu dem Schluß, daß es sich in Wirklichkeit immer um denselben Weg handelt. Ob Destruktion, die im einzelnen den mühevollen Windungen der Entwicklung des metaphysischen Denkens folgt, um die Notwendigkeit ihrer „Überwindung“ herauszustellen, ob großangelegte Deutung der Metaphysik als des ersten Anfangs in der geraden Zuwurfsbahn des Seins selbst an das Denken – es ist derselbe Weg, der nur in unterschiedlichen Richtungen durchlaufen wird, so daß der Begriff eines „Übergangs“ *von* etwas *zu* etwas wie von selbst hinfällig wird.

In den 1944/45 entstandenen *Feldweg-Gesprächen* wird diese Problematik in verhüllter Weise erörtert. In dem Gespräch, das den Titel trägt »Der Lehrer trifft den Türmer an der Tür zum Turmaufgang«, wird die hinauf- wie hinabführende Wendeltreppe des Turmes zum Hinweis auf die Zusammengehörigkeit scheinbar entgegengesetzter Wege des Denkens, die doch im Selben verlaufen – in diesem Falle in dem

1. „Diese *Überwindung* entstammt dem Seyn selbst und nimmt ihren Anfang in der Seinsverlassenheit des Seienden, die eine Grundstimmung anstimmt, aus der erst Wissende als Fragende nach der Wahrheit des Seyns herkommen [...] Durch die *Überwindung* – als Geschichte rückt die Metaphysik selbst aus dem Schein einer bloßen Meinung und Lehre hinaus in die Entscheidung des Unterschiedes von Sein und Seiendem, welcher Unterschied dem anfänglichen Wesen des Seins (φύσις) entfallen ist“ (GA 67, 8; Hervorhebungen im Original).
2. GA 67, 14f. (Hervorhebung im Original).
3. Vgl. M. HEIDEGGER, *Feldweg-Gespräche* (GA 77), Frankfurt a. M. 1995, 167f.

einen, aus der Ferne erst richtig in seiner Einheit erscheinenden Turm. Dementsprechend heißt es in bezug auf das Verhältnis des noch metaphysischen Denkens (repräsentiert durch den „Lehrer") zur Sache des Denkens selbst (für die der „Türmer" steht):

> „DER TÜRMER: Sie meinen die nie genug erörterte Sache des Denkens. – DER LEHRER: Dies meine ich und weiß zugleich, daß mir der Übergang in ihre Denkweise ständig mißlingt. – DER TÜRMER: Es wird so bleiben, solange Sie sich an einem Übergang abmühen, statt eine Rückkehr zuzulassen"[1].

Und weiter unten wird im Zusammenhang mit dem möglichen Verständnis der „Sache des Denkens" vom Standpunkt einer „aufgelockert metaphysischen" Denkweise aus klargestellt:

> „DER LEHRER: Was im Grunde unmöglich ist, wenn es keinen Übergang gibt. – DER TÜRMER: Sie behaupten zuviel, weil es keines Übergangs bedarf"[2].

Daraus ergibt sich eine wichtige Folgerung für die Deutung der Entwicklung von Heideggers eigenem Denken am Leitfaden seiner unablässigen Interpretation der Metaphysik und ihrer Geschichte: Sowohl der lange und mühevolle, destruierende Weg „hinein" in die Metaphysik als auch der scheinbare Sprung „aus" der Metaphysik in ein anderes Denken sind voneinander nicht zu trennen[3]: „Weg hinein, Weg hinaus – dasselbe", so lautet das Fazit, das man über die jahrzehntelange Auseinandersetzung Heideggers mit dem metaphysischen Denken setzen könnte, wenn nicht die knappe und allzu definitiv wirkende Form dieser Formulierung den Eindruck einer Geschlossenheit erweckte, der von der weiteren Entwicklung des Heideggerschen Denkens wiederum „überwunden", „untertieft" und damit relativiert wird.

4. DER GESCHICHTLICH-PHÄNOMENALE DOPPELCHARAKTER DES ERSCHEINENS ALS GRUNDTHEMA DER ZWEITEN PHASE DES HEIDEGGERSCHEN SPIELDENKENS

Die in ihrer wechselseitigen Überkreuzung, Verknüpfung und chronologischen Entwicklung immer schwerer zu durchschauende Vielfalt der unterschiedlichen Spielmotive läßt – nach der eingehenden Analyse der mittleren Phase in Heideggers Denken – den Versuch einer Zusammenfassung oder zumindest Zusammenschau dessen, was das Heideggersche Spielverständnis während dieser Zeit auszeichnet, als um so gebotener erscheinen.

1. GA 77, 171.
2. GA 77, 175.
3. „Der Einsprung in den anderen Anfang ist der Rückgang in den ersten und umgekehrt" (GA 65, 185), d. h. destruierender Rückblick und Sprung in den Bereich des anderen Denkens sind zwar nicht identisch, aber „das Selbe". Vgl. auch ebd., 176, wo Heidegger die „›geschichtlichen‹ Vorlesungen" der vergangenen Jahre Revue passieren läßt und nach der Erwähnung Leibnizens, Kants, Schellings, Hegels und Nietzsches bemerkt: „Das sind einige wenige, in sich unabhängige und doch zusammengehörige Wege, um immer nur *das Eine Einzige* ins Wissen zu spielen: daß die Wesung des Seyns der Gründung der *Wahrheit* des Seyns bedarf und daß diese Gründung sich als *Da-sein* vollziehen muß […]" (Hervorhebungen im Original).

War während des ersten Entwicklungsabschnittes das Spiel als Grundmotiv eines spezifisch phänomenologischen Denkens des Seienden in seinem Sein *gegen* die herkömmlichen metaphysischen bzw. transzendentalphilosophischen Denkansätze ins Feld geführt worden, so werden diese nunmehr im Rahmen einer Betrachtung der Geschichte der Metaphysik als ganzer derselben phänomenologischen Analyse unterzogen, die ebenso die – in einigen Punkten allerdings gewandelte – Deutung des Seienden in seinem Weltbezug kennzeichnet. Von den drei bei Heidegger besonders betonten Charakteristika des phänomenologischen Denkens – Reduktion, Konstruktion und Destruktion – besitzt nicht mehr nur das letzte, die Destruktion, eine ausgesprochen philosophiegeschichtliche Komponente, während sich Reduktion und Konstruktion auf die apriorisch-positiven Grundzüge der ontologischen Phänomenologie selbst beziehen[1], sondern alle drei werden in einem geschichtlichen Zusammenhang neu gedeutet, wobei die Geschichte jedoch nicht mehr Gegenstand und auch nicht mehr nur hermeneutischer Leitfaden der sachbestimmten Betrachtung, sondern „Grund" des Seins in seiner Gegebenheit für das Denken ist. Das Sein selbst in seiner Wahrheit übt als jeweils geschichtlich andersartige Seiendheit des Seienden seine eigene ἐποχή, d. h. die Reduktion seiner geschichtebildenden Wahrheit auf verschiedene innergeschichtliche Manifestationsformen des Wahren, und erweist sich gleichzeitig damit als Ursprung des „Zuwurfs", d. h. der selbst nicht konstruierbaren, geschichtlichen Offenheit des Seins für das Dasein, die allem denkenden und verstehenden (selbst dem phänomenologischen) „Entwurf" von Sein noch vorausgeht.

Die Analyse der wesentlich welthaften Erscheinungsweise von Seiendem in seinem (als solches nicht unmittelbar in Erscheinung tretenden) Sein vollzieht sich nicht länger vor dem Hintergrund einer Kritik der in der Metaphysik insgesamt geschichtlich zur Entfaltung gekommenen, durchgängigen Ignorierung dieses Erscheinens als solchen; vielmehr wird der dabei selbstverständlich vorausgesetzte „Hintergrundcharakter" der Geschichte des Denkens im Modus seiner Gegebenheit selbst fraglich und damit in dasselbe Erscheinungsgeschehen miteinbezogen, das auch die nichtmetaphysische, weil an der welthaften Schwebung der Dinge orientierte Deutung des Seienden als solchen trägt. Wesentlich dabei ist, daß sowohl mit Blick auf das Erscheinen des Seienden als auch in bezug auf die Geschichte des abendländischen Denkens die Dimension des Dunklen, sich aus dem Bereich des Erscheinens Zurückziehenden ebenso entscheidend wird wie die Lichtung selbst in ihrem geschichtlichen wie phänomenalen Sinne. Während vorher die „Welt" als Spielraum des Erscheinens von Seiendem lediglich aufgrund ihrer unthematischen Horizonthaftigkeit als „verborgen" bezeichnet werden konnte, bringt das neu hinzugetretene Element der „Erde" die wesentliche Dunkelheit *als* eine aller Welthaftigkeit vorausgehende Dunkelheit und nicht nur als unthematische Verdecktheit des welthaften Verstehenshorizontes ins Spiel. Damit erscheint die „Welthaftigkeit" der Lichtung des Verstehens in ihrer jeweiligen geschichtlichen Begrenztheit, womit die Brücke zur „Verdeckung" und „Vergessenheit" des Seins in der Geschichte der Metaphysik geschlagen wird.

Der von der jeweiligen welthaften Erschlossenheit nicht absorbierbare „dunkle Grund" der Wahrheit des Seienden erweist sich als „derselbe" Grund für das Unver-

1. Vgl. GA 24, 29ff.

mögen der Metaphysik, die sie bestimmende und ermöglichende ontologische Differenz als solche zu erkennen. Damit verschwindet der Spielraum zwischen der „konstruktiven" und der „destruktiven" Komponente der Phänomenologie zugunsten ihrer beider Verwurzelung in der ἐποχή des Seins selbst, das sich dem Denken als Seiendheit („Sein als solches") zuwirft (geschichtlicher Vorgriff des Seins zum konstruierenden „Entwurf" durch das Dasein), zugleich aber mit dem Vorenthalt seiner selbst den Nihilismus und die Seinsvergessenheit als inneres Wesensgesetz der Metaphysik veranlaßt (geschichtlicher Vorgriff des Seins zur phänomenologischen „Destruktion" der Metaphysikgeschichte).

Nimmt man die phänomenologische „Konstruktion" in ihrer Orientierung am vorgegebenen Seienden als ontologisch-phänomenologische Entsprechung zu dem, was im transzendentalphilosophischen Kontext die Erfahrung des Seienden in der Anschauung ermöglicht, und deutet man die „Destruktion" dementsprechend als die geschichtlich orientierte Deduktion der Kategorien metaphysischen Denkens, dann kommt der in beiden wirksamen und sie miteinander verbindenden ἐποχή des Seins selbst die Rolle der geschichtlichen „Einbildungskraft" zu, da sie als phänomenologische „Reduktion" sowohl das dem Dasein innerweltlich begegnende Phänomen des Seienden in seinem Sein als auch das dem Denken aufgegebene Phänomen des metaphysischen Denkens in seiner Geschichte auf die sie bedingende Phänomenalität als solche, d. h. die Einheit von Erscheinen und Verbergen, zurückführt und sie dort zueinander in Beziehung treten läßt. Die verstehende Begegnung mit Seiendem und die Frage nach dem Sinn der Geschichte des Denkens situieren sich nunmehr im selben Zeit-(Spiel-)Raum der Wahrheit des Seins, in dem sich das Seiende als Ort *geschichtlicher* Wahrheit des Seins und die Geschichte des metaphysischen Denkens als Ort der Schenkung des Seins *an das Seiende* erweist. Ontologisch-phänomenologische und geschichtliche Betrachtungsweise finden auf sich überkreuzende Weise in der ἐποχή des Seins selbst zusammen und haben in dessen einzigem Zeit-Raum der „Ein-bildung" ihre verborgene Wurzel.

4.1. Verschmelzung der Abgründe und Zweiheit der Anfänge: das Problem der Mehrursprünglichkeit im Ereignisdenken

Die eben skizzierte Fusion der ontologischen und der geschichtlichen Dimension der freien Abgründigkeit des Erscheinens von Sein wirft mit Blick auf die Frage nach dem „Ende" der Herrschaft des metaphysischen Denkens eine Schwierigkeit auf. Die beim frühen Heidegger noch gewahrte Mehrfältigkeit der methodischen Aspekte der Phänomenologie – hauptsächlich positiv-systematische (Reduktion bzw. Konstruktion) bzw. vorwiegend kritisch-geschichtliche (Destruktion) Betrachtung der in Frage stehenden Sache – macht mit dem Übergang zum seinsgeschichtlichen Denken einer Sichtweise Platz, in der diese beiden Grundaspekte der Phänomenalität von Phänomenen gleichermaßen demselben Zeit-(Spiel-)Raum der geschichtlichen ἐποχή des Seins zugeschlagen werden[1]. Die auf je eigene

1. Es handelt sich also nicht so sehr um ein *Überführen* der sachlich-ontologischen Bedeutung des aletheiologischen Sichverbergens in die Perspektive der Seinsgeschichte als vielmehr um beider Verwurzelung in der ἐποχή der Wahrheit des Seins selbst. Das Verhältnis des aletheiologischen Sichverbergens zum seinsgeschichtlichen Nichts darf daher nicht einfach als „Identifikation" gedeutet

Weise rational nicht ableitbare Freiheit des Seins wird damit auf *die* Abgründigkeit des Zeit-Raumes seiner geschichtlichen Einbildung reduziert, womit sich die Frage stellt, ob darin nicht wieder ein Rückfall in das alte metaphysische Ideal einer Reduzierung der verschiedenen Formen von (Ab-)Grundhaftigkeit auf einen einfachen und noch elementareren (Ab-)Grund liegt[1].

Die Frage nach dem verdeckt metaphysischen Charakter der von Heidegger vorgenommenen Verlegung des Seienden wie der Geschichte des Denkens in denselben Spielraum der ἐποχή des Seins wäre in der Tat ein ernstzunehmender Einwand, wenn sich nicht im Rahmen der geschichtlichen Deutung des Denkens selbst wieder eine Zweiheit etablierte, die ebensowenig als simple Identität wie als begrifflicher Widerspruch verstanden werden kann. Die beiden „Anfänge" des Denkens – die Metaphysik und das „Denken des anderen Anfangs" – sind in ihrer Eigenschaft als geschichtliche ἀρχαί zwar wesentlich aufeinander bezogen, doch ist die *Erkenntnis* ihrer wesentlichen Bezogenheit vom herkömmlichen Selbstverständnis des metaphysischen Denkens durch einen abgründigen Sprung getrennt, der eine Verschmelzung der beiden Sichtweisen unmöglich macht[2]. Man hat es also mit zwei Anfängen zu tun, die zwar beide im Ereignis des Seins wurzeln, gleichzeitig damit jedoch in das Sein selbst wieder zwei aufeinander nicht reduzierbare Modi der ἐποχή hineintragen: die Verweigerung des Seins, die sich *als Verweigerung* dem Denken vorenthält und folglich in der bloßen Auslassung der Seinsfrage ihr Echo findet (abendländische Metaphysik), und die Verweigerung des Seins, die sich selbst bereits als Geschenk des Seins an das Seiende zu erkennen gibt und damit Thema einer eigenen, dankbaren Besinnung wird („anfängliches Denken"). Innerhalb des seinsgeschichtlichen Rahmens lassen sich also zwei bleibende, gleich wesentliche Anfänge ausmachen, in denen die Blickrichtung auf das Sein und seine Geschichte auf derart grundlegende Weise umspringt, daß sie sich nicht ineinander oder in einem dritten nachträglich absorbieren lassen:

werden (so etwa bei H.-J. GAWOLL, *Nihilismus und Metaphysik. Entwicklungsgeschichtliche Untersuchung vom deutschen Idealismus bis zu Heidegger* [Spekulation und Erfahrung II, 9], Stuttgart – Bad Cannstatt 1989, 267), sondern ist als Hinweis auf „das Selbe" im Ereignis zu verstehen, das sich durchaus nicht in formaler Gleichheit, sondern in innerer, spannungsgeladener Vielfalt darstellt.

1. Die Zweiheit der aletheiologischen Dimension des Seienden und der Geschichte der Philosophie ist zur Zeit des Kunstwerkaufsatzes noch relativ deutlich wahrzunehmen. Dort wird, wie W. Schulz bemerkt, die Kunst nicht als *der* Träger der Wahrheit angesehen, der an die Stelle der Philosophie treten muß, was lediglich einer traditionellen Metaphysik unter anderen Vorzeichen gleichkäme (das Kunstwerk als „Substrat" und „Ursprung" *der* absoluten Wahrheit), sondern es geht Heidegger um die „Möglichkeit einer *Wechselbestimmung zwischen Philosophie und Kunst*, bei der die Frage eines möglichen Vorranges zweideutig wird" (*Metaphysik des Schwebens*, 317; Hervorhebungen im Original). Doch schon bald danach tritt das Kunstwerk in seiner besonderen Stellung in den Hintergrund und firmiert nur noch neben anderen Typen des Seienden im weiteren Sinne (Ding, Zeug, Tat, Opfer) als Ort der Gründung der geschichtlichen Wahrheit des Seins. Auf diesen Verlust der pointierten Stellung der Kunst ist es wohl zurückzuführen, wenn der Eindruck entsteht, es komme zu einem Verschwimmen der Grenzen zwischen der dingbezogenen und der geschichtlichen Aletheiologie des Seins in seiner Verborgenheit zugunsten der ursprünglichen Einheit *des* Zeit-Spiel-Raumes, „dessen Abgründigkeit zum Abgrund des Seyns selbst gehört" (GA 66, 101).

2. Vgl. GA 65, 234.

„Jedes das Selbe und dieses Selbe je wieder das Fremdeste. Anfänge sind stets anfänglich, ohne Übergang“[1].

Das Denken „der“ Metaphysik (*genitivus subjectivus*) im Sinne der metaphysischen Tradition selbst und das Denken „der“ Metaphysik (*genitivus objectivus*) vom Standpunkt des seinsgeschichtlichen Denkens aus bleiben also trotz der gewandelten Perspektive des Ereignisses beide gleich unabdingbar, so daß es auch für das „anfängliche Denken“ unmöglich wird, über das Schicksal der Metaphysik ein für allemal zu befinden. Noch 1943, d. h. vierzehn Jahre nach dem Vortrag von »Was ist Metaphysik?« und etliche Jahre nach dem Durchbruch zum Ereignisdenken als der „Überwindung der Metaphysik“, betont Heidegger: „Die Frage ›Was ist Metaphysik?‹ bleibt eine Frage. Das folgende Nachwort ist für den, der bei der Frage verharrt, ein anfänglicheres Vorwort“[2]. Dieses bleibende Beharren bei der Frage situiert sich in dem von den beiden Anfängen aufgespannten Raum der Entscheidung. Die Zweiheit der Anfänge ihrerseits kennt selbst kein Warum mehr und ist nicht Gegenstand einer weiteren Reduktion im Namen einer wissenschaftstheoretischen „Ökonomie der Prinzipien“[3]; in ihrer konkreten Form ohne theoretisch-systematische oder faktische Notwendigkeit, indiziert sie lediglich die der Freiheit des Seins eigene, *geschichtlich* erscheinende Brechung von Ursprungshaftigkeit als solcher.

4.2. Das Problem der geschichtlichen „Subjektivität“ des Seins

Die im Rahmen des Ereignisdenkens vorgenommene Kritik der Letztgültigkeit der ontologischen Differenz als begrifflicher „Unterscheidung“ und ihre Rücknahme in die noch aufbehaltene „Entscheidung“ des Seins selbst läßt den Gegensatz von theoretischer und praktischer Vernunft des endlichen Subjektes zugunsten des einen Zeit-Raumes der Zögerung und des Vorenthaltes des Seins hinfällig werden. Die in dieser Unentschiedenheit liegende Schwebung der geschichtlichen Einbildungskraft des Seins selbst läßt jedoch den Eindruck aufkommen, das Sein in seiner geschichtlichen Bewegtheit habe sich zu einem „metasubjektiven Handlungssurrogat“[4] aufgesteigert, das nunmehr anstelle des Daseins zum Sitz der wesentlichen, die Begegnung des Daseins mit dem übrigen Seienden ermöglichenden, zeitlich bestimmten Einbildungskraft werde. Spricht man gar von der „ἐποχή des Seins selbst“, dann ist das Mißverständnis fast unvermeidlich, hier werde die Machtstellung der transzendentalen Subjektivität lediglich in einem geschichtlich-geschickhaften Gewande neu präsentiert, ohne daß im übrigen seine Absolutheit und tendenzielle Unendlichkeit angetastet würden.

Solche zugegebenermaßen auf den ersten Blick naheliegenden Folgerungen lassen sich nur vermeiden, wenn man die nach wie vor im weiteren Sinne phänomenologisch zu deutende Begrifflichkeit Heideggers von ihrer im engeren Sinne

1. GA 69, 44.
2. »Nachwort zu ‚Was ist Metaphysik?‘«, GA 9, 303.
3. „Vor allem muß die Verborgenheit des Anfänglichen gewahrt werden. Zu vermeiden ist jede Verunstaltung durch Erklärungsversuche, da alles Erklärende notwendig den Anfang nie erreicht, sondern ihn zu sich herabzieht“ (GA 65, 188).
4. So die Kritik bei H.-J. GAWOLL, *Nihilismus und Metaphysik*, 268.

transzendentalphilosophischen Bedeutungsdimension scheidet. Die geschichtliche ἐποχή des Seins selbst geht von keinem subjektiven Aktzentrum aus und hat auch keine regionalontologisch auszumachende und in besonderer Weise intentional anzuvisierende Seinssphäre zum Ziel, sondern besteht in der wechselseitigen Bewegung von Entzug und Verfügung des Seins für das Seiende *und umgekehrt*. Ebenso, wie das Sein das Seiende in sein Sein entläßt und es zugleich damit verläßt, kann auch das Seiende entweder zum Ort und Schauplatz der umtriebigen, machenschaftlichen Seinsvergessenheit werden und somit die in ihm gegebene Wahrheit des Seins aus der Betrachtung ausschalten *oder aber* zum Ort werden, an dem der Doppelcharakter von Entzug und Gewährung des Seins auf geschichtliche Weise gegründet wird.

Es gibt also in der seinsgeschichtlichen Phänomenologie keine eindeutige, ein für allemal zu gewichtende Ausrichtung. Die Betrachtung und Besinnung auf die Geschichte der Metaphysik als Teil der Geschichte des Seins kennt keine eindeutige Trennung zwischen noetischem und noematischem Pol mehr, selbst nicht im Rahmen einer weiter gefaßten, hermeneutischen Intentionalität der Deutung geschichtlicher Phänomene. Die unaufhebbare Zweiheit von metaphysischem und anfänglichem Denken macht deutlich, daß jeder für den anderen in spielerischer Freiheit jeweils Ursprung oder Entspringendes, Beherrschendes oder Beherrschtes, beides zugleich oder auch keines von beiden sein kann[1]. Wo die metaphysisch bzw. transzendentalphilosophisch festgelegte Rollenverteilung der Termini der jeweiligen Binome aufgeweicht wird, bleibt letztlich nur die Bewegung des Denkens als solche, die genaugenommen keine Oszillation „zwischen" etwas anderem, sondern reine, unbegrenzte Schwebung ist.

4.3. Die Frage „des" Denkens

Der Abschied von festen Substraten und *a priori* auszumachenden Bestimmungen hatte sich am deutlichsten in Heideggers Vorgehensweise gezeigt, die Metaphysik als ganze wie auch das „andere" Denken weder mittels einer Gegenstandsregion noch durch Axiome, Grundsätze oder eine Methode zu definieren. Als äußeres Zeichen dafür ließ sich die Bestimmung der beiden Denkformen durch eine je eigene Frage ausmachen, die sich als praktische Umsetzung der Heideggerschen Kritik an der vorherrschenden Stellung des Aussagesatzes in der bisherigen Metaphysik präsentiert. Was die Metaphysik in ihrem (von ihr selbst unerkannten) Wesen ausmacht, läßt sich in keinem Satz ausdrücken, sondern nur in der von ihr selbst stillschweigend für maßgeblich gehaltenen Frage („Was ist das Seiende [als solches / in seinem Grund]?"), die im Rückschlag auf sich selbst („Warum das Warum?") über sich selbst hinausgetragen wird und so die Notwendigkeit des Übergangs zu einer anderen Frageweise („Wie west das Seyn?") deutlich macht. In jedem Falle bleibt es

1. Einerseits bemerkt W. Schulz zutreffend, daß Heideggers Spielverständnis im Gegensatz zum Schillerschen Ideal des wesenhaft spielenden Menschen „entsubjektiviert" ist, doch ist es deswegen nicht schon gerechtfertigt, die Heideggersche Konzeption des „sich selbst" spielenden Spiels mit E. Finks Orientierung an der antiken Konzeption des „Weltspiels" zu identifizieren (vgl. *Metaphysik des Schwebens*, 270). Wohl ist richtig, daß die Verbindung von Spiel und Welt bei Heidegger einen sehr hohen Stellenwert besitzt, doch ist es immer das Spiel des Seins als Ereignis, das sich nicht *als* Welt, sondern *zwischen* Welt und Erde, Welt und Ding usw. entfaltet.

jedoch dabei, daß diese nicht mehr metaphysische Bestimmung der Metaphysik die innerhalb der Metaphysik selbst vorgenommene Etablierung ihrer wissenschaftlichen Identität (als „erste Wissenschaft", „Wissenschaft von den höchsten bzw. ersten Gründen", d. h. als Wissenschaft mit dem vorzüglichsten Gegenstandsgebiet) außer acht läßt und sich deutlich davon abzugrenzen versucht. Die Bestimmung der Metaphysik von der Leit*frage* aus wird der innermetaphysischen Bestimmung der eigenen Identität durch Gründe oder Grund*sätze* nur entgegen*gesetzt*, ohne aber eigentlich das innerhalb der metaphysischen Selbstbesinnung unterschiedlich aufgefaßte „(Voraus-)Setzen" (ἀνυπόθετον, Grundsatz, Apriori usw.) als solches aufzunehmen und in sich zu integrieren.

Vom Standpunkt der sich zwischen Ursprung und Vorenthalt, Freiheit und Notwendigkeit ausspannenden Seinsgeschichte aus werden das Faktische, das „Positum", die Setzung oder auch die Assertion zu einem blinden Fleck, dessen Zugehörigkeit zur Seinsgeschichte nicht unmittelbar einzusehen ist. Wenn das metaphysische Denken in seinem „Wesen" wirklich Teil der Seinsgeschichte ist, kann man dann über die konkreten Formen seines Denkens so vollständig hinweggehen, wie es Heidegger im Rahmen des Ereignisdenkens mit der ihm eigenen Radikalität zunächst tut?

Die Rücknahme der Metaphysik in die ihre endliche Wahrheit mitumfassende und bedingende Seinsgeschichte läßt in letzter Konsequenz nicht zu, die im Laufe der Metaphysik in satzhafter Formulierung zur Ausprägung gekommenen Grundeinsichten zu übergehen und aufgrund ihrer bloßen Form aus dem seinsgeschichtlichen Denken zu verbannen. Ebenso, wie Heidegger in einem ersten Schritt klarstellt, daß die „Überwindung" der Metaphysik von der Sache her nicht eine Tat des Daseins, sondern ein Geschehen des Seins selbst ist, muß nun in einem zweiten Schritt auch von dem Versuch Abstand genommen werden, die absichtlich bizarre, befremdliche Rede- und Schreibweise der *Beiträge* und der ihnen verwandten Manuskripte als das Ergebnis der Bemühung zu betrachten, eine dem Ereignischarakter des Seins „angemessenere" Ausdrucksweise zu schaffen; vielmehr muß es in einem zweiten Schritt darum gehen, das *in der konkreten Sprache* (nicht nur im Denken) der Metaphysik verdeckt Ausgesagte hörbar zu machen, auch und gerade da, wo es sich in Sätzen oder gar in Grundsätzen ausspricht.

4.4. Die „Aufgabe" des Seienden und die Seinsgeschichte

Im Zusammenhang der Seinsgeschichte ist es vor allem das Werk, das in seiner wesentlichen Verbindung mit der ursprünglichen „Dichtung" den freien, unberechenbaren Charakter der „Einbildung", d. h. der Wahrheit des Seins im Seienden, herausstellt. Das Kunstwerk scheint damit zunächst dem metaphysisch-technischen Verständnis des Seienden in seiner Brauchbarkeit und praktischen Verwendbarkeit entgegenzutreten und ihm gegenüber hervorzuheben, daß die Wahrheit des Seins als solche nicht im umtriebigen Umgang mit dienlichen Gebrauchsgegenständen zugänglich wird, sondern nur, indem man die verwendungs-typische Entdecktheit des Seienden „sein läßt". Trotz dieses Ansatzes zu einem „gelassenen" Verständnis des Seienden liegt in der seinsgeschichtlichen Deutung des Kunstwerkes doch auch die genau umgekehrte Tendenz, die „Gründung" der Wahrheit des Seins im Seienden an bestimmte Funktionen der jeweiligen Arten von Seiendem zu koppeln und ihnen damit eine Aufgabe zuzuweisen, die eine geschickhafte Dimension annimmt. Wenn im Seienden auf je andere Art die geschichtliche Gründung der Wahrheit auf dem Spiel steht, dann kann der Bezug zu Seiendem nicht wirklich von einer „Gelassenheit" geprägt sein, die sich nicht mehr im Seienden verfängt, weil sie es in seiner notwendigen Vordergründigkeit durchschaut hat. Die Differenzierung der verschiedenen Arten des Seienden macht deutlich, daß die seinsgeschichtliche Funktionalität ein Ungleichmaß in die Dinge hineinträgt, das in eine erneute, diesmal seinsgeschichtlich-ereignishafte „Machenschaft" umzuschlagen droht. Wenn es noch wichtig ist, daß die Wahrheit im Seienden etwa in der Form der Kunstwerkes *und nicht des Zeugs*, in der Form der Tat *und nicht des bloßen Dinges* gegründet wird, dann entsteht noch der Eindruck, als habe das Seiende eine genau zu umreißende, berechenbare Wirkung auf den Modus des in ihm ungegenständlich erscheinenden Seins. Ist das Ereignisdenken im ursprünglichen Sinne aber von der Aufhebung aller einsinnigen Schemata zugunsten eines in allen Richtungen zu durchlaufenden Spielraumes gekennzeichnet, dann muß auch die reinliche Scheidung des Seienden in Ding, Zeug, Werk usw. noch zu sehr als nach Maßgabe ihrer seinsgeschichtlichen Funktion kalkuliert (und demnach letztlich „metaphysisch") erscheinen[1], als daß sie das letzte Wort über die Stellung des Seienden im Ereignis der Wahrheit sein könnte.

Noch bevor ab Ende der 40er und während der ganzen 50er Jahre die Problematik des „Dinges" in seiner Einfachheit der ereignishaften Betrachtung des Seienden eine deutlich sichtbare Wendung gibt, vollzieht das »Nachwort zu: ‚Was ist Metaphysik?'« einen bedeutsamen Schritt hin zu einem „gelassenen" Bezug zum Seienden. In diesem Text wird ein Begriff herausgehoben, der vorher schon in der Reihe der unterschiedlichen Gründungsformen der Wahrheit des Seins im Seienden genannt worden war, doch keine eingehende Behandlung erfahren hatte. Gemeint ist das „Opfer", das nun nicht mehr mit „Ding", „Zeug", „Werk" und „Tat" auf einer Ebene steht, sondern all diese Formen der Ins-Werk-setzung der Wahrheit relativiert und in ihrer ursprünglichen Nähe zum Sein überbietet:

> „Das Opfer ist der Abschied vom Seienden auf dem Gang zur Wahrung der Gunst des Seins. Das Opfer kann durch das Werken und Leisten im Seienden zwar vorbereitet und bedient, aber durch solches nie erfüllt werden. [...] Das Opfer ist heimisch im Wesen des Ereignisses [...]. Deshalb duldet das Opfer keine Berechnung, durch die es jedesmal nur auf einen Nutzen oder eine Nutzlosigkeit verrechnet wird, mögen die Zwecke niedrig gesetzt oder hoch gestellt sein. Solches Verrechnen verunstaltet das Wesen des Opfers"[2].

Diese von der Haltung des „Opfers" bestimmte Stellung zum Seienden bereitet den Übergang zu jener Sichtweise vor, die alle pragmatische, berechnende Betrachtung der Dinge aufgibt, und das Seiende selbst, etwa den Krug oder die Silberschale, dafür in den Zusammenhang des uneigennützigen Opferdienstes für die Götter und des damit verbundenen Wohnens der Menschen auf der Erde hineinstellt.

1. Vgl. GA 69, 124.
2. GA 9, 310f.

III. DIE ZWEI TONARTEN DES SEINS UND DIE VIERSTIMMIGKEIT DER WELT

Wenn die Manuskripte der späten 30er Jahre auch eine imponierende Zusammenschau der verschiedenen Themenbereiche bieten, die in den einzelnen Aufsätzen und Vorträgen der gleichen Zeit sowie der folgenden Jahre nur verstreut und ohne ausdrücklichen Bezug zum Ganzen abgehandelt werden, so ist Heideggers Denken doch weit davon entfernt, sich auf diesem einmal unternommenen synoptischen Entwurf der Grundlinien des Ereignisdenkens zur Ruhe zu setzen. Schon in den später entstandenen Manuskripten dieser Durchbruchsphase werden die in den *Beiträgen* sowie in *Besinnung* verfolgten Ansätze in ihrer Vorläufigkeit und ihrem Ungenügen herausgestellt[1], womit klar wird, daß die Art und Weise, in der die angesprochenen Fragestellungen in sich sowie in ihrem gegenseitigen Verhältnis dargestellt werden, keineswegs als definitiv gelten kann und deshalb nach einer erneuten Behandlung verlangt. Von der zweiten Hälfte der 40er Jahre an ist deshalb zu beobachten, daß Heidegger sich zum einen in seiner Darstellung auf einzelne, mehr oder weniger beschränkte Themenbereiche konzentriert, diese selbst aber auch nicht einfach wieder aus dem Zusammenhang der „Seinsfuge" herausbricht und unverändert weiterverwendet, sondern sie insgesamt anders angeht.

Verfolgt man die Hauptstränge des Heideggerschen Denkens über die Jahrzehnte hinweg, so fällt auf, daß in der dritten großen Phase, die ungefähr mit den Jahren nach dem Zweiten Weltkrieg einsetzt, wieder Fragestellungen und Leitmotive auftauchen, die schon die frühe Periode bis etwa 1930 gekennzeichnet hatten, in der Zwischenzeit aber in den Hintergrund getreten waren. Heideggers eigene Entwicklung nimmt damit selbst die Form eines großen Chiasmus an: Die verschiedenen Grundmotive werden bis zum Ende der 20er Jahre in ihrer Differenzierung herausgearbeitet, überkreuzen und verschlingen sich unter dem Zeichen des Ereignisdenkens im einzigen Zeit-Raum der geschichtlichen Wahrheit des Seins und treten nach diesem zeitweiligen Zusammenschluß wieder auseinander, um in ihrer irreduziblen Eigenständigkeit zu erscheinen. Die Manuskripte der späten 30er Jahre, die ausführlich von der „Kehre" in der Sache des Denkens selbst Zeugnis ablegen, werden somit nicht nur zu einem Brennpunkt, sondern auch zu einer imaginären Spiegelebene, an der sich Heideggers eigenes Denken von seiner Früh- in seine Spätphase hinüberbricht.

Ein wichtiges Leitmotiv, das während der 30er Jahre eher im Hintergrund stand und nun wieder an Boden gewinnt, bezieht sich auf das Verständnis des Daseins selbst als eines wesentlich sterblichen. So, wie in *Sein und Zeit* das Sein zum Tode als Zeugnis für den ausgezeichneten Bezug des Daseins zum Sein galt, wird nun die

1. Vgl. GA 69, 5: „Der einfach gewachsene Zusammenschluß der ›Beiträge‹ und der ›Besinnung‹; die ›Beiträge‹ sind noch Rahmen, aber kein Gefüge, die ›Besinnung‹ ist eine Mitte, jedoch nicht Quelle".

Bezeichnung „die Sterblichen“ zu *dem* Wesensnamen menschlichen Seins schlechthin, der die früher verwendeten Namen „Dasein“ und „Menschen“ (in der Wendung, die von der „Begegnung der Götter und Menschen“ spricht) zwar nicht gänzlich verdrängt, aber ihnen gegenüber doch eine Vorrangstellung behauptet[1]. Das Spiel, auf das die Existenz gesetzt ist, gilt nun wieder für jedes Dasein gleichermaßen; bezieht es sich doch nicht mehr in erster Linie auf die Ausgesetztheit, die die Wenigen (Dichter, Denker usw.) „auf den Gipfeln“ trifft und betrifft, sondern auf den Tod, der allen gleichermaßen zugeteilt ist. Doch ist die Betonung der „Sterblichkeit“ nicht allein als eine erneute Hinwendung Heideggers zu einem von ihm früher schon ausführlich entwickelten Grundthema zu deuten. Vielmehr wird die Bezeichnung der Menschen als der „Sterblichen“ ausdrücklich als Gegenentwurf zur traditionellen Bestimmung des *animal rationale*, des vernunftbegabten *Lebe*wesens, verstanden[2]. Die Betonung der Sterblichkeit hat also weder eine anthropologische noch eine mythologische Dimension, sondern ist als Antwort auf die Problematik des Wechselspiels zwischen der Geschichte der Metaphysik als der Geschichte der Wahrheit des Seins und dem Selbstverständnis des Daseins zu lesen[3]. Weit davon entfernt, sich in seiner Spätphase nur mehr in den Grundansätzen und -topoi seines eigenen Denkens einzuschließen, sucht Heidegger dementsprechend zu diesem Zeitpunkt auch wieder verstärkt das Gespräch mit den Philosophen, die schon in der Zeit der „›geschichtlichen‹ Vorlesungen“ für ihn wichtig waren.

Der erneute Rückgriff auf die drei philosophischen Hauptgesprächspartner Aristoteles, Leibniz und Kant geht Hand in Hand mit einer Wiederaufnahme derjenigen Leitmotive, die in gewisser Weise schon bei Heideggers erster Auseinandersetzung mit diesen Denkern bestimmend waren. So gewinnt etwa die Frage nach der „Welt“ wieder an Boden, die im Zusammenhang mit Heideggers erster intensiver Leibnizauslegung bereits im Mittelpunkt gestanden hatte, genauer gesagt: nach der Welt und ihrer Bedeutung für das ursprüngliche Verhältnis von Dasein, dinghaftem Seienden und Wahrheit. Die Hinwendung zu Kant spricht sowohl aus den Vorträgen zur Dingproblematik, die die „Frage nach dem Ding“ nunmehr aus einem anderen Blickwinkel her stellen, als auch aus den erneuten Überlegungen zur Rolle der Vernunft bzw. der *ratio* als des „Vermögens der Grundsätze“ für ein vorstellendes Denken. Aristoteles schließlich kommt einerseits wegen seiner Lehre von den vier Ursachen bzw. vier Gründen im Zusammenhang mit der Dingproblematik ins Gespräch, andererseits stützt sich Heidegger dort auf ihn, wo es gilt, die Bedeutung von Sprache und λόγος für das Wesen des Menschen in ursprünglicher Weise deutlich zu machen.

1. Vgl. dazu etwa eine nach 1949 entstandene Anmerkung Heideggers in der »Einleitung zu: ‚Was ist Metaphysik?‘«, die bezüglich eines Passus, in dem das Dasein als „Stelle, nämlich als die Ortschaft der Wahrheit des Seins“ bezeichnet wird, bemängelt: „Unzureichend gesagt: die sterblich bewohnte Ortschaft, die sterbliche Gegend der Ortschaft“ (GA 9, 373 Anm. b. Zur Verbindung von Metaphysik bzw. Denken und Sterblichkeit vgl. ebenso GA 9, 417 sowie M. HEIDEGGER, *Bremer und Freiburger Vorträge* [GA 79], Frankfurt a. M. 1994, 93).
2. „Auch wenn die ratio die animalitas durchwaltet, bleibt das Menschsein vom Leben und Erleben her bestimmt. Die vernünftigen Lebewesen müssen erst zu Sterblichen *werden*“ (»Das Ding«, VA, 171; Hervorhebung im Original).
3. Vgl. dazu die einschlägige Stelle im »Brief über den ‚Humanismus‘«, GA 9, 342f., in der die Existenz des Menschen als solchen und die Wahrheit des Seins auf dasselbe geschichtliche Spiel gesetzt erscheinen.

Diese drei Themenbereiche – die Stellung der Grundsätze des metaphysischen Denkens, die Dingproblematik und das Motiv der vier Ursachen – zeigen an, daß Heidegger keineswegs die bisherige Metaphysik in ihrer konkreten, thematischen Ausgestaltung abgestoßen hat, sondern sich ihre wesentlichen Grundzüge auf seine Weise zu eigen macht und so ihre Unumgänglichkeit bekundet. Diese unübersehbare Betonung des geschichtlich Vorgegebenen führt auch in formaler Hinsicht zu einem Umbruch im Vergleich zu Heideggers Verständnis der Metaphysik sowie des „anfänglichen" Denkens während der mittleren Phase: Während dort die Quintessenz der beider Grundformen des Denkens in einer ihren jeweiligen Horizont bestimmenden Frage („Leitfrage" bzw. „Grundfrage") zusammengefaßt wurde, gilt nunmehr das Fragen generell nicht mehr als die ursprünglichste Haltung des Denkens, sondern bereits als Antwort auf einen vorausgegangenen Anspruch, der dem Dasein in der konkreten, geschicklichen Form seines Bezuges zu Seiendem entgegentritt[1].

Die Deutung des Bezuges von Sein und Dasein im Zeichen von Anspruch und Antwort führt natürlicherweise dazu, daß die während dieser Zeit wieder in ihrer Zweiheit hervortretenden Themenstränge des Heideggerschen Denkens – der Bezug von Dasein, Seiendem und Welt sowie die geschickliche Deutung der Metaphysik – beide, wenn auch auf unterschiedliche Weise, in besonderer Beziehung zum Sprachphänomen entwickelt werden. Eine bedeutsame Veränderung gegenüber früheren Ansätzen läßt sich jedoch daran ablesen, daß sich die Darlegung der Sprache nunmehr unverkennbar am Leitfaden des musikalischen Paradigmas orientiert. Diese Betonung der musikalischen Bedeutungsdimension des Spiels, die zu einer Revision des bisher zugrundegelegten Verhältnisses von Kunst und Denken führt, wird damit – nach ihrer bisher eher untergeordneten und verdeckten Rolle im Rahmen des Ereignisdenkens – zum Leitmotiv der dritten Periode des Heideggerschen Spieldenkens.

1. GRUND, ZEIT UND MITTE

Obwohl die Vorlesung *Der Satz vom Grund* sowie die unterschiedlichen Vortragstexte zur Dingproblematik ganz offensichtlich das Zentrum in Heideggers spielerischer Deutung des Seins und der Metaphysik während der dritten Phase bilden, werden wesentliche Grundmotive schon in einigen früher entstandenen Texten vorbereitet, die auf den ersten Blick nicht unmittelbar mit der Spielthematik verbunden scheinen. Die späteren, weithin bekannten und oft zitierten Motive des Spiels, wie das „Weil ohne Warum", das „Spiegelspiel der Welt" usw., bleiben unverständlich oder wirken allenfalls wie pittoreske Ausschmückungen, wenn man sie nicht vor dem Hintergrund der phänomenalen Strukturbegriffe betrachtet, die sich in Heideggers Denken während der 40er Jahre mehr und mehr Bahn zu brechen beginnen. Das Spiel bezieht sich im Rahmen von Heideggers phänomenologisch-geschichtlich orientiertem Denken also weniger auf das, was ist, als vielmehr auf die formal-kategorialen Charakteristika der Deutungsansätze, mit deren Hilfe die Phänomenologie das, was ist, zu verstehen sucht.

1. Vgl. USp, 175f. 179f.

1.1. Das Geviert als Matrix des Heideggerschen Spätdenkens

Obwohl die Sprache von Anfang an in der einen oder anderen Weise für Heidegger von Bedeutung ist, tritt sie doch erst während der späten 40er und 50er Jahre in eine immer direktere und schließlich untrennbare Beziehung zu den übrigen thematischen Schwerpunkten in seinem Denken. Insofern die Entwicklung von Heideggers Sprachverständnis in weiten Teilen den unterschiedlichen Phasen seiner Beschäftigung mit Hölderlin folgt und von den darin gewonnenen Grundeinsichten bestimmt ist[1], nimmt es nicht wunder, daß in der Spätphase sowohl die Dingfrage als auch die Metaphysikproblematik von der aus Heideggers Hölderlindeutung erwachsenen Grundfigur des Gevierts durchzogen sind. Die Geviertkonstellation nimmt insofern eine besondere Stellung in Heideggers Denken ein, als sie zunächst eine gewisse Zeit lang angewendet wurde, ohne selbst eine eingehende Darlegung zu erfahren, nunmehr jedoch unverkennbar in den Mittelpunkt des Heideggerschen Ansatzes rückt[2]. Die massive Thematisierung des Gevierts in den Schriften der späten 40er und 50er Jahre geht dabei Hand in Hand mit einer strukturellen Differenzierung gemäß der jeweiligen Fragestellung: Während Heidegger im Zusammenhang mit dem „Ding" die bleibende, nicht weiter reduzierbare Vierzahl der Weltgegenden (Erde und Himmel, Sterbliche und Göttliche) betont, wird die Geviertstruktur in bezug auf die Metaphysik und das „andere" Denken so weit reduziert, daß die dabei verwendeten tetradischen Figuren – vor allem die das Verhältnis der beiden Denkformen widerspiegelnden Chiasmen – sich als ausführliche Ausfaltungen einer letztlich dyadischen Grundform erweisen.

Eine zusätzliche Komplikation resultiert daraus, daß die zunächst in bezug auf ihre Komponenten ausgewogen erscheinenden Geviertstrukturen des Verhältnisses von Ding und Welt sowie der Geschichte des Denkens mit der Problematik des Zeit-(Spiel-)Raumes und der damit verbundenen Asymmetrie der Dimensionen (3:1; für die drei Zeitekstasen und die Raumdimension) in Beziehung gesetzt werden. Interessanterweise wird auch dieses Grundthema des ursprünglichen Verhältnisses von „Zeit" und „Raum" in einer Hölderlinvorlesung entfaltet, so daß sich die Frage stellt, wie sich vor dem gemeinsamen Hintergrund der dichterischen Auslegung das ausgewogene Verhältnis des Gevierts (die vier Weltgegenden sowie ihre Einheit als „fünfte", d. h. eigentlich erste Dimension) mit der von vornherein instabil und spannungsreich konzipierten Relation zwischen den drei Zeitdimensionen und dem Raum zusammenfinden soll. Aufgrund der miteinander nicht zur Deckung zu bringenden Verhältnisse 4:1 bzw. 3:1 kommt es zu einer beständigen Synkopierung, die darauf hindeutet, daß sich für Heidegger die unterschiedlichen Aspekte des Ereignisdenkens in durchaus eigenständiger Weise darstellen und sich trotz ihrer

1. Bezüglich der fünf Hauptphasen in Heideggers Auseinandersetzung mit Hölderlin vgl. J.-F. MATTÉI, *Heidegger et Hölderlin. Le Quadriparti*, 24.

2. Das Geviert tritt zum ersten Mal in der Hölderlinvorlesung von 1934/35 sowie dem ersten, 1936 gehaltenen Vortrag über Hölderlin auf, erlangt aber erst mit den der Dingproblematik gewidmeten Texten ab den späten 40er Jahren eine beherrschende Stellung. Gleichwohl ist die „Latenzzeit", die diese Denkfigur in der Zwischenzeit charakterisiert (vgl. J.-F. MATTÉI, *Heidegger et Hölderlin. Le Quadriparti*, 201) keineswegs gleichbedeutend mit ihrem völligen Verschwinden, um so mehr, als das Ende der 30er Jahre entstandene, lange unveröffentlichte Manuskript von *Besinnung* von der viergliedrigen Konstellation des Ereignisses durchzogen ist.

unleugbaren inneren Verbindung nicht mehr automatisch in ein und demselben Schema aussagen lassen.

1.2. Erde und Weile: die geschichtliche Begrenzung von Dasein und Seiendem

Der Umbruch in Heideggers Auffassung des Ereignisses kündigt sich in einer zunehmenden Differenzierung der Stellung an, die Dasein und Seiendes im Rahmen von Dichtung und Denken jeweils einnehmen. Obwohl Heidegger diese beiden Formen der Wahrheitsgründung niemals in kurzschlüssiger Weise ineinsgesetzt hat[1], bedeutet ihre „zarte, aber helle Differenz“[2] nicht mehr nur ein friedliches Nebeneinanderstehen zweier einander entsprechender Haltungen; vielmehr heben sich beide nunmehr in ihrer jeweiligen geschichtlichen Valenz und Reichweite deutlich voneinander ab. Dieses Auseinanderdriften macht sich vor allem in der veränderten Rolle bemerkbar, die der „Erde“ in bezug auf die Phänomenalität des Seins zukommt: War sie ehedem der transepochale, selbst verhüllt bleibende Ursprung der unterschiedlichen geschichtlichen Erschließungsweisen von Welt, so wird sie nunmehr selbst in den Kontext der geschichtlichen Begrenzung hineingestellt, die auf einen weiter gefaßten Weltkontext bezogen bleibt[3]. Dementsprechend wird auch die Dichtung nicht mehr einfachhin als Gründungsgeschehen der welthaften Erschlossenheit von Sein gedeutet, sondern erfährt eine Annäherung an den Phänomenbereich der Erde, die ihrerseits für das geschichtliche, aber noch nicht explizit auf die Geschichte der Metaphysik bezogene Dasein und seinen Bezug zu Seiendem das maßgebliche Grundschema abgibt.

1.2.1. Zeit-Raum, Wanderschaft und Ortschaft des Menschen

Eine wichtige Veränderung in Heideggers Verständnis der Dichtung kündigt sich in der 1943 gehaltenen Vorlesung über *Hölderlins Hymne »Der Ister«* an. Die Dichtung hatte vorher aufgrund der in ausgezeichneter Weise ek-statischen Position der Dichter als dasjenige Phänomen gegolten, das die daseinshafte Existenz des Menschen ermöglicht, indem es ihm den Zeit-Raum für seine wesentlich als Schwebung und Schwingung verstandene Seinsweise eröffnet und ihn durch die Stiftung der Sprache den Gefahren der Verdeckung und des bloßen Scheins aussetzt. Folge-

1. Vgl. GA 39, 40f.

2. USp, 196. Vgl. dazu auch F.-W. von HERRMANN, *Die zarte, aber helle Differenz. Heidegger und Stefan George*, Frankfurt a. M. 1999.

3. Behält man diese Wandlung in Heideggers Verständnis der „Erde“ im Auge, kann auch die von M. Haar aufgeworfene Frage nach der „Geschichtlichkeit“ oder „Ungeschichtlichkeit“ der Erde differenzierter betrachtet werden. Während im Kunstwerkaufsatz die Welt als eindeutig geschichtlich begrenzter Horizont der verstehenden Erschließung von Sein erscheint und die Erde dementsprechend die Rolle des sich dieser geschichtlichen Erschließung Entziehenden (und in diesem Sinne „Außergeschichtlichen“) innehält, erfährt das Element des Irdischen in den späteren Schriften, aber auch schon in der Vorlesung über Hölderlins Hymne *Der Ister* eindeutig eine Vergeschichtlichung. Zum Problem der vermeintlichen Ungeschichtlichkeit der Erde vgl. D. NEU, *Die Notwendigkeit der Gründung im Zeitalter der Dekonstruktion. Zur Gründung in Heideggers ‚Beiträgen zur Philosophie‘ unter Hinzuziehung der Derridaschen Dekonstruktion* (Philosophische Schriften, Bd. 20), Berlin 1997, 253 Anm. 19 sowie ebd., 279.

richtig hatte auch der mit der Dichtung verbundene Begriff der „Einbildungskraft" keinerlei Beziehung mehr zum „bloßen Spiel" der Vorstellungen, sondern bezog sich vielmehr auf das Schweben und Erzittern des Daseins selbst im zeit-raumhaften Nichts seines ekstatischen Wesens. Dieser ursprüngliche Bezug zur gefährdeten Stellung des Daseins ließ es somit als gerechtfertigt erscheinen, die Dichtung – bei allen bleibenden Unterschieden – in gewisser Weise dem Denken an die Seite zu stellen, in dem sich ebenfalls, wenn auch auf eigene Weise, die Schutzlosigkeit des Daseins in seiner wesentlichen Beziehung zum Sein und damit zum radikalen Nichts des Seienden ausspricht[1].

Dieser bedrohliche und gefährliche Charakter der Dichtung ist es nun, der sich in der erwähnten Vorlesung über *Hölderlins Hymne »Der Ister«* zu wandeln beginnt und damit auch einen größeren Abstand zwischen Dichten und Denken markiert. Wohl gelten die Ströme mit ihrem beständigen Fließen direkt als das Zeithafte, ja als die Zeit selbst[2], doch ist damit der Hinweis auf die konkrete Geschichtlichkeit des menschlichen Daseins keineswegs beseitigt. Vielmehr kommt durch Betrachtung eines ganz bestimmten Stromes – in diesem Fall des Oberlaufs der Donau – zum Ausdruck, daß sich das Sein des Menschen nicht in „dem" Zeit-Raum der Geschichte vollzieht, sondern in vielen verschiedenen, auseinander nicht abzuleitenden Bereichen, die sich durch seinen jeweiligen heimischen Bezug zur Erde und sein Wohnen auf ihr eröffnen. „Heimischwerden" und „Unheimischsein" sind in diesem Zusammenhang selbstverständlich nicht in existenzieller Weise mißzuverstehen, sondern beziehen sich auf den Bezugsmodus des Menschen zum Seienden bzw. zum Sein[3]. Um seiner Zugehörigkeit zum Sein zu entsprechen, muß das Dasein sich vom Seienden losreißen und damit in ihm un-heimisch werden[4]. Dieser durch ein Unheimischwerden im Seienden erkaufte Bezug zum Sein wird aber seinerseits nicht mehr als schlechthinnige Ausgesetztheit und als Hängen über dem Nichts verstanden, sondern als „Bezug zum Herd", d. h. zur Heimstatt im ontologischen Sinne[5]. In dieser „hestiologischen"[6] Sicht des Seinsbezuges erscheint der Mensch nicht als der in jeder Hinsicht Heimat- und Schutzlose, sondern als derjenige, der – wie es die etymologische Verbindung von „ich *bin*" mit „(wohnen) *bei*" ausdrückt, allein beim Sein seine Bleibe finden kann – eine Einsicht, die sich schon in früheren Schriften angedeutet hatte[7]. In der Terminologie des „Herdes" und „Herdfeuers" liegt nun aber, daß das Sein nicht mehr wie früher das Wohin einer wie immer verstandenen (ontischen, ontologischen oder selbst fundamentalontologischen) Transzendenz sein kann, sondern die Mitte, das Zentrum und den Brennpunkt der Bezüge darstellt, in denen sich die geschichtliche Existenz des Menschen entfaltet. Nicht mehr die Leere des ekstatischen Zeit-Raumes ist in erster Linie der Bereich für das besondere Verhältnis von Sein und Dasein, sondern die „Ortschaft", in der der Mensch

1. Vgl. GA 39, 6. 51. 286 sowie GA 65, 154.
2. Vgl. GA 53, 12.
3. Vgl. GA 53, 111f.
4. Vgl. GA 53, 147.
5. Vgl. GA 53, 140.
6. Zur „Hestiologie des Seins" vgl. J. GREISCH, *La parole heureuse*, 325-329.
7. Vgl. SZ, 54.

Wohnung nimmt und Wurzeln schlägt, sobald das dichterische Sagen den Boden für ein solches Heimischwerden urbar gemacht hat[1].

Das Dichten besteht somit mitnichten darin, im „unwirklichen Spiel der poetischen Einbildungskraft"[2] das Dasein dahin zu bringen, die Erde zu überfliegen, „um sie zu verlassen und über ihr zu schweben"[3], sondern im Gegenteil darin, den Menschen erst auf die Erde zu bringen und ihn auf ihr wohnen zu lassen[4]. Nicht mehr der Raum als solcher und auch nicht der Zeit-Raum haben somit die ontologische Priorität gegenüber den konkreten, geschichtlichen Orten, die der Mensch in ihm jeweils einnimmt, sondern umgekehrt „empfangen die Räume ihr Wesen aus Orten"[5] und bringen den Menschen erst auf diesem Wege in einen Bezug zu „dem" Raum. Das zeit-räumliche Wesen des Menschen erscheint also nicht als ein strukturelles Konstitutivum, das in seiner Universalität und strikten Singularität den transzendentalen Grund für die Begegnung mit Seiendem abgibt; vielmehr gründet es seinerseits im geschichtlichen Boden, auf dem der Mensch nicht ein für allemal fest und unerschütterlich steht, sondern immer wieder neu Wohnung nehmen muß.

Wird die „Ortschaft" zum vorherrschenden Ausdruck für die Beziehung des Daseins zu seinem geschichtlichen Grund und Boden, so ist auch die „Wanderschaft", also die Zeit der Ströme in ihrem „Ahnen" (Kommendes – „Zukunft") und „Schwinden" (Gewesenes – „Vergangenheit")[6], kein bloß nichtiges Vergehen und Verfließen, sondern gerade das Bleibende der Ströme *als* Ströme. Die Zeit ist somit trotz ihrer ekstatischen Dimensionalität nicht dasjenige, was den Menschen entwurzelt, sondern sie steht im Gegenteil für das „Erwandern" der Ortschaft, d. h. das Erlangen des Heimischwerdens in der Bewegung der Rückkehr des Daseins zum Herd des Seins[7]. Der Zeit-Raum erscheint hier also nicht mehr, wie früher, vornehmlich in Verbindung mit dem Weltphänomen, sondern in wesentlicher Beziehung zur „Erde" als dem Beharrenden, Verweilenden, das gleichwohl nichts mit der Beständigkeit eines theoretisch zu fassenden Fundamentes zu tun hat. Der „Grund" im Sinne des Bodens für das geschichtliche Wohnen des Menschen steht, im

1. Vgl. GA 53, 183. 202. Die Rolle der Dichtung für ein ursprüngliches „Wohnenlassen" war zwar schon in der ersten Hölderlinvorlesung von 1934/35 angeklungen, doch bezog sich hier zum einen das vom Dichter gestiftete Wohnen auf der Erde nicht auf die Menschen als solche, sondern auf das geschichtliche „Volk" (vgl. GA 39, 184. 216. 259f.), zum anderen war in Verbindung mit der Dichtung das Motiv der „Ausgesetztheit" des Menschen in das sich in der Sprache eröffnende *Seiende*, nicht das Heimischwerden am Herd des *Seins*, vorherrschend (vgl. GA 39, 74. 141).
2. VA, 182.
3. VA, 186.
4. Vgl. VA, 186. 196. Das durch die Dichtung vollzogene „Versammeln" des Menschen auf den irdischen Ort seines Wohnens ist das Gegenstück zu der bereits früher in bezug auf das Denken vollzogenen Rehabilitierung der als „bloßes Spiel" und „Schweifen" mißdeuteten Einbildungskraft. Man kann sogar so weit gehen, den „Ort" in seiner „sammelnden" Eigenschaft dem ursprünglichen λόγος an die Seite zu stellen, während der „Raum" – selbst in seiner fundamentalontologischen Prägung – eher auf seiten der „Zerstreuung" und der Verlorenheit an das Zuhandene zu stehen kommt (vgl. dazu J.-L. CHRÉTIEN, »De l'espace au lieu«, *Les Cahiers de l'Herne* 44 [1983] 117-138, vor allem 130ff.).
5. VA, 149.
6. Vgl. GA 53, 33.
7. „Die Wanderschaft, die der Strom *ist*, waltet und west in der Bestimmung, die Erde als den ›Grund‹ des Heimischen zu gewinnen [...]. Der Strom ist sogar die Ortschaft, die in der Wanderschaft erwandert wird" (GA 53, 35f.; Hervorhebung im Original).

Gegensatz zur metaphysischen Konzeption des Grundes als eines beständigen Fundamentes bzw. Rahmens für die wechselnde Welt der Erscheinungen, in einer wesentlichen Beziehung zur Zeit; die Erde ist kein beständig anwesender Grund, sondern lediglich der Ort der „Weile", d. h. eines begrenzten Sichaufhaltens des Anwesenden zwischen Ankommen und Weggehen.

1.2.2. Das Seiende in der Fuge des Anwesens

Die in der Auslegung des *Ister*-Hymnus begonnene Deutung des Seins als des „Herdes", d. h. des Zentrums und Brennpunktes für das wesentlich zeitlich geprägte Dasein, hat zur Folge, daß sich die Frage nach der Bedeutung des Bleibens, des Verharrens und der Beständigkeit in neuer Weise stellt. Wohl bleibt die der Metaphysik eigene Ansetzung des beständig Anwesenden als des „eigentlich" Seienden weiterhin Objekt der Kritik, doch kann die „Anwesenheit" als solche in dem Moment nicht mehr nur negativ konnotiert sein, wo das Verhältnis von Dasein und Grund als „Weile" verstanden wird, d. h. als wohnendes Sichaufhalten an einem Ort bzw. auf einem Boden, der ein Bleiben und Heimischwerden zuläßt. Somit besteht nicht nur mit Blick auf das Dasein, sondern in bezug auf das Seiende insgesamt das Erfordernis, die möglichen Formen des Anwesens dahingehend zu nuancieren, daß sie eine nichtmetaphysische Deutung des Verweilens ermöglichen, d. h. eine Deutung, die sich nicht vor dem Hintergrund einer ontologischen Hierarchie von Vergänglichem und Ewigem bzw. Außerzeitlichem vollzieht, sondern das Verhältnis von Verweilen und Vergehen als jedem Seienden gleichermaßen innewohnend erkennt.

Diese neue Sichtweise erfährt in dem Aufsatz »Der Spruch des Anaximander«[1] eine ausführliche Entfaltung. Das nunmehr positive Verständnis der „Anwesenheit" ist nicht gänzlich identisch mit der früher schon entwickelten Konzeption des (verbal verstandenen) „Anwesens" als des „In-Erscheinung-tretens" des Seienden, das sich durch seinen Geschehenscharakter von der Anwesen*heit* als einer bleibend verstandenen Qualität abhebt. Ging es bei dem Hervorkommen des Seienden aus seinem sich verbergenden Ursprung um eine Bewegung, die für das Seiende nur in einer Richtung, nämlich auf die Anwesenheit hin, verlief, während sich die entgegengesetzte Bewegung des Verbergens auf seinen (nichtseienden) Ursprung bezog, wird das Seiende nun selbst in die Mitte zwischen An- und Abwesen gerückt und aus ihrem Wechselverhältnis her verstanden. Wohl ist auch hier von der ἐποχή des Seins die Rede, doch wird das damit Gemeinte, das vordem ausschließlich als Selbstrücknahme des Seins zugunsten des Seienden erschien, nunmehr im Seienden selbst wirksam und erfährt dabei eine Differenzierung bezüglich der dabei relevanten Zeitlichkeit[2]. Das Sein „ist" bzw. „verharrt" nicht mehr einfach in der ἐποχή seiner selbst, während sich das Seiende in der reinen Positivität seiner Anwesenheit verfestigt. Vielmehr wird der epochal-zeitliche Charakter ins Seiende selbst hineingetragen und läßt es damit in seinem Sein auf eine Art erscheinen, die weder der ehemaligen metaphysischen Beständigkeit noch einer leeren Flüchtigkeit und Nichtigkeit gleichkommt.

1. Hw, 321-373.
2. Vgl. Hw, 338.

Das metaphysische Paradigma der beständigen Anwesenheit wird in doppelter Weise aus den Angeln gehoben: Zum einen gründet die Anwesenheit auf der sie von zwei Seiten her bestimmenden Abwesenheit der „Hervorkunft" und des „Hinweggangs" des Seienden, zum anderen aber – und das ist mit Blick auf Heideggers weiteres Denken vielleicht noch wichtiger – wird die Anwesenheit auch insofern ihres transzendentalen und universalen Charakters entkleidet, als sie nie ein für allemal in globaler Form für das Seiende im Ganzen erreicht wird („Anwesenheit überhaupt"), sondern auch bestenfalls immer nur dem je*weiligen* Seienden zukommt:

> „Zum Anwesen als solchem muß die Fuge gehören samt der Möglichkeit, aus der Fuge zu sein. [...] Die Weile west zwischen Hervorkommen und Hinweggehen. Zwischen diesem zweifältigen Ab-wesen west das Anwesen alles Weiligen. In dieses Zwischen ist das Je-Weilige gefügt. Dieses Zwischen ist die Fuge, der gemäß von Herkunft her zu Weggang hin das Weilende je gefügt ist [...]. Weile west in der Fuge"[1].

Die Bezeichnung „Fuge" erhält in diesem Zusammenhang eine Dimension, die über ihre Bedeutungsspanne im Rahmen des Ereignisdenkens der *Beiträge* hinausgeht. Wie der an anderer Stelle des Aufsatzes verwendete Gegenbegriff „Un-Fug" erkennen läßt, geht es nicht allein um das „Eingefügtsein" des Seienden in den „Zwischenraum" (Fuge als „Spalt") der beiden Formen des Abwesens, sondern um die freie Möglichkeit des Seienden, seinem derart beschaffenen Wesen zu entsprechen (sich ihm zu „fügen") oder nicht. Der „Un-Fug" besteht demnach wörtlich genommen darin, daß das Seiende sich nicht dem ihm eigenen Rhythmus von An- und Abwesen einpaßt, sondern sich über die ihm zugemessene „Weile" hinaus auf eine „Beständigkeit" versteift, die keine Begrenzung mehr anerkennt, sondern sich selbst behaupten und gegen alles andere aufspreizen will[2]. Das Seiende, das sich nicht dem Gesetz seines Entstehens *und* Vergehens fügen will, verstößt somit gegen die „Gerechtigkeit", d. h. gegen das Maß seines jeweiligen Wesens.

Mit dieser Auffassung ist ein bedeutsamer Schritt in Richtung auf Heideggers Denken der später 40er und 50er Jahre vollzogen: Das Seiende wird einerseits durch die ihm eigene „Weile" zum Träger einer Zeitlichkeit, die dem „Wohnen" und der „Ortschaft" des Menschen entspricht. Zugleich wird das Seiende aufgrund seiner Deutung vor dem Hintergrund von „Fug", „Un-Fug" und „Gesetz" aber auch Träger einer Bestimmung, die ehedem auf das Dasein beschränkt war: So, wie dieses aufgrund seiner einzigartigen, ontisch-ontologischen Stellung zum einen aus dem übrigen Seienden herausgehoben war, zum anderen aber als einziges Seiendes auch die Freiheit besaß, diese ausgezeichnete Seinsweise zu verkennen und in die Uneigentlichkeit zu verfallen, stehen nunmehr die Dinge insgesamt im Spiel von Freiheit und Bindung an das Gesetz ihres Seins, dem sie sich ebenso fügen wie widersetzen können. Diese Ausweitung des spielerischen Paradigmas der Einheit von Freiheit und Bindung vom Dasein auf jede andere Form von Seiendem weist damit bereits in die Richtung der Geviertstruktur, in der das Dasein nicht mehr die alleinige, zentrale Stellung für den welthaften Seinssinn des übrigen Seienden

1. Hw, 354f.
2. Vgl. Hw, 356.

einnimmt, sondern sich in den größeren Zusammenhang des Ereignisses von Welt im dinghaften Seienden einfügt.

2. DING UND WELTSPIEL

2.1. Die Be-dingung des Denkens

Die erneute intensive Hinwendung zur Dingproblematik und der Rolle des Seienden im jeweiligen geschicklichen Bezug des Menschen zum Sein ist mit Blick auf Heideggers denkerische Gesamtkonzeption alles andere als ein Zufall. Vor dem Hintergrund des zweiten Hauptthemas, das Heideggers Denken bewegt, nämlich der Deutung der bisherigen Metaphysik und des Denkens überhaupt, ist die Frage nach dem Umgehen mit Dingen, dem „Handwerk", insofern von besonderer Relevanz, als sie an die bereits bei Aristoteles erörterte Verbindung zwischen der „Handfertigkeit" des Menschen und seiner Sprach- und Vernunftbegabtheit anknüpft. Der Mensch steht ja nur in einem „handelnden" Bezug zu den Dingen, insofern er ihrem Sein in besonderer Weise aufgeschlossen ist. Dieselbe unmittelbare Aufgeschlossenheit für welthaftes Seiendes ist es aber auch, die alles Denken als Denken allererst ermöglicht. Die Grundeinsicht, daß das Seinsverständnis weder etwas vom Dasein Gemachtes noch etwas nur strukturell Vorgegebenes ist, spricht sich in der Grundformel des „es gibt" aus, die sowohl auf das Sein als auch auf die Zeit, die Sprache und damit auf das Ereignis selbst Anwendung findet. Vor diesem Hintergrund ist das Vermögen des Menschen, Seiendes in handhabender Weise entgegenzunehmen, es in der Sprache verstehend zu entdecken und damit auch das „Handwerk des Denkens" auszuüben, nur der Widerschein und die Antwort auf die Art und Weise, wie sich Sein selbst in nichttranszendentaler Weise gibt[1].

Im Unterschied zu Husserl bezieht Heidegger jedoch die in der „Gegebenheit" bzw. „Vorgegebenheit" liegende, teilweise Entmachtung der transzendental-philosophischen Konstitutionsaktivität nicht nur auf die hinnehmende Anschauung der unmittelbar erlebten Phänomene, sondern weitet sie auf den Bereich der wissenschaftlich tätigen Subjektivität aus. Anhand des Dingbezuges wird somit im wahrsten Sinne des Wortes die Be-dingtheit des Denkens verdeutlicht, das sich mitnichten nur im Anfangsstadium auf Gegenstände der sinnlichen Erfahrung bzw. der Anschauung überhaupt verwiesen sieht, sondern auch in seinem gesamten weiteren Verlauf dazu aufgefordert ist, die Möglichkeit der immer größeren, denkend vollzogenen Komplexion selbst als etwas nicht aktiv Konstituiertes, sondern Gegebenes und somit gleichsam nicht als einen „Gegenstand", sondern als ein „Ding" höherer Ordnung anzusehen. In jedem Augenblick seiner Entwicklung kann das Denken die Dinge also nicht „manipulieren", sondern nur „behandeln", d. h. in einer Art angehen, die nicht nur dem unberechenbaren und nicht konstruierbaren

1. Für eine ausführliche Analyse der Thematik der „Hand" und der damit verbundenen Begrifflichkeit (Vorhandenheit, Zuhandenheit, Handeln usw.) mit Bezug auf die Phänomenologie von *Sein und Zeit* vgl. J.-F. COURTINE, »Donner / prendre: la main«, in: *Heidegger et la phénoménologie*, 283-303. Auch die Problematik des „es gibt", die für den späteren Heidegger eine zentrale Rolle spielt, wird dort am Schluß kurz erwähnt.

Charakter der Gegebenheitsweise von Seiendem entspricht, sondern auch dem Vollzug des Gebens und Entgegennehmens der Möglichkeit des Denkens selbst Rechnung trägt.

Das Verhältnis von Ding und Denken bleibt bei Heidegger allerdings nicht allein eine strukturelle Frage, sondern erfährt eine Verankerung in der Geschichte der metaphysischen Tradition. Die enge Beziehung von Dingverständnis und geschichtlicher Etablierung der Metaphysik wird von Heidegger in dem Vortrag »Die Frage nach der Technik«[1] entwickelt, der das Aristotelische Denken vom Standpunkt der Lehre von den vierfachen ἀρχαί aus in den Blick nimmt. Gegenüber der beim frühen Heidegger erfolgten Thematisierung der tetradischen Grundstruktur des Seinssinnes bei Aristoteles findet nunmehr eine nicht eigens erörterte Akzentverschiebung zum vierfachen Sinn von „Grund" (ἀρχή) im Zusammenhang des Entstehens von Seiendem, d. h. seinem Hervortreten in das Erscheinen, statt[2]. Auch hier stellt sich die Frage, ob und wie die Vierzahl der Gründe als definitiv angesehen werden muß oder ob sich auch hier eine leitende Bedeutung abzeichnet, auf die sich die anderen zurückführen lassen. Anhand des schon von Aristoteles verwendeten Beispiels der Anfertigung einer Silberschale kommt Heidegger auf die traditionell so bezeichnete Material-, Formal- und Finalursächlichkeit zu sprechen, bevor er in bezug auf die noch ausstehende Wirkursächlichkeit aus dem herkömmlichen interpretativen Schema ausbricht. Die Tätigkeit des Silberschmiedes besteht demnach nicht darin, physischer Antrieb für das Zustandekommen des Werkstückes zu sein, sondern die drei anderen Weisen des Grundes zu *sammeln*, womit in unüberhörbarer Weise die Brücke zu Heideggers Deutung des λόγος als des noch vorsprachlichen Versammelns des Seienden in sein Anwesen geschlagen ist[3]. Letztlich ist also die Vierheit der Gründe nicht gleich gewichtet, sondern stellt sich in der Form 3:1 dar, wobei dem λόγος als der Versammlung der anderen drei Gründe die leitende Stellung zukommt.

Die Ersetzung der Wirkursächlichkeit im herkömmlichen Sinne, d. h. eines Antriebes für ein konkretes Geschehen, durch den λόγος als „vierten" und damit ersten Grund nicht für das Seiende, sondern *für die anderen drei Gründe* des Seienden markiert Heideggers Abstandnahme von einem ontisch-unmittelbaren Verständnis von Grundhaftigkeit zugunsten einer Betrachtung des Wesens des Grundes in sich. Die Beziehung Grund-Seiendes tritt zurück hinter der Art und Weise, in der sich das Verhältnis der unterschiedlichen Weisen des Gründens untereinander darstellt. Die Problematik von Einheit und Vielfalt verläuft also nicht in erster Linie zwischen dem Niveau des mannigfaltigen Seienden einerseits und dem insgesamt in seiner ontologischen Funktion als einheitlich betrachteten Niveau der für es maßgeblichen Grundhaftigkeit andererseits, sondern konzentriert sich auf

1. VA, 9-40.
2. Vgl. GA 22, 149-181. Der stillschweigende Übergang vom vierfachen Sinn von Sein zu den vier Gründen ist für J.-F. Mattéi ein Hinweis darauf, daß Heidegger das Geviert bzw. die Tetrade überhaupt als eine Grundform ansieht, die den gemeinsamen Ursprung für die unterschiedlichen Viererkonstellationen des metaphysischen wie des nichtmetaphysischen Denkens darstellt (vgl. *Heidegger et Hölderlin. Le Quadriparti*, 37. 40f.).
3. Vgl. VA, 13: „Die drei zuvor genannten Weisen des Verschuldens verdanken der Überlegung des Silberschmieds, daß sie und wie sie für das Hervorbringen der Opferschale zum Vorschein und ins Spiel kommen".

die Vielfalt der Gründe als solche und die Frage nach einer möglichen Rückführung der einen auf die anderen.

Die Möglichkeit einer Reduzierung der vier Gründe auf eine geringere Anzahl wird zwar schon bei Aristoteles erörtert, doch ist bei ihm die leitende Bedeutung, auf die sich zumindest zwei der drei anderen Formen des Grundes zurückführen lassen, die der Formalursache, während sich die Materialursache einer solchen Reduzierung auf die Form widersetzt[1]. Heidegger geht in genau umgekehrter Richtung vor, indem er nämlich nicht dasjenige Element, das sich der Einigung widersetzt, sondern im Gegenteil dasjenige, das die Einigung der anderen Gründe vollbringt, dem so gewonnenen Verbund gegenüberstellt. Der λόγος des Schmiedes, der die anderen drei Gründe mit Blick auf das in seine Unverborgenheit hervorzubringende Seiende versammelt, ist keine Ursache *unter* anderen. Obwohl der λόγος im Gegensatz zu der durch ihn ersetzten Wirkursächlichkeit gerade keinerlei Transitivität des Geschehens beinhaltet, sondern nur die anderen drei Gründe zusammenbringt, ist er der eigentliche „Motor", wenn es darum geht, Seiendes in sein Erscheinen hervortreten zu lassen. Damit verliert die aus dem Zusammenspiel der vier Gründe resultierende Dinglichkeit des Dinges, selbst eines Gebrauchsgegenstandes wie der Silberschale, den Eindruck einer äußerlichen Zusammenstückung unterschiedlicher, heterogener Entstehungsmechanismen; ist der die anderen drei Gründe versammelnde λόγος doch seinerseits kein universales Prinzip, sondern wurzelt im Weltbezug des Daseins, das die Dinge nie in abstrakter, allgemeiner Weise, sondern immer schon innerhalb eines gewissen Sinnkontextes hervorbringt. Die eigentliche „Wirkursächlichkeit" ist damit der Weltcharakter des Seienden, der das Dasein dazu motiviert, den Dingen nicht nur ausgehend von einer bestimmten Materie eine gewisse Gestalt zu geben, sondern ihnen vor allem ihren Ort im Sinnzusammenhang der Welt zuzuweisen. Insofern die vier Gründe nicht in theoretischer Hinsicht und *a priori* in ihren jeweiligen Wirkungsanteilen zusammengeführt werden können, sondern nur im Hinblick auf das Hervorbringen von Seiendem *in* einem bestimmten Weltkontext zusammenspielen[2], ist die Welt letztlich nicht der Grund, sondern das Medium, in dem sich Seiendes aus seinen Gründen (bzw. seinem Grund) „er-geben" *kann*, sich aber nicht in beliebiger Weise herbeiführen läßt.

2.2. Das Ding im Weltspiel und die transzendentale Gegenständlichkeit

Galt Heideggers Bemühen in »Die Frage nach der Technik« dem Versuch, die nicht nur aristotelisch-metaphysische, sondern nunmehr als Synonym für die Metaphysik schlechthin fungierende Lehre von den vier Gründen[3] an ihre Grenzen zu führen bzw. vielmehr auf das ungedacht in ihr Liegende hin durchsichtig zu machen, so sind die anderen, unter der Überschrift »Einblick in das, was ist«[4] zusammengefaßten Vorträge der Aufgabe gewidmet, die nicht mehr im gängigen Ursache-Wirkungs-Verhältnis zu fassende Beziehung von Ding und Welt in ihren positiven

1. Vgl. ARISTOTELES, *Physik* II, 7, 198a 23ff.
2. Vgl. VA, 14.
3. Zu dieser sukzessiven Reduktion der abendländischen Metaphysik auf das Denken des Aristoteles, des Aristotelischen Denkens auf seine *Metaphysik* und dieser wiederum auf die Lehre von der vierfachen Grundstruktur des Seins, vgl. J.-F. MATTÉI, *Heidegger et Hölderlin. Le Quadriparti*, 37.
4. Diese Vortragsreihe bildet die erste Hälfte von *Bremer und Freiburger Vorträge* (GA 79, 5-77).

Grundzügen auszuarbeiten. Am plakativsten wird der neugewonnene Ansatz an dem sichtbar, was Heidegger das „Weltspiel" nennt. Im Vergleich zu seinen früheren Konzeptionen, die bereits das Weltphänomen in der einen oder anderen Weise mit dem Spiel in Verbindung brachten, unterscheidet sich das im „Geviert der Welt" entfaltete Spiel jedoch in zweifacher Hinsicht: Verglichen mit der „Welt" im Sinne des existenzialen Verstehenshorizontes für Seiendes, ist die Welt nunmehr keine homogene Fluchtlinie für den Zugang zu Seiendem in seinen kontextspezifischen Bedeutungen, sondern zerfällt ihrerseits in vier aufeinander nicht weiter reduzierbare „Gegenden", die miteinander im Wechselspiel liegen. Dieses Weltverständnis ist jedoch auch nicht mehr mit dem strittigen Zusammenspiel von Erde und Welt gleichzusetzen, das während der 30er Jahre Heideggers Deutung des Seienden als des Ortes für die Einheit von Lichtung und Verbergung beherrscht hatte. Die Konstellation ändert sich dahingehend, daß der „Himmel" nunmehr das eigentliche Gegenüber zur „Erde" wird, während die anderen zwei Komponenten des Gevierts von den „Sterblichen" und den „Göttlichen" gebildet werden. Die Welt ist damit durch keines der das Geviert bildenden Elemente direkt eingeschränkt und in kein Teilverhältnis mit ihnen einbezogen, sondern entfaltet sich selbst als das Zusammenspiel der unterschiedlichen Beziehungen der Vier.

Obwohl die Welt nichts „anderes" ist als das Geviert, stellt sie sich doch in einer Figur dar, die über die Summe der vier Weltgegenden hinausgeht. Bilden Himmel und Erde, Sterbliche und Göttliche ein Quadrat, das wie eine Windrose in alle Richtungen der Welt weist, so erscheint die Welt selbst als „Ring", d. h. in einer Kreisform, die dem Geviert erst seinen Bezirk vorgibt. Das Verhältnis von Geviert und Welt zu denken läuft somit im wahrsten Sinne des Wortes auf eine Quadratur des Kreises hinaus[1]. Gleichzeitig liegt im Wort „Ring" aber noch eine Vielzahl weiterer Bedeutungen, die das damit Gemeinte in ganz unterschiedlichem Licht erscheinen lassen. Zum einen ist in der Formulierung „der Ring *ringt*" die agonale Komponente des Spiels nach wie vor beibehalten[2], andererseits weist die Verbindung zu „gering" im Sinne von „unscheinbar" auf die Verborgenheit und Zurückgezogenheit des Ereignisses von Welt hin, während der Ring als Zeichen ehelicher Treue an das „Brautfest von Menschen und Göttern" erinnert und die Ringform des „Reigens" schließlich das eigentlich spielerisch-tänzerische Element einbringt[3]. Diese Vielzahl von Bedeutungsfacetten ist im Bezug auf den „Ring" der Welt nicht auseinanderzudividieren, sondern klingt immer zugleich an und verhindert, daß der „Ring" des Weltspiels sich zu einem univoken Schema verfestigt.

1. Vgl. J.-F. MATTÉI, *Heidegger et Hölderlin. Le Quadriparti*, 18.
2. Vgl. »Das Ding«, VA, 173 / GA 79, 19. Insofern ist also die Deutung M. Spariosus nicht zutreffend, derzufolge Heidegger speziell in diesem Vortrag „seems to have left behind Nietzsche's agonistic concept of play" (*Dionysus reborn*, 121). Der Umschlag von der tänzerisch-spielerischen zur agonalen Bedeutung des Weltspiels erfolgt vielmehr genau zwischen dem Substantiv „Ring" (Reigen) und dem Verb „ringen". Einer ähnlichen Fehlinterpretation unterliegt auch T. Küchler, wenn er schreibt: „In his later essays, Heidegger [...] abandons the militant aspects of his earlier play, particularly the original strife 'at work' in the work of art" (*Postmodern Gaming*, 44). Gewiß ist das „Ding" nicht mehr in erster Linie der Sitz des Streites, sondern der „Weile". Das „Ringen", also der agonale Aspekt, ist jedoch nicht schlechthin verschwunden, sondern betrifft jetzt das „Ringen" der Welt als ganzer, ist also gegenüber früher sogar noch ausgeweitet.
3. Vgl. »Das Ding«, VA, 173 / GA 79, 19f.

Trotz ihrer ringförmigen Geschlossenheit ist die Welt aber kein Horizont mehr, der die Dinge lediglich mit einem „Umring von Bedeutsamkeiten“ versieht, deren phänomenale Eigentümlichkeit sich ebensogut auch vom Standpunkt einer transzendentalphilosophisch verstandenen Subjektivität aus nachvollziehen ließe. Wenn die „Welt“ auch selbst keine Region mehr darstellt, die anderen Regionen gegenübergestellt wird – laute die Konstellation nun Welt-Seele-Gott, Welt-Bewußtsein, Welt-Vorhandenheit, Welt-Erde –, so ist sie nichtsdestoweniger in den Bezug einer Differenz hineingestellt. Der Widerpart zur Welt ist in diesem Fall das Ding, doch läßt sich ihr gegenseitiges Verhältnis weder als Verhältnis von Ganzem und Teil noch von (transzendentalem) Grund und Begründetem fassen.

Die Situation des „Dinges“ am imaginären Kreuzungspunkt der sich x-förmig überschneidenden Verbindungen der vier Weltgegenden fordert geradezu dazu heraus, es sowohl als Antwort auf Kants Begriff des „X“ als des transzendentalen Gegenstandes als auch als Erwiderung auf die entsprechende Kantische Weltidee zu verstehen[1]. Im Rahmen der Transzendentalphilosophie bedeutet das „X“ gerade kein einzelnes und lediglich unbekanntes Seiendes mehr, sondern steht für die reine und deshalb leere Einheitsform von Gegenständlichkeit überhaupt für ein endliches Bewußtsein[2]. Es ist somit gerade nicht der Brennpunkt einer wirklichen Anschauung, sondern nur der leere Horizont, innerhalb dessen etwas nicht schon erscheint, sondern überhaupt nur in Bezug auf die Möglichkeit seines Erscheinens gedacht werden kann. Als bloßer Fluchtpunkt des Vorstellens drückt es nicht so sehr etwas über das Ding selbst aus als vielmehr über die Art und Weise, in der der Verstand den Bezug von Erkenntnis und Dingen in seiner Möglichkeit, diese Möglichkeit selbst wiederum aber als eine mit dem Wesen des Bewußtseins zusammenfallende denken muß. Ist das „X“ die emblematische Form der transzendental verstandenen Möglichkeit des Erscheinens der einzelnen Dinge in der Einheit des Bewußtseins, so bezieht sich der Kantische Weltbegriff auf das Grunderfordernis einer inneren Einheit der erscheinenden Dinge untereinander. „Welt“ bedeutet demnach die kontinuierliche Verknüpfung der Erscheinungen in einem Ordnungsrahmen, der selbst nicht wieder Teil der Erscheinungswelt, sondern ihr transzendentaler, aber der Anschauung nie selbst gegebener Grund ist. „Welt“ ist als Idee ein Grenzbegriff, der nicht die Dinghaftigkeit des Dinges als solche, sondern seine Denkbarkeit für die menschliche Erkenntnis betrifft. Als Wie (nämlich als gesetzmäßiger Zusammenhang) einer asymptotischen Unendlichkeit von Erscheinungen steht die Welt für die Einbindung des empirischen Elementes des Erscheinens in den Kontext ihrer möglichen mathematisch-naturwissenschaftlichen Interpretierbarkeit[3]. Transzendentale Gegenständlichkeit und Weltidee sind somit Ausdruck des Bemühens, das „Spiel der Erscheinungen“ von den zwei Seiten der Anschauung wie des Denkens her zu reglementieren, um es in die feste Bahn einer rational bestimmten Beherrschbarkeit und Berechenbarkeit zu lenken.

Die von Heidegger entwickelte Deutung des Dinges im Spiel der Welt erweist sich damit in mehrfacher Hinsicht als das genaue Gegenteil der Kantischen Konzeption. Dies zeigt sich zum einen darin, daß bei Heidegger das Ding nicht in der leeren

1. Vgl. den Hinweis auf Kant in »Bauen Wohnen Denken«, VA, 148. 169.
2. Vgl. KrV, A 104f. 109.
3. Vgl. KrV, A 418f. / B 446f.

Universalität eines „Etwas überhaupt" gesehen wird, sondern in seinem spezifischen, jeweiligen Ort innerhalb der Weltgegenden. Wie das Beispiel des Kruges bzw. der Opferschale verdeutlicht, beruht das Wesen eines Gefäßes nicht in seiner *a priori* bestimmbaren Gegenständlichkeit für ein naturwissenschaftlich geprägtes Denken, sondern in seiner Einbeziehung in ein jeweils neu zu bestimmendes Verhältnis von Sterblichen (Wasser als Trunk) und Göttlichen (Wein als Opfertrank)[1], so daß die Erscheinungsweise jedes einzelnen Seienden sich als Widerschein der Ungeschuldetheit des Erscheinens von Seiendem insgesamt erweist[2]. Bei all seiner Verknüpfung mit den Bezügen der Weltgegenden wahrt das Ding jedoch seine Eigenständigkeit gegenüber dem Verhältnis des Geviertes insgesamt. So befindet sich das Ding zwar am Kreuzungspunkt des von den Weltgegenden aufgespannten „X", aber es *ist* nicht selbst das „X". Auch das Geviert ist damit keine transzendentale Bestimmung der Dinge, sondern umgekehrt: Jedes einzelne Ding wird auf eigene Weise der Brennpunkt der Gesamtheit der Welt, von der man in gewisser Weise sagen kann, daß sie ihr Zentrum überall und ihre Peripherie im Ring der vier Gegenden hat[3]. „Welt" ist also kein auf Unendlichkeit abzielender Reihenbegriff mehr, bei dem die Forderung nach konkreter Erfahrung illegitimerweise über die Grenzen möglichen Erscheinens für die Anschauung hinausginge, sondern Synonym für die Begrenztheit einer Kreisbewegung, die nicht nur die offene Mitte für das Erscheinen von Dingen überhaupt schafft, sondern durch den je unterschiedlichen Verweis jedes Dinges auf die Weltgegenden auch das Wie seines Erscheinens mitbestimmt und darin selbst miterscheint.

Die Welt ist somit – und dies ist der zweite wesentliche Unterschied zwischen Heidegger und Kant – nicht Bedingung für die Denkbarkeit jedes beliebigen Seienden mit Bezug auf die mathematische Gesamtheit möglicher Erscheinungen, sondern Ort für das wirkliche Erscheinen jedes Dinges in seiner Jeweiligkeit und Einzigkeit. Nicht mehr der Kontext einer in universale Gesetze zu fassenden und mathematisierbaren Auffassung der Erscheinungen ist wesentlich, sondern das einzelne Ding in seiner Art und Weise, die Welt als endliche miterscheinen zu lassen. Die Bezeichnung „Welt" ersetzt somit beim späten Heidegger nicht nur die noch transzendentalphilosophisch anmutenden, welthaften Verstehenshorizonte aus seiner eigenen Frühphase, sondern tritt zugleich damit auch an die Stelle des Kantischen Begriffs der „Natur" im Sinne der dynamischen Gesamtheit des erfahrbaren Seienden. Die „Nähe" bzw. „Ferne", die Heidegger zwischen Welt und Ding ansetzt, ist keine apriorisch bestimmbare, geometrische Entfernung, sondern der Freiraum für das Erscheinen der Dinge aus der Welt her und umgekehrt der Welt in den Dingen.

Trotz der Betonung der Jeweiligkeit des einzelnen Seienden läßt sich das Verhältnis von Welt und Ding nicht im Sinne eines Individuationsgeschehens interpretieren. Der Grund dafür liegt auf der Hand; würde doch ein wie immer geartetes Individuations*prinzip* die Beziehung von Welt und Ding wieder in einen universal festlegbaren und damit berechenbaren Rahmen spannen, der für jedes Seiende gleichermaßen und unter Absehung von seiner spezifischen, je eigenen Welthaftig-

1. Vgl. »Das Ding«, VA, 164f.
2. „Im Geschenk des Gusses weilt die Einfalt der Vier" (»Das Ding«, VA, 166 / GA 79, 12).
3. „Das Ding dingt. [...] Es sammelt das Geviert ereignend, dessen Weile in ein je Weiliges: in dieses, in jenes Ding" (»Das Ding«, VA, 166 / GA 79, 12).

keit gilt[1]. Es geht nicht darum, einen Übergang von einer als „Allgemeines" verstandenen Welt zum „Besonderen" des Dinges zu vollziehen, so als werde das einzelne Seiende erst bei größtmöglicher Entfernung von dem es umfassenden Ring der Welt zum Ding. Die Einzigkeit des Dinges liegt nicht am Ende eines imaginären Pfeiles, der von der „Universalität" des Weltumfanges radial in Richtung auf die im Zentrum des Kreises befindliche Individualität wegzeigt, sondern an *jedem* Punkt des vom Ring der Welt umschriebenen Bezirkes ist das Ding je schon Ding. Das Innere des Ringes ist als ganzes gleichermaßen der Spielraum für die Einzigkeit der Dinge, die sich nicht in das Kontinuum eines homogenen Wie ihres Erscheinens zusammenfassen lassen. Ebensowenig, wie es „das" Ding als die transzendentale Form von Gegenständlichkeit überhaupt gibt, kann man von „der" Welt als eines selbst singulären Grenzbegriffes für eine asymptotische Totalität sprechen. Nicht nur die Dinge sind in der irreduziblen Vielheit ihres je eigenen Weltbezuges bewahrt, sondern es gibt umgekehrt auch so viele „Welten" – besser gesagt: so viele Ereignisse von Welt –, wie es Dinge gibt. Zwischen beiden herrscht folglich nicht „die" Differenz von Welt und Ding, sondern von Fall zu Fall nehmen Welt und Ding im Reigen ihres Verhältnisses eine bald fernere, bald nähere Position zueinander ein, je nachdem, inwiefern sich die Welt selbst vornehmlich zugunsten des Dinges zurücknimmt oder in den Dingen zum Scheinen und damit zum Geltung kommt.

2.3. Das Spiegelspiel – Zersplitterung oder Universalität?

Angesichts der Stellung, die Himmel und Erde, Sterbliche und Göttliche für den Bezug von Welt und Ding einnehmen, erscheint die Frage berechtigt, ob diese vier Strukturmomente nicht letztlich doch wieder in die Rolle von Gründen zurückfallen, die unter dem Deckmantel ihrer besonderen Geartetheit das metaphysische Schema der vier ἀρχαί wiederholen. Genügt die Versicherung der bleibenden, nicht weiter reduzierbaren Vierzahl der Gegenden[2] schon, jeden Verdacht eines Rückfalls in metaphysische Denkschemata auszuräumen? Ist das Reden von ihrer verborgenen „Einfachheit" oder „Einheit"[3] nicht schon Beweis genug, daß es letztlich wieder um die Rückführung auf ein einheitliches Fundament geht?

Die Antwort auf die Frage nach dem metaphysischen oder nicht metaphysischen Charakter des Gevierts hängt letztlich davon ab, was man als das schlechthin wesentliche Kriterium metaphysischen Denkens betrachtet. Gilt nicht schon der Begriff des Grundes oder Ursprungs an sich, sondern die Reduktion auf ein einheitliches Grundprinzip als Diskrimen der traditionellen Metaphysik, ist mit der Geviertstruktur als einer bleibenden Fragmentierung des Ursprungs bereits den Erfor-

1. Bezüglich der Unmöglichkeit einer festen „Spielregel" für die „Individuation" von Welt im Ding bei Heidegger vgl. D. SINN, »Heideggers Spätphilosophie«, *Philosophische Rundschau* 14 (1966-67), n. 2-3, 81-182, hier 146.

2. Eines ist in das Andere vereignet, aber so, daß es dabei selber in seinem Eigenen bleibt, sogar erst in dieses gelangt: Götter und Menschen, Erde und Himmel. Die Innigkeit meint kein Verschmelzen und Verlöschen der Unterscheidungen. Innigkeit nennt das Zusammengehören des Fremden, das Walten der Befremdung, den Anspruch der Scheu" (»Hölderlins Erde und Himmel«, GA 4, 196).

3. Vgl. »Hölderlins Erde und Himmel«, GA 4, 170; »Das Ding«, VA, 172 / GA 79, 19.

dernissen eines nichtmetaphysischen Denkens Genüge getan[1]. Die *bleibende* Vielheit des Ursprünglichen wäre demnach ausreichend, um aus dem metaphysischen Paradigma auszubrechen, ohne daß die Frage aufkäme, ob die als *beständig* gegeben angesetzte Vielheit des Gevierts nicht wieder das metaphysische Schema der Beständigkeit und Zeitlosigkeit des Grundes mitmacht[2]. Demgegenüber deuten andere Autoren Heideggers Geviertstruktur nur als Variation eines letztlich doch wieder „monistisch-holistischen Denken[s]“[3], das die Weltgegenden „nicht im Sinn freier Pluralität, sondern von vornherein im Sinn einer *Fügung* der Momente zum Ganzen“[4] betrachte. Die Geviertstruktur sei insofern wieder ein Rückfall in alte kosmologische Schemata, als sie die Konstellation eines künftigen Welt- und Dingbezuges in ihrer Gesamtheit vorauszuentwerfen beanspruche und damit die von ihr selbst verworfene Grundannahme der Berechenbarkeit des Verhältnisses von Welt, Ding und Grund stillschweigend übernehme.

Die Problematik ist um so heikler, als das Grundwort, mit dem Heidegger die Beziehung der vier Weltgegenden untereinander charakterisiert, sich dazu anbietet, in Richtung zweier einander diametral entgegengesetzter metaphysischer Paradigmen weiterverfolgt zu werden. So kann das Motiv des „Spiegels“, das Heidegger zur Bezeichnung des unablässigen Aufeinander-verweisens und Ineinander-enthaltenseins von Himmel und Erde, Sterblichen und Göttlichen verwendet, entweder – auf der Linie eines platonisch-plotinisch-orphischen Deutungsansatzes – als Synonym der Vielheit und Zersplittertheit des materiellen Universums gedeutet werden, die sich der einigenden Macht des Geistes entgegensetzt, oder umgekehrt – in Verbindung mit der Leibnizschen Monadologie – gerade als Prinzip der Einheit und Präsenz des Alls im Einzelnen aufgefaßt werden. Die erste Deutungsvariante, die mit antiken Dionysosmythen in Verbindung steht[5], kann für sich in Anspruch nehmen, daß Heidegger schon früher im Zusammenhang der Beziehung von Menschen und Göttern auf den „Halbgott“ Dionysos und sein Attribut, den aus dem Zusammenwirken von Himmel und Erde entstehenden Weinstock, verwiesen hatte, der in den

1. Vgl. R. SCHÜRMANN, *Le principe d'anarchie*, 174f.
2. Vgl. die Deutung des Gevierts als der „synchronischen“ Aufsplitterung der Ursprungshaftigkeit bei R. SCHÜRMANN, *Le principe d'anarchie*, 175 Anm. 2.
3. W. WELSCH, *Unsere postmoderne Moderne*, 212.
4. W. WELSCH, *Unsere postmoderne Moderne*, 211 (Hervorhebung im Original).
5. In seinem Artikel »Plotin et le miroir de Dionysos«, *Revue internationale de philosophie* 24 (1970) 304-320, legt J. Pépin die unterschiedlichen Versionen der orphischen Dionysosmythen, ihre diversen Rezeptionsstränge sowie die Deutungsversuche durch das philosophische, vor allem neuplatonische Denken dar. Gemeinsamer Grundzug der unterschiedlichen Varianten des Mythos ist, daß Dionysos nicht schon an sich Urheber der Vielheit im Universum ist, sondern erst in dem Moment, wo er in den Spiegel schaut, den ihm die Titanen darreichen. Die „Vielheit“ wird im einen Fall dadurch erreicht, daß Dionysos nach dem Blick in den Spiegel sich selbst daranmacht, eine in sich vielfältige Welt zu schaffen; im anderen Falle sind es die Titanen, die den durch den Spiegel abgelenkten Dionysos zerstückeln, um ihn zu verzehren. R. Schürmann nimmt in seiner Deutung des Heideggerschen Gevierts ausdrücklich auf den orphisch-dionysischen Traditionsstrang Bezug, wenn er schreibt: „Ces dimensions de manifestation [d. h. die Geviertgegenden] sont aussi multiples que Dionysos disséqué (*Le principe d'anarchie*, 176). Auch das Spiegelmotiv wird, wenngleich nur in Form einer Vermutung, mit dem Dionysosmythos und nicht mit dem gleichfalls denkbaren, monadischen Interpretationsmodell in Verbindung gebracht, wenngleich, wie Schürmann anerkennt, im wechselseitigen Sich-Spiegeln der Weltgegenden die Betonung nicht auf der Zersplitterung, sondern auf der Einheit des Gevierts liegt (vgl. ebd., 176 Anm. 2).

späten Vorträgen aus den 50er Jahren gleichfalls genannt wird. Dementsprechend wäre das „Spiegelspiel" eine folgerichtige Weiterführung der bereits begonnenen Deutung der in sich von Spannung und Gegensätzen gekennzeichneten Struktur der Wirklichkeit vor dem Hintergrund des Dionysosmotivs, nur daß diesmal die Vielheit der solcherart verstandenen Welt durch das Motiv des „Spiegelns" eine weitere, für Heideggers Deutung der Metaphysikgeschichte relevante Nuance erhält.

2.3.1. Das Spiegelspiel als Antwort auf metaphysische Grundmotive des Platonischen Denkens

Von seinen platonischen Ursprüngen her ist der Spiegel ein Motiv für das mehrfach gestufte Abschattungsverhältnis zwischen übersinnlicher und sinnlicher Welt einerseits und den unterschiedlichen Graden von Abgeblaßtheit innerhalb der Sphäre des Sinnlichen andererseits. Das im Spiegeln implizierte Urbild-Abbild-Verhältnis wird von Platon in mehrfacher Hinsicht durchexerziert, nämlich zunächst bezüglich der direkten oder nur indirekten Erkenntnis der Idee des Guten sowie der anderen Ideen (Vergleich mit den Spiegelbildern der Sonne und der übrigen Gegenstände im Wasser), dann für jede einzelne Idee in bezug auf das an ihr teilhabende, sinnliche Einzelding und schließlich für das sich nochmals weiter vom Urbild entfernende Verhältnis zwischen dem sinnlichen Ding selbst, seinen Abbildern und Trugbildern[1]. Der gemeinsame Nenner liegt hier in der Grundidee einer Stufung zwischen „Physischem" und „Metaphysischem", aber auch nochmals innerhalb eines jeden dieser Bereiche. Damit wird das Spiegeln nicht nur zum Synonym einer Vielheit (die ja grundsätzlich auch zwischen gleichberechtigten Instanzen herrschen könnte), sondern etabliert zugleich damit eine ontologisch-metaphysische Werteskala, die das Abgebildete, je weiter es in der Spiegel- und Abbildhierarchie unten steht, mit einem desto geringeren Grad an Wahrheit begabt sieht.

Diese einerseits von der Transzendenzidee der Wahrheit und andererseits von der Vorstellung ihrer abgeschwächten Widerspiegelung in Form einer passiv-identischen Reproduktion getragene Auffassung erfährt im Heideggerschen Spiegelspiel ihre dementsprechende Überwindung:

> „Jedes der Vier spiegelt in seiner Weise das Wesen der übrigen wieder. Jedes spiegelt sich dabei nach seiner Weise in sein Eigenes innerhalb der Einfalt der Vier zurück. Dieses Spiegeln ist kein Darstellen eines Abbildes"[2].

Das „Wesen" ist damit nicht als εἶδος dem Spiegelbild entgegengesetzt, sondern dieses selbst, ja mehr noch: Jede der Gegenden erhält ihr Wesen erst als ihr Spiegelbild in dem, was sie nicht ist. Die darin unüberhörbar anklingende Kritik am platonischen Urbild-Abbild-Schema hat auch ihre Konsequenzen für die Dichtung, die von Platon ja – gleich der Malkunst – aufgrund ihrer Deutung als „Nachbildung von Nachbildungen" mit Mißtrauen betrachtet wird. Die negative Konnotation des „bloßen Bildes" kann von Heidegger deshalb außer Kraft gesetzt werden, weil für ihn ganz allgemein die Wahrheit nicht mehr im Gegensatz zum Schein, sondern als das ohne transzendente Restbestände aufgehende Erscheinen selbst gedeutet wird:

1. Vgl. PLATON, *Politeia*, 509c – 510d; 516a – 517a; 596d – 597e.
2. »Das Ding«, VA, 172 / GA 79, 18.

„Das Wesen des Bildes ist: etwas sehen zu lassen. Dagegen sind die Abbilder und Nachbilder bereits Abarten des eigentlichen Bildes, das als Anblick das Unsichtbare sehen läßt und es so in ein ihm Fremdes einbildet. Weil das Dichten jenes geheimnisvolle Maß nimmt, nämlich am Angesicht des Himmels, deshalb spricht es in ›Bildern‹. Darum sind die dichterischen Bilder Ein-Bildungen in einem ausgezeichneten Sinne: nicht bloße Phantasien und Illusionen, sondern Ein-Bildungen als erblickbare Einschlüsse des Fremden in den Anblick des Vertrauten“[1].

Das dem Blick freigegebene Etwas ist nichts anderes als das, was sehen läßt. Das Bild, insbesondere das der Dichtung, hat weder einen Zeichencharakter, noch ist es Träger einer metaphorischen Bedeutungsebene. Es selbst ist zugleich „Zeigendes“ und „Bezeichnetes“ in einem, insofern es sich am „Angesicht des Himmels“ orientiert, das selbst auch auf nichts hinter ihm Liegendes mehr verweist, sondern reines Scheinen und Sich-zeigen ist. Die Rede vom „Spiegelspiel“ im Gegensatz zum „bloßen“ Spiegelbild ist daher in bezug auf die synchronische Sichtbarkeit der Phänomene in ihrer gegenseitigen Verknüpfung dasselbe, was die Unterscheidung zwischen Erscheinung und „bloßem Schein“ bezüglich des Hervortretens der Phänomene aus dem Ursprung aussagte: Ebenso, wie es den „bloßen Schein“ nur deshalb geben kann, weil Erscheinen grundsätzlich Erscheinen von „etwas“ ist, das sich darin als es selbst, wenn auch nicht direkt manifestiert, verdankt sich auch die „bloße“ Spiegelung im Sinne der mechanischen Reproduktion oder der trügerischen Illusion der Tatsache, daß jeder Phänomenbereich als solcher kein inerter Rahmen für den Sinnzusammenhang der in ihm erscheinenden Dinge ist, sondern seine spezifische Bereichshaftigkeit selbst nur durch den ständigen reziproken Widerschein aller anderen möglichen Sinnperspektiven erhält. Wechselseitig sind Erde und Himmel, Sterbliche und Göttliche zugleich „Abzubildendes“, „Spiegel“ und „Abbild“, doch in einem beständigen Richtungswechsel, der eben in keiner Hinsicht mehr „orientiert“, also wörtlich: einer privilegierten Himmelsrichtung zugewendet ist, sondern sich in einer Kreisbewegung vollzieht, die alle Weltgegenden gleichermaßen überstreicht und jede zugleich Zentrum und Peripherie, Orientierungspunkt und Ausgerichtetes in einem sein läßt. Zugleich wird mit dem „Spiegeln“ die in der bisherigen Metaphysik insgeheim wirksame Orientierung am Kriterium der Zeitlichkeit durchbrochen: Insofern keine der vier Gegenden für die anderen Urbild oder Abbild ist, kann auch keine von ihnen die Rolle eines Apriori übernehmen, das in der Reihe der ontologischen Abhängigkeit der Sache nach früher, in der Erkenntnisordnung aber später käme. Das Spiegeln ist vielmehr Ausdruck der absoluten, aber dynamischen Gleichzeitigkeit, denn nur solange, aber auch genauso lange, wie sich jedes der Vier in den anderen drei spiegelt, hat es selbst sein Wesen inne. Jede der vier Instanzen kommt immer schon zu früh, um nur nachträgliches Abbild zu sein, und immer zu spät, um den anderen als ihr bedingendes Modell vorauszugehen.

2.3.2. Das Spiegelspiel – eine Monadologie zu vier Termini?

Der je eigene, „spiegelnde“ Bezug der unterschiedlichen Geviertgegenden auf das Ganze der Welt läßt die Frage aufkommen, inwiefern Heidegger damit an das

1. »„...Dichterisch wohnet der Mensch...‘«, VA, 195.

Leibnizsche Motiv der Monaden anknüpft; dies um so mehr, als er schon 1928 in seiner Leibnizvorlesung die Spiegelung des Universums in jeder einzelnen Monade als eine – wenngleich noch nicht adäquate – Vorausdeutung auf den wesentlichen, ursprünglichen Bezug von Dasein und Welt gedeutet hatte[1]. Ein Unterschied war schon damals hervorgetreten, was die nähere Gestaltung dieses Bezuges anbelangte: Heidegger hatte den Ansatz, demzufolge Leibniz das Universum auf je spezifische Weise in der *perceptio* der Monade eingefaltet sein läßt, als noch zu sehr von der Vorstellung einer subjektiven „Innerlichkeit" her bestimmt kritisiert und ihm die Konzeption des Immer-schon-„draußen"-seins der Existenz gegenübergestellt. Wohl hatte auch Heidegger den Bezug von Dasein und besorgter Welt bisweilen in der Begrifflichkeit des Spiegelns ausgedrückt[2], doch bald wieder von dieser Metaphorik Abstand genommen, insofern für ihn das Weltverhältnis des Daseins nicht primär, wie es der Begriff des „Spiegelbildes" suggerieren könnte, passiv-betrachtender, sondern verstehend-handelnder Natur ist[3]. Wie stellt sich das Heideggersche „Spiegelspiel" der Welt nun gegenüber diesem eigenen, früheren Ansatz der Deutung von Welt und Dasein dar?

Der tiefgreifende Unterschied besteht weniger darin, daß zwischen 1928 und 1950 das Wesen des Menschseins statt in der Bezeichnung des „Daseins" vornehmlich im Ausdruck „die Sterblichen" zusammengefaßt wird, sondern daß die Position des wie immer verstandenen Menschseins im Gesamtzusammenhang der Welt ein anderer ist. Die Frage ist nicht mehr auf die Beziehung der zwei Termini „Dasein" (bzw. Mensch) und „Welt" beschränkt, sondern das direkte Gegenüber der Menschen als der „Sterblichen" sind vielmehr „die Göttlichen", wobei die Begegnung beider im größeren Verhältnis der Welt insgesamt steht. Das Dasein ist auf diese Weise von der zentralen Stellung weggerückt, die es in *Sein und Zeit* aufgrund seiner Gleichmächtigkeit mit einer als homogene Gesamtheit von Sinnhorizonten verstandenen Welt hatte[4]. Das Dasein ist auf diese Weise nicht mehr selbst die offene Mitte für das Phänomen der Welt schlechthin, sondern *einer* der Orte des Erscheinens, die zusammen den Raum des Verhältnisses von Ding und Welt aufspannen. Verglichen mit dem Verhältnis von Dasein und nichtdaseinsmäßigem Seienden in *Sein und Zeit*, haben sich die Prioritäten der Abhängigkeit damit umgekehrt: Eröffnung von Welt geschieht primär im Ding, das seinerseits die Sterblichen in ihre wesentlichen Bezüge zu den Weltgegenden hineinstellt. „Die Sterblichen" (Heidegger verwendet diese Bezeichnung ausschließlich im Plural!) stellen sich nicht mehr als auf existenziale Vereinzelung zugespitzte Instanz, sondern nur mehr als peripherer Bereich dar, der gegenüber den anderen drei Gegenden keinerlei Vorrang bean-

1. Vgl. GA 26, 270ff.

2. Die Auffassung des Bezuges von Dasein und Welt als Spiegelung taucht bereits beim frühen Heidegger im Begriff der „Reluzenz" auf (vgl. GA 61, 117-130 sowie SZ, 21). In dieser Bezeichnung liegt allerdings insofern ein negativer Beiklang, als damit gemeint ist, daß sich das Dasein in uneigentlicher Weise an die besorgten Dinge verliert, sich aus ihnen her versteht und sich durch diesen „Widerschein" passiv von dem bestimmen läßt, was es selbst nicht ist.

3. Die stillschweigende Annahme Heideggers, daß bei Leibniz das Spiegeln der Monaden ausschließlich im Sinne des (theoretischen) Vorstellens, der von Heidegger so kritisierten *repraesentatio*, verstanden werden muß, ist allerdings nicht unumstritten; vgl. dazu R. CRISTIN, »Rechnendes Denken und besinnendes Denken. Heidegger und die Herausforderung der Leibnizschen Monadologie am Beispiel des Satzes vom Grund«, *Studia Leibnitiana* 24 (1992), n. 1, 93-100, insbesondere 99f.

4. Vgl. SZ, 164.

spruchen kann. Die Wesenscharakterisierung des Daseins könnte man dementsprechend nicht mehr in die Leitworte „Welt – Endlichkeit – Einsamkeit", sondern „Welt – Sterblichkeit – Eingefügtsein in die Vierung" zusammenfassen, um so zu verdeutlichen, daß die sich ehedem als Brennpunkt der Erschlossenheit von Sein darstellende *Ek-stase* des Daseins zu einem im wahrsten Sinne des Wortes *ex-zentrischen* Moment für den Bezug von Welt und Ding gewandelt hat.

Damit wird auch schon ein wesentlicher Unterschied zu einem Grundzug der Leibnizschen Monadologie ersichtlich: Ort der Spiegelung des Universums ist dort jede einzelne Monade als Kraftzentrum, d. h. als singuläre, aufgrund ihrer spezifischen Perspektive auf keinen Allgemeinbegriff zu reduzierende Substanz. Demgegenüber sind die vier sich spiegelnden Gegenden gerade durch ihren Bereichscharakter alles andere als Zentren und Brennpunkte, sosehr die Tatsache, daß jede von ihnen „auf eigene Weise" die anderen drei spiegelt, wie ein Anklang an die perspektivische Deutung der Spiegelung durch Leibniz wirkt. Beim späten Heidegger ist das Spiegeln auf kein Bewußtsein, keine Vorstellung und nicht einmal mehr auf das Dasein bezogen, sondern „*es* spiegeln" sich die Vier – nicht mehr „für" jemanden oder „in" jemandem, sondern nur noch ineinander. Nicht umsonst fällt die Einheit des Spiegelspiels ja mit keiner der vier Gegenden zusammen, sondern diese Einheit wird nur in ihrem gegenseitigen, jeweils von sich wegzeigenden Aufeinanderverweisen erkennbar[1]. Die Einheit bzw. „Einfalt" ist nicht selbst Teil der Vier, sondern die selbst nicht erscheinende Mitte, die das Verhältnis der Vier „fügt", ohne sich in ihnen widerzuspiegeln[2]. Das Spiegeln selbst hat keinen Ort in einem der sich Spiegelnden und bleibt damit unsichtbar und zurückgezogen. Dieses Sichzurückziehen der Einheit von Welt gegenüber dem Spiegelspiel ihrer Gegenden ist damit eine weitere Variante der geschicklich verstandenen ἐποχή. Welt ist nicht die äußerlich zusammenfassende Summe der vier Gegenden[3], sondern diejenige *eine* Unruhe, die die vier Elemente aufgrund ihrer Endlichkeit in einem ständigen Bezugsgeschehen zueinander hält.

2.4. Welt und Ding im Spiel der Sprache

2.4.1. Wort, Bedeutung, Zeichen: das Sprachverständnis des späten Heidegger gegenüber Leibniz und Husserl

Schon von Heideggers erster Auseinandersetzung mit Leibniz her ist bekannt, daß seine Kritik an der traditionellen Deutung des Weltphänomens ihren Niederschlag in einer Revision der entsprechenden Auffassung von Sprache findet. Im Umkreis von *Sein und Zeit* war die mehrgliedrige Satzstruktur „Subjekt-Kopula-Prädikat" als phänomenale Anweisung auf den spezifischen, je nach Weltbezug verschiedenen Seinssinn des „ist" gedeutet worden, dessen zentrale Stellung es erlaubte, die aus den ontologischen Implikationen des Subjektbegriffes resultierende Kopflastigkeit der Satzstruktur zu durchbrechen. Die einer phänomenologischen Kritik unterzogene Satzform der Aussage – samt der damit verbundenen Problematik

1. Vgl. »Das Ding«, VA, 173 / GA 79, 19.
2. Vgl. »Hölderlins Erde und Himmel«, GA 4, 179.
3. Vgl. »Das Ding«, VA, 173f. / GA 79, 19f.

der aus der metaphysischen Tradition stammenden „Grund-sätze" – war damit nicht grundsätzlich aufgehoben, sondern nur auf ihren eigentlichen, vortheoretischen Grund gebracht worden. Die Heideggersche Kritik des Aussagesatzes durch die Begründung der Sprache im Grundphänomen der Welt galt damit gleichermaßen als Antwort auf die Problematik der Satzaussagen über einzelnes Seiendes aller Art als auch in bezug auf die metaphysikgeschichtlich orientierte Frage nach den „Grundsätzen" des Denkens (Identitätsprinzip, Prinzip des zureichenden Grundes), insofern sie beide als unterschiedliche Variationen desselben Grundthemas, nämlich einer theoretischen Deformierung des in ursprünglicher Einheit erlebten Phänomens der „Wahrheit" (d. h. Erschlossenheit) von Welt gedeutet wurden.

Ruft man sich diesen frühen Ansatz Heideggers zur Sprachdeutung in Erinnerung, ist es um so erstaunlicher, daß im Zusammenhang mit dem „Weltspiel" keine weitere Umdeutung oder Modifikation des Phänomens der Satzaussage stattfindet. Die ehedem unterschiedslos auf den Bezug Sprache-Seiendes und Sprache-Philosophie bezogene Kritik der Satzaussage spaltet sich nunmehr auf, insofern die Sprache anläßlich des Verhältnisses von Ding und Welt von vornherein nur in Form des „Wortes" auftaucht, das keine diskursive oder grammatikalisch differenzierte Struktur mehr aufweist, während die Problematik der Satzstruktur als solcher nur mehr im Zusammenhang der „Grundsätze des Denkens" angegangen wird – einer Thematik, bei der Leibniz dann natürlich wieder eine herausragende Rolle spielt. Die für den Bezug von Sprache und Ding wirksame Beschränkung auf das „Wort" ist um so auffallender, als es Heidegger nicht etwa nur, wie man meinen könnte, um eine Ablösung der abstrakten, weltlosen Satzaussagen *über* etwas zugunsten einer Orientierung an der eigenen Diskursivität des dichterischen Sprechens geht, sondern um das Verschwinden der syntaktischen Dimension von Sprache schlechthin, auch und gerade in bezug auf die Dichtung[1]. Die Vermutung läge daher nahe, daß das Aufgeben der syntaktisch differenzierten Satzstruktur eine Konsequenz des Versuches ist, für die denkerische Deutung des Dingbezuges noch vor das in der ontologischen Differenz befangene Denken der Metaphysik zurückzugehen und eine Sprech- und Schreibweise anzunehmen, die die „Selbigkeit" von Sein und Denken in tautologischer oder sich überhaupt nur in Einzelworten aussprechender Weise ausdrückt. Der Hinweis Heideggers, daß selbst Sein und Nichts im „Welten" der Welt verschwinden[2], scheint jedenfalls auf den ersten Blick dafür zu sprechen, daß dieses Ereignis von Welt durch eine Sprache herbeigerufen werden muß, die in ihrer Struktur gleichfalls die ehemals grundlegenden Gegensätze und Differenzen dahinfallen läßt.

So naheliegend diese Deutung auch scheinen mag, sowenig ist sie letztlich zwingend, wenn man Heideggers Denken des Differenten nicht auf die einzige Form der „ontologischen Differenz" reduziert. Zwar ist das „Wort" – im Gegensatz zu den unterschiedlichen Niveaus der fundamentalontologisch interpretierten Satzaussage – nicht mehr Ausdruck eines spezifischen Seinsverständnisses (und damit Ereignisses der ontologischen Differenz) im Kontext von Welt, doch heißt dies nicht, daß es

1. Das „Wort" ist natürlich nicht notwendigerweise als Singular im strikten Sinne von isolierten Einzel*wörtern* zu nehmen, vielmehr beruht die Blockhaftigkeit des dichterischen Sagens auf der Unmöglichkeit, den Worten eine genau abzugrenzende, syntaktische Funktion zuzuweisen.

2. „Wenn Welt erst sich eigens ereignet, entschwindet Sein, mit ihm aber auch das Nichts in das Welten. Erst wenn das Nichts in sein Wesen aus der Wahrheit des Seins her in diese verschwindet, ist der Nihilismus überwunden" (»Die Gefahr«, GA 79, 49).

schlechthin nichts mehr mit der Welt und dem Phänomen der Differenz als solcher zu tun hätte. Die von Heidegger während der 50er Jahre unternommene Bestimmung des Verhältnisses von Ding, Welt und Sprache hat vielmehr zum Ziel, die Problematik des Verhältnisses von Grund und Differenz in einer Weise zu bestimmen, die sich sowohl von den klassischen Wahrheitstheorien als auch von seiner eigenen Deutung der Sprache aus der Periode von *Sein und Zeit* unterscheidet. Für den frühen Heidegger bleiben die Sprache und die in ihr sich artikulierende Wahrheit nach wie vor noch auf anderes gegründet, wenngleich nicht in Form einer theoretischen „Begründung", sondern in der existenzial immer schon geschehenen Gründung von Welt im Entwurf von Sinnhorizonten. Diese Unterordnung der Sprache unter eine andere, vorsprachliche Form von Grund ist es nun, die beim späten Heidegger einen radikalen Umbruch erfährt[1]. Die für das Sprachphänomen wesentliche Differenz ist weder die zwischen Satz und Sachverhalt (herkömmliche Metaphysik) noch die zwischen sprachlich artikulierter Aussage und Erschlossenheit des welthaften Seins von Seiendem (Sprachdeutung im Rahmen der Fundamentalontologie), sondern die zwischen Ding und Welt. Dieser „Abstand" der Nähe oder Ferne zwischen ihnen ist aber definitiv nicht mehr im Sinne eines Vorstellens bzw. Be- oder Ergründens zu verstehen. Nicht mehr die in ihrem jeweiligen Seinssinn erschlossene Welt ist der (vorrational entworfene und darum „abgründige") Grund für die welthafte Entdecktheit der angesprochenen Dinge und damit auch für die Wahrheit oder Falschheit von Sätzen, sondern das Wort selbst ist der „Abgrund", d. h. das zirkuläre, sich gegenseitig fordernde Verhältnis von Welt und Ding.

Der wohl wesentlichste Umbruch einer so gearteten Sprachauffassung gegenüber der Tradition betrifft das Verschwinden der noch für Husserl so wichtigen Ebene der „Bedeutung" als der vermittelnden Ebene zwischen geäußertem Ausdruck und vorgestelltem Gegenstand[2]. Hatte bereits die *Einführung in die Metaphysik* die Gültigkeit der semantischen Dreiecksfigur von Wortlaut, Bedeutung und Gegenstand bezüglich des Wortes „Sein" in Frage gestellt[3], so weitet Heidegger in *Unterwegs zur Sprache* diese Betrachtung auf die Beziehung „Wort-Ding" überhaupt aus. Damit wird die Sprache eines Anhaltes und einer Entlastung beraubt, die sie in dem für Husserl maßgeblichen Bedeutungsmodell noch hatte: Zum einen war dort das Wort nicht selbst Träger der möglichen Verhältnishaftigkeit von Sprache und Wirklichkeit, sondern nur ein physisches Zeichen, das auf ein Gemeintes verweist. Wo der „Ausdruck" wirklich in seiner Eigenschaft als Sinnträger und nicht als bloßer akustischer Klang aufgefaßt wird, zeigt er demnach von sich weg auf die dem Ausdruck anhaftende Bedeutung, bei der sich wiederum die Frage stellt, ob diesem Inhalt auch ein Gegenstand entspricht oder nicht. Doch ist der Bezug „Bedeutungsinhalt-Gegenstand der Vorstellung" wiederum weder reziprok noch auch nur ausgewogen, sondern abermals von einer Asymmetrie zugunsten der Bedeutung gekennzeichnet. Nicht für jede Bedeutung ist eine Erfüllung des Gemeinten durch eine entsprechende Gegebenheit des Gegenstandes möglich, doch schmälert das Fehlen einer solchen hinzukommenden Erfüllungskomponente in keiner Weise den Bedeutungscharakter

1. Vgl. F. GLAUNER, »Die ‚Befreiung der Grammatik von der Logik'. Zur Bedeutung von Heideggers Begriff des ‚Zeigens' für Wittgensteins Begriff der ‚Gewißheit'«, *Allgemeine Zeitschrift für Philosophie* 20 (1995), n. 1, 59-68, insbesondere 61f.
2. Vgl. E. HUSSERL, *Logische Untersuchungen* II/1, Tübingen (1900) ^{7}1993, § 15.
3. Vgl. EiM, 67.

einer Bedeutung als solcher. Der in jedem Falle geltende Überschuß zugunsten des Gemeinten gegenüber dem Gegebenen ist Anzeichen für eine grundsätzliche Unabhängigkeit der Bedeutung von möglichen Gegenständen, so daß deren Fehlen keineswegs die Bedeutsamkeit sprachlicher Ausdrücke als solche in Frage stellt. Auch wo kein möglicher Gegenstand die Bedeutung ergänzt, ruht die Bedeutung in ihrer eigenen Sinnhaftigkeit, während umgekehrt kein Gegenstand unter Umgehung der Sphäre der Bedeutungen ansprechbar oder auch nur erkennbar wäre[1].

Mit dem Wegfall der Unterscheidung zwischen Zeichen und Bedeutung stellt sich die Frage, ob der in *Unterwegs zur Sprache* dargelegte, scheinbar unmittelbare Bezug von Wort und Ding, das „Nennen" als Ins-Sein-rufen, als die Heideggersche Version einer *characteristica universalis* zu deuten ist. Wohl wird der Name Leibniz an keiner Stelle des Textes ausdrücklich erwähnt, doch drängt sich der Gedanke an ihn insofern auf, als bei Heidegger das Verhältnis Ding-Wort die Form einer biunivoken Relation einnimmt: Solange man von einer separaten Bedeutungsebene zwischen Ausdrücken und Gegenständen ausgeht, ergibt sich die Möglichkeit einer Auffächerung der gegenseitigen Bezüge dieser drei Momente: So kann etwa mit demselben Ausdruck je nach Kontext eine unterschiedliche Bedeutung verbunden sein, zwei verschiedene Ausdrücke können dieselbe Bedeutung haben, demselben Bedeutungsinhalt kann je nach Situation ein anderer Gegenstand entsprechen, mit zwei unterschiedlichen Bedeutungen kann derselbe Gegenstand genannt werden usw.[2]. Die Bedeutung wird also zu derjenigen Instanz, die die Komplexität des Verhältnisses von Ausdruck und Genanntem garantiert und es verwehrt, sie im Verhältnis 1:1 zur Deckung zu bringen. In dem Moment, wo die Eigenständigkeit der Bedeutungsebene jedoch aufgegeben und in der Ausrichtung des Verstehens keine Unterscheidung zwischen erster und zweiter Intention mehr gemacht wird, gewinnt der Bezug von Kundgegebenem und Genanntem eine Unmittelbarkeit, die den Eindruck nahelegt, die Zeichen in ihrer gegenseitigen Verknüpfung spiegelten direkt reale Dinge und ihre Verhältnisse wider. Aufgrund des strikten Parallelismus von Zeichen und Sache hätte man es demnach aber strenggenommen auch mit keiner echten Zweiheit mehr zu tun, sondern vielmehr besäße man *im Zeichen* schon die Sache selbst, so daß der korrekte Umgang mit den Zeichen auch die Sicherheit des Wissens um die wirklichen Zusammenhänge der Welt verbürgte.

Eine Antwort auf die Frage, ob die vom späten Heidegger so betonte, direkte Beziehung von Wort und Ding in Entsprechung zur Leibnizschen *characteristica universalis* verstanden werden muß, kann nur dann erfolgen, wenn man sich den Zusammenhang vergegenwärtigt, der Leibniz' Projekt einer Universalsprache bestimmt[3]. Der schon bei Raimundus Lullus entwickelte Grundgedanke einer Fusion von Logik und Metaphysik in einer *ars combinatoria*, die es erlaubt, an der Struktur der Zeichenverknüpfung den Rhythmus der Wirklichkeit direkt abzulesen, zielt letztlich auf die Entwicklung einer Universalwissenschaft ab, die es erlaubt, von ein und demselben Ansatz aus grundsätzlich alle nur möglichen Erkenntnisse über die Welt zu gewinnen. Die Überzeugung von der Möglichkeit einer solchen

1. Vgl. E. HUSSERL, *Logische Untersuchungen* II/1, § 14.
2. Vgl. E. HUSSERL, *Logische Untersuchungen* II/1, §§ 12 und 13.
3. Die folgenden Darlegungen zur Problematik der *characteristica universalis* stützen sich auf P. ROSSI, *Clavis universalis: arts de la mémoire, logique combinatoire et langue universelle de Lulle à Leibniz* (aus dem Italienischen übersetzt von Patrick Vighetti), Grenoble 1993.

Einheitswissenschaft stützt sich ihrerseits auf die platonisch-pythagoreische Vorstellung von der Wirklichkeit als einer lebendigen, geordneten Einheit, deren Artikulationen sich im menschlichen Denken und Sprechen getreu widerspiegeln müssen. Obwohl die auf eine *ars combinatoria* ausgehenden Bemühungen ausgesprochen wissenschaftliche Ambitionen haben, trägt die Vorstellung einer Unmittelbarkeit von Wort und Sache durchaus noch Spuren magischer Vorstellungen an sich; geht es ja nicht nur darum, die Zusammenhänge der Wirklichkeit mittels der sie spiegelnden Zeichen passiv zu durchschauen, sondern ihnen auch umgekehrt durch einen planvollen Umgang mit den Zeichen vorauszugreifen und sich ihrer zu bemächtigen.

Leibniz' Rolle bei dieser ganzen Fragestellung ist insofern von zentraler Bedeutung, als er die für das Projekt einer *mathesis universalis* so wichtige Frage nach der möglichen Vollständigkeit aller sich auf die Wirklichkeit beziehenden Gedanken bzw. Vorstellungen auf ein dem Menschen erreichbares Maß zu bringen vermag. Was für Leibniz zählt, ist nicht der aktuelle Besitz aller die Wirklichkeit spiegelnden Vorstellungen, sondern der Besitz einer Methode, die es erlaubt, ausgehend von gegebenen Zeichen zu beliebig vielen anderen zu gelangen und die Verknüpfungskette nach Bedarf fortzusetzen[1]. Die *characteristica* ist auf diese Weise kein inerter, immer schon koextensiv zur Wirklichkeit bereits vorliegender Spiegel, sondern ein methodisch geregeltes Kalkül, das die Herrschaft der menschlichen Erkenntnis gegenüber der Wirklichkeit auf diskursive Art und Weise entfaltet.

2.4.2. Macht und Ohnmacht des Wortes

Angesichts der vorangegangenen Darlegungen fällt es nicht allzu schwer, Heideggers Ansatz in *Unterwegs zur Sprache* gegenüber den unterschiedlichen Positionen der philosophischen Tradition einzuordnen und seine Eigenheiten zu ermessen. Allem Anschein zum Trotz ist der Vorwurf einer „magischen" Unmittelbarkeit von Wort und Ding bei Heidegger insofern gegenstandslos, als die Eliminierung der Bedeutungsebene nicht den Raum zwischen Ding und Wort aufhebt, sondern ihm nur seine eindeutige, intentionale Ausrichtung nimmt. Wenn man bei Heidegger nach dem Verschwinden der Bedeutungsebene strenggenommen auch nicht mehr von einem Verhältnis „zwischen" Wort und Ding reden kann, sondern das Wort selbst das Verhältnis ist[2], so läßt sich daraus doch nicht die kurzschlüssige Folgerung eines Panlinguismus ziehen, für den die Nennung des Namens notwendige wie hinreichende Bedingung des Gegebenseins der Dinge wäre, im Gegenteil: Gerade weil das Wort sich auf kein Gemeintes mehr bezieht, dem gegenüber der genannte Gegenstand transzendent wäre, ist die Sprache schutzlos der Möglichkeit ausgeliefert, daß das von ihr Angesprochene seine Gegebenheit versagt. Wenn das „Wort" für das Dingsein der Dinge keineswegs die Funktion einer sie beherrschenden „Bedingung" im Sinne eines obersten Axioms oder auch nur des Anfangsterms einer hypothetischen Beziehung übernimmt, dann nicht nur deswegen, weil das Wort keinen satzhaften – und damit *a fortiori* auch keinen grundsatzhaften –

1. Vgl. G.W. LEIBNIZ, *Opuscules et fragments inédits*, (Paris 1903) Hildesheim (1961) ^{2}1988, 228f. 429. 530f. 562.
2. Vgl. »Das Wesen der Sprache«, USp, 170.

Charakter mehr hat, sondern weil der Herrschaftscharakter der Sprache gegenüber dem Ding als solcher unhaltbar wird:

> „Die Bedingung ist der seiende Grund für etwas Seiendes. Die Bedingung begründet und gründet. Sie genügt dem Satz vom Grund. Aber das Wort be-gründet das Ding nicht. Das Wort läßt das Ding als Ding anwesen. Dieses Lassen heiße die Bedingnis“[1].

Wenn für Heidegger das Wort kein λέγειν τι κατά τινος mehr ist, dann liegt darin nicht nur die Aufgabe der komplexen, prädikativen Satzstruktur, sondern ebenso auch der Verzicht auf ein Vorliegendes, das, sosehr es auch als „Maßstab“ für die Richtigkeit des Satzes gedeutet werden mag, in Wirklichkeit doch als dem Sprechen immer zu Gebote stehend erscheint. Das für die Satzwahrheit „maßgebende“ Seiende wird in einer solchen Sichtweise ja stillschweigend nach Maßgabe der aussagenden Sprache aufgefaßt: Es hat als Grund für die mögliche Wahrheit oder Falschheit von Sätzen zu fungieren, mit anderen Worten: Es muß selbst beständig vorliegen, d. h. anwesend sein. Diese Funktionalisierung des Seienden im Hinblick auf die Bereitstellung des Grundes für die Satzwahrheit wird von Heidegger dahingehend durchbrochen, daß das dichterische Sprechen die Dinge nicht nur nicht zum Worüber einer Aussage machen, sondern sie auch nicht einfach in ihrem bloßen Sein herbeizwingen kann. Das „Rufen“ der Dinge ist nicht mehr, wie noch während der mittleren Phase in Heideggers Denken, ein „Stiften“ der Dinge in dem Sinne, daß sie damit einfachhin ins Sein träten, oder besser gesagt: Wenn es auch nach wie vor heißt, daß das Wort dem Ding erst das Sein verschafft, das Seiende somit „stiftet“ und es im Sein hält[2], so wird das den Dingen damit verliehene Sein doch differenzierter betrachtet als früher. Die Macht des Wortes ist darauf beschränkt, die Dinge in ihrem möglichen Anwesen *oder Abwesen* zu rufen und diesen Spielraum als solchen höbar zu machen:

> „Das Herrufen ruft in eine Nähe. Aber der Ruf entreißt gleichwohl das Gerufene nicht der Ferne, in der es durch das Hinrufen gehalten bleibt. Das Rufen ruft in sich und darum stets hin und her, her: ins Anwesen; hin: ins Abwesen“[3].

Diese Konzeption stellt einen Rückgriff auf die in »Der Spruch des Anaximander« bereits herausgearbeitete Mittelstellung des Seienden in der Fuge zwischen An- und Abwesen dar, nur daß dieses Hin- und Herschwingen diesmal ausdrücklich vor dem Hintergrund der Sprache dargelegt wird. Sosehr die Rede vom Wort als dem „Verhältnis“ zwischen Ding und Welt dazu verleitet, Heidegger – unter Vorausgriff auf die Gadamersche Hermeneutik – eine Auffassung von Sprache als „universalem Medium“ zu unterstellen[4], sowenig sind seine Ausführungen in *Unterwegs zur Sprache* bei genauerem Hinsehen dazu angetan, die Stellung des Wortes im Sinne einer sprachlichen „Vermittlung“ zu verstehen. Das Wort ist trotz seiner Mittelstellung kein versöhnender Übergang zwischen dem einzelnen Ding und

1. »Das Wort«, USp, 232f.
2. Vgl. »Das Wesen der Sprache«, USp, 165. 176f.
3. Vgl. »Die Sprache«, USp, 21.
4. So z. B. bei M. KUSCH, *Language as Calculus vs. Language as Universal Medium. A Study in Husserl, Heidegger and Gadamer*, Dordrecht – Boston – London 1989, insbesondere 193-228.

dem Gesamt der Welt, sondern das Hörbarwerden von „Riß“ und „Schmerz“, die beide aus der Erfahrung des Scheiterns eines angemessenen Zu-Wort-Kommens der Dinge resultieren. Die Sprache ist damit kein neutrales Phänomen und erst recht nicht Ort einer logosorientierten, vernunftoptimistischen Grundstimmung des Denkens[1], sondern immer vom Spiel zwischen Hell und Dunkel, d. h. der Freude *und* Trauer möglichen Gelingens oder Scheiterns, gekennzeichnet[2].

Die in den Augen nicht weniger Heideggerinterpreten so anstößigen Tautologien, allen voran in ihrer auf das in Frage stehende Phänomen selbst zurückgebeugten Form „die Sprache spricht“, sind alles andere als der Ausdruck einer selbstgenügsamen Abkapselung des Sprechens in sich selbst, im Gegenteil: Das tautologische Sprechen kann insofern als Zeichen der Begrenztheit der Macht des Wortes gedeutet werden, als dieses allein und als ganzes den Bezugsbereich von Welt und Ding ausmacht und bei drohendem Mißlingen auf keine weitere, äußere Instanz mehr rekurrieren kann, sondern mangels jeder Ausweichmöglichkeit schonungslos vom eigenen Scheitern betroffen wird. Mit anderen Worten: Das Wort kann das Verhältnis von Welt und Ding nicht erzwingen, sondern nur erspielen, wobei es selbst jedoch Spielraum, Spieler und Einsatz zugleich ist:

> „Das Wesende der Sprache als des Sagens ist der Be-reich. Dieses Wort wird hier als Singularetantum beansprucht. Es nennt etwas Einziges, Jenes, worin alle Dinge und Wesen einander zu-gereicht, überreicht werden und so einander erreichen und einander zum Heil und Unheil gereichen, einander ausreichen und genügen. In dem Bereich allein ist auch das Unerreichbare zuhaus. Der jetzt als das Wesende des Sagens zu erfahrende Bereich ist das Reich des Spiels, darin alle Beziehungen der Dinge und Wesen zueinander-spielen und sich spiegeln“[3].

Die gehäufte Verwendung der vielen Formen des „Reichens“ und seiner Ableitungen („zureichen“, „überreichen“, „erreichen“, „zum Heil gereichen“, „ausreichen“, aber auch „unerreichbar“) ist hier als Antwort auf den vermeintlichen Herrschaftsbereich des „zureichenden Grundes“ zu verstehen, wobei die Betonung auf dem unberechenbaren Geschenkcharakter liegt, der den Dingen und ihrem Spielraum eignet. Die Sprache ist damit von einem eigenartigen Doppelcharakter gekennzeichnet: Einerseits bringt sie durch ihr tautologisches Wesen zum Ausdruck, daß sie unter keinem anderen Gesetz mehr steht als ihrem eigenen, andererseits hat sie diese unüberbietbar große Freiheit nicht zum selbstgenügsamen In-sich-verharren inne, sondern im Gegenteil, um in dienender Stellung die Dinge selbst freiwerden zu

1. Das Bewußtsein der grundsätzlichen Bedrohtheit von Sprache und Denken ist nicht identisch mit anderen philosophischen Ansätzen wie etwa der cartesischen Zweifelshaltung. Wohl wird auch diese als eine geschichtliche „Stimmung“ des Denkens gedeutet, doch gerade als diejenige, bei der im Zweifel zugleich schon „die Gestimmtheit auf das ens certum, das in Gewißheit Seiende, schwingt“ (M. HEIDEGGER, *Was ist das – die Philosophie?* [im folgenden: WdPh], Pfullingen [1956] [10]1992, 27), so daß der Zweifel also letztlich gerade nicht Zeichen möglichen Scheiterns, sondern im Gegenteil Kronzeuge der Zuversicht in die Kraft der menschlichen Vernunft ist.

2. „Je tiefer die Trauer, je rufender die in ihr ruhende Freude. Trauer und Freude spielen ineinander. Das Spiel selbst, das beide ineinander stimmt, indem es das Ferne nah und das Nahe fern sein läßt, ist der *Schmerz*“ (»Das Wort«, USp, 235; Hervorhebung im Original).

3. GA 79, 168.

lassen. Die Sprache ist damit zugleich Herr und Knecht, souveräner König und machtloses Kind:

> „Was sich wie eine Tautologie ausnimmt, die Sprache spricht, ist jedoch der Hinweis darauf, daß das Sprachwesen in sich selbst spielt, dadurch freilich nicht sich in sich verstrickt, sondern sich freigibt in das allein durch es selbst bestimmte Freie der anfänglichen Freiheit“[1].

Das Wesen der Sprache spielt in sich selbst, aber nicht für sich selbst. Es eröffnet dem Verhältnis von Ding und Welt den einzig möglichen Spielraum und steht dabei jedesmal selbst auf dem Spiel um die Verweigerung oder Gewährung von Welt. Das Spiel ist somit keine harmlose Angelegenheit mehr, sondern vollzieht sich als derselbe Spielraum, der sich gleichzeitig als die „Fuge des Risses“[2] in jeder Zusammenfügung auftut. Das Spiel der Sprache ist daher weit weniger vom entspannten Lächeln einer geglückten Erschließung von Welt und Ding begleitet als vielmehr von dem schmerzlichen Lächeln eines Weiterspielenmüssens im Bewußtsein ihres unüberwindbaren Unterschiedes und stets möglichen Ausbleibens. Die Begrifflichkeit von „Riß“ und „Schmerz“ knüpft dabei in unübersehbarer Weise an Heideggers Verbindung der „Stimmungen“ mit den verschiedenen Konstellationen der Differenz bzw. des Unterschiedes an und läßt deren Entwicklung innerhalb seines Denkens deutlich werden. So, wie die Grundstimmung der Angst in »Was ist Metaphysik?« als Anzeichen der ontologischen Differenz, des „Unterschiedes“ zwischen dem Seienden und dem Nichts seines Seins, galt, so sind nun Schmerz und Riß die leitenden Stimmungen, die sich aus dem bleibenden „Unterschied“ von Welt und Ding in ihrem worthaft erschlossenen Hin und Her von Anwesen und Abwesen ergeben[3].

Der „Riß“ ist allerdings nicht mit der Hegelschen „Zerrissenheit“ gleichzusetzen, die es dem unglücklichen Bewußtsein verwehrt, das ihm vermeintlich Äußere als ein ihm Eigenes wiederzugewinnen. Nicht umsonst präzisiert Heidegger, daß der Riß nicht einfach ein sich in der Form schlechter Unendlichkeit fortsetzender Spalt ist, sondern vielmehr der Ort, in den „der Grundriß des Gevierts eingezeichnet ist“[4]. Dieser „Grundriß“ ist somit gerade dasjenige, was die Grenzen von Welt absteckt und einem bloßen Sich-verlieren der Sprache ins Unendliche entgegensteht. Die Erfahrung des „Risses“ als des Scheiterns einer bleibend gelungenen, sprachlichen Einholung des Verhältnisses von Welt und Ding motiviert aber auch kein unendliches Streben danach, diese Begrenzung zumindest in asymptotischer Form zu überwinden, sondern ist von vornherein von der Gelassenheit des Verzichts durchzogen, der in den ihm gesteckten Grenzen von Welt verweilt, da er um die Unmöglichkeit weiß, die Unendlichkeit des „Verhältnisses“ der Welt auf adäquate Weise in der Sprache zu Wort kommen zu lassen[5].

1. GA 79, 169.
2. »Die Sprache«, USp, 27.
3. Zu den unterschiedlichen Konstellationen von Stimmung und Differenz vgl. J. GREISCH, *La parole heureuse*, 249ff. 284ff.
4. »Die Gefahr«, GA 79, 57.
5. Vgl. »Das Wort«, USp, 222-228.

Vor dem Hintergrund dieser zwar nicht sprachskeptischen, aber doch die Grenzen der Sprache betonenden Position ist offensichtlich, daß Heideggers Ansatz zur Sprachproblematik das genaue Gegenteil einer auf die Entwicklung einer Einheitswissenschaft ausgehenden *characteristica universalis* ist: Nicht nur das einzelne Wort steht immer in der Gefahr, daß die von ihm genannte Sache in der Ferne bleibt, sondern es gibt auch keine Möglichkeit, von *einem* möglicherweise gelungenen Wort aus mittels einer kalkulierenden Prozedur zu einem anderen zu gelangen. Die Worte stehen in keiner deduktiven Verknüpfung miteinander, die ein graduelles Anwachsen der Mächtigkeit und Sicherheit der sprachlichen Ausdrücke gegenüber der Wirklichkeit erlaubte, sondern werden wie Sisyphos im Moment jedes gelungenen Sagens schon wieder aufs neue derselben Anforderung und derselben Ungewißheit ausgesetzt, die Dinge in ihrem unverfügbaren An- und Abwesen zur Sprache kommen zu lassen.

2.5. Die vierstimmige Fuge der Welt

Die Konzeption des Weltspiels, wie sie sich in Heideggers Denken während der 50er Jahre darstellt, hat zu vielerlei Deutungen Anlaß gegeben. Gemeinsam ist dabei fast immer, daß das zirkuläre Verhältnis von Welt und Ding mit der nicht mehr begründenden, sondern nur mehr „rufenden" bzw. „anrufenden" Stellung der Sprache als unmißverständlicher Hinweis auf den endgültigen Durchbruch des „anderen" Denkens gesehen wird, in dem die in rigider Weise auf die beständige Anwesenheit des Seienden ausgerichtete *ratio* ihre herrschende Stellung zugunsten einer aus dem Spiel von An- und Abwesen geschöpften Deutung des Phänomenalen eingebüßt hat. Dementsprechend wird dann auch das Verhältnis des „Unter-schiedes" von Welt und Ding als die eigentlich angemessene, weil völlig von metaphysischen Restbeständen gereinigte Form der Differenz gesehen, in der sich das Spiel im radikal nichtmetaphysischen Sinne entfalten kann[1]. Muß man also folgern, daß Heidegger zumindest mit der aus den 50er Jahren stammenden Version des Weltspiels einen Beitrag zur „postmodernen" Überwindung metaphysischer Grundstrukturen leistet, insbesondere, was die zentrale Rolle der ihrer rationalen Machtstellung entkleideten und in ihre geschichtlichen Grenzen verwiesenen Sprache angeht?

Die Frage nach der angeblichen Überwindung des Ideals universaler Rationalität ist allem Anschein zum Trotz jedoch bei weitem nicht so rasch und eindeutig zu beantworten, wie man auf den ersten Blick meinen könnte. Zum einen ist sicher zutreffend, daß beim späten Heidegger die Sprache nicht in ausschließlicher Weise als „Öffnung" und „Erschließung" von Dingen in ihrer Welthaftigkeit gesehen wird, sondern in wesentlicher Rückbindung an die „Erde" und das leibgebundene Dasein in seiner „Bodenständigkeit" erscheint[2]. Andererseits wird dieser „erdige" Aspekt der

1. Vgl. etwa die diesbezügliche Einschätzung R. Schürmanns, der das Verhältnis von „ontologischer" und „kosmologischer" Differenz als ein notwendiges (damit letztlich aber nicht wirklich freies und spielerisches) Nacheinander betrachtet: „[...] au seuil de la post-modernité, la différence ontologique *doit être abandonnée* au profit d'une différence qui joue autrement – par exemple, entre ›la chose‹ et ›le monde‹" (*Le principe d'anarchie*, 268; Hervorhebungen v. d. Verf.).

2. „Leib und Mund gehören in das Strömen und Wachstum der Erde, in dem wir, die Sterblichen, gedeihen, aus der wir das Gediegene einer Bodenständigkeit empfangen" (»Das Wesen der Sprache«, USp, 205).

Sprache nicht verabsolutiert, sondern ist seinerseits wieder in die Gesamtheit der Welt einbehalten, deren unterschiedliche „Gegenden", d. h. Erscheinungsbereiche für Seiendes, trotz ihrer irreduziblen Vierzahl nicht einfach in disparate Bruchstücke auseinanderfallen. Der kontingente Klang der geschichtlichen Sprache bleibt in den Zusammenhang der Welt eingefügt, deren vier Gegenden trotz der sie ständig aufeinander verweisenden Kreisbewegung nicht in zentrifugaler Richtung auseinandertreiben, sondern sich in einem Zusammenklang befinden:

> „Das Lautende, Erdige der Sprache wird in das Stimmen einbehalten, das die Gegenden des Weltgefüges, sie einander zuspielend, auf einander einstimmt"[1].

Die Verschlossenheit und Undurchdringlichkeit der geschichtlich gegebenen Erde, samt der dazugehörigen, für Außenstehende nur schwer verständlichen, regionalen „Mundart", hat in bezug auf die Sprache nicht das letzte Wort. Sprache ist auch für Heidegger nur Sprache, wenn sie nicht in den Bereichen der Erde und der „Sterblichen" verharrt, sondern zugleich auf das vierstimmige Zusammenspiel der Weltgegenden bezogen bleibt, das als solches die Gebundenheit der jeweiligen geschichtlichen Konstellationen übersteigt:

> „Vier Stimmen sind es, die tönen: Der Himmel, die Erde, der Mensch, der Gott. In diesen vier Stimmen versammelt das Geschick das ganze unendliche Verhältnis. [...] ›Vier‹ nennt keine gerechnete Summe, sondern die aus sich her einige Gestalt des unendlichen Verhältnisses der Stimmen des Geschicks. [...] Als die Mitte des ganzen Verhältnisses ist das Geschick der alles versammelnde An-fang. Die Mitte ist als das tönende, große Geschick der große Anfang"[2].

Weder die erdhafte Verwurzelung der Sprache allein noch der schmerzhafte Riß, der dem Wort in seinem möglichen Scheitern eignet, werden also dem Wesen der Sprache insgesamt gerecht. Die Fragmentierung und Zerschlagung der Satzstruktur zugunsten des bloßen, die Differenz von Welt und Ding austragenden Wortes hat keine absolute Valenz, da auch die sich wesentlich worthaft präsentierende Sprache sich nicht auf ein einzelnes Moment des Sagens reduzieren läßt, sondern sich in die nicht mehr viel*deutige* (plurivoke), sondern vier*stimmige* (polyphone) „Fuge" der Welt einfügt, die – bei aller inneren Spannung und Strittigkeit – einem Gesetz folgt, das auch mit dem „Ende der Metaphysik" nicht hinfällig wird. Zwar ist das „Spiel der Welt" keine vom Kalkül der *ratio* zu entdeckende *harmonia universalis*, doch bricht es deswegen noch lange nicht in einen irrationalen Taumel auseinander. Das „Ereignis" als das Gesetz der Zusammengehörigkeit aller Bereiche der Wirklichkeit

1. »Das Wesen der Sprache«, USp, 208.
2. »Hölderlins Erde und Himmel«, GA 4, 170f. Die Rückbindung aller „Erdgebundenheit" der Sprache an das unendliche, vierstimmige Verhältnis der Welt ist ein deutlicher Hinweis darauf, daß der von Heidegger oft und gern vollzogene Rückgriff auf die spezifischen Etymologien der deutschen Sprache im allgemeinen und seinen eigenen, schwäbisch-alemannischen Heimatdialekt im besonderen weder ein Ausdruck plumper Deutschtümelei noch auch einer bloßen provinziellen Engstirnigkeit ist, sondern nur als konkreter Ansatzpunkt für den Durchgang zur Offenheit der Welt als ganzer dient. Vor diesem Hintergrund der Einfügung des „Erdhaften" in den Zusammenhang der „Welt" erweist sich Adornos Diffamierung des „Bodenständigen" in Heideggers Sprache als „Urlaute" und „heimeliges Geraune" als eine grobe Verkürzung, ja Verunglimpfung (vgl. T.W. ADORNO, *Jargon der Eigentlichkeit*, in: *Gesammelte Werke* VI, Frankfurt a. M. [1970] [5]1996, vor allem 446ff.).

ist ebensowenig theoretisches Axiom oder Grundsatz, wie es sich auf eine bloß pragmatische Spielregel innerhalb des Weltkontextes reduziert[1]. Es ist Ausdruck eines Verhältnisses, das weder univoke Vereinheitlichung noch bloße Zersplitterung bedeutet. Damit wird es zum Synonym des nicht mehr metaphysisch, sondern seinsgeschichtlich verstandenen λόγος als dem Versammelnden, der seinerseits aber keiner weiteren Begründung unterliegt:

> „Es gibt nichts anderes, worauf das Ereignis noch zurückgeführt, woraus es gar erklärt werden könnte. [...] Das Ereignis ist *das* Gesetz, insofern es die Sterblichen in das Ereignen zu ihrem Wesen versammelt und darin hält“[2].

In ähnlicher Weise heißt es selbst im Zusammenhang mit der Deutung der „Erde“ in Hölderlins Gedichten:

> „Die Erde ›gehet großen Gesezen nach‹. Die hier genannten ›Geseze‹ sind die νόμοι im Sinne der Weisungen des großen Geschicks, das weist und schickt, wohin Jegliches nach seinem Wesen gebraucht ist. Ungeschrieben, weil unschreibbar, bestimmen sie den unendlichen Zusammenhang des ganzen Verhältnisses“[3].

Nicht einmal die Erde ist also Träger einer „anarchischen“ Abwendung von der Universalität einer Gesetzmäßigkeit überhaupt, sondern der Ort von Gesetzen, die nicht, wie die „Grundsätze des Denkens“, theoretisch-formaler Natur sind, sondern die Sammlung des Menschen auf dem heimischen Boden und seine Einfügung in die Ordnung der Welt insgesamt betreffen[4]. Die bereits früher konstatierte Unmög-

1. Obwohl an dieser Stelle keine ausführliche Diskussion des Verhältnisses Wittgenstein-Heidegger erfolgen kann, ist doch schon an den bisherigen Ausführungen erkennbar, daß Heideggers „Spiel der Sprache“ nicht mit Wittgensteins „Sprachspielen“ identifiziert werden darf. Wohl ist beiden gemeinsam, daß sie das „Spiel“ in bewußter Abgrenzung von einem wie immer gearteten, univoken „Wesensbegriff“ dort verwenden, wo sie die wesentliche Offenheit und Geschehenshaftigkeit des damit Gemeinten betonen wollen. Es ist jedoch offensichtlich, daß die geschicklich-metaphysikgeschichtliche Dimension, mit der Heidegger das Spiel der Sprache begabt sieht, dem in bezug auf die Praxis der Sprachverwendung rein synchronisch orientierten „Denk nicht, sondern schau“ Wittgensteins diametral entgegengesetzt ist (vgl. L. WITTGENSTEIN, *Philosophische Untersuchungen* I, § 66). Überdies ist Wittgensteins Sprachauffassung auch nach Überwindung des rigiden Ansatzes des *Tractatus* von dem Grundmodell der „Bedeutung von Zeichen“ getragen (vgl. *Philosophische Untersuchungen* I, §§ 10, 15 und 41), während der späte Heidegger sogar die von ihm selbst vorgenommene Einfügung von Sprache in die „Bedeutsamkeit von Welt“ zugunsten des „Nennens“, „Rufens“, „Kündens“ bzw. „Winkens“ zurücknimmt. Es geht also bei Heidegger letztlich um mehr als nur darum, den „begrifflosen ›Grund‹ unserer Zeichenpraxis“ herauszustellen (so F. GLAUNER, *Sprache und Weltbezug. Adorno, Heidegger, Wittgenstein*, Freiburg – München 1997, vor allem 269-286), nämlich darum, die herkömmliche Zeichentheorie in bezug auf die Sprache insgesamt zu überwinden (vgl. »Der Weg zur Sprache«, USp, 245).
2. »Der Weg zur Sprache«, USp, 258f. (Hervorhebung im Original).
3. »Hölderlins Erde und Himmel«, GA 4, 167.
4. Insofern ist U. Galimbertis Deutung des Weltspiels („questo gioco che nessuna ›regola‹ presiede, che nessuna ›causa‹ prevede, che nessun ›fondamento‹ giustifica“, *Linguaggio e civiltà. Analisi del linguaggio occidentale in Heidegger e Jaspers*, Milano 1977, 240) nicht angemessen, da sie die „Unberechenbarkeit“ und „Unbegründbarkeit“ des Geschicks mit der Abwesenheit jeder Art von Gesetzmäßigkeit gleichsetzt, während es Heidegger doch nur darum geht, die Verkürzung des „Gesetzes“ des Ereignisses auf die Regeln und Denkgesetze der menschlichen *ratio* zu durchbrechen (vgl. »Brief über den ‚Humanismus‘«, GA 9, 363).

lichkeit, das Ereignis von Welt „im" Ding in die Form eines universalen Individuationsprinzips zu kleiden, kann nun mit Blick auf Heideggers Deutung des „Wortes" zumindest ansatzweise eine positive Antwort erhalten. Wohl ist das Wort kein universaler Grundsatz mehr, doch ist es als λόγος das Gesetz, nach dem sich Welt im Ding einbildet und umgekehrt. Dementsprechend hat auch die Bildhaftigkeit der dichterischen Sprache weder metaphorischen oder abbildhaften Charakter, noch reduziert sie sich auf das Spiel „bloßer Einbildungen", sondern ist vielmehr originärer Ausdruck der gegenseitigen Bezogenheit des erscheinenden Seienden und der Weltgegenden als der synchronischen „Kategorien" seiner Gegebenheitsweise. Insofern das Geviert der Welt sich nie nur für sich, sondern immer schon im Bezug zu den Dingen ereignet, das Zwischen von Welt und Ding aber wiederum sich nur im Wort als dem „Unter-schied" eröffnet, liegt die Schlußfolgerung nahe, einziger Maßstab für das Sprechen sei nunmehr der Rhythmus der das Zusammenspiel von Welt und Ding ermessenden Dichtung[1]. Ist die „Abgeschiedenheit"[2], die Heidegger für die dichterische Sprache in Anspruch nimmt, deswegen auch schon gleichbedeutend mit dem Abschied vom Denken?

2.6. Der Abgrund zwischen Dichten und Denken

Obwohl sich Heideggers Behandlung der Frage nach dem „Wesen der Sprache" in so beherrschender Weise an der Dichtung orientiert, wäre es trügerisch zu meinen, daß nunmehr das dichterische Sagen die Ansprüche des philosophischen Denkens und gar die Ansprüche der bisherigen Metaphysik einfachhin verdrängte. Vielmehr wird die in Heideggers mittlerer Periode erkennbare Zusammenführung von Dichten und Denken als „Stiftung des Seins" im selben Zeit-Spiel-Raum seiner Wahrheit nunmehr zugunsten einer deutlichen Unterscheidung ihrer jeweiligen seinsgeschichtlichen Valenz revidiert. Wohl bleibt wahr, daß für die Sprache nicht mehr die auf „Begründung" ausgehende Logik des herkömmlichen metaphysischen Denkens maßgeblich ist, doch versinkt das Wesen der Sprache nicht deswegen schon im ununterscheidbaren „Abgrund" stammelnder Zungenrede oder hilflosen Verstummens. Vielmehr setzt Heidegger alles daran, die „Überwindung" der bisherigen Sprachauffassung nicht in der undifferenzierten Abstoßungsbewegung *von* irgend etwas zu vollziehen, so als bilde die „nichtmetaphysische" Sprachauffassung wiederum einen durchgehenden, einheitlichen Grund, sondern auch die allgemeine Matrix nichtmetaphysischen Denkens und Sprechens mit der konkreten Vielfalt möglicher Ausprägungen zu füllen.

Ein wichtiger Unterschied springt bereits auf terminologischer Ebene ins Auge: War das dichterische Sprechen von der Beziehung zur Erde als dem Boden für das „Heimischwerden" des Menschen gekennzeichnet, hält sich das Denken für Heidegger in der Sphäre des „Unheimischen", d. h. der bleibenden Ausgesetztheit und Ruhelosigkeit[3]. Ist das Dichten vornehmlich, wenn auch nicht ausschließlich,

1. Vgl. »Das Wort«, USp, 230.
2. »Die Sprache im Gedicht«, USp, 74.
3. „Der Denker denkt in das Unheimische, das ihm nicht ein Durchgang, sondern das *zu Hauß* ist. Das andenkende Fragen des Dichters dagegen dichtet das Heimische" (»Andenken«, GA 4, 129; Hervorhebungen im Original).

auf die „Ortschaft" als Stelle der Verwurzelung des Menschen bezogen, herrscht beim Denken mehr die „Wanderschaft" von einem Ort der denkerischen Grundstellung zum anderen vor[1]. Doch ausgehend von diesen scheinbar mehr äußerlichen Unterschieden, ergibt sich auch der Sache nach eine Unvereinbarkeit des dichterischen und des denkenden Ansatzes zur „Überwindung" der metaphysischen Sprachauffassung. Ist die Dichtung – ganz in Einklang mit ihrer Beziehung zum „Heimischwerden" des Menschen – als „*Einkehr* in das Wesen der Sprache" gekennzeichnet, so ist das wiederholende Denken der Metaphysik aus ihrem seinsgeschichtlichen Grunde von einem „Sprung" durchzogen, der den als *ratio* verstandenen „Grund" nicht zugunsten des „Bodens" verläßt, sondern ihn im schlagartigen Umspringen von einem Denkparadigma zum anderen wiederzugewinnen sucht[2].

Die sich zwischen Dichten und Denken auftuende „Kluft"[3] beruht auf einer differenzierteren Deutung des für die Sprache wesentlichen Charakters der „Aufweisung". Wohl ist das dichterische Sprechen dazu angetan, aufgrund der ihm eigenen Einheit von Einklang und Mehrstimmigkeit[4] das Verhältnis des Dinges zur vierstimmig sich entfaltenden Welt im wahrsten Sinne des Wortes „hervorzurufen", doch ist das sich im Zusammenspiel der vier Stimmen der Welt entfaltende Sagen nicht schon gleichbedeutend mit jeder möglichen Form des Sagens schlechthin:

> „Erst aus der zureichenden Erörterung des Sagens verstehen wir den ursprünglichen λόγος-Charakter des Denkens. Das Denken ist im Wesen das Sagen. Das Dichten ist das Singen. Jedes Singen ist ein Sagen, aber nicht jedes Sagen ist Singen"[5].

Beide, Dichten und Denken, haben zwar gemeinsam, daß sie das Seiende nicht als ein vorliegendes Substrat für Aussagen betrachten, doch ist die jeweilige Art, die Phänomenalität des Seienden in seiner Einheit von Erscheinung und Verbergung, An- und Abwesen aufzuweisen, durchaus unterschiedlich. Die möglichen Formen des Sagens unterscheiden sich dahingehend, daß sie die Abgründigkeit des Spielraumes der Phänomenalität zum einen in bezug auf den Menschen, zum anderen in bezug auf die Geschichte des Denkens herausstellen:

> „Merken wir es wohl: Die Sterblichen sind es, die eh an den Ab-grund reichen, diejenigen also, die im Gebirg des Todes wohnen und darum sterben können. [...] Wir sehen uns vor eine Unterscheidung gebracht: Grundsätze des Denkens im Sinne jener Denkgesetze, von denen Hegel gezeigt hat, daß kein Denken sie befolgt – und – Grund-Sätze des Denkens im Sinne von Sprüngen des Denkens in seinen Ab-grund.

1. Vgl. in »Aus einem Gespräch von der Sprache«, USp, 138. 148, die „Wanderung" vom Ort der Metaphysik zur namenlosen „Ortschaft des Denkens".
2. Diese Unterscheidung des dichterischen und des denkenden Ansatzes zur Sprache wird von Heidegger in einer Anmerkung zur Formulierung „*Einkehr* in das Wesen der Sprache" kurz, aber unmißverständlich angedeutet, wo es bezüglich des von Heidegger hervorgehobenen Wortes „Einkehr" heißt: „somit nicht ›Sprung‹!" (GA 79, 167 Anm. m).
3. »Was heißt Denken?«, VA, 132. Vgl. außerdem WdPh, 30.
4. Vgl. »Die Sprache im Gedicht«, USp, 75f.
5. GA 79, 171.

Der Ab-grund des Denkens ist nun aber nicht der gleiche wie der Abgrund, den der Dichter nennt"[1].

Damit ist der Anschein „der" Abgründigkeit des sagenden Offenbarmachens durchbrochen zugunsten eines zweifachen Abgrundes. So wird zum einen durch das Wohnen der Sterblichen auf der „Erde" und die Möglichkeit des Verlustes dieses „tragenden Grundes" die metaphysische Gewißheit des „Begründens" implizit überwunden[2], zum anderen wird aber auch die Entfaltung der Problematik des Grundes im geschichtlichen Phänomen der Metaphysik als ganzer auf ihren spezifischen, abgründigen Ursprung hin untersucht. Beide Formen des Sagens kommen in ihrer nicht mehr berechnenden, sondern sich großzügig verschwendenden Haltung gegenüber der Sprache überein[3], sie sind aufeinander angewiesen und miteinander verwandt, ja ineinander „verfugt"[4], doch kann das dichterische Sagen – bei all seiner Bedeutung für den geschichtlichen Boden, auf dem auch der Denker steht – weder die herkömmliche Metaphysik noch die denkende Auseinandersetzung mit ihr ersetzen. Die Komplementarität von dichterischem und denkerischem Sagen ergibt sich letztlich daraus, daß das Sagen des Gedichtes auch da, wo es ausgesprochen wird und damit Ding und Welt in ihr Verhältnis bringt, den Bereich der Offenheit zwar aufspannt, ihn aber nicht schon von vornherein zusetzt und ausfüllt. Die Endlichkeit des dichterischen Wortes, der „Riß", der es durchzieht, rührt daher, daß es in sich schon ein „Bruch" ist, nämlich ein Bruch der Stille und des Schweigens, das nicht nichts ist, sondern die Offenheit für ein mögliches Erklingen von Sprache überhaupt[5]. Die Indifferenz der Stille gegenüber der Natur des sie brechenden Wortes betont aber auch die Freiheit der Sprache. Ob, wann und in welcher Form das Schweigen gebrochen wird, hängt von der Art und Weise ab, in der das Dasein sich von der Phänomenalität der Dinge angehen und ansprechen läßt. „Das Sprechen kommt vom Hören", könnte man in Abwandlung des bekannten Pauluszitats formulieren. Die Stille ist vieldeutig, und was sie „sagt", ergibt sich erst nachträglich aus der Antwort, die der Mensch im Sprechen und Denken gibt. Durch die verschiedenartigen Möglichkeiten, in der die Stille vom Menschen vernommen und gedeutet werden kann, ist damit aber auch Raum für das metaphysische Denken und Sprechen geschaffen. Solange nur der Weltbezug der auf der Erde wohnenden Sterblichen in Frage steht, behauptet die Dichtung als Bereitung eines heimischen Bodens ihre zentrale Stellung[6]. Wo es aber darum geht, die Geschichte des bisherigen philosophischen Denkens insgesamt zu deuten, ist das Hören auf das Sagen der Dichtung nicht schon für sich genommen ausreichend, sondern dient nur in vorbereitender Weise dazu, das Gehör für das zu schärfen, was im Sagen der Metaphysik unterschwellig anklingt, ohne eigens in ihr zu Wort zu kommen.

1. GA 79, 114.
2. Vgl. »Das Gedicht«, GA 4, 190.
3. Vgl. »Das Wesen der Sprache«, USp, 173 sowie WdPh, 30.
4. »Das Wort«, USp, 238.
5. Vgl. die bereits in den *Beiträgen* angedeutete „Sigetik" als das aller Logik vorausgehende Denken des Schweigens (GA 65, 78ff. 510), die entsprechenden Ausführungen im 1939 gehaltenen Seminar *Vom Wesen der Sprache* (GA 85), Frankfurt a. M. 1999, 109ff. sowie »Die Sprache«, USp, 31f.
6. Vgl. M. HEIDEGGER, *Aus der Erfahrung des Denkens* (GA 13), Frankfurt a. M. 1983, 180. 213ff.

Heideggers eingehende Untersuchung des Ursprungs der „Grundsätze des Denkens“ als dessen, was die Metaphysik bedingt, ohne im Gesichtsfeld ihres Fragens vorzukommen, verschafft der „Bildlosigkeit“ des denkerischen Sprechens ihr Recht gegenüber der Bildhaftigkeit des dichterischen Sagens bei der gegenseitigen Einbildung von Welt und Ding[1]. Was anläßlich der Grundsätze dargelegt wird, bezieht sich auf nichts unmittelbar Erscheinungshaftes mehr, sondern auf das, was die Metaphysik bezüglich der für die Erkenntnis von Erscheinendem gültigen Grundgesetze aussagt. Heideggers eigene Analysen können sich demzufolge in diesem Zusammenhang verständlicherweise nicht mehr an der Sprache der Dichtung orientieren. Andererseits ist es Heidegger wegen des grundsätzlichen, auch für die Metaphysikproblematik gültigen Umbruchs im Sprachverständnis verwehrt, die Gesamtheit der Grundsätze des Denkens noch länger als „ideale Komplexion von Bedeutungen“[2] im Sinne Husserls aufzufassen. Insofern für Heidegger nunmehr so etwas wie eine separate Bedeutungsebene nicht nur mit Blick auf das Wort „Sein“, sondern in bezug auf die Sprache überhaupt ausgeschlossen ist, kann auch die Metaphysik nicht mehr als zu einer Einheit höherer Ordnung zusammengefügte Sphäre idealer Inhalte betrachtet werden. Im Anschluß an die schon früher gewonnene Erkenntnis, daß im Falle von „Sein“ eine ganz eigene Beziehung zwischen „Wort“ und „Sache“ herrscht, wird für Heidegger das in den metaphysischen Formulierungen über das Sein Verlautende selbst als direkter Träger des sich darin aussprechenden Wesens betrachtet. Dies bedeutet umgekehrt, daß die Frage nach dem „Wesen der Metaphysik“ nicht auf die Herausstellung universaler, sprachtranszendenter Gesetzmäßigkeiten abzielen kann, sondern vielmehr darauf, das in Frage Stehende aus der Sprache der Metaphysik selbst heraus hörbar zu machen.

3. DIE BEIDEN TONARTEN DER GRUNDSÄTZE DES DENKENS

3.1. Musik, Sprache und Denken

Die Einschränkung der Macht dichterischen Sprechens gegenüber der auf „Klingen“ und „Hören“ ausgelegten Sprache des Denkens birgt eine Problematik in sich, die für die Gesamtdeutung des Heideggerschen Denkens eine kaum zu unterschätzende Tragweite besitzt. Die zentrale Frage ist, ob sich Heidegger mit diesem Ansatz das Paradigma der Musik in originärer Weise zu eigen gemacht hat, und wenn ja, inwieweit dieser Schritt einen Umbruch in seiner Auffassung von der Rolle der Musik im Rahmen der Kunst insgesamt sowie des Verhältnisses von Kunst und Denken anzeigt. Die Bestimmung des Verhältnisses von bildender Kunst und Musik geht dabei weit über die Sphäre ästhetischer und kunstphilosophischer Erwägungen hinaus; ist doch in dieser Fragestellung, wie schon Nietzsches Abhandlungen zu diesem Thema zeigen, das Problem der Metaphysik und einer möglichen nichtmetaphysischen Weltsicht als ganzes inbegriffen. Die Art und Weise, in der Heidegger die Problematik des „Endes der Metaphysik“ mit dem Wesen der Musik in Verbindung bringt, ist indes durchaus eigenständig und läßt sich nicht auf eine

1. Vgl. »Logos (Heraklit, Fragment 50)«, VA, 221.
2. E. HUSSERL, *Logische Untersuchungen* II/1, 95 (§ 29).

billige Entgegensetzung von theoretisch-philosophischem Denken und künstlerischem Weltbezug reduzieren. Die Musik dient keineswegs als Antidot, um an der metaphysischen Wahrheit nicht zugrunde zu gehen, sondern vielmehr wird das Paradigma der Musik zum interpretativen Leitfaden für das ureigenste Wesen des metaphysischen Denkens selbst.

3.1.1. Die Rolle der Musik im Denken Heideggers

Über lange Zeit hinweg nimmt die Musik als konkretes Phänomen wie als mögliche Kategorie philosophischen Denkens keine eigens erkennbare Rolle in Heideggers Denken ein. Wohl sind bestimmte Termini, allen voran die „Stimmung", „Gestimmtheit", „Schwebung" usw., mit einer gewissen musikalischen Konnotation behaftet, doch tritt die Ebene der Musik nicht massiv in den Vordergrund. Maßgeblich für Heideggers Deutung des Wahrheitsphänomens in Verbindung mit der Kunst ist vielmehr zum einen das Werk der bildenden Kunst (Malerei, Baukunst), zum anderen das Werk der Dichtung. In »Der Ursprung des Kunstwerkes« wird die Musik in einem Nebensatz den anderen Kunstformen an die Seite gestellt, ohne daß ihre Besonderheit gegenüber den bildenden Künsten, namentlich ihre eigentümliche Unstofflichkeit und ihr performativer Ereignischarakter, eine eingehende Behandlung erführe[1]. Leitende Kunstform ist in dieser Zeit eindeutig die Dichtung, die aufgrund ihres sprachlichen Charakters die Erschlossenheit von Sein überhaupt erst ermöglicht, noch bevor sich die Frage nach der konkreten Erstreitung der Wahrheit im Seienden, vor allem im Werk der bildenden Kunst, stellen kann. Wenn die Musik sich nicht recht in dieses Schema einordnet, liegt dies vor allem an der zentralen Stellung, die die „Erde" in der Konzeption des Wahrheitsgeschehens einnimmt. Während sich im Falle der Malerei, Skulptur und Architektur das Element der „Erde" in der besonderen Undurchdringlichkeit der jeweiligen Werkstoffe wiederfindet, kann im Falle der Musik das Paradigma der Stofflichkeit nur mit einiger argumentativer Künstlichkeit aufrechterhalten werden; jedenfalls ist nicht recht einzusehen, worin die „Verschlossenheit" des Tones bzw. sein „Verschwinden in der Dienlichkeit" bestehen sollte, um anschließend – in Analogie zur Sichtbarwerdung des erdhaft-welthaften Charakters der Zeugdinge im Kunstwerk – in der Musik dann *als* Verschlossenheit hervorzutreten. Diese Unstimmigkeit und Ungereimtheit, die in der Übertragung des interpretatorischen Schemas materiell gebundener Kunstwerke auf die Musik liegt, läßt erkennbar werden, daß die Musik zu diesem Zeitpunkt noch keinen eigentlichen Ort in Heideggers Denken hat[2].

1. Vgl. Hw, 4. 60.
2. Wenn auch in bezug auf den Kunstwerkaufsatz die Einschätzung übertrieben ist, „that music ist never mentioned" (J. J. KOCKELMANS, *Heidegger on art and art works* [Phaenomenologica 99], Dordrecht – Boston – Lancaster 1985, 82), so ist doch richtig, daß Heidegger über die allgemeine und wenig überzeugende Erwähnung des „Tonwerkes" hinaus keine ausführlicher kommentierten Beispiele anführt, wie er es im Falle der Baukunst oder der Malerei getan hat. Es bleibt indes fraglich, ob dies dahingehend zu deuten ist, daß Heidegger seine Erwägungen über das Wesen des Kunstwerkes als für alle Kunstformen gültig erachtet, so daß sich weitere Beispiele erübrigen (vgl. F.-W. von HERRMANN, *Heideggers Philosophie der Kunst*, Frankfurt a. M. [1980] [2]1994, 25. 55), oder ob seiner Zurückhaltung bezüglich der Musik insgeheim doch schon die Ahnung zugrunde liegt, daß die Musik sich einer Gleichsetzung mit den übrigen Kunstformen widersetzt. Es ist wohl eher zu vermuten, daß der kurze Hinweis auf Beethovens Streichquartette, die „in den Lagerräumen des Verlagshauses

Diese im großen und ganzen unwesentliche Rolle der Musik als konkreter Kunstgattung steht jedoch in keinerlei Widerspruch zu einer unüberhörbaren Präsenz des musikalischen Paradigmas im Zusammenhang mit der Frage nach dem Wesen des Seins und der Sprache sowie mit Blick auf die Metaphysik als Geschichte des Denkens[1]. Der musikalische Ansatz wird dabei von Heidegger auf zweierlei Weise beansprucht, indem er nämlich einerseits an die Dichtung anknüpft, andererseits aber das Paradigma des dichterischen Sprechens an seine Grenzen führt und damit eine ursprüngliche Zugehörigkeit der Musik zum Wesen des Denkens und der ihm eigenen Sprache zum Ausdruck bringt.

Über lange Zeit hinweg ist bei Heidegger das Auftreten einer musikalischen Begrifflichkeit von der Ausrichtung an der vokalen Ausprägung der Musik bestimmt. Insbesondere im Zusammenhang mit der Dichtung ist immer wieder von „Gesang“, „Lied“ und μέλος die Rede[2], doch ist die Musik damit nicht schon als solche in ihrer seinsgeschichtlichen Dimension rehabilitiert. Der Primat in der Beziehung zwischen Dichten und Singen kommt auch hier eindeutig der Sprache zu, so daß letztlich die Musik doch wieder nur durch ihre Verbindung mit dem Sprachphänomen von Interesse ist. Der ῥυθμός ist nicht in erster Linie eine Sache der Töne, sondern des dichterischen Versmaßes[3]. Diese Einschränkung auf die vokale Dimension bei der Betrachtung der Musik und die dementsprechende Vorherrschaft der Dichtung beruht auf der stillschweigenden Annahme der größeren Strukturiertheit und Durchformtheit des Ausgangsmaterials, aus dem die sprachlichen Kunstwerke gegenüber denen der Musik schöpfen können. Während Heidegger im Kunstwerkaufsatz den „erdhaften“, d. h. „stoffartigen“ Aspekt der Sprachkunst zunächst im „Laut“, den der Musik dagegen im „Ton“ ansetzt, findet in einem zweiten Moment eine unmerkliche Verschiebung statt, derzufolge dem „Klang des Tones“ in der Musik nunmehr nicht länger der unstrukturierte „Laut“, sondern die „Nennkraft des Wortes“ in Sprache und Dichtung gegenübersteht[4]. Dem „Wort“ kommt aufgrund seiner ausdrücklichen sprachlichen Artikuliertheit eine deutliche Beziehung auf die Dinge zu, während der diffuse Charakter des „Tones“ keine Enthüllung von Seiendem zu leisten imstande ist, sondern nur indirekt die Offenheit der Welt auszudrücken vermag[5]. Da es Heidegger im Zusammenhang der „Kehre“ und der ersten

[liegen] wie die Kartoffeln im Keller“ (Hw, 3), deshalb nicht weiterverfolgt wird, weil sonst die Unhaltbarkeit dieses vermeintlichen Aspektes der „Dinglichkeit“ des Musikwerkes offen zutage träte – die zu verlegenden Partituren stehen zur Musik in einem grundsätzlich anderen Verhältnis als Leinwand, Farben, Stein oder Bronze zum Gemälde, dem Bauwerk oder der Statue! Aus dieser spürbaren Hemmung Heideggers, die Parallele zwischen der Tonkunst und den anderen Kunstformen anhand eines konkreten Beispiels zu illustrieren, spricht also wahrscheinlich das geheime Wissen darum, daß die Musik – im Gegensatz zu den von Heidegger herangezogenen und gedeuteten Kunstwerken – in einer besonderen Beziehung zum Geschehen der Wahrheit des Seins steht, für dessen Wesen es gleichfalls im Bereich des Seienden kein Beispiel gibt (vgl. ID, 58).

1. Vgl. E. MARX, *Heidegger und der Ort der Musik* (Epistemata, Reihe Philosophie, Bd. 237), Würzburg 1998, 67.

2. Vgl. etwa GA 4, 69ff. 85. 168ff. sowie GA 39, 250.

3. Vgl. GA 13, 159.

4. Auf diese Sinnverschiebung bezüglich der Bestimmung des jeweils „erdhaften“ Aspektes von Sprachkunst und Musikwerk weist G. Pöltner hin (vgl. »Mozart und Heidegger. Die Musik und der Ursprung des Kunstwerkes«, *Heidegger Studies* 8 [1992] 123-144, hier 136).

5. Vgl. G. PÖLTNER, »Mozart und Heidegger. Die Musik und der Ursprung des Kunstwerkes«, *Heidegger Studies* 8 (1992) 137. 142.

Entwürfe zum Ereignisdenken aber in erster Linie um die Stiftung der Wahrheit des Seins *im Seienden* geht, kann die Musik sich ihr seinsgeschichtliches Statut nicht selber verleihen. Von Musik ist nur insofern die Rede, als es die dichterische Sprache in der ihr eigenen, dingbezogenen Strukturiertheit gibt, nicht umgekehrt.

Diese Einschränkung der musikalischen Wesenszüge auf die vokale Komponente bleibt noch lange Zeit bestimmend, auch wenn sich nach und nach die Einsicht Bahn bricht, daß das Paradigma des dichterischen Sagens das Wesen der Musik nicht ausschöpft. Obwohl schon in der zweiten Hälfte der 30er Jahre, vor allem in den *Beiträgen*, eine von weitergefaßten musikalischen Konnotationen durchsetzte Terminologie Einzug zu halten beginnt (Fuge, Anklang, Leitstimmung, Grundstimmung usw.), ist auch hier noch vom „Lied des Seyns"[1] die Rede, das mit der Deutung der Seinsgeschichte als eines „stimmenden" und letztlich „stimmlichen" Wechselbezugs von Sein und Dasein zusammenhängt. Sosehr der „Anspruch" des Seins an das Denken auch in der Stille geschieht, ist das Grundmuster von „Wort" und „Antwort" doch zumindest im weiteren Sinne verbalen Charakters.

Eine Hinwendung zum Paradigma der Instrumentalmusik beginnt erst im Laufe der 40er Jahre. Obwohl die Dichtung nach wie vor als Gesang gedeutet wird, bieten vor allem Hölderlins Gedichte einen Hinweis auf ein dichterisches Sprechen, das im Grunde ein „wortloses Lied" darstellt: Nicht mehr das Wort allein ist beherrschend für den musikalischen Charakter der Dichtung, sondern diese verwandelt sich da, wo sich die Worte versagen, in ein „Saitenspiel"[2]. Die unterschiedlichen „Tonarten", die den Gedichten eignen und ihre Resonanz beim Hörenden bestimmen[3], lassen eine Machtbeschränkung des dichterischen Wortes erkennbar werden und verweisen es auf einen Sinnursprung, der weder mit den einzelnen Worten noch mit ihrer Gesamtheit zusammenfällt, sondern sich einem umfassenderen Bezug des Menschen zu dem im weitesten Sinne musikalischen Wesen des Seins verdankt. Dieser Rollentausch bezüglich der Dominanz eines vornehmlich instrumental geprägten Musikparadigmas gegenüber der worthaft-vokal bestimmten Dichtung findet in den Texten der 50er Jahre seinen deutlich sichtbaren Niederschlag. Wie die häufige Verwendung der Worte „Geläut", „Verlauten", „Klang" usw. in Heideggers Auslegungen der Gedichte von George und Trakl belegt, ist nunmehr das einzelne Wort der Dichtung von einem eigentümlich diffusen, weniger strukturierten Charakter und erscheint damit als eine zumindest unvollständige, das Wesen der Sprache nicht ausschöpfende Form des sprechenden μέλος. Darin liegt aber auch schon der Hinweis auf eine andere Art und Weise des Sprechens, die den musikalischen Charakter des Seins zum einen in nicht nur punktueller, sondern diskursiver Form und auch diesen musikalischen Komplex wiederum in schärfer artikulierter Weise hervortreten läßt[4].

1. GA 65, 9.
2. Vgl. »‚Heimkunft / An die Verwandten'«, GA 4, 27.
3. Vgl. »Hölderlins Erde und Himmel«, GA 4, 180.
4. Natürlich könnte man das „Geläut" (unter Betonung der eine Gesamtheit bezeichnenden Vorsilbe *Ge-*) als eine Verbindung der „Laute" deuten, doch ist das Geläut als solches nicht so strukturiert, wie es etwa die Melodie des „Saitenspiels" oder ein Sonatensatz wäre. Die „klanglich-musikalische" Deutung der dichterischen Sprache (als Geläut, μέλος usw.) ist also keineswegs gleichbedeutend mit einer restlosen Reduktion der Musik auf die Dichtung. Wenn von C. Molzino dennoch dieser Vorwurf erhoben wird, dann liegt dies daran, daß der Autor die in *Der Satz vom Grund* entwickelte, dominante Rolle eines nicht mehr sprachlich-dichterisch unterbauten Musikverständnisses in krasser Weise verkennt (vgl. *Logos et ruthmos. Le sens de la terre ou l'oubli de la musique dans la pensée de Martin*

3.1.2. Sprachliche und musikalische Syntax

Der Unterschied von Musik und Dichtung wird schon in einer konkret phänomenalen Betrachtung deutlich und läßt sich von dort ohne Mühe auf die Ebene der metaphysikgeschichtlichen Deutung hin durchsichtig machen. Ausgangspunkt für Heideggers eingehende Beschäftigung mit dem dichterischen Sprechen ist ja die Problematik des Bezuges von „Klanggestalt" und „Bedeutung" des Wortes gegenüber der angesprochenen „Sache". Die (richtig verstandene) Unmittelbarkeit von Wort und Sache in der Dichtung erlangt ihre Freiheit vom herkömmlichen Bedeutungsschema der Sprache unter anderem durch die Abstandnahme von der diskursiven Struktur des „Aussagens über etwas" (λέγειν τι κατά τινος). Das dichterische Sprechen ist dadurch ausgezeichnet, daß jedes seiner Worte mächtig genug ist, die Sache anzurufen (gleich, ob sie nun „anwesend" oder „abwesend" ist), andererseits scheint aber aufgrund dieser sich jedesmal neu manifestierenden Absolutheit keines der Worte in der Lage zu sein, mit anderen in wesentlicher Verknüpfung zu stehen und *aufgrund dieser Verbindung* etwas aufzuweisen. Gegenüber dieser Vereinzelung des dichterischen Wortes ist die Musik umgekehrt dadurch gekennzeichnet, daß ihre Elemente (Töne, Akkorde) für sich genommen nicht nur nichts „bedeuten", sondern auch nichts Einzelnes „aufweisen", d. h. in diesem Fall hören lassen können[1]. Musik ist keine Ansammlung getrennter Geräusche, die einzelnen welthaften Phänomenen sinnhaft zugeordnet werden könnten – etwa wie die zuschlagende Tür, der laufende Automotor usw. Im Gegensatz zum Wort wie zum Geräusch kann Musik nie die einzelne Sache aufweisen, sondern nur den Spielraum für das mögliche Erscheinen der Sachen; sie ist, phänomenologisch gesprochen, nicht auf der Ebene der einzelnen Erscheinung, sondern des Erscheinungshorizontes angesiedelt, insofern sie sich strenggenommen nicht aus einzelnen Instanzen aufbaut, sondern ein homogenes Medium bildet, in dem sich erst nachträglich „Bausteine", „Elemente" usw. unterscheiden lassen[2]. Während ein Werk der bildenden Kunst eine diskrete Einheit darstellt, innerhalb derer sich – trotz ihrer wesentlichen inneren Verbundenheit – durchaus sinnvolle Teile unterscheiden lassen (wie etwa der isoliert betrachtete Arm einer Statue gegenüber der Statue als ganzer nach wie vor als Arm erkennbar bleibt)[3], haben einzelne Töne oder selbst Akkorde ohne einen umfassenderen musi-

Heidegger [1997 an der philosophischen Fakultät in Nice eingereichte, 1998 auf Mikrofiche vervielfältigte Dissertation], 167). Wir werden weiter unten noch darauf zurückkommen.

1. Vgl. dazu R. INGARDEN, *The Work of Music and the Problem of Its Identity* (aus dem Polnischen übersetzt von A. Czerniawski, hrsg. von J. G. Harrell), Berkeley – Los Angeles 1986, 48ff. 80ff.

2. Vgl. J. J. KOCKELMANS, »On the Meaning of Music and its Place in Our World«, in: *Kunst und Technik: Gedächtnisschrift zum 100. Geburtstag von Martin Heidegger* (hrsg. von W. Biemel und F.-W. von Herrmann), Frankfurt a. M. 1989, 351-376. Dieser äußerst instruktive Versuch einer möglichen Deutung der Musik vor dem Hintergrund des Heideggerschen Kunstverständnisses beschränkt seine Darstellung allerdings auf den Problemkontext von Welt, Sprache, Seiendem und Wahrheitsgeschehen, wie er sich zur Zeit des Kunstwerkaufsatzes darstellt, ohne die spätere Verwendung des musikalischen Paradigmas im Rahmen der Deutung von Metaphysik und Seinsgeschick zu berücksichtigen.

3. Die Frage nach dem Sinnverhältnis von Ganzem und Teilen innerhalb eines Kunstwerkes wird natürlich sehr viel problematischer, wenn man sich die von Heidegger praktisch gänzlich ausgeklammerte, abstrakte Kunst vor Augen führt. Doch auch bei Abwesenheit eines in Bestandteile zerlegbaren, figürlichen Motivs stellt sich ein abstraktes Gemälde insgesamt als Einheit dar, deren Teile sich auch im Falle einer Fragmentierung durch eine besondere innere, z. B. maltechnisch bedingte Kohärenz (Pinselstrich usw.) auszeichnen und in sinnvoller Weise von den Gemälden oder

kalischen Kontext keinen eigentlichen Sinn. Sie sind reine musikalische Bedeutungspotentialitäten, die nur aus dem Ganzen der Komposition her ihren Sinn beziehen, sich aber in isolierter Form ebensowenig zu einer Melodie oder gar einem noch vielschichtigeren musikalischen Werk „zusammensetzen" lassen wie Punkte zu einer Linie[1]. Die einzelnen „Elemente" eines Musikstücks stehen zum Ganzen nicht in demselben Verhältnis wie die Teile einer Statue zur Statue als ganzer, sondern verhalten sich vielmehr wie die Einschränkungen des Raumes zum Raum insgesamt[2]. Das Fehlen einer phänomenalen Instanzhaftigkeit kommt bei der Musik also in zweifacher Hinsicht zum Tragen: Einerseits sind die vermeintlichen „Bausteine" der Musik für sich genommen nichts, sondern erhalten ihren Sinn erst aus dem bereits bestehenden Zusammenhang des Musikstückes, andererseits enthüllt auch das Musikstück als ganzes dem Hörenden nichts anderes als sein eigenes Hören*können*, ohne daß dieses, wie im Falle von Wort und Geräusch, schon in einen konkret orientierten Verständnisrahmen eingespannt wäre[3].

Musik ist also bereits als konkrete Kunstform von wesentlich syntaktischem Charakter. Aus diesem Grunde leuchtet ein, daß Heidegger sie in dem Moment zum Deutungsmodell wählt, wo es ihm darum geht, die bisherige Sprache der Metaphysik – nach der Zwischenphase der in ihrer Radikalität wohl kaum zu überbietenden, aber sicher zum Teil auch experimentellen Neuansätze in den *Beiträgen* und verwandten Texten – in ihrer konkreten Gestalt wieder ernstzunehmen, vor allem dort, wo sich, wie im Falle der „Grundsätze des Denkens", die Quintessenz des Wesens der Metaphysik in komplexer Weise ausspricht. Ebenso, wie der von der Musik eröffnete Zeit-Raum noch kein Seiendes in besonderer Weise präjudiziert, sondern ihm nur einen offenen Horizont von Möglichkeiten bereitstellt, hat auch die Deutung der Seinsgeschichte anhand des musikalischen Paradigmas den Sinn, die einzelnen metaphysischen Grundstellungen nicht in sich, sondern aus ihrem gemeinsamen Medium her, doch ebenso auch in der ihnen eigenen Artikulation zu verstehen.

3.1.3. Das Wort der Erde – die Musik des Unheimischseins

Abgesehen von dem gemeinsamen syntaktischen Charakter von Musik und Denken, ist die Annäherung dieser beiden Sinnparadigmen noch aus einem weiteren Grunde folgerichtig: Für den Heidegger der späten 40er und 50er Jahre macht bekanntlich die Bildhaftigkeit des dichterischen Sprechens den wesentlichen Unterschied zu der dem Denken eigenen Sprache aus. Dementsprechend ist die bildlose Klanglichkeit und Immaterialität der Musik in vorzüglicher Weise dazu geeignet,

Gemäldefragmenten anderer Maler abheben lassen. Dagegen können eine Kadenz, eine Akkordfolge oder ein Cluster *a priori* nicht als „Fragmente" eines Stückes von Bach, Beethoven usw. identifiziert werden.

1. Die Tatsache, daß Musik mehr ist als eine „Zusammensetzung von Klängen", ist auf die nichtklanglichen Komponenten ihrer Sinnstruktur zurückzuführen, nämlich Rhythmus, Bewegung, Artikulation usw. Vgl. dazu R. INGARDEN, *The Work of Music and the Problem of Its Identity*, 83ff.

2. Bezüglich dieser auf den ersten Blick überraschenden Annäherung des musikalischen Grundmodells an die Räumlichkeit und nicht an die Zeitlichkeit vgl. C. MOLZINO, *Logos et ruthmos*, 171f. sowie M. FROMENT-MEURICE, *Les intermittences de la raison. Penser Cage, Entendre Heidegger*, Paris 1982, 81f.

3. Vgl. M. FROMENT-MEURICE, *Les intermittences de la raison*, 33f.

das Deutungsmuster sowohl für die bisherige philosophische Sprache als auch für ein mögliches künftiges Denken abzugeben, insofern beide einem nicht-objektivierbaren, zeit-räumlichen Geschehen entstammen. Die schon erwähnte Schwierigkeit, die Musik mit dem Charakter der „Erde" zusammenzubringen, kann dabei in zweierlei Hinsicht gedeutet werden: So ist zwar unleugbar wahr, daß Heidegger die Musik zu einem gewissen Zeitpunkt seines Denkens sogar als Synonym der Schwächung und des Niedergangs der übrigen Kunstformen, vor allem der Macht der Dichtung, versteht[1], ihr mindestens aber die Fähigkeit abspricht, gleich der Dichtung einen Ort für das „Wohnen" des Menschen in der Lichtung des Seins zu gründen[2]. Dieser fehlende Bezug zur Erde kann zum einen dahingehend interpretiert werden, daß die Musik diejenige Kunst ist, in der auf gewisse Weise die Situation der „Entwurzelung" und „Irre" zum Ausdruck kommt, in der sich der Mensch im Zeitalter der neuzeitlichen Technik befindet[3]. Allerdings ist diese negative Deutung des „entwurzelten" Charakters der Musik keineswegs zwingend, sowie man bedenkt, daß für Heidegger das „Unheimischsein" ureigenster Grundzug des Denkens ist, das durch kein dichterisches „Wohnen" ersetzt werden kann. Es ist also nur eine Frage der Blickrichtung, die fehlenden Bezüge zwischen der „Erde" und dem Wesen der Musik nicht als bloßen Mangel zu lesen, sondern umgekehrt als Ausdruck der Tatsache zu werten, daß der irdisch geprägte Bezug des Menschen nicht ausreicht, das musikalische Wesen des Seins sowie des metaphysischen Denkens in seiner Geschichte zu fassen.

Die Problematik des Verhältnisses von Metaphysik und Denken, Entwurzelung und Bodenständigkeit ist komplex und läßt sich nicht schon mit dem Hinweis auf die Darlegungen in der »Einleitung zu ‚Was ist Metaphysik?'« beantworten, die das cartesische Bild des Baumes der Wissenschaften und seiner metaphysischen Wurzeln aufgreifen. Wohl betont Heidegger die Notwendigkeit, den Boden, d. h. die Erde, in dem die Metaphysik wurzelt, eigens zu denken und seiner Vergessenheit zu entreißen[4]. Diese Deutung des „Grundes" der Metaphysik als eines vorrationalen Bodens bedeutet jedoch keineswegs schon, daß das eigentliche Denken sich in gleicher Weise wie das in der Dichtung gestiftete Dasein der Erde verhaftet weiß. Die Überwindung der Vorrangstellung des rationalen Grundes zugunsten des ihn haltenden Bodens gilt vielmehr nur, solange man an das von der Metaphysik selbst entworfene Funktionsschema metaphysischen Denkens anknüpft. Nur, insofern die Metaphysik sich selbst und den Rest der Wissenschaften im Bild von Baum und Wurzeln versteht, ist das Paradigma der Erde und des Bodens angemessen[5]. Wo

1. Vgl. die kritischen Bemerkungen zum Verhältnis von Wort und Musik bei Wagner in Ni I, 102f.; vgl. außerdem G. SEUBOLD, *Kunst als Enteignis. Heideggers Weg zu einer nicht mehr metaphysischen Kunst* (Abhandlungen zur Philosophie, Psychologie und Pädagogik, Bd. 241), Bonn 1996, 81. Vermutlich ist Heideggers abwehrende Haltung gegenüber der Wagnerschen Musik darauf zurückzuführen, daß er, gleich Nietzsche, ihren rauschhaften – man könnte auch sagen: „erlebnistrunkenboldigen" – Charakter ablehnt. Allerdings ist mit dieser *pars pro toto* vorgenommenen Abwertung der für Wagner charakteristischen Dominanz der Musik gegenüber dem Wort noch nichts über die nichtwagnerschen Formen der Oper und die nichtopernhafte Musik insgesamt ausgesagt.

2. Vgl. GA 13, 181 sowie den Beginn von »Gelassenheit«, GA 16, 517ff.

3. So etwa die Deutung bei C. MOLZINO, *Logos et ruthmos*, 194f.

4. Vgl. GA 9, 364. 366f.

5. Daß die Rede vom „Boden" und „Grund" der Metaphysik letztlich nur die *von der Metaphysik selbst* erreichbare (bzw. nicht erreichbare) Sicht ihrer selbst betrifft, wird auch an einem Passus in »Zur

dagegen das Wesen der Metaphysik in sich und nicht mit Bezug auf die übrigen, ontisch verankerten Wissenschaften bestimmt wird, fällt auch die Notwendigkeit dahin, das Denken mit der Dichtung und der von ihr gestifteten Beziehung von Erde, Dasein und Dingen in Verbindung zu bringen. In dem Maße, als sich die Geschichte der Metaphysik als Geschichte der Freiheit des Seins in seiner geschickhaften Prägung erweist, kann sie sich auch von der Bindung an das einzelne Seiende lossagen, ohne daß dies eine negative Deutung nach sich zöge. Schon im Falle der Musik als konkreter Kunstform ist es ja keineswegs so, daß mit dem Fehlen eines unmittelbaren Bezuges auf einzelnes Seiendes schon ihre Sinnhaftigkeit zusammenbräche; was ihr fehlt, ist lediglich eine über sich selbst hinausweisende „Bedeutungshaftigkeit" im Sinne einer herkömmlichen Sprache. Dementsprechend ist auch die Deutung der Metaphysik anhand des „entwurzelten" Paradigmas der Musik Zeichen eines geschichtlichen Sinnes, der es nicht mehr zuläßt, das metaphysische Denken in seinen Grundstellungen seinerseits als ein Seiendes, ja auch nur als ein isoliertes „Etwas" zu betrachten.

Nach diesen Vorüberlegungen zur Problematik der Musik und der Rolle des musikalischen Modells in Heideggers Denken soll nun im folgenden untersucht werden, wie sich die unterschiedlichen Bedeutungen des Spiels in seiner musikalischen wie nichtmusikalischen Form in den unterschiedlichen Texten der Spätphase im einzelnen entwickeln. Als große Grundlinie dient dabei die immer deutlicher werdende Eigenständigkeit der geschichtlichen Betrachtungen über das Wesen der Metaphysik gegenüber der Deutung des phänomenalen Statuts des Seienden im Rahmen des Ereignisdenkens. Insofern Heideggers Denken etwa seit Mitte der 30er Jahre die untrennbare Einheit von Aussageweise und Ausgesagtem nicht nur proklamiert, sondern selbst im Zeichen ihrer unauflöslichen Einheit steht, wird die zunehmende Divergenz von Dingbetrachtung und Metaphysikbetrachtung zunächst und vor allem auf der Ebene der strukturellen Grundmuster und Konstellationen erkennbar, die Heideggers Denken wie ein roter Faden durchziehen und seine innere Form bestimmen.

3.2. Das Geviert der Fragen

Beim späten Heidegger ist die Frage nach dem Denken von einer Vielzahl von Motiven durchzogen, die der Erörterung der Dingproblematik entlehnt scheinen. Als Bindeglied fungiert hierbei der bereits erwähnte aristotelische Topos, der die Sprach- und Vernunftbegabtheit des Menschen direkt mit der besonderen Rolle seiner Hände in Beziehung bringt, die zur Gesamtheit des Organismus in einer anderen Beziehung stehen als alle übrigen Körperteile und Extremitäten. Die Reziprozität von Handeln und Denken führt zum einen dazu, daß das Denken – in Anlehnung an das Beispiel des Kruges bzw. der Silberschale im Zusammenhang des Weltspiels – als „Bauen an

Seinsfrage« deutlich: „Die Beantwortung dieser Frage [sc. nach dem Seienden als Seienden] beruft sich jeweils auf eine Auslegung des Seins, die im Fraglosen verbleibt und den Grund und Boden für die Metaphysik bereitstellt. Die Metaphysik geht nicht in ihren Grund zurück" (GA 9, 385). Das „Bereitstellen" deutet bereits an, daß hier auch der nichtrational gedachte „Grund" der Metaphysik doch wieder mit Blick auf das durch ihn Begründete verstanden wird („*ihr* Grund"). Das metaphysische Verständnis der Funktionalisierung des Grundes ist also nach wie vor nicht wirklich überwunden.

einem Schrein"[1] bezeichnet wird. Die Parallelität ist offenkundig: Beide Male geht es um Gefäße oder Behälter, die die Haltung des Entgegennehmens einer Gabe zum Ausdruck bringen: Sowohl das Ereignis von Welt als auch das Ereignis des Denkens bestehen im Auffangen von etwas Vor-gegebenem, Geschenktem[2]. Zum anderen wird die Ähnlichkeit zwischen dem Denken einerseits und dem Umgang mit Dingen andererseits an der Grundfigur des Kreises ablesbar, die die Konfiguration des Ereignisses in beiden Fällen gegenüber dem metaphysisch geprägten Dingverständnis der Wissenschaften auszeichnet. Schon für das Einzelding gilt, daß seine Dinghaftigkeit sich nur unter Bezug auf den „Ring" der Welt, d. h. die Gesamtheit möglicher Erscheinungsbereiche und -weisen, erschließt, nicht aber in der abgeflachten Perspektive der frontal betrachteten, isolierten Gegenständlichkeit[3]. In gleicher Weise gilt nun für die bisherige Wissenschaft insgesamt die Unfähigkeit, das nur in seiner Subjektzugewandtheit anvisierte Objekt zu umschreiten, um auf diese Weise die alle theoretische Betrachtung bedingende, aber nur indirekt miterscheinende Ganzheit des Phänomens zu erkennen[4]. Um das für sie selbst „Unumgängliche" zu erkennen, müßte auch die Wissenschaft, anstatt sich mit dem bloßen Gegenüberstand zu ihren Objekten zu begnügen, eine Art Reigen oder Umgang veranstalten, der ihr die von ihr anvisierten Dinge in ihrer ganzen Erscheinungsfülle zeigt[5]. Da dieses Aufgeben des Subjekt-Objekt-Schemas aber vom wissenschaftlichen Standpunkt aus nicht möglich ist, kommt es dem „Denken" zu, dieses kreisende Umschreiten zu vollziehen. Das eigentliche Denken steht damit in derselben Ring- und Kreisbewegung, die schon den Weltbezug jedes einzelnen Dinges kennzeichnet.

Wenn damit auch zunächst der Eindruck entsteht, als komme die Erörterung des Wesens des Denkens mit der Dingbetrachtung zur Deckung, so besteht andererseits ein bedeutsamer Unterschied im Hinblick auf die jeweilige Stellung der Sprache innerhalb des als ursprüngliche Offenheit aufgespannten Bezirks. Während das „Wort" den Raum für die synchronische Verhältnishaftigkeit der vier sich spiegelnden Weltgegenden untereinander sowie von Ding und Welt als ganzer eröffnet, ist die Artikulation des denkenden Sprechens von einem Moment durchzogen, das die ausgewogene Ruhe des Gevierts durchbricht und die Frage nach dem Wesen des Denkens in den Spannungsbogen ihrer zeitlich-geschichtlichen Entwicklung hineinstellt.

Die Vorlesung *Was heißt Denken?* entfaltet die möglichen Bedeutungen des mit diesem Titel Gemeinten in vier verschiedenen Fragen, die jedoch untereinander nicht gleichwertig sind. Die drei ersten Frageformen, die sich auf die rein begriffliche Bedeutung von „Denken", die geschichtliche Entwicklung des Denkens in der bisherigen Metaphysik sowie die den Menschen betreffenden Erfordernisse für ein gelungenes Denken beziehen, finden in der vierten Frage zusammen, in der „Was *heißt* Denken?" im Sinne des Geheißes, d. h. des befehlenden Anrufs verstanden wird[6]. Bei alledem kommt es aber darauf an, daß in den Fragen ein Sinnpotential liegt, das sich nicht von der Klang- oder Zeichengestalt des Wortes abheben läßt:

1. WhD, 50.
2. Vgl. WhD, 1.
3. Vgl. »Wissenschaft und Besinnung«, VA, 56f.
4. Vgl. WhD, 57.
5. Vgl. »Wissenschaft und Besinnung«, VA, 58f.
6. WhD, 79f.

> „Die Weise verstehen wir jedoch anders denn als Art und Weise, als modus. Weise ist hier gemeint als Melodie, als Klang und Ton, der nicht nur die Verlautbarung des Sagens angeht. Die Weise des Sagens ist der Ton, aus dem und auf den sein Gesagtes gestimmt ist. Damit deuten wir an, daß beide Fragen, die nach dem ›Ton‹ unserer Behauptung und die nach ihrem Aussagecharakter, zusammenhängen"[1].

Damit ist im Zusammenhang mit den vier Fragen der Übergang von der vermeintlichen Geviertstruktur zu der eigentlich musikalischen Dimension des Denkens geschaffen. Die vielfältige Bedeutung des Verbs „heißen" wird demnach auch dort, wo es um das Wesen des Denkens geht, nicht als äußerliches Wortspiel, sondern als das (musikalisch verstandene) Spiel der Sprache selbst aufgefaßt. Deren Spiel entfaltet sich zwischen dem vordergründig-gewöhnlichen und dem „eigentlichen", aber sich nicht vordrängenden, sondern nur mitschwingenden Wortverständnis – in diesem Falle: zwischen „heißen" im Sinne von „bedeuten" und „heißen" im Sinne von „befehlen", bzw. „durch Anrufen in die Pflicht nehmen". Dieser „Spielraum des Gesprochenen"[2] ruht aber nicht in der Zeitlosigkeit einer sprachimmanenten Wesensgesetzlichkeit, sondern ist wesentlich auf den „Spielraum der Überlieferung"[3], d. h. auf das Gesprochene des metaphysischen Denkens bezogen. Die anfänglich entwickelte Viererstruktur der Fragen zieht sich damit letztlich auf die Frage nach dem geschicklichen Ursprung des Denkens zusammen. Anstelle der Vierstimmigkeit des Weltspiels reduziert sich die vierfache Fragestruktur des Denkens auf die eine „Stimme des Gesagten"[4], die jedoch ihrerseits zwischen zwei unterschiedlichen Modi des Hörens hin- und herspringt, nämlich demjenigen, der das geschichtlich ausgesprochene Wort des Denkens nur von seiner dem Verstehen unmittelbar zugewandten Seite her nimmt, und demjenigen, der seine mit anklingende Tiefendimension erfaßt. Insofern die Sprache das konkrete Sprechen der Menschen „gern in die mehr vordergründigen Bedeutungen der Worte weggehen"[5] läßt, selbst dabei aber im Hintergrund bleibt, erweist sie sich damit als ein ebensolches Ineinander von Aufgehenlassen und Sich-verbergen wie das Wesen des Seins, damit aber auch als ein ebenso unbegründbares φύειν wie dieses.

3.3. Das geschichtliche Profil des Denkens und das Spiel

Von den drei auf den gemeinsamen Grundmodus des „Geheißes" zurückgeführten Fragen ist die zweite, die nach der Herausbildung der Logik innerhalb der 2500jährigen Geschichte des Denkens fragt, zweifellos die wichtigste. Die Geschichte der Metaphysik wird damit nicht mehr, wie während Heideggers mittlerer Periode, unter Außerachtlassung der beträchtlichen innermetaphysischen Unterschiede unter dem gemeinsamen Motiv der „Leitfrage" zusammengefaßt, sondern erfährt erneut eine Differenzierung hinsichtlich der geschicklichen Rolle

1. WhD, 13f.
2. WhD, 89.
3. »Der Satz der Identität«, GA 79, 129.
4. WhD, 89.
5. WhD, 83.

einzelner denkgeschichtlicher Epochen[1]. Während die Frage „Was ist das Seiende (als solches / im Ganzen)?", die den Doppelaspekt des „Onto-" bzw. „Theo-" innerhalb der bisherigen Metaphysik als der „Onto-theo-logie" deutlich macht, von Heidegger als synchronische Figur in jeder Epoche des Denkens ausgemacht wird, ist der die „-logie" tragende λόγος das Kriterium für die diachronische Entwicklung des Denkens in der Abfolge seiner epochalen Konstellationen. Der die metaphysische Epochenabfolge bestimmende λόγος ist aber gerade kein universales, durchgängiges Prinzip, das die einzelnen geschichtlichen Momente miteinander verbindet, sondern ihre Gemeinsamkeit beruht auf ihrem gleichermaßen abrupten Hervortreten aus dem gemeinsamen Ursprung:

> „Die Epochen lassen sich nie auseinander ableiten und gar auf die Bahn eines durchlaufenden Prozesses schlagen. Gleichwohl gibt es eine Überlieferung von Epoche zu Epoche. Aber sie verläuft nicht zwischen den Epochen wie ein Band, das sie verknüpft, sondern die Überlieferung kommt jedesmal aus dem Verborgenen des Geschickes, so wie aus einem Quell verschiedene Rinnsale entspringen, die einen Strom nähren, der überall ist und nirgends"[2].

Die Vorstellung von einem die Geschichte der Philosophie durchziehenden Vernunftprinzip wird damit ganz offensichtlich hinfällig. Allerdings folgt daraus nicht schon, daß sich die einzelnen Epochen in keiner Weise mehr voneinander unterscheiden und sich gemäß der Besonderheit ihrer Grundstellung einordnen ließen. Vielmehr geht Heideggers Bemühen gerade darauf, die Entwicklung der Vernunftprinzipien als hermeneutisches Schema für die Deutung der Metaphysikgeschichte als ganzer zu verwenden. Seine Aufmerksamkeit konzentriert sich dabei vornehmlich auf zwei Brennpunkte der bisherigen Philosophie: Einerseits geht es ihm darum, im vorsokratischen Denken, namentlich bei Parmenides, die Ursprünge der für die Metaphysik so selbstverständlichen Zusammengehörigkeit von Sein und Denken freizulegen, andererseits bildet Leibniz den Schwerpunkt, wo es um die „Grundsätze des Denkens", vor allem den Satz vom Grund, sowie den Durchbruch des im engeren Sinne rationalen, nämlich des berechnenden, technisch orientierten Denkens geht.

Ausgangspunkt in Heideggers geschichtlicher Betrachtung ist der schon früher mehrfach zitierte und kommentierte Ausspruch des Parmenides-Fragmentes 3 über die „Selbigkeit" von Denken und Sein, das nun mit einer längeren, ähnlich klingenden Passage aus dem Fragment 8 in Verbindung gebracht wird. Im Zentrum stehen dabei nicht so sehr die Unterschiede der beiden Formulierungen, sondern vielmehr ihr gemeinsamer Beginn mit τὸ αὐτό. Diese herausgehobene Stellung des Wortes zu Beginn des Satzes wird von Heidegger nicht nach grammatikalisch-stilistischen Kriterien, sondern bereits unter Bezug auf den Inhalt der beiden Sätze gedeutet:

> „Was bedeutet die an den Beginn des Spruches gerückte Wortstellung im Sagen des Spruches? Was möchte Parmenides dadurch betonen, daß wir diesen Ton hören?

1. „›Das Denken‹ gibt es nirgends. Jedes Denken hat sein geschickhaftes Gepräge. ›Grundsätze des Denkens‹ kann daher nur dasjenige Denken meinen, in das wir seit langem geschickt sind" (GA 79, 141).
2. SvG, 154.

Es ist vermutlich der Grundton. In ihm klingt die Vorwegnahme dessen an, *was* der Spruch eigentlich zu sagen hat“[1].

Der in der herausgehobenen Stellung des τὸ αὐτό anklingende Ton *verweist* auf nichts anderes, also auch nicht auf die ihm nachfolgenden Teile des Satzes. Vielmehr besagt die Rede vom „Anklingen“, daß die Selbigkeit von Sein und Denken selbst als ein Grundthema der Metaphysik angesehen werden muß, das durch die konkrete Gestaltung der einzelnen philosophischen Ansätze zwar variiert, aber nicht aus der ihm eigenen Tonalität hinaustransponiert wird[2]. Wenn die gesamte Metaphysik als „Thema mit Variationen“ angesehen wird, wie ist dann aber die Vorstellung von einem Einschnitt innerhalb ihrer Epochenabfolge zu rechtfertigen?

Der wesentliche Unterschied, der den Parmenideischen Satz über die Selbigkeit von Sein und Denken vom Leibnizschen Satz vom Grund abhebt, liegt nicht im Inhalt, sondern in der Art und Weise, in der der Herrschaftscharakter dieser Sätze jeweils zum Ausdruck kommt. Der Satz des Parmenides spricht die Zusammengehörigkeit von Sein und Denken aus, doch läßt er sie lediglich in sprachlicher Form anklingen, ohne die Bedeutung des damit Ausgesprochenen in der Form ausdrücklicher Grundsatzhaftigkeit einzufordern. Das „Selbe“, das Sein und Denken zueinander in Beziehung setzt, hat noch kein reflexives „Selbst“ erlangt, durch das es sich ausdrücklich von anderen Sätzen abgrenzen könnte. Demnach handelt es sich bei diesem Satz nicht um ein Prinzip, da das „Selbe“ die Vorrangstellung des in ihm Ausgesprochenen, nämlich die Stellung am Anfang des Satzes (das *primum* in *prin-cipium*), zwar ein*nimmt*, aber nicht inne*hält*, d. h. die eigene Bedeutung nicht durch eine metasprachliche Bezeichnung *als* Grundsatz, Axiom usw. auf verfügende Weise in der Hand hat (*capere*). Dies ändert sich mit Beginn der Neuzeit, in der die Grundhaftigkeit nicht so sehr auf die Erkenntnis der Ursache(n) des bereits Bestehenden, sondern – im Rahmen des Umbruchs im Bereich der Naturphilosophie und Naturwissenschaft – auf die apriorische Möglichkeit der berechenbaren Verursachung und Hervorbringung von bestimmten Wirkungen abzielt. Insofern die Vorausberechnung gerade der Hervorbringung vorausgehen muß, kann sie sich nur im Medium sprachlicher Formulierungen und Zeichen und gemäß axiomatisch gesicherter Grundsätze und Prinzipien vollziehen. Daher rührt die Notwendigkeit, die Grundsätze nicht nur mit empirischer Gewißheit implizit anzuwenden, sondern sich über ihr Wesen ausdrücklich und in wiederum grundsätzlicher Weise Klarheit zu verschaffen.

Diese reflexive Selbsterkenntnis der Grundsätze setzt nun in der Neuzeit zwar deutlich sichtbar bei verschiedenen Autoren ein, doch erlangt sie keineswegs im Laufe der Zeit eine nur kumulative Vollständigkeit, sondern wird in Leibniz’ Denken mit einem Schlag einer ausführlichen, systematischen Behandlung zugeführt, die sich von zeitgenössischen Ansätzen unverkennbar abhebt. Im Gegensatz zu Descartes, der die Universalität eines kausal-rationalen Begründungsprinzips auf die reflexiv erkannte Unbezweifelbarkeit des *cogito* als des ersten Prinzips aller weiteren

1. »Moira (Parmenides, Fragment VIII, 34-41)«, VA, 238 (Hervorhebung im Original).

2. Zu dieser Deutung der Geschichte des Denkens als einer Reihe von Variationen zu einem Thema vgl. WhD, 148.

Erkenntnis gründet[1], erklärt Leibniz das Prinzip der Identität bzw. der Widerspruchsfreiheit keineswegs für nutzlos, sondern verschafft ihm im Rahmen seiner logisch-metaphysischen Deutung von Satzwahrheit und Wirklichkeit wieder eine zentrale Stellung. Abgesehen von der Frage nach der bleibenden Bedeutung der Aristotelischen „Axiome", zeigt Leibniz aber ganz allgemein eine größere Sensibilität für die Vielschichtigkeit der Problematik der Prinzipien, namentlich, was ihre gegenseitige Abgrenzung und mögliche Hierarchisierung anbelangt[2]. Der Prinzipgedanke als solcher nimmt in Leibniz' Philosophie eine derart beherrschende Stellung ein (*principe d'identité*, *principe de raison* bzw. *principe du meilleur*, *principe des indiscernables*, *principe de continuité*), daß man Leibniz wohl weit eher als alle anderen neuzeitlichen Autoren als den Erben der Aristotelischen Konzeption der Metaphysik als einer Erkenntnis der Prinzipien (ἀρχαί) bezeichnen kann. Daraus erklärt sich die Tatsache, daß Heidegger seine Kritik der metaphysischen Tradition von Grund und Prinzip gerade an Leibniz festmacht[3]. Wenn in *Der Satz vom Grund* das als *ratio* konstituierte Paradigma des rechnenden Denkens dem Spiel gegenübergestellt wird, hat dies aber noch einen weiteren guten Grund. Philosophiegeschichtlich gesehen, stellt nämlich der Beginn der Neuzeit interessanterweise auch in bezug auf die Bedeutung des Spielphänomens für die Philosophie einen Einschnitt dar, der von dem der *ratio* nicht zu trennen ist. Wenn der Spielgedanke auch in der Philosophiegeschichte nie gänzlich abwesend gewesen ist[4], so fällt doch auf, daß seine inhaltliche und thematische Bedeutung durchaus keine Konstante darstellt, sondern nur in wenigen, ganz bestimmten Momenten in auffallender Weise und gleichsam in Sprüngen hervortritt. Vor allem mit Beginn der Neuzeit nun läßt sich beobachten, daß das Spiel unter ganz neuen, noch nie dagewesenen Gesichtspunkten betrachtet und zum bevorzugten Gegenstand philosophischer Untersuchung gemacht wird.

Der Aufschwung der Mathematik im Übergang vom Spätmittelalter zur frühen Neuzeit ermöglicht es erstmals, die dem Spiel – genauer gesagt: dem Glücksspiel – eigenen Unwägbarkeiten zum Gegenstand wissenschaftlicher Untersuchung zu machen[5]. Dabei spielt die Wahrscheinlichkeitsrechnung insofern eine entscheidende Rolle, als sie es erlaubt, die Ungewißheit nicht einfach als unterschiedslosen, stets gleich beunruhigenden und unbekannten Block von Möglichkeiten aufzufassen,

1. Vgl. R. DESCARTES, *Meditationes de prima philosophia (Primae responsiones / Secundae responsiones)*, AT VII, 112. 135. 164. sowie ID., *Lettre à Clerselier (juin / juillet 1646)*, in: *Correspondance*, AT IV, 444f.

2. Vgl. die verschiedenen Ordnungsschemata der Prinzipien in G.W. LEIBNIZ, *Opuscules et fragments inédits*, 515. 528.

3. „Erst durch Leibniz gelangt die Meditation über die Grundsätze auf einen, wie hier gesagt werden muß, grundsätzlichen Boden" (GA 79, 151). – „Die ganze Wucht des rechnenden Denkens sammelt sich in den Jahrhunderten der Neuzeit. An ihrem Beginn setzt auch erst, im besonderen bei Leibniz, die systematische meditatio de principiis ein" (ebd., 156).

4. Was die Bedeutung des Spiels für die Philosophie angeht, läßt sich hierbei zwischen einer philosophischen, hauptsächlich ästhetisch-ethischen bestimmten Thematisierung der konkreten Spielaktivität des Menschen und einer spielerisch-agonalen Auffassung der Philosophie selbst unterscheiden. Bezüglich der geschichtlichen Entwicklung des letztgenannten Aspektes vgl. J. HUIZINGA, *Homo ludens. Versuch einer Bestimmung des Spielelementes der Kultur*, Amsterdam (1939) [3]1940, 236-253 (IX. Kapitel: „Spielformen der Philosophie").

5. Zu dieser Ansetzung einer spieltheoretischen „Achsenzeit" vgl. C. DUFLO, *Le jeu: de Pascal à Schiller*, Paris 1997, 25ff. sowie L. THIROUIN, *Le hasard et les règles: Le modèle du jeu dans la pensée de Pascal*, Paris 1991.

sondern innerhalb des Bereiches des Ungewissen eine Abstufung vorzunehmen, mittels derer man abschätzen kann, ob mit dem Eintreten eines bestimmten Ereignisses, etwa eines Spielausganges, ernsthaft gerechnet werden muß oder ob die fragliche Konstellation, obzwar prinzipiell möglich, so unwahrscheinlich ist, daß sie in weiterreichenden Überlegungen getrost als vernachlässigbare oder doch in ihren Konsequenzen verantwortbare Größe gehandhabt werden kann. Die Betrachtung des Ungewissen als rational betrachtbarer Gesamtheit des Möglichen findet ihre Vollendung in der Kombinatorik, mit deren Hilfe alle Versionen und Varianten möglicher Ergebnisse im vorhinein erschöpfend bestimmt werden können. Insbesondere bei Leibniz besteht das Vorhaben, durch ein festgelegtes System von Zeichen und Verknüpfungsfunktionen das Ungewisse und Unbekannte, zumindest was den Grad seiner Wahrscheinlichkeit angeht, auch unabhängig von der realen Existenz der Dinge im vorhinein so weit wie möglich transparent zu machen[1]. Das Spiel wird für die neuzeitliche Philosophie also gerade in einer Weise interessant, die strenggenommen die Negation seines ureigensten Wesens darstellt, nämlich als vollständig vorhersehbare Kombination mehr oder weniger wahrscheinlich eintretender Vorgänge. Vor diesem Hintergrund erlangt Heideggers Entscheidung, die Wirksamkeit und Herrschaft des Satzes vom Grund innerhalb der Metaphysik anhand eines anders aufgefaßten Spielparadigmas zu deuten, somit ein doppeltes geschichtshermeneutisches Gewicht: Es geht darum, zum einen das Spiel aus der untergeordneten Stellung zu befreien, die es in der bisherigen Philosophie innehatte, zum anderen aber die Beziehung von Spiel und *ratio* nicht einfach in einem bloßen Gegensatz zu belassen, sondern das metaphysische Denken seinerseits aus dem Spiel her zu begreifen.

3.4. Die Asymmetrie von Anklang und Satz bei Leibniz

Beim späten Heidegger bezieht sich das Verhältnis zwischen dem implizit Anklingenden und dem ausdrücklich zur Sprache Gebrachten nicht mehr, wie noch in den *Beiträgen*, vornehmlich auf den verborgenen Grund der Metaphysik als ganzer und der vom „anfänglichen Denken" her erfolgenden Aufzeigung der ihr eigenen, aber gleichermaßen verdeckten Bestimmtheit aus dem Ereignis der Seinsverlassenheit, sondern wird nunmehr in den inneren Verlauf der Metaphysikgeschichte selbst hineinverlegt und überdies in positiver Hinsicht gedeutet[2]. Im Zusammenhang mit dem für die Konstitution der Metaphysik wesentlichen Satz vom Grund ist es Leibniz, der die seit Parmenides insgeheim maßgebliche Zusammengehörigkeit von Sein und Denken nicht nur als wieder verklingenden „Anklang" vernimmt, sondern als „Anspruch" versteht, der in der ausdrücklichen Formulierung

1. „Je trouva donc qu'il y a des certains Termes primitifs <si> non absolument, au moins à nostre egard, les quels estant constitués, tous les raisonnements se pourroient determiner à la façon des nombres et même à l'egard de ceux ou les circonstances données, ou data, ne suffisent pas à la determination de la question, on pourroit neantmoins determiner [Metaphysiquement] mathematiquement le degré de la probabilité" (G.W. LEIBNIZ, *Opuscules et fragments inédits*, 176).
2. Vgl. GA 65, 107ff. 114. Bezüglich der in den *Beiträgen* vorherrschenden Verbindung zwischen „Anklang" und „Enteignis", die die Geschichte der Metaphysik in erster Linie als Antwort auf ein Sichversagen des Seins liest, vgl. P. EMAD, »The Echo of Being in *Beiträge zur Philosophie – Der Anklang*: Directives for its interpretation«, *Heidegger Studies* 7 (1991) 15-35.

des Satzes vom Grund eine Antwort erhält. Anklang und explizite sprachliche Fassung sind daher nicht zwei verschiedene Dinge, sondern unterscheiden sich hinsichtlich ihres Verlautungsmodus, insofern der weitgehend unstrukturierte und im Hinblick auf seine möglichen Ausprägungsformen noch offene „Klang" durch die geschichtliche Konkretion philosophischer Begrifflichkeit in die Bestimmtheit und Artikuliertheit eines „Satzes" überführt wird:

> „Leibniz konnte den schon seit Jahrhunderten befolgten, weil immer anklingenden Satz vom Grund eigens entdecken, weil er das principium rationis als principium reddendae rationis aussprechen mußte; ›mußte‹ sagen wir und meinen freilich nicht einen unwiderstehlichen blinden Zwang, unter dem Leibniz stand. Wir meinen die Freiheit, mit der Leibniz zu seiner Zeit im schon anklingenden Spruch des Satzes vom Grund den entscheidenden Anspruch heraushörte und ihn – im wörtlichen Sinne – zur Sprache brachte, in der sich der Inhalt des als Grundsatz noch ungesetzten Satzes ausspricht. [...] Das Große und Bleibende im Denken der Denker besteht nur darin, das, was immer schon anklingt, eigens ins Wort zu bringen"[1].

Die Zusammengehörigkeit von Sein und Denken ist zunächst der verborgene Ursprung philosophischen Denkens, d. h. das, aufgrund dessen „es" Metaphysik „gibt". Dieser in der geschichtlichen Erstreckung metaphysischen Denkens zunächst verborgene, sich an das aus ihm Hervorgehende verströmende Ursprungscharakter des Grundes als des Gebenden wird bei Leibniz im „*reddere* rationem" als etwas „Zurückzugebendes" erfaßt, d. h. als etwas, das von seiten des Denkens aus die Bewegung des aus dem Grund her geschehenden Gegebenseins der Dinge für die Erkenntnis in umgekehrter Richtung durchläuft. Doch handelt es sich hierbei nicht einfach um eine spiegelsymmetrische Umkehrung: Während die anklingende „Selbigkeit" von Sein und Denken sich als Ursprung über die ganze Geschichte der Metaphysik hinweg erstreckt, zieht sich mit Leibniz das erwidernde Aussprechen der Grundhaftigkeit dieses Grundes auf einen kurzen Satz zusammen und fixiert sie in Form eines feststehenden Prinzips[2]. Die den Grund wieder-gebende Antwort ist also nur formal gesehen eine Entsprechung, die, genau besehen, der dynamischen Gegebenheitsweise des Anspruches nicht angemessen ist.

Wenn Leibniz' Denken auch einerseits eine herausragende Stellung einnimmt, insofern es zum ersten Mal ausführlich die Grundhaftigkeit des Grundes thematisiert, so ist doch die Art und Weise, in der er das Gegebensein und die denkerische Antwort darauf auffaßt, bezüglich des zu erkennenden und zu begründenden Seienden wiederum einseitig. Das Problem liegt nicht darin, daß etwa kein Abstand zwischen Grund und Gegründetem gewahrt würde, sondern daß sich dieser Spielraum des Begründens in linearer Weise zwischen dem vorstellenden Denken des Subjekts und den als Gegenständen aufgefaßten Dingen eröffnet. Damit überwiegt wieder die „Vordergründigkeit", insofern nämlich das Seiende nicht primär in der Tiefendimension des Hervortretens aus seinem Grund, sondern in seinem überschaubaren Gegeben*sein* für die *ratio* betrachtet wird. Das Anvisieren des Seienden in seiner Gegenwärtigkeit bringt folglich das Begründen mit der Vorstellung eines totalisierenden Zugriffs in Verbindung, der sich auf fraglos Vorliegendes erstreckt

1. SvG, 47f.
2. SvG, 14.

und den Grund in seiner Funktion für das zu Begründende aufgehen läßt. In der bekannten Formulierung des *nihil est sine ratione* liegt die Betonung damit auf dem *nihil... sine*, das sich nicht mehr in erster Linie auf die miteinander verbundenen Termini Grund-Begründetes, d. h. das Seiende und das Sein als seinen Grund bezieht, sondern auf die universale Quantifizierung der Beziehung des Begründens als solcher[1]. Der Satz vom Grund spricht auf diese Weise nicht mehr von Dingen oder Sachen im primären Sinne, sondern von der extensionalen Mächtigkeit ihrer möglichen Relationen. Diese Relationalität ist allerdings nicht einmal mehr mit der Entfaltungsbeziehung von Ursprung und Hervorgegangenem gleichzusetzen, sondern wesentlich auf das menschliche Denken bezogen, so daß der Satz vom Grund letztlich ein vom Denken ausgesprochener Satz über das Denken selbst wird.

Die sich im „*reddere* rationem" abzeichnende Einsicht in die Notwendigkeit eines antwortenden „Wieder-gebens" dessen, was sich dem Denken aus einem abwesenden Ursprung her darbietet, wird damit in eine ganz andere Richtung abgedrängt und im Sinne einer jederzeit herstellbaren Gegebenheit des Grundes für das Denken mißverstanden. Der Grund wird nicht nur ausschließlich als Grund für das Seiende in seiner Gegenständlichkeit interpretiert, sondern selbst noch einmal zu etwas gemacht, was sich das Denken in gegenständlicher Weise vergegenwärtigen kann und muß. Das „Zureichende" des Grundes ist somit nicht mehr auf den selbst unerschöpflichen, das Seiende „darreichenden" Ursprung bezogen, sondern auf seine Eigenschaft als das nach Maßgabe des Denkens begriffene, seinen Ansprüchen „genügende" Prinzip der Erkenntnis von Seiendem in seinem Sein.

3.5. Der Grund als Zeit des Seienden

Heideggers Kritik des Satzes vom Grund scheint zunächst der Tatsache zu gelten, daß mit Leibniz das Wesen des Grundes auf ein dem Denken vorstellbares Maß zurückgeschraubt wird, das es gestattet, in bezug auf das Seiende die begründende Beziehung zwischen Ursache und Wirkung in umgekehrter, ergründender Richtung zu durchlaufen. Entgegen dem ersten Eindruck geht es ihm jedoch keineswegs darum, das den Grund ergründenwollende „Warum?" zugunsten eines im schlechten Sinne mystischen Quietismus vor dem im „Weil" sich einfach darbietenden Grund aufzugeben[2]. Heideggers Kritik einer reziproken Beziehung von Grund und Begründetem beruht vielmehr auf der Voraussetzung, daß bei Leibniz der Satz vom Grund nicht nur eine gedanklich-essentielle, sondern auch kausal-existenzbezogene Valenz besitzt, so daß Grund des Seins und Grund des Erkennens zur Deckung kommen können. Diese Deutung Heideggers ist aber insofern von weitreichender Konsequenz, als sie in bezug auf die Begriffe von *ratio* bzw. *causa* eine Vermengung physischer, logisch-mathematischer und metaphysischer Betrachtungsweisen impliziert.

Es ist eine unbestreitbare Tatsache, daß die unterschiedlichen Formulierungen, in denen Leibniz die Problematik des Grundes anzugehen versucht, es nicht eben leicht machen, die Abgrenzung zwischen diesen Aspekten deutlich erkennbar werden zu

1. Vgl. SvG, 53.
2. Vgl. SvG, 70. 78.

lassen[1]. Eigenartigerweise stützt sich Heidegger in *Der Satz vom Grund* bei seiner Deutung des *principium grande* vor allem auf diejenigen Texte, in denen Leibniz eine kausale, auf den Existenzgrund des einzelnen Seienden bezogene Deutung der *ratio* gibt[2]. Dagegen bleibt der § 7 aus den *Principes de la Nature et de la Grâce* unerwähnt, in denen Leibniz dieses Prinzip ausdrücklich zum Diskrimen des Übergangs von der physikalischen zur metaphysischen Sichtweise erklärt und die Problematik des Grundes letztlich – mittels der berühmten, von Heidegger ehemals ausführlich kommentierten Frage „Warum gibt es überhaupt etwas und nicht vielmehr nichts?" – über die Frage nach dem einzelnen Seienden und seinem Werden hinausführt.

Diese zunächst einseitig wirkende Vorgehensweise bei der Heranziehung der Leibnizschen Texte erklärt sich zum einen daraus, daß Heidegger in dieser Zeit – wie die zahlreichen Texte zur Dingproblematik belegen – von der Frage nach der neuzeitlichen Technik mit all ihren Konsequenzen umgetrieben wird. Unter dieser Voraussetzung liefert eine physikalisch orientierte Interpretation des Satzes vom Grund die Voraussetzung dazu, Leibniz als den Stammvater eines an der mechanisch-technischen Veränderung der Welt interessierten Denkens zu erweisen. Andererseits aber – und das ist das Seltsame – besitzt Heideggers Leibnizkritik eine zweite Komponente, die wiederum nur dann verständlich ist, wenn man nicht die physische, sondern die metaphysische Deutung des *principium grande* zugrundelegt. Diese andere Auffassung von der *ratio* erklärt sich aus Leibniz' Ablehnung des Mechanismus newtonscher Prägung, der auf einer deterministischen Verknüpfung von Ursache und Wirkung beruht. Unter dieser Voraussetzung bezöge sich die Leibnizsche *ratio* nicht auf den faktisch-transitiven Übergang von einem Seienden zum anderen, sondern auf die Entfaltung eines im Wesensbegriff der Ursache angelegten Enthaltenseins der Wirkung[3]. Dieser mehr prädikative, auf die apriorisch feststellbare Wahrheit von Aussagen bezogene Ansatz der *ratio* herrscht in der anderen Gruppe von Zitaten vor, die Heidegger in *Der Satz vom Grund* anführt[4]. Damit wäre der Unterschied zwischen Kausalität im physikalischen Sinne einerseits und der metaphysischen *ratio* andererseits deutlich markiert, doch um den Preis einer Ausklammerung der Aspekte des Werdens und der Zeit. Mit der metaphysischen Deutung der *ratio* verharrt man in der Bewegungslosigkeit einer essentialistischen Weltbetrachtung, die das zu Begründende wie seinen „Grund" nach dem Muster einer statischen Inklusionsbeziehung auffaßt, die Frage nach der wirklichen Existenz aber gerade ausspart. Dementsprechend stellt sich in diesem Falle auch der Satz vom Grund nicht als ein Gesetz des Seins bzw. Werdens dar, sondern als eines der beiden fundamentalen Axiome des apriorisch-kalkulierenden Beweises, dessen Bezug auf reale Seinszusammenhänge akzidentell ist und bestenfalls nachträglich in Frage steht[5].

1. Vgl. dazu L. BOUQUIAUX, *L'harmonie et le chaos: le rationalisme leibnizien et la „nouvelle science"*, Louvain – Paris 1994, 194ff.
2. Vgl. SvG, 63ff.
3. Vgl. L. BOUQUIAUX, *L'harmonie et le chaos*, 201. 207. 218.
4. Dies gilt vor allem für die Zitate in SvG, 14. 33. 44f. 194 sowie für die Verweise auf die entsprechenden Textstellen aus der *Monadologie*.
5. „Duobus utor *in demonstrando* principiis: [...] alterum est: omnis veritatis (quae immediata sive identica non est) reddi potest rationem" (G.W. LEIBNIZ, *Philosophische Schriften* VII [im folgenden G

Heidegger läßt die Tatsache unberücksichtigt, daß die metaphysisch-essentialistische Deutung des Leibnizschen Satzes vom Grund dem faktischen Sein gerade einen Freiraum gegenüber dem lückenlosen Begründenwollen gewährt. Er klammert die Tatsache aus, daß das Inklusionsmodell der Satzwahrheit gerade nicht die Kontingenz des zugrundeliegenden Subjektes aufhebt, und konzentriert statt dessen seine Kritik auf den anderen, in seinem Sinne typisch metaphysischen Aspekt, der mit dieser die Kontingenz freigebenden Konzeption jedoch untrennbar verbunden ist, nämlich auf die Abwesenheit des Aspektes der Zeit. Unter der Voraussetzung, daß der Satz vom Grund doch wieder die reale Existenz der Dinge mitumfaßt, geht Heideggers Bemühen dahin, die vermeintliche dauernde Verfügbarkeit und „Bereitstellbarkeit" des zureichenden Grundes für jedes Seiende durch eine nicht mehr rationale, sondern temporale Deutung des „Weil" zu überwinden. Die Kritik an der Haltung, Seiendes zum Gegenstand der menschlichen Manipulation herabzustufen, legt es nicht darauf an, das Seiende eben nur unter Nichtausnutzung seiner Verwendbarkeit in einer inerten Vorhandenheit liegenzulassen, sondern will vielmehr zeigen, daß Seiendes in keinem Falle einfach nur vorliegt, sondern im primär gegebenen Zeit-Spiel-Raum seines Grundes „verweilt"[1], ohne daß sich diese „Weile" seines Seins zu einer kalkulierbaren, beständigen Gegenwärtigkeit verfestigt[2].

3.6. Der Satz vom Grund im Spiel des Seins

Heidegger entwickelt in *Der Satz vom Grund* die Beziehung von Sein, Grund und Spiel anhand zweier unterschiedlicher Grundmuster. Zum einen wird das Spiel im musikalischen Sinne aufgefaßt, zum anderen – unter Anknüpfung an das schon oft zitierte und kommentierte Heraklit-Fragment 52 – als Spiel eines Kindes. Die Deutung der Stellung der Metaphysik innerhalb des Seinsgeschicks mittels eines musikalischen (genauer gesagt: der Instrumentalmusik enstammenden) Paradigmas kann als eine indirekte, vielleicht sogar ungewollte Erwiderung auf Leibniz gedeutet werden, insofern dieser der Musik zwar in seinem System der universalen Harmonie durchaus einen Platz zubilligt, sie jedoch eindeutig mit anderen Teildisziplinen wie der Algebra der *mathesis universalis* unterordnet[3]. Wenn man der Deutung folgt, nach der Leibniz im Anschluß an den Großteil der philosophischen Tradition die Musik im Grunde noch der Sphäre des Sinnlichen zugeschlagen und sie nur unter der Bedingung ihrer Symbolisierung und Arithmetisierung in sein System aufgenommen hat[4], liegt in Heideggers Deutung des Seinsgeschicks anhand eines

VII], hrsg. von C. I. Gerhardt, [Berlin 1875-1890] Hildesheim – Zürich – New York ^{2}1996, 199; Hervorhebungen v. d. Verf.). – „[...] duo sunt prima principia *omnium ratiocinationum*, Principium nempe contradictionis [...] et principium reddendae rationis [...] sive quod omnis veritatis reddi ratio potest, *vel ut vulgo ajunt, quod nihil fit sine causa*" (G VII, 309; Hervorhebungen v. d. Verf.). Die zweite der im letzten Zitat hervorgehobenen Passagen macht deutlich, daß Leibniz die kausale Deutung des Satzes vom Grund als die uneigentliche oder zumindest ungenaue Fassung dessen versteht, was mit der *ratio reddenda* gemeint ist.

1. Vgl. SvG, 109.
2. Vgl. SvG, 207f.
3. Vgl. G.W. LEIBNIZ, *Opuscules et fragments inédits*, 99. 277-280.
4. Vgl. P. BAILHACHE, *Leibniz et la théorie de la musique*, Paris 1992, 41. 49.

musikalischen Paradigmas zumindest eine implizite Überwindung der metaphysischen Dichotomie von Sinnlichkeit und Rationalität[1].

Entscheidend für die Verknüpfung des Seinsgeschicks mit der Musik ist die Weiterführung des schon in bezug auf die innermetaphysische Entwicklung des Denkens wesentliche Beziehung von Anklang und Antwort. Allerdings wird jetzt auf einer zweiten Stufe die Sprache der Metaphysik selbst – in diesem Fall der Satz vom Grund – als „Satz" im musikalischen Sinne aufgefaßt, in dem mehr anklingt, als das direkt Ausgesprochene zu sagen vermag. So, wie in einem ersten Schritt das Hören des Anspruches des Seins durch die großen metaphysischen Denker den anklingenden Ton in eine satzhafte Formulierung überführte, wird jetzt der metaphysische Satz *par excellence*, nämlich der Leibnizsche Satz vom Grund, zum Träger eines Anklangs, der für die Metaphysik selbst nicht hörbar ist und nach einer anderen „Tonart" des Denkens verlangt[2]. Die Notwendigkeit eines solchen Schrittes ergibt sich aus der Unmöglichkeit, durch sprachliche Mittel allein aus dem metaphysischen Denken herauszufinden, selbst da, wo die Sprache den Übergang vom metaphysischen zum anfänglichen Denken deutlich machen soll. Bekanntlich hatte Heidegger die sich chiastisch verschlingende Satzform mit Vorliebe dort angewandt, wo es galt, eingefahrene metaphysische Grundauffassungen ins Wanken zu bringen, etwa durch Formulierungen wie „Das Wesen der Wahrheit ist die Wahrheit des Wesens" oder „Nicht der Satz ist der Ort der Wahrheit, sondern die Wahrheit ist der Ort des Satzes". Gerade mit Blick auf die Problematik der „Grund-sätze" sind aber auch mögliche andere Varianten des letztgenannten Chiasmus nicht mehr geeignet, den Übergang von einem Denkparadigma zum anderen zu vollziehen; allenfalls können sie die Vollendung der bisherigen Metaphysik illustrieren und die Notwendigkeit eines anderen Denkens indirekt deutlich machen:

> „Der Satz des Grundes ist der Grund der Sätze. Der Satz des Grundes ist der Grund des Satzes. [...] Hier dreht sich etwas in sich selber. Hier ringelt sich etwas in sich selber ein, verschließt sich aber nicht, sondern entriegelt sich zugleich. Hier ist ein Ring, ein lebendiger Ring, dergleichen wie eine Schlange. Hier fängt etwas sich selber an seinem eigenen Ende. Hier ist ein Anfang, der schon Vollendung ist"[3].

Die der Geviertstruktur nachempfundene Form des Chiasmus, dessen unsichtbarer Knick in der Mitte die „Kehre" andeutet, ist also als solche nicht mehr ausreichend, den Übergang wirklich zu vollziehen. Es genügt nicht, daß sich die Kehre in der Form des Chiasmus ausspricht; zu sehr ist dieser Gestus noch von dem möglichen Mißverständnis der verbalen Konstruierbarkeit durchzogen, so als habe die Kehre ihren Sitz allein in der Sprache. Demgegenüber betont Heidegger nun die Unverfügbarkeit der Kehre und die Ungewißheit des Ortes ihrer Ankunft:

1. Es sind also nicht die spärlichen Hinweise auf die konkreten musikgeschichtlichen Beispiele (Bach, Beethoven, Mozart in SvG, 87. 117f.), an denen sich die Bedeutung der Musik für die Darlegungen in *Der Satz vom Grund* ablesen läßt (vgl. dazu die unmißverständliche Kritik bei G. MOLZINO, *Logos et ruthmos*, 190), sondern vielmehr die Durchdrungenheit und Getragenheit der gesamten Fragestellung von Motiven und Strukturen, die dem *Wesen* der Musik insgesamt entstammen.
2. Vgl. SvG, 102.
3. SvG, 31.

> „Vielleicht stehen wir bereits im vorausgeworfenen Schatten der Ankunft dieser Kehre. Wann und wie sie sich geschicklich ereignet, weiß niemand. Es ist auch nicht nötig, solches zu wissen. Ein Wissen dieser Art wäre sogar das Verderblichste für den Menschen, weil sein Wesen ist, der Wartende zu sein [...]“[1].

Auch das sprachliche Geviert des Chiasmus kann daher in seiner Abgeschlossenheit nicht schon den Übergang beinhalten, sondern bleibt seinerseits auf einen Schritt angewiesen, der nicht einfach die metaphysischen Elemente umkehrt und davon ausgehend ein anderes Denken fabriziert, sondern die sich kreuzende Beziehung der Metaphysik und ihrer „Überwindung“ als ganze schlagartig aus dem Bisherigen herausrückt[2]. Dies ist gemeint, wenn Heidegger von der „anderen Tonart“ spricht, in der der Satz vom Grund gehört werden muß. Im Gegensatz zu den früher verwendeten Chiasmen wird die Formulierung *nihil est sine ratione* keiner „Umkehrung“, sondern nur einer Akzentverlagerung unterzogen, die nicht über das in diesem metaphysischen Satz Gesagte hinausgeht, sondern das „Selbe“ in einer anderen Weise hört. Lag vordem die Betonung auf dem totalisierenden Herrschaftsanspruch der *ratio* (*nihil... sine*), so hebt die Betonung der anderen beiden Komponenten (*est... ratione*) die Selbigkeit von Sein und Grund hervor, der auch die Metaphysik in ihrem geschichtlichen Entstehen entstammt[3]. In musikalischen Termini gesprochen, wird der scheinbar „identische“ Satz damit zum Ausgangspunkt einer enharmonischen Verwechslung, insofern er erlaubt, dasselbe „musikalische Material“ je nach der zugrundegelegten Tonart auf zwei völlig verschiedene Weisen zu deuten: In der ersten Tonart ist die Metaphysik das Denken, das es erlaubt, sich des Seienden zu bemächtigen, in der zweiten Tonart ist die Metaphysik über die abgründige Zusammengehörigkeit von Sein und Grund hinausgehalten, erscheint damit selbst in der ihr eigenen Beschränkung und verweist auf mögliche, andere Formen des Denkens innerhalb der Seinsgeschichte.

Der „Sprung“, mit dem man vom metaphysischen zum anfänglichen Denken gelangt, führt also strenggenommen nirgendwohin, sondern steht nur für die Unvereinbarkeit der beiden Weisen, dasselbe zu hören[4]. Weit entfernt von allen geschichtsvoluntaristischen Ansätzen, die glauben, das „Ende der Metaphysik“ entweder dekretieren oder desavouieren zu können, zielt die Deutung des *principium rationis* als eines Satzes in zwei verschiedenen Tonarten darauf ab, denjenigen, der die Metaphysik in ihrem geschichtlichen Verlauf betrachtet, zu einer Arbeit an sich selbst und seiner Hörfähigkeit anzuhalten. Die in *Der Satz vom Grund* durchscheinende Forderung einer Askese des Denkens in Form des „Seinlassens“ und „In-sich-Ruhenlassens“ bezieht sich daher nicht nur und nicht einmal in erster Linie auf die Haltung des Menschen gegenüber dem Seienden. Die ausführliche Kommentierung des bekannten Distychons von Angelus Silesius „Die Ros’ ist ohn’ Warum...“ will zwar einerseits die dem einzelnen Ding geltenden Manipulationsbestrebungen der neuzeit-

1. »Die Kehre«, GA 79, 71.
2. Bezüglich der Unzulänglichkeit der (Nietzsches Denken entlehnten) Ring- und Kreisfigur für die Deutung der Heideggerschen „Überwindung der Metaphysik“ vgl. M. SKOWRON, *Nietzsche und Heidegger. Das Problem der Metaphysik* (Europäische Hochschulschriften [Reihe 20: Philosophie], Bd. 230), Frankfurt a. M. – Bern – New York – Paris 1987, 160ff.
3. Vgl. SvG, 75.
4. Vgl. SvG, 95. 102. 157.

lichen Metaphysik und Technik unterlaufen, doch ist mit der Rose, deren selbstgenügsames Aufgehen und In-sich-Ruhen dargestellt wird, letztlich die φύσις des Seinsgeschickes gemeint, das ohne weiter zurückzuverfolgenden Grund das „Sein als solches" dem metaphysischen Denken ausliefert und sich in ebenso unerfindlicher Weise einen anderen Anfang des Denkens vorbehält. Das als φύειν gekennzeichnete Grundmuster der Entwicklung des Denkens ist dabei nicht nur makroskopisch auf die beiden großen Anfänge des Denkens bezogen; wenn man auf die Zwischentöne der Heideggerschen Sprache achtet, erkennt man, daß jede der metaphysischen Grundstellungen gewissermaßen eine „Rose ohne Warum" darstellt, die in sich ruht und deren Entfaltung sich aus keinem geschichtsphilosophischen Mechanismus ableiten läßt:

> „Die Anführung dieser Momente [sc. der einzelnen metaphysischen Grundstellungen] bleibt ein bloß aufzählender Hinweis, weit entfernt von einem Einblick in die jeweiligen Epochen des vollen Seinsgeschickes und in die Art, nach der die Epochen jäh aufspringen wie Knospen"[1].

Das je andere Enthüllungsgeschehen der Wahrheit spielt also gleichermaßen in jeder der metaphysischen Grundstellungen, die damit insgesamt als Manifestationsformen der spielerischen Ungebundenheit des „Grundes" erscheinen, ohne untereinander in Beziehung zu treten[2]. Zugleich bietet *Der Satz vom Grund* aber noch eine andere Deutung des Seinsgeschickes, in der die Vorstellung von Regelbindung und Kontinuität vorherrscht. Das Fragment 52 von Heraklit spricht vom αἰών – von Heidegger als die Zeit des Seinsgeschicks gedeutet –, das wie ein Kind ein Brettspiel spielt. Die Rede vom Brettspiel impliziert aber eine Art „Spielgrund", auf dem die Züge nicht jedesmal in völliger Willkür erfolgen, sondern gemäß den Spielregeln in einer bestimmten Beziehung untereinander stehen. Der metaphysische Drang zu einer Einfachheit des Verständnisprinzips wird damit in bezug auf das Verhältnis zwischen Metaphysik und „anderem" Denken durchbrochen. Während der Rückgriff auf das Begriffsrepertoire des musikalischen Spiels („Ton", „Anklang", „Sätze", „Sprung der Tonarten" usw.) eine Anlehnung an das akustische Schema des Hörens, d. h. eines wesentlich zeit-räumlichen, materiell nicht fixierbaren Geschehens mit sich bringt und damit den Aspekt des seinsgeschichtlichen „Entzugs" betont, verweist die Rede vom Brettspiel auf einen „Boden", der der Stellung des Menschen in diesem Spiel auf eine Weise Halt zu geben vermag, die nicht mit der *ratio* zu fassen ist[3]:

> „Sein als gründendes hat keinen Grund, spielt als der Ab-Grund jenes Spiel, das als Geschick uns Sein und Grund zuspielt. Die Frage bleibt, ob wir und wie wir, *die Sätze dieses Spiels hörend*, mitspielen und uns in dieses Spiel fügen"[4].

Damit wird unzweifelhaft deutlich, daß nicht der in der Dichtung vorgenommene Verzicht auf die komplexe Struktur des „Redens über etwas" bzw. des „Etwas-als-

1. SvG, 154.
2. Vgl. »Hegel und die Griechen«, GA 9, 441 sowie »Moira (Parmenides, Fragment VIII, 34-41)«, VA, 244.
3. Vgl. SvG, 185.
4. SvG, 188 (Hervorhebungen v. d. Verf.).

etwas-ansprechens" das letzte Wort hat, sondern die in musikalischer Weise gewandelte Hinwendung zum metaphysischen Sprechen in seiner Komplexität. Die Aufeinanderfolge der metaphysikgeschichtlichen Epochen erweist sich als ein nie zur Ruhe kommendes Wechselspiel von Unbestimmtheit und Bestimmtheit, in dem eine besondere Art von Syntax zum Tragen kommt: Der anfangs noch nicht näher strukturierte „Anklang" der Zusammengehörigkeit von Sein und Denken erfährt in der ausdrücklichen sprachlichen Formulierung durch die metaphysischen Denker, etwa durch Leibniz, eine Artikulierung, die auf die im Anklang gegebene Offenheit des Möglichkeitshorizontes für das Denken antwortet, sie aber zugleich damit auf eine bestimmte Figur einschränkt. Dank des Überschusses an möglicher Sinnhaftigkeit, der in der Klanggestalt der sprachlichen Ausdrücke liegt, wiederholt sich die Beziehung zwischen Klang und Sprache unter umgekehrtem Vorzeichen auf einer anderen Ebene: Die explizit ausgesprochenen Grundsätze des Denkens erweisen sich zum einen in ihrer konkreten materialen Formulierung (*nihil est sine ratione*), zum anderen aber auch in ihrer metasprachlichen Bezeichnung („Der Satz vom Grund") als Träger von „Anklängen", die nicht der Satzstruktur als ganzer, sondern wiederum einzelnen Worten entspringen (der wechselseitigen Betonung von *nihil... sine* bzw. *est... ratione*, „Satz" als „Sprung" bzw. „Sonatensatz", „Grund" als *ratio* oder „Boden" usw.).

Diese vermeintliche Rückkehr zu den aus einzelnen Worten geschöpften „Anklängen" ist jedoch nicht gleichbedeutend mit einem erneuten Verzicht auf die syntaktische Sprachstruktur: Heideggers aus dem Denken her vollzogene Darlegung des Klangcharakters der syntaktischen Bestandteile des metaphysischen „Satzes vom Grund" vollzieht sich ja wiederum in einer unleugbar satzhaft-syntaktisch aufgebauten Sprache und keinesfalls im Aussprechen isolierter, auf die Aufweisung von Einzeldingen ausgehender Worte. Dieser wechselseitige Umschlag von Klang und Satz ist somit kein abgeschlossener Prozeß, sondern ein heuristisches Prinzip. So wäre es durchaus denkbar, das von Heidegger Gesagte seinerseits als „Sätze" im musikalischen Sinne zu interpretieren, die auf das in ihnen Anklingende hin abgehört werden können. Wenn die Syntax im traditionellen, metaphysischen Sinne (Sprache als Aussagesatz) auch immer wieder durch Hinweis auf das durchbrochen wird, was sich nicht an der Verknüpfung der Satztermini ablesen läßt, sondern nur an jedem einzelnen von ihnen hörbar wird, so wird doch durch das beständige Alternieren von musikalischem Anklingen und satzhaftem Aussprechen eine Syntax höherer Ordnung erreicht: Weder die grammatikalische Verknüpfung als solche noch die bloße Zerschlagung der herkömmlichen Satzstruktur ist allein maßgeblich, sondern die von musikalischen Grundzügen getragene Syntax, die aus dem unablässigen Zusammenwirken und gegenseitigen Sich-durchdringen von Kontinuität und Artikulation, anfänglicher Unbestimmtheit und bestimmter Durchführung besteht[1]. Bei alledem verdient der Umstand Beachtung, daß bei Heidegger die Musik nicht einfach zum leitenden Paradigma für das Denken im allgemeinen, sondern für die *Geschichte* des Denkens wird. Unter der Voraussetzung, daß mit

1. „Das Seiende als solches bestimmt das Sprechen in einer Weise, daß sich das Sagen abstimmt (accorder) auf das Sein des Seienden. Das Entsprechen ist notwendig und immer, nicht nur zufällig und bisweilen, ein gestimmtes. [...] erst auf dem Grunde der Gestimmtheit (disposition) empfängt das Sagen des Entsprechens seine Präzision, seine Be-stimmtheit" (WdPh, 23f.).

„Musik" nicht das konkrete Musikstück, sondern das Wesen der Musik als ganzer gemeint ist, kann daher die Behauptung nicht aufrechterhalten werden, Heidegger schlage die Musik aufgrund ihrer „Entwurzelung" und ihrer Unfähigkeit, erdverbundene Werke zu schaffen, der Seite der Seinsvergessenheit zu[1]: Musik und Denken sind so wenig entgegengesetzt, daß das musikalische Modell des „Themas mit Variationen" vielmehr zum Grundmuster der Geschichte der Metaphysik und der Notwendigkeit ihrer erinnernden Wieder-holung wird[2].

3.7. Das Spiel der Grundsätze und die Einheit der Vernunft

Obwohl Heidegger das geschickliche Wesen der Metaphysik vor allem an einer bestimmten Auslegung des Satzes vom Grund festmacht, reduziert sich seine Sicht der Geschichte des abendländischen Denkens doch nicht auf den Leibnizschen Ansatz. Schon in der frühen Formulierung der „Selbigkeit" von Sein und Denken steckt ja nicht nur die Frage nach der Übereinstimmung zweier konkreter, als koextensiv gesetzter Bereiche, sondern das Problem von Selbigkeit, Gleichheit und Identität überhaupt. Daher stellt für Heidegger der Satz der Identität in all seinen Abwandlungen und verwandten Formen der Denkgesetzlichkeit gleichfalls eine für die Deutung der Geschichte der Metaphysik unumgängliche Tatsache dar, wenngleich bei alledem der Satz vom Grund als „*der* Grundsatz aller Grundsätze"[3] den Hintergrund für die weitere Betrachtung abgibt.

Die Unmöglichkeit, einen dieser drei Grundsätze des Denkens (Satz der Identität, Satz vom zu vermeidenden Widerspruch, Satz vom ausgeschlossenen Dritten) jeweils ohne die anderen zu denken, markiert zum einen die Geschlossenheit des herkömmlichen logischen Denkens, zum anderen aber auch gerade die Notwendigkeit, die Herkunft dieser scheinbar festungshaft gesicherten Gesetzhaftigkeit außerhalb ihrer selbst zu suchen[4]. Einmal mehr gibt sich Heidegger also nicht damit zufrieden, die ringhafte Geschlossenheit und das wechselseitig begründende „Ineinanderspiel"[5] der Elemente metaphysischen Denkens schon als ausreichenden Hinweis auf die Abgründigkeit des damit Gemeinten zu nehmen, sondern fragt darüber hinaus nach der Herkunft des Ringes als solchen, d. h. in diesem Falle: nach dem, was außerhalb seines Umkreises liegt[6].

Galt in *Der Satz vom Grund* Heideggers Aufmerksamkeit vornehmlich dem erstmaligen geschichtlichen Durchbruch der satzhaften Form des Grundes, der in impliziter Weise gleichwohl das metaphysische Denken von seinem Anfang an bestimmt, konzentrieren sich die Überlegungen bezüglich der übrigen Denkgesetze auf die Rolle, die ihr gegenseitiges Verhältnis in bezug auf das Ende bzw. die Vollendung des abendländischen Denkens spielt. Insbesondere das Wesen der Identität steht dabei im Mittelpunkt, insofern ihr bei Aristoteles zunächst logisch-formaler bzw. allgemein metaphysischer Charakter bei Kant und Hegel in ausgezeichneter und

1. So bei C. MOLZINO, *Logos et ruthmos*, 196.
2. Vgl. B. P. DAUENHAUER, »An Approach of Heidegger's Way of Philosophizing«, *Southern Journal of Philosophy* 9 (1971), n. 3, 265-275, hier 270.
3. SvG, 21 (Hervorhebung im Original).
4. Vgl. GA 79, 92. 138ff.
5. Vgl. GA 79, 83.
6. Vgl. GA 79, 82f. 85. 175f.

primärer Form mit dem Wesen der Subjektivität bzw. des Bewußtseins verknüpft und damit über ihre vermeintliche Inhaltsleere hinausgeführt wird. In beiden Fällen geht es letztlich um die Frage nach der systematischen Einheit der Vernunft, nur daß diese sich bei Kant als synchronische Systematik darstellt, die es aus der Struktur der Erkenntnis selbst herzuleiten gilt, während Hegel die Einheit der Vernunft in der sich progressiv entfaltenden, dialektischen Vereinigung der Gegenstände mit dem Denken verwirklicht sieht.

3.7.1. Die Rolle der Grundsätze in Heideggers Deutung der Kantischen Vernunftkritik

Auf einigen wenigen Seiten in *Der Satz vom Grund* wird sichtbar, daß Heidegger das im *Kantbuch* erörterte Problem des Einheitsgrundes der menschlichen Vernunft und damit letztlich auch der mit der Frage nach dem Menschen auf das engste verknüpften Metaphysik durchaus nicht *ad acta* gelegt hat. Erstaunlich ist jedoch, daß Heidegger die mit der Frage nach dem Schematismus, der Einbildungs- und Urteilskraft untrennbar verbundene Problematik der Grundsätze nicht, wie Kant selbst es tut, dem Verstand zuweist, sondern sie – unter stillschweigender Übergehung des traditionellen Unterschiedes zwischen *ratio* und *intellectus* – gleich der Vernunft zuschlägt[1]. Durch den Wegfall der eigentlichen Sphäre der reinen Vernunft, die die Ebene der Ideen mitsamt der Problematik von Freiheit und Moralität umfaßt, reduziert sich Heideggers Suche nach der Einheit der Kantischen Vernunftkritik damit auf die Frage nach der Einheit der Grundsätze des auf die Erfahrung angewiesenen Verstandes[2]. Diese kommentarlos vorgenommene Gleichsetzung von Verstand und Vernunft erlaubt es Heidegger, bei der Frage nach der Einheit und Geschlossenheit des Denkens wieder an die schon ehedem maßgebliche Problematik der transzendentalen Synthese der Einbildungskraft und damit letztlich der Apperzeption anzuknüpfen. Nicht die leere, formale Einheit „A=A" ist der eigentliche Grundsatz des reinen Verstandes, sondern die in der Apperzeption gegebene Möglichkeit der Einheit aller Erfahrung im Bewußtsein. Wenn Heidegger an anderer Stelle die synthetische Einheit der Apperzeption als *den Grundsatz* in Kants Denken schlechthin bezeichnet[3], dann deshalb, weil dieser Punkt der transzendentalen Synthesis die Einheit einer wesentlich als endlich verstandenen Metaphysik ermöglicht. Sobald die im Zusammenhang mit der praktischen Vernunft geschehende Öffnung der transzendentalen Subjektivität auf den Bereich von Gott und Unsterb-

1. Vgl. SvG, 125.
2. Vgl. H. DECLÈVE, *Heidegger et Kant*, 221ff. Die Vermutung liegt nahe, daß Heidegger die Vernunftdimension im Kantischen Sinne aufgrund ihrer starken theologischen und vor allem moralisch-wertorientierten Implikationen bei der Suche nach einer möglichen systematischen Einheit der Kritik ausklammert und selbst dort, wo er sie nicht gänzlich übergeht, nur streift, ohne sie weiter zu vertiefen. Ein kurzer Hinweis auf die zentrale Rolle der praktischen Vernunft für die Einheit der Kantischen Kritik findet sich in »Kants These über das Sein«, GA 9, 465, ohne daß dieser Aspekt eine eingehendere Behandlung erführe. Der Grund dafür ist offensichtlich: Bekanntlich ist die für den Kantischen Ansatz der praktischen Vernunft maßgebliche Dichotomie „Sein und Sollen" eines der vier Gegensatzpaare, die für Heidegger die Grundzüge der bisherigen Metaphysik ausmachen, aufgrund ihrer meta-physischen, d. h. von einer unbewältigten Form der Differenz und Transzendenz her bestimmten Struktur aber zu überwinden sind (vgl. EiM, 149ff.).
3. Vgl. »Kants These über das Sein«, GA 9, 464.

lichkeit hin wegfällt, erscheint die Problematik der Einheit der Vernunft lediglich als eine Angelegenheit der immanenten Grundsätze des Verstandesdenkens, das nur um den Preis einer geschichtlichen Umorientierung auch die für das Kantische Vernunftverständnis zentrale Fragestellung der Freiheit mitumfassen kann. Noch zum Zeitpunkt seiner Nietzsche-Interpretation hatte Heidegger – unter Betonung der Spontaneität der Einbildungskraft – das „Dichten" als diejenige Instanz gedeutet, in der die Autonomie, d. h. in Heideggers Termini: die Freiheit des Daseins gegenüber dem Bereich des Ontischen, und damit auch letztlich die Einheit der als Vernunftkritik verstandenen Metaphysik verankert ist[1]. Diese auf das besondere ontologische Statut der Existenz gestützte Konzeption der Freiheit als des Einheitsgrundes aller Metaphysik des Daseins kann aber in dem Moment nicht mehr ausreichen, wo die wesentlich geschichtlich-geschickhafte Dimension aller Ontologie und Metaphysik in den Mittelpunkt tritt. Dementsprechend wird in *Der Satz vom Grund* die *ratio* (bzw. die Urteilskraft; Heidegger unterscheidet auch hier nicht immer sorgfältig[2]) – trotz ihrer Eigenschaft als das Vermögen der Grundsätze und damit der systematischen Regelbindung im Geschehen der Erkenntnis – zugleich immer auch das Moment, an dem die freie, geschichtliche Entscheidung des Menschen in seiner Zugehörigkeit zum Sein ablesbar wird. Das in die *ratio* hineinverlegte Wechselspiel zwischen der vermeintlichen systematischen Geschlossenheit des transzendentalphilosophischen Ansatzes der Grundsätze einerseits und der Freiheitsproblematik andererseits ist somit nur um den Preis eines Verzichts auf einen allgemeingültigen Vernunftbegriff zu haben. Nicht „die" Vernunft als solche, sondern das jeweilige epochale Verständnis von Vernunft, *ratio* und Grund sowie von ihrem gegenseitigen Verhältnis bezeugt die immer aufs neue wirksame Freiheit des grund-sätzlichen Denkens gegenüber seinem Ursprung im geschichtlichen Anspruch des Seins.

3.7.2. Die Stellung der Dialektik innerhalb der Problematik der Grundsätze des Denkens

In bezug auf die Hegelsche Dialektik ist für Heidegger die Art und Weise bedeutsam, in der die vermeintlich undurchdringliche Geschlossenheit der drei Denkgesetze durch ihre geschehnishaft-geschichtliche Deutung durchbrochen wird. Die von Hegel angewandte Vorgehensweise besteht darin, den vermeintlichen „Inhalt" der *als Sätze* betrachteten Grundsätze des Denkens durch eine Analyse ihrer Form aus seiner scheinbaren Abstraktheit herauszulösen. Der in der Satzform liegende Sinnüberschuß gegenüber dem abstrakt und vordergründig verstandenen „Inhalt" wird aber nicht einfach als ein Zuwachs an statisch konstatierbarer Bedeutung interpretiert, sondern als Hinweis auf ein Umspringen von der immanenten Bedeutungs- zur Geschehensebene genommen, auf der sich die Grundsätze gerade auf nicht formallogische, sondern von der Wirklichkeit selbst getragene Weise negieren und anschließend wiedergewinnen. Die Einheit der Vernunft ist daher nicht schon unmittelbar in der leeren Form des „A=A" gegeben, sondern muß im Fort-

1. Die Freiheit ist [...] in sich *Dichten*: das grundlose Gründen eines Grundes in der Weise, daß sie sich selbst das Gesetz ihres Wesens gibt" (Ni I, 611; Hervorhebung im Original).
2. Vgl. »Kants These über das Sein«, GA 9, 467 sowie H. DECLÈVE, *Heidegger et Kant*, 239.

gang durch den vermeintlichen Gegensatz zum Denken, nämlich die Gegenstände, dergestalt wiedergewonnen werden, daß auch das anfänglich Andere als Eigenes erkannt wird. Die Erkenntnis, daß auch in der scheinbar unüberholbar einfachen und absolut gültigen Ausdrucksform der Identität „A ist A" schon die Zweiheit zwischen dem ersten und zweiten „A" und damit bereits eine Nichtidentität liegt, führt daher nicht zu einer Herabstufung, sondern im Gegenteil zu einer Erhöhung der von Hegel der Vernunft zugebilligten Macht. In dem Maße, als die Absolutheit der formallogisch-abstrakten Identität dahinfällt, erweist sich die in der Vermittlung durch die Gegenstände des Denkens wiedergewonnene, geschichtlich-dynamische Einheit der Vernunft als das Grundprinzip der Wirklichkeit schlechthin.

Heideggers Position gegenüber der Hegelschen Dialektik ist aus naheliegenden Gründen von einer gewissen Ambivalenz gekennzeichnet. Einerseits ist die Art und Weise, in der Form der Grundsätze dasjenige zu hören, was das inhaltlich in ihnen „Ausgesagte" übersteigt und sprengt, beiden Denkern durchaus gemeinsam. Daher nimmt es nicht wunder, wenn Heidegger die wesentlichen Einsichten Hegels mit derselben Terminologie des Hörens in Verbindung bringt, die er schon in seiner eigenen Interpretation des Satzes vom Grund angewandt hatte:

> „Durch den Hinweis auf Hegels dialektische Auslegung der Denkgesetze, wonach sie mehr sagen als ihre Formeln, deren Aussage vom dialektischen Denken niemals befolgt wird, kommen erregende Sachverhalte zum Vorschein, deren zureichende Kenntnis, deren entscheidende Erfahrung noch nicht an das Ohr des geläufigen Denkens gelangt"[1].

Das Absehen von der unmittelbar naheliegenden Fixierung des in den Grundsätzen des Denkens Gesagten zugunsten der Konzentration auf das im Sagen dieser Sätze selbst Anklingende führt jedoch bei Hegel und Heidegger zu durchaus unterschiedlichen Ergebnissen. Sprengt Hegel die abstrakte Satzform der Identität, um durch die in ihr hörbar werdende Nichtidentität hindurch das Nichtidentische mittels der prozessualen Deutung der Vernunft doch noch für das Denken wiederzugewinnen, nimmt Heidegger das in den Grundsätzen anklingende Mehr als Hinweis auf den vom rationalen Denken selbst nicht aufzuhellenden Grund der geschichtlichen Dynamik des Denkens. Heideggers Darlegungen in den mit *Grundsätze des Denkens* betitelten Vorträgen übersteigen somit in einem wichtigen Punkt das für die Hegelsche Dialektik zentrale Hören auf die möglichen Akzentverschiebungen innerhalb der äußerlich gleichbleibenden Satzform und lassen damit die dialektische Geschlossenheit der Vernunft als den Abschluß des metaphysischen Denkens, nicht aber alles Denkens schlechthin erkennbar werden[2].

3.7.3. Satz und Nocturne: die musikalischen Formen im Spiel des Denkens

Im Zusammenhang mit den unterschiedlichen Hörmöglichkeiten der Formulierung „Grundsätze des Denkens" legt Heidegger die Betonung auf „Grund*sätze*". Die Vieldeutigkeit von „Satz" wird diesmal jedoch in anderer Weise entwickelt als in

1. GA 79, 88.
2. Vgl. GA 79, 138.

Der Satz vom Grund. Während dort das Verständnis von „Satz“ zwischen „Aussagesatz“ (bzw. in diese Satzform gefaßtem Prinzip) einerseits und der musikalischen Konnotation als „Sonatensatz“ andererseits hin- und herspringt, gilt in *Grundsätze des Denkens* die kompositorische Deutung von „Satz“ nunmehr selbst als Analogon der einfachsten Deutung des Satzphänomens als einer „Zusammensetzung“ von Subjekt und Prädikat[1]. In einem zweiten Schritt wird der „Satz“ als die aller Aussage zugrundeliegende Setzung von Anwesendem, d. h. als θέσις, gedeutet, und erst an dritter Stelle steht die Hörweise von „Satz“ als Sprung[2]. Andererseits ist diese dritte und eigentliche Bedeutung von Satzhaftigkeit als „Sprung“ nach wie vor nicht frei von musikalischer Begrifflichkeit. Unter Abgrenzung von allen vordergründig-gefühlsmäßigen Interpretationen des „Abgrundes“ bringt Heidegger erneut einen musikalischen Terminus ein, dessen Vorkommen mehr ist als nur ein zufälliger Vergleich:

> „Ob und wie weit ein solcher Sprung des Denkens dem Menschen glückt, liegt nicht bei ihm. Dagegen obliegt uns die Vorbereitung des Sprunges. Sie besteht darin, unser Denken zum Absprung zu geleiten. Dies ist eine durchaus nüchterne Sache. Das Nüchterne gilt uns als das Trockene, wenn nicht gar Fade. Nüchtern kommt von nocturnus, nächtlich. Um eine Art Notturno handelt es sich bei der Vorbereitung von Grund-Sätzen des Denkens, d. h. von Sprüngen des Denkens in seinen Ab-grund“[3].

Die Verbindung mit der musikalischen Form der Nocturne hat dabei zweierlei Bedeutung. Zum einen ist der „nächtliche“ Charakter dieser Art von Musikstück ein deutlicher Hinweis auf die „Nachtseite“ des Denkens, d. h. die dunkle, von der Vernunft selbst nicht aufzuhellende Herkunft aller Wahrheit (ἀ-λήθεια) wie alles rationalen Denkens, zum anderen liegt darin aber auch eine weitere Entformalisierung desjenigen Denkens, das sich darum bemüht, das in der Sprache des rationalen Denkens verborgen Anklingende als solches zu thematisieren. Die Nocturne steht für eine sehr freie Form des Spiels, die nur der in ihr zu evozierenden Grundstimmung – in diesem Falle der Stimmung von Nacht und Dunkelheit – verpflichtet ist. Mit Blick auf Heideggers Sicht der Philosophie bedeutet dies, daß die Grundstimmung des „anderen Anfangs“ demnach keine festen Anweisungen bezüglich der nunmehr anzustrebenden Form des Denkens gibt, außer, daß das strukturelle Gerüst sich offenbar mehr und mehr zugunsten der Stimmung selbst zurückzunehmen hat. Diese Bewegung hinaus aus den formal relativ stark gebundenen Formen der „Fuge“ und des „Sonatensatzes“ hin zur „Nocturne“ nimmt der musikalischen Deutung des Denkens immer mehr seinen Anhalt an strukturellen Fixpunkten und entläßt es wieder ins reine Schweben und Schwingen. Dementsprechend liegt in der letzten, als Nocturne begriffenen Hörweise der „Grund*sätze* des Denkens“ auch die Bedingung für die ehemals mit Schwebung, Schwingung und Einbildungskraft in Verbindung gebrachte, ebenso aber auch dem dinghaften Seienden verbundene Dichtung:

1. Vgl. GA 79, 109.
2. Vgl. GA 79, 111ff.
3. GA 79, 113.

„Hinter der Mehrdeutigkeit des Titels ›Grundsätze des Denkens‹ verbirgt sich ein Hin und Her von Fragen, die das Denken angehen, insofern dieses, das Denken, unser Wesen und d. h. den Bezug des Seins in sich zu uns durchwaltet. So erfahren, heißt Denken: Seinlassen, nämlich das Seiende in dessen Sein. So erfahren, gibt das Denken auch erst dem Dichten einen Spielraum. So erfahren, verlangt das Denken für sich eine eigene Weise, mehr im Sinne von einer Melodie, deren Spielmänner darum die Denker heißen“[1].

Vor diesem Hintergrund des Primates des Denkens gegenüber der Dichtung wird auch eine von Heidegger schon zu einem früheren Zeitpunkt vorgebrachte Erklärung verständlich, derzufolge das Denken, nicht das poetische Sprachkunstwerk, als die eigentliche Form der Dichtung zu gelten habe:

„Das Denken des Seins ist die ursprüngliche Weise des Dichtens. In ihm kommt allem zuvor erst die Sprache zur Sprache, d. h. in ihr Wesen. Das Denken sagt das Diktat der Wahrheit des Seins. Das Denken ist das ursprüngliche dictare. Das Denken ist die Urdichtung, die aller Poesie voraufgeht, aber auch dem Dichterischen der Kunst, insofern diese innerhalb des Bezirkes der Sprache ins Werk kommt. Alles Dichten in diesem weiteren und im engeren Sinne des Poetischen ist in seinem Grunde ein Denken“[2].

Gründen die Dichter die Ortschaft für das Wohnen der Menschen auf der Erde und ermöglichen damit zugleich die ontische Verankerung des Wahrheitsgeschehens im Kunstwerk, so befinden sich die als „Spielmänner“ bezeichneten Denker in der eigentümlichen Lage, sich in die dem Seinsbezug des Menschen eigenen Strukturen der Verwurzelung und Seßhaftwerdung nicht recht einfügen zu können. Bezeichnenderweise werden sie mit den Vertretern einer Kunstform in Verbindung gebracht, die innerhalb der Geschichte der europäischen Gesellschaft am spätesten und zögerlichsten anerkannt wurde: Im Gegensatz zu Baumeistern und Malern, die seit Beginn der Renaissance von den Mächtigen mehr und mehr als Gleichgestellte behandelt wurden, hatten es die Musiker außerhalb des Bereiches der Sakralmusik bekanntlich lange Zeit schwer, ihre eigene künstlerische Identität und Dignität geltend zu machen. Heideggers Wahl des Wortes „Spielmänner“ spricht daher Bände: Die Denker gelten ihm nicht einmal als normale „Musiker“ oder „Komponisten“, die innerhalb der europäischen Gesellschaft immerhin im Laufe der Zeit eine gewisses Ansehen erlangten, sondern werden mit den namenlosen, praktisch als ausgestoßen betrachteten Spielleuten in Verbindung gebracht. Darin liegt sehr wohl eine innere Logik: In dem Moment, wo die Grundlagen sowie die kategorialen und transzendentalen Ordnungsschemata metaphysischen Denkens dahinfallen, kann auch der Denker vor dem Hintergrund der musikalischen Deutung des Seins nicht die Stelle eines fest bestallten Musikers oder gar „Hofkompositeurs“ einnehmen. Des weiteren liegt darin aber auch eine Verschärfung der Kluft zwischen den Denkern und dem Dasein als solchem, das sich in seinem auf Widerhall und Antwort anlegten Bezug zu dem

1. GA 79, 133f.
2. »Der Spruch des Anaximander«, Hw, 328f.

„anklingenden" und es ansprechenden Sein als der „musician of Being"[1] im stimmlich-gestimmten Sinne, d. h. als der dem Sein Zu-*gehörige* erweist. Sind die Menschen als die „Hörigen" des Seins – ganz im Sinne der soziologischen Konnotation dieses Terminus – noch in die Strukturen des Wohnens an dessen „Herdfeuer" eingebunden, können die Denker nicht einmal eine solche Bindung in Anspruch nehmen. Der zunehmenden Tendenz zur Entformalisierung der zur Charakterisierung des Ereignisses verwendeten Musikgattungen entspricht somit eine wachsende innere Distanz des Denkers auch und gerade denjenigen Strukturen der Welt und des Aufenthaltes des Menschen in ihr gegenüber, die nicht mehr die herkömmliche Metaphysik, sondern das Ereignisdenken kennzeichnen.

4. DAS SPIEL IM EREIGNIS

Die beiden wohl wichtigsten Texte, die am Ende der dritten Phase des Heideggerschen Spieldenkens stehen, sind zwar nicht ohne Verbindung zu dem Vorangegangenen, zeigen aber doch eine gewisse Eigenständigkeit. Schon in »Die onto-theo-logische Verfassung der Metaphysik«, vor allem aber in »Zeit und Sein«, ist die im Mittelpunkt stehende Thematik auf das Äußerste beschränkt. Die scheinbar bunte Vielfalt der Fragestellungen, die Heideggers Texte seit den 30er Jahren bestimmt – die Begegnung von Göttern und Menschen, das Wohnen der Sterblichen auf der Erde, die Frage nach dem Wesen des Kunstwerkes, das Ereignis der Sprache in der Dichtung, das Verhältnis von Ding und Welt im Geviert – fehlt entweder zur Gänze oder wird in so knapper Weise angedeutet, daß es eines genaueren Hinsehens bedarf, um die einzelnen thematischen Spuren zu entdecken. Wieder stehen die großen Grundlinien im Mittelpunkt, die von Anfang an das Gerüst des Heideggerschen Denkens bilden: Sein und Seiendes, die Differenz, der ungeklärte onto-theologische Charakter der traditionellen Metaphysik, die Beziehung des Seins zur Zeit vor dem Hintergrund der Bestimmung von Sein als Anwesenheit, der ekstatische Charakter der drei Zeitdimensionen und schließlich – als beinahe einziger Zeuge der mittleren und späten Phase von Heideggers denkerischer Entwicklung – das Ereignis samt der dazugehörigen, aber gleichfalls schon in der Frühzeit des Heideggerschen Denkens anklingenden Problematik des „es gibt".

Die beiden Grundfiguren von Kreis und Geviert, die für die Behandlung so vieler verschiedener Themenbereiche maßgeblich waren, werden nunmehr – aller phänomenalen Inhaltlichkeit entkleidet – auf das Verhältnis von Sein, Seiendem und Zeit selbst angewendet. Hand in Hand mit dieser Entphänomenalisierung der Denkstrukturen geht auch das weitgehende Ausblenden der während der Spätphase bis dahin deutlich sichtbaren Orientierung an der musikalischen Bedeutung des Spiels. Damit entfallen nicht nur die phänomenalen Anhaltspunkte für die spielerische Deutung des Seins, sondern die Bestimmung des Wesens des Seins selbst als Spiel wird noch einmal auf einige wenige Aspekte beschränkt, die fast ausschließlich den beiden Bereichen der „freien Gewährung" und des „Zeit-(Spiel-)Raumes" angehören. Das Spiel wird damit zwar nicht schon zu einem gemeinsamen Nenner, aber doch zu einer Matrix, die die mannigfachen Weisen Heideggers, nach dem Sinn von Sein

1. Vgl. B. P. DAUENHAUER, »An Approach to Heidegger's Way of Philosophizing«, *Southern Journal of Philosophy* 9 (1971), n. 3, 272.

und über diesen Sinn hinaus zu fragen, innerlich zusammenhält, ohne sich in begrifflich eindeutiger, alle Aspekte gleichzeitig umfassender Weise definieren zu lassen.

4.1. Austrag der Gründe und Spiel des Ursprungs

Der Vortrag »Die onto-theo-logische Verfassung der Metaphysik« stellt scheinbar die gleiche thematische Grundstruktur in den Mittelpunkt, die Heidegger schon seit langem als das Charakteristikum metaphysischen Denkens schlechthin betrachtet[1]. Die im ontologischen und theologischen Aspekt jeweils liegende Bedeutung von Sein als Allgemeinstem und Sein als Höchstem wird dabei auf die beiden logisch-ontologischen Gesichtspunkte der Problematik des Grundes projiziert: Ebenso, wie das Sein im allgemeinen als Orientierungspunkt des ergründenden Fragens nach dem Seienden dient, avanciert das Sein als das Höchste zu derjenigen Instanz, die für die konkrete Allheit des Seienden verantwortlich zeichnet[2]. Die Überlagerung der ontologischen Differenz mit der Frage nach dem Grund erlaubt es, die Differenz zwar als etwas Gegebenes, aber nicht das einzig mögliche Gegebene zu betrachten. Anstatt einander nur in scheinbar begrifflich-starrer Weise gegenüberzustehen, sind der rational-ergründende und der seinsmäßig-begründende Aspekt des Seins als des Grundes des Seienden kreisförmig ineinander verschlungen, ohne daß sich eine Priorität der Abhängigkeit ausmachen ließe. Ist Sein als das zu ergründende Allgemeinste nichts mehr, was sich im Bereich des auf seinen Grund hin befragten Seienden antreffen ließe, so ist es der eigentlich ontologischen Ebene zuzuschlagen. Demgegenüber steht Sein als das alles Seiende begründende Höchste eher auf seiten des zu begründenden Seienden und damit des Ontischen. Damit nach dem Sein des Seienden im Allgemeinen gefragt werden kann, muß Seiendes durch sein Höchstes begründet sein. Umgekehrt kann kein wie immer gedachtes Seiendes begründet werden, das nicht immer schon in seinem Sein, d. h. in seinem ontologischen Sinnhorizont stände. In den zwei Formen des Grundes, die sich auf nicht weiter zu begründende Weise ineinander verschlingen, wiederholt sich also letztlich die ontisch-ontologische Doppelgesichtigkeit der Differenz[3], die nach innen hin in ihrer Abgeschlossenheit, nach außen hin in ihrer Unfähigkeit zur Selbstbegründung und damit in ihrer Relativität erscheint.

Was die Differenz als das scheinbare Gegenüber von Sein und Seiendem ermöglicht, läßt sich also selbst nicht mehr in ein lineares Modell fassen, sondern wird durch die Kreisbewegung der beiden Formen des Gründens angedeutet. Der dadurch entstehende Wirbel erscheint als der abgrundhafte Ursprung der metaphysischen Gründe. Der „Schritt zurück" gegenüber der die Metaphysik tragenden Differenz führt demnach gerade nicht in eine Differenz *zwischen* dem Denken der Differenz und der nunmehr einzunehmenden Denkhaltung, sondern besteht in dem Verzicht auf jedes „Gegenüber", das in der Vorstellung des „weg von..." und „hin zu..." liegt. Die ontologische Differenz hat kein mögliches Gegenüber mehr; die

1. Vgl. Heideggers erstmalige Verwendung dieses Terminus im Zusammenhang mit dem Begriff der absoluten Erkenntnis bei Hegel in GA 32, 140ff.
2. Vgl. ID, 49.
3. Vgl. ID, 62.

Relativierung ihres Herrschaftsbereichs erscheint vielmehr im Verzicht auf jedes ver*gegen*ständlichende Stellungnehmen zugunsten einer Kreisbewegung, die nicht *etwas* gegen die Metaphysik und die ihr eigene Differenz vorbringt, sondern sie als ganze mittels der Drehung um eine imaginäre Achse aus den Angeln hebt[1].

Es ergibt sich demnach ein Sinnsprung zwischen dem metaphysischen Bereich, in dem Sein mit dem Grund für das Seiende zusammenfällt, und dem Ursprung dieses ontisch-ontologischen Begründungs- und Ergründungsverhältnisses. Das onto-theo-logische Schema ist nicht mehr *das* Wesen der Metaphysik schlechthin, sondern Heidegger unterscheidet zwischen der Onto-theo-logie als der „Wesens*verfassung*" metaphysischen Denkens und dem „Wesens*ursprung*" der so beschaffenen Konstitution der Metaphysik selbst[2]. Gegenüber der empirischen Gesamtheit der abendländischen Metaphysik ist das *Wesen* der Metaphysik wiederum nicht das Allgemeinste, das sich aus den konkreten metaphysischen Grundstellungen herausfiltern ließe, sondern es wird erreicht durch ein Umspringen der Sichtweise. Die Andersheit, die die Perspektive des Ursprungs und der Herkunft gegenüber dem Paradigma des Grundes abhebt, führt dahin, die „Sache des Denkens", d. h. die Differenz, nicht als das Erste und Letzte, sondern als eine mögliche Einschränkung eines umfassenderen Raumes zu betrachten, der hier mit „Austrag" bezeichnet ist. Der „Austrag" ist nicht die übergeordnete Gattung gegenüber den verschiedenen Formen der (ontischen, ontologischen, metaphysischen, theologischen usw.) Differenz, sondern der Raum, in dem sich durch die immer mehr oder weniger vergegenständlichende Fixierung ontisch-ontologischer Instanzen bestimmte Teilräume für das Verständnis des Seienden in seinem Sein abgrenzen lassen. Mit Blick auf die ontologische Differenz den „Schritt zurück" zu vollziehen, hat daher keinerlei chronologisch-historische Implikationen, sondern bedeutet vielmehr, von der ontologischen Differenz Abstand zu gewinnen, um sie in den sie umfassenden Freiraum hineinzustellen.

Die Überwindung der möglichen Vergegenständlichungsformen der Differenz als eines „Gegenüber" zugunsten der Kreisbewegung des „Austrags" steht damit letztlich für das Umgebensein jeder wie immer gearteten, denkerischen Instanziierung durch ein Kraftfeld, das es in gleichermaßen zentripetaler wie zentrifugaler Weise erlaubt, einerseits einzelne Entitäten oder Begriffe zu fokussieren, andererseits aber auch den dadurch aufgespannten Bereich des Denkens wieder zu entschränken auf das ihn Umgebende hin. Vor diesem Hintergrund ist Heideggers zunächst aphoristisch anmutende und mit dem Kontext scheinbar kaum verbundene Bemerkung zu verstehen, derzufolge es unmöglich sei, für das Sein im Bereich des Seienden ein Beispiel zu finden, da das Wesen des Seins selbst im Spiel bestehe[3]. Abgesehen davon, daß die beiden Worte „Spiel" und „Beispiel" keine echte etymologische Verbindung miteinander haben[4], ist damit das soeben Skizzierte genau getroffen: Die Möglichkeiten der unterschiedlichen Konstellationen von Sein und Denken können nicht aus den konkret verwirklichten Beispielen abgelesen oder gar vorausberechnet werden;

1. „Durch den Schritt zurück lassen wir die Sache des Denkens, Sein als Differenz, in ein Gegenüber frei, welches Gegenüber durchaus gegenstandslos bleiben kann" (ID, 55f.).

2. Vgl. ID, 51. 60.

3. Vgl. ID, 58.

4. Zu den etymologischen Wurzeln des Wortes „Spiel" und seiner (tatsächlichen wie vermeintlichen) Komposita vgl. J. HUIZINGA, *Homo ludens*, 63 Anm. 1.

vielmehr lassen sich umgekehrt erst mit der Einsicht in den Spielcharakter des Seins die einzelnen metaphysischen Ansätze als Bei-spiele *einer* bestimmten Konstellation von Sein und Denken erkennen.

Die onto-theo-logische Verfassung der Metaphysik stellt sich somit als weitgefaßter Ordnungsrahmen einer bestimmten Form des Denkens dar, das seine strukturellen Filamente in ein von ihm selbst nicht geschaffenes Medium hinein erstreckt: Ebenso, wie im transzendentalphilosophisch-kritischen Ansatz das kategoriale System des Denkens nicht schon aus sich selbst die Erkenntnis ziehen kann, sondern auf die reinen Anschauungen von Raum und Zeit verwiesen bleibt, innerhalb derer sich die zu denkenden Erscheinungen allererst präsentieren können, entfalten sich die geschichtlichen Grundkategorien des metaphysischen Denkens nur in der Offenheit einer nie zu eliminierenden Sphäre geschichtlicher Vorgegebenheit, die durch die möglichen Entwürfe und Grundansätze des Denkens wohl strukturiert, aber nie aufgesogen wird. Der „Wesensursprung" der Metaphysik liegt damit nicht vor, jenseits oder diesseits ihrer onto-theo-logischen „Wesensverfassung", sondern ist das sie ungegenständlich umgebende, zugleich aber jede denkerische Vergegenständlichung von Sein und Seiendem tragende Anschauungsmedium der geschichtlich-epochalen Erfahrung von Seiendem in seinem Sein.

4.2. Es gibt – das Spiel

Die Gleichsetzung des Seins als Differenz mit der „Sache des Denkens", vor der man den „Schritt zurück" zu vollziehen habe, klingt unvermeidlicherweise mit an, wenn man Heideggers letzten großen Vortrag »Zeit und Sein« betrachtet, der als erster von vier Texten in dem Bändchen mit dem Titel *Zur Sache des Denkens* veröffentlicht wurde. Offenbar geht es also auch in diesem Text um den Ursprung dessen, was das metaphysische Denken maßgeblich bestimmt. Der Akzent liegt allerdings deutlich erkennbar gerade nicht auf der Beziehung Sein-Seiendes oder Grund-Begründetes, sondern auf der Bedeutung der Zeit für die Konstitution der metaphysischen Auffassung vom Sein. Die in »Zeit und Sein« vermeintlich erfolgende Ausklammerung des Seienden ist nicht dahingehend zu verstehen, als löse sich Heideggers Denken ein für allemal und in jeder Hinsicht von allem phänomenalen Anhalt; gemeint ist vielmehr, daß das metaphysische Paradigma der Begründung des Seins aus dem Seienden – d. h. letztlich: die ausschließliche Interpretation des Seins als Grund auf das von ihm begründete Seiende hin – in dem Zusammenhang nicht maßgeblich sein kann, wo es um den Ursprung des Seins selbst geht[1]. Schon in *Der Satz vom Grund* war anhand der Unterscheidung zwischen „Warum" und „Weil" bzw. „Weile" angeklungen, daß die Problematik des Grundes sich letztlich vor dem Hintergrund der Zeit darstellt, insofern nämlich die lückenlose Begründbarkeit des Seienden auf der Vorstellung seiner beständigen Verfügbarkeit für die Erkenntnis beruht. Diese Transparentmachung des Grundes auf die Zeit hin ist insofern notwendig, als auch die in *Der Satz vom Grund* sowie in »Die onto-theo-logische Verfassung der Metaphysik« dargelegte, „abgründig" ineinander kreisende Zusammengehörigkeit von Sein und Grund noch als etwas

1. Vgl. ZSD, 2 sowie die entsprechende Klarstellung im »Protokoll zu einem Seminar über den Vortrag ‚Zeit und Sein'« (ebd., 35f.).

erscheint, das keiner expliziten Rechtfertigung bedarf. Diese vermeintliche „beständige Abgründigkeit" wird nun in »Zeit und Sein« in einer Weise aufgebrochen, die zwar durchaus den gegenseitigen Bezug des Seins und der Zeit betont, ihn aber nicht länger in die noch dialektisch anmutende Kreisform faßt[1]. Der Schritt vom „Abgrund" zum „Ursprung" beruht demnach nicht auf einer vertiefenden Radikalisierung eines einmal verwendeten Schemas, sondern auf der Einführung einer radikal anderen Beziehungsfigur.

Die Abgrenzung gewisser Phänomenbereiche von der ontischen Sphäre ist ein Motiv, das schon in *Sein und Zeit*, ja in gewisser Weise schon in den frühen Freiburger Vorlesungen auftritt. Weder vom Sein noch von der Zeit kann man sagen, sie „seien", nicht obwohl, sondern gerade weil sie das Seiende in einer nicht zu vergegenständlichenden Weise immer schon bestimmen[2]. Die gleiche ontologische Verlegenheit bezüglich der Seinsweise dessen, was eigentlich nicht „ist", befällt Heidegger auch anläßlich anderer Grundphänomene wie der „Welt" oder der im Dasein ursprünglich geschehenden „Wahrheit" des Seins. Heidegger versucht zum einen, den aus nichts Ontischem ableitbaren Charakter dieser Phänomene durch ihre tautologische Verbalisierung auszudrücken („die Zeitlichkeit zeitigt sich"), zum anderen wird ihr auf keine transzendentale Bewußtseinsfunktion reduzierbarer Charakter durch das „es" („es weltet") deutlich gemacht[3]. In einer verallgemeinernden Weiterführung dieser entsubjektivierenden Phänomendeutung erscheint das „es gibt" als ein Ausweg, eine sowohl ungegenständliche als auch nicht transzendental-konstitutiv zu fassende Vorgegebenheit *für* das Dasein *im* Dasein zu bezeichnen: Das Dasein ist zwar Ort dieser Phänomene, aber nicht mehr Herr über die phänomenologische Relevanz ihres Sinnes[4]. Im Kontext des seinsgeschichtlichen Denkens wirft das „es gibt" jedoch insofern Schwierigkeiten auf, als das, was „es" für das Denken gibt, ja einerseits weder als Vorliegendes noch als einfach am Dasein ablesbare, allgemeine Grundstruktur des Phänomenalen verstanden werden soll, sondern als etwas, das mit dem Dasein in eine geschichtliche Beziehung tritt, ohne dabei die Gestalt einer absoluten Subjektivität anzunehmen. Das Problem der Sprache ist hier insgeheim stets präsent: Einerseits erzeugt die grammatikalische Stellung des „es" in „es gibt" den mißverständlichen Eindruck, als handele es sich um ein lediglich in die neutrale Form gesetztes Satzsubjekt. Will man dem vorbeugen, indem man betont, das „es" stehe auch für kein noch so anonym und allgemein gefaßtes Subjekt des Geschehens, ergibt sich das genau entgegengesetzte Problem: In dem Moment, wo man das „es" wieder – wie im Zusammenhang mit dem Weltphänomen – als deontifizierten Ausdruck für die das Einzelphänomen immer schon umgebende Sphäre der Verstehens- und Erscheinungszusammenhänge interpretiert, ist wiederum nicht recht einsehbar, wie dieses alle Instanzhaftigkeit übersteigende Kreisgeschehen mit dem Begriff des Ursprungs zusammengehen soll, der für das geschichtliche Verständnis des „Ereignisses" unabdingbar ist.

Der entscheidende Schritt in »Zeit und Sein« besteht darin, daß das „es gibt" nicht nur auf die Zeit oder das Sein insgesamt, sondern auf das Verhältnis der drei

1. Vgl. ZSD, 3f.
2. Vgl. SZ, 4. 411f.
3. Vgl. GA 56/57, 73 sowie SZ, 328f.
4. Vgl. GA 56/57, 62ff.; SZ, 230 sowie GA 26, 272.

Zeitdimensionen untereinander mit Bezug auf den darin liegenden Seinssinn Anwendung findet. Auffallend ist, daß nunmehr keine der drei Zeitdimensionen mehr den Primat beanspruchen kann: nicht die Zukunft, nicht das Zusammenspiel von Zukunft und Gewesenheit gegenüber der Gegenwart, aber auch nicht die Anwesenheit des Gegenwärtigen gegenüber dem Nichtmehr-Anwesen bzw. Noch-nicht-Anwesen der beiden anderen Dimensionen. Das in allen drei Dimensionen vorfindbare „Anwesen" ist seinerseits nichts Letztes, sondern wird – unter bewußter Ausklammerung des Anwesens *von etwas bereits Anwesendem* – seiner Selbstverständlichkeit entkleidet und als Ergebnis eines Anwesen*lassens* gedeutet, das sich mit keiner der drei Zeitdimensionen identifizieren läßt, sondern ihre Dreiheit überhaupt erst bildet[1]. Das Schema lautet also wieder 3:1, wobei allerdings die vierte bzw. erste Dimension selbst keine eigene Ekstase neben den anderen bildet, sondern das Wie ihres Bezuges zum Ausdruck bringt. Der Zeit-Raum ist demnach nicht nur, wie früher schon, keine äußere Verkoppelung von Parametern, sondern auch nicht mehr nur der „Abgrund" für die Gründung der Wahrheit des Seins im Seienden. In dem Moment, wo der Bezug auf Seiendes ausgeklammert wird, stellt sich der Zeit-Raum selbst nicht als leere Form, sondern als ein Geschehen dar, das das Wie der Beziehung der drei Zeitekstasen untereinander betrifft:

> „Sowohl im Ankommen des noch-nicht-Gegenwärtigen als auch im Gewesen des nicht-mehr-Gegenwärtigen und sogar in der Gegenwart selbst spielt jeweils eine Art von Angang und Anbringen, d. h. Anwesen. Dieses so zu denkende Anwesen können wir nicht einer der drei Dimensionen der Zeit zuweisen nämlich, was nahe liegt, der Gegenwart. Vielmehr beruht die Einheit der drei Zeitdimensionen in dem Zuspiel jeder für jede. Dieses Zuspiel erweist sich als das eigentliche, im Eigenen der Zeit spielende Reichen, also gleichsam als die vierte Dimension – nicht nur gleichsam, sondern aus der Sache. Die eigentliche Zeit ist vierdimensional"[2].

Das „Zuspiel" bezeichnet hier also nicht mehr, wie in den *Beiträgen*, das Verhältnis der beiden Anfänge des Denkens, sondern die Beziehung der Dimensionen des Zeit-Raumes, in dem jeweils Wahrheit gegründet wird. Die Geschichte der abendländischen Metaphysik wird dadurch zwar – im Gegensatz zu der Beziehung Sein-Seiendes – nicht ausgeklammert, doch diesem Zuspiel der Zeitdimensionen eingeordnet, insofern alle metaphysischen Grundstellungen unterschiedliche Ausformungen und Variationen der Auffassung von Sein als Anwesenheit sind[3]. Das Spiel des „es gibt Anwesen" ist damit der Einheitspunkt sowohl für das Sein als auch für die Zeit. Entgegen einem möglichen ersten Eindruck ist also nicht die Zeit dem Sein übergeordnet, sondern beide werden aus dem Spiel des Ereignisses her verstanden, das keine „dritte" Instanz, sondern nichts anderes als das Spiel ihrer gegenseitigen Bezüge ist[4]. Das „Ereignis" ist ebensowenig eine festzumachende Instanz, wie es als diffus-globale Sinnsphäre des Erscheinens oder eine bloße Dynamik des Geschehens aufgefaßt werden kann. Seine eigentliche Natur wird am

1. Vgl. ZSD, 5.
2. ZSD, 15f.
3. „Das Geben im ›Es gibt Sein‹ zeigte sich als Schicken und als Geschick von Anwesenheit in ihren epochalen Wandlungen" (ZSD, 17).
4. Vgl. ZSD, 20.

Schluß des Vortrages angedeutet, in dem Heidegger die anderen, bis dahin praktisch ausgesparten Spieldimensionen noch kurz anklingen läßt:

> „Was bleibt zu sagen? Nur dies: Das Ereignis ereignet. Damit sagen wir vom Selben her auf das Selbe zu das Selbe. Dem Anschein nach sagt dies nichts. Es sagt auch nichts, solange wir das Gesagte als einen bloßen Satz hören und ihn dem Verhör durch die Logik ausliefern. Wie aber, wenn wir das Gesagte unablässig als den Anhalt für das Nachdenken übernehmen und dabei bedenken, daß dieses Selbe nicht einmal etwas Neues ist, sondern das Älteste des Alten im abendländischen Denken: das Uralte, das sich in dem Namen Ἀ-λήθεια verbirgt? Aus dem, was durch dieses Anfängliche aller Leitmotive des Denkens vorgesagt wird, spricht eine Verbindlichkeit, die jedes Denken bindet, gesetzt, daß es sich dem Geheiß des zu Denkenden fügt“[1].

Unter der Voraussetzung, daß man die Formulierung „das Ereignis ereignet“ nicht in der Weise eines grammatikalisch analysierbaren Satzes hört, erweist sich die scheinbare Selbstbezüglichkeit des Ereignisses als die Autonomie des Phänomenalen schlechthin, d. h. nicht als seine anarchische Opposition gegen die ehedem metaphysischen Ordnungsstrukturen der Wirklichkeit, sondern als das in der Phänomenalität als solcher liegende Gesetz, das nicht nur und nicht einmal in erster Linie den Bezug zu Seiendem, sondern vor allem die Gegebenheit der Metaphysik als ganzer für das eigentlich geschichtliche Denken betrifft. Wenn das eigengesetzliche Spiel des Ereignisses die unterschiedlichen geschicklichen Konstellationen von Sein als Anwesenheit aus sich entläßt, die anschließend von der Metaphysik thematisiert werden, dann kann die Metaphysik selbst nie Gegenstand einer willentlichen Überwindung, sondern nur eines wiederum „gelassenen“ Denkens sein. Das ist mit den Schlußsätzen des Vortrages gemeint, wenn es heißt, es gelte nunmehr, „vom Überwinden abzulassen und die Metaphysik sich selbst zu überlassen“[2]. Das Sich-selbst-überlassen bedeutet nicht, daß die Metaphysik nunmehr als Thema des Denkens irrelevant sei – zu gut ist sich Heidegger ihrer bleibenden Fraglichkeit bewußt[3] –, sondern gemeint ist damit vielmehr, daß die Metaphysik Teil eines Geschehens ist, das, ebenso wie das Spiel, von nichts Äußerem abhängt, sondern sich in dem ihm eigenen Spielraum vollzieht und seine eigene Entelechie in sich trägt. Vielleicht – auch dies ist für Heidegger durchaus nicht sicher – ist das sich nach der Spielregel des Satzes vom Grund entfaltende Spiel der Metaphysik im Wesentlichen ausgespielt[4]; keineswegs sind jedoch auch nur ansatzweise die Möglichkeiten erschöpft,

1. ZSD, 24f.
2. ZSD, 25.
3. „Das Wesen der Metaphysik bleibt indes immer noch das Denkwürdigste für das Denken, solange es das Gespräch mit seiner geschickhaften Überlieferung nicht willkürlich und darum unschicklich abbricht“ (ID, 45f.).
4. Die Unmöglichkeit, das Verhältnis des „anderen Denkens“ zur Metaphysik in eine fest definierte Form zu bringen, spricht aus einer eigenartigen Bemerkung, die Heidegger im Rahmen des mit E. Fink veranstalteten Heraklit-Seminars macht: „Wenn wir sagen, wir versuchen nicht mehr metaphysisch zu denken, bleiben aber dennoch auf die Metaphysik bezogen, dann könnten wir dieses Verhältnis Hegelisch gesprochen als Aufhebung der Metaphysik bezeichnen. Ob sie einmal wiedererscheinen wird, weiß keiner von uns. Jedenfalls ist das ›nicht-mehr-metaphysisch‹ schwieriger als das ›noch-nicht-metaphysisch‹ zu bestimmen“ (M. HEIDEGGER – E. FINK, *Heraklit*, 126f.). Auf alle Fälle wird deutlich, daß Heidegger nicht bereit ist, die Heraklit-Deutung Finks mitzumachen, der eines der Grundworte dieses „anfänglichen“ Denkers, nämlich das alles durchwaltende „Feuer“, im Sinne der

das metaphysische Denken im Zusammenhang einer spielerischen Sicht des Denkens wie der Wirklichkeit überhaupt zu wiederholen. Allem Reden von einem „Ende der Metaphysik“ zum Trotz gilt: Zwar ändert sich die Regel, doch das Spiel geht weiter – sobald man nur erkannt hat, daß auch das Denken gemäß der ersten Regel immer schon Spiel war.

Um die geschichtshermeneutische Dimension des „Ereignisses“ richtig einzuordnen, ist es unabdingbar, seine phänomenologische Valenz nicht zu verkennen: Wenn das Ereignis auch die unterschiedlichen Konstellationen von Sein und Denken aus sich entläßt, so bedeutet dies jedoch nicht, daß es als Inbegriff oder Hyper-Kategorie aufzufassen wäre, in der die Fülle geschichtlicher Erscheinungsmöglichkeiten beschlossen liegt; wesentlich für das Ereignis ist gerade der Entzugscharakter, der verhindert, daß das für das Sein und die Zeit wesentliche „Geben“ als solches zur Gegebenheit kommt[1]. Insofern es keine geschichtliche Erfahrung gibt, die mit dem durch das Wort „Ereignis“ Genannten restlos zur Deckung kommen oder es gar übersteigen könnte, bleibt im Ereignis selbst notwendigerweise stets ein Spielraum bestehen, der es unmöglich macht, die Geschichte des Denkens – auch des metaphysischen – je als abgeschlossen und vollendet zu betrachten. Das Ereignis ist somit Gesetz des Erscheinens von Sein für das Denken und zugleich der offene Raum für dieses Erscheinen selbst. Im Ereignis gibt es folglich auch keine Trennung von konkreter, metaphysikgeschichtlicher Erfahrung und transzendentalen Geschichtskategorien, die durch eine dritte, unbekannte Kraft zusammengebracht werden müßten. Vielmehr ist im Ereignis die Geschichte des Denkens ihre eigene Einbildungskraft, die auf keine andere Instanz mehr zu rekurrieren braucht, um die einzelnen Erscheinungen des Gesamtphänomens Metaphysik denkend auf den Begriff zu bringen.

Während »Die onto-theo-logische Verfassung der Metaphysik« die entschränkende Bewegung von der Wesensverfassung der Metaphysik hin zu ihrem Wesensursprung vollzieht, geht es in »Zeit und Sein« darum, das Sein „ohne Rücksicht auf die Metaphysik“, d. h. nicht mehr im *Rückblick* auf die metaphysische Auffassung vom Sein, sondern *von* seinem Ursprung im Ereignis *her* zu denken. Die Retrospektive auf die einzelnen metaphysischen Grundstellungen sowie auf die Verfassung der Metaphysik als ganze wird dadurch nicht illegitim oder überflüssig, doch vermag sie aus sich selbst heraus nicht die geschichtliche Intentionalität dergestalt umzukehren, daß sich der die Metaphysik betrachtende Denker als einen vom Ursprung der Metaphysik her Angeschauten und „Angegangenen“ empfindet. Das Ereignis eröffnet also einen anderen geschichtshermeneutischen Zugang zur philosophischen Betrachtung der Metaphysik, indem es diese dem noch teilweise objektivierenden Gestus der Rückschau entzieht und sich auf geschichtliche Weise in die Perspektive einfühlt, die vom delokalisierten Ursprung jedes möglichen Verhältnisses von Sein und Denken aus auf die Metaphysik vorblickt. Keine der beiden Sichtweisen kann die andere ersetzen, vielmehr sind sie einander ein wechselseitiges Korrektiv und halten die Interpretation so im beständigen Spiel des Hin und Her ihrer Deutungsansätze.

Konzeption des „Weltspiels“ interpretiert (zu diesem Gegensatz Heidegger-Fink vgl. L. SAVIANI, *Ermeneutica del gioco*, Napoli 1998, insbesondere 88-92).

1. Vgl. ZSD, 23.

5. DAS SPIEL ALS FORM DER EINHEIT: DAS PROBLEMATISCHE VERHÄLTNIS VON METAPHYSIK UND „ANDEREM DENKEN"

Nach der Analyse der dritten Phase des Heideggerschen Denkens wird deutlich, daß während dieser Zeit die musikalische Dimension das maßgebliche Paradigma für die Frage nach dem spielerischen Wesen des Seins abgibt. Wohl wird im Rahmen des Weltspiels die Bedeutung des „Spielraumes" ausführlich entfaltet, doch erweist sich die Konstellation des Gevierts von Himmel und Erde, Göttlichen und Sterblichen mitsamt ihrem Bezug zum einzelnen „Ding" als noch zu sehr an konkrete, phänomenale Erscheinungsweisen gebunden, um den Erscheinungsraum für das geschichtliche Verhältnis von Sein und Denken schlechthin abgeben zu können[1]. Die Konstellation des Gevierts ist in ihrer Kreuzstruktur gewissermaßen nur das Erhöhungszeichen (#), mit dem sich die Tonart des Denkens gegenüber Welt und Ding ändert, aber nicht schon in bezug auf die Geschichte des Denkens als ganze. Aus diesem Grunde wird der Entfaltungsrahmen für die Metaphysik und das Denken insgesamt mit dem an kein Seiendes geknüpften Zeit-Spiel-Raum identifiziert, dessen asymmetrische Dimensionsstruktur (3:1) besser die geschichtliche Dynamik verstehbar macht, die das Denken von einer epochalen Konstellation des Verständnisses von Seiendem und Sein zur nächsten trägt. Die Musik erlangt in diesem Zusammenhang insofern besondere Bedeutung, als die ihr eigene, wesentlich strukturelle und von Einzeldingen unabhängige Dynamik als Leitmodell für ein zeit-räumliches Erscheinungsmedium dient, das den möglichen Erscheinungen noch keine wie immer gearteten Vorgaben macht: Während das Geviert der Welt immer nur den Spielraum des Erscheinens von Dingen oder Werken abgibt, ist der Zeit-Raum eines als wesenhaft musikalisch gedeuteten Seins auch ebenso offen für das geschichtliche Erscheinen der Metaphysik als des Wechselspiels von Anklang und Antwort.

Die Fragestellung, die hinter den unterschiedlichen Versuchen einer musikalisch-spielerischen Deutung des Seins steht, betrifft letztlich die Möglichkeit einer geschichtlichen Einheit des Denkens. Bei diesem Unternehmen steht ganz offensichtlich Kants Philosophie im Hintergrund, doch geht Heidegger die Problematik bewußt in einer Weise an, die zwei bei Kant nicht wirklich zusammenfallende Fragestellungen miteinander verbindet. Ein folgenreicher Schritt besteht darin, daß Heidegger die Kantische Konzeption der Einbildungskraft als des schwierig zu fassenden Einheitsgrundes von Sinnlichkeit und Verstand über die Problematik einer möglichen Einheit von theoretischer und praktischer Vernunft in der Urteilskraft projiziert und damit die von Kant vorgenommene Unterscheidung von reiner und produktiver Einbildungskraft vermischt. Darüber hinaus nimmt Heidegger mit der Musik gerade diejenige Kunstform als Paradigma der Einheit, die bei Kant gerade keinen wirklichen Anhalt am Verstand mehr hat. Noch wichtiger ist aber, daß Heidegger den Fragenkomplex der Einheit des Denkens nicht mehr nur in fundamentalontologischer oder allgemein aletheiologischer Hinsicht angeht, sondern sie auf

1. Schon früher scheint Heidegger bezüglich des Gevierts seine Zweifel gehabt zu haben; jedenfalls vermerkt er in einem der Manuskripte der späten 30er Jahre: „*Erde, Welt, Mensch, Gott.* Wonach die Unterscheidung und Auszeichnung? Auf welchem Grunde? der *wie* erfahren? Als Ab-grund des Ereignisses. Müssen nicht *auch* noch diese Nennungen als metaphysische fallen?" (GA 69, 124; Hervorhebungen im Original).

die Einheit der beiden geschichtlichen Anfänge des Denkens bezieht. Es geht ihm also nicht mehr nur, wie im Rahmen der Metaphysik des Daseins im *Kantbuch*, um die Einheit von Ontischem und Ontologischem, von Angewiesenheit auf Seiendes und transzendierender Freiheit gegenüber dem Seienden, aber auch nicht nur, wie in der ersten Zeit des Ereignisdenkens, um den vornehmlich in der „Dichtung" eröffneten, gemeinsamen Zeit-Spiel-Raum der geschichtlichen Gründung des Seins. Die Frage ist vielmehr, wie im Rahmen eines musikalischen Deutungsparadigmas der geschichtliche Unterschied von Metaphysik und „anderem" Denken aufrechterhalten werden kann, ohne doch die „Selbigkeit" des in ihnen Gedachten zu sprengen.

5.1. Musik, πρᾶξις und Denken

Die musikalische Deutung des Seins greift zunächst in indirekter Weise Heideggers eigenen Ansatz zur „Einheit des Denkens" auf, wie er sich in den Jahren von *Sein und Zeit* darstellt. Im Rahmen der Fundamentalontologie ist die Einheit von vorontologischem Seinsverständnis, ausdrücklich ontologischem Seinsverständnis und der geschichtlichen Kritik an der herkömmlichen ontologischen Begrifflichkeit nicht ein für allemal in theoretische Kategorien zu fassen, sondern verwirklicht sich für das Dasein in den Modifikationen des zeitlich bestimmten, praktischen Vollzugs seines Umgangs mit Seiendem. Ebenso kann auch im ausschließlich geschichtlichen Zusammenhang der „Seinsgeschichte" die Frage nach der Rolle der Metaphysik nicht ein für allemal beantwortet werden, sondern bleibt eine nie abzuschüttelnde, stets neu zu vollbringende Aufgabe der geschichtshermeneutischen πρᾶξις. Für ein so beschaffenes Geschichtsdenken sind die Texte des metaphysischen Denkens also keine „Werke" im Sinne von dinglichen Gegenständen oder Kunstwerken; sie „existieren" nur in ihrem Gelesenwerden und werden selbst durch die kritische Destruktion des darin Ausgesprochenen ebensowenig abgenutzt oder „erledigt" wie eine Partitur durch die immer neue Aufführung und Interpretation der in ihr „enthaltenen" Musik. Die Deutung des Verhältnisses von Sein und Denken anhand der Grundzüge der Musik ist also die geschichtlich gewendete Einlösung der wirklich „praktischen", d. h. nicht mehr ding- oder zeugorientierten, sondern *im* Vollzug allein liegenden Dimension von Sinn und Verständnis.

5.2. Musik, Entbildung und Gelassenheit

Die Deutung der Wesensstruktur des Seins als musikalisches Spiel stellt nicht allein die Antwort auf einen Ansatz aus Heideggers Frühphase dar, sondern ist darüber hinaus auch ein Korrektiv für das Verhältnis von Kunst und Denken, wie es sich während der 30er Jahre darstellt. Wenn Heidegger bezüglich der Wesensstruktur des Verhältnisses von Sein und Denken die Musik an die Stelle des ehemals beherrschenden, dichterischen Paradigmas treten läßt, dann ist dies als Ausdruck des Bemühens zu verstehen, der Metaphysik als *einer* maßgeblichen Verwirklichungsform dieses Verhältnisses gegenüber die gleiche Grundhaltung einzunehmen, die auch für seine Kritik des metaphysischen Verständnisses von Seiendem bestimmend ist. Eine direkte Kritik der metaphysischen Sprache am Leitfaden der Dichtung hätte das auf das *Sein* von Seiendem bezogene Sagen in illegitimer Weise einer

Sprechweise untergeordnet, deren bildlicher Charakter im Dienst der geschichtlichen Einbildung von Sein *in das Seiende* steht. Die Überwindung der metaphysischen Denkkonzeptionen, die immer in der einen oder anderen Weise in einer bestimmten „Vorstellung" vom Sein des Seienden bestehen, kann jedoch konsequenterweise nicht darin bestehen, diese einzelnen Positionen als mißlungene „Bilder" vom Sein erscheinen zu lassen, die nur in der Sprache der Dichtung ihre eigentliche Ausprägung hätten finden können. Vielmehr ist im Hinblick auf die Sprache der Metaphysik *und* die zu ihrer „Kritik" verwendete Sprache eine „Entbildung", d. h. eine Entäußerung und Abstandnahme von den sichtbaren Mitteln sprachlicher Sinnstiftung nötig[1]. Aufgrund ihrer an kein Seiendes gebundenen und auf kein Seiendes verweisenden Sonderstellung ist die Musik in vorzüglicher Weise geeignet, dort das Leitparadigma abzugeben, wo es gilt, den Zeit-Raum der Einbildung von Sein in das Denken nicht nur in Richtung auf die konkreten, metaphysischen Grundstellungen zu durchlaufen, sondern sich ebenso aus dem einmal verwirklichten Verhältnis von Sein und Denken wieder zu befreien, um sich wieder in umgekehrter Richtung dem Ursprung und der in ihm liegenden Fülle anderer Möglichkeiten zuzuwenden.

Die Einheit des Denkens wird – bei aller Radikalität des „Sprunges" zwischen der Metaphysik und dem „anderen" Denken – doch dadurch gewahrt, daß auch die seinsgeschichtliche Deutung in ihrem Hören nicht über die vorgegebene Sinneinheit der „(Grund-)Sätze" der Metaphysik hinausgeht, sondern dieselben Sätze in einer anderen Tonart bzw. einem anderen Schlüssel hörbar macht. Phänomenologisch gesprochen: Die Tatsache, daß man die Metaphysik (mit aller gebotenen Vorsicht) als „vollendet" erkennen muß, erlaubt es nicht mehr, die sie tragenden Grundsätze im Modus des direkten denkerischen Erlebens zu hören, wie es für die der Metaphysik zugehörigen Denker möglich war. Gleichwohl bleibt es möglich, nach dem „Schritt zurück" dieselben Grundsätze zwar nicht mehr im unmittelbaren Denkerlebnis, aber im Modus der metaphysikgeschichtlichen Erinnerung zu hören und ihre Entwicklung und gegenseitige Artikulation nachzuvollziehen. Die Deutung der Metaphysikgeschichte vor dem Hintergrund des aus musikalischen Strukturen begriffenen Seins erlaubt es damit, das in der Metaphysik Besprochene als „das Selbe" zu erkennen, worum es auch in jedem „anderen", künftigen Denken geht, ohne dem Trugschluß zu erliegen, es lasse sich wieder in ähnlich originärer Weise „erleben" wie im Rahmen des metaphysischen Denkens. Heidegger ist also weit davon entfernt, mit dem „anderen" Denken etwa die Rückkehr zu einer durch keinerlei Modalitäten mehr eingeschränkten Unmittelbarkeit von Sein und Denken zu propagieren.

5.3. Die nichtbegriffliche Einheit des Denkens

Die Einfügung von Metaphysik und „anderem Denken" in den kontinuierlichen Zeit-Raum des hörenden Verstehens erlaubt einerseits, allen kurzschlüssigen Deutungen der Heideggerschen „Überwindung der Metaphysik" als einer Entwick-

1. Vgl. dazu Heideggers Bemerkung im Heraklit-Seminar: „Die Philosophie kann nur sprechen und sagen, nicht aber malen. […] Es gibt einen alten chinesischen Spruch, der lautet: Einmal gezeigt ist besser als hundertmal gesagt. Dagegen ist die Philosophie genötigt, gerade durch das Sagen zu zeigen" (*Heraklit*, 34).

lung zu etwas „anderem" hin vorzubeugen. Andererseits muß ebenso der Eindruck vermieden werden, das andere Denken sei die bruchlose oder auch „nur" durch einen Graben getrennte Fortsetzung des Gleichen. Das, was jeweils „Gegenstand" des Denkens ist, liegt durchaus nicht nebeneinander auf derselben Ebene, sondern das, was das „andere" Denken auszeichnet, ist gerade seine besondere Aufmerksamkeit für das *innerhalb* der Gegenstandssphäre der Metaphysik Liegende, aber von ihr nicht Angesprochene. Aus diesem Grunde ist es nicht möglich, das Verhältnis von Metaphysik und „nicht"metaphysischem Denken in eine Definition zu fassen; setzt diese doch eine übergeordnete, beide Teilbereiche gemeinsam umfassende Gattung voraus. Was die beiden Formen des Denkens „umfaßt", ist kein Begriff, sondern der je weiter als *jede* konkrete Ausprägung des Denkens zu fassende Raum des Verhältnisses von Sein und Denken überhaupt. Wenn es nicht möglich ist, die Beziehung von Metaphysik und „anderem" Denken etwa als „Überwindung" zu *definieren*, dann deshalb, weil auch das „andere" Denken nur eine Einschränkung eines je größeren Raumes ist, der keinen Begriff, sondern nur eine Form der geschichtlichen Anschauung des Denkens darstellt.

Diese unaufhörliche Dynamik der Entschränkung der Konstellationen des Denkens läßt sich von seiten des Denkers und seiner Beziehung zu den unterschiedlichen, geschichtlichen Denkformen am Beispiel der vielfältigen Hörmöglichkeiten der metaphysischen Sprache nachvollziehen, die Heidegger anhand der Bezeichnung „Grundsätze *des* Denkens" durchexerziert. Wenn die beiden in der Dialektik zur Entfaltung gekommenen Möglichkeiten, den Genitiv „des" in seinem subjektiven oder objektiven Sinne zu hören, gewissermaßen die beiden Ohren des metaphysischen Denkens ausmachen, so hat Heidegger, indem er seine Betonung auf die „Grund*sätze*" legt, „ein Ohr zu viel", das über die Zweiheit dieser vermeintlich ausschließlichen „Alternative" hinausgeht[1]. Genauer gesagt, hat Heidegger gegenüber dem, was das metaphysische Denken sagt, immer noch *je* ein Ohr zu viel, das das Gesagte unter Absehung von seiner etwaigen „Bedeutungsebene" wieder als Anklang zu hören vermag. Dementsprechend darf auch das „andere" Denken nie als etwas Gegebenes betrachtet werden, sondern verlangt immer danach, daß man das darin Gesagte auf das mit Anklingende hin abhört, ohne sich je zur Ruhe zu setzen.

Auf den ersten Blick scheint Heidegger bei seiner Deutung des Verses von Angelus Silesius über die „Rose ohne Warum" eine Überwindung des an der *ratio* orientierten, metaphysischen Denkens im Sinn zu haben. Nach eingehenderer Analyse zeigt sich jedoch, daß die vermeintlich greifbare Möglichkeit eines „nichtmetaphysischen" Denkens sich eher in die abgewandelte Form eines anderen Spruchs desselben Autors fassen ließe: „Freund, so Du etwas hörst / so bleib doch ja nicht stehn: Du mußt aus einem Klang fort in den andren gehn". Am Ende des langen Weges in eine auf vielfache Weise vom Spiel geprägte Deutung von Sein und Denken könnte diese Formulierung gleichsam das „Prinzip der Prinzipien" für Heideggers geschichtliche Anschauung – oder vielmehr „Anhörung" – des Phänomens der Metaphysik und ihrer Prinzipien darstellen.

1. Eines der Hauptanliegen Heideggers besteht bekanntlich darin, auf die einseitig visuelle Prägung metaphysischen Denkens hinzuweisen (εἶδος, ἰδέα, *lumen naturale* usw.). Bezüglich des Unvermögens der Metaphysik, die ausdrückliche Frage nach dem sie implizit bestimmenden Sein zu stellen, ist es daher eher angebracht, dem metaphysischen Denken „ein Ohr zu wenig" und nicht, wie J.-F. Mattéi es tut, „ein Auge zu wenig" zu bescheinigen (vgl. *Heidegger et Hölderlin. Le Quadriparti*, 14).

SCHLUSS

DAS SPIEL ALS MÖGLICHE SINNSTRUKTUR IN HEIDEGGERS PHÄNOMENOLOGIE

Am Ende dieser chronologisch-thematischen Darlegung des Spiels bei Heidegger bleibt eine wesentliche Frage offen, in deren Offenheit sich die bisherigen Analysen wie selbstverständlich bewegten, ohne sie eigens ausdrücklich herauszustellen. Wie selbstverständlich war vom „Paradigma" und der „Figur", der „Struktur" und dem „Motiv", dem „Modell" und dem „Gedanken" des Spiels bei Heidegger die Rede, ohne daß die Synonymie bzw. das genaue Verhältnis dieser Charakterisierungen eigens geklärt worden wäre. Wenn auch in der Tat die genannten Charakterisierungen provisorischen und in ihrem jeweiligen Kontext weitgehend heuristischen Charakter hatten, so ist damit doch nicht gesagt, daß es nicht möglich sein sollte, doch noch etwas mehr über das Spiel bei Heidegger zu sagen.

Zunächst ist es eine Selbstverständlichkeit, darauf hinzuweisen, daß das Wort „Spiel" beim jungen und frühen Heidegger nie bzw. so gut wie gar nicht, beim mittleren und späten Heidegger dagegen gehäuft auftritt. Mit dieser Feststellung ist jedoch so lange nichts gesagt, wie man das bloße lexikalisch belegbare Auftreten der Bezeichnung „Spiel" für ein bloßes Faktum nimmt und sich darauf beschränkt, es in seinen immanenten Eigenschaften zu erklären. *Daß* das Spiel ab einem bestimmten Zeitpunkt unübersehbar oft Verwendung findet, sagt für sich genommen nichts. Ebensowenig wie das konkrete Spielphänomen ist auch die „Gegenwart" oder „Abwesenheit" des Spiels in Heideggers Denken nicht Angelegenheit eines Faktums, sondern vielmehr der Erkenntnis eines Sinnes[1]. Der interpretatorischen Willkür wird dabei keineswegs Tür und Tor geöffnet: Zum einen sind stets die jeweils in Frage stehenden Strukturmomente der eigentliche Maßstab der Interpretation (wie z. B. die chiastische Form der Sätze, der Bezug des Spiegelns, das Aufs-Spiel-Gesetztsein der Existenz, die nichtobjektivierbare Sinnsphäre der Welt usw.), so daß die (wenngleich nie monolithische) Einheit des Heideggerschen Denkens darin bestehen *kann*, die Grundmotive und -themen der Frühphase auf diejenigen Fragestellungen des Spätdenkens hin zu lesen, die auf ganz unterschiedliche Weise mit dem Spiel verbunden sind.

Die Ausdehnung des Spiels als Deutungsmuster auf diejenigen Phasen in Heideggers Denken, in denen diese Bezeichnung fehlt, ist aber auch deshalb keine beliebig auf andere Grundworte oder Themen übertragbare Vorgehensweise, weil nur im Falle des Spiels die inkriminierte „Abwesenheit" seiner ausdrücklichen Erwäh-

1. Vgl. J. HENRIOT, *Sous couleur de jouer*, 12. 10. 125 sowie ID., *Le jeu*, 5.

nung mit einer seiner späteren inhaltlichen Bestimmungen in direkter Verbindung steht: So, wie das Spiel der Einbildungskraft im Kantischen Kontext die Fähigkeit der Vorstellung des Abwesenden darstellt und damit Anzeichen der Freiheit des Subjektes ist, manifestiert auf einer höheren Interpretationsebene die teilweise An- und Abwesenheit des Wortes „Spiel" die von Heidegger selbst geübte Freiheit, die wesentlichen Grundzüge seiner Philosophie bisweilen mit einem bestimmten Denkschema in Verbindung zu bringen *oder auch nicht.* Auf einer dritten Ebene der „Abwesenheit" schließlich steht das Spiel bei Heidegger für die Möglichkeit, die Phänomenologie über die Gegebenheit der Gegenwart als einer bloßen Anwesenheit für das Bewußtsein hinauszuführen, ohne sie zugleich durch eine Interpretation als wesentlich vom „Fiktiven" bestimmte Geisteshaltung[1] ihrer existenziell-existenzialen Schärfe zu berauben. Die bei Husserl deutlich sichtbare Betonung der Spontaneität der Einbildungskraft, die die Phänomenologie in den Bereich des „Als ob" und der Ungebundenheit gegenüber dem faktisch Gegenwärtigen versetzt, stellt mithin das andere Extrem dar, gegen das sich Heidegger absetzen muß. Dieser phänomenologische Kontext von Spiel und Einbildung muß immer im Auge behalten werden, wenn man Heideggers Spieldenken nicht in reduktiver Weise als einen – wenngleich illustren – Ansatz „postmodernen", „postmetaphysischen", „dekonstruktiven" oder „antirationalen" Denkens unter anderen verstehen will[2].

1. ZUR INHALTLICHEN BESTIMMUNG DES SPIELS IN HEIDEGGERS DENKEN

1.1. Heideggers Phänomenologie aus dem Spiel und die transzendentalphilosophische Tradition

Eine der ersten Hauptschwierigkeiten bei der Deutung des Spiels im allgemeinen sowie bei Heidegger im besonderen betrifft seine Stellung im Rahmen der Subjektsproblematik. Während die einen Autoren das Spiel aufgrund seiner wesentlichen Sinnkomponente notwendigerweise an die Existenz eines spielenden, sich seines Spiels bewußten Subjektes gekoppelt sehen[3], ist für andere das Spiel in seiner kosmologischen Dimension gerade Synonym für ein „Spiel ohne Spieler"[4], das die Möglichkeit eröffnet, die Aporien und Lücken der Transzendentalphilosophie (und damit auch der transzendentalen Phänomenologie) zu durchbrechen. Wie ist also Heideggers Stellung gegenüber dieser vermeintlichen Alternative einer eminent subjektiv-bewußtseinshaften bzw. desubjektiviert-kosmologischen Spielkonzeption zu bewerten?

1. Vgl. dazu E. HUSSERL, *Ideen I*, 16f. (§ 4); 50ff. (§ 23); 160-163 (§ 70).
2. Eine an Habermas' Heideggerkritik inspirierte, ausgesprochen negativ orientierte Einschätzung des Heideggerschen „Antirationalismus" findet man bei C. IBER, *Das Andere der Vernunft als ihr Prinzip. Grundzüge der philosophischen Entwicklung Schellings mit einem Ausblick auf die nachidealistischen Philosophiekonzeptionen Heideggers und Adornos*, Berlin – New York 1994, 330.
3. Vgl. J. HENRIOT, *Sous couleur de jouer*, 206. 246. 290. 300.
4. So etwa bei E. FINK, *Spiel als Weltsymbol*, 230. 241.

Allem Anschein zum Trotz stellen die Vorlesungstexte des frühen Heidegger keine einfache Negation des transzendentalphilosophischen Ansatzes der Husserlschen Phänomenologie dar. Weder das transzendentale Subjekt noch das von ihm in theoretischer Einstellung anvisierte Einzelphänomen, noch auch die ihr Verhältnis charakterisierende Intentionalität werden von Heidegger in ihrem phänomenalen „Daß“ eliminiert. Sein Interesse richtet sich vielmehr auf den Ursprung ihres spezifischen, phänomenalen Wie. Das Verlassen der rein beschreibenden Haltung zugunsten der Frage nach dem Ursprung der transzendentalen Einstellung als solcher ist indes nicht gleichbedeutend mit dem Rückfall in eine naturalistische oder psychologistische Begründung der Phänomenologie. Die beiden philosophiegeschichtlich verwirklichten Alternativen einer *entweder* in der Äußerlichkeit einer „objektiv“-welthaft für sich seienden Naturwirklichkeit *oder* in der Innerlichkeit der transzendentalen Subjektivität lokalisierten „Gründung“ werden in ihrer vermeintlichen Ausschließlichkeit von Heidegger unterlaufen[1]. Es geht nicht darum, der Transzendentalphilosophie in der Faktizität ihr ontisches, von der phänomenologischen Deutung unabhängiges Substrat zu verleihen, im Gegenteil: Gerade weil für Heidegger die Spezifizität des Daseins grundsätzlich nicht aus Ontischem herzuleiten ist, stellt auch die „Welt“ nichts dar, was der nunmehr als Dasein verstandenen, ehemaligen „Subjektivität“ von seinem Seinssinn her notwendigerweise äußerlich sein müßte. Das Dasein wird bei Heidegger – zumindest, was die Existenzweise im Modus der Eigentlichkeit anbelangt – gerade nicht in die Welt hinein aufgelöst, sondern „Welt“ hat nur Sinn *als* Dasein, das sich gegebenenfalls dann natürlich auch an Innerweltliches verlieren und sich aus ihm her verstehen kann. Heideggers Frage lautet nicht: „Was kann die Fundamentalontologie an die Stelle der transzendental ausgerichteten Phänomenologie und der für sie typischen Instanzen (Subjektpol, eidetisch reduziertes Noema usw.) setzen?“, sondern vielmehr: „Als Modifikation welches Grundphänomens muß die transzendentale Subjektivität gedeutet werden, um *als Haltung* in ihrem Sinn verstehbar zu sein?“.

Der „Abgrund des Sinnes“ zwischen phänomenologisch reduziertem Bewußtsein und der „Welt“ als dem Inbegriff aller nicht derartig reduzierten Phänomenalität wird keineswegs zugeschüttet, sondern auf andere Weise in das Dasein selbst hineinverlegt. Der methodische Schritt der ἐποχή in ihren verschiedenen Stufungen gilt Heidegger nicht mehr als unbefragte Selbstverständlichkeit, sondern als Anzeichen einer Freiheit, die sich nicht aus der mittels der ἐποχή erreichten, transzendentalen Subjektivität und ihrer spezifischen Spontaneität herleiten läßt. Die Frage lautet daher: Wie beschaffen muß die phänomenale Freiheit des Daseins sein, wenn es seinen ursprünglichen Weltcharakter (in zunächst grundsätzlich legitimer Weise) methodisch ausklammern und (in phänomenologisch nicht mehr zu legitimierender Weise) als notwendigerweise naturalistisches Residuum mißdeuten *kann*?

Die Stellung, die die als Dasein verstandene Existenz damit erhält, erweist sich nicht als schwächer, sondern als bedeutend stärker als die der transzendentalen Subjektivität: Während diese genötigt ist, durch methodische Ausschaltung der Seinsgeltung von „Welt“ sich selbst in ihrer phänomenalen Reinheit zu konstituieren, ist das Dasein nicht nur Sinnpol immanenter Bezugsstrukturen zu innerweltli-

1. Vgl. E. MAZZARELLA, »Volontà di fondazione e filosofia della storia in Martin Heidegger«, in: *La recezione italiana di Heidegger* (hrsg. von M. Olivetti), Padova 1989, 309-335, hier 312.

chen Phänomenen, sondern durchdringt auch die vermeintlich als „transzendent" angesetzte Welt in ihrem Seinssinn. Damit wird aber auch die These einer postmetaphysischen oder antirationalen Schwächung der Subjektivität ganz offensichtlich gegenstandslos. Die Grundlinien der transzendentalen Phänomenologie erweisen sich bei Heidegger vielmehr als Einschränkungen einer jeweils umfassenderen Phänomensphäre des Daseins, ganz gleich, ob dieses sich über die Motivationen für seinen Schritt in die Transzendentalität nun im klaren ist oder nicht: Nur, weil das Dasein immer schon in verstehender Weise offen ist für den Sinn von Sein, kann es den ursprünglich nicht eindeutig orientierten Spielraum des „Zwischen" im Sinne einer einsinnig ausgerichteten Intentionalitätsstruktur weiterbestimmen. Nur, weil das Dasein sich in seiner eigenen Existenz aufs Spiel gesetzt weiß, kann es versuchen, mittels der theoretisch-transzendentalen Einstellung absolut unbezweifelbare Gewißheit zu erlangen. Nur, weil die vom Dasein entdeckten Dinge immer schon in einem Weltkontext begegnen, der der Entwurf des Daseins selbst ist, kann das Dasein in der transzendental-phänomenologischen Einstellung Welt als einen unthematischen Sinnhorizont verstehen, von dem sich das theoretisch in den Blick genommene Phänomen abhebt. Allerdings ist dieses „Verfallen" an die theoretisch neutralisierte Vorhandenheit nicht mehr eindeutig intentional strukturiert, sondern kann durch eine Aufhellung der ursprünglich welthaften Motivation der theoretischen Einstellung ebenso auch in der Gegenrichtung durchlaufen werden. Damit wäre das „Spiel" der Existenz die Möglichkeit eines Hin und Her vom implizit gelebten Daseinscharakter zu seiner theoretisch-transzendentalen Ausschaltung und – mittels einer Untersuchung der theoretischen Haltung auf ihren existenzialen Seinssinn hin – von der Transzendentalität hin zu einer phänomenal ausdrücklich thematisierten Daseinshaftigkeit. Der Zeit-(Spiel-)Raum der fundamentalontologisch verstandenen Existenz wird damit die Mitte des Übergangs und die gemeinsame Wurzel zwischen den beiden Stämmen einer unthematisch daseinshaft erlebten Erfahrung und der Möglichkeit der indirekt auf diese Erfahrung bezogenen und sie zugleich doch leugnenden, theoretischen Vernunft.

1.2. Das epochale Spiel des Ursprungs als Komplement der Destruktion

Nach der Ausarbeitung des fundamentalontologischen Ansatzes nimmt Heideggers Denken eine ausdrückliche geschichtliche Wendung, die aber bald schon die in *Sein und Zeit* angekündigte Destruktion der Geschichte der ontologischen Tradition in wesentlicher Hinsicht übertrifft. Der wesentliche Einschnitt liegt darin, daß die geschichtlich konstatierbare Faktizität des Denkens nicht als solche das erste und letzte Wort hat. Das reine Daß der Metaphysik in ihrer Geschichte ist kein unbefragtes und als selbstverständlich gegeben angesetztes Faktum mehr, sondern unterliegt einer Modifikation seines Seinssinnes im Hinblick auf seinen Ursprung. Die geschichtliche Deutung des Wesens der Wahrheit als „Entzug" und „Verweigerung" läßt die Geschichte der Metaphysik insofern einer ἐποχή verfallen, als deren geschichtliche Positivität ihren Sinn nicht mehr länger aus bestimmten, daseinshaftontisch verankerten Grundstrukturen des Weltbezuges bezieht. Die Seinsvergessenheit der Metaphysik sowie die von ihr geübte, stillschweigende Ausklammerung der den Seinssinn beherrschenden Vorstellung von der Zeit lassen sich nicht mehr in direkter Fortsetzung als eine Modifikation der Verfallensformen des Daseins (umtriebiges Verdrängen der eigenen Zeitlichkeit, Deutung der eigenen Seinsweise aus dem Modus der Vorhandenheit usw.) deuten. Vielmehr wird die sich faktisch manifestierende Seinsvergessenheit der Metaphysik zum geschichtlich sedimentierten Residuum eines Rückzugsgeschehens, bei dem die Wahrheit des Seins ihre eigene Freiheit gegenüber den konkret verwirklichten Formen des Denkens geltend macht.

Die seinsgeschichtliche Betrachtung der Metaphysik bedeutet damit eine Überwindung der Maßgabe des bloß Faktischen, ohne daß ein Rückfall in die fiktionale Tendenz der Husserlschen Transzendentalphänomenologie die Folge wäre. Die „Möglichkeiten", die den Ursprung der Metaphysik kennzeichnen, werden ja keineswegs im Sinne geschichtlicher Chimären und Phantasiegebilde im Modus des bloßen „Als ob" gedacht; vielmehr versagen sie sich jeder einbildenden, konkretisierenden Antizipation. Der unerschöpfliche Bereich der Möglichkeit des Denkens, dem die Metaphysik ihre geschichtliche Wirklichkeit verdankt, entzieht sich gerade deshalb der Vorstellungskraft, weil er selbst sich in die kontingenten Formen des vorstellenden, d. h. metaphysischen Substanz- und Subjektdenkens einbildet. Auch Heideggers Reden vom „anderen Anfang des Denkens" darf nicht darüber hinwegtäuschen, daß von seiten der geschichtlichen Faktizität des Denkens aus jedoch umgekehrt keine mögliche Konkretion, und sei es auch nur im Modus eines *ens rationis* oder einer reinen Phantasievorstellung, in den Bereich der in der Schwebe befindlichen, noch unentschiedenen geschichtlichen Entscheidungen hineingetragen werden kann.

Die modale Inkommensurabilität der beiden geschichtlichen „Anfänge des Denkens" ist indessen kein Hindernis dafür, daß sich das geschichtlich-epochale Wesen der Wahrheit ins Seiende hineinbilden läßt. Dies ist allerdings nicht primär Sache des Denkens, sondern der Kunst, die dadurch zumindest vorübergehend eine Vorrangstellung in Heideggers Denken beansprucht. Die Kunst, vor allem aber die Dichtung, stellt sich nicht eigentlich als das Andere der Vernunft dar, sondern als besonders geartete Ausprägung dessen, was auch im Denken am Werk ist. Dieselbe Zusammengehörigkeit von Erschlossenheit und Verborgenheit, die sich im Kunstwerk als „Streit von Welt und Erde" vollzieht, bestimmt als Wechselverhältnis von „Entzug" und „Ereignis" die Geschichte des Denkens in seinen unterschiedlichen Anfängen. Damit erhält die ἐποχή des Seins doch wieder eine ontische Verankerung, die diesmal allerdings nicht einfach mit der Struktur des Daseins zusammenfällt. Die geschichtliche Einzigartigkeit des Kunstwerkes ist gewissermaßen die ἐποχή der ἐποχή, insofern sie den Rückzugscharakter des Seins wiederum in einer nicht universal feststehenden, sondern unvorsehbaren und unübertragbaren Weise offenbar macht. Auch die Orientierung Heideggers an gewissen konkreten Einzelbeispielen aus dem Bereich der Kunst ist daher kein eigentlicher Rückfall aus der geschichtlichen Deutung der ἐποχή des Seins in die „natürliche Einstellung" einer bloß faktisch-historischen Sicht von Kunst und Denken, sondern stellt die ontisch akzentuierte Wiederholung eines Schemas dar, das als solches gerade die Unmöglichkeit zum Ausdruck bringt, den Ursprung des Sinnes des Faktischen aus dem Faktischen zu beziehen oder gar in ihm aufgehen zu lassen.

Die in Heideggers mittlerer Phase bestimmende Wechselbeziehung von Kunst und Denken kommt dadurch zustande, daß das Phänomen der Sprache gegenüber früher eine konstitutive Bedeutung erlangt: Wie Heideggers intensive Auseinandersetzung mit Hölderlin sowie der besondere sprachliche Charakter der unveröffentlichten Manuskripte aus dieser Zeit deutlich machen, ist sowohl die Sinnerschließung der Geschichte der Metaphysik als auch die besondere Fassung des Bezuges zu Seiendem gleich welcher Art nicht Sache eines intuitiven Erfassens durch ein von der Naturwirklichkeit abgesetztes Bewußtsein, sondern kann sich in ursprünglicher Weise überhaupt nur in einer „denaturalisierten", d. h. gemäß den Belangen von Dichtung oder Denken grundsätzlich modifizierten Sprache vollziehen. Die in allen Phänomenen zur Geltung kommende Einheit von Erscheinendem und Verborgenbleibendem kann nur Thema einer Phänomenologie sein, die in eminentem Sinne eine Phänomeno*logie* ist, d. h. die die Sprache nicht als nachträgliche und im Grunde zweitrangige Äußerung vorsprachlich-intuitiv zugänglicher Sinnartikulationen, sondern als Entstehungsort ebendieser Sinnstrukturen selbst versteht. Gilt der λόγος in diesem Sinne nicht als physisches Ausdrucksmittel universaler, idealer Gesetzmäßigkeiten, sondern als geschichtlich verwurzelter Ursprung der jeweiligen, nie restlos gegebenen Zugänglichkeit von Welt und Geschichte für das Denken, dann kann es auch strenggenommen keine Definition „der" Heideggerschen Phänomenologie geben; im seinsgeschichtlichen Sinne gibt es vielmehr so viele „Phänomenologien", wie es geschichtliche Epiphanien der Sprache gibt.

Heideggers explizite Verwendung des Wortes „Spiel" während dieser Zeit darf daher nicht zu einem seinsgeschichtlichen Schlagwort verkommen, mit dem nun „ein für allemal" der bisherigen Metaphysik der Dienst aufgekündigt wird. Eher ist das Spiel zu dieser Zeit in dem freien Wechsel zwischen den verschiedenen Rede- und Schreibweisen selbst zu erkennen, mit denen Heidegger dasselbe auf unterschiedliche Weise zu sagen versucht. Keine der dabei jeweils geltenden „Regeln" – sei es das auf Gemeinsamkeiten mit dem bisherigen Sprechen so weit wie möglich verzichtende „Ersagen" in den *Beiträgen*, sei es die in den Hölderlin-Vorlesungen ausdrücklich betonte und selbst praktizierte Distanz zwischen denkendem und dichterischem Sprechen, sei es die in so vielen geschichtlichen Vorlesungen zum Tragen kommende, umdeutende Anknüpfung an bisheriges metaphysisches Vokabular – wird verabsolutiert, sondern entspricht vielmehr dem jeweiligen Anlaß ganz – aber auch nur ihm. Die sich für alle weitere Interpretation daraus ergebende Folgerung ist weitreichend: Die Problematik des „seinsgeschichtlichen", „nichtmetaphysischen" Sprechens kann von der Sache her nie im Sinne eines eindeutigen, neuen Grundprinzips gelöst werden, sondern läßt sich nur im konkreten Falle und im Hinblick auf die in Frage stehende Sache angehen, nicht obwohl, sondern weil die Sache des Denkens sich immer schon als die Sache des Sprechens erweist.

1.3. Der Sprung zwischen Weltphänomen und Geschichte des Denkens

Die dritte Phase in Heideggers Denken läßt sich am besten anhand der Stellung charakterisieren, die das Weltphänomen darin einnimmt. Zweifelsohne ist im Vergleich mit der Periode der 30er Jahre die „Welt" gegenüber der „Erde" aufgewertet, insofern sie nicht mehr nur ihren phänomenalen Widerpart darstellt, sondern als Gesamtzusammenhang dinghaften Erscheinens überhaupt die „Erde" als einen Teil möglichen Erscheinungssinnes mitumfaßt. Wiederum ist jedoch dem Eindruck vorzubeugen, als habe Heidegger nunmehr die transzendentale Phänomenologie lediglich dahingehend umgedreht, daß nicht mehr der Ichpol des reinen Bewußtseins, sondern die ehemals der transzendentalen ἐποχή verfallende Welt den absolut leitenden Seinssinn vorgibt. Sosehr die Metaphysik als Teil der Geschichte des Denkens nichts der Phänomenologie Äußerliches ist, sowenig wird sie doch in die als Spiel gedeutete Struktur des Weltbezuges integriert. Vielmehr ist zu beobachten, daß die Problematik der Metaphysik und eines möglichen „anderen Denkens" parallel dazu zwar auch anhand des Leitwortes „Spiel" angegangen wird, doch in einer Weise, die sich weder unmittelbar aus dem „Weltspiel" erschließen noch nachträglich auf es zurückführen läßt.

Heideggers Denken nimmt damit innerhalb der Phänomenologie eine eigentümliche Stellung ein: Einerseits konstituieren sich bei ihm das Denken im allgemeinen und die Phänomenologie im besonderen nicht durch methodische Ausschaltung bzw. transzendentale Modifikation und Adaptation des Weltphänomens an die Deutungskategorien der transzendentalen Subjektivität, doch werden weder das Denken überhaupt noch sogar die bisherige, vom Denken der Subjektivität beherrschte Metaphysik einfachhin in den Gesamtzusammenhang des vortheoretischen Welterlebens integriert bzw. aus ihm abgeleitet. Damit unterscheidet sich Heidegger sowohl von seinem eigenen Ansatz während der frühen Freiburger Jahre als auch von denjenigen Philosophen, die, etwa wie E. Fink, das Weltphänomen zur Grund- und Leitinstanz phänomenalen Sinnes machen. Weder die Metaphysik noch das durch den „Sprung in eine andere Tonart" zu erreichende, anfängliche Denken reduzieren sich auf bloße Modifikationen von Welthaftigkeit – unbeschadet der Tatsache, daß sie natürlich in jeweils charakteristischen Auffassungen bezüglich der Welt und insbesondere im Hinblick auf die Stellung von Mensch und Ding in bzw. gegenüber dieser Welt ihre Ausprägungen finden. Das Spiel des Denkens ist nicht einfach eine Untermenge oder ein Korollar des Weltspiels; eher könnte man umgekehrt sagen, daß die jeweils das Denken bestimmende „Tonart" dem Spiel der Welt innerhalb einer bestimmten Epoche die Regeln vorgibt. Doch wird auch damit das Phänomen der Welt nicht von der Geschichte des Denkens absorbiert; beide Aspekte behaupten vielmehr in Heideggers Denken ihre Eigenständigkeit, sosehr sie aufeinander verweisen und miteinander in Beziehung stehen.

Oft genug hat Heidegger im Hinblick auf die traditionelle Unterscheidung der Sinne betont, daß sowohl Hören als auch Sehen (im konkret-sinnlichen wie im intelligiblen Sinne) sich einer „Offenheit" verdanken, die sowohl dem Licht als auch dem Klang vorausgeht[1]. Wenn Weltphänomen und Geschichte der Metaphysik anhand jeweils unterschiedlicher Grundmuster, nämlich des durch die Dichtung gestifteten, bildhaften Wortes einerseits bzw. des bildlosen Klanges der Musik andererseits, interpretiert werden, dann heißt das zwar nicht, daß sie miteinander nichts zu tun haben, wohl aber, daß Heidegger zwischen ihnen eine Distanz gewahrt wissen will, die sich trotz einer unleugbaren Zusammengehörigkeit der Komponenten nicht verwischen läßt. Der Grund für diese bleibende Zweiheit liegt in der unterschiedlichen Rolle, die die Zeit in beiden Fällen spielt: Im Falle des Weltspiels steht die „je-weilige" Stellung des Dinges innerhalb des synchronischen Verhält-

1. Vgl. GA 34, 54ff.

nisses der Erscheinungsbereiche der Welt im Mittelpunkt. Die Welt als solche ist nicht mehr transzendental gedacht, genießt also keine zeitüberhobene Geltung als Bewußtseinskorrelat mehr. Dennoch wird im „Spiegelspiel des Gevierts" nur die jeweilige Konstellation von Welt und Ding wie in einer Momentaufnahme bestimmt, ohne daß die mögliche geschichtliche Aufeinanderfolge solcher Konstellationen dabei Berücksichtigung fände. Dieses je wesenhafte „Zugleich" von Welt und Ding entspricht jeweils einem „Wort", das ihr Verhältnis auf charakteristische, einmalige Weise bildet. Demgegenüber wird im Falle der Problematik von Metaphysik und „anderem Denken" der geschichtliche Zusammenhang *als Zusammenhang* und nicht nur als zusammenhanglose Sequenz unterschiedlicher Positionen einer phänomenologischen Deutung unterzogen. Wohl geht es Heidegger nicht um ein die Metaphysik insgesamt durchziehendes Vernunftprinzip, insofern jede Teilepoche der Metaphysik sich in direkter Beziehung zu ihrem Ursprung befindet. Ebensowenig läßt er jedoch die Metaphysik als „Geschichte der Irre" dem Verdikt einer Beliebigkeit im Falschen verfallen. Der besondere, von Sprüngen und Diskontinuitäten gekennzeichnete Charakter der Geschichte verlangt nach einem Verständnismedium, das, wie der spezifische Zeit-Raum der Musik, keine Ausschließlichkeit im Hinblick auf die Belegung einer bestimmten Raum-Zeit-Stelle impliziert, sondern zuläßt, daß vom „selben" Standpunkt (etwa einem „Grundsatz" der Metaphysik) aus sich verschiedenartige Hörweisen (seine unterschiedlichen „Tonarten") gegenseitig durchdringen können, ohne sich dabei zu behindern. Das metaphysische und das wie immer geartete „andere" Denken stehen also nicht als feste Instanzen in einem Widerspruchs- oder Gegensatzverhältnis zueinander, sondern stellen verschiedene Weisen dar, sich im selben Freiraum von Denken und Sein zu bewegen.

2. Das Spiel als geschichtlich-systematische Einheitsfunktion des Denkens

Die im einleitenden Teil dieser Arbeit erörterten Interpretationsansätze zur Bedeutung des Spiels bei Heidegger hatten die strukturellen Ausprägungen des Spiels (Gegensatz zur herkömmlichen Subjektkonzeption, Absage an das Denken nach Prinzipien, Rolle des Kunstwerkes usw.) entweder als Opposition zur metaphysischen Tradition verstanden oder aber als Verlängerung bestimmter traditioneller Spielansätze interpretiert. Das Proprium des Heideggerschen Spieldenkens liegt aber gerade darin, daß die unterschiedlichen Spielaspekte, wo sie mit bestimmten Namen aus der Geschichte der Metaphysik verbunden sind – Aristoteles, Leibniz, Kant, Nietzsche –, in durchaus nicht nur negativer Weise auf diese Bezug nehmen, sondern sich an ihnen inspirieren, ohne sich jedoch auf sie zurückführen zu lassen.

Aufgrund dieses in eigentümlicher Weise stets doppelgesichtigen Bezuges zu den unterschiedlichen Hauptvertretern des philosophischen Denkens ist es nicht möglich, Heidegger einem der Grundtypen traditionellen Spieldenkens eindeutig zuzuordnen. Weder die archaisch-nachmetaphysische Schiene der agonalen Spielkonzeption, die sich zwischen Heraklit und Nietzsche spannt und in der Phänomenologie E. Finks aufgegriffen wird, noch die ästhetisch-künstlerisch orientierte Sichtweise des Spiels im Zusammenhang mit der Kantischen bzw. von Kant beeinflußten Problematik der inneren Einheit des Subjekts und seiner Fähigkeiten können für sich beanspruchen, Heideggers Spielansatz zur Gänze und treffend wiederzugeben. Genaugenommen decken die unterschiedlichen Spielkonzeptionen aber auch nicht einmal partiell die einzelnen Aspekte des Heideggerschen Denkens ab, denn nie nimmt Heidegger auf einen dieser Ansätze Bezug, ohne ihn einer wesentlichen Umwandlung zu unterziehen. Das Spiel in seiner Bedeutungsvielfalt nimmt damit eine Stellung ein, die es bei keinem der einzelnen Vertreter eines wie immer gearteten Spieldenkens je hatte, nämlich die Rolle eines Schemas für die durchgängige geschichtliche Integration der systematischen Grundprobleme des Denkens. Weder setzt Heidegger das Grundmodell des Spiels nur an einem bestimmten Punkt des metaphysischen Denkens ein – etwa im Zusammenhang mit der vorsokratisch-archaischen oder der rational gezähmten, nachkantisch-ästhetischen Spielauffassung, sondern deutet die Metaphysik insgesamt und als ganze aus einem noch umfassenderen Spiel, das sich in den konkreten Spielansätzen innerhalb des metaphysischen Denkens nur einen sekundären, partiellen und unvollkommenen Ausdruck verschafft. Das Spiel ist also weder ein Diskrimen zur Abgrenzung des metaphysischen vom nicht-(d. h. vor- oder nach-)metaphysischen Denken insgesamt noch eine Thematik, die nur ganz bestimmte Epochen innerhalb des abendländischen Denkens betrifft. So, wie sich Heideggers Spieldenken aufgrund der Einbeziehung aller nur denkbaren Bedeutungskomponenten des Spiels einer eindeutigen Definition entzieht, widersetzt es sich aufgrund der Bezugnahme auf alle Epochen der Metaphysik im einzelnen und auf die Metaphysik insgesamt einer Einordnung in ein bestimmtes geschichtshermeneutisches Schema des Spieldenkens. Kein Etikett – weder „postmodern" noch „destruktiv", „irrational", „archaisierend" oder „ästhetisierend" – kann angesichts der besonderen geschichtlichen Dimension des Heideggerschen Spieldenkens noch greifen. Das Spiel kennt in diesem Sinne keine Abgrenzung; vielmehr ist es das Grundmuster für das Verständnis der unterschiedlichen thematischen Schwerpunkte des bisherigen Denkens als aufeinander bezogene Konstellationen in einem als durchgängig verstandenen geschichtlichen Medium.

3. DAS SPIEL ALS FORMALE EINHEITSFUNKTION DER HEIDEGGERSCHEN SACHE DES DENKENS

Gewiß besteht keine unausweichliche Notwendigkeit, die innere Entwicklung von Heideggers Denken unter dem Gesichtspunkt des Spiels und nicht am Leitfaden anderer, nicht weniger bedeutsamer Leitworte nachzuvollziehen. Nichtsdestoweniger kann die Interpretation der Heideggerschen Philosophie anhand des Spiels für sich in Anspruch nehmen, für die Betrachtung des Heideggerschen Denkens in seiner Gesamtheit in besonderer Weise geeignet zu sein. Diese Möglichkeit einer durchgängigen Interpretation anhand des Spiels beruht gerade nicht auf einer einheitlichen Begriffsdefinition des damit Gemeinten, sondern auf der besonderen Stellung des Spiels als eines gemeinsamen Übergangs für die vielen verschiedenen Aspekte und einander entgegengesetzten Extreme in Heideggers Denken. Das Spiel ist dabei aber kein Joker, der sich als *passe-partout* überall unterschiedslos einsetzen ließe; was die Rolle des Spiels als eines möglichen Einheitsfaktors ausmacht, ist gerade seine Anpassung an den spezifischen Kontext und das jeweilige Gegensatzpaar, dessen ursprüngliche Zusammengehörigkeit verdeutlicht werden soll. Die Scharnierfunktion des Spiels bei solchen Übergängen läßt sich anhand der folgenden Beispiele verdeutlichen, die teils vornehmlich die Verbindungsstrukturen innerhalb von Heideggers eigenem Denken verdeutlichen, teils – wie im letzten Falle – mehr den geschichtlichen „Übergang" im Rahmen der Betrachtung von Metaphysik und „anfänglichem Denken" betreffen[1].

3.1. Beispiele des Spiels

3.1.1. Das Dasein als ausgezeichnetes und *endliches*

Die erste Übergangsreihe nimmt ihren Ausgang von der besonderen Stellung, die dem Dasein bei Heidegger zukommt. So wird das Dasein in zunächst metaphysisch anmutender Manier vor allen anderen Seienden durch seinen verstehenden Zugang zum Sein nicht nur in gradueller, sondern grundsätzlicher und unverwechselbarer Weise hervorgehoben. Dieses Seinsverständnis vollzieht sich im Überstieg des Seienden auf sein Sein hin und bezeugt auf diese Weise die ontologische Freiheit des Daseins. Der Freiraum des Seinsverstehens eröffnet sich für das Dasein aber seinerseits nicht in der Weise einer zeitüberhobenen Anschauung, sondern als Spielraum der existenzialen Zeitlichkeit. Insofern die Zeitlichkeit in ihrer ursprünglichsten Form nicht primär das besorgte Seiende, sondern das Dasein selbst betrifft, ist das Seinsverstehen von der Zeitlichkeit des Daseins nicht zu trennen. Diese Zeitlichkeit ist wiederum keine abstrakt geglättete Struktur, sondern wesentlich von der existenzialen Zukunft her bestimmt. Die Grenze und zugleich wesentlichste Bestimmung dieser Zukunft liegt nun aber im Tod als der nachdrücklichsten Bezeugung der Endlichkeit des Daseins. Die Endlichkeit des Daseins ist somit kein Gegensatz, sondern letztlich die Konsequenz seiner ontologisch ausgezeichneten Stellung. Die ebengenannten Schritte lassen sich wie folgt schematisieren: Ausgezeichnete Stellung des Daseins – Seinsverständnis – Transzendenz / Überstieg – existenziale Freiheit – *Zeit-(Spiel-)Raum* – Zeitlichkeit des Daseins – Zukunft – Sein zum Tode – Endlichkeit.

Das Spiel erscheint somit im Übergang zwischen der herausgehobenen Position des Daseins *und* seiner Endlichkeit.

3.1.2. Die wesentliche Beziehung von Welt und *Dasein*

Die zweite Verbindungskette betrifft die Beziehung von Welt und Dasein, und zwar in einer Weise, die die Husserlsche Dichotomie von transzendentalem Bewußtsein und Welt gerade deswegen aushebelt, weil sie sich ein wesentliches Charakteristikum des Weltphänomens zu eigen macht. Für Husserl ist die Welt in

1. Die folgenden Illustrationen des Spiels als eines in bestimmter Weise geordneten Übergangs zwischen Extremen sind Modifikationen eines Grundmusters, das bei F. BREZZI, *A partire dal gioco*, 15 Anwendung findet. Ein wesentlicher Unterschied besteht allerdings darin, daß sich die zwischen zwei scheinbaren Gegensätzen entwickelte Begriffsreihe dort auf das Phänomen des Spiels selbst bezieht, während die folgenden Beispiele *mittels* des Spiels auf die unterschiedlichen thematischen Schwerpunkte in Heideggers Denken eingehen und ihre untrennbare Verbundenheit herauszustellen versuchen.

der natürlichen Einstellung zunächst der selbst nicht intentional zu fassende Sinnhorizont, der die Erscheinungen der einzelnen Dinge für das Bewußtsein jeweils mitbestimmt. Dieses Umgebensein jedes Einzelphänomens von einem Hof indirekt miterscheinender Welthaftigkeit wird von Heidegger in seiner Grundstruktur zwar übernommen, doch gerade ohne es der Modifikation der transzendentalen ἐποχή verfallen zu lassen. Die Welt umgibt das in seiner existenzialen Relevanz verstandene Seiende in dynamischer Weise, d. h. in einer Ring- und Kreisbewegung, die auch das Dasein in seinem ursprünglichen Weltbezug miteinschließt. Das Umringtwerden von Welt versetzt das Dasein gerade nicht in die Haltung der theoretischen Neutralität und Distanziertheit, sondern in den Schwindel, der aus der Erfahrung der nicht intentional zu modifizierenden Dreh- und Kreisstruktur welthaften Sinnes resultiert. Der Schwindel als Verlust bzw. als ursprünglicher Nichtbesitz einer noematisch strukturierten Bezüglichkeit zur Welt verweist seinerseits auf die Stimmung, die das Dasein noch vor den linear ausgerichteten Haltungen des theoretisch modifizierten Erkennens und zielgerichteten Wollens charakterisiert. Die Abfolge lautet demnach also: Welt – anintentionale Sinnhaftigkeit der Dinge – ringförmiges *Umspieltwerden* der Dinge durch den Weltkontext – Wirbel, Erfaßtwerden vom Schwindel – Gestimmtsein des Daseins.

Das Spiel manifestiert sich damit als der spezifische Bewegtheitscharakter der vorintentionalen Einheit von Welt *und* Dasein.

3.1.3. Die Einheit von Theorie und *Praxis*

Entgegen dem traditionellen Gegensatz von Theorie und Praxis, wird Heidegger nicht müde, die praktische Verwurzelung der vermeintlich so lebensabgehobenen Theorie herauszustellen. Anknüpfungspunkt ist hier nicht die innere Struktur der theoretischen Einstellung, sondern ihre *Motivation* als mögliche Haltung des Daseins. So wird die phänomenologische Modifikation der empirischen Subjektivität zum transzendentalen Bewußtsein als Ausdruck des Bestrebens gedeutet, der Erkenntnis einen absolut und unbedingt gewissen Boden zu verschaffen. Die Hartnäckigkeit und das existenzielle Pathos dieser Suche nach Gewißheit sind aber ihrerseits keine Phänomene, die sich aus der theoretischen Einstellung als solcher erklären ließen. Daran wird ersichtlich, daß für das Dasein bei der Frage nach letzter Wahrheit und Gewißheit letztlich nicht etwas Theoretisches, sondern sein eigenes Sein auf dem Spiel steht. Auch die Suche nach einem letzten Fundament der Wissenschaften steht damit im Dienst des existenziell interessierten Verständnisses des Daseins für sein eigenes Sein. Diese auf die eigene Existenz bezogene Einstellung des Daseins, bei der der Verstehende mit dem zu Verstehenden eins ist und das Ziel des Verstehens nicht außerhalb der eigenen Existenz, sondern in deren eigenem Vollzug liegt, ist jedoch das Charakteristikum derjenigen Haltung, die traditionell als πρᾶξις bezeichnet wird. Die Reihe lautet also: Theoretisches Betrachten – Suche nach Gewißheit – Motivation des Gewißheitspathos – *Auf-dem-Spiel-stehen* des Daseins – Seinsart des Daseins – Existieren „umwillen seiner selbst" – Praxis.

Das Spiel erweist sich hier als der Ort, an dem die distanziert-veräußerlichende Einstellung der Theorie *und* die Innerlichkeit des implizit-praktischen Selbstbezuges des Daseins zusammentreffen.

3.1.4. Die Zusammengehörigkeit von Wahrheit und *Irrtum*

Heideggers radikal phänomenologische Einstellung ermöglicht es ihm, die vermeintliche kontradiktorische Gegenüberstellung von Wahr und Falsch zu unterlaufen. Als Wahrheit im ursprünglichsten Sinn gilt ihm nicht die Satzwahrheit, sondern die alle sprachlich manifestierte Wahrheit erst ermöglichende Zugänglichkeit von Seiendem in seinem Sein: Nur, weil Sein sich im Seienden erschließt, kann Seiendes in seinem Sein angesprochen werden. Die Zweiheit von Sein und Seiendem, innerhalb derer sich dieses Ans-Licht-treten für das Verstehen vollzieht, bringt aber in den Vorgang des Erscheinens eine Tiefenstruktur, die nicht mehr automatisch die Erscheinungsweise determiniert. Innerhalb dieses Spielraumes des Erscheinens kann sich Seiendes somit als etwas in den Vordergrund drängen, was es nicht ist, und so zu Mißverständnissen und falschen Satzaussagen führen. Wie die folgende Begriffsreihe zeigt, ist mit dem Raum für das Vernehmen von Seiendem in seinem Sein also immer zugleich auch die Möglichkeit des Irrtums miteröffnet: Wahrheit – Unverborgenheit – Erscheinen – Gabelung von Seiendem und Sein als *Spielraum des Erscheinens* – Vordergrund und Hintergrund der Erscheinensstruktur – mögliches Sich-in-den-Vordergrund-drängen von etwas als das, was es nicht ist – Täuschung, Irrtum, bloßer Schein.

Das Spiel wird somit als das Hell-Dunkel der untrennbaren Einheit zwischen dem Erkennen von Erscheinendem *und* der Verdeckung des Seins im bloßen Schein erkennbar.

3.2. Die formale Grundbedeutung des Spiels

Die genannten Beispiele könnten beliebig vermehrt werden; worauf es jedesmal ankommt, ist die eigentümliche Stellung des Spiels in der Mitte zwischen jeweils zwei Grundphänomenen, die in der herkömmlichen Metaphysik als unvereinbare Gegensätze aufgefaßt werden, wie Subjekt und Welt, Wahrheit und Irrtum, Theorie und Praxis. Das Spiel ist aber auch nicht einfach unmittelbar als Mittelterm zu erkennen; es wird als solcher erst in einem Übergangsprozeß erkennbar, bei dem die phänomenalen Implikationen der beiden Extreme schrittweise und so nuanciert wie möglich abgeändert werden. Es handelt sich bei diesen Übergangsserien aber nicht um feste Ableitungsordnungen; können doch dieselben Begriffe sowohl als Teil anderer Kettenbeziehungen als auch als Anfangsglied einer eigenen Reihe Verwendung finden. Die Verbindungen zwischen den unterschiedlichen Aspekten des Heideggerschen Denkens stellen sich demnach also nicht in Form linearer Abhängigkeiten dar, sondern erinnern weit eher an ein Netz, bei dem man von jedem beliebigen Knotenpunkt zu jedem anderen gelangen kann, doch über eine bestimmte, mehr oder weniger große Anzahl von Zwischenschritten. In der grundsätzlichen Verbindbarkeit des doch bleibend Unterschiedenen liegt die implizite Überwindung des metaphysischen Schemas von Identität und Differenz. Die Verbindungen der unterschiedlichen Aspekte in Heideggers Denken stehen nicht ein für allemal fest, sondern *können* jeweils mittels des Spiels herausgestellt werden. Das Spiel ist jedoch auch in diesem Falle – und darin liegt eine Abgrenzung Heideggers zu Hegel – keine Vermittlung der Gegensätze im eigentlichen Sinn, sondern stellt in performativer Weise immer die *je* größere Verschiedenheit in der Zusammengehörigkeit der Extreme heraus; wird doch seine Mittelstellung um so deutlicher erkennbar, je mehr der Zwischenbereich der Extreme durch Verkettungen phänomenaler Implikationen differenziert wird. Damit die Übergänge in tendenziell immer kontinuierlicherer Form stattfinden können, müssen die in Frage stehenden Termini möglichst weit auseinanderrücken, so daß der Grad ihrer Verbundenheit gerade an ihrer immer weiteren Distanz ablesbar wird. Während z. B. die vermeintlich „unmittelbare" Nebeneinanderstellung von Welt und Dasein in keiner Weise deren untrennbare Zusammengehörigkeit erkennbar werden läßt, erlaubt der vermeintliche Umweg über den Umringcharakter von Welt, den Reigen, das Kreisen, den Schwindel, die Stimmung usw. den Brückenschlag vom einen zum anderen, oder besser gesagt: Das Spiel ist der mit keinem der beiden Extreme zusammenfallende Fluchtpunkt, in dem sich das jeweils Unterschiedene trifft.

Die mittels des Spiels erfolgende Darlegung der Beziehung der unterschiedlichen Instanzen betont den performativen Charakter ihrer Zusammengehörigkeit. Das spielerische Zusammenführen der Extreme über eine bestimmte Anzahl von Zwischenschritten erzeugt kein wie immer geartetes „Resultat", sondern kann und muß jedesmal neu vollbracht werden, ohne daß der Grad an dialektischer Verbundenheit und Zusammengehörigkeit der Gegensätze anwüchse. Das Spiel ist damit reine Verwirklichung der Differenz als solcher, deren Extreme gerade nicht am Anfang getrennt vorliegen und am Ende in vermittelnder Weise zusammengeführt werden. Eher ist es umgekehrt: Am Anfang steht die scheinbar unmittelbare, doch in ihrem Sinn undurchschaubare Nachbarschaft der Begriffe, und je weiter die beiden in Frage stehenden Termini auseinanderrücken, desto deutlicher wird die Kontinuität der sie verbindenden Phänomenkette.

Die Heideggersche Konzeption des Differenten in all seinen Formen erweist sich damit nicht als Umschwenken von der Aufmerksamkeit für die Phänomene zugunsten eines vornehmlich an begrifflichen Dichotomien orientierten Denkens, sondern im Gegenteil als die ureigenste Gesetzmäßigkeit der Phänomenalität selbst. Deren Kontinuum, das schon bei Husserl im Zusammenhang mit der unendlichen Reihe der Verweisungszusammenhänge des welthaften Einzelphänomens auftaucht, wird hier auch und gerade auf diejenigen Phänomene ausgeweitet, deren scharfe Gegensätzlichkeit im bisherigen Denken und noch in der Husserlschen Phänomenologie die konstitutive Voraussetzung der Philosophie ausmacht. Das sich im gemeinsamen Raum des Spiels bildende Kontinuum philosophisch deutbaren Erscheinens läßt damit die Heideggersche Phänomenologie als diejenige Form des Denkens erscheinen, die ihren umfassenden Anspruch gerade nicht auf eine übergeordnete Stellung in der Differenz *zu* etwas anderem, sondern in ihrer Stellung inmitten alles Differenten als solchen stützt.

Das Spiel ist damit nichts „anderes" gegenüber der (ontologischen) Differenz oder dem Austrag, d. h. es entspricht keiner anderen phänomenalen Extension. Was es von den anderen Grundworten Heideggers dennoch unterscheidet, ist die andere innere Strukturiertheit desselben Raumes, der durch die Differenz bzw. den Austrag bezeichnet wird. Das Spiel ist, wie an den vorangegangenen Beispielen deutlich geworden sein sollte, mit allen Schwerpunktthemen in Heideggers Denken konvertibel, aber nicht schlechthin mit ihnen identisch. Die Herausstellung der zentralen Stellung des Spiels in Heideggers Denken ist also gerade kein „Ergebnis", das sich feststellen und festhalten ließe, sondern eine Aufforderung zur denkerischen Umsetzung. Die unaufhörliche Dynamik des Denkens wird dadurch motiviert, daß die im Wort „Spiel" selbst liegende Aspektvielfalt als Anweisung für die Herausarbeitung solcher Sinnverbindungen im Bereich des Phänomenalen verstanden wird. In diesem Sinne ist das Spiel bei Heidegger sich selbst die einzige Regel und damit die Grundregel einer sich selbst begründenden Phänomenologie.

BIBLIOGRAPHIE

I. WERKE HEIDEGGERS

a) Im Rahmen der Gesamtausgabe (= GA) veröffentlichte Texte:

GA 1 *Frühe Schriften*, Frankfurt a. M. 1978.

GA 4 *Erläuterungen zu Hölderlins Dichtung*, Frankfurt a. M. 1981.

GA 9 *Wegmarken*, Frankfurt a. M. 1976.

GA 13 *Aus der Erfahrung des Denkens*, Frankfurt a. M. 1983.

GA 16 *Reden und andere Zeugnisse*, Frankfurt a. M. 2000.

GA 17 *Einführung in die phänomenologische Forschung*, Frankfurt a. M. 1994.

GA 19 *Platon: Sophistes*, Frankfurt a. M. 1992.

GA 20 *Prolegomena zur Geschichte des Zeitbegriffs*, Frankfurt a. M. (1979) ³1994.

GA 21 *Logik. Die Frage nach der Wahrheit*, Frankfurt a. M. (1976) ²1995.

GA 22 *Die Grundbegriffe der antiken Philosophie*, Frankfurt a. M. 1993.

GA 24 *Die Grundprobleme der Phänomenologie*, Frankfurt a. M. (1975) ²1989.

GA 25 *Phänomenologische Interpretation zu Kants Kritik der reinen Vernunft*, Frankfurt a. M. (1977) ³1995.

GA 26 *Metaphysische Anfangsgründe der Logik im Ausgang von Leibniz*, Frankfurt a. M. (1978) ²1990.

GA 27 *Einleitung in die Philosophie*, Frankfurt a. M. 1996.

GA 28 *Der deutsche Idealismus (Fichte, Schelling, Hegel) und die philosophische Problemlage der Gegenwart*, Frankfurt a. M. 1997.

GA 29/30 *Die Grundbegriffe der Metaphysik. Welt – Endlichkeit – Einsamkeit*, Frankfurt a. M. 1983.

GA 31 *Vom Wesen der menschlichen Freiheit. Einleitung in die Philosophie*, Frankfurt a. M. (1982) ²1994.

GA 32 *Hegels Phänomenologie des Geistes*, Frankfurt a. M. (1980) ³1997.

GA 33 *Aristoteles, Metaphysik Θ 1-3. Von Wesen und Wirklichkeit der Kraft*, Frankfurt a. M. (1981) ²1990.

GA 34 *Vom Wesen der Wahrheit. Zu Platons Höhlengleichnis und Theätet*, Frankfurt a. M. (1988) ²1997.

GA 38 *Logik als die Frage nach dem Wesen der Sprache*, Frankfurt a. M. 1998.

GA 39 *Hölderlins Hymnen »Germanien« und »Der Rhein«*, Frankfurt a. M. (1980) ²1989.

GA 43 *Nietzsche: Der Wille zur Macht als Kunst*, Frankfurt a. M. 1985.

GA 44 *Nietzsches metaphysische Grundstellung im abendländischen Denken: Die ewige Wiederkehr des Gleichen*, Frankfurt a. M. 1986.

GA 45 *Grundfragen der Philosophie: Ausgewählte »Probleme« der »Logik«*, Frankfurt a. M. (1984) ²1992.

GA 47 *Nietzsches Lehre vom Willen zur Macht als Erkenntnis*, Frankfurt a. M. 1989.

GA 48 *Nietzsche: Der europäische Nihilismus*, Frankfurt a. M. 1986.

GA 49 *Die Metaphysik des deutschen Idealismus [Schelling]*, Frankfurt a. M. 1991.

GA 50 *Nietzsches Metaphysik / Einleitung in die Philosophie. Denken und Dichten*, Frankfurt a. M. 1990.

GA 51 *Grundbegriffe*, Frankfurt a. M. (1981) ²1991.

GA 52 *Hölderlins Hymne »Andenken«*, Frankfurt a. M. (1982) ²1992.
GA 53 *Hölderlins Hymne »Der Ister«*, Frankfurt a. M. (1984) ²1993.
GA 54 *Parmenides*, Frankfurt a. M. (1982) ²1992.
GA 55 *Heraklit. Der Anfang des abendländischen Denkens / Logik. Heraklits Lehre vom Logos*, Frankfurt a. M. (1979) ³1994.
GA 56/57 *Zur Bestimmung der Philosophie*, Frankfurt a. M. 1987.
GA 58 *Grundprobleme der Phänomenologie [1919/20]*, Frankfurt a. M. 1992.
GA 59 *Phänomenologie der Anschauung und des Ausdrucks. Theorie der philosophischen Begriffsbildung*, Frankfurt a. M. 1993.
GA 60 *Phänomenologie des religiösen Lebens*, Frankfurt a. M. 1995.
GA 61 *Phänomenologische Interpretationen zu Aristoteles. Einführung in die phänomenologische Forschung*, Frankfurt a. M. (1985) ²1994.
GA 63 *Ontologie. Hermeneutik der Faktizität*, (1988) ²1995.
GA 65 *Beiträge zur Philosophie [Vom Ereignis]*, Frankfurt a. M. (1989) ²1994.
GA 66 *Besinnung*, Frankfurt a. M. 1997.
GA 67 *Metaphysik und Nihilismus*, Frankfurt a. M. 1999.
GA 68 *Hegel: die Negativität*, Frankfurt a. M. 1993.
GA 69 *Die Geschichte des Seyns*, Frankfurt a. M. 1998.
GA 77 *Feldweg-Gespräche*, Frankfurt a. M. 1995.
GA 79 *Bremer und Freiburger Vorträge*, Frankfurt a. M. 1994.
GA 85 *Vom Wesen der Sprache*, Frankfurt a. M. 1999.

b) Nach den Einzelausgaben zitierte Werke, bezeichnet mit den jeweils für sie verwendeten Siglen:

EiM *Einführung in die Metaphysik*, Tübingen (1953) ⁵1987.
FD *Die Frage nach dem Ding. Zu Kants Lehre von den transzendentalen Grundsätzen*, Tübingen (1962) ³1987.
Heraklit *Heraklit* (Seminar M. Heideggers mit E. Fink), Frankfurt a. M. (1970) ²1996.
Hw *Holzwege*, Frankfurt a. M. (1959) ⁷1994.
ID *Identität und Differenz*, Pfullingen (1957) ¹⁰1996.
KPM *Kant und das Problem der Metaphysik*, (1929) Frankfurt a. M. (1973) ⁵1991.
Ni I/II *Nietzsche* I/II, Pfullingen (1961) ⁵1989.
Interprétations phénoménologiques d'Aristote / Phänomenologische Interpretationen zu Aristoteles (zweisprachige Ausgabe; frz. Übersetzung von J.-F. Courtine), Mauvezin 1992.
SAFr *Schellings Abhandlung über das Wesen der menschlichen Freiheit [1809]*, Tübingen (1971) ²1995.
SvG *Der Satz vom Grund*, Pfullingen (1957) ⁷1992.
SZ *Sein und Zeit*, Tübingen (1953) ¹⁷1993.
USp *Unterwegs zur Sprache*, Pfullingen (1959) ¹⁰1993.
VA *Vorträge und Aufsätze*, Pfullingen (1957) ⁷1994.
WhD *Was heißt denken?*, Tübingen (1954) ⁴1984.
WdPh *Was ist das – die Philosophie?*, Pfullingen (1956) ¹⁰1992.
ZSD *Zur Sache des Denkens*, Tübingen (1969) ³1988.

II. ANDERE QUELLENTEXTE

ARISTOTELES, *Kategorien / Lehre vom Satz [De interpretatione]* (dt. Übersetzung von E. Rolfes), Hamburg (1958) ²1974.
———, *Metaphysik* (gr./dt., Übersetzung von H. Bonitz, hrsg. von H. Seidl), Hamburg (1978/1980) ³1989.

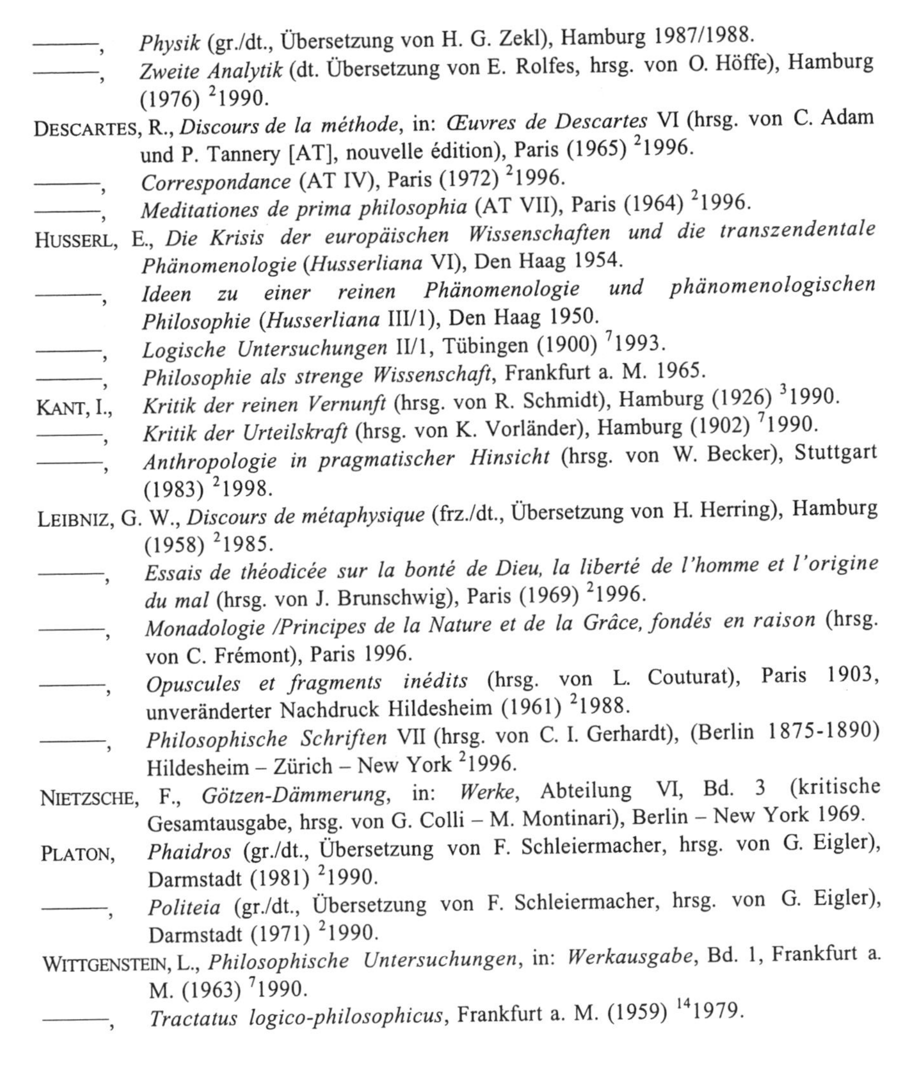

——, *Physik* (gr./dt., Übersetzung von H. G. Zekl), Hamburg 1987/1988.

——, *Zweite Analytik* (dt. Übersetzung von E. Rolfes, hrsg. von O. Höffe), Hamburg (1976) ^{2}1990.

DESCARTES, R., *Discours de la méthode*, in: *Œuvres de Descartes* VI (hrsg. von C. Adam und P. Tannery [AT], nouvelle édition), Paris (1965) ^{2}1996.

——, *Correspondance* (AT IV), Paris (1972) ^{2}1996.

——, *Meditationes de prima philosophia* (AT VII), Paris (1964) ^{2}1996.

HUSSERL, E., *Die Krisis der europäischen Wissenschaften und die transzendentale Phänomenologie* (*Husserliana* VI), Den Haag 1954.

——, *Ideen zu einer reinen Phänomenologie und phänomenologischen Philosophie* (*Husserliana* III/1), Den Haag 1950.

——, *Logische Untersuchungen* II/1, Tübingen (1900) ^{7}1993.

——, *Philosophie als strenge Wissenschaft*, Frankfurt a. M. 1965.

KANT, I., *Kritik der reinen Vernunft* (hrsg. von R. Schmidt), Hamburg (1926) ^{3}1990.

——, *Kritik der Urteilskraft* (hrsg. von K. Vorländer), Hamburg (1902) ^{7}1990.

——, *Anthropologie in pragmatischer Hinsicht* (hrsg. von W. Becker), Stuttgart (1983) ^{2}1998.

LEIBNIZ, G. W., *Discours de métaphysique* (frz./dt., Übersetzung von H. Herring), Hamburg (1958) ^{2}1985.

——, *Essais de théodicée sur la bonté de Dieu, la liberté de l'homme et l'origine du mal* (hrsg. von J. Brunschwig), Paris (1969) ^{2}1996.

——, *Monadologie /Principes de la Nature et de la Grâce, fondés en raison* (hrsg. von C. Frémont), Paris 1996.

——, *Opuscules et fragments inédits* (hrsg. von L. Couturat), Paris 1903, unveränderter Nachdruck Hildesheim (1961) ^{2}1988.

——, *Philosophische Schriften* VII (hrsg. von C. I. Gerhardt), (Berlin 1875-1890) Hildesheim – Zürich – New York ^{2}1996.

NIETZSCHE, F., *Götzen-Dämmerung*, in: *Werke*, Abteilung VI, Bd. 3 (kritische Gesamtausgabe, hrsg. von G. Colli – M. Montinari), Berlin – New York 1969.

PLATON, *Phaidros* (gr./dt., Übersetzung von F. Schleiermacher, hrsg. von G. Eigler), Darmstadt (1981) ^{2}1990.

——, *Politeia* (gr./dt., Übersetzung von F. Schleiermacher, hrsg. von G. Eigler), Darmstadt (1971) ^{2}1990.

WITTGENSTEIN, L., *Philosophische Untersuchungen*, in: *Werkausgabe*, Bd. 1, Frankfurt a. M. (1963) ^{7}1990.

——, *Tractatus logico-philosophicus*, Frankfurt a. M. (1959) ^{14}1979.

III. SEKUNDÄRLITERATUR

ADORNO, T.W., *Jargon der Eigentlichkeit*, in: *Gesammelte Werke* VI, Frankfurt a. M. (1970) ^{5}1996.

ADRIANI, M., »Deus ludens«, *Studi e materiali di storia delle religioni* 38 (1967) 8-23.

ARDLEY, G., »The role of play in the Philosophy of Plato«, *Philosophy* 42 (1967) 226-244.

AXELOS, K., *Le jeu du monde*, Paris 1969.

BAILHACHE, P., *Leibniz et la théorie de la musique*, Paris 1992.

BOUQUIAUX, L., *L'harmonie et le chaos: le rationalisme leibnizien et la „nouvelle science"*, Louvain – Paris 1994.

BREZZI, F., *A partire dal gioco: per i sentieri di pensiero ludico*, Genova 1992.

BUCHHEIM, I., *Wegbereitung in die Kunstlosigkeit. Zu Heideggers Auseinandersetzung mit Hölderlin* (Epistemata: Reihe Philosophie, Bd. 143), Würzburg 1994.

CAILLOIS, R., *Les jeux et les hommes. Le masque et le vertige*, Paris 1967.

CAPELLE, P., *Philosophie et théologie dans la pensée de Martin Heidegger*, Paris 1998.

CAPUTO, J. D., »Being, Ground, and Play in Heidegger«, *Man and World* 3 (1970), 26-48.

———, *The Mystical Element in Heidegger's Thought*, Athens (Ohio) 1978.

CHRETIEN, J.-L., »De l'espace au lieu«, *Les Cahiers de l'Herne* 44 (1983) 117-138.

CICCHESE, G., »L'essere mortale dei mortali. Un'analisi sul problema della morte nel pensiero del secondo Heidegger«, *Aquinas* 34 (1991), n. 1, 85-102.

COLLI, G., *La natura ama nascondersi*, Milano (1948) ^{3}1988.

COURTINE, J.-F., *Heidegger et la phénoménologie*, Paris 1990.

———, »Kant et le temps«, *Le Temps de la réflexion* 5 (1984) 409-427.

———, »L'idée de la phénoménologie et la problématique de la réduction«, in: *Phénoménologie et métaphysique* (hrsg. von J.-L. Marion und G. Planty-Bonjour), Paris 1984, 211-245.

———, *Suarez et le système de la métaphysique*, Paris 1990.

COUTURIER, F., *Monde et être chez Heidegger*, Montréal 1971.

CRISTIN, R., »Rechnendes Denken und besinnendes Denken. Heidegger und die Herausforderung der Leibnizschen Monadologie am Beispiel des Satzes vom Grund«, *Studia Leibnitiana* 24 (1992), n. 1, 93-100.

D'ALESSANDRO, P., *Il gioco inconscio nella storia*, Milano 1989.

DAL LAGO, A. – ROVATTI, P. A., *Per gioco: piccolo manuale dell'esperienza ludica*, Milano 1993.

DASTUR, F., »La fin de la philosophie et l'autre commencement de la pensée«, in: *Heidegger. Questions ouvertes* (Le Cahier du Collège international de philosophie), Paris 1988, 125-141.

———, »Le concept de monde chez Heidegger après *Être et temps*«, *Alter* 6 (1998) 119-136.

DAUENHAUER, B. P., »An Approach to Heidegger's Way of Philosophizing«, *Southern Journal of Philosophy* 9 (1971), n. 3, 265-275.

DECLÈVE, H., *Heidegger et Kant* (Phaenomenologica 40), Den Haag 1970.

DI BARTOLO, L., »Logos come fondamento: il superamento della metafisica nella riflessione heideggeriana su Leibniz«, *Giornale di metafisica* (Nuova Serie) 14 (1992) 505-540.

DUFLO, C., *Le jeu: de Pascal à Schiller*, Paris 1997.

———, *Jouer et philosopher*, Paris 1997.

DUPOND, P., *Raison et temporalité. Le dialogue de Heidegger avec Kant*, Bruxelles 1996.

EMAD, P., »The Echo of Being in *Beiträge zur Philosophie – Der Anklang*: Directives for its interpretation«, *Heidegger Studies* 7 (1991) 15-35.

FADEN, G., *Der Schein der Kunst. Zu Heideggers Kritik der Ästhetik*, Würzburg 1986.

FÉDIER, F., »Gibt es ein modernes Denken?«, in: *Martin Heidegger – Denker der Post-Metaphysik. Symposium zum Anlaß seines 100. Geburtstages* (Annales Universitatis Saraviensis, Reihe Philosophische Fakultät, 23; hrsg. von F. W. Veauthier), Heidelberg 1992, 67-86.

FICHANT, M., *Science et métaphysique dans Descartes et Leibniz*, Paris 1998.

FIGAL, G., *Martin Heidegger. Phänomenologie der Freiheit*, Frankfurt a. M. (1988) ^{2}1991.

———, »Philosophie als hermeneutische Theologie. Letzte Götter bei Nietzsche und Heidegger«, in: *„Verwechselt mich vor Allem nicht!". Heidegger und Nietzsche* (Schriftenreihe der Martin-Heidegger-Gesellschaft, Bd. 3, hrsg. von H.-H. Gander), Frankfurt a. M. 1994, 89-107.

FINK, E., »Pour une ontologie du jeu«, *Deucalion* 6 (1957) 81-109.
———, *Spiel als Weltsymbol*, Stuttgart 1960.
FOTI, V. M., »Mortals within the fourfold and the Hölderlinian figure of man«, *Philosophy today* 37 (1993), n. 4, 392-401.
FRANCK, D., *Heidegger et le problème de l'espace*, Paris 1986.
FRANK, M., »Wahrheit der Kunst? Zur Stellung der Ästhetik – Überlegungen im Hinblick auf Heidegger«, *Zeitschrift für Didaktik der Philosophie* 8 (1986), n. 2, 74-83.
FRANZEN, W., *Von der Existenzialontologie zur Seinsgeschichte*, Meisenheim a. G. 1975.
FROMENT-MEURICE, M., *Les intermittences de la raison. Penser Cage, entendre Heidegger*, Paris 1982.
FUNKE, G., *Phänomenologie – Metaphysik oder Methode?*, Bonn 1966.
GADAMER, H.-G., *Die Aktualität des Schönen: Kunst als Spiel, Symbol und Fest*, Stuttgart 1970.
———, *Wahrheit und Methode*, Tübingen (1960) ^{6}1990.
GALIMBERTI, U., *Linguaggio e civiltà. Analisi del linguaggio occidentale in Heidegger e Jaspers*, Milano 1977.
GAWOLL, H.-J., *Nihilismus und Metaphysik. Entwicklungsgeschichtliche Untersuchung vom deutschen Idealismus bis zu Heidegger* (Spekulation und Erfahrung II, 9), Stuttgart – Bad Cannstatt 1989.
GILSON, E., *L'être et l'essence*, Paris (1981) ^{3}1994.
GLAUNER, F., »Die ,Befreiung der Grammatik von der Logik'. Zur Bedeutung von Heideggers Begriff des ,Zeigens' für Wittgensteins Begriff der ,Gewißheit'«, *Allgemeine Zeitschrift für Philosophie* 20 (1995), n. 1, 59-68.
———, *Sprache und Weltbezug. Adorno, Heidegger, Wittgenstein*, Freiburg – München 1997.
GREISCH, J., »Das große Spiel des Lebens und das Übermächtige«, in: *„Herkunft aber bleibt stets Zukunft". Martin Heidegger und die Gottesfrage* (Schriftenreihe der Martin-Heidegger-Gesellschaft, Bd. 5, hrsg. von Paola-Ludovica Coriando), Frankfurt a. M. 1998.
———, *La parole heureuse*, Paris 1987.
———, »Les 'Contributions à la philosophie (À partir de l'*Ereignis*)' de Martin Heidegger«, *Revue des Sciences Philosophiques et Théologiques* 73 (1989) 605-632.
———, *Ontologie et temporalité. Esquisse d'une interprétation intégrale de 'Sein und Zeit'*, Paris 1994.
GRONDIN, J., *Le tournant dans la pensée de Martin Heidegger*, Paris 1987.
GROSSMANN, A., *Spur zum Heiligen: Kunst und Geschichte im Widerstreit zwischen Hegel und Heidegger*, Bonn 1996.
GUZZONI, U., *Grund und Allgemeinheit. Untersuchungen zum aristotelischen Verständnis der ontologischen Gründe*, Meisenheim a. G. 1975.
HAAR, M., *Heidegger et l'essence de l'homme*, Grenoble 1990.
———, *Le chant de la terre: Heidegger et les assises de l'histoire de l'être*, Paris 1987.
HAEFFNER, G., *Heideggers Begriff der Metaphysik* (Pullacher philosophische Forschungen, Bd. 10), München (1973) ^{2}1981.
HANS, J., »Hermeneutics, Play, and Deconstruction«, *Philosophy today* 24 (1980), n. 4, 299-317.
HEIDEMANN, I., *Der Begriff des Spieles und das ästhetische Weltbild in der Philosophie der Gegenwart*, Berlin 1968.

HEINRICHS, J., *Die Logik der Vernunftkritik. Kants Kategorienlehre und ihre aktuelle Bedeutung*, Tübingen 1986.

HELD, K., »La finitude du monde. La phénoménologie dans le passage de Husserl à Heidegger«, *Alter* 6 (1998) 191-206.

HENRIOT, J., *Le Jeu*, Paris 1983.

———, *Sous couleur de jouer: la métaphore ludique*, Paris 1989.

HERRMANN, F.-W. von, *Der Begriff der Phänomenologie bei Heidegger und Husserl*, Frankfurt a. M. 1981.

———, *Die zarte, aber helle Differenz. Heidegger und Stefan George*, Frankfurt a. M. 1999.

———, *Heideggers Philosophie der Kunst*, Frankfurt a. M. (1980) [2]1994.

———, *Subjekt und Dasein. Interpretationen zu ‚Sein und Zeit'*, Frankfurt a. M. 1985.

———, *Wege ins Ereignis. Zu Heideggers „Beiträgen zur Philosophie"*, Frankfurt a. M. 1994.

HOUILLON, V., »Le libre jeu de l'espace et de l'imagination chez Heidegger. L'hésitation et le flottement de l'espace-temps«, *Alter* 4 (1996) 219-261.

———, »Le 'refus du monde' chez Heidegger«, *Alter* 6 (1998) 207-234.

HUIZINGA, J., *Homo ludens. Versuch einer Bestimmung des Spielelementes der Kultur*, Amsterdam (1939) [3]1940.

IBER, C., *Das Andere der Vernunft als ihr Prinzip. Grundzüge der philosophischen Entwicklung Schellings mit einem Ausblick auf die nachidealistischen Philosophiekonzeptionen Heideggers und Adornos*, Berlin – New York 1994.

IMDAHL, G., *Das Leben verstehen. Heideggers formal anzeigende Hermeneutik in den frühen Freiburger Vorlesungen*, Würzburg 1997.

INGARDEN, R., *The Work of Music and the Problem of Its Identity* (aus dem Polnischen übersetzt von A. Czerniawski, hrsg. von J.G. Harrell), Berkeley – Los Angeles 1986.

JANICAUD, D., »Hegel – Heidegger: un 'dialogue' impossible?«, in: *Heidegger et l'idée de la phénoménologie* (Phaenomenologica 108, Hrsg. F. Volpi et alii), Dordrecht – Boston – London 1988, 145-164.

JANICAUD, D. – MATTÉI, J.-F., *La métaphysique à la limite*, Paris 1983.

KISIEL, T., *The Genesis of Heidegger's 'Being and Time'*, Berkeley – Los Angeles – London 1995.

KOCKELMANS, J. J., *Heidegger on art and art works* (Phaenomenologica 99), Dordrecht – Boston – Lancaster 1985.

———, »On the Meaning of Music and its Place in Our World«, in: *Kunst und Technik: Gedächtnisschrift zum 100. Geburtstag von Martin Heidegger* (hrsg. von W. Biemel und F.-W. von Herrmann), Frankfurt a. M. 1989, 351-376.

KOVACS, G., »Philosophy as primordial science (*Urwissenschaft*) in the early Heidegger«, *Journal of the British Society for Phenomenology* 21 (1990), n. 2, 121-135.

———, »The Ontological Difference in Heidegger's *Grundbegriffe*«, *Heidegger Studies* 3/4 (1987/1988) 61-74.

KÜCHLER, T., *Postmodern Gaming: Heidegger, Duchamp, Derrida* (Studies in Literary Criticism and Theory 1), New York 1994.

KUSCH, M., *Language as Calculus vs. Language as Universal Medium. A Study in Husserl, Heidegger and Gadamer*, Dordrecht – Boston – London 1989.

LENAIN, T., *Pour une critique de la raison ludique: essai sur la problématique nietzschéenne*, Paris 1993.

MAGGINI, G., »Monde et fondement dans les *Beiträge zur Philosophie (Vom Ereignis)* de Martin Heidegger«, Alter 6 (1998) 235-274.

MANN, U., »Der Ernst des heiligen Spiels«, *Eranos-Jahrbuch* 51 (1982) 9-58; der Band ist erschienen unter dem Titel *Das Spiel der Götter und Menschen* (hrsg. von R. Ritsema), Frankfurt a. M. 1983.

MARION, J.-L., »L'angoisse et l'ennui. Pour interpréter 'Was ist Metaphysik?'«, *Archives de Philosophie* 43 (1980) 121-146.

———, »La fin de la fin de la métaphysique«, *Laval Théologique et Philosophique* 42 (1986), n. 1, 23-33.

———, *Questions cartésiennes II*, Paris 1996.

———, *Réduction et donation*, Paris 1989.

MARX, E., *Heidegger und der Ort der Musik* (Epistemata, Reihe Philosophie, Bd. 237), Würzburg 1998.

MATTÉI, J.-F., *L'ordre du monde: Platon, Nietzsche, Heidegger*, Paris 1989.

———, *Heidegger et Hölderlin. Le Quadriparti*, Paris 2001.

MAZZARELLA, E., »Volontà di fondazione e filosofia della storia in Martin Heidegger«, in: *La recezione italiana di Heidegger* (hrsg. von M. Olivetti), Padova 1989, 309-335.

MOLZINO, C., *Logos et ruthmos. Le sens de la terre ou l'oubli de la musique dans la pensée de Martin Heidegger* (1997 an der philosophischen Fakultät in Nice eingereichte, 1998 in Lille auf Mikrofiche vervielfältigte Dissertation).

NEU, D., *Die Notwendigkeit der Gründung im Zeitalter der Dekonstruktion. Zur Gründung in Heideggers ‚Beiträgen zur Philosophie' unter Hinzuziehung der Derridaschen Dekonstruktion* (Philosophische Schriften, Bd. 20), Berlin 1997.

ORTH, E.W., »Heidegger und der Neukantianismus«, *Man and World* 25 (1992), n. 3-4, 421-441.

OTTO, W.-F., *Dionysos, Mythos und Kultus*, Frankfurt a. M. 1933.

ØVERENGET, E., *Seeing the Self. Heidegger on Subjectivity* (Phaenomenologica 149), Dordrecht - Boston - London 1998.

PANIS, D., *Il y a le ›Il y a‹: l'énigme de Heidegger*, Bruxelles 1993.

———, »La question de l'être comme fond abyssal d'après Heidegger«, *Les Études philosophiques* (Nouvelle série) 41 (1986), n. 1, 59-78.

PELLECCHIA, P., »Discorso meta-forico e discorso meta-fisico: Heidegger«, *Aquinas* 32 (1989), n. 3, 445-486.

PÉPIN, J., »Plotin et le miroir de Dionysos«, *Revue internationale de philosophie* 24 (1970) 304-320.

PLEGER, W. H., *Der Logos der Dinge: eine Studie zu Heraklit*, Frankfurt a. M. - Bern 1987.

PÖGGELER, O., *Der Denkweg Martin Heideggers*, Pfullingen (1963) [4]1994.

———, *Die Frage nach der Kunst. Von Hegel zu Heidegger*, Freiburg - München 1984.

PÖLTNER, G., »Mozart und Heidegger. Die Musik und der Ursprung des Kunstwerkes«, *Heidegger Studies* 8 (1992) 123-144.

RAHNER, H., *Der spielende Mensch*, Einsiedeln 1952.

REALE, G., *Il concetto di filosofia prima e l'unità della metafisica di Aristotele*, Milano 1993.

REGVALD, R., *Heidegger et le problème du néant* (Phaenomenologica 101), Dordrecht - Boston - Lancaster 1987.

RICHARDSON, W. J., »Dasein and the ground of negativity. A note on the fourth movement in the *Beiträge*-symphony«, *Heidegger Studies* 9 (1993) 35-52.

———, *Heidegger: Through Phenomenology to Thought* (Phaenomenologica 13), Den Haag 1963.

ROSALES, A., *Transzendenz und Differenz. Ein Beitrag zum Problem der ontologischen Differenz beim frühen Heidegger* (Phaenomenologica 33), Den Haag 1970.

ROSSI, P., *Clavis universalis: arts de la mémoire, logique combinatoire et langue universelle de Lulle à Leibniz* (aus dem Italienischen übersetzt von Patrick Vighetti), Grenoble 1993.

SALLIS, J., *The Gathering of Reason* (Series in Continental Thought, vol. 2), Athens (Ohio) 1980.

———, »Imagination and the meaning of Being«, in: *Heidegger et l'idée de la phénoménologie* (Phaenomenologica 108, Hrsg. F. Volpi et alii), Dordrecht – Boston – London 1988, 127-144.

SAMONA, L., »L''altro inizio' della filosofia. I *Beiträge zur Philosophie* di Heidegger«, *Giornale di Metafisica* 12 (1990), n. 1, 67-112.

SAVIANI, L., *Ermeneutica del gioco* (Etica e Antropologia, vol. 7), Napoli 1998.

SCHEIER, C.-A., »Die Sprache spricht. Heideggers Tautologien«, *Zeitschrift für philosophische Forschung* 47 (1993) 60-74.

SCHULZ, W., *Metaphysik des Schwebens. Untersuchungen zur Geschichte der Ästhetik*, Pfullingen 1985.

———, *Subjektivität im nachmetaphysischen Zeitalter*, Pfullingen 1992.

SCHÜRMANN, R., *Le principe d'anarchie: Heidegger et la question de l'agir*, Paris 1982.

SEUBOLD, G., *Kunst als Enteignis. Heideggers Weg zu einer nicht mehr metaphysischen Kunst* (Abhandlungen zur Philosophie, Psychologie und Pädagogik, Bd. 241), Bonn 1996.

SHIN, S.-H., *Metaphysik – Kunst – Postmoderne. Martin Heideggers Rationalitätskritik und das Problem der Wahrheit* (Theorie und Forschung, Bd. 396; Philosophie, Bd. 26), Regensburg 1996.

SIEWERTH, G., *Das Schicksal der Metaphysik von Thomas zu Heidegger*, Einsiedeln 1959.

SINN, D., »Heideggers Spätphilosophie«, *Philosophische Rundschau* 14 (1966-67), n. 2-3, 81-182.

SKOWRON, M., *Nietzsche und Heidegger. Das Problem der Metaphysik* (Europäische Hochschulschriften [Reihe 20: Philosophie], Bd. 230), Frankfurt a. M. – Bern – New York – Paris 1987.

SMITH, G. B., *Nietzsche, Heidegger and the transition to postmodernity*, Chicago (Ill.) – London 1996.

SPARIOSU, M. I., *Dionysus Reborn. Play and the Aesthetic Dimension in Modern Philosophical and Scientific Discourse*, Ithaca (N.Y.) 1989.

———, *God of many names: play, poetry, and power in the Hellenic thought from Homere to Aristotle*, Durham 1991.

STOLZENBERG, J., *Ursprung und System. Probleme der Begründung systematischer Philosophie im Werk Hermann Cohens, Paul Natorps und beim frühen Martin Heidegger* (Neue Studien zur Philosophie, Bd. 9), Göttingen 1995.

THIROUIN, L., *Le hasard et les règles: le modèle du jeu dans la pensée de Pascal*, Paris 1991.

TUGENDHAT, E., *Der Wahrheitsbegriff bei Husserl und Heidegger*, Berlin 1967.

ULLRICH, W., *Der Garten der Wildnis. Zu Martin Heideggers Ereignis-Denken*, München 1996.

VAIHINGER, H., *Philosophie des Als Ob*, Berlin 1911.

VANDEVELDE, P., »Aristote et Heidegger à propos du ΛΟΓΟΣ. L'enjeu et la discursivité d'une traduction«, *Revue de philosophie ancienne* 9 (1991), n. 2, 169-198.

VATTIMO, G., *Le avventure della differenza*, Milano 1980.

———, *La fine della modernità. Nichilismo ed ermeneutica nella cultura postmoderna*, Milano 1985.

VEAUTHIER, F.W. (Hrsg.), *Martin Heidegger. Denker der Post-Metaphysik* (Annales Universitatis Saraviensis, Reihe Philosophische Fakultät, 23), Heidelberg 1992.

VITI CAVALIERE, R., *Heidegger e la storia della filosofia*, Napoli 1979.

VITIELLO, V., *Dialettica ed ermeneutica. Hegel e Heidegger*, Napoli 1979.

VUILLOT, A., *Heidegger et la terre. L'assise et le séjour*, Paris – Montréal – Budapest – Torino 2001.

WELSCH, W., *Unsere postmoderne Moderne*, (Weinheim 1988) Berlin ^{4}1993.

WINTER, S., *Heideggers Bestimmung der Metaphysik* (Symposion 96), Freiburg 1993.

ZIEGLER, S., *Heidegger, Hölderlin und die Ἀλήθεια. Martin Heideggers Geschichtsdenken in seinen Vorlesungen 1934/35 bis 1944*, Berlin 1991.

INDEX NOMINUM

INDEX LOCORUM

Das folgende Verzeichnis erhebt nicht den Anspruch, eine vollständige Auflistung sämtlicher im Verlauf der Arbeit irgendwann einmal zitierten Textstellen Heideggers zu bieten. Vielmehr geht es darum, einen Überblick über diejenigen Werke Heideggers geben, die entweder an einer bestimmten Stelle der Arbeit eine eigene, zusammenhängende Betrachtung erfahren haben oder von denen zumindest einmal eine längere Passage zu erläuternden Zwecken angeführt und kommentiert wurde. Die fettgedruckten Seitenzahlen beziehen sich auf diejenigen Partien, in denen die jeweiligen Texte Heideggers in besonderer Weise im Mittelpunkt stehen, die anderen Verweise beziehen sich auf diejenigen Stellen, in denen zum Zwecke der Antizipation, der Erinnerung oder der konstrastierenden Gegenüberstellung auf diese Werke verwiesen wird. Wo auf bestimmte kürzere Texte aus Sammelbänden Bezug genommen wird, ist die Sigle des entsprechenden Bandes der Gesamt- oder Einzelausgabe in Klammern hinzugefügt.

Phaenomenologica

1. E. Fink: *Sein, Wahrheit, Welt.* Vor-Fragen zum Problem des Phänomen-Begriffs. 1958 ISBN 90-247-0234-8
2. H.L. van Breda and J. Taminiaux (eds.): *Husserl et la pensée moderne / Husserl und das Denken der Neuzeit.* Actes du deuxième Colloque International de Phénoménologie / Akten des zweiten Internationalen Phänomenologischen Kolloquiums (Krefeld, 1.–3. Nov. 1956). 1959 ISBN 90-247-0235-8
3. J.-C. Piguet: *De l'esthétique à la métaphysique.* 1959 ISBN 90-247-0236-4
4. *E. Husserl: 1850–1959.* Recueil commémoratif publié à l'occasion du centenaire de la naissance du philosophe. 1959 ISBN 90-247-0237-2

5/6. H. Spiegelberg: *The Phenomenological Movement.* A Historical Introduction. 3rd revised ed. with the collaboration of Karl Schuhmann. 1982 ISBN Hb: 90-247-2577-1; Pb: 90-247-2535-6

7. A. Roth: *Edmund Husserls ethische Untersuchungen.* Dargestellt anhand seiner Vorlesungsmanuskripte. 1960 ISBN 90-247-0241-0
8. E. Levinas: *Totalité et infini.* Essai sur l'extériorité. 4th ed., 4th printing 1984 ISBN Hb: 90-247-5105-5; Pb: 90-247-2971-8
9. A. de Waelhens: *La philosophie et les expériences naturelles.* 1961 ISBN 90-247-0243-7
10. L. Eley: *Die Krise des Apriori in der transzendentalen Phänomenologie Edmund Husserls.* 1962 ISBN 90-247-0244-5
11. A. Schutz: *Collected Papers, I.* The Problem of Social Reality. Edited and introduced by M. Natanson. 1962; 5th printing: 1982 ISBN Hb: 90-247-5089-X; Pb: 90-247-3046-5
    Collected Papers, II *see* below under Volume 15
    Collected Papers, III *see* below under Volume 22
    Collected Papers, IV *see* below under Volume 136
12. J.M. Broekman: *Phänomenologie und Egologie.* Faktisches und transzendentales Ego bei Edmund Husserl. 1963 ISBN 90-247-0245-3
13. W.J. Richardson: *Heidegger. Through Phenomenology to Thought.* Preface by Martin Heidegger. 1963; 3rd printing: 1974 ISBN 90-247-02461-1
14. J.N. Mohanty: *Edmund Husserl's Theory of Meaning.* 1964; reprint: 1969 ISBN 90-247-0247-X
15. A. Schutz: *Collected Papers, II.* Studies in Social Theory. Edited and introduced by A. Brodersen. 1964; reprint: 1977 ISBN 90-247-0248-8
16. I. Kern: *Husserl und Kant.* Eine Untersuchung über Husserls Verhältnis zu Kant und zum Neukantianismus. 1964; reprint: 1984 ISBN 90-247-0249-6
17. R.M. Zaner: *The Problem of Embodiment.* Some Contributions to a Phenomenology of the Body. 1964; reprint: 1971 ISBN 90-247-5093-8
18. R. Sokolowski: *The Formation of Husserl's Concept of Constitution.* 1964; reprint: 1970 ISBN 90-247-5086-5
19. U. Claesges: *Edmund Husserls Theorie der Raumkonstitution.* 1964 ISBN 90-247-0251-8
20. M. Dufrenne: *Jalons.* 1966 ISBN 90-247-0252-6
21. E. Fink: *Studien zur Phänomenologie, 1930–1939.* 1966 ISBN 90-247-0253-4
22. A. Schutz: *Collected Papers, III.* Studies in Phenomenological Philosophy. Edited by I. Schutz. With an introduction by Aaron Gurwitsch. 1966; reprint: 1975 ISBN 90-247-5090-3
23. K. Held: *Lebendige Gegenwart.* Die Frage nach der Seinsweise des transzendentalen Ich bei Edmund Husserl, entwickelt am Leitfaden der Zeitproblematik. 1966 ISBN 90-247-0254-2
24. O. Laffoucrière: *Le destin de la pensée et 'La Mort de Dieu' selon Heidegger.* 1968 ISBN 90-247-0255-0
25. E. Husserl: *Briefe an Roman Ingarden.* Mit Erläuterungen und Erinnerungen an Husserl. Hrsg. von R. Ingarden. 1968 ISBN Hb: 90-247-0257-7; Pb: 90-247-0256-9
26. R. Boehm: *Vom Gesichtspunkt der Phänomenologie* (I). Husserl-Studien. 1968 ISBN Hb: 90-247-0259-3; Pb: 90-247-0258-5
    For *Band II* see below under Volume 83

Phaenomenologica

27. T. Conrad: *Zur Wesenslehre des psychischen Lebens und Erlebens.* Mit einem Geleitwort von H.L. van Breda. 1968 ISBN 90-247-0260-7
28. W. Biemel: *Philosophische Analysen zur Kunst der Gegenwart.* 1969 ISBN Hb: 90-247-0263-1; Pb: 90-247-0262-3
29. G. Thinès: *La problématique de la psychologie.* 1968 ISBN Hb: 90-247-0265-8; Pb: 90-247-0264-X
30. D. Sinha: *Studies in Phenomenology.* 1969 ISBN Hb: 90-247-0267-4; Pb: 90-247-0266-6
31. L. Eley: *Metakritik der formalen Logik.* Sinnliche Gewissheit als Horizont der Aussagenlogik und elementaren Prädikatenlogik. 1969 ISBN Hb: 90-247-0269-0; Pb: 90-247-0268-2
32. M.S. Frings: *Person und Dasein.* Zur Frage der Ontologie des Wertseins. 1969 ISBN Hb: 90-247-0271-2; Pb: 90-247-0270-4
33. A. Rosales: *Transzendenz und Differenz.* Ein Beitrag zum Problem der ontologischen Differenz beim frühen Heidegger. 1970 ISBN 90-247-0272-0
34. M.M. Saraiva: *L'imagination selon Husserl.* 1970 ISBN 90-247-0273-9
35. P. Janssen: *Geschichte und Lebenswelt.* Ein Beitrag zur Diskussion von Husserls Spätwerk. 1970 ISBN 90-247-0274-7
36. W. Marx: *Vernunft und Welt.* Zwischen Tradition und anderem Anfang. 1970 ISBN 90-247-5042-3
37. J.N. Mohanty: *Phenomenology and Ontology.* 1970 ISBN 90-247-5053-9
38. A. Aguirre: *Genetische Phänomenologie und Reduktion.* Zur Letztbegründung der Wissenschaft aus der radikalen Skepsis im Denken E. Husserls. 1970 ISBN 90-247-5025-3
39. T.F. Geraets: *Vers une nouvelle philosophie transcendentale.* La genèse de la philosophie de Maurice Merleau-Ponty jusqu'à la 'Phénoménologie de la perception.' Préface par E. Levinas. 1971 ISBN 90-247-5024-5
40. H. Declève: *Heidegger et Kant.* 1970 ISBN 90-247-5016-4
41. B. Waldenfels: *Das Zwischenreich des Dialogs.* Sozialphilosophische Untersuchungen in Anschluss an Edmund Husserl. 1971 ISBN 90-247-5072-5
42. K. Schuhmann: *Die Fundamentalbetrachtung der Phänomenologie.* Zum Weltproblem in der Philosophie Edmund Husserls. 1971 ISBN 90-247-5121-7
43. K. Goldstein: *Selected Papers/Ausgewählte Schriften.* Edited by A. Gurwitsch, E.M. Goldstein Haudek and W.E. Haudek. Introduction by A. Gurwitsch. 1971 ISBN 90-247-5047-4
44. E. Holenstein: *Phänomenologie der Assoziation.* Zu Struktur und Funktion eines Grundprinzips der passiven Genesis bei E. Husserl. 1972 ISBN 90-247-1175-4
45. F. Hammer: *Theonome Anthropologie?* Max Schelers Menschenbild und seine Grenzen. 1972 ISBN 90-247-1186-X
46. A. Pažanin: *Wissenschaft und Geschichte in der Phänomenologie Edmund Husserls.* 1972 ISBN 90-247-1194-0
47. G.A. de Almeida: *Sinn und Inhalt in der genetischen Phänomenologie E. Husserls.* 1972 ISBN 90-247-1318-8
48. J. Rolland de Renéville: *Aventure de l'absolu.* 1972 ISBN 90-247-1319-6
49. U. Claesges und K. Held (eds.): *Perspektiven transzendental-phänomenologischer Forschung.* Für Ludwig Landgrebe zum 70. Geburtstag von seiner Kölner Schülern. 1972 ISBN 90-247-1313-7
50. F. Kersten and R. Zaner (eds.): *Phenomenology: Continuation and Criticism.* Essays in Memory of Dorion Cairns. 1973 ISBN 90-247-1302-1
51. W. Biemel (ed.): *Phänomenologie Heute.* Festschrift für Ludwig Landgrebe. 1972 ISBN 90-247-1336-6
52. D. Souche-Dagues: *Le développement de l'intentionnalité dans la phénoménologie husserlienne.* 1972 ISBN 90-247-1354-4
53. B. Rang: *Kausalität und Motivation.* Untersuchungen zum Verhältnis von Perspektivität und Objektivität in der Phänomenologie Edmund Husserls. 1973 ISBN 90-247-1353-6
54. E. Levinas: *Autrement qu'être ou au-delà de l'essence.* 2nd. ed.: 1978 ISBN 90-247-2030-3
55. D. Cairns: *Guide for Translating Husserl.* 1973 ISBN Pb: 90-247-1452-4

Phaenomenologica

56. K. Schuhmann: *Die Dialektik der Phänomenologie, I.* Husserl über Pfänder. 1973 ISBN 90-247-1316-1
57. K. Schuhmann: *Die Dialektik der Phänomenologie, II.* Reine Phänomenologie und phänomenologische Philosophie. Historisch-analytische Monographie über Husserls 'Ideen I'. 1973 ISBN 90-247-1307-2
58. R. Williame: *Les fondements phénoménologiques de la sociologie compréhensive: Alfred Schutz et Max Weber.* 1973 ISBN 90-247-1531-8
59. E. Marbach: *Das Problem des Ich in der Phänomenologie Husserls.* 1974 ISBN 90-247-1587-3
60. R. Stevens: *James and Husserl: The Foundations of Meaning.* 1974 ISBN 90-247-1631-4
61. H.L. van Breda (ed.): *Vérité et Vérification / Wahrheit und Verifikation.* Actes du quatrième Colloque International de Phénoménologie / Akten des vierten Internationalen Kolloquiums für Phänomenologie (Schwabisch Hall, Baden-Württemberg, 8.–11. September 1969). 1974 ISBN 90-247-1702-7
62. Ph.J. Bossert (ed.): *Phenomenological Perspectives.* Historical and Systematic Essays in Honor of Herbert Spiegelberg. 1975. ISBN 90-247-1701-9
63. H. Spiegelberg: *Doing Phenomenology.* Essays on and in Phenomenology. 1975 ISBN 90-247-1725-6
64. R. Ingarden: *On the Motives which Led Husserl to Transcendental Idealism.* 1975 ISBN 90-247-1751-5
65. H. Kuhn, E. Avé-Lallemant and R. Gladiator (eds.): *Die Münchener Phänomenologie.* Vorträge des Internationalen Kongresses in München (13.–18. April 1971). 1975 ISBN 90-247-1740-X
66. D. Cairns: *Conversations with Husserl and Fink.* Edited by the Husserl-Archives in Louvain. With a foreword by R.M. Zaner. 1975 ISBN 90-247-1793-0
67. G. Hoyos Vásquez: *Intentionalität als Verantwortung.* Geschichtsteleologie und Teleologie der Intentionalität bei Husserl. 1976 ISBN 90-247-1794-9
68. J. Patočka: *Le monde naturel comme problème philosophique.* 1976 ISBN 90-247-1795-7
69. W.W. Fuchs: *Phenomenology and the Metaphysics of Presence.* An Essay in the Philosophy of Edmund Husserl. 1976 ISBN 90-247-1822-8
70. S. Cunningham: *Language and the Phenomenological Reductions of Edmund Husserl.* 1976 ISBN 90-247-1823-6
71. G.C. Moneta: *On Identity.* A Study in Genetic Phenomenology. 1976 ISBN 90-247-1860-0
72. W. Biemel und das Husserl-Archiv zu Löwen (eds.): *Die Welt des Menschen – Die Welt der Philosophie.* Festschrift für Jan Patočka. 1976 ISBN 90-247-1899-6
73. M. Richir: *Au-delà du renversement copernicien.* La question de la phénoménologie et son fondement. 1976 ISBN 90-247-1903-8
74. H. Mongis: *Heidegger et la critique de la notion de valeur.* La destruction de la fondation métaphysique. Lettre-préface de Martin Heidegger. 1976 ISBN 90-247-1904-6
75. J. Taminiaux: *Le regard et l'excédent.* 1977 ISBN 90-247-2028-1
76. Th. de Boer: *The Development of Husserl's Thought.* 1978 ISBN Hb: 90-247-2039-7; Pb: 90-247-2124-5
77. R.R. Cox: *Schutz's Theory of Relevance.* A Phenomenological Critique. 1978 ISBN 90-247-2041-9
78. S. Strasser: *Jenseits von Sein und Zeit.* Eine Einführung in Emmanuel Levinas' Philosophie. 1978 ISBN 90-247-2068-0
79. R.T. Murphy: *Hume and Husserl.* Towards Radical Subjectivism. 1980 ISBN 90-247-2172-5
80. H. Spiegelberg: *The Context of the Phenomenological Movement.* 1981 ISBN 90-247-2392-2
81. J.R. Mensch: *The Question of Being in Husserl's Logical Investigations.* 1981 ISBN 90-247-2413-9
82. J. Loscerbo: *Being and Technology.* A Study in the Philosophy of Martin Heidegger. 1981 ISBN 90-247-2411-2
83. R. Boehm: *Vom Gesichtspunkt der Phänomenologie II.* Studien zur Phänomenologie der Epoché. 1981 ISBN 90-247-2415-5

Phaenomenologica

84. H. Spiegelberg and E. Avé-Lallemant (eds.): *Pfänder-Studien.* 1982 ISBN 90-247-2490-2
85. S. Valdinoci: *Les fondements de la phénoménologie husserlienne.* 1982 ISBN 90-247-2504-6
86. I. Yamaguchi: *Passive Synthesis und Intersubjektivität bei Edmund Husserl.* 1982 ISBN 90-247-2505-4
87. J. Libertson: *Proximity.* Levinas, Blanchot, Bataille and Communication. 1982 ISBN 90-247-2506-2
88. D. Welton: *The Origins of Meaning.* A Critical Study of the Thresholds of Husserlian Phenomenology. 1983 ISBN 90-247-2618-2
89. W.R. McKenna: *Husserl's 'Introductions to Phenomenology'.* Interpretation and Critique. 1982 ISBN 90-247-2665-4
90. J.P. Miller: *Numbers in Presence and Absence.* A Study of Husserl's Philosophy of Mathematics. 1982 ISBN 90-247-2709-X
91. U. Melle: *Das Wahrnehmungsproblem und seine Verwandlung in phänomenologischer Einstellung.* Untersuchungen zu den phänomenologischen Wahrnehmungstheorien von Husserl, Gurwitsch und Merleau-Ponty. 1983 ISBN 90-247-2761-8
92. W.S. Hamrick (ed.): *Phenomenology in Practice and Theory.* Essays for Herbert Spiegelberg. 1984 ISBN 90-247-2926-2
93. H. Reiner: *Duty and Inclination.* The Fundamentals of Morality Discussed and Redefined with Special Regard to Kant and Schiller. 1983 ISBN 90-247-2818-6
94. M.J. Harney: *Intentionality, Sense and the Mind.* 1984 ISBN 90-247-2891-6
95. Kah Kyung Cho (ed.): *Philosophy and Science in Phenomenological Perspective.* 1984 ISBN 90-247-2922-X
96. A. Lingis: *Phenomenological Explanations.* 1986 ISBN Hb: 90-247-3332-4; Pb: 90-247-3333-2
97. N. Rotenstreich: *Reflection and Action.* 1985 ISBN Hb: 90-247-2969-6; Pb: 90-247-3128-3
98. J.N. Mohanty: *The Possibility of Transcendental Philosophy.* 1985 ISBN Hb: 90-247-2991-2; Pb: 90-247-3146-1
99. J.J. Kockelmans: *Heidegger on Art and Art Works.* 1985 ISBN 90-247-3102-X
100. E. Lévinas: *Collected Philosophical Papers.* 1987 ISBN Hb: 90-247-3272-7; Pb: 90-247-3395-2
101. R. Regvald: *Heidegger et le problème du néant.* 1986 ISBN 90-247-3388-X
102. J.A. Barash: *Martin Heidegger and the Problem of Historical Meaning.* 1987 ISBN 90-247-3493-2
103. J.J. Kockelmans (ed.): *Phenomenological Psychology.* The Dutch School. 1987 ISBN 90-247-3501-7
104. W.S. Hamrick: *An Existential Phenomenology of Law: Maurice Merleau-Ponty.* 1987 ISBN 90-247-3520-3
105. J.C. Sallis, G. Moneta and J. Taminiaux (eds.): *The Collegium Phaenomenologicum. The First Ten Years.* 1988 ISBN 90-247-3709-5
106. D. Carr: *Interpreting Husserl.* Critical and Comparative Studies. 1987. ISBN 90-247-3505-X
107. G. Heffernan: *Isagoge in die phänomenologische Apophantik.* Eine Einführung in die phänomenologische Urteilslogik durch die Auslegung des Textes der *Formalen und transzendenten Logik* von Edmund Husserl. 1989 ISBN 90-247-3710-9
108. F. Volpi, J.-F. Mattéi, Th. Sheenan, J.-F. Courtine, J. Taminiaux, J. Sallis, D. Janicaud, A.L. Kelkel, R. Bernet, R. Brisart, K. Held, M. Haar et S. IJsseling: *Heidegger et l'idée de la phénoménologie.* 1988 ISBN 90-247-3586-6
109. C. Singevin: *Dramaturgie de l'esprit.* 1988 ISBN 90-247-3557-2
110. J. Patočka: *Le monde naturel et le mouvement de l'existence humaine.* 1988 ISBN 90-247-3577-7
111. K.-H. Lembeck: *Gegenstand Geschichte.* Geschichtswissenschaft in Husserls Phänomenologie. 1988 ISBN 90-247-3635-8
112. J.K. Cooper-Wiele: *The Totalizing Act.* Key to Husserl's Early Philosophy. 1989 ISBN 0-7923-0077-7

Phaenomenologica

113. S. Valdinoci: *Le principe d'existence.* Un devenir psychiatrique de la phénoménologie. 1989 ISBN 0-7923-0125-0
114. D. Lohmar: *Phänomenologie der Mathematik.* 1989 ISBN 0-7923-0187-0
115. S. IJsseling (Hrsgb.): *Husserl-Ausgabe und Husserl-Forschung.* 1990 ISBN 0-7923-0372-5
116. R. Cobb-Stevens: *Husserl and Analytic Philosophy.* 1990 ISBN 0-7923-0467-5
117. R. Klockenbusch: *Husserl und Cohn.* Widerspruch, Reflexion und Telos in Phänomenologie und Dialektik. 1989 ISBN 0-7923-0515-9
118. S. Vaitkus: *How is Society Possible?* Intersubjectivity and the Fiduciary Attitude as Problems of the Social Group in Mead, Gurwitsch, and Schutz. 1991 ISBN 0-7923-0820-4
119. C. Macann: *Presence and Coincidence.* The Transformation of Transcendental into Ontological Phenomenology. 1991 ISBN 0-7923-0923-5
120. G. Shpet: *Appearance and Sense.* Phenomenology as the Fundamental Science and Its Problems. Translated from Russian by Th. Nemeth. 1991 ISBN 0-7923-1098-5
121. B. Stevens: *L'apprentissage des signes.* Lecture de Paul Ricœur. 1991 ISBN 0-7923-1244-9
122. G. Soffer: *Husserl and the Question of Relativism.* 1991 ISBN 0-7923-1291-0
123. G. Römpp: *Husserls Phänomenologie der Intersubjektivität.* Und Ihre Bedeutung für eine Theorie intersubjektiver Objektivität und die Konzeption einer phänomenologischen Philosophie. 1991 ISBN 0-7923-1361-5
124. S. Strasser: *Welt im Widerspruch.* Gedanken zu einer Phänomenologie als ethischer Fundamentalphilosophie. 1991 ISBN Hb: 0-7923-1404-2; Pb: 0-7923-1551-0
125. R.P. Buckley: *Husserl, Heidegger and the Crisis of Philosophical Responsibility.* 1992 ISBN 0-7923-1633-9
126. J.G. Hart: *The Person and the Common Life.* Studies in a Husserlian Social Ethics. 1992 ISBN 0-7923-1724-6
127. P. van Tongeren, P. Sars, C. Bremmers and K. Boey (eds.): *Eros and Eris.* Contributions to a Hermeneutical Phenomenology. Liber Amicorum for Adriaan Peperzak. 1992 ISBN 0-7923-1917-6
128. Nam-In Lee: *Edmund Husserls Phänomenologie der Instinkte.* 1993 ISBN 0-7923-2041-7
129. P. Burke and J. Van der Veken (eds.): *Merleau-Ponty in Contemporary Perspective.* 1993 ISBN 0-7923-2142-1
130. G. Haefliger: *Über Existenz: Die Ontologie Roman Ingardens.* 1994 ISBN 0-7923-2227-4
131. J. Lampert: *Synthesis and Backward Reference in Husserl's* Logical Investigations. 1995 ISBN 0-7923-3105-2
132. J.M. DuBois: *Judgment and Sachverhalt.* An Introduction to Adolf Reinach's Phenomenological Realism. 1995 ISBN 0-7923-3519-8
133. B.E. Babich (ed.): *From Phenomenology to Thought, Errancy, and Desire.* Essays in Honor of William J. Richardson, S.J. 1995 ISBN 0-7923-3567-8
134. M. Dupuis: *Pronoms et visages. Lecture d'Emmanuel Levinas.* 1996 ISBN Hb: 0-7923-3655-0; Pb 0-7923-3994-0
135. D. Zahavi: *Husserl und die transzendentale Intersubjektivität.* Eine Antwort auf die sprachpragmatische Kritik. 1996 ISBN 0-7923-3713-1
136. A. Schutz: *Collected Papers, IV.* Edited with preface and notes by H. Wagner and G. Psathas, in collaboration with F. Kersten. 1996 ISBN 0-7923-3760-3
137. P. Kontos: *D'une phénoménologie de la perception chez Heidegger.* 1996 ISBN 0-7923-3776-X
138. F. Kuster: *Wege der Verantwortung.* Husserls Phänomenologie als Gang durch die Faktizität. 1996 ISBN 0-7923-3916-9
139. C. Beyer: *Von Bolzano zu Husserl.* Eine Untersuchung über den Ursprung der phänomenologischen Bedeutungslehre. 1996 ISBN 0-7923-4050-7
140. J. Dodd: *Idealism and Corporeity.* An Essay on the Problem of the Body in Husserl's Phenomenology. 1997 ISBN 0-7923-4400-6
141. E. Kelly: *Structure and Diversity.* Studies in the Phenomenological Philosophy of Max Scheler. 1997 ISBN 0-7923-4492-8

Phaenomenologica

142. J. Cavallin: *Content and Object*. Husserl, Twardowski and Psychologism. 1997 ISBN 0-7923-4734-X
143. H.P. Steeves: *Founding Community*. A Phenomenological-Ethical Inquiry. 1997 ISBN 0-7923-4798-6
144. M. Sawicki: *Body, Text, and Science*. The Literacy of Investigative Practices and the Phenomenology of Edith Stein. 1997 ISBN 0-7923-4759-5; Pb: 1-4020-0262-9
145. O.K. Wiegand: *Interpretationen der Modallogik*. Ein Beitrag zur phänomenologischen Wissenschaftstheorie. 1998 ISBN 0-7923-4809-5
146. P. Marrati-Guénoun: *La genèse et la trace*. Derrida lecteur de Husserl et Heidegger. 1998 ISBN 0-7923-4969-5
147. D. Lohmar: *Erfahrung und kategoriales Denken*. 1998 ISBN 0-7923-5117-7
148. N. Depraz and D. Zahavi (eds.): *Alterity and Facticity*. New Perspectives on Husserl. 1998 ISBN 0-7923-5187-8
149. E. Øverenget: *Seeing the Self*. Heidegger on Subjectivity. 1998 ISBN Hb: 0-7923-5219-X; Pb: 1-4020-0259-9
150. R.D. Rollinger: *Husserls Position in the School of Brentano*. 1999 ISBN 0-7923-5684-5
151. A. Chrudzimski: *Die Erkenntnistheorie von Roman Ingarden*. 1999 ISBN 0-7923-5688-8
152. B. Bergo: *Levinas Between Ethics and Politics*. For the Beauty that Adorns the Earth. 1999 ISBN 0-7923-5694-2
153. L. Ni: *Seinsglaube in der Phänomenologie Edmund Husserls*. 1999 ISBN 0-7923-5779-5
154. E. Feron: *Phénoménologie de la mort*. Sur les traces de Levinas. 1999 ISBN 0-7923-5935-6
155. R. Visker: *Truth and Singularity*. Taking Foucault into Phenomenology. 1999 ISBN Hb: 0-7923-5985-2; Pb: 0-7923-6397-3
156. E.E. Kleist: *Judging Appearances*. A Phenomenological Study of the Kantian *sensus communis*. 2000 ISBN Hb: 0-7923-6310-8; Pb: 1-4020-0258-0
157. D. Pradelle: *L'archéologie du monde*. Constitution de l'espace, idéalisme et intuitionnisme chez Husserl. 2000 ISBN 0-7923-6313-2
158. H.B. Schmid: *Subjekt, System, Diskurs*. Edmund Husserls Begriff transzendentaler Subjektivität in sozialtheoretischen Bezügen. 2000 ISBN 0-7923-6424-4
159. A. Chrudzimski: *Intentionalitätstheorie beim frühen Brentano*. 2001 ISBN 0-7923-6860-6
160. N. Depraz: *Lucidité du corps*. De l'empirisme transcendantal en phénoménologie. 2001 ISBN 0-7923-6977-7
161. T. Kortooms: *Phenomenology of Time*. Edmund Husserl's Analysis of Time-Consciousness. 2001 ISBN 1-4020-0121-5
162. R. Boehm: *Topik*. 2002 ISBN 1-4020-0629-2
163. A. Chernyakov: *The Ontology of Time*. Being and Time in the Philosophies of Aristotle, Husserl and Heidegger. 2002 ISBN 1-4020-0682-9
164. D. Zahavi and F. Stjernfelt (eds.): *One Hundred Years of Phenomenology*. Husserl' Logical Investigations Revisited. 2002 ISBN 1-4020-0700-0
165. B. Ferreira: *Stimmung bei Heidegger*. Das Phänomen der Stimmung im Kontext von Heideggers Existenzialanalyse des Daseins. 2002 ISBN 1-4020-0701-9
166. S. Luft: *Phänomenologie der Phänomenologie. Systematik und Methodologie der Phänomenologie in der Auseinandersetzung zwischen Husserl und Fink*. 2002 ISBN 1-4020-0901-1
167. M. Roesner: *Metaphysica ludens*. Das Spiel als phänomenologische Grundfigur im Denken Martin Heideggers. 2003 ISBN 1-4020-1234-9

Previous volumes are still available